ISBN 978-0-243-87181-0
PIBN 10751871

# 1 MONTH OF
# FREE
# READING

## at
## www.ForgottenBooks.com

By purchasing this book you are eligible for one month membership to ForgottenBooks.com, giving you unlimited access to our entire collection of over 1,000,000 titles via our web site and mobile apps.

To claim your free month visit:

www.forgottenbooks.com/free751871

**English**
**Français**
**Deutsche**
**Italiano**
**Español**
**Português**

# www.forgottenbooks.com

**Mythology** Photography **Fiction**
Fishing Christianity **Art** Cooking
Essays Buddhism Freemasonry
Medicine **Biology** Music **Ancient**
**Egypt** Evolution Carpentry Physics
Dance Geology **Mathematics** Fitness
Shakespeare **Folklore** Yoga Marketing
**Confidence** Immortality Biographies
Poetry **Psychology** Witchcraft
Electronics Chemistry History **Law**
Accounting **Philosophy** Anthropology
Alchemy Drama Quantum Mechanics
Atheism Sexual Health **Ancient History**
**Entrepreneurship** Languages Sport
Paleontology Needlework Islam
**Metaphysics** Investment Archaeology
Parenting Statistics Criminology
**Motivational**

# Vorrede
## zur erſten Auflage.

———

Die fabrikationsmäßige Herſtellung der wichtigſten Baumaterialien, als: Kalk, Cement, Backſteine, Dachziegel, thönerne Fließen und
Röhren, gewinnt von Jahr zu Jahr größere Bedeutung. Es ſind
in der letzten Zeit, namentlich bei der Farikation von feinern Steinen (Oel=, Preß= und Geſimsſteinen), hohlen Backſteinen, Röhren,
Dachziegeln, durch beſſere Vorbereitung des Thons und durch Preſſen
mittelſt Maſchinen, ſowie durch die Conſtruction von zweckmäßigern
Brennöfen, ferner in der Herſtellung von hydrauliſchen Kalken und
Cementen, in vortheilhafter conſtruirten Kalköfen und Mörtelmaſchi-
nen ſo weſentliche Fortſchritte gemacht worden, daß Ziegeleien, Kalk=
und Backſteinbrennereien mit der frühern Handfabrikation und den
ältern Einrichtungen neben Fabriken mit den neuen zweckmäßigen
Maſchinen und vortheilhaften Fabrikationsmethoden nicht mehr be=
ſtehen können, und es iſt daher eine genaue Beſchreibung der Fabrikation von allen Arten von Backſteinen, Geſimsſteinen, Hohlziegeln,
Dachziegeln, thönernen Röhren, Fließen, der Kalk= und Cementbren-
nerei, der Darſtellung von Mörtel, Béton, Kitte ꝛc. nach dem jetzigen
Standpunkt nicht nur für den Fachgenoſſen (Ziegler Kalkbrenner,
Maurer, Bautechniker) von der größten Wichtigkeit, ſondern auch für
jeden andern Techniker, Bauherrn, Fabrik= und Gutsbeſitzer von großem
Intereſſe.

Der unterzeichnete Verfasser ist selbst Besitzer von mehreren von ihm selbst und nach den neuesten Erfahrungen eingerichteten Ziegeleien, Kalkbrennereien, und da er in diesen und bei seinen zahlreichen Bauten viele für obige Geschäfte nicht unwesentliche Erfahrungen und Verbesserungen gemacht hat, so theilt er diese nachstehend mit, wie er auch eine genaue Beschreibung sowohl der ältern Handfabrikation und kleinern Einrichtungen für geringere Anlagen, als auch der neuern Fabrikationsmethoden und Maschinen für größere Fabriken giebt; dabei folgt er in seinem Vortrage dem natürlichen Gange der Geschäfte, und indem er jede einzelne Manipulation ausführlich lehrt und die verschiedenen Verfahrungsweisen welche dabei üblich sind, angiebt, sucht er den Leser durch Erklärung des Zwecks derselben auf den Standpunkt zu setzen, daß er über den Vorzug der einen oder andern selbst zu urtheilen im Stande sei.

Von den vielen in den letzten Decennien namentlich für die Ziegelfabrikation construirten Maschinen giebt der Verfasser meist nur eine kurze Beschreibung ohne Abbildung, um das bei den einzelnen Constructionen zu Grunde liegende Princip zu erläutern, und nur von denjenigen Maschinen, die sich wirklich praktisch bewährt haben, hat er ausführliche Beschreibungen mit genauen Abbildungen geliefert.

Der Verfasser glaubte namentlich über die Schlickeysen'sche Ziegelmaschine ausführlichere Mittheilungen machen zu müssen, da diese Maschine eine sehr einfache, zweckmäßige und solide Construction ist und jedenfalls eine vielfache Verwendung in den Ziegeleien erlangt. Der Kampf zwischen Maschinen und Handarbeit ist aber bei der Ziegelfabrikation immer noch nicht entschieden. Es werden daher offen die verschiedensten Ansichten Pro & Contra mitgetheilt, damit der Leser ein richtiges Urtheil über diesen Gegenstand sich verschaffen könne.

Eine besondere Aufmerksamkeit hat der Verfasser auch noch auf die Einrichtungen der verschiedenen Brennöfen, auf die Leitung und Benutzung des Feuers dabei verwendet, in welchen Stücken man noch vielfach an einem großen Schlendrian hängt, und doch sind gerade hierbei die größten Vortheile zu 'erreichen. Die einzelnen für die verschiebenen Arten von Brennmaterialien und Zwecke mitgetheilten Ofenconstructionen, wovon genauere Beschreibungen und größere Ab= bildungen gegeben wurden, sind gleichfalls alle praktisch erprobt und zu empfehlen.

Gerne hätte der Verfasser auch über Hoffmann's und Licht's ringförmigen Ziegelofen mit continuirlichen Betriebe, der in neuester Zeit Aufsehen erregt und jedenfalls Beachtung verdient, Mittheilung gemacht, er hatte aber noch nicht Gelegenheit, diese Ofenconstruction näher kennen zu lernen und den Betrieb zu beobachten, und muß eine genaue Beschreibung davon für später verschoben werden.

Die zahlreichen von dem Verfasser selbst maaßstäblich gezeichne= ten und in den Text eingedruckten Holzschnitte tragen zur Erläute= rung des Textes wesentlich bei. Die Abbildungen sind von einfa= chern Werkzeuge, Vorrichtungen, Ofenconstructionen so deutlich dar= gestellt und dabei die Maaße angegeben daß sie jeder Fabrikbesitzer und Arbeiter darnach ausführen lassen kann; und selbst die von com= plicirten Maschinen mitgetheilten können darnach von guten Maschi= nenfabriken ausgeführt und geliefert werden. Von der Literatur ist am Schlusse ein möglichst vollständiges Verzeichniß zusammengestellt. Es enthält nur sehr wenige selbstständige und meistens veraltete Werke über die behandelten Gegenstände, dagegen sind eine große Zahl von Aufsätzen über einzelne derartige Gegenstände in verschiedenen tech= nischen Zeitschriften und Blättern zerstreut.

Ueber Kalkbrennerei wurden die Werke von Vicat, Rancourt de Charleville, Hertel, sowie v. Mihálik, über Ziegelbren= nerei die von Schaller, Gebhardt und Schlickeysen, über Röhrenbrennerei Kreuter, Handbuch der Drainage hin wieder benutzt, auch die meisten in den letzten 20 Jahren über die genann= ten Fächer in periodischen Blättern zerstreuten Aufsätze zu Rathe ge= zogen, so daß der Verfasser glaubt, alles was in der Kalk=, Ziegel= und Röhrenbrennerei von allgemeinem Interesse ist und bis jetzt ver= öffentlicht wurde, zusammengestellt und besprochen zu haben. Gern läßt sich der Verfasser weiter belehren und sehr dankbar würde er es erkennen, wenn Fachgenossen Beurtheilungen seines Werkes sowie

die in ihren Geschäften gemachten Erfahrungen und Verbesserungen
ihm unter Adresse seines Verlegers Herrn Th. Thomas in Leip=
zig zukommen lassen wollten, damit ihre Mittheilungen bei einer et=
waigen zweiten Auflage berücksichtigt werden können. Nur durch den
Austausch der Meinungen und der gegenseitig gemachten Erfahrun=
gen läßt sich der alte Schlendrian in den Geschäften bekämpfen und
letztere immer mehr zur Entwickelung bringen.

Homburg v/d. H. im December 1860.

**Edmund Heusinger von Waldegg.**

# Vorrede
## zur zweiten Auflage.

---

So beifällig dieses Werkchen vor 6 Jahren allgemein aufgenommen worden war, und so günstig die kritischen Urtheile von allen technischen Zeitschriften, in welchen dasselbe besprochen wurde, lauteten, so waren doch durch die außerordentlichen Fortschritte, die in der Construction der Kalk- und Ziegelöfen, in der Cementfabrikation und Maschinenziegelei 2c. in den letzten Jahren gemacht wurden, eine Masse Zusätze und vielfache Umarbeitungen nöthig geworden. Wie sehr es sich der Verfasser angelegen sein ließ, das Buch den heutigen Ansprüchen, welche an die Kalk-, Cement-, Ziegel- und Röhrenfabrikation gemacht werden, gemäß zu verbessern und zu vervollständigen, geht daraus hervor, daß allein in dem vorliegenden 1. Theil (über Kalk- und Cementfabrikation) 5 neue Kapitel, 91 neue Paragraphen und 21 neue Holzschnittfiguren mehr gegen die frühere Ausgabe enthalten sind.

Die neuen Kapitel behandeln namentlich das Brennen des Kalks im Allgemeinen, das Brennen des hydraulischen Kalks und insbesondere des Kalkmergels, die hydraulischen Mörtel aus künstlichem hydraulischen Kalk (Portland-Cemente), das Mahlen und Sieben des Kalkmergels, Cements, Traß's und anderer Zuschläge, sowie den Kalksandziegelbau, welcher immer mehr Bedeutung erlangt und welche Gegenstände früher noch nicht oder nur sehr oberflächlich besprochen worden waren.

Andere Kapitel, wie das Untersuchen der Kalksteine, Aufbewahren des gebrannten Kalks, Ausmaaß des Kalks im Handel, Löschen des Kalks, über natürliche Cemente und Zuschläge, Fabrikation künstlicher Bausteine und über Kitte wurden fast vollständig ungearbeitet und vielfach vermehrt. Außerdem wurden in der vorliegenden neuen Bearbeitung vier neue und bewährte Ofenconstructionen, zwei neue Rollmühlen, eine neue Bétonmaschine genau beschrieben und mit deutlichen maaßstäblichen Zeichnungen versehen aufgenommen.

Ueber die nicht minder bedeutenden Abänderungen und Zusätze des zweiten (die Ziegel- und Röhrenfabrikation behandelnden) Theils soll in einem besondern Vorwort zu diesem berichtet werden.

Der Verleger ist sehr bereitwillig auf den Wunsch des Verfassers eingegangen, das Werk in zwei besondern Theilen (wovon jeder für sich verkäuflich ist) herauszugeben, damit auch der weniger bemittelte praktische Arbeiter (Kalkbrenner, Maurer oder Ziegler, für welche das Buch ebenso gut wie für den Fabrik- und Gutsbesitzer 2c. bestimmt ist) jedesmal nur den einen oder andern Theil seines speciellen Geschäfts zu kaufen braucht; zugleich wurde aber auch die Einrichtung getroffen, daß beide Theile des Buchs ein Ganzes bilden und in einen Band zusammengebunden werden können.

Bereits vor einem Jahre war diese zweite Auflage soweit vorbereitet, das kurz vor dem ausgebrochenen Krieg der Druck begonnen hatte; auf den Wunsch des Verlegers wurde der Druck bis zu ruhigeren Zeiten ausgesetzt, so daß die Ausgabe des Buchs erst zur Ostermesse 1867 stattfinden wird.

Hannover, Ende Januar 1867.

Edmund Heusinger von Waldegg.

# Vorrede

## zur dritten Auflage.

Die Herausgabe der seit längerer Zeit nöthig gewordenen 3. Auflage wurde durch andere größere literarische Arbeiten des Verfassers sehr verzögert, besonders, da durch die bedeutenden Fortschritte, welche im Baue von Kalk- und Ziegelöfen, in der Cementfabrikation ꝛc. in der neuesten Zeit wiederum gemacht wurden, von Neuem eine Menge Verbesserungen und Zusätze des Werkchens erforderlich geworden sind.

Die Vermehrungen und Zusätze gehen am besten daraus hervor, daß der vorliegende 1. Theil allein 48 Seiten mehr, ferner 6 neue Kapitel, 33 neue Paragraphen und 14 neue Holzschnittfiguren mehr gegen die zweite Auflage desselben Theils enthält.

Die neu hinzugekommenen Kapitel behandeln namentlich: das Kalkbrennen in continuirlichen Ring- und Kanalöfen, das Brennen der Portland-Cementmasse, Eigenschaften und Analysen des fertigen Portland-Cementes, Herstellung der Cementgesimse und Formen dazu, das Färben der Cementmasse und Herstellen dauerhafter Oelfarbeanstriche auf Portland-Cement und die Fabrikation der Schlackensteine. Zugleich wurden zu 6 neuen Ofenconstructionen deutliche Zeichnungen in möglichst großem Maaßstabe beigefügt und dieselben so genau und klar beschrieben, daß hiernach die Ausführung vom jedem tüchtigen Maurermeister bewerkstelligt werden kann, dagegen wurden die kleinen Skizzen von verschiedenen veralteten Kalköfen, welche die früheren Auflagen des Werkchens enthalten, beseitigt. Größere Umgestaltungen und eine Menge Zusätze sind außerdem beim VI., VIII., IX. und X. Kapitel nöthig geworden, während das XXI. Kapitel (Fabrikation des künstlich hydraulischen Kalks- oder des Portland-Cementes, welches den heutigen Anforderungen nicht mehr ansprach, gänzlich umgearbeitet werden mußte. Hierbei wurde das auf gründlichen Untersuchungen beruhende und mit vielem Fleiße bearbeitete Schriftchen von H. Klose, „der Portland-Cement und seine Fabrikation. Wiesbaden 1873", mit Genehmigung des Herrn Verfassers zu Grunde gelegt und vielfach benutzt. Die weiteren sehr schätzbaren Mittheilungen und Notizen, welche dem Verfasser von verschiedenen Seiten zur Benutzung bei der neuen Auflage zugingen, wurden gewissenhaft berücksichtigt und spricht derselbe allen Gönnern und Freunden hierfür seinen besten Dank aus.

Endlich wurden bei der neuen Bearbeitung alle verschiedenen Maaß- und Gewichtsangaben nach dem neuen metrischen System umgeändert.

Der Druck des zweiten Theils soll alsbald folgen und wird derselbe hoffentlich im Juli ausgegeben werden können.

Hannover, Ende April 1875.

Edmund Heusinger v. Waldegg.

# Inhalt.

---

## Erster Theil.

### Kalkbrennerei.

#### I. Anwendung und Eigenschaften des Aetzkalks.

## XXIV. Eigenschaften und Analysen des fertigen Portland-Cementes.

## XXV. Ueber Herstellung von Cementgesimsen und Formen dazu.

## XXVI. Ueber das Färben der Cementmasse und Herstellen dauerhafter Oelfarbenanstriche auf Portland-Cement.

## XXVII. Von der Bereitung des Bétons (Grob- oder Grundmörtels).

## XXVIII. Der Kalksandziegelbau.

# Erſter Theil.

~~~~~~

## Kalkbrennerei.

———

# Anwendung und Eigenschaften des Kalkes.

§. 1. Die Verwendung des Kalkes, namentlich in ätzendem Zustande, ist sehr bedeutend und mannichfaltig. Die erste und allgemeinste ist die zu Mörtel, zum Verputz und Weißen von Gebäuden; dann zur Bereitung von ätzendem Kali, Natron, Ammoniak und behufs vieler andern chemischen Processe; in der Technik: als Zuschlag beim Verschmelzen der Erze, bei der Gerberei, Pergamentfabrikation, Glasfabrikation, Seifensiederei, Bleicherei, Färberei; zum Läutern des Rübensaftes, zum Raffiniren des Zuckers, zum Reinigen des Leuchtgases und anderen Gasen; zum Absorbiren der Feuchtigkeiten in geschlossenen Räumen; als Polirmittel; zu Kitten, Fußböden und vielem Andern; in der Oekonomie: zum Düngen; die Ackerkrume wird durch ihn aufgeschlossen und die zur Ernährung der Pflanzen so nothwendigen Alkalien können von demselben aufgesogen werden. Der Kalk begünstigt und erleichtert die Zersetzung kieselsaurer Thonerde-Verbindungen und beschleunigt den Uebergang der für die Vegetation so wichtigen alkalischen Stoffe aus den Mineralien in den Boden

§. 2. Der gebrannte Kalk wird seiner ätzenden und zerstörenden Eigenschaft organischen Körpern gegenüber auch wohl „Aetzkalk" genannt. Der Grundstoff des lebendigen oder Aetzkalks ist das Calcium, ein einfacher, metallischer Grundstoff, silberweiß, fest, entzündet sich leicht an der Luft, verbrennt, oxydirt sich zu Kalk.

Der Aetzkalk (Calciumoxyd), dessen Mischungsgewicht = 355,019 ist, besteht aus 100 Theilen Calcium und 39,86 Theilen Sauerstoff.

In der Natur kommt der Aetzkalk nie rein vor, sondern stets in Verbindung mit Säuren, von denen die wichtigsten die Kohlen-, Schwefel- und Kieselsäure-Verbindungen sind.

Zu der Kohlensäure hat er eine große Affinität, und giebt in dieser Verbindung den kohlensauern Kalk, welcher der Hauptbestandtheil der verschiedenen Marmorarten, der meisten Bausteine,

1 *

verschiedener kohlensaurer Krystallgebilde ist. Er kommt krystallisirt als Kalkspath und Arragonit*), krystallinisch als weißer Marmor, erdig als Kreide, Kalkmergel, Schaumkalk vor; bildet die Schnecken- und Muschelschalen und einen großen Gemengtheil der Ackererden. Er enthält durchschnittlich 5 Gewichtstheile Kalk und 4 Gewichtstheile Kohlensäure, oder besteht in 100 Theilen: aus 56,29 Kalk und 43,71 Kohlensäure.

§. 3. Mit Schwefelsäure verbunden bildet er den Gyps. In seiner Verbindung mit Phosphorsäure (Apatit) macht er den Hauptbestandtheil der Thierknochen, mit kohlensaurer Magnesia verbunden wird er Dolomit**). Den Aetzkalk gewinnt man aus der kohlensauren Verbindung, indem man durch Glühen die Kohlensäure austreibt, d. h. durch das Kalkbrennen. Dabei bleibt Calciumoxyd (Kalkerde) zurück, die jedoch bei dem gewöhnlichen Brennen für technische Zwecke selten ganz rein erhalten wird und zum Theil noch einigen Antheil an Kohlensäure, Bittererde, Eisenoxyd, kieselsaure Thonerde und andere Stoffe enthält, je nach der Zusammensetzung der verwendeten Kalksteine. Der reine Marmor allein liefert die Kalkerde am reinsten. —

§. 4. Die Qualität des gebrannten Kalks hängt theils von der Reinheit des dazu verwendeten Kalksteins, theils vom Brennen selbst ab. Die Hitze muß nämlich so stark und anhaltend einwirken, daß alle Kohlensäure ausgetrieben wird und der Kalk nicht mehr mit Säuren braust; sie darf aber auch nicht so weit gehen, daß die Bestandtheile an Kieselerde, Thonerde, welche die Kalksteine enthalten, sich mit dem Kalk chemisch vereinigen, oder gar zusammenschmelzen, in welchem Falle der Kalk todtgebrannt heißt, und mehr oder minder unbrauchbar geworden ist. Der Aetzkalk ist je nach der Reinheit seines Zustandes meist weiß, grau oder schmuzig weiß, zerbröcklicher als der rohe Kalkstein, doch noch fest genug, um sich in Stücken transportiren zu lassen. Bei manchem Kalke ist nach dem Brennen die krystallinische Beschaffenheit noch zu erkennen. Er ist ätzend, schmeckt scharf, laugenhaft, zerstört thierische Gebilde. Sein specifisches Gewicht ist 2,3, sein absolutus 4,6 Zollpfund pr. Cub. Decimeter Aetzkalk (ca. 151 Pfd. pr. Preuß. Cub. Fuß). Er ist in hohem Grade

*) Ein graulich weißer, in sechsseitigen Säulen krystallisirter Kalkstein, der in Arragonien in Spanien vorkommt.
**) Bitterkalk, Braunkalk, nach dem französischen Geognosten Dolomieu genannt.

porös. In Folge dessen saugt der gebrannte Kalk das Wasser — ungefähr 18—24% — mit Heftigkeit ein, wobei die in den Zwischen= räumen befindliche Luft mit Geräusch vertrieben wird. Bei gut gebrann= tem Kalk nach wenigen Minuten, bei anderm viel später, fängt der vollgesogene Kalk an sich zu erwärmen; von diesem Augenblick an geht die Bindung des Wassers vor sich. Unter Knistern und Abblättern zerspringen die Kalkstücke; die Bruchstücke und Blätter zerfallen unter Ausstoßung von Dampf weiter und weiter, bis endlich das Ganze, unter bedeutender Zunahme seines Volumens, eine gleichförmige Masse, einen schneeweißen zarten Brei bildet. Der gebrannte Kalk ist nun in Kalkhydrat, gelöschten Kalk, verwandelt; die Operation heißt das „Ablöschen".

§. 5. Die Wassermenge, welche hierbei aufgenommen wird, richtet sich nach der Natur des Kalkes; 100 Theile fetter Kalk nehmen nur 18 Theile Wasser auf; 100 Theile magerer Kalk nehmen dagegen 10—35 Theile Wasser auf. Ein Volumen gebrannter fetter Kalk giebt 3,5 Volumen gelöschten Kalk, von 1 Volumen gebrannten ma= geren Kalk erhält man nur 1,75—2,53 Volumen gelöschten Kalk. Diese Volumenvermehrung heißt das Wachsen, Gedeihen.

§. 6. Bei dem Ablöschen des Kalkes tritt eine bedeutende Wärme= entwicklung, selbst noch Siedehitze ein, wenn man den Kalk mit der dreifachen Menge Wasser übergießt; diese Hitze ist um so bedeutender, je rascher sich der Kalk löschte, d. h. je reiner und je besser er ge= brannt ist; sie erreicht ihren Höhepunkt, wenn man gerade soviel Wasser beigiebt, als gebunden wird.

Die Temperaturerhöhung ist von großem Einfluß auf die Güte des Kalkes, sie muß daher genau beobachtet und durch den richtigen Wasserzusatz regulirt werden. Löscht man den Kalk nur mit soviel Wasser ab, als er verschluckt, so bildet er keinen zarten, sondern einen grob krystallinischen oder sandartigen Brei; in diesem Zustand nennt man den Kalk verbrannt, d. h. durch falsches Löschen ma= ger geworden; wird dagegen zuviel Wasser beim Löschen genommen, so ersäuft man den Kalk.

Setzt man gebrannten Kalk der Luft — besonders feuchter und Gewitterluft — aus, so zieht er Kohlensäure und Wasser an; ver= mehrt etwas sein Volumen; zerfällt langsam in Pulver — er stirbt ab. Man nennt dergleichen zerfallenen Kalk auch abgestandenen Kalk. Das Pulver ist nicht wie beim gewöhnlichen Löschen fein, sondern rauh anzufühlen und mit keinen eckigen ziemlich harten Körnern untermischt.

Kalkbrei, mit Wasser verdünnt, liefert die Kalkmilch; das mit Kalk gesättigte Wasser — 1 Theil Kalk, 778 Theile Wasser von 15,6° Celsius — heißt Kalkwasser.

Der Kalk als Marmor, Kalkspath, Muschelschalen rc., der weniger als 10% Kiesel- und Thonerde enthält, beim Löschen sein Volumen bedeutend vergrößert, viel Wasser verschluckt, lange Zeit gleichsam speckig, schlüpfrig bleibt, wird fetter Kalk genannt. Er verträgt bei der Bereitung des Mörtels viel Sand, ist nur zu gewöhnlichem Mörtel, der an der Luft erhärtet, zu verwenden. Der magere Kalk hingegen ist solcher, der 15—30 Procent fremde Bestandtheile, als Magnesia, Eisenoxyd, Thonerde enthält, weniger Wasser beim Löschen annimmt, weniger wächst, sich körnig anfühlt, weniger schlüpfrig ist und daher auch weniger Sand verträgt. Der magere Kalk besitzt gewöhnlich hydraulische Eigenschaften, d. h. er kann zu Mörtel verwandt werden, der im Wasser erhärtet.

Durch unvollkommenes Brennen kann ein ziemlich reiner Kalk mager werden.

## II.
## Steine, welche zum Kalkbrennen verwendet werden können.

§. 7. Kalkspath (spathiger Kalk, Doppelspath) ist mehr oder weniger durchsichtig, weiß, auch graulich-röthlich-, gelblich-, grünlich-weiß, irisirt zuweilen auf der Oberfläche, krystallisirt oder krystallinisch, tropfsteinartig, nierenförmig, stängelig, schaalig, blätterig, durch Metalloxyde verschiedentlich gefärbt. Er besteht aus 56,5 Kalk, 43,0 Kohlensäure, 0,5 Wasser; er gehört zu den am meisten verbreiteten Mineralien und findet sich in allen Formationen; kommt jedoch selten in solcher Menge vor, daß er zum Kalkbrennen benutzt werden kann. Der Kalkspath dient, wenn er von Metalloxyden rein ist, namentlich zur Darstellung des reinen Aetzkalkes und findet auch sonst in der Chemie vielfache Anwendung. Specielles Vorkommen im Harz bei Zellerfeld, Clausthal, Lautenthal, Iberg, zu Andreasberg (sehr schön violblau), in der Pfalz, im Salzburgischen, im Saalfeldischen, in Frankreich, Spanien, England, Rußland, Schweden,

Jsland, — letzterer sehr schön und wegen seiner ausgezeichneten doppelten Strahlenbrechung (Doppelspath) berühmt. —

§. 8. **Körniger, krystallinischer Kalk** (Urkalk, Marmor); die Grundmasse dieses Gesteins ist kohlensaurer Kalk von krystallinischem, körnig=blättrigem Gefüge, seine mehr oder minder weiße Farbe verläuft sich in's Gelbe, Grüne, Blaue, Rothe und unter besondern Umständen (wie es scheint, wenn er der Jnfiltration organischer Substanzen ausgesetzt gewesen ist), bietet er auch schwärzliche Farben dar. Der Bruch dieser krystallinischen Kalksteine ist glänzend, stark schimmernd, die Ränder mehr oder minder durchscheinend; sie nehmen eine schöne Politur an. Fremde Mineralien finden sich sehr häufig eingesprengt, namentlich beobachtet man öfter Bleiglanz, Eisenkies, Schwerspath oder Glimmerblättchen in der Masse. Der Glimmer nimmt zuweilen überhand, wodurch dann Uebergänge zu dem **Blauschiefer** gebildet werden; — in anderen Fällen nimmt der Gehalt an Kohlenstoff oder an brenzlichen Substanzen in dem Kalksteine so zu, daß er ganz schwarz wird und beim Schlagen stinkt, in welchem Falle man ihn öfter **Anthrakonit** genannt hat. Schichtung fehlt entweder ganz oder ist nur sehr undeutlich. Nur der glimmerreiche körnige Kalk zeigt mächtige, bisweilen höchst deutliche Schichten. Specielle Fundorte sind: in Nassau bei Villmar a. b. Lahn, Catzenellenbogen; in Sachsen bei Memmendorf, Neudorf, Langenfeld, Krotendorf, Schwarzenberg, Planitz, Meißen, Hainichen, Annaberg; dann im Gneusgebirge bei Lauterbach und Miltitz; ferner in Mähren bei Joachimsthal, im Bunzlauer und Saazer Kreise in Böhmen, zu Kallich, Hassenstein, Hohenstein ꝛc. in Steiermark (Steinbauer, die Schneealpen ꝛc.), in Schlesien (Neuwaltersdorf, Niederthalheim, Reinerz, Landeck, Reichenstein ꝛc.), in Baiern (Obermainkreis bei Waltersdorf, Dechanthees, Neusorg, Wunsiedel ꝛc.), im Badloche am Kaiserstuhl, bei Auerbach an der Bergstraße, im Hochstetter Thal; an letztern Orten, wie auch in Tyrol lagerartig im Gneus und Glimmerschiefer Ueberhaupt ist er in den meisten größern Gebirgen Europa's verbreitet, namentlich in der Centralkette der Alpen, in Graubünden und in Tyrol, in der Umgebung des Selvretta und des Detzthaler Ferner, in den Appeninnen (bei Carrara, der berühmte carrarische Marmor), in den Pyrenäen, auf den griechischen Jnseln (parischer Marmor), auf Morea, in Schweden, Norwegen ꝛc. —

§. 9. **Dichter oder compacter Kalkstein.** Die reine dichte, nur selten ein körniges Gefüge annehmende Kalkmasse ist theils durchaus gleichartig, theils auch nach allen Richtungen von weißen

Adern durchzogen. Hauptfarbe grau, Bruch feinsplittrig, neigt sich zum Ebenen, bisweilen auch zum Flachmuscheligen und zeigt stellenweise einzelne glänzende Theilchen. Schichtung fehlt entweder ganz, oder ist sehr undeutlich, bei der mit Thon gemengten Felsart ist die Schichtung deutlich und dünn. Das Gestein zeigt häufig Höhlungen und Spaltungen, die mit Kalkspath und Quarzkrystallen erfüllt sind; nicht selten sind Gehäuse von Schalthieren und Korallenäste eingeschlossen.

Der dichte Kalk findet sich als integrirendes Glied in allen Flötzformationen, und zwar hat der Kalk des Uebergangsgebirges den Namen Uebergangskalk (Orthoceratiten-Kalk); der Kalkstein der Kohlenformation den Namen Bergkalk (Alpenkalk); der Kalk der Kupferschieferformation den Namen Zechstein; das zwischen dem bunten Sandstein und dem Keuper liegende Kalkgebilde den Namen Muschelkalk; die über dem Keuper gelagerte Kalkschicht den Namen Liaskalk; die darauf folgende weiße oolithische Schicht den Namen unterer Oolith (oder oberer Liaskalk); die weiter nach oben folgende Schicht, meist durch weiße Farbe ausgezeichnet, den Namen Jurakalk von den Geognosten erhalten.

Den über dem Grünstein gelagerten Kalk nennt man Plänerkalk und Kreide, der Braunkohlenformation oder Molasse heißt Grobkalk; über diesem folgen die verschiedenen älteren und jüngeren Süßwasserkalke.

Fundorte sind: in Thüringen, Querfurth, Jena, Naumburg, Eisleben; in Sachsen bei Regelsdorf und Kapfelsberg; in Oberbaiern bei Hohenschwangau, Ettal, Benedictbeuern, Tegernsee, Reichenhall, Pfaffenhofen, Michelfeld, am Gaisberg, und Untersberg (unweit Salzburg), Abnet bei Laufen, Rüdersdorf in der Nähe von Berlin, am Fuße des Harzes, in den württembergischen Gebirgen, im Coburgischen 2c.

§. 10. Kalksteinschiefer ist eine Abänderung des gemeinen schiefrigen Flötzkalksteins. Gefüge feinkörnig; Härte gering. Farbe grau, gräulich oder gelblich, auch weiß. Der bekannte lithographische oder Steindruck-Kalkstein ist eine Art Kalksteinschiefer. Seine Farbe ist gelblich, auch rauch-grau. Er enthält oft Versteinerungen und bricht abgetheilt in Schichten und Platten. Vorkommen nicht sehr häufig; am schönsten bei Solenhofen in Baiern. Die Steinbrüche gleichen einem Dorfe, da die Steinbrecher mit ihren Familien hier wohnen. —

§. 11. Der Roggenstein oder Oolith besteht aus sehr feinen kugelförmigen, zusammengebackenen Körnern, die zuweilen mehrere schalenförmige Hüllen darbieten und welche Aehnlichkeit mit dem

Roggen der Fische haben. Die Körner sind gewöhnlich durch ein kalkartiges Cement zu einer Steinmasse verbunden. Seine Farbe ist weiß, in's Graue und Gelbgraue, häufig durch Eisenoxyd gelb gefärbt, braun, bräunlichroth; innen matt, im Bruche dicht. Die Oolithenkalke sind ungemein weit verbreitet und erscheinen deshalb unter sehr verschiedenem Ansehen; meist sind sie ziemlich hart, fest und zeigen einen compacten körnigen Bruch. Specielle Fundorte im Mansfeldischen, bei Sangerhausen, Klosterrode, an der Schmücke, im Bernburgischen, im Weimarischen, im Ziegelrober Forste, bei Braunschweig (der Nußberg), am Harz bei Ilsenburg, Blankenburg, in der Schweiz, England ꝛc.

Der Erbsenstein ist ein jüngerer Oolith, dessen Körner größer sind, in ihrem Innern meist einen Kern von Quarzsand oder Kalkspath enthalten und das schalige Gefüge in ausgezeichnetem Grade zeigen. Er findet sich ausgezeichnet bei Karlsbad in Böhmen und bei Feloe Lelocz in Ungarn. Wegen seines Thongehaltes giebt er einen schlechten magern Luftkalk, meist aber einen trefflichen hydraulischen Kalk.

§. 12. **Muschelkalk** (kohlensaure Kalkerde mit Kiesel und Thonerde und Eisenoxyd), die reine dichte, ziemlich gleichartige Masse dieses Gesteins ist Kalk. Die zahllosen Versteinerungen, besonders Muscheln, sind für dieselben charakteristisch. Bruch matt, muschelförmig, feinsplittrig; Farbe einfach grau oder braun und gelb. Die grau gefärbten Abänderungen sind härter, werden selbst hornsteinartig; die gelb gefärbten, zumal die thonhaltigen sind meist etwas mürbe. Schichtung ausgezeichnet deutlich und gleichförmig, aber nur mit unbedeutender Mächtigkeit.

Der Muschelkalk ist sehr weit verbreitet, im südlichen Deutschland am beträchtlichsten, er hat daher dort seine größte Entwicklung erreicht. In Schwaben erstreckt er sich von dem südöstlichen Schwarzwalde längs des Neckarthales über Sulz, Horb, Rottenburg, zieht sich am östlichen Saume des Schwarzwaldes bis gegen Pforzheim und bildet die Höhen und Thalgehänge des württembergischem Unterlandes, von wo aus er sich in das Kocher- und Jartthal und dann gegen Norden über Wertheim, Würzburg und Schweinfurth in's Bayreuthische erstreckt. Am westlichen Abfall des Schwarzwaldes erscheint er nur in einzelnen Punkten. Im nordwestlichen Deutschland kommt er bei Ronneberg, Elze, Sehnde in der Nähe von Hannover, bei Göttingen, Hörter, Detmold, bei Heilgenstadt, Naumburg, Jena und Gotha, in einigen isolirten Punkten nördlich am Harz vor. In Schlesien ist er zwischen Oppeln und Tarnowitz sehr verbreitet und erstreckt sich von da in's südliche Polen. In den Vogesen bildet er am westlichen Abhange derselben beträchtliche Höhenzüge. Der Muschelkalk verwittert schwer und ist daher ein eben so guter Baustein, wie die reinen Abänderungen, gebrannt, einen vorzüglichen Aetzkalk liefern.

§. 13. Die Kreide ist kohlensaure Kalkerde mit etwas Talk, Thon und Eisenoxyd. Bruch erdig. Schichtung selten regelmäßig. Man findet häufig Versteinerungen von Seethieren in Kreide, die in eine kieselartige Masse übergegangen sind; zuweilen auch Schwefelkies und Feuerstein in kugelförmigen Massen. In manchen Gegenden wird die festere Kreide als Baustein verwendet. In der Regel ruht die Kreideformation auf dem Jurakalk, wo dieser aber fehlt, auf den ältern Flötz- und selbst Urgebirgsarten. Das Kreidegebirge bildet häufig ausgedehnte Hochebenen, bisweilen auch groteske Gebirgszüge mit scharfem Rücken und tief eingegrabenen Thälern. Wo das Gestein vom Meere bespült wird, zeigt es oft sehr schroffe, blendendweiße Felswände und ausgerundete Buchten.

Die Kreide ist derb, fein erdig, sehr weich und zerreiblich, undurchsichtig, matt, weiß in's Gelbliche und Graue, fühlt sich mager an, hängt etwas an der Zunge und schreibt, indem sie leicht abfärbt. Sie geht zuweilen in dichten Kalkstein über. Nach Ehrenberg besteht die Kreide aus Bruchstücken der Gehäuse kleiner Polythalamien-Mollusken. Sie liefert gebrannt einen vorzüglichen Aetzkalk, der jedoch längere Zeit eingesumpft liegen muß.

Die Verbreitung der Kreide in Deutschland ist nicht sehr beträchtlich; sie erscheint am Saume des nordwestlichen Hügellandes, zwischen Essen und Paderborn, am Teutoburger Walde und in einzelnen Hügeln zwischen Ibbenbühren, Wesel und Deventer. Oestlich von Wesel und längs des Teutoburger Waldes überlagert sie den Quadersandstein. Zwischen Goslar, Hannover und Braunschweig tritt sie abermals in geringer Mächtigkeit auf. In Süddeutschland bedeckt Kreide in Begleitung von Grünsand einen Theil des fränkischen Jura. In der Kette der Alpen macht die harte Kreide mit den untergeordneten Sandsteinlagern vielleicht die Hauptmasse der äußeren Kalkalpen aus. In Böhmen, überhaupt bis gegen Pirna ihn, wird der Quadersandstein an wenigen Stellen von harter Kreide und Kreidemergel bedeckt. Im Gebiete der Ostsee erscheint die Kreide in der Nähe von Greifswald, auf der Insel Rügen, Möen, Fünen, Jütland, Seeland rc. zum Theil in sehr beträchtlicher Mächtigkeit. Bei Lüneburg tritt sie inselförmig aus dem dortigen Schwemmlande hervor; bei Lübtheen in Mecklenburg und Segeberg unweit Lübeck. Westlich vom Rhein umgiebt die Kreide den Saum des rheinischen Schiefergebirges zwischen Aachen und Brüssel und setzt sich über Lille bis Calais fort; umgiebt das Becken von Paris in beträchtlicher Ausdehnung. Im Gebiete der Pyrenäen tief in Spanien hinein; in Irland; in England; vorzüglich in York, Wiltshire und Sussex. In Wiltshire erreicht die Kreide eine Höhe von 270 Meter. — Vorzüglich rein ist die Kreide von Kreta; andere Sorten, namentlich die französische, enthalten in starker Beimengung fein zertheilt Quarz, Thon, Kalk und zuweilen Eisenoxyd. Die unteren Lager pflegen gewöhnlich feinkörniger als die oberen zu sein, weshalb man in Frankreich dieselben in der Regel unterirdisch ausbeutet.

§. 14. Der Kalktuff oder Kalksinter ist eine zusammengesinterte Masse von kohlensaurem Kalk und Thon. Gefüge röhrenförmig, blätterig, moosartig, tropfsteinartig, oft von den verschiedensten Gestalten; schwammig, löcherig, zellig rc. Farbe röthlich, gelbbraun, grau, nicht selten ockergelb gestreift. Bruch uneben, körnig, erdig, undurchsichtig, matt, weich. Er geht in's Zerreibliche über, springt unbestimmt eckig, stumpfkantig. Er kommt theils in ganzen Schichten, theils in gestaltlosen Stücken vor, die zuweilen mit Letten wechseln. Nach der Oberfläche zu ist er oft verwittert, in größeren Tiefen härter. Er gehört zu den neuesten, sich fortbildenden Erzeugnissen der Alluvialbildung, füllt Becken, Schluchten, Thäler und enthält häufig Flußmuscheln, Theile von Landpflanzen, auch Landthieren rc. Die Inkrustationsunterlagen sind leicht erkennbar, Holz, Schilf, Blätter, Knochen, Moos rc., die bei ihrer Zersetzung hohle Räume zurückgelassen haben; seine Festigkeit übertrifft jedoch in einzelnen Theilen oft die des Flötzkalkes. Er brennt sich, wegen seiner Porosität, zu Aetzkalk sehr leicht. Er giebt einen magern, mit viel Eisenocker gemischten Kalk, nach Umständen aber einen gutbindenden Mörtel: es darf jedoch demselben wegen des Eisenoxydgehalts nur wenig Sand zugesetzt werden. Wenn er keinen oder nur sehr wenig Eisenocker enthält, so brennt er sich sehr weiß und giebt einen guten Weißkalk. Von Bamberg wird solcher Kalk unter dem Namen „Weiß" verführt. Man findet ihn als ausgedehnte Ausfüllung in der Umgegend von Weimar, Burgtonna im Gothaischen, Greußen im Schwarzburgischen, Kleinvargula, Tennstädt, Weißensee in Thüringen u. a. O. —

§. 15. Stinkstein, Stinkkalk (bituminöser Kalkstein) muß dem dichten Kalk zugerechnet werden. Farbe graulich-schwarz, grau, braun, gelb, derb; eingesprengt in Geschieben; innen schimmernd, wenig glänzend oder matt; mit dichtem oder blättrigem Bruche (gemeiner oder blättriger Stinkstein). Der dichte verläuft sich durch's Muschelige in's Erdige, aus dem Splitterigen in's Unebene. Gewöhnlich bricht er scheibenförmig, schieferig, selten unbestimmt eckig. Strich graulich weiß. Die Bestandtheile sind kohlensaurer Kalk von bituminösen Theilen durchdrungen; daher sein Geruch nach Erdöl beim Zerschlagen, den er jedoch nebst Farbe im Brennen verliert. Er geht zuweilen in gemeinen dichten Kalk über. Seine Fundorte sind: Camdorf, Eisleben, Glücksbrunn, Frankenhausen, Ilmenau in Thüringen, in Böhmen (bei Prag 2c.), in Oberhessen (Thalitter 2c.), in Baiern, der Schweiz, Frankreich, Flandern, Brabant', Polen 2c. Wo er in großen Massen vorkommt, brennt man ihn zu Kalk, der etwas mager, jedoch gut bindet, so in Westgothland. Da er beim Glühen durch sein Bitumen viele Wärme entwickelt, so erfordert er wenig Brennstoff und kann, wenn dieses im größern Verhältnisse obwaltet, sogar wie Steinkohlen die Feuerung selbst vermitteln und sich zugleich zu Kalk brennen, wie in der Grafschaft Galway geschieht. Der unter dem Namen „brabanter Marmor" (Lucullan) bekannte sehr dichte Stinkstein von graulich schwarzer und schwärzlich grauer Farbe findet sich an beiden Ufern der Maas; vorzüglich bei Namur und Lüttich, wo er mächtige Felsen bildet, sowie der schuppig körnige bei Brie, unweit Belle-Alliance, wird dort in großer Menge als Kalk benutzt. —

§. 16. Braunkalk (Braunspath), er gehört dem Dolomit zu, indem er gegen 50 Procent kohlensauren Kalk, 32 Procent kohlensaure Bittererde und 7 Procent Eisen enthält. Gefüge körnig, blättrig oder faserig (faseriger Braunkalk); krystallinisch, weiß in linsenförmigen Krystallen krystallisirt, nierenförmig, kugelig, zellig, derb; Farbe: gelblich braun, gelblich grau, häufig roth, auch mehrfarbig. In dem Gestein befinden sich öfters Höhlungen, die mit Bitterspath erfüllt sind; auch ist manchmal Schwefelkies eingesprengt. Die Schichtung des ältern Dolomits ist mitunter fast senkrecht, dem jüngern fehlt sie ganz. Der Braunspath findet sich meist in Gängen der Ur- und Uebergangsgebirge, so bei Wittichen und Wolfach in Baden, bei Freudenstadt im Schwarzwald, am Harz bei Walkenried, in dem sächsischen Erzgebirge (Freiberg, Schneeberg, Annaberg), im Neustädter Kreise bei Kammsdorf, bei Hanau, Bamberg, in Thüringen, Böhmen, Salzburg, Ungarn, in der Grafschaft Derby in England. Er ist zum Brennen sehr geeignet und liefert häufig einen guten hydraulischen Kalk. —

Unter die erbigen Kalke gehört auch:

§. 17. **Mergel; Kalkmergel, Thonmergel.** Unter Mergel versteht man im Allgemeinen ein Gemenge von kohlensaurem Kalk und Thon in verschiedenen Verhältnissen, theils fest als verhärteter Mergel, theils erbig als Mergelerde. Einige Mergelarten zeigen ein schiefrig-blätteriges Gefüge und heißen daher Mergelschiefer.

Enthält der Mergel 25 bis 50 Procent Thon, so heißt er Kalkmergel und bei 50 bis 75 Procent Thongehalt Thonmergel; ist der Kalkmergel reich an kohlensaurer Magnesia, so heißt er Dolomitmergel. Der Kalkmergel, welcher 24 bis 30 Procent Thongehalt besitzt, liefert einen sehr guten, beinahe den besten natürlichen hydraulischen Kalk; derselbe hat bei seiner Ausbeute, daher in feuchtem Zustande, gewöhnlich eine gelbliche, mehr dunkelgraue, unreine Farbe; trocknet er an der Luft, so wird er beinahe in's Weiße übergehend, gelb. Man kann ihn ebenso wie Kreide zum Schreiben verwenden, nur wird das Geschriebene statt rein weiß, etwas gelblich erscheinen. Der gute Kalkmergel bleibt an der Zunge kleben. Der Mergel braust mit Säuren um so mehr, je mehr er Kalk enthält und hinterläßt dabei einen Rückstand von Thon; je thonreicher er ist, desto geringer ist das Brausen und desto größer der Rückstand. Alle Mergel geben beim Anhauchen einen Thongeruch, und halten die Feuchtigkeit lange zurück; die meisten zerfallen an der Luft und werden dadurch fähig, in der Oekonomie als Düngungsmittel verwendet zu werden; sie liefern in der Regel einen sehr lockern Boden, der die Feuchtigkeit lange anhält; sie eignen sich daher vorzugsweise zur Verbesserung eines sandigen Bodens.

Der Mergel ist meist deutlich geschichtet, bildet mehr oder weniger mächtige Bänke, ist stets stark zerklüftet, und wird durch die Einwirkung von Luft und Regen leicht zerstört; er kommt im Flötzgebirge als ein Glied älterer und neuerer Kalkformationen, häufig im aufgeschwemmten Boden zwischen Sand- und Thonschichten vor. Er bildet eine mächtige Grundlage von einem großen Theile Norddeutschlands, vornehmlich von Schleswig, Holstein, Mecklenburg, auch von Jütland; alsdann kommt er namentlich in den oberen Schichten der verschiedenen Kohlenformationen vor, worin derselbe bisweilen eine Mächtigkeit von 100 bis 150 Fuß erreicht.

§. 18. **Kalkmergelnieren, Kalksteinnieren.** Dieselben kommen meistens in jenen Thonschichten vor, welche mit den Kalksteinbänken der Oolithenformation wechseln, dann in derjenigen Thonſchicht, die über der Kreide liegt. Dieſe Mergelnieren enthalten 20 bis 40 Procent Thon; ſind meiſt eiförmig geſtaltet, theils fauſtgroß, theils oft 10 Zoll dick und 12 bis 24 Zoll lang; ſie ſind gelblich grau, braun, mit Adern von Kalkſpath durchzogen, nicht ſelten im Innern hohl und mit Kalkſpathkryſtallen, Muſcheln, Holzſtücken ꝛc. drüſenatig ausgefüllt. Wo nicht beſondere Umſtände die Gewinnung dieſer Mergelnieren begünſtigen, können dieſelben nicht gewonnen werden, da ſie einzeln im Thon zerſtreut liegen. In Hohlwegen, an Fluß= und Meeresufern wird aber der Thon zerſtört und werden die Nieren in großer Menge am Ufer liegend gefunden, wodurch ihre Gewinnung weſentlich erleichtert iſt.

Man findet ſie namentlich in England in Sommerſethire, Derbyſhire, Yorkſhire, Glamorganſhire auf der Inſel Wight, Sheppy, Thanet, an den Ufern und im Bette der Themſe; an der franzöſiſchen Küſte bei Boulogne (Gallets de Boulogne), an der holländiſchen Küſte bei Antwerpen. Aehnliche Kalkmergelnieren kommen auch bei Neuſtadt=Eberswalde, auf Rügen am Abhange bei Arkona im Thone vor; auch in Bayern bei Altdorf, Kulmbach. Ferner in Ungarn im Berge zu Battina, im Donau=Ufer an den Strecken unter Peſt, zu Titel an der Theiß. Specifiſches Gewicht der engliſchen 2,59, der franzöſiſchen 2,16 Dieſe Kalkmergelnieren geben ebenfalls nach dem Brande einen ſehr guten hydrauliſchen Kalk; bekannt ſind die daraus gefertigen Parker's Roman cement und Plâtre-ciment de Boulogne sur mer.

§. 19. Die Bergmilch, Montmilch (Mehlkreide, mineraliſcher Schwamm), eine Kreide neuern Urſprungs, gelblich=, graulich=, ſchnee= weiß, aus locker verbundenen, zuſammengebackenen Kalktheilchen beſte= hend, oft weicher und locker als Kreide, oft von Waſſer durchbrun= gen und weich, abfärbend, fühlt ſich fein und mager an, hängt etwas an der Zunge und rauſcht zwiſchen den Fingern. Sie findet ſich namentlich in Höhlen und Klüften der Kalkgebirge und überzieht die Ablöſungen des verhärteten Mergels und Sandſteins in der Schil= lershöhle bei Hohen=Wittlingen unfern Urach in Württemberg, im Bündnerſchen, Braunſchweigiſchen (Walkenried), in Böhmen (Rocho= ſetz, Bunzlauer Kreis, Duchorſitz), in Mähren (Sloperhöhle), in Oeſt= reich (Kalkhügel), bei Mödling, Eichkugel, um Baden, unweit Regens= burg, beim Paſſe, Struv, Lueg, im Hohlwegthale unweit Frauen= wieſe, am Gaisberg bei Kirchberg, am linken Ufer der Alz, unweit Altenmark, im Baireuthiſchen, Bergiſchen, in der Schweiz, in Piemont ꝛc.

Man verbraucht ſie, beſonders in der Schweiz, roh zum Tünchen der Wände und zum Anstriche auf Holz. Wegen des Abschmuzens versetzt man sie zuweilen mit einem Achtel bis einem Drittel Aetzkalk. In der Uckermark wird sie, in Backsteinform gebracht, gebrannt.

§. 20. **Austernschalen und Muscheln.** Aus Muschelschalen aller Art, die man an den Küsten des Meeres in Massen ansammelt; wo sie nach der Fluth auf Sandbänken in Menge zurückbleiben, brennt man den Muschelkalk, der in solchen Gegenden fast ausschließlich gebraucht wird.

Sie werden theils in Haufen geschichtet, mit Holz und Torf überdeckt, theils in Gruben gebrannt; in Holland, an der deutschen Nordküste (Friesland, Bremen ꝛc.). Sie müssen scharf gebrannt werden, denn der geringste Rückstand von Kohlensäure hindert das Löschen; überhaupt löscht sich der Kalk aus Muscheln schwerer, als Steinkalk. Da den Muscheln Meersalz anhängt, so bildet sich durch's Brennen etwas Chlorcalcium, wodurch der davon gefertigte Mörtel hygroskopisch wird, die Mauern feucht werden und kohlensaures Natron auswittert. Man braucht ihn daher auch nicht zum äußern Verputz und läßt in diesen Gegenden die von Backsteinen ausgeführten Mauerflächen roh. Durch starkes Auslaugen und Waschen der Muscheln im süßen Wasser kann dem etwas vorgebeugt werden. Zu gleichem Zweck werden an den Küsten des adriatischen und mittelländischen Meeres die Korallen benutzt. Nach Beaumé geben die Muscheln einen schärfern Aetzkalk als die reinsten Kalksteine. Bauquelin fand in ihnen außer kohlensaurem Kalk auch etwas phosphorsauren Kalk, Talkerde und Eisenoxyde. Nach John enthalten sie 96,25% kohlensauren Kalk, 0,5 kohlensaure Bittererde, 1,5 thierische Membrane, 0,5 Wasser, 0,25—0,5 phosphorsauren Kalk, Spuren von Eisen und Manganoxydul. In Wien hat man aus Eierschalen Kalk gebrannt. Derselbe, zum Ausweißen benutzt, trocknet schneller und giebt eine gute Weiße; nur ist das rohe Material nicht in erfprießlicher Menge zu beschaffen. —

## III.

### Vom Untersuchen der Kalksteine.

§. 21. Um die Verwendbarkeit der Steine zum Kalkbrennen zu ermitteln, ist eine chemische Untersuchung erforderlich; zunächst unterwirft man sie einer vorläufigen Untersuchung, ob der zu verwendende

Stein Kohlenſäure enthält. Zu dieſem Zwecke braucht man auf denſelben nur einen Tropfen Weineſſig, Salpeter- oder Salzſäure zu gießen
oder ein Stückchen zu zerpulvern und einige Finger voll in dieſe
Säure zu werfen; erfolgt ein Aufbrauſen, eine Gasentwicklung, ſo
iſt Kohlenſäure vorhanden und der Stein gewöhnlich zum Kalkbrennen zu verwenden. Zu einer genauen chemiſchen Unterſuchung der
zu verwendenden Kalkſteine wendet man ſich am beſten an ein che-
miſches Laboratorium, da es ſchwierig iſt, einem Praktiker ohne
chemiſche Vorkenntniſſe zu einer. genauen Kalkunterſuchung die Anleitung zu geben.

§. 22. Um ſich von der Güte des gebrannten Kalkes, inſofern dieſelbe von fremden ihm beigemengten Erdarten abhängig iſt,
zu überzeugen, kann man folgendermaaßen verfahren: Man ſchüttet
eine beliebige, jedoch vorher abgewogene Menge des gebrannten
Kalkes, den man prüfen will, in ein feines leinenes Tuch und bindet
es mit einer Schnur ſo zu, daß der Kalk locker bleibt und nicht
herausfallen kann. Man bringt hierauf das Tuch in ein Gefäß,
je größer um ſo beſſer, mit Regenwaſſer; nachdem ſich der Kalk ge-
löſcht hat, ſchwenkt man das Bündel fleißig im Waſſer herum, damit
ſich Kalk ſo lange darin auflöſe, bis es geſättigt iſt, was man leicht
an einer milchigen Trübung erkennt, die ungeachtet des häufigen
Umrührens nicht verſchwindet. Iſt dieſe Trübung eingetreten, ſo
erneuert man das Waſſer und fährt damit ſo lange fort, bis aller
Kalk in dem Tuche ſich aufgelöſt hat, was man daran erkennt, daß
das Waſſer ſelbſt beim häufigen Schwenken des Tuches in demſelben
nicht getrübt wird. Die in dem Tuche zurückgebliebenen Subſtanzen
ſind dann die erdigen Theile, die den Kalk verunreinigen. Schüttet
man dieſe Subſtanzen aus dem Tuche, trocknet und wiegt ſie dem-
nächſt, ſo kann man leicht die Procente berechnen, die der Kalk an
fremdartigen Theilen enthält. Will man jedoch ein ſehr genaues
Reſultat haben, ſo muß man in folgender Weiſe verfahren: Der
Kalk, der zum Verſuche beſtimmt iſt, wird abgewogen, in das leinene
Tuch gethan, zugebunden und das Ganze nochmals gewogen; der
Unterſchied der in dieſer Art erhaltenen beiden Gewichte iſt dem
Gewichte des leinenen Tuches und der Schnur gleich. In einer
gläſernen oder porzellanenen Schale wird die Auflöſung des Kalkes,
wie vorhin beſchrieben wurde, vorgenommen. Bevor friſches Waſſer
zugegoſſen, läßt man das Kalkwaſſer einige Zeit zugleich ſtehen
damit diejenigen feſten Körper, die von dem leinenen Tuche nicht
zurückgehalten wurden, zu Boden ſinken können, und gieße es dem-

nächst behutsam ab. Hat sich der Kalk in dem Tuche sämmtlich auf=
gelöst, so wird dasselbe mit seinem Inhalte getrocknet. Hierauf wird
ein Filtrum abgewogen und in dasselbe das Kalkwasser mit seinem
Bodensatze aufgegossen, indem man dafür Sorge trägt, daß von
dem letztern nichts in der Schale zurückbleibt. Ist die Filtration
vollendet, so wird das Filtrum mit seinem Inhalte getrocknet. Das
Tuch und das Filtrum werden nun gewogen und von diesem Ge=
wichte das Gewicht des Tuches und des Filtrums abgezogen, so ist
der Rest das verlangte Gewicht der im Kalke enthaltenen Unreinig=
keiten. Man hätte z. B. 4 Pfd. gebrannten Kalk zur Untersuchung
bestimmt, so würde man folgendermaßen verfahren:

| | | | |
|---|---|---|---|
| Gewicht des Kalkes . . . . . . . . . . . . | 4 Pfd. | — | Lth. |
| = = Kalkes und Tuches . . . . . . | 4 = | 1 | = |
| = = Tuches . . . . . . . . | — | = 1 | = |
| = = Filtrums . . . . . . . . . . . | — | = 1/4 | = |
| = = nach geschehener Auflösung des Kalkes | | | |
| getrockneten Tuches . . . . . . . | — | = 4 | = |
| Gewicht des nach vollendeter Filtration getrockneten | | | |
| Filtrums . . . . . . . . . . | — | = 1/2 | = |
| Im Ganzen . . . . . . . . . . . . . . | — Pfd. | 4 1/2 | Lth. |
| Gewicht des Tuches und Filtrums . . . . . . | — | = 1 1/4 | = |
| Gewicht der fremden Bestandtheile . . . . . . | — Pfd. | 3 1/4 | Loth |

Es verhalten sich also:

$$4 \text{ Pfd.} : 3\,\tfrac{1}{4} \text{ Lth.} = 100 : 2{,}57.$$

Der Kalk enthält demnach in 100 Gewichtstheilen 2,57 Ge=
wichtstheile frembartiger Bestandtheile; er ist daher fett.

§. 23. Von allen Mitteln bleibt indeß das Brennen jedenfalls das
einfachste und zugleich das, welches in seine Angaben am meisten
Vertrauen erweckt. Zu dem Ende ist es ausreichend, ein Stück des
Steins, welcher gewogen worden, einem anhaltenden und heftigen
Feuer auszusetzen, es einige Zeit darin weißglühend zu erhalten,
oder mehrmals auszuglühen, nach der Calcination zu wiegen, um die
Quantität der ausgetriebenen Kohlensäure zu ermitteln, und hierauf
während zwei oder drei Minuten unter Wasser zu tauchen, zuletzt aber
der Luft auszusetzen.

Wenn das Stück Kalkstein war, so wird eine bedeutende Ge=
wichtsverminderung eingetreten sein. Die bituminösen Theile und der
Wassergehalt mancher Kalksteine sind für das Verhalten bei der Ver=
wendung gleichgültig, da sie durch das Brennen zerstört werden.

Wenngleich dieses Verfahren einfach genug ist, so kann man

es doch noch abändern und es schneller und mit geringerm Feuer ausführen. Hierzu pulverisirt man das Stück Stein, schüttet das Pulver in einen Kolben und setzt es unter öfterm Umrühren ungefähr eine Stunde lang dem Glühen in einem ziemlich heftigen Feuer aus; nach dem Erkalten wird es gewogen und den angegebenen Proben unterworfen. —

§. 24. Das Verhalten der Kalksteine, die nicht reiner kohlensaurer Kalk sind, im Feuer ist, wie es Knapp darstellt, folgendes:

Alle übrigen kohlensaure Kalke verlieren ebenso ihre Kohlensäure; nur der Kalk und die Bittererde bleiben rein zurück, während sich das Mangan- und Eisenoxydul sofort höher oxydiren. Das Wasser wird einfach ausgetrieben, die bituminösen, organischen Theile werden verkohlt. Dagegen findet eine sehr wichtige Wechselwirkung zwischen der Kieselerde, sowohl der freien, als der an Thonerde gebundenen statt Der Kalk, einmal ätzend geworden, verbindet sich nämlich bei der Glühhitze mit der freien Kieselerde oder zersetzt das Thonerdesilicat dadurch, daß er sich in diese Verbindung, eine Thonerdesilicat bildend, einschiebt; er wirkt, wie man sagt, aufschließend darauf. —

§. 25. Zur Untersuchung der hydraulischen Eigenschaften von Kalksteinen oder Mergel empfiehlt Mihálik[*] folgendes Verfahren:

Man zerschlägt den zu untersuchenden Stein oder Mergel in Stücke bis zur Größe eines Hühnereies und setzt erstere 1¾ bis 2 Stunden lang der Weißglühhitze, letzteren aber nur einer sehr starken Rothglühhitze aus (was auch beim Schmiedefeuer thunlich ist); verwandelt dann die gebrannten Stücke, am besten in einem Mörser, zu ganz feinem Pulver, durchsiebt solches und begießt es auf einer Blechplatte, auf einem Porzellanteller, oder auf einem vorher mit Wasser gehörig genetzten Brettchen, mit ebenso viel Regenwasser, als zu dessen Sättigung nöthig ist. Hierauf wird der so erzeugte Teig mittelst eines hölzernen Löffels gehörig abgerieben, dann 5 bis 10 Minuten fest durchstrichen und gerührt, bis er eine Consistenz erlangt, welche gestattet, aus der Masse eine Kugel von der Größe einer Nuß oder eines Hühnereies zu bilden. Nun legt man vor Verlauf von 5 Minuten die Kugel in ein Glas No. 1. und gießt in dieses sehr langsam soviel Wasser als nöthig ist, um die Kugel mit demselben zu bedecken. In ein zweites an der Oeffnung weiteres Glas No. 2. hingegen kann die noch übrige Masse nach

---

[*] Praktische Anleitung zum Béton-Bau für alle Zweige des Bauwesens von Joh. von Mihálik. 2. Aufl. Wien 1859, S. 19.

der Glasform eingedrückt und ebenfalls langsam mit Regenwasser übergossen werden.

Diese Proben bringt man im Zimmer oder im Freien an einen Ort, wo sie ruhig stehen können. Ist der Kalk ein guter natürlich-hydraulischer, so erfolgt das Festwerden der Probemasse im Glase No. 2. in 1 bis 14 Tagen; gehört der Kalk zur besten Sorte, so wird die in das Probeglas No. 1. gelegte Kugel während obiger Zeit nicht nur festgeworden sein, sondern auch ihre Form behalten haben. Zeigt sich aber in diesen Probemassen kein Zusammenhang und sind sie in den Gläsern nach drei Wochen auch noch nicht hart, sondern ein Brei, oder zerfallen sie wie Erde, dann hatte man keinen hydraulischen Kalk der Probe unterzogen.

Der Umstand, daß der hydraulische Kalk oder das Kalkmehl das ihm anfänglich beigegebene Wasser plötzlich in sich aufnimmt (verschluckt), und zu der Meinung führen könnte, daß das Mehl nicht genügend naß gemacht worden sei, — darf nicht irre leiten; man säume nur nicht, diese trocken aussehende Masse fleißig durchzuarbeiten, und sie wird sich sehr bald in eine feuchte teigartige verwandeln, die jedoch, wenn die Menge des beigegebenen Wassers die richtige war, nie dünnflüssig werden wird. Der dünnflüssige Zustand wäre ein Zeichen, daß der Kalk zu viel Wasser enthielt; dann müßte dieser Brei beseitigt und eine neue Probemasse, jedoch mit weniger Wasserzuguß als früher, bereitet werden.

## IV.

### Vom Brennen der Kalksteine im Allgemeinen.

§. 26. Die Kunst des Kalkbrennens besteht hauptsächlich darin, aus den Kalksteinen die Kohlensäure vollständig mit dem geringsten Aufwand von Kosten, also auch von Brennstoff, auszutreiben. Großen Einfluß darauf haben Größe, Natur, Feuchtigkeit ꝛc. der Steine, Brennmaterial, Witterung, Einrichtung des Brennofens, Art des Einsatzes ꝛc.

Die Kohlensäure fängt auf der Oberfläche des Steines an zu entweichen; hierauf folgt die immer tiefer im Innern eingeschlossene bis auf die des Kerns. Unter sonst gleichen Verhältnissen werden demnach kleinere Steine in kürzerer Zeit gar gebrannt und man muß zu große Steine in kleinere zerschlagen. Dabei ist es desto vortheilhafter, je größer die Oberfläche der Steine zu ihrem Cubik-

2*

inhalte ift. Kugelige und würfelige Gestalten sind daher nicht die
vortheilhafteften.

Die als Gas entwickelte Kohlenfäure muß möglichft schnell fort=
geführt werden, um immer wieder neuer Platz zu machen. Die
Steine dürfen deshalb nicht dicht, sondern sie müssen so aufgeschich=
tet werden, daß ihre Zwischenräume zusammenhängende, fortlaufende
Kanäle für den Gasabzug bilden; auch dürfen die Kalksteine zu dem
Ende nicht zu kein zerschlagen werden, weil sonst die Zwischenräume
zu eng werden. Dieser Abzug des Kohlensäuregases wird durch
flüchtige Wasserdämpfe beschleunigt und befördert, wenn sich solche
zugleich entwickeln können. Vollkommen ausgetrocknete, d. h. solche
Kalksteine, die nach dem Brechen lange an der Luft gelegen haben,
brennen sich mit trocknem Brennmaterial äußerst schwierig gar; da=
gegen erfolgt bei frisch gebrochenen Steinen, die ihre Erdfeuchtigkeit
noch enthalten, und lufttrocknem Brennmaterial das Garbrennen am
leichteften. Wenn aber die Erdfeuchtigkeit der Kalksteine zu schnell,
in zu großer Masse ausdampft, so zersprengt sie leicht diesen in kleine
Stücke, wodurch die Gaszugröhren zu sehr verftopft werden, oder
sogar die aus zu brennenden Kalksteinen aufgesetzten Gewölbe der Feuer=
räume zusammenfallen können. Deshalb und um die Wasserdämpfe
nicht zu schnell zu verlieren, muß im Anfang nur langsam — mit
Schmauchfeuer — geheizt werden. Die Hitze soll aber nach und
nach bis zur Gare stets gesteigert werden und bis dahin nie herab=
finken. Um das Brennen zu sehr ausgetrockneter Kalksteine zu be=
fördern, sucht man oft Wasserdämpfe in den Ofen dadurch zu trei=
ben, daß man in die Aschenfälle Gefäße mit Wasser stellt, welches
theils von der Gluth des Feuers, theils von der hineinfallenden
glühenden Asche sehr ftark erhitzt wird, und sich in Dampf auflöft,
der von dem Zuge in den Ofen geführt wird und die Entbindung
des kohlensauren Gases befördert.

§. 27. Wenn der Kalkstein, der gebrannt werden soll, sehr frei
von fremdartigen Beftandtheilen ift, wenn er also nach dem Brennen
einen sehr fetten Kalk giebt, so kann die Hitze in der letzten Periode
des Brennens ohne Nachtheil sehr hoch gesteigert werden, weil der
reine Kalk, der also frei von Kohlensäure ift, selbst im ftärkften
Ofenfeuer unverändert bleibt. Enthält er dagegen Kiesel= oder Thon=
erde, so erfolgt in hoher Temperatur ein Zusammensintern, d. h. der
Kalk wird todtgebrannt. Unreiner Kalkstein erfordert daher beim
Brennen eine größere Aufmerksamkeit, als reiner; man muß ihn
nämlich durch eine mäßig hohe Temperatur in längerer Zeit gar

brennen, während man aus reinem Kalksteine durch eine anhaltende höhere Temperatur in kürzerer Zeit die Kohlensäure austreiben kann. Im Allgemeinen muß sich deshalb der Hitzegrad darnach richten ob und bei welchem Grade ein oberflächliches Sintern zu früh eintreten kann. Zugleich muß man nach Verhältniß der Vertheilung der Hitze im Ofen die Kalksteine nicht nur nach ihrer Größe, sondern auch nach ihrer Dichtheit, sowie nach ihrer durch Verschiedenheit der Beimischung fremder Bestandtheile, oft in einem und demselben Steinbruche ungemein mannigfaltig, ausscheiden und einsetzen, wenn man nicht etwa lieber sehr ungleichartige Steine zu ganz verschiedenen Einsätzen (Brände) ausscheiden will.

Aus diesem Grunde müssen auch größere und dichtere Steine in der Nähe des Heizraumes und in der Mitte des Ofens, die kleinen dagegen an die Wand und nach oben hin gesetzt werden. Der erforderliche Hitzegrad wechselt von 15—30° Wedgewood. Beim Beginn des Anfeuerns (Schmauchfeuers) mit Reisig oder kleinem Spaltholze steigt 6 bis 12 Stunden lang ein dicker, schwarzer Rauch auf, der die auf der Oberfläche feucht beschlagenen Steine schwärzt, mit der Steigung der Gluth braun wird und abnimmt, wobei die Anrußung oder Schwärzung der Steine sich wieder verliert, bis endlich die Flamme durch die oberen Oeffnungen der Zuglöcher schlägt. Erst erscheint sie dunkelroth, violett, dann blau, gelb, endlich weiß. Die Weißglühhitze wird dann nach Verhältniß der ungemein mannigfaltigen Einflüsse und Bedingungen bald längere, bald kürzere Zeit unterhalten, bis man das Feuer mindert, den Ofen allmälig abkühlen läßt und den Kalk austrägt, wenn der Ofen kein continuirlicher Stichofen ist.

§. 28. Die Kalköfen müssen so nahe als möglich an den Orten angelegt werden, wo man den Kalkstein und das Brennmaterial gewinnt, oder wo eine bequeme Wasserstraße die Anfuhr beider gestattet, weil die Transportkosten eins von den Elementen sind, woran sich am wenigsten sparen läßt, so daß schlechte Einrichtungen in dieser Beziehung die doppelten Kosten veranlassen können.

Zu der Heizung kann das verschiedenartigste Brennmaterial als Holz, Steinkohlen, Braunkohlen, Torf verwendet werden, wobei jeder Brennstoff eine besondere Einrichtung der Feuerung und der Beschickung der Oefen bedingt. Die Heizöffnungen oder die Schürlöcher müssen gegen den Wind geschützt sein; man bringt sie daher an der Seite des Ofens an, die den herrschenden Winden abgekehrt ist, schützt sie auch wohl durch einen Vorbau, durch eine Thüre, durch

Schirme oder vorgelegte Reisigbündel. Denn wird die Heizöffnung vom Winde getroffen, so treibt er die Flamme nach hinten, der an der Hinterseite des Ofens befindliche Kalk allein wird stark erhitzt, der an der Vorderseite befindliche weniger, in Folge dessen er nicht gar gebrannt wird. Man erkennt diesen Zustand daran, daß sich die Steine des Schürgewölbes schwärzen; man muß dann den Windzug vermindern und durch Flackerfeuer nachhelfen.

§. 29. Da der kohlensaure Kalk 0,56 Aetzkalk und 0,44 Kohlensäure dem Gewichte nach enthält, so kann der gebrannte Kalk bis 44% seines Gewichtes in rohem Zustande durch Brennen verlieren und noch mehr bis zur Hälfte, wenn er außerdem feuerflüchtige Theile — Bitumen 2c. — enthält, das ihm im rohen Zustande eine grün-schwarze Farbe giebt, die dann weiß erscheint, wie allemal wenn die färbenden Stoffe sämmtlich feuerflüchtig sind*). Sind nur einige derselben flüchtig, so geht doch immer eine Farbenänderung (Farbenlichtung) vor; reiner Kalk erscheint immer weiß, doch nicht immer umgekehrt. Zugleich vermindert sich beim Brennen des Kalkes sein Volumen um 5—10%; also setzt sich der Einsatz immer mehr. Aus dem vorher Erwähnten fließen nun die Regeln, die den Kalkbrenner bei der Beurtheilung des Grades der Gare leiten müssen. Durch Uebung erlangt er einen ziemlich sichern Schluß hierauf, aus der Gewichts- und Umfangsabnahme (Setzen), aus der Entfärbung oder Farbenänderung, aus dem Schein in der Weißglühhitze 2c

§. 30. Ueber die Zeit, wenn ein Brand beendet sein kann, läßt sich nichts Bestimmtes sagen, denn sie ist von der Größe und Beschaffenheit des Ofens, von der Beschaffenheit des Brennmaterials, von der Dichtheit und sonstigen Beschaffenheit der Kalksteine, von der Lage des Ofens gegen die herrschenden Winde und von der Einwirkung derselben auf den Ofen abhängig. Wenn alle Verhältnisse günstig genannt werden können, so sind 36 Stunden zu einem Brande in kleineren Oefen hinreichend; oft sind aber 60 bis 100 Stunden erforderlich. Kalksteine, welche fremdartige Bestandtheile, als Thon- und Kieselerde enthalten, werden weniger Zeit und Feuerung zum Garbrennen erfordern, als ein gleiches Volumen reiner Kalksteine, da jene weniger Kohlensäure enthalten. Unterhält man das Feuer

---

*) Trieß hat hierüber mit Rüdersdorfer Kalkstein Versuche im Großen angestellt. Ein Einsatz von 1066 Centnern wurde in 12¼ Stunden mit 6 Haufen Holz (à 18′ (5m, 62) lang, 9′ (2m, 82) hoch und 3′ (0m, 94) breit) gar gebrannt und wog noch 598 Ctr. 74 Pfd. Beim Garbrennen mit 238 Scheffel Steinkohlen wog ein Einsatz von 969 Centnern noch 539 Ctr. 29½ Pfd.

nicht hinreichend lange, so bekommt man einen Kalk, der im Innern noch nicht völlig gebrannt ist, von welchem beim Uebergießen mit Wasser nur die äußern Schichten sich löschen, ein Kern von ungebranntem Kalke aber zurückbleibt. Beim Ausleeren des Ofens erkennt man die ungaren Stücke leicht an ihrem größern Gewichte. Da, wie oben erwähnt, der Kalkstein beim Brennen etwa 44% seines Gewichts verliert, ohne im gleichen Verhältnisse sein Volumen zu vermindern, so erscheint er nach dem Brennen leichter, weil wir gewohnt sind, die zum Heben erforderliche Kraft nach dem Volumen zu schätzen. Dieser Uebelstand kann sich am leichtesten bei sehr großen Stücken Kalkstein zeigen, weil sie die längste Zeit zum Durchbrennen erfordern. Es ist daher sehr zweckmäßig, um einen gleichmäßigen Brand zu erhalten, wenn sämmtliche Steine in ziemlich gleich große Stücke von höchstens 3 bis 4 Zoll (80—100 mm·) Durchmesser zerschlagen werden.

§. 31. Man unterscheidet beim Kalkbrennen im Allgemeinen:
1. Feldbrand,
2. Ofenbrand, mit unterbrochenem (periodischen) Brande bei welchem die ganze Ladung auf einmal ausgezogen wird, und
3. Ofenbrand, mit ununterbrochenem (continuirlichem) Brande, bei welchem der gebrannte Kalk unten ausgezogen und zugleich roher Kalkstein oben aufgegeben wird.

— 

## V.

## Vom Brennen der Kalksteine in Feldöfen.

§. 32. Ist Brennmaterial im Ueberfluß vorhanden und erlauben es nicht die Zeit oder die Anlagekosten, zweckmäßig construirte und regelmäßig ausgeführte Kalköfen zu bauen, so können schon die einfachsten in die Erde (an einem Hügel, Abhang) eingegrabene Gruben oder auch selbst fast ganz über der Erde und frei aufgesetzte Meileröfen dem gewünschten Zweck entsprechen. Solche Fälle kommen beim momentanen Gebrauch größerer Quantitäten und bei der Verwendung des Kalkes zu landwirthschaftlichen Zwecken sehr häufig vor.

Da zuweilen solche einfache Anlagen von Nutzen sein können, indem auf großen Absatz nicht gerechnet werden darf, oder in der

Nähe beſſere Anlagen fehlen und die Entfernung den Transport und das Product koſtſpielig machen würde, ſo geben wir nachſtehend von denſelben eine Skizze und kurze Beſchreibung:

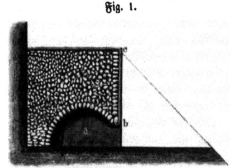

Fig. 1.

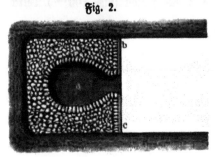

Fig. 2.

Der Kalkbrenner macht (nach Fig. 1. einem Längen- ſchnitt und Fig. 2. einem Grundriß) in eine gewach- ſene Erdabbachung oder die zu dieſem Zwecke aufgeſchüt- tet worden, einen viereckigen Einſchnitt mit abgerundeten Ecken von 4—5' (1ᵐ, 20— 1ᵐ, 50) Breite und Länge und 8—10' (2ᵐ,40—3ᵐ) Tiefe, überzieht die inneren Wände mit einem Lehm- ſchlag oder ſetzt ſie beſſer mit feuerbeſtändigen Stei- nen trocken aus. In dieſe Grube werden die Kalk- ſteine, wie die Figuren er- läutern, in der Weiſe auf- geſetzt, daß durch größere Steine im untern Theile ein freier 1—2 Fuß (30—60ᶜᵐ) breiter und hoher Raum a faſt nach der ganzen Tiefe gebildet und dieſer oben durch eine Art Gewölbe geſchloſſen wird; über dieſem werden kleinere Kalkſteine in der Größe von 3—6 Zoll (75—150ᵐᵐ) ſo aufgeſchichtet, daß die Flamme frei durchſpielen kann; dabei wird die vordere Wand b c aus größeren Steinen regelmäßig angeſetzt, daß die Kalk- ſteine nicht zuſammenrutſchen können.

In dem Raum a wird die Feuerung mit Wellen, Stockholz oder Scheitholz Anfangs gelind, dann ſtärker 3—4 Tage beſtändig unter- halten, bis der Kalk gar iſt. Wenn die inneren Wände nicht mit Mauerwerk bekleidet ſind, ſo wird natürlich die Hitze beträchtlich von dem anliegenden Erdreiche abſorbirt und außerdem mit dem Rauche zugleich durch die offene Seite entweichen. Deſſen ungeachtet erlangt man auch auf dieſe Weiſe einen richtigen Aetzkalk mit Ausnahme derjenigen Stücke, welche in Berührung mit der äußern Luft bleiben, wie die an der Wand c b liegenden, welche man genöthigt iſt, ein zweites Mal mit einzuſetzen.

§. 34. Die Figg. 5 und 6 zeigen einen Meilerofen, wie solche an den Ufern der Sambre in Belgien angewandt werden.

Auf einer ebenen Bodenfläche wird ein Kreis von 2ᵐ, 92 Halbmesser abgesteckt, mitten in diesem Raume gräbt man eine circa 1 Meter tiefe cylindrische Grube von 0,65 Meter Weite. Von dem Boden dieser Grube sticht man die Erde schräg nach der abgesteckten Kreislinie zu ab, so daß die Ausgrabung einen abgekürzten umgekehrten Kegel bildet, dessen Grundfläche in der Ebene dieses Kreises liegt. Von der untern Grundfläche des Kegels führt man einen

Fig. 5.

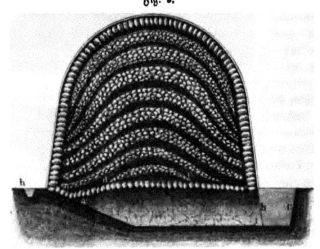

Fig. 6.

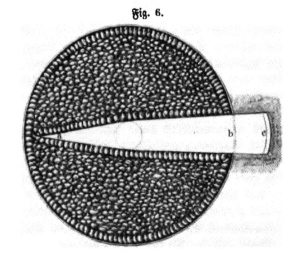

Graben a b nach dem äußern Umfang im Niveau der Grundfläche; diesen Graben erweitert man nach b zu hinlänglich, um daselbst mit Kalksteinen eine Thüröffnung aussetzen zu können; in der Mitte giebt man dem Graben eine Weite von 32$^{cm}$ in's Gevierte; am andern Ende b dagegen von 48$^{cm}$. Um Zutritt zu der Vertiefung zu gewinnen, die zum Mundloche des Ofens dient, gräbt man den Graben von b bis c nach Außen hin noch ein Stück von 65—97$^{cm}$ in's Gevierte aus. Nachdem der Heizkanal a, b mit Steinen überwölbt worden, indem man innerhalb eine Schicht von Steinen mittlerer Größe mit den Spitzen nach unten gekehrt auf die Bodenfläche stellt, damit sie auf diese Weise keine Zwischenräume bilden, die das Durchstreichen der Luft und das Anfügen der Steinkohle gestatten, so wirft man hierauf einige Körbe Kalksteinbrocken, welche die Fugen der ersten Lage bedecken und das Durchfallen der Steinkohle verhindern. Die Mitte dieses Steinbettes wird mit Steinkohlen in kleinen Stücken, dann mit Kohlengrieß im Ganzen 16$^{cm}$ hoch und 1$^{m}$, 95 im Durchmesser beschüttet. Auf diese bildet man eine zweite Schicht von gleichem Durchmesser mit kleinen Steinen im geschlossenen Verbande und hoch gestellt, jedoch etwas geneigt, und aus der Mitte des Ofens nach dem Umfange radial geordnet. Diese Schicht beschüttet man mit Steinkohlen, wie die erste, deren Ränder darauf stoßen und verbreitet sie noch 97$^{cm}$ weiter ringsherum.

Nachdem man abermals eine Steinlage gesetzt und ausgezwickt hat, bringt man eine dritte Kohlenschicht von 34 bis 41$^{mm}$ Dicke darauf, welche die ganze Fläche des Ofens bedeckt und bei d, e mit der ersten und zweiten Lage communicirt. Endlich ordnet man eine folgende Stein- und Kohlenschicht, wie die letztbeschriebene und so fort, giebt ihnen in der Mitte aber stets etwas mehr Höhe, als an den Außenwänden, um dadurch eine Art von Wölbung zu bilden, der letzten wölbartigen Schicht eine Art Widerlager zu reserviren und überhaupt dem ganzen Aufbau mehr Stabilität zu geben.

Da aber die Wirkung und Lebhaftigkeit des Feuers bedeutend zunimmt, wenn die ganzen Kohlenschichten nach und nach von unten auf entzündet sind, so macht man die sechs oder sieben untern Schichten der Kalksteine oberhalb der Linie d, e nur 10 $^{cm}$ dick und vergrößert diese Dicke allmälig mehr und mehr, je weiter man in die Höhe kommt, wo man ihnen endlich 27 bis 32$^{cm}$ giebt, ohne jedoch die Dicke der Kohlenschichten zu verstärken; finden sich zu diesem Maße keine so großen Steine, so legt man platte Steine zur Ergänzung der Dicke darüber. Gleichzeitig muß man besorgt sein, daß die Steine jeder

Lage etwas geneigt gestellt werden, und zwar in entgegengesetz
Richtung der zunächst nieberen Lage, um ihr Zusammenschieben wä
rend des Brennens zu verhindern. Dieser Ofen erhebt sich im Gan
mit 19 bis 20 Steinschichten und bis 4ᵐ, 54 Höhe über die Er
wobei die Durchmesser der Schichten allmälig abnehmen, so daß b
obere Theil einem Kugelabschnitte gleich wird. Sobald der Aufb
so weit fertig ist, bekleidet man ihn äußerlich mit einer 54ᵐᵐ dick
Lage von feuchtem Lehm und umbaut den ganzen Umfang mit b
größten ausgesuchten Steinen von 30 bis 62ᶜᵐ Dicke, um das E
stürzen zu verhindern, welches durch das Feuer veranlaßt werd
könnte. Es ist besonders nöthig, diesen Meilerofen mit einem Graben
zum Wasserabzuge zu umgeben und an der Windseite Strohmatt
aufzustellen, so lange der Ofen im Brande ist. Das Anfeuern g
schieht durch kleines Holz und Reiserbündel von dem Feuerraum a
aus, dessen Mündung, sobald das Feuer ordentlich angebrannt i
mit Erde verschüttet wird. —

Dieser Ofen faßt 1735 Cub.-Fuß (53,6 Cub.-Met.) Steine u
liefert 1163 Cub.-Fuß (35,9 Cub.-Met.) Kalk und 66 Cub.-F
(2 Cub.-Met.) Kalkstaub. Er verbraucht 316 Cub.-Fuß (9,77 Cub
Met.) Kohlenklein. Sein Aufbau erfordert 8 Arbeiter auf 4 Ta
ober 32 Arbeitstage, und von dem Augenblick seines Anfeuerns, b
wo man den Kalk ziehen kann, muß man 5—6 Tage verstreich
lassen. Solche Meilerbrände sind jedoch nur da rathsam, wo Stei
kohlen außergewöhnlich billig zu haben sind, wie z. B. in der Nä
von Steinkohlengruben.

An andern Orten setzt man die Meileröfen in kegelförmige Haufe
die an der Basis 5ᵐ, an der Spitze 3ᵐ Durchmesser haben. —

§. 35. Das Anheizen der Kalkfeldbrände geschieht mittelst Re
serbündel und kleinem trocknen Holze in den Heizkanälen und ist
lange fortzusetzen bis die Kohlen in allen untern Theilen des Ofe
in Brand gekommen sind. Von dieser Zeit ab, bis das Feuer in b
mittleren Theile des Ofens gedrungen ist, bedarf der Feldbran
keiner besondern Aufsicht. Sobald das Feuer über die Mitte b
Ofens hinaus in die Höhe gestiegen, ist darauf zu achten, ob da
selbe etwa nach der dem Winde abgewandten Seite sich stärker ve
breitet. In diesem Falle muß durch wiederholtes Zuschmieren b
burch Trockenheit entstandenen Risse und Fugen im Lehmanwur
und durch Schutzwände von Strohmatten oder eines Bretterverschlag
der Wind vom Ofen möglichst abgehalten werden. Wird hierauf

dieser wichtigsten Periode des Kalkfeldbrandes nicht gehörig geachtet, so entsteht entweder die Gefahr, daß der Kalk im Feldofen nach der dem Winde abgekehrten Seite verbrennt und an der entgegengesetzten Seite ungar bleibt, oder daß der Ofen und zwar nach jener Seite einstürzt, wenn er nicht sorgfältig gestützt wird. Letzteres Mittel, den Ofen in diesem Zustande durch Stützen zu halten, gelingt aber selten genügend, und dann ist der Kalkfeldbrand großentheils mißrathen. Es kostet alsdann viel Arbeit, die zum Theil ganz rohen oder halb-garen Kalksteine aus dem Ofen zu räumen, um selbige zu einem neuen Feldbrande mit zweifelhaftem Erfolge wieder zu verwenden. Bei Verwendung halbgarer Kalksteine zum Feldbrande ist besondere Vorsicht anzuempfehlen und dieselben stets nur in der Mitte und in den obern Theilen einzusetzen, denn mehr nach Außen und unten im Ofen wird durch das Nachlöschen der ungaren Kalksteine ver-mittelst der beim Heizen sich bildenden Wasserdämpfe, die Haltbarkeit des Ofens gefährdet. Hat das Feuer die Höhe des Ofens erreicht, so werden die Stellen, wo die Gluth sich zeigt, mit einer dünnen Erdschicht bedeckt, bis sich dieselbe über die ganze Oberfläche ausge-breitet hat.

Ist ein Brand gut gerathen, so muß der Kalkstein im Ofen bis auf den äußern Mantel und die den Boden bedeckende Kalkstein-Schicht vollständig gar gebrannt sein. Das Ausräumen des Kalk-Feldofens geschieht nach völliger Abkühlung, aber nur bei gutem Wetter, niemals in der Regenzeit um das Löschen des Kalkes zu ver-hindern. Die im äußern Mantel des Feldofens sitzenden, nicht gar gebrannten Kalksteine sind an der Luft gehörig abzulöschen und werden dann wieder in der oben angegebenen Weise zum neuen Feldbrande benutzt. —

Aus Vorstehendem erhellt, daß alle diese und ähnliche Arten des Kalkbrennens sehr mangelhaft und wegen des bedeutenden Bedarfs an Brennmaterial unvortheilhaft sind. Man soll daher nur in Noth-fällen, oder bei vorübergehendem Bedarfe, endlich da wo das Brenn-material äußerst billig ist, zur Anlage eines solch' rohen Betriebes schreiten. Am vortheilhaftesten geschieht das Kalkbrennen in gemauer-ten Kalköfen.

## VI.

## Vom Brennen des Kalkes in gemauerten Oefen im Allgemeinen.

§. 36. Da wo ein bedeutender Verbrauch von gebranntem Kalk vorhanden und ein regelmäßiger Absatz zu erwarten ist, sowie wo es sich darum handelt, die möglichst größte Kalkmenge zu erlangen und dabei an Arbeit, Zeit und Brennmaterial zu sparen, müssen zweckmäßig construirte und solid gebaute Brennöfen angelegt werden.

Man kann die Kalköfen in 4 verschiedene Klassen eintheilen:

A. solche Oefen mit unterbrochener Feuerung, bei welcher die ganze Ladung auf einmal ausgezogen wird. Diese Oefen lassen wiederum 2 Unterabtheilungen zu:

    a. Periodische Oefen mit kleiner Flamme.

    b. Periodische Oefen mit großer Flamme.

B. solche Oefen mit ununterbrochener Feuerung, bei welcher der gebrannte Kalk unten ausgezogen und zugleich roher Kalkstein oben aufgegeben wird. Auch diese haben 2 Unterabtheilungen:

    a. Continuirliche Oefen mit großer Flamme.

    b. Continuirliche Oefen mit kleiner Flamme.

C. Kalköfen, bei denen man den Ueberfluß der Hitze noch zu andern Operationen benutzt, oder die zugleich zum Kalkbrennen und irgend einem andern Gebrauche dienen, wie z. B. zum Ziegel- und Backsteinbrennen. (Diese Oefen werden wir später bei der Ziegel- und Backsteinfabrikation näher kennen lernen.)

D. Oefen, die zum Brennen des Kalks mittelst der Hitze angewandt werden, die nach der Benutzung bei andern Operationen verloren gehen würde. —

Bevor wir zur Beschreibung der einzelnen Kalköfen übergehen, lassen wir hier noch einige allgemeine Regeln, die beim Bau der Kalköfen zu beobachten sind, folgen:

§. 37. Für alle Oefen ist der Kreis die beste Form für den horizontalen Querschnitt, sowohl für die Oekonomie des Brennmaterials als für die Festigkeit des Ofens; wenn dessenungeachtet viele Kalköfen noch mit rechteckigem Querschnitt ausgeführt werden, so hat dieses seinen Grund in der leichteren Ausführung derselben oder weil später noch ein zweiter Ofen damit in Verbindung gebracht werden soll.

Das Material, aus welchem die Kalköfen erbaut werden, muß derart beschaffen sein, daß es in der stärksten Hitze keine Risse erhält. Wenn feuerfeste Steine überall billig zu haben wären, so würden diese allen andern vorzuziehen sein, da sie aber im Allgemeinen zu kostspielig sind, so werden sie gewöhnlich nur zum Ausfüttern des Ofenschachtes, der Auszieh- und Schürlöcher verwendet. — Bei Verwendung von Bruchsteinen hat man zuvor sich zu vergewissern, daß sie weder mürbe werden, noch verglasen, oder springen, noch auch die Feuchtigkeit anziehen. Bei solchen Eigenschaften sind sie zu diesem Zwecke durchaus unbrauchbar.

Es ist zweckmäßig, die innern Futtermauern von dem äußern Kernmauerwerke durch eine Isolirschicht von Lehm oder Asche zu trennen; eine solche Isolirschicht bietet den Vortheil, daß die Futtermauer sich ausdehnen kann und hält weiter auch als schlechter Wärmeleiter die Hitze zusammen.

Die Form der Oefen ist sehr verschieden; da bei der Constrution der Kalköfen das Hauptaugenmerk darauf zu richten ist, der Kohlensäure einen recht freien Abzug zu gestatten, so darf der mit den rohen Steinen erfüllte Raum nicht zu hoch gemacht werden, damit der Ofen gut ventilirt. Bei Trichteröfen, wobei der Kalkstein in abwechselnden Lagen in unmittelbarer Berührung mit dem Brennmaterial gebracht wird, nimmt man gewöhnlich die Höhe gleich der $1\frac{1}{2}$ fachen Weite an der obern Mündung; und bei Schachtöfen ist die Höhe im Maximum 4—5 mal des größten lichten Durchmessers in der Höhe der Heizöffnungen anzunehmen. Bei letztern Oefen muß, um eine mehr gleiche Temperatur durch die ganze Masse des zu brennenden Kalksteins hervorzubringen, der horizontale Querschnitt des Ofens von dem Punkt wo die Flamme brennt, bis zur Gicht (obere Mündung) gleichmäßig abnehmen. Zu stark darf diese Verengung nach oben nicht sein, um den Zug nicht zu hemmen und die Capacität des Ofens nicht zu sehr zu beschränken; und in keinem Falle sollte die obere Mündung des Ofens weniger als drei Viertel des größten Querschnittes betragen.

Die inneren Futtermauern müssen immer mit fettem Lehm als Mörtel gemauert werden. Das übrige Mauerwerk kann man aus Sand-Bruch- oder Backsteinen ausführen. Die Mauern des Ofens müssen dick genug sein, um die Hitze zusammenzuhalten. Die Stärke der Mauern muß sich nach der Art des Baues richten, besonders nach der Totalhöhe des Ofens. Es ist aber anzurathen, darin keine allzu großen Ersparnisse suchen zu wollen. Durchschnittlich macht

man die Mauern 4—6' (1ᵐ, 2—1ᵐ, 9) stark. Erlaubt es die Localität, so baut man die Oesen in einen Bergabhang und ist dies das
sicherste Mittel, einestheils die Mauern zu verstärken und anderntheils
die Abkühlung, welche immer von der den Ofen umgebenden Luft
herbeigeführt wird, zu verhindern. Da die Hitze einen Ofen, namentlich
wenn er frei steht, leicht auseinander treiben kann, so umgiebt man
ihn, wenn seine Umfassungsmauer rund ist, mit eisernen Reifen, oder
man muß das Mauerwerk durch eingelegte eiserne Schlaubern (Anker)
zusammenhalten.

§. 38. Von großem Einfluß auf den Gang des Kalkbrennens
ist die Witterung; es ist daher zweckmäßig, den Ofen mit einem Vorbau (Schauer) mit Klappläden, Thüren oder festen Wänden zum
Abhalten des Windes, Regens ꝛc. zu versehen. Hierdurch wird ein
überbauter Platz für das Brennmaterial, ein Lagerplatz für gebrannten
Kalk und Schutz für den Brenner gewonnen. Außerdem gewährt
ein überbauter Schürraum noch den großen Vortheil, daß directe
Windstöße von dem Roste abgehalten werden, da durch letztern
sämmtliche zur Verbrennung erforderliche Luft einströmen muß, der
Verlauf des Brandes mithin um so regelrechter erfolgen kann. Zum
Brennen des Kalkes sind durchschnittlich 48 bis 72 Stunden erfor-
derlich und ist es hauptsächlich Aufgabe des Brenners, genau zu
beobachten, welche Hitzegrade und wie lange dieselben der betreffende
Kalkstein verlangt, denn die weichere oder härtere Beschaffenheit der
Kalksteine, die Güte des Brennmateriats, die Form des Ofens, die
Anlage der Feuerung bedingen die Dauer des Brennprocesses.

§. 39. Ueber die Einrichtungen der Feuerungen unter
Berücksichtigung der verschiedenen Brennstoffe ist Folgendes zu bemerken.

Der Feuerheerd besteht aus dem Roste, auf welchen man das
Brennmaterial legt, aus einem Raume, in welchem sich die Flamme
entwickelt und der den eigentlichen Heerd bildet, aus der Oeffnung,
durch welche die Luft eintritt, und aus einem Raume, in welchem sich
die Asche ansammelt (Aschenfall).

Die Roste bestehen aus parallel neben einander liegenden Stäben;
ihre Dicke und ihre Entfernung von einander hängen von der Wahl
des Brennmateriales ab. Vom Roste aus verbreitet sich die Wärme
und es entsteht der Luftzug, durch die bei dem Verbrennen mit dem
glühenden Brennstoffe in Berührung stehende Luft, welche letztere
sich hierbei durch die Wärme ausdehnt, und nachdem sie ihren Sauerstoff abgegeben, mit den Verbrennungsproducten entweicht, wobei

die kalte Luft durch den Rost in dem Maaße nachströmt, in welchem erstere fortzieht.

Beim Einwerfen von Brennmaterial gelangt durch die offene Feuerthür Luft über den Rost, wodurch Temperaturschwankungen entstehen, die für den Ofenbetrieb nachtheilig werden können; es ist daher zu empfehlen, das Schürloch stets nur möglichst kurze Zeit offen zu laffen.

Dem Roste muß eine entsprechende Ausdehnung gegeben werden, damit der Brennstoff in nicht zu dichten Schichten auf dem Roste lagert, die Luft durch den Rost beffer eintreten und die Verbrennung vollkommen stattfinden könne.

Für Steinkohlenfeuerung soll die Summe der Rostspalten ¼, für Holz und Torf dagegen nur ⅕ bis ⅐ der ganzen Rost-oberfläche betragen. Die Rostspalten müffen so groß sein, daß sie die Asche zwar bequem, indeffen nicht so groß, daß sie unverbrannte Kohlen hindurchfallen laffen; für gute Steinkohlen dürfen sie höchstens 13ᵐᵐ breit sein, für Steinkohlengries oder solche unreine Kohlen, welche viel Schlacken erzeugen, beträgt der geringste Zwischenraum, welchen man mit Vortheil nehmen kann, 9ᵐᵐ· Da die Roststäbe ¾ der ganzen Oberfläche einnehmen, so sind bei 13ᵐᵐ starken Rostspalten die Roststäbe 39ᵐᵐ und bei 9ᵐᵐ starken Spalten 27ᵐᵐ breit zu machen. Die Länge der Roststäbe muß der Breite entsprechen, sie können hier 1ᵐ bis 1ᵐ, 40 lang gemacht werden.

Bei Holzfeuerung sind 20ᵐᵐ breite Stäbe bei höchstens 5ᵐᵐ Rostspalte anzuwenden, denn zum Verbrennen von Holz ist weniger Luft erforderlich, als beispielsweise zur Verbrennung von Steinkohlen weil sich die Oeffnungen nicht verstopfen. Früher hat man Kalköfen, die mit Holz geheizt wurden, gewöhnlich ohne Rost ausgeführt, in der Meinung, daß zwischen den Holzstücken Platz genug für die zum Ver-brennen erforderliche Luft sei; neuere Erfahrungen haben jedoch ge-lehrt, daß auch für Holzfeuerung ein Rost sehr zweckmäßig ist, in Folge deffen jetzt sehr selten Kalköfen ohne Rost angelegt werden.

Für Braunkohlenfeuerung, welche gewöhnlich viel Asche und Schlacken erzeugt, empfiehlt es sich, den Stäben ein Breite von 20 bis 26ᵐᵐ und den Rostspalten einen Zwischenraum von 9 bis 11ᵐᵐ zu geben. Je näher die Braunkohle dem Holze steht, desto mehr muß der Rost dem bei der Holzfeuerung ähnlich construirt werden. Bei erdigen, klaren, nicht geformten Braunkohlen giebt man den Roften 13ᵐᵐ breite Stäbe bei 3ᵐᵐ Rostspalte. --

Bei Torffeuerung sind 30 bis 40ᵐᵐ breite Stäbe und bei großem

Aschengehalt auch breite Rostspalten zu geben. Im Allgemeinen ist es für alle Feuerungen gerathener, möglichst schmale Roststäbe anzuwenden, um den Brennstoff an möglichst vielen Stellen mit der Luft in Berührung zu bringen.

Die Roste für Torf- und Holzfeuerung werden häufig aus Backsteinen hergestellt, während die für Steinkohlen- und Braunkohlenfeuerung aus Gußeisen bestehen; bei letzteren ist darauf zu halten, daß die oberen Flächen der Stäbe möglichst rein, namentlich frei von Blasen seien, weil sonst die Kohlen leicht anbacken und die Stäbe anfressen. —

Die gußeisernen Roststäbe sind in der Mitte höher als an den Enden herzustellen, damit sie dem Durchbrechen besser widerstehen können. Ihre Dicke vermindert sich von oben nach unten, um das Durchfallen der Schlacken und Asche, sowie die Reinigung des Rostes und den Zutritt der Luft zu erleichtern. Die Roststäbe sind an den beiden Enden und bei großer Länge auch in der Mitte, seitlich mit Verstärkungen versehen, welche halb so breit sind, als der Zwischenraum zwischen den einzelnen Stäben beträgt. An ihren Enden ruhen die Roststäbe auf guß- oder schmiedeeisernen Unterlagen (Rostbalken), die in das Mauerwerk eingelassen sind. Die Roststäbe müssen in der Länge zwischen den Rostbalken hinlänglichen Spielraum haben, damit sie sich frei ausdehnen können; für diesen Spielraum rechnet man ca. $\frac{1}{2}$ der Länge der Stäbe. Es ist zu empfehlen, den Rosten nach dem Innern des Ofens auf den laufenden Meter 4ᶜᵐ Fall zu geben, damit besser geschürt werden könne. Die Dauer der Stäbe hängt viel von dem Heizer, namentlich davon ab, daß derselbe den Rost rein und die Rostspalten offen hält. —

Bei der Verschiedenheit der Brennmaterialien und Größe der Stücke läßt sich über die Größe der Rostfläche und die Stärke der Brennmaterialschicht etwas Bestimmtes nicht gut aufstellen. Im Allgemeinen richtet sich dieselbe theils nach der in einem bestimmten Zeitraum zu erzeugenden Wärme, theils nach der Beschaffenheit des Brennmaterials. Ist der Brennstoff griesartig, so muß verhältnißmäßig die Rostfläche größer genommen werden, weil dann die Brennmaterialschicht, um den Luftzug nicht zu verhindern, dünner sein muß, als bei Stückkohlen. Die Dicke der Brennmaterialschicht darf jedoch keine zu geringe sein, weil dann ein Theil der Luft durch den Rost strömt, und sich der Verbrennung entzieht, ferner weil alsdann in zu kurzen Zwischenpausen geschürt werden muß. Ist dagegen die Brennmaterialschicht zu stark, so kann die Luft nicht genügend eindringen. Es entsteht dann eine unvollkommene Verbrennung, indem sich sehr viel Kohlenoxyd und brennbare Gase bilden.

Der Raum über dem Rost muß eine hinreichende Ausdehnung zur Aufnahme des Brennmaterials, sowie zur Entwickelung der Flamme bieten. Ist der zu erhitzende Körper vom Roste zu entfernt, so empfängt er zu wenig strahlende Wärme, ist er demselben zu nahe, so kühlt er die Flamme zu stark ab. Ist der Raum zwischen dem Roste und dem zu erhitzenden Körper ausreichend zur Verbrennung der Gase, und die feuerberührte Fläche groß genug, so daß sich die Gase genügend abkühlen können, so wird die größere Entfernung keine Verminderung des absoluten Heizeffectes hervorbringen. — Ist hingegen die Heizfläche nicht groß genug, so entstehen Wärmeverluste, weil die Gase nicht Gelegenheit haben, ihre Wärme abzugeben.

§. 40. Der Wärmeeffect der Brennmaterialien d. h. die bei der vollständigen Verbrennung derselben entwickelte und an die zu erhitzenden Körper übertragbare Wärme, läßt sich nicht absolut, sondern nur relativ bestimmen. Die nachstehende Tabelle giebt die Heizkraft verschiedener Brennstoffe in Calorien (d. h. die Gewichtstheile Wasser um 1 Grad Celsius durch 1 Gewichtstheil Brennmaterial erwärmt) und die Luftmenge, welche zum vollkommenen Verbrennen von 1 Kilogramm eines Brennstoffes erforderlich ist, an:

| Brennstoff. | Calorien. | Luftmenge von 0° Temperatur. Kilogr. |
| --- | --- | --- |
| Holzkohle, vollkommen trocken . | 7050 | 7,5 |
| „ mit 20% Wasser . | 6000 | 6,3 |
| Coke, reiner . . . . . . | 7050 | 6,3 |
| „ mit 15% Asche . . . . | 6000 | 6,3 |
| Steinkohle beste mit 2% Asche. | 7050 | 6,5 |
| „ mittl. „ 10% „ . | 6345 | 5,5 |
| „ minder „ 20% „ . | 5932 | 4,5 |
| Braunkohle, beste . . . . | 5200 | 4,0 |
| „ geringere . . . . | 3500 | — |
| Holz, vollkommen trocken . . . | 3666 | 3,7 |
| „ lufttrocken . . . . . . | 2945 | 2,7 |
| Torfkohle . . . . . . . . | 5800 | 7,1 |
| Bester Torf . . . . . . . | 3000—4800 | 6,1 |

Die Flammbarkeit, oder die Eigenschaft des Brennmateriales eine mehr oder weniger lange Flamme zu geben, hängt weniger von der Dichtigkeit, als von seinem Wasserstoffgehalte ab, indem derselbe mit Kohlenstoff brennende, flammende Gase giebt. Die Flammbarkeit wird durch einen starken Aschengehalt gestört.

Die Brennbarkeit oder die Leichtigkeit, mit welcher sich das Brennmaterial entzündet, vermindert sich mit seiner Dichtigkeit und steigt bei gleicher Dichtigkeit mit dem Wasserstoffgehalt. Auch der Aschengehalt vermindert die Brennbarkeit. —

Die Rauchbildung zeigt sich bei kohlenwasserstoffhaltigen Körpern, wenn sie bei unzureichendem Luftzutritte verbrennen. Einige von diesen lassen sich gar nicht entzünden, ohne eine rußende Flamme zu geben. Es ist also stets ein Mangel an Luft, wenn nicht die einzige, so doch mindestens eine nothwendige Ursache der Rauchbildung, während reiner Kohlenstoff beim Verbrennen, selbst bei ungenügendem Luftzutritte, niemals Rauch, mithin Holzkohle und Coke keinen Rauch veranlassen. So bildet sich z. B. kein Ruß wenn ein Rost mit zur Hälfte verbrannter Steinkohle bedeckt ist und daher nur noch glühende Kohle enthält. Wird dagegen frische Kohle aufgegeben, so bedeckt sich die Masse sofort mit schwarzem Rauche, welcher in die Zugkanäle tritt. Die Menge dieses Rauches nimmt allmälig ab und verschwindet schließlich, um bei erneuertem Aufgeben von Kohlen wieder zu erscheinen.

---

## VII.

## Von den periodischen Oefen (mit unterbrochener Feuerung) und kleiner Flamme.

§. 41. Bei dieser Art des Kalkbrennens werden die Kalksteine ähnlich wie bei den in §. 33 und 34 beschriebenen Feldöfen in abwechselnden Lagen in unmittelbarer Berührung mit dem Brennmaterial gebracht; die hierzu verwandten Oefen haben gewöhnlich die Form eines abgekürzten Kegels oder einer dergleichen Pyramide; letztere sind etwas einfacher herzustellen, erstere verdienen aber den Vorzug, da sie einen viel gleichmäßigeren gebrannten Kalk liefern. — Als Brennstoff wird Steinkohle, zuweilen auch Torf verwendet. Man schichtet den Brennstoff und die Kalksteine in horizontalen Lagen in

dem Ofen auf, deren Dicke sich nach ihrem Abstande von dem Feuer-
roste und nach der Dichtheit des Kalksteines richtet. Je dichter der
Stein ist, desto mehr Dicke müssen die Lagen des Brennstoffs erhalten

Fig. 7.

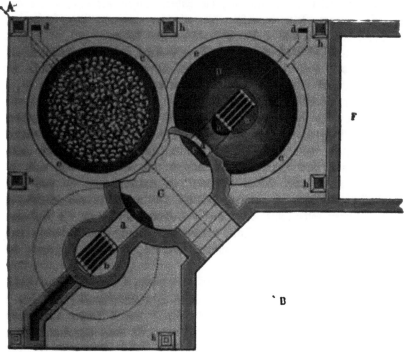

Fig. 8.

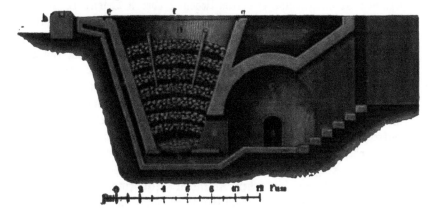

und diese muß abnehmen, je höher die Lage von dem Roste absteht. Das umgekehrte Verhältniß findet bei den Steinlagen statt: die größten Steine müssen nämlich in die Höhe des Ofens zu liegen kommen, aus dem Grunde, weil das Feuer, zuerst von unten aus entzündet wird, nach und nach die höhern Lagen ergreift, daher auf diese längere Zeit einwirkt, als auf die untern. Die Dicke der Schichten kann von 6 bis 24" (15—60ᶜᵐ) steigen.

Durchschnittlich haben die Steinschichten in diesen Kalköfen eine Dicke, die von 7 bis 15" (18 bis 40ᶜᵐ) variirt, die Dicke der Kohlenschichten dagegen wechselt, wenn der Ofen richtig gesetzt ist, je nach der Beschaffenheit der Kohlen von $\frac{1}{6}$ bis $\frac{1}{3}$ der Dicke der Steinschichten. Da sich ein Theil der Kohlen in den leeren Räumen zwischen den Kalksteinen lagert, so sind aus der Dicke der angewendeten Schichten die Kohlen nicht genau zu bestimmen; am sichersten verfährt man, wenn man das Quantum an Kohlen und an Kalksteinen nach der Anzahl Körbe oder Kästen bestimmt, in welchen man sie zum Ofen schafft und einbringt. Durchschnittlich sind auf 3 Volumen Kalksteine, 1 Volumen Steinkohle, oder auf 3 Volumen Kalksteine 1,2 Volumen Coke zu rechnen. Wird Torf verwendet, so muß dem Volumen nach mehr als doppelt soviel genommen werden, als das Volumen der Kalksteine beträgt.

Gewöhnlich werden zwei oder drei solcher Oefen zusammen gelegt. Die Fig. 7 stellt einen Grundriß resp. Horizontalschnitt, und Fig. 8 einen Verticalschnitt nach A B der Fig. 7 von 3 solchen Oefen dar, wie sie in der Umgegend von Frankfurt a. M. meist angelegt werden. — Sie werden ganz oder zum größten Theil ihrer Höhe in den Boden versenkt und bedürfen dann nur einer schwachen Futtermauer. Um das Arbeitsgewölbe C herum liegen 2 oder 3 Oefen, D, D, bei a, a sind die Schürlöcher, b der Rost aus 5—6 gußeisernen Stäben bestehend und auf eingemauerten schmiedeeisernen Platten ruhend, c der Aschenfall, d ein von diesem bis an die obere Mündung führendes mit einem ½ Backstein stark ausgemauerten Zugloch. Die Oefen werden 1 Backstein stark nach einer Schablone — einem Bretterrahmen von der Hälfte des Verticalschnitts e f b c, der oben und unten in (der Mitte querüber befestigten Dielen) angebrachten Löchern mit senkrechten Zapfen sich dreht — in Rollschichten gemauert und am besten oben durch einen flachen gußeisernen mit Rand nach unten versehenen Ring e, e gesichert. Bei E ist die vertiefte Anfahrt für das Fuhrwerk, um die rohen Kalksteine beizubringen und den gebrannten Kalk abzufahren. Das Ganze ist durch ein leichtes auf den in Sandsteinpostamenten ruhenden Pfosten h, h liegendes Ziegeldach überdacht. Bei F befindet sich ein Zimmer und darüber die Schlafstelle für die Arbeiter.

§. 42. Vor dem Beginn der Füllung dieser Oefen legt man auf den Rost Reisigbündel zum Anzünden; darauf kommt eine Lage Stückkohlen, alsdann die abwechselnden Schichten Kalksteine und Kohlengries. Um der Flamme freien Durchgang zu lassen, stellt man die Steine mit den spitzern oder dünnern Enden nach unten, wobei man jedoch sorgen muß, daß die Fugen der Lagen mit Steinbrocken verzwickt werden, damit das Kohlenklein nicht nach unten falle; die dickern Kalksteine setzt man in die Mitte, die kleinern an die Umfangswände, so daß die Schichten etwas gewölbt werden. Um sicherer die Feuerzüge zu bilden, kann man mehrere 3—4″ (75—100ᵐᵐ) dicke runde Hölzer l, l beim Einsetzen verwenden, die man, je weiter man heraufkommt, nachzieht. Ist der Ofen zur Hälfte ausgesetzt, so zündet man ihn an; das Anzünden geschieht durch ein Bündel Stroh, das man unter den Rost schiebt. Sobald das Feuer zusammenbrennt, was man vorzüglich an dem durch die Gicht aufsteigenden Rauch gewahr wird, verschließt man das Schürloch durch loses Aussetzen mit Backsteinen, damit die Verbrennung nicht zu schnell die obern Lagen ergreift; dann setzt man die Füllung des Ofens schichtweise bis oben fort.

Wenn das Feuer die Höhe des Ofens erreicht hat, so werden die Stellen, wo sich die Gluth zeigt, mit einer dünnen Erddecke bedeckt, bis sich die Gluth über die ganze Oberfläche ausgebreitet hat. Gegen starke Winde ist die obere Mündung durch Schirmwände zu verwahren, die man aus Brettern auf einige Fuß Höhe über dem Riveau aufstellt, je nach dem Drehen des Windes verändert, und beim Wiederfüllen des Ofens auf die Seite stellt.

Die zu einem Brande nöthige mittlere Zeit ist 3—4 Tage; das Entleeren des Kalks nach völliger Gare geschieht zum Theil von unten, wo er schon erkaltet ist, während oben noch die Gluth steht, theils von oben.

Diese Art periodischer Oefen mit keiner Flamme werden im Allgemeinen den continuirlichen Oefen dieser Gattung vorgezogen und haben letztere in der Gegend von Frankfurt a. M. ganz verdrängt, indem in erstern der Kalk viel gleichmäßiger gebrannt werden und das Brennen nach dem Absatz eingerichtet werden kann. Man kann sowohl nur einen einzelnen Ofen und diesen selbst nur zum Theil gefüllt brennen, als auch für einen stärkern Betrieb sämmtliche Oefen hintereinander beschicken, so daß während der eine brennt, der andere ausgeleert und der dritte wieder eingesetzt wird, und da ein jeder Ofen zweimal allwöchentlich circa 60 Bütten (120 Centner) gebrannten Kalk liefern kann, so kann fast jeden Tag ein Ofen ausgeleert werden; sie bieten daher fast dieselben Vortheile wie die continuirlichen Oefen, haben aber den Nachtheil, daß sie einen ungewöhnlich starken Qualm entwickeln, wodurch leicht eine Belästigung der Nachbarn eintreten kann, weshalb diese Oefen nicht in der Nähe von Wohnungen erbaut werden dürfen; außerdem wird der Kalk stets durch die Asche und Schlacke des Brennmaterials etwas verunreinigt. —

## VIII.

### Von den periodischen Oefen mit großer Flamme.

§. 43. An Orten wo der fortdauernde Absatz des gebrannten Kalkes kein gesicherter ist und man der Gefahr ausgesetzt ist, denselben längere Zeit aufbewahren zu müssen, empfiehlt es sich, den Kalk stets nach Bedarf in den nachfolgend beschriebenen Oefen mit unterbrochener Feuerung und großer Flamme zu brennen. Diese Oefen sind nach der Natur des Brennmaterials verschieden.

Für Holzbrand hat man früher sehr häufig Oefen von cylinderischer oder auch rechtwinkelig prismatischer Form mit ein oder mehreren Schürlöchern angewandt und sind dergleichen Oefen im Württembergischen und im Elsaß noch vielfach im Gebrauch, da aber der rechteckige Querschnitt und die senkrechten Seitenwände zum gleichmäßigen Brennen des Kalkes nicht vortheilhaft sind, sowie die weite obere Oeffnung des Ofens eine bedeutende Abkühlung durch Zutritt der äußern Luft veranlaßt, so beschreiben wir diese veralteten Constructionen nicht näher, sondern geben in Fig. 9 und 10 die Zeichnung eines neuern zweckmäßig construirten Ofens für Holzbrand, der nach den Angaben des Baumeisters Fink mehrfach in der darmstädtischen Provinz Starkenburg ausgeführt ist. Gewöhnlich wird dieser Ofen unmittelbar neben dem Kalklager so in das abhängige Terrain hineingebaut, daß die Abzugsöffnungen für den gebrannten Kalk in gleicher Höhe mit der Straße und die Gicht des Ofens in der Höhe der Sohle des Kalksteinbruchs angelegt wird.

Fig. 9. zeigt den Ofen im Verticalburchschnitt, Fig. 10. im Horizontalschnitt durch die Abzugsöffnungen. a, a sind zwei Feuerungen, welche von der Seite A (Fig. 10.) aus mit dem Brennmaterial beschickt werden, nach welcher Seite auch der Aschenfall beider Feuerungen ausmündet, b ist der eiförmige runde Raum des Ofens, c, c die beiden Abzugsöffnungen, d ein Deckel von Eisenblech, welcher mit aufstehendem Rande versehen und in Ketten hängend zum Auf- und Niederlassen eingerichtet ist; e, e ist eine um den Ofenmantel ziehende, nicht ausgemauerte, aber mit Lehm ausgefüllte Isolirschicht, um die Ausstrahlung der Wärme nach außen zu verhindern. Die innere Bekleidung des Ofens und die Feuerkanäle sind mit feuerfesten Backsteinen, die äußern Umfassungswände aber mit gewöhnlichen Backsteinen oder schichtenmäßigem Bruchsteinmauerwerk aufzuführen. Ueber den Feuerkanälen a, a sind 25$^{cm}$ dicke, 15$^{cm}$ von einander abstehende Gurten f, f von feuerfesten Backsteinen gesprengt, diese oben nach den beiden schiefen Ebenen der Ofensohle ausgeglichen und dann hierauf ein Backsteinrost dadurch hergestellt, daß Backsteine auf die lange schmale Seite so aufgestellt sind, daß Oeffnungen für den Durchgang des Feuers bleiben. Bei Anwendung dieses schrägen Backsteinrostes ist es nicht mehr nöthig, aus ungebrannten größeren Kalksteinen über den Feuerkanälen Gewölbe zu setzen, sondern Kalksteine werden einfach bis etwa $\frac{1}{3}$ der Höhe in horizontalen Schichten eingelegt, wodurch diese Arbeit bedeutend erleichtert wird. Die oberen $\frac{2}{3}$ des Ofenraums werden durch Einschütten der Steine von der Gicht aus angefüllt. Acht Mann haben circa 1½ Tag mit der Füllung des Ofens zu thun. Es werden durchschnittlich in den Ofen 1¼ bis 1⅓ Cub.-Klafter (= 20,78 Cub.-Meter) Steine jedesmal eingesetzt. Bei solcher Füllung sind die Steine circa 62$^{cm}$ aufgehäuft, nach dem Brande hat sich die Steinmasse um so viel gesetzt, daß die obere Schicht um circa 50$^{cm}$ unter dem Gichtrand gefallen ist; die Totalsenkung beträgt also circa 1$^m$, 12. Jeder Brand dauert durchschnittlich 4 Tage und 4 Nächte. Wenn 3 Tage und 3 Nächte gefeuert ist, wird der Deckel d herabgelassen, jedoch nicht dicht aufgesetzt, sondern auf 4 untergelegte Backsteine gestellt und mit einer Sandlage überschüttet. Das Herabrollen des Sandes hindert der 8″ (20$^{cm}$) hoch aufgebogene Deckelrand. Wenn das Feuer eingestellt wird, wird der Deckel ganz niedergelassen; so bleibt der Ofen 3 bis 4 Tage stehen, bevor man denselben entleert. Das Ausziehen des Kalks geschieht durch die unteren Abzugsöffnungen c, c; 2 Mann haben mit dem Entleeren des Ofens 1½ Tag zu thun.

Fig. 9.

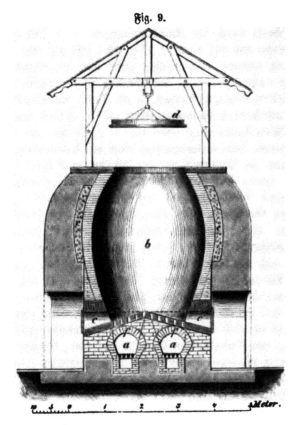

Fig. 10.

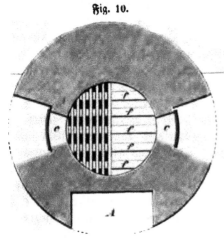

Als Brennmaterial dient die geringste Sorte von Tannen-, Birken-, Eichenreiser- und Prügelholz. Wenn Reiserholz gebrannt wird, sind 2 Mann mit der Feuerung beschäftigt; bei grobem Holze reicht 1 Mann aus. Es hat sich ergeben, das 18 Stecken Kiefern-Scheitholz erster Klasse für 100 Bütten gebrannten Kalk ausreichen (1 Stecken = 100 C.-F.

— (56 Cub. Meter). In einem Jahre finden gewöhnlich 15—17 Brände statt. Bei 15 Bränden betrug die Gesammt-Production 1602 Bütten (1 Bütte = 10 heff. Cub.-Fuß) gebrannten Kalk, also lieferte durchschnittlich jeder Brand 106,7 Bütten; einzelne Brände ergaben bis zu 152 Bütten gebrannten Kalk. Versuche, welche mit diesem Ofen zum continuirlichen Betriebe gemacht wurden, ergaben nicht das günstige Resultat, als wenn derselbe periodisch geheizt wurde, weil seine breite Sohle das reine Abziehen des gebrannten Kalks schwierig machte und oft veranlaßte, daß ungebrannte Kalkstücke von den zunächst den Abzuglöchern gelegenen höhern Schichten ausgezogen wurden. Es ist daher vortheilhafter, den Ofen periodisch zu betreiben, für welche Betriebsart diese Construction eine vorzügliche ist. Wenn der Ofen nach dem Entleeren sofort wieder gefüllt und angeheizt wird, zeigt sich eine Ersparniß von 2—3 Stecken Holz gegen das erforderliche Holzquantum zum Brande, wenn die Mauern vollständig erkaltet sind.

§. 11. Für Torfheizung wurde ein sehr guter Ofen von Deplinne und Donop construirt, welche den von der Société d'Encouragement ausgesetzten Preis dafür erhielten. Derselbe ist in Fig. 11. einem Verticalschnitt nach C—D und in Fig. 12. einem Horizontalschnitt nach A—B dargestellt.

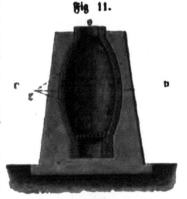

Fig 11.

a ist eine Nische in dem Vordertheil des Ofens, b das Schürloch, durch das Brennmaterial eingeführt wird, c der Rost, aus einzelnen auf der schmalen Seite liegenden Stäben, die in Einschnitten eines kreisförmigen Rahmens eingefügt und durch einen in das Mauerwerk eingelassenen Querstab in der Mitte unterstützt werden; die Roststäbe müssen in der Richtung des Heizkanals liegen; indem, wenn sie quer lägen, man mit der Gabel, oder Schaufel, zum Nachschüren oft anstoßen und den Torf zerbröckeln würde, d ist der Aschenfall, e die Gichtöffnung, durch welche die Steine eingebracht werden,

Fig. 21.

f, f die innere Backsteinbekleidung des Schachtes, die leicht, unbeschadet der übrigen Ofenmauerung, wenn sie schabhaft geworden, ausgebrochen und erneuert werden kann; g, h sind Radien der Curve von den Wänden über den geraden Fußenden. —

Dieser Ofen ist auch ebenso gut für Steinkohlen= und Braunkohlen=Heizung zu verwenden. Die Herren Deblinne und Donop empfehlen folgende Dimensionen:

Höhe des ganzen Ofens . . . . . . . . . . . . . $= 5^m, 658$
Höhe von dem Rost bis zu der obern Münbung . . $= 4^m, 357$
Höhe von dem Rost über dem Aschenfall . . . . $= 0^m, 813$
Höhe der Gicht . . . . . . . . . . . . . . $= 0^m, 488$
Durchmesser der größten Weite . . . . . . . . $= 2^m, 356$
Durchmesser des Rostes oder Herdes . . . . . . $= 1^m, 500$
Durchmesser der Gicht . . . . . . . . . . $= 0^m, 813$
Radius g, h der Curve . . . . . . . . . . . $= 3^m, 575$

Die mit diesem Ofen zu Effone (Departement Seine und Oise) gemachten Versuche ergaben folgende Resultate. Die zum Garbrennen gebrauchte Zeit war 18, 20, 28, 36, 30, 28 und 26 Stunden. Die Quantität des gebrannten Kalks betrug 60, 64, 64, 60, 60, 61 und 64 Cubikmeter und die des verbrauchten Torfes 101, 100, 106, 110, 115, 130, 121 Karren, im Mittel 1,946 Cubikmeter Torf auf 1 Cubikmeter Kalkgewinn aus harten Steinen.

§. 15. Der in Fig. 13—15 dargestellte Kalkofen ist in Fürstenwalde bei Berlin mit Braunkohlenheizung und zu Belpe bei Osnabrück mit Steinkohlenbrand in Anwendung[*]. Fig. 13. ist ein Verticaldurchschnitt, Fig. 14. zeigt den untern Theil des mit Kalkstein beschickten Ofens im Horizontal= und Fig. 15. im Verticalschnitt. Zum Brennen des Kalkes dient der untere, oben überwölbte Raum A von 11½′, (3$^m$, oben 10′ 61) (3$^m$, 14) Durchmesser und 11′ (3$^m$, 45) Höhe. Er enthält unten 4 Schürlöcher a, a, a, a mit gußeisernen Roststäben für das Brennmaterial; b den Zugang zum Einbringen des rohen Kalksteins; derselbe wird während des Brennens mit Backsteinen zugemauert; c die Thüre zum Ausfahren des gebrannten Kalkes; auch sie bleibt während des Brandes vermauert; d eine Bedachung über dem Eingang zu dem bedachten kreisförmigen Raum e um den Ofen, also zu den Schürlöchern und der Thüre c. f ist ein Zugang zu dem obern Mantel B über dem Ofen und zu den Abzügen in dem Gewölbe des Ofens. Dieser Zugang ist nöthig, um

---

[*] Nach Prof. Heeren, in Mitth. d. Hannov. Gewerbevereins. 1858, S. 317.

das Austreten der Flamme aus den einzelnen Gewölböffnungen beobachten und je nach Erforderniß einzelne derselben durch aufgelegte

Fig. 13.

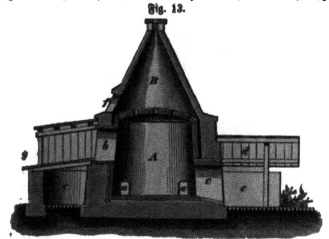

Steine verschließen und dadurch die Gluth mehr nach andern Punkten des Ofens hinlenken zu können.

g Schiefe Ebene zum Einkarren der Steine nach dem obern Theil.

Aus Fig. 14. und 15. erkennt man ohne weitere Beschreibung die Art, wie der Kalkstein eingesetzt wird, so daß bei jeder der Feuerungen ein zur bessern Vertheilung der Flamme dienendes Gewölbe entsteht. In der Mitte wird ein Stück Holz eingesetzt, durch dessen Verbrennung ein ebenfalls zur bessern Vertheilung der Flamme dienende cylindrische Höhlung

Fig. 14.

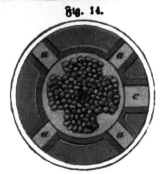

Fig. 15.

In Bolpe werden zu 100 Tonnen à 4 Berliner Scheffel Kalk 150 bis 160 Scheffel Ibbenbührener Steinkohlen während einer Brennzeit von circa drei Mal 24 Stunden verbraucht. Während der ersten 6 Stunden feuert man schwach, dann aber schreitet man zu scharfem Feuer, bis die gelbe Kalkflamme aus den Gewölböffnungen herausschlägt und eine klare Gluth im

Fig. 16.

Fig. 17.

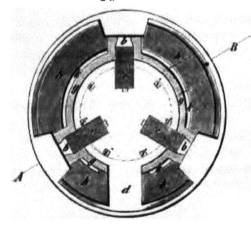

§. 46. Fig. 16. u. 17. stellt einen ähnlichen Ofen mit 3 Schürlöchern nach der Construction des Baumeisters Paul Loeff in Berlin bar, und zwar ist Fig. 16. ein Verticalschnitt nach der Linie A—B u. Fig. 17. ein Horizontalschnitt nach der Linie C—D; ferner ist a der Aschenfall, b die Feuerung, c der Rost, d untere Einkarrthüre, e obere Einkarrthüre, f Schauthür, g feuerfestes Mauerwerk, h Backsteinmauerwerk, i Zuglöcher, k Isolirschicht, l eiserne Bänder als Anker, m Rauchmantel, n Rauchöffnung, r Schieber zur Regulirung des Luftzuges.

§. 47. Außerdem ist der in Fig. 37. und 38. auf Seite 72 und 73 dargestellte Ofen zum Brennen des Kalkmergels als ein zweckmäßiger periodischer Brennofen für alle Sorten Kalksteine zu empfehlen.

Um einen ungefähren Anhalt für die Zahl der anzulegenden Rostfeuerungen bei diesen Kalköfen zu haben, muß man für Oefen mit durchgehenden Rosten

bei einer Sohlenbreite von . . . . . . . 5' (1ᵐ, 6) einen Rost,

,, ,, ,, ,, ,, . . . . . . 10' (3ᵐ, 1) zwei Roste,

,, ,, ,, ,, ,, . . . . . . 15' (4ᵐ, 7) drei Roste anwenden.

Es ergiebt sich hieraus, daß bei Oefen ohne durchgehende Roste, durch Anlage mehrerer kleinerer Roste die entsprechende Rostfläche geschaffen werden muß. So erhalten z. B. Oefen, welche einen kreisförmigen Querschnitt haben, dann schon bei 10' (3ᵐ, 6) Durchmesser 3 Roste, und bis zu 14' (4ᵐ, 4) Durchmesser 4 Roste. —

§. 48. Ueber die Beschickung dieser Oefen und den Gang des Brandes ist noch Folgendes zu bemerken:

Zunächst werden oberhalb der Rostflächen aus den zu brennenden Kalksteinen Schürgassen 2' (0ᵐ, 6) hoch und 20'' 0ᵐ, 5) breit zusammengestellt, mit Kalksteinen förmlich überwölbt, und dann die übrigen zu brennenden Kalksteine in horizontalen Schichten aufgesetzt, wobei zu beachten ist, daß die Verbrennungsproducte von der Mitte des Ofens aus sich vertheilen müssen. Dabei dürfen die Zugkanäle nicht versetzt werden, weil dadurch die Entweichung der Kohlensäure gehemmt wird.

Die Einsetzthüren, wovon gewöhnlich die eine in der Höhe der Ofensohle die andere an einer andern Seite des Ofens in der obern Hälfte desselben angebracht ist, werden in folgender Weise geschlossen: Zuerst wird ein mit der innern Ofenwand bündiges 10'' (26ᶜᵐ) starkes Mauerwerk aufgeführt und mit Lehm sorgfältig die Fugen verschmiert, alsdann wird in einer Entfernung von wiederum 10'' (26ᶜᵐ) eine zweite Mauer von 5—10'' (13—26ᶜᵐ) Stärke davorgesetzt und der Zwischenraum fest mit Sand ausgefüllt, so daß kein Eindringen der äußern Luft und kein Entweichen der Wärme möglich ist.

Der durchschnittliche Bedarf an Brennmaterial bei mittelgroßen Oefen ist folgender:

Bei Steinkohlenfeuerung 1 bis 1,2 Volumen Kohlen auf 3 Volumen des gebrannten Kalkes.

feuerfesten Steinen überwölbt, und nach der Weite, wo sie an die Arbeitsgewölbe ausmünden, mit einer 11" (28ᶜᵐ) breiten, 6" (15ᶜᵐ) hohen Oeffnung zum Einwerfen der Kohlen versehen, die durch einen davor gestellten Backstein jedesmal wieder geschlossen wird. Jedes Schürloch enthält 11 Roststäbe 2½' (75ᶜᵐ) lang von ¾" (2ᶜᵐ) starken [ ] Walzeisen, diese ruhen vorn und hinten auf einem eingemauerten eisernen Rechen und können von den Arbeitsgewölben aus zum Reinigen des Rostes während oder nach beendigtem Brande einzeln herausgezogen werden, und sollten sie sich durchgebogen haben, leicht wieder gerade gerichtet werden. .

An den beiden schmalen Seiten befinden sich über dem Fußboden die Sandthüren G, G zum Ein= und Aussetzen, wovon die eine direct auf den Fahrweg, die andere in ein luftdicht verschloffenes Magazin ausmündet; außerdem sind in der Spitze des Gewölbes noch zwei kleinere 1½' (45ᶜᵐ) weite Einsetzöffnungen H angebracht, um den Ofen bis unter den Scheitel des Gewölbes füllen zu können.

Das Beschicken des Ofens geschieht in der Art, daß von den gegen einander überliegenden Schürlöchern 11" (28ᶜᵐ) weite und 2' ('90ᶜᵐ) hohe Gassen mit lagerhaften Kalksteinen angesetzt und dieselben durch größere Schlußsteine gewölbartig geschlossen werden. In der Mitte dieser Gassen wird eine 1½' (45ᶜᵐ) starke Scheidewand aufgeführt, damit sich die Flammen der gegen einander überliegenden Feuer nicht aneinanderstoßen und den Zug stören; alle übrigen Räume bis zum obern Theil der Sandthüren G oder bis zum Anfang des Gewölbes werden mit 3—6" (75—150ᵐᵐ) großen Kalksteinen lose ausgefüllt und Rücksicht auf die Feuerzüge genommen. Auf die Kalksteine kommen in den obern Theil bis in die Spitze des Gewölbes noch ordinäre Backsteine, die hochkant im Stromschichtenverband mit 1" (25ᵐᵐ) weiten Zwischenräumen gestellt werden. -- Jeder Ofen liefert circa 200 Ohm Kalk à 2 Ctr. und 7—8000 Backsteine und erfordert 40 Mltr. Steinkohlen (Gries). Es können jährlich 25—28 Brände geschehen. Zu bemerken ist noch, daß der Ofen mit einem Dache versehen, die Hauptwände 4—5' (1ᵐ, 20· 1ᵐ, 50) das Gewölbe 1' (30ᶜᵐ) stark und durch den hölzernen 7" (17:ᵐᵐ) starken Rahmen 1 der obere Theil des Ofens verankert ist.

## IX.

## Von den continuirlichen Oefen mit großer Flamme.

§. 50. Die continuirlichen Oefen bieten gegen die periobischen folgende Vortheile:

Das Mauerwerk ist bei ersteren während der ganzen Campagne nur einmal zu heizen, während bei den Oefen mit unterbrochener Feuerung jedesmal eine vollständige Abkühlung des Mauerwerks eintreten muß, bevor man mit der neuen Beschickung beginnen kann. Ferner wird die Hitze des gargebrannten Kalkes bei den continuir= lichen Oefen zur Erhitzung der neu hinzugekommenen Ladung nutz= bar gemacht, während sie bei den periodischen Oefen verloren geht. Hieraus folgt, daß die ersteren Oefen eine große Ersparniß an Brenn= material und Arbeitszeit gewähren, sie empfehlen sich daher ganz besonders bei einem gleichmäßigen Absatz des täglich erzielten ge= brannten Kalks, um den Betrieb ungestört fortführen zu können. Bei Anlagen wo kein regelmäßiger Absatz in Massen zu erwarten ist, oder wo der gebrannte Kalk nur einem vorübergehenden Bedürfnisse Rechnung tragen soll, sind periodische Oefen vorzuziehen, obwohl das Brennen in diesen Oefen durch fortwährend erneutes Heizen von abgekühltem Mauerwerk bedeutend theurer ist. Außerdem ist zu be= achten, daß bei periodischen Oefen, im Verhältniß ihres Raumin= halts ein um so größerer Brennstoffverbrauch stattfindet, je kleiner die Dimensionen des Ofens sind.

§. 51. Bekannte derartige Oefen sind die s. g. Rüdersdorfer, welche hauptsächlich Berlin und die Umgegend mit gebranntem Kalk versehen.

Fig. 20. ist ein senkrechter Durchschnitt durch die Achse des Ofens; Fig. 21. ein horizontaler Schnitt, und zwar die rechte Hälfte durch die Feuerungen, die linke durch die Zuglöcher. Dieser Ofen ist 38′ rhein. (circa 11$^m$, 9) von der Gicht bis zu den Feuerungen tief, und von dort bis zur Sohle 7′ (2$^m$, 2) oder im Ganzen 45′ (14$^m$, 1.) Seine Weite beträgt bei der Gicht 6′ (1$^m$, 9), ebenso viel an der Sohle und an der weitesten Stelle 8′ (2$^m$, 5); bis auf 32′ (10$^m$) Höhe ist er an der dem Feuer zugänglichen innern Fläche mit feuer= festen Backsteinen von 1½ bis ½ Stein Stärke a, a′ in Absätzen ausgemauert. Oberhalb nach der Gicht zu liegt die innere Mauer bloß, weil daselbst das Feuer weniger Wirkung ausübt. Diese innere

4*

Futtermauerung a, a' ist von einem Mantel b, b umgeben, der zwischen den Mauern a, b einen Zwischenraum von ca. 15$^{cm}$ läßt, welcher mit Asche lose ausgefüllt wird, und theils das Zusammenhalten der Hitze, theils die Möglichkeit der Ausdehnung des Ofenschachtes a, a zum Zweck hat. Die äußere Umfassungsmauer f', f umschließt die Gewölbe g, g, welche in den untern Stockwerken zum trocknen Aufbewahren des gebrannten Kalks, im dritten und vierten Stockwerke zu andern Vorrathsräumen und zu Schlafstellen für die fremden Arbeiter dienen. Auf den Seiten des sechseckigen Ofens liegen abwechselnd die drei Feuerungen c, c, c. Unter einem mit Chamottesteinen bekleideten Gewölbe liegt der Brennstoff auf zwei durchbrochenen Thonplatten, welche zusammen den Rost bilden und deren Stoßfuge von einem kleinen Gurtbogen unterstützt wird. Die Feuerstellen sind durch eiserne Thüren

**Fig. 20.**

**Fig. 21.**

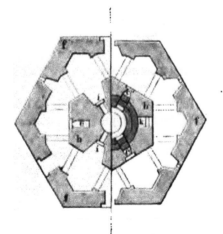

verschlossen. Die Luft zur Nährung des Feuers tritt aus dem
Kanal d unter die Rostplatten; c ist der Aschenfall, welcher ebenfalls durch die eiserne Thür verschlossen ist, wenn er nicht in den
Raum h entleert werden soll, von wo aus die Asche abgefahren wird.
Die Oeffnungen i, i zum Ausziehen des Kalkes sind, um das Nach-
fallen zu erleichtern, nach innen zu erweitert; zugleich ist die Sohle
nach den Oeffnungen zu geneigt. Sie sind durch eiserne Thüren verschlossen, damit die durch diese Oeffnungen eintretende Luft keine nachtheilige Abkühlung des Ofens hervorbringe, und sie werden nur im
Augenblick des Ziehens geöffnet. k ist ein Schlot, durch den die
heiße Luft beim Ausziehen des Kalks vom Arbeiter in den äußern
Raum l abzieht.

Während nun am Fuße des Ofens alle 12 Stunden das Ziehen
der garen Steine beständig fortgeht, wird in der Mitte ohne Unterlaß gefeuert und von der Gicht aus frischer Kalkstein nachgefüllt.
Zu dem Ende ist die Gicht, die mit dem Steinbruche durch eine Eisenbahn in Verbindung steht, durch einen gußeisernen Ring eingefaßt
und an der äußern Umfassung mit einem eisernen Geländer umgeben.
Soll dieser Ofen in Gang gesetzt werden, so füllt man den Schacht
bis zur Höhe der Feuerstellen c, c, c, also 7' (2ᵐ, 20) hoch mit Kalksteinen und brennt diese, indem man Feuer in den Ziehöffnungen
i, i anzündet. Sind diese Kalksteine gar gebrannt, so füllt man den
Schacht vollends an, indem man die Steine Anfangs in Eimern
hinabläßt und dann von oben hineinwirft, bis sie auf der Gicht gehäuft liegen; dann aber zündet man das Feuer in den eigentlichen
Feuerstellen c, c an, welches nun fortdauernd unterhalten wird. Alle
12 Stunden wird Kalk gezogen und zwar 60—72 Centner auf ein Mal.

Bei Rüdersdorf sind im Ganzen zwei dreischürige Oefen, wie
der beschriebene, ein vierschüriger, welcher 2600 Cub.-Fuß und ein
fünfschüriger, welcher 3000 Cub.-Fuß Kalk faßt. Der fünfschürige
Ofen liefert in 12 Stunden 68 bis 85 Centner garen Kalk; er braucht
mehr Brennmaterial als der vierschürige, der ebenso viel Kalk liefert. —

§. 52. Einen einfachern Ofen der Art, von dem Baumeister
**Paul Loeff** in Berlin construirt, wird durch die Fig. 22 einem Ver-
ticalschnitt nach E—F, Fig. 23 einem Horizontalschnitt nach der Linie
A B, Fig. 24 Horizontalschnitt nach der Linie C—D veranschaulicht.
a, Ziehloch für gebrannten Kalk, b, Feuerung für Steinkohlen, c,
Luftkanal für die Feuerung, d, Aschenfall, e, Schürraum und Lager
für Brennmaterial, f, Ziehraum und Lager für gebrannten Kalk, g,
Luftkanal für den gezogenen Kalk, h, feuerfestes Mauerwerk, i, Iso-

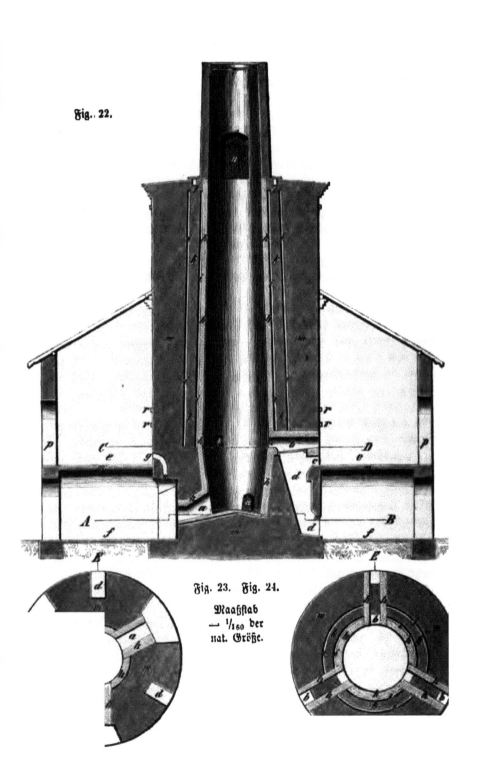

Fig. 22.

Fig. 23.  Fig. 24.

Maaßstab
— ¹/₁₆₀ der
nat. Größe.

lirschicht, k, Mauerwerk von Rathenower Steinen (390 mm stark), l, freier Raum zur Ausdehnung des Rauchmantels, m, Backstein-Mauerwerk, n, Einbringe-Oeffnung für Kalksteine, o, Drahtgitter, p, Thorweg, um durch eine angelegte · schiefe Ebene das Brennmaterial anzufahren, r, eiserne Reifen.

Ein solcher Ofen hat eine Höhe des innern Schachtes von 11ᵐ, wobei von der Feuerung bis zur Gicht 11ᵐ, 3 und von ersterer bis zur Sohle 2ᵐ, 9 zu rechnen sind; mit Hinzurechnung des oberen Rauchmantels 18ᵐ, 8.

Seine Weite beträgt an der Gicht 2ᵐ, 2, ebensoviel an der Sohle. An der weitesten Stelle (in der Ebene des Feuerherdes) beträgt sie 2ᵐ, 9.

Der Ofenschacht ist mit feuerfesten Steinen bekleidet. Diese innere Futtermauerung (Kern) ist von einem Mantel umgeben, der zwischen den Mauern einen Raum von 13ᶜᵐ läßt, welcher mit Asche ausgefüllt ist, um theils das Zusammenhalten der Hitze, theils die Möglichkeit der Ausdehnung des Ofenschachtes zuzulassen. Die äußere Form des Ofens ist rund.

Es liegen abwechselnd drei Feuerungen vertheilt, wovon jede mit einem Roste (für Steinkohlenfeuerung) und einem darüber gespannten feuerfesten Gewölbe versehen ist. Bei der Verwendung von Holz und Torf zur Feuerung dieser Oefen bildet man zweckmäßiger den Rost durch drei durchbrochene Chamotteplatten, da diese Brennmaterialien den geringsten Luftzug unter dem Rost gestatten. Derartige Roste sind aber für jedes andere Brennmaterial unvortheilhaft. Die Luft zur Speisung des Feuers tritt durch einen Kanal unter den Rost.

Zum Ausziehen des garen Kalkes dienen zwei Ziehlöcher und wird die bei dieser Arbeit sich in dem Ziehraum anhäufende heiße Luft durch einen in der Decke befindlichen Kanal von dem Arbeiter abgeleitet. Das Ziehen des Kalkes ist dadurch wesentlich erleichtert, daß die Sohle des Ofens sich nach den drei Seiten, wo die Ziehlöcher sich befinden, von einem erhöhten Punkte in der Mitte abdacht, sodaß der gebrannte Kalk, wenn die Thür geöffnet ist, gewissermaaßen dem Arbeiter entgegen fällt. Der Aschenkanal ist vom Rost, also von der obern Etage bis zum untern Ziehraum im Parterre geführt und hier durch eine eiserne Thüre verschlossen; dieselbe ist nur dann zu öffnen, wenn die Asche ausgeräumt werden soll.

Während nun am Fuße des Ofens alle 12 Stunden das Ziehen des garen Kalkes regelmäßig fortgesetzt, wird auf den Rosten ohne Unterlaß gefeuert, und von der Gicht aus roher Kalkstein durch die im Rauchmantel angebrachten Oeffnungen nachgefüllt. Beim Eröffnen einer jeden Brenncampagne ist die Feuerungsweise eine andere. — Zuerst ist der Schacht bis zur Höhe der Feuerstellen, also 2ᵐ, 8 hoch mit Kalksteinen anzufüllen und zu brennen wobei das Feuer in den Ziehöffnungen anzulegen ist. Sind diese Kalksteine gar gebrannt, so wird der Schacht vollends angefüllt, bis sie auf der Gicht gehäuft liegen, dann erst zündet man das Feuer in den eigentlichen Feuer-stellen an und unterhält dasselbe nun fortdauernd.

Alle 12 Stunden werden in diesem Ofen 77 Hectoliter (35 Ton-nen) Kalk auf einmal gezogen.

An Brennstoff werden bei diesem Ofen durchschnittlich verbraucht:

a. bei Steinkohlen, auf 3½ Volumen gebrannten Kalk höchstens 1 Volumen Kohle.

b. bei Braunkohlen auf 1 bis 1½ Volumen gebrannten Kalk 1 Volumen Braunkohle;

c. bei Buchenholz auf 1 Volumen gebrannten Kalk 1⁵/₁₂ Volumen Holz;

d bei weichen Hölzern das 2 bis 2¼ fache Volumen des gebrann-ten Kalkes;

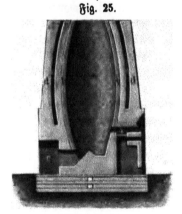

Fig. 25.

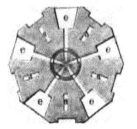

Fig. 26.

e. bei Torf das 1½ bis 2 fache Volumen des gebrannten Kalkes.

Bei Braunkohlenfeuerung oder Torf-feuerung empfiehlt Loeff mit Stein-kohlen überzuschüren, um hierdurch gleich eine lange Flamme zu bekommen, bei welcher Befeuerung dann auf 2 Vo-lumen gebrannten Kalkes 1 Volumen Braunkohle und ¹/₁₂ Volumen Stein-kohle zu berechnen sind. —

§. 53. Ein anderer Ofen in Rüders-dorf hat die Gestalt eines an den Enden abgestumpften Ellipsoids und giebt eben-falls sehr günstige Resultate; die Figg. 25 und 26 geben eine Darstellung. Dieser Ofen hat 5 Heizungen (Gassen oder Herde), deren jede in den Zeich-nungen mit a bezeichnet ist. Die innere Ausfütterung b, b des Ofens ist von feuerfesten (Chamotte-) Steinen, die Wände selbst sind von gewöhnlichen Backsteinen aufgeführt. Zwischen der innern Bekleidung b und der Umfassungsmauer d, d ist ein mit Asche ausgefüllter Zwischenraum c, c angebracht, der wie bei den vorbeschriebenen Oefen die Ausdehnung der innern Ofenmauer ermöglicht, und als Nichtleiter die Wärme vom Uebergange in die Masse des Mauerwerks abhält. e, e sind die Oeffnungen, durch welche der gebrannte Kalk gezogen wird, sie sind durch Thüren geschlossen.

Das Brennmaterial ist ein Gemenge von Holz und Torf, und zwar einen Theil des erstern auf 4 Theile des letztern. Der Preis des Torfs ist daselbst etwas niedriger, als die Hälfte gleichen Volumens Holz. —

§. 54. **Fink's Kalkofen für continuirlichen Betrieb.**

Diese Art Oefen ist seit etwa 18 Jahren in der darmstädtischen Provinz Starkenburg vielfach ausgeführt und wird zur bessern Conservirung des Mauerwerks wenn möglich g a n z in die Erde an einem Abhang gebaut. Hierdurch wird es nöthig, um den Ofen herum einen überwölbten Gang anzulegen, mittelst dessen man an die Schür- und Abzuglöcher gelangen kann.

Fig. 27. zeigt einen solchen Ofen im Vertical-Durchschnitt nach der Linie E—F und Fig. 28. im Horizontal-Durchschnitt durch die Schürlöcher. a. a, a sind die drei Schürlöcher mit eisernen Rosten und zugehörigen Aschenfällen b; bei c, c, c sind die Abzugsöffnungen des gebrannten Kalks, d ist der innere Ofenraum und f die Einfuhr öffnung in den Schornstein e für die gebrannten Kalksteine. Diese Oeffnung ist mit einer Eisenblechthüre verschließbar. i ist die überwölbte Eingangsöffnung für den Umgang h; sie trennt den Ofen von dem davorliegenden Magazin für gebrannten Kalk; g ist ein Luftkanal, um die in dem Umgange h erwärmte Luft abzuführen. Solcher Luftzüge sind 4 an den in Fig. 28. mit g bezeichneten Stellen vorhanden; sie sind nöthig, weil sich in dem Umgange h sonst eine für den Arbeiter unerträglich heiße Luft feststellen und das Feuer in den hintern Schürlöchern träge brennen würde. Deshalb ist es auch zweckmäßiger, den Gang breiter als in der Zeichnung und mindestens 1,5 Meter breit zu machen.

§. 55. Dieser Ofen faßt ³/₄ Cub.-Klafter (750 hessische Cub.-Fuß oder circa 12 Cub.-Meter). Täglich werden 14—15 Bütten gebrannter Kalk abgezogen; in einem Betriebsjahr oder in einer Campagne, die gewöhnlich von Mitte Februar bis October dauert, liefert ein solcher Ofen circa 2400 bis 3000 Bütten Kalk. Der Ofen ist so construirt, daß täglich 2 Mal je 7 bis 8 Bütten Kalk abgezogen werden können. Man feuert nur mit Holz und zwar nur mit Reisig-

und Prügelholz. Während der Feuerung ist die Schornsteinklappe k aufgehoben, die Abzugsöffnungen c, c, c werden durch die gußeisernen Thürchen verschlossen gehalten und die verbleibenden Ritzen mit Lehm gut verschmiert. Wenn gebrannter Kalk abgezogen werden soll, müssen die Thürchen der Schürlöcher a, a, a sowie diejenigen der Aschenfälle gut verschlossen und die Schornsteinklappe k niedergelassen werden, um den Durchgang von kalter Luft durch den Ofen und die hierdurch entstehende Abkühlung zu verhüten. Dies ist von großer Wichtigkeit, denn es ist vorgekommen daß ein unerfahrener Kalkbrenner die Abzugsöffnungen c, c, c stets offen gelassen hatte, 10 Tage ununterbrochen fortfeuerte und dabei 70 Stecken Holz verbrannte, ohne daß es ihm gelungen wäre, die Gluth bis zur Gichthöhe zu treiben. Im Gegentheil, jemehr der Brenner das Feuer forciren wollte, um so

Fig. 27.

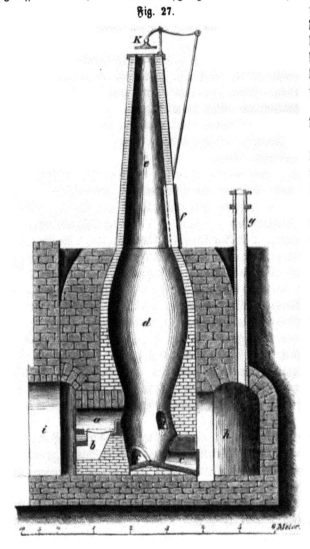

träger brannte es; die stark rußende Flamme schlug aus den Schürlöchern zurück und schwärzte den ganzen Umgang h. Mit diesem
bedeutenden Brennstoffverbrauch wurden kaum 14 Bütten gebrannter
Kalk abgezogen. Es ist einleuchtend, daß in dem Maaße, als der innere
Ofenraum mit seinem Inhalte an Kalksteinen erwärmt wurde, durch die
geöffneten Abzugsöffnungen c, c, c ein kalter Luftzug entstand, der
endlich so kräftig wurde, daß er den Zug des Feuers hinderte und die
eingesetzten Steine fortwährend abkühlte. Als man hierauf die Abzugs-
löcher c, c, c schloß und mit Lehm verklebte, bekam der Ofen einen
äußerst lebhaften Zug, welchen er auch dann beibehielt, wenn die
kleinsten Kalksteine eingefüllt wurden. Die Construction dieses Ofens hat
sich vollkommen bewährt. Um 100 Bütten gebrannten Kalk zu erhalten,
werden circa 18 Stecken*) gutes Tannenscheitholz erfordert. Dieser
Ofen ist übrigens auch mit jedem andern Brennmaterial zu feuern. —

Fig. 28.

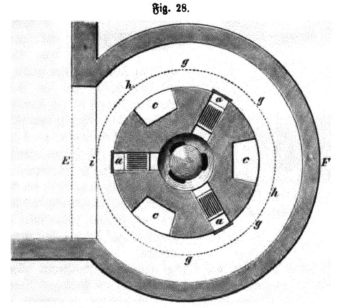

§. 56. Ein in England sehr bekannter derartiger Kalkofen ist der von
Rumford construirte Ofen mit umgebogener Flamme, derselbe ist in
den Skizzen Fig. 29. einem Verticaldurchschnitt nach A—B, Fig. 30,
einem Verticaldurchschnitt nach C—D und in Fig. 31. einem Grundriß dargestellt, und zwar ist bei letzterm die eine Hälfte zur Rechten

*) 1 Stecken — 100 hess. Cub.-Fuß = 1,56 Cub-Meter; 1 hess. Bütte
siehe §. 43. und in dem Kapitel „Von dem Ausmaaße des Kalkes“.

ein Querschnitt, über dem Kanal f, und die Hälfte links ein Schnitt
durch den Schornstein a. — Er besteht aus einem ziemlich hohen oben

**Fig. 29.**          **Fig. 30.**          etwas engern

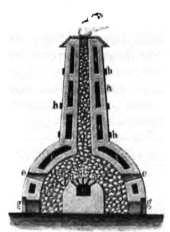
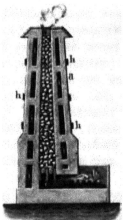

runden
Schornstein a,
der von oben
mit Kalkstei-
nen angefüllt
wird, sowie
man unten
von der La-
dung fort-
nimmt. Der
Herd liegt seit-
wärts, das
Brennmate-
rial liegt auf
dem Rost b,

**Fig 31.**

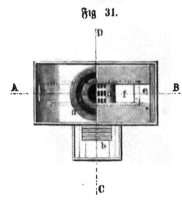

die Luft tritt durch den obern Theil
ein und streicht mit der Flamme
und dem Rauch in ein Gewölbe c,
aus dem sodann die Hitze und Flamme
durch die Oeffnungen d, d sich in
das Innere des Ofens ausbreitet,
um die Steine zu calciniren. Bei
diesem Durchgange wird der Rauch,
der in steter Berührung mit dem in
der Luft übrigen Sauerstoffe bleibt,
verzehrt und steigert die entwickelte
Wärme.

Die durch die Gicht des Ofens eingesetzten Kalksteine fallen in
die beiden kreisförmig gebogenen Kanäle f, f am Fuße des Ofens ab,
um durch die Seitenmündungen g. g ausgezogen zu werden, wenn
sie gar gebrannt sind. Bei o. o sind in dem Cylindermantel Oeffnungen angebracht, mittelst welcher man Luft zum Abkühlen der cal-
cinirten Steine einlassen kann. Endlich sind zwischen dem innern
Futter- und äußern Mantel-Mauerwerk bei i, i Zwischenräume angebracht, die mit Sägespänen als einem schlechten Wärmeleiter ausgefüllt sind; h, h sind schmiedeeiserne Reifen zum Zusammenhalten
der Ofenmauer.

Als Brennmaterial wird zu diesem Ofen Steinkohle verwandt.

§. 57. Diese continuirlichen Oefen mit großer Flamme sind bei Weitem vortheilhafter, als die nachstehend beschriebenen continuirlichen Oefen mit keiner Flamme, worin die Kalksteine mit dem Brennstoffe gemischt eingesetzt werden. Jene bringen in der That durch die hohe Länge des Feuerherdes, die Flamme und den Rauch, die von dem Feuer aufsteigen, in beträchtlicher Fläche mit dem Kalkstein in Berührung und hindern die Hitze, in die Atmosphäre auszuströmen. Außerdem bieten sie den Vortheil, daß die Berührung des Brennmaterials mit dem Kalksteine vermieden wird, wodurch dem Kalke die Reinheit und namentlich auch die weiße Farbe, die in vielen Fällen erfordert wird, geraubt wird.

Als Brennmaterial für diese Oefen wird das am billigsten zu beschaffende gewählt, also Braunkohle, Holz und Torf, oder flammende Steinkohle, denn stets muß ein Brennmaterial angewendet werden, welches eine lange Flamme giebt. — Der verschiedene Brennstoff übt auf die Qualität des gebrannten Kalkes keinen Unterschied aus, sobald eine rationelle Ofenanlage vorhanden und das Rohmaterial genau gekannt ist.

Falls beim Brennen mit Steinkohlen der Kalk verglast, so deutet dieses an, daß ein weniger intensives Brennmaterial hierfür ausreicht und die Kohlen zweckmäßig mit Torf vermischt werden. Alle 12 Stunden (Morgens und Abends) geschieht das Ziehen des gebrannten Kalkes und gleich darauf findet auch das Beschicken des Ofens statt.

Zum Ziehen werden zunächst sämmtliche Feuerthüren geöffnet, damit das Feuer etwas abgeht, dann öffnet man die untere Ziehöffnung, räumt den garen Kalk mittelst Krücken nach rechts und links hinter dem Eingange zur Ausziehöffnung fort, worauf dann der in der Höhe befindliche gar gebrannte Kalk ganz allein oder nur mit wenig Nachhülfe in einiger Zeit nachkommt. Alle Auszüge werden auf diese Weise nach und nach geräumt. Nach Entfernung des garen Kalkes bleibt der nicht gut gebrannte Kalk einige Zeit in Spannung hängen, wonach er durch Herabgehen den untern leer gewordenen Theil des Ofens füllt. Hierbei fällt jedesmal Kalk auf die Roste, welcher entfernt werden muß, da der Rost möglichst rein zu halten ist; der Brenner erkennt jedoch an diesen Kalkstücken, ob viel oder wenig Kalk gezogen werden muß. Sind diese Kalkstücke durchgebrannt dann ist unten ein größeres, andernfalls ein geringeres Quantum zu ziehen. Muß viel Kalk gezogen werden, so läßt man ihn zweimal

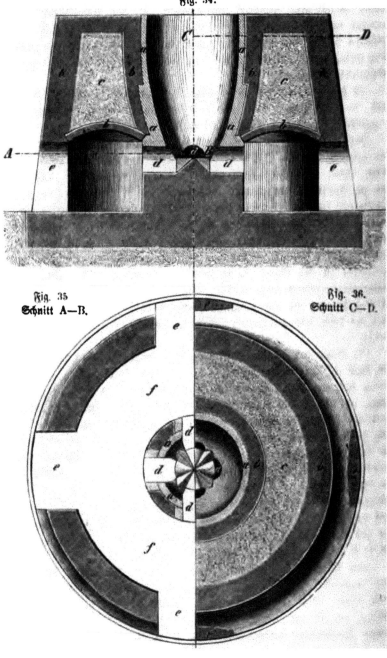

Fig. 34.

Fig. 35
Schnitt A—B.

Fig. 36.
Schnitt C—D.

lche nach Oben geneigte äußere Wandfläche des Ofens bietet
rtheil, daß bei der im Feuer unvermeidlichen Ausdehnung
alkofens mehr Festigkeit gewonnen wird. Zur Ersparung an
verk wird zwischen dem Kern= und Mantel=Mauerwerk ge=
) eine Erdfüllung angenommen, und beträgt dann die Dicke
ßern Mauerwerks 0$^m$,75 bis 1$^m$. Die obere Fläche zwischen
nern Rande des Ofens und der äußern Mantelfläche muß
$2^m$0 betragen, um beim Füllen des Ofens sich frei bewegen
en. Die äußere Form ist bei einem einzelnen Ofen am besten
weil hierbei an Mauerwerk gespart wird; wo aber darauf
zu nehmen ist, daß später noch ein oder mehrere Oefen an=
werden sollen, ist eine sechsseitige oder achtseitige Form zum
§ des Mauerwerks, namentlich zur Befestigung der Widerlager
völbe zwischen den Oefen passender*). Sollte die Anlage einer
für die Zufuhr der Kalksteine und Kohlen nicht leicht einzu=
sein, so kann auch eine Winde zum Aufziehen derselben be=
erden, oder eine Rampe auf Böcken mit doppelten Gleisen
mittelst einer Kette, welche über einen oben befestigten Winde=
ft, die beladenen Wagen aufgezogen, während auf dem leeren
rie leeren Wagen nach unten befördert werden.

60. Beim Betriebe der continuirlichen trichterförmigen Kalk=
das erste Anlegen von dem späteren regelmäßigen Betriebe
en. Zuerst wird auf etwa 1$^m$, 0 Höhe eine Quantität Holz
ingsten Qualität, (Reißer, Stuken, Aeste) aufgeschichtet, da=
rd eine mäßig starke Lage grober Steinkohlen (Rostbrocken)
ißig ausgebreitet und darüber eine ca. 30$^{cm}$ starke Lage Kalk=
elegt. Hierauf wird das Feuer angezündet und sobald das=
erall gut durchgebrannt ist, wird eine zweite Schicht von ca.
rte mit wenig Rostbrocken und mehr Kohlengries und darüber
ge Kalksteine von ca. 30$^{cm}$ Dicke eingebracht, oder wenn das
ganz gleichmäßig in Gang gekommen ist, wird auch wohl gleich
itere Kohlen= und Kalksteinschicht, bei welcher die Rostbrocken
mz entbehrt werden können, aufgesetzt. Die weiteren Kohlen=
.lksteinschichten werden erstere stets in einer Dicke von 5 bis

---

n England sind vielfach derartige Kalköfen in Anwendung welche einen
alen kegelförmigen Schacht haben. Derselbe ist durch ein festes Mauer=
bet, hat ein Schürloch mit Rost, welches gleichzeitig zum Ausziehen des
:n Kalkes dient. Der Kalk wird nachdem die unterste Lage auf dem
zündet ist, mit abwechselnden Lagen von Kohlen in den Schacht von oben
ttet. Die gußeisernen Roststäbe sind 5$^{cm}$ im Quadrat stark.

8ᶜᵐ und letztere von 30 bis 50ᶜᵐ Dicke angeordnet und vor dem Einbringen jeder neuen Doppelschicht wird der Ofen an den Zuglöchern
etwas gezogen, damit er Luft bekomme. In der Folge können um
so mehr Schichten zu gleicher Zeit aufgesetzt werden, je lebhafter das
Feuer brennt und je höher die Füllung im Ofen nach der obern
Mündung fortrückt, bis der Ofen ganz gefüllt ist. Zu dieser Zeit ist
schon eine solche Menge Kalkstein im Ofen gar gebrannt, daß der
regelmäßige Betrieb beginnen kann. Die ersten aus dem Ofen gezogenen Kalksteine sind gewöhnlich nicht ganz durchgebrannt; doch
die folgenden müssen gar sein, widrigenfalls muß man die Kohlenschichten etwas verstärken, auch ist dabei wesentlich, daß die Kalksteine
ziemlich gleichmäßig zerschlagen eingesetzt werden, sie sollen höchstens
die Größe einer Kegelkugel oder bei platten Steinen die eines Holz-
schuhes haben. Die Steine welche zum ersten Male nicht gebrannt
sind, können in den Ofen zurückgebracht und gebrannt werden.

Bei einem regelmäßigen Betriebe dieses Ofens bestehen die täglichen Arbeiten in folgenden Verrichtungen: Möglichst früh am
Morgen wird mit dem Ziehen des gebrannten Kalkes begonnen und
zwar abwechselnd an allen Zuglöchern und an denen am stärksten,
über welchen der Ofen am meisten der Luft bedarf, wie obenauf
leicht zu erkennen ist, oder wo das Material am Futtermauerwerke
sich fest gesetzt hat. Im Falle das Material dennoch ungleich sinken
sollte, so wird mit einer eisernen Stange, s. g. Lanze an der Futtermauer hinunter gestoßen, um die angebrannten Stellen davon ab-
zulösen. Man hört mit dem Ziehen auf wenn der gebrannte Kalk
nicht mehr kalt ist, oder sich brennende Theile zeigen. Wird zu stark
gezogen, so hat dies zur Folge, daß beim Ziehen des folgenden Tages
ungare Steine herauskommen. Ebenso nachtheilig kann ein zu
schwaches Ziehen werden, insbesondere an schwülen Sommertagen
bei sehr feuchter Luft, weil alsdann der Kalk im Ofen zerfällt und
somit eine große Menge Asche liefert. Es gehört viel Uebung und
Aufmerksamkeit dazu, um das richtige Ziehen des Trichterofens vorzunehmen und einen stets gleichmäßigen garen Kalk zu erhalten.

Das Ziehen muß von Zeit zu Zeit etwas unterbrochen werden,
um das Feuer nicht zu sehr zu stören und zu tief nach unten zu
führen; auch ist es gut, wenn während des Ziehens hin und wieder
einige Schaufeln Rostgrieskohlen in angemessener Streuung nachge-
schüttet werden, um das Feuer in lebhafterem Gange zu erhalten.
Diese Zwischenzeit wird mit Zerschlagen der Kalksteine zweckmäßig
ausgefüllt.

Nach beendigter Ziehung wird das Material oben im Ofen mit
eisernen Lanze ebengeschlichtet und dann in der oben angegebenen
.se neues Material aufgeschichtet. Erst kommt eine dünne Schicht
as angefeuchteter Rostgrieskohlen und dann eine dicke Schicht
Ksteine und so abwechsend weiter bis der Ofen voll ist. Bei starkem
riebe kann man auch noch 50ᶜᵐ hoch über den obern Rand des
ns aufsetzen, wenn man die letzten Schichten nach außen sphärisch
undet. Bei schwächerem Bedarfe kann man den Ofen mehrere
ẹ ruhig stehen lassen, ohne an ihm zu arbeiten, nur muß man
sorgfältig mit sehr feinen Kalksteinstücken und Asche oder feuchter
e bedecken sowie die Ofenlöcher verschließen. Auf diese Weise
n man den Ofen 8—10 Tage in Gluth erhalten. Soll der Ofen
der in Betrieb gesetzt werden, so wird die Decke auf der Gicht
ernt und die Ofenlöcher geöffnet. —

## XI.

## Zom Brennen des hydraulischen Kalks und insbe=
## besondere des Kalkmergels.

§. 61. Da die Steine, aus welchen man einen hydraulischen
l brennt, von frembartigen Bestandtheilen nicht frei sind, so dür=
fie nicht so rasch und stark gebrannt werden, wie jene, aus wel=
l der fette gemeine Kalk gewonnen wird, und der Kalkmergel
f nicht einmal so schnell einem so intensiv wirkenden Feuer aus=
:ẹt werden, als die ersteren.

Beim Brennen des hydraulischen Kalks verbindet sich der Kalk
nisch mit Kiesel= und Thonerde; es muß sonach vorzüglich darauf
:hen werden, daß die Steine nicht zusammensintern, was bei einer
en Temperatur leicht erfolgen, was aber auch vermieden werden
n, wenn man zum Austreiben der Kohlensäure die Hitze nur all=
lig und bis auf den erforderlichen Grad steigert. Durch ein zu
nelles und heftiges Erhitzen werden die Steine tobtgebrannt, d. h.
l und Thon schmelzen zusammen und bilden einen glasirten Stein.

Das vollständige Gelingen des Brennens von hydraulischem
l ist von der Erfüllung verschiedener Bedingungen abhängig und
ncherlei Vorsichtsmaaßregeln sind dabei zu beobachten. Namentlich
rdert das Brennen des Kalkmergels — besonders wenn dieser

die Eigenschaft besitzt, daß er leicht zerdrückbar ist, somit seine am Gewinnungsorte ausgebeuteten Stücke in ihrer Form zu Einsätzen nicht geeignet sind — eine außergewöhnliche Behandlung und Aufmerksamkeit, es soll daher das Brennen des Kalkmergels ausführlich beschrieben werden.

Fig. 37.

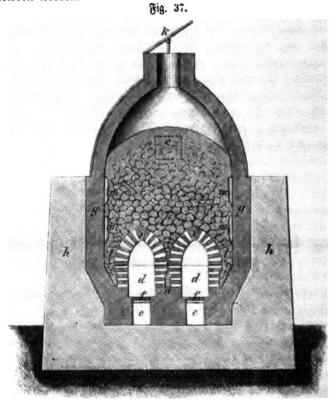

§. 62. Am besten bedient man sich zu diesem Brennen eines periodischen Ofens, ähnlich dem in Figg. 9. und 10. dargestellten, wobei die Feuerkanäle bereits mit feuerfesten Ziegeln überwölbt sind und das Einsetzen der Kalkmergel-Stücke keine besonderen Schwierigkeiten macht. Man kann jedoch auch den Mergel in dem in Figg. 37. und 38. im senkrechten und Horizontalschnitt (= $\frac{1}{96}$ der natürl. Größe) dargestellten Ofen brennen, wobei die Feuergewölbe durch besonders zugerichtete Mergelstücke hergestellt werden.*)

*) Wird der hydraulische Kalk aus harten Steinen und Kalkmergelnieren gebrannt, so werden die Feuerkanäle aus dem Gestein in der Weise wie zum Brennen

Bei diesem Ofen sind a, a die Bankette für die Pfeiler zur Einwölbung der Feuerkanäle; b eine Einsatzthüre zum Einführen des
t brennenden Materials; c Oeffnungen in der Ofenkuppel zum Ein-
ringen des oberen Satzes; d, d Heizlöcher durch verdoppelte in
charnieren hängende Blechthüren geschlossen; e, e Aschenfälle, f, f
oste, deren Stäbe man entweder aus Gußeisen oder (dauerhafter) aus
chmiedeeisen macht; g feuerfestes und h gewöhnliches Mauerwerk;
ie Ofenkuppel ist 3 Zoll stark mit hydraulischem Mörtel überzogen;

ist ein Windregu-
tor, bestehend aus
ner Eisenblechplat-
e, welche sich um
eine horizontale
rehungsachse be-
egen läßt und gegen
den herrschenden
Bind geneigt wer-
en kann.

Vor den Schür-
chern wird durch
n leichtes Flugdach
ne Brennstube her-
stellt, worin zu-
leich das zum Bren-
en nöthige Holz
ntergebracht wird;
en so wird auf der
entgegengesetzten
eite des Ofens bei
r Einsatzthür b ein
schlossener Raum

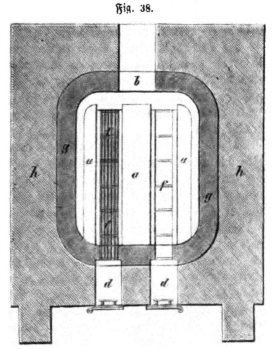

Fig. 38.

Maaßstab = 1/46 b. nat. Gr.

rgestellt, um das auszuladende Material gegen Regen schützen zu
nnen*)

§. 63. Zum Zwecke der Herstellung des Feuergewölbes werden
nächst die größern Mergelstücke mittelst eines circa 2 Pfd. schweren
andbeils auf einem Klotze nach festgesetzten Dimensionen behauen

s fetten (Luft-)Kalkes construirt, und das Brennen überhaupt in den früher
schriebenen Oefen bewerkstelligt.

*) Nach Mihàlik, praktische Anleitung zum Béton-Bau.

ober zugerichtet und dann Einſaßſtücke genannt. Gewöhnlich nimmt man folgende Dimenſionen an:

Nr. 1. bei 26ᶜᵐ Länge, 13ᶜᵐ Breite und 6½ᶜᵐ Höhe.

Nr. 2. bei 31—36ᶜᵐ Länge, 15—18ᶜᵐ Breite und 8ᶜᵐ Höhe; dieſe Stücke werden für den Fuß der Feuerkanäle gebraucht.

Nr. 3. bei 39—42ᶜᵐ Länge, 21—24ᶜᵐ Breite und auf der einen Seite 8—10ᶜᵐ, auf der andern Seite 13ᶜᵐ Dicke, alſo keilförmig; dieſe dienen zur Einwölbung.

Ein Ofen, welcher 34,12 Cub.-Met. (1080 Cub.-Fuß) Inhalt beſitzt und mit zwei Feuerkanälen f, f von je 3ᵐ,80 (12 Fuß) Länge verſehen iſt, braucht im Ganzen gegen 700 ſolcher Einſaßſtücke.

Die Lagerflächen dieſer Stücke müſſen möglichſt eben ſein, damit die darauf zu liegen kommenden ein feſtes Auflager finden, da ſonſt, wenn nämlich die Stücke auf einander hohl liegen, (bei der geringen Feſtigkeit des rohen Mergels und bei der großen Belaſtung) der Bruch jener Einſaßſtücke und das Einſtürzen des Kanals zu befürchten wäre.

§. 64. Um die Abfälle, welche bei dem Zurichten der Einſaßſtücke und beim Transport des Mergels vom Bruche bis zum Brennofen entſtehen, und die in pulverartigem Zuſtande zum Brennen nicht geeignet ſind, zu benutzen, werden ſie mit Waſſer in einen Teig verwandelt und daraus mittelſt Ziegelformen Formſteine (Kalkſoden) in zweierlei Dimenſionen (Nr. 2. u. 3.) hergeſtellt. Es iſt dabei beſonders zu beobachten, daß der Mergel ſchnell bei der Einſumpfung gut durchgearbeitet werde, damit darin keine allzu großen Stücke unaufgelöſt bleiben, wodurch die Formſteine ein lockeres Gefüge erhalten, in Folge deſſen ſie dem Drucke im Ofen nicht zu widerſtehen vermögen und zerbrechen, was ebenfalls den Einſturz des Kanals herbeiführen kann. Solche mangelhafte Formſteine erkennt man an ihrer äußern Beſchaffenheit; gewöhnlich ſind ſie verzogen und haben eine poröſe Oberfläche. Zu den Feuerkanälen dürfen ſie alsdann nicht verwendet, ſondern müſſen oberhalb derſelben an geeigneten Stellen eingeſetzt werden; ferner daß unausgetrocknete oder mit Sprüngen behaftete Formſteine für die Kanäle gleichfalls unbrauchbar und unter die unregelmäßigen Stücke im Ofen einzuſetzen ſind.

Abgeſehen von dem Vortheile, daß auf dieſe Weiſe kein Abfall des werthvollen Materials nutzlos verloren geht, ſo kommt die Erzeugung der für den Einſatz eines Ofens nöthigen Kalkſoden beinahe um die Hälfte billiger als die gleiche Anzahl zugerichteter Einſaßſtücke zu ſtehen. Außerdem geht der Bau der Feuerkanäle mit erſteren

l rafcher vor fich, da diefe gleiche Breite und Dicke befitzen und
her nicht wie bei den zugehauenen Einfatzftücken ein zeitraubendes
rtiren und nachträgliche Zurichtungen derfelben nothwendig machen.

§. 65. Bei dem Bau der Feuerkanäle wird zuerft der Roft f
t Brettern belegt, damit hinabfallende Mergelftücke denfelben nicht
:ftopfen und diefe Abfälle fpäter durch das bloße Herausziehen
: Bretter aus den Heizlöchern befeitigt werden können. Hierauf
rben mit den Einfatzftücken oder Kalkfoden Nr. 1. u. 2. längs der
nkette a von den Seitenkanälen und längs der mittlern Bankette
doppelt zu legen angefangen, fo zwar, daß zwifchen dem zuerft
egten und dem zunächft daneben zu liegen kommenden Stücken ein
rifchenraum von circa 52ᵐᵐ bleibt, was bei allen übrigen eben-
ls zu beobachten ift; diefe Zwifchenräume bilden ebenfo viele Feuer-
je, durch welche das Feuer nach allen Richtungen hin zu fpielen
:mag. Wird dies nicht beobachtet und legt man die Stücke zu
he an einander, fo fteht zu befürchten, daß die Feuerkanäle ver-
:nnen, während die höher und feitwärts liegenden Mergelftücke
) oder halbgebrannt bleiben.

Die Köpfe oder fchmalen Seiten der Einfatzftücke müffen mit den
:rticalen Seiten der Bankette genau in eine Flucht zu liegen kommen.
:rden jene über die letzteren vorftehen, fo könnten fie leicht bei
:n Feuern durch das Hineinwerfen des Holzes befchädigt werden,
:s für die Stabilität des Kanals immer nachtheilig ift, und nicht
ten den Einfturz eines Theiles davon, befonders bevor noch der
nfatz die Rothglühhitze erlangte, herbeiführt. Auf die erfte Reihe
zerichteter Einfatzftücke oder Formfteine wird eine zweite in der
rife gelegt, daß jedes Stück derfelben die offene Fuge der untern
ihe überdeckt, wodurch neuerdings ähnliche Feuerzüge wie bei der
ten Reihe entftehen; nur muß man dazu folche Stücke nehmen,
lche die untere Fuge wenigftens 26ᵐᵐ überdecken, um ein ficheres
tflager zu erhalten.

Bei zugerichteten Einfatzftücken kommt es oft vor, daß die Lager-
chen nicht ganz eben, oder die Stücke ungleich dick find, in welchem
lle man durch das Unterlegen eines, aus rohem ftaubartigen
ergel zubereiteten zähen Teiges nachhilft, damit jedes einzelne Stück
t aufliege und jede Schicht eine möglichft waagrechte Ebene bilde;
ch durch Unterlagen kleiner Mergelfchiefer läßt fich daffelbe, aber
ht fo vollkommen, erreichen. Die dritte und folgenden Reihen
rben in derfelben Weife bis auf eine fenkrechte Höhe von 78ᶜᵐ
legt, wo alsdann der Kanal zugewölbt wird.

Zu dem Ende werden mit Einsaßstücken oder Formsteinen Nr. 3. die übrigen Lagen hergestellt und wenn die Keilform der Stücke nicht ausreicht, durch Unterlegen von Mergelteig und Schiefer die Schichten gegen die Achse des Feuerkanals so geneigt, daß ein 39$^{cm}$ hohes Gewölbe entsteht; endlich wird das spitz zulaufende Gewölbe mit keilförmig behauenen Mergelstücken i, i geschlossen. Auch im Gewölbe werden wie in den untern Schichten überall Feuerzüge offen gelassen.

Die Füllung des Ofens erfolgt schon nach Maaßgabe des Vorschreitens bei dem Bau des Kanals, indem man den leeren Raum l zwischen den Kanälen und Seitenwänden des Ofens mit faustgroßen Mergelstücken ausfüllt, wobei man zugleich längs der Ofenwände in circa 10$^{cm}$ weiten Abständen gespaltene Holzscheite m senkrecht aufstellt, damit nach Verbrennung derselben bei nachmaligem Streckfeuer Feuerzüge entstehen, durch welche die Flamme besser hindurchstreichen kann.

Zur weiteren Füllung über dem Gewölbe wird, mit Ausnahme eines schmalen Streifens, rings um die Wände auf 1$^m$, 58 Höhe die erste Schicht Mergel (in Stücken bis zur Größe eines Menschenkopfes) gelagert; an diese reihen sich seitwärts halb so große Stücke an und der übrige Raum bis zur Wand wird wie früher mit faustgroßen Stücken horizontal aufgeschichtet. Alsdann folgt eine 31$^{cm}$ hohe Lage kleinerer Mergelstücke und zum Schlusse wird der so hergestellte Einsatz mit den kleinsten nußgroßen Stücken 15—20$^{cm}$ hoch überschüttet.

Das Einsetzen geschieht anfangs durch die den Heizlöchern gegenüberliegende Thür b, welche nach Maaßgabe der vorgeschrittenen Höhe der Ofenladung mit gebrannten Ziegeln zugestellt wird. — Nachdem die Ladung beinahe die Höhe dieser Thür erreicht hat, so erfolgt die weitere Füllung des Ofens bis zu deren Beendigung durch die in der gemauerten Ofenkuppel angebrachten beiden Oeffnungen c. Letztere werden auch mittelst Ziegeln zugestellt, wenn der Ofen vollends gefüllt ist, und beide ebenso wie die große Einsatzthür b äußerlich mit Lehmmörtel gut überworfen, um die Luft nicht zutreten zu lassen. Endlich werden noch die den Rost bedeckenden Bretter aus den Feuerkanälen gezogen, wonach die Feuerung beginnen kann.

§. 66. Am besten werden zum anfänglichen schwachen Feuer grobe, schwer spaltbare Holzscheite genommen, bei deren Verbrennung sich wenig Flamme entwickelt. Die Dauer dieses sog. Schmauch-

ters hängt blos von der Feuchtigkeit der zugerichteten Mergelstücke
und Formsteine in den Feuerkanälen ab. Unter Umständen sind
. Stunden zu ihrer allmäligen Austrocknung erforderlich, bevor
an das Feuer zu verstärken (zu strecken) wagen darf.

Bald nach Beginn der schwachen Feuerung nehmen die Mergelstücke des Kanals eine schwärzliche Farbe an, die sich mit der fortschreitenden Austrocknung nach und nach verliert, bis der Mergel
wieder seine anfängliche Weiße erhält. Dabei entweichen aus der
Mündung des Kamins weiße Dämpfe, die anfangs stark sind, gegen
Ende der Austrocknung immer schwächer werden, bis sie sich zuletzt
ganz verlieren.

Sobald die Kanäle ziemlich ausgetrocknet sind, so kann mit voller Beruhigung die Streckung des Feuers in der ganzen Länge derselben geschehen, wenn auch noch nicht der ganze Einsatz vollkommen
ausgetrocknet sein und aus dem Kamine noch Dampf ausströmen
sollte. Dieser ist im Gegentheil für die Calcination sehr förderlich,
denn der Dampf die Entbindung der auszutreibenden Kohlensäure
beschleunigt, was viel langsamer bei ganz trockenem Mergel vor
sich geht.

Nachdem die Kanäle ihre Austrocknung erlangt haben, läßt man
das bis dahin reichlicher zugelegte grobe Scheitholz zu Kohle verbrennen, und hierauf schiebt man mittelst einer eisernen 12′ (3$^m$, 80)
langen Krücke die in der ganzen Länge des Rostes gleichmäßig ausgebreiteten Kohlen bis an das hintere Ende der Kanäle; alsdann
wirft man, ebenfalls in der ganzen Länge derselben, dünneres Scheitholz in jeden Kanal, verlegt darauf einfach auf Scheitlänge die Oeffnungen der Schürlöcher in ihrer ganzen Länge und Breite mit größeren Holzspalten und schließt endlich sowohl die eisernen Heizthüren
als auch die Eisenblech-Thüren an den Aschenfällen, damit die heftige Luftströmung unterbrochen wird.

Wenn nach kurzer Zeit aus der Mündung des Kamins ein
schwarzer Rauch emporsteigt, so beginnt die Entbindung der Kohlensäure; nach 10 Minuten wird der anfangs stark entweichende Rauch
schwächer, bis er nach einer Viertelstunde fast ganz aufhört. Nach
etwa 30 Minuten ist erst das eingeworfene Holz völlig verbrannt;
die Heizthüren werden nun geöffnet und der zunächst derselben liegende Kohlenhaufen wird mit der eisernen Krücke nach rückwärts
längs des Rostes fortgeschoben, wobei die Asche und kleineren Kohlenstücke zwischen den Rostöffnungen durchfallen. Hierauf wird wiederum leichtes Spaltholz in jeden Kanal nach seiner ganzen Länge

geworfen, die Schürlöcher wie früher auf Scheitlänge mit Holz dicht verlegt und die eisernen Thüren geschlossen. Fast jede halbe Stunde wird diese Operation wiederholt und bevor der Mergel in die Rothglühhitze kommt, wird bei jedem Schüren die Menge des eingeworfenen Holzes nach und nach vermehrt, wobei das Feuer am hintern Ende des Kanals stets lebhaft brennen muß. Nach jeder Feuerung muß nachgesehen werden, ob an den Einsaßthüren b und c der Anwurf keine Sprünge erlitten, in welchem Falle dieselben mit Lehmmörtel gut verstrichen werden müßten, um den Luftzutritt zu verhindern. Wird dieses versäumt, so erscheint der Mergel stets schlecht gebrannt, und eine spätere Nachhülfe ist sehr schwierig.

Im Verlaufe des Brennprocesses wird der anfänglich schwarze Rauch nach und nach braun und immer spärlicher, bis endlich, wenn der Mergel die Weißglühhitze erlangt, nur noch weiße Dämpfe aus dem Kamine steigen. In diesem Zeitpunkt ist die größte Vorsicht nöthig, um nicht durch unsinnige Feuerung einen großen Theil des Einsaßes todt zu brennen. Dies ist der Zeitpunkt, wo die Menge des einzuwerfenden Holzes nach und nach vermindert werden muß und wo man sich überhaupt begnügt, nur so viel davon zuzuwerfen, als erforderlich ist, um den Mergel in der bereits erlangten Glühhitze zu erhalten.

Um ganz sicher zu gehen, daß das Feuer überall gleichmäßig wirkt, kann man bei der obern rückwärtigen Einsaßthür c, welche man für kurze Zeit öffnen kann, nachsehen. Auch an dem aufsteigenden Rauche kann man erkennen, wo eine Nachhülfe etwa nöthig ist, denn auf jener Seite, wo der Mergel noch nicht durchglüht ist, steigt brauner Rauch empor. Um ein gleichmäßiges Schüren in beiden Feuerkanälen zu erreichen, ist es rathsam, daß die Brenner bei jedesmaligem Nachfeuern ihre Stellen wechseln, so daß derjenige, welcher zuletzt den rechten Kanal bediente, nun den linken zu besorgen hat.

Binnen 24 Stunden werden circa 30 Schüren gemacht und beträgt dabei die Quantität des verbrannten gespaltenen Holzes ungefähr 9 Klafter von 6 Fuß Länge und Höhe und 3 Fuß Breite. (5,11 Cub.-Meter).

§. 67. Ueber die Regulirung des Feuers bei heftigen Winden oder bei einem vernachläsigten Einsaße, lassen sich nicht leicht solche genaue Andeutungen geben, um in allen Fällen als Leitfaden dienen zu können. Dies muß durch Uebung und Selbstbeobachtung der Resultate erlangt werden.

Die Schornsteinklappe h, die Thürchen der beiden Aschenfälle e, e, die rückwärtige Einsaßthüre b so wie die beiden Kuppelöffnungen c dienen zur Regulirung des Feuers. Mit Hülfe derselben und durch eine den Umständen angemessene Feuerung kann manchen Uebelständen begegnet und ein durchaus gleichmäßiger Brand erzielt werden. Sollten in den Kanälen die Mergelstücke Sprünge erhalten, so ist dies ein sicheres Zeichen, daß das Feuer zu stark ist und die Verglasung der Mergelstücke beginnt. In diesem Falle muß nach dem Abbrennen des eingeworfenen Holzes das Quantum desselben bei dem nächstfolgenden Schüren vermindert werden und alle Oeffnungen des Ofens müssen möglichst luftdicht verschlossen werden. Aus Probestücken, die etwa 2 Stunden nach jedem Schüren durch die hintere Kuppelöffnung c herausgenommen werden, wird auf den Grad des vorgeschrittenen Brennprocesses geschlossen.

Der Brand ist beendet, wenn diese Mergelproben nach ihrer in wenigen Minuten erfolgten Abkühlung, in kleine Theile zerschlagen, eine durchaus gleiche Farbe haben und beinahe um die Hälfte ihres frühern, vor dem Brande gehabten Gewichtes leichter sind. Das zuletzt eingeworfene Holz läßt man in diesem Falle abbrennen und hält den Ofen wo möglich noch 6 Stunden lang geschlossen.

Ungebrannte Stücke sind von außen und innen dem rohen Mergel ähnlich und haben an Gewicht beinahe nichts verloren. Schwachgebrannte Stücke haben, wenn man sie entzweibricht, im Innern eine andere Farbe als von Außen; die Gewichte bleiben fast unverändert.

Zu stark gebrannte Stücke, die zuweilen in den Feuerkanälen (jedoch nur in Folge einer Nachläßigkeit) vorkommen, sind an der Außenseite schwärzlich von Farbe mit verglaster, zerrissener Oberfläche, innerlich ziegelroth, dabei im Vergleich zu ihrem Volumen sehr schwer, gegenüber dem gut gebrannten Kalk.

§. 68. Zur Ausfuhr der Ofenladung werden zunächst die Einsaßthür b und die beiden Kuppelöffnungen c gelüftet, um die Abkühlung zu beschleunigen.

Alsdann werden die Roste mit Brettern belegt, um das Durchfallen des Mergels und Verunreinigen desselben mit Asche und Kohlen zu verhindern.

Die Ausfuhr wird durch die Einsaßthür b bewirkt, indem man so viele von den Ziegeln (mittelst denen sie zugestellt war) wegnimmt, als nothwendig ist, um den gebrannten Mergel in Weidenkörbe bequem füllen zu können. Die gefüllten Körbe werden, wenn der Kalk zur Versendung bestimmt ist, in mit Papier verklebte Fässer verpackt, ober, wenn man ihn an Ort und Stelle gleich ablöschen und verwenden kann, oder aber, wenn er die Eigenschaft besitzt, sich nicht eher gehörig ablöschen zu lassen, als bis er zu seinem Pulverstaub vermahlen ist, in einen zweiräberigen Handkarren verladen. Auf diesem Karren fährt man den Kalk zu einer möglichst in unmittelbarer Nähe befindlichen Kalkmühle, um ihn hier zu seinem Pulver zu vermahlen und zu sieben. —

## XII.

## Verschiedene Constructionen von Kalköfen, welche durch die Hitze anderer Oefen betrieben werden.

§. 69. In Fig. 18. und 19. theilten wir schon einen Kalkofen mit, in welchem zu gleicher Zeit Backsteine mit gebrannt werden können; es ist babei der Kalk die Hauptsache und die Backsteine ein Nebenproduct; im zweiten Theil werden wir noch mehrere Ziegelöfen mittheilen, wobei zugleich Kalk mit gebrannt werden kann. Hier sollen nun noch einige andere Oefen beschrieben werden, beren entweichende Hitze zum Kalkbrennen benutzt werden kann.

Es giebt eine Menge Operationen, wobei eine ansehnliche Menge Hitze verloren geht, die für unsern Zweck benutzt werden kann, indeß wird es hinreichen, nur einige berselben anzuführen, um den Gang kennen zu lernen, den man in ähnlichen Fällen einzuschlagen hat.

Eins der vortheilhaftesten Heizmittel gewährt die an der Gicht entweichende Flamme der Hohöfen und Hammerwerke. Die Benutzung der daselbst entweichenden Hitze zur Erzeugung des Aetzkalks, dessen Verbrauch so allgemein und großartig, selbst zum Hüttenbetriebe unentbehrlich ist, kann auf eine sehr einfache und wohlfeile Weise geschehen. Die Vortheile, welche sich aus einer solchen Verwendung dieser Flamme, die insbesondere Kohlenoxybgas enthält und einen bedeutenden Antheil an der Erhitzung nimmt, ergeben, liegen zu klar vor Augen, als daß man sie nicht benutzen sollte, wo jene Hüttenanlagen vorkommen und diese entweichenden Gase nicht etwa schon zur Erwärmung der Gebläseluft oder sonst wie verwendet werden.

§. 70. Zu diesem Zwecke baut man einen gewöhnlichen Kalk=
:n prismatischer Form, nach Dimensionen, welche der Oertlichkeit
:b der Verwendung des gebrannten Kalks entsprechen, auf die Plat=
:m des Hohofens. Die Fig. 39. giebt einen Verticalschnitt und
g. 40 einen Grundriß einer solchen Anordnung. A ist der Hoh=
:n und B der Kalkofen, die Vordermauer des letztern steht bündig
t dem Rande der Gicht, welcher der Seite der Beschickung gegen=
er liegt. Zwei keine Seitenmauern a, auf die Umfassungsmauer
hts und links der Gicht gestellt, bewahren die Flammensäule gegen
a Einfluß der Winde, die bei einiger Heftigkeit deren Richtung
ändern würden. Wenn die Platform des Hohofens überbaut ist,
rfte jedoch diese Vorkehrung nicht

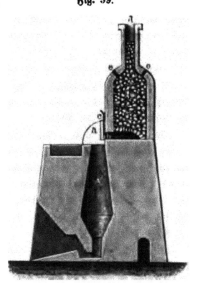

Fig. 39.

bedingt nöthig sein. Die Sohle
s Kalkofens liegt etwa 40cm
er der Platform und daselbst
indet sich auch die Einmündung
für die Flamme; letztere enthält
,45 Weite und Höhe. Sie kann
t einer gußeisernen Platte c, die
ischen Leisten auf und nieder
beglich ist und welche die Oeff=
ng nach Belieben zu verengern
tattet, geschlossen werden. Die
Inde des Ofens werden in Back=
:n 2—3 Steine stark ausgeführt,
innern Ecken am besten etwas
gerundet; er wird oben zuge
lbt, in der Mitte mit einem
inen Schornstein d und an den
Ecken mit Zuglöchern e, e ver=
en, die zur Beförderung des
ges, besonders aber zur gleich=
migen Vertheilung der eintre=
iben Gase dienen. Durch die
itenöffnung f füllt und entleert
in den Ofen, sie wird nach dem
insetzen mit Backsteinen ausge=
llt und mit Lehm verschmiert.
Man füllt wie gewöhnlich, in=
m man zuerst die größern Steine

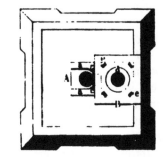

Fig. 40.

über der Sohle wölbartig einsetzt und darauf die kleinern bis zu einer gewissen Höhe schichtet, wobei man besonders darauf achtet, daß die Steine sorgfältig gelagert, nicht zu klein und nicht zu dicht ineinander gepreßt sind, weil die Flamme sonst sich dahin ziehen würde, wo ihr der wenigste Widerstand geboten wäre und dadurch eine ungleiche Gare entstehen würde.

Soll nach der Füllung der Ofen geheizt werden, so hebt man die Platte c 5 bis 6 Centimeter; alsbald wird die Flamme eintreten und nach einigem Flackern einen geregelten Gang nehmen. Man unterhält dieses schwache Feuer 24 bis 36 Stunden, hebt dann nach und nach die Platte, bis eine Mündung von 16—20$^{cm}$ Höhe entsteht. Die Flammenzunge zieht nun in ganzer Breite durch die Oeffnung ein und giebt das starke Feuer, welches 3 oder 4 Tage anhält. Der Ofen erlangt bald das Maximum der Hitze und wird weißglühend. Man hat beobachtet, daß bei weiterer Oeffnung der Mündung, wenn man etwa noch einige seitwärts streichende Flammenzungen auffangen will, die Temperatur sich eher vermindert, als erhöht, weil dadurch ein zu jäher Luftstrom entsteht, der sich nicht gehörig erhitzt und sonach den Ofen kühlt.

Nach Verlauf von 5 bis 6 Tagen ist der Kalk gar, der Schieber c wird hierauf geschlossen und der Ofen kann abkühlen; es lassen sich auf diese Weise allmonatlich vier oder mindestens drei Brände machen. Der Gang des Hohofens leidet nicht im Geringsten von dem Ein- und Aussetzen des Kalks; der Kalkbrenner arbeitet zur Seite und kommt den Hüttenleuten, die vor der Gicht einfüllen, nicht in den Weg. —

§. 71. In England, wo eine starke Cokesfabrikation stattfindet, brennt man gleichfalls Kalksteine mit Hülfe des Wärmeüberschusses, der bei dem Verkohlen zu Gebote steht. Eine solche von Heathom in Maidstone eingerichtete Anlage ist in Fig. 41. in einem senkrechten Durchschnitt und Fig. 42. in einem Grundriß dargestellt. Sie gewährt nicht allein große Ersparnisse, weil die zu verkohlenden Steinkohlen während des Processes den Kalkstein calciniren, sondern auch, weil das in Coke verwandelte Kohlenklein (Gries) einen solchen Handelswerth giebt, der ziemlich dem der Stückkohlen gleich ist, sodaß die Kosten des Doppelprocesses des Kalkbrennens und der Verkohlung dergestalt vermindert werden, daß sie gleich Null kommen. —

Man kann zwei oder mehrere Cokeöfen A A um den Kalkofen B herumlegen, letzterer communicirt durch die Oeffnungen a, a mit den Cokeöfen. Diese werden mit Steinkohlen durch die in der

Vordermauer des Ofens angebrachten Munblöcher b, b gespeist, welche mit eisernen Thüren geschlossen sind. Die Thüren haben in dem obern Theile eine horizontale länglich viereckige Oeffnung, durch welche die zur Verbrennung der bituminösen und entzünblichen Theile nöthige atmosphärische Luft zutritt.

Die aufsteigenden Flammen treten in den Kalkofen durch eine Reihe Oeffnungen a, a, und damit der Zug auf der einen Seite die Verbrennung auf der entgegengesetzten Seite, b. h. im andern Ofen nicht schwächt, ist in der Mitte des Kalkofens eine Zunge d aufgemauert, wodurch die Flamme und die Hitze gezwungen werden, sich durch die ganze ausgebreitete Masse der Kalksteine zu drängen.

e, e sind die Seitenmauern des viereckigen Schachtes, der die Kalksteine aufnimmt, von oben bis herab auf die Eisenstangen c, c, die den Rost bilden, und die ganze Masse tragen. In den Seitenmauern sind an verschiedenen Stellen Oeffnungen g, g angebracht, deren Zweck ist, das Senken des Kalkes zu erleichtern, indem die eisernen Thürchen geöffnet werden und durch die Oeffnungen der Kalk mit Schürstangen aufgelockert wird. Andere dergleichen Oeffnungen befinden sich bei h, h in den Coleöfen, um die Seitenkanäle a, a. leicht reinigen und den Flammen freien Durchzug bieten zu können.

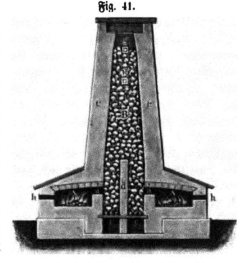

Fig. 41.

Die Steine werden in Körben durch einen Krahnen hinter dem Ofen aufgewunden; oben ist eine Platform mit Brustlehnen angebracht, um sicher arbeiten zu können.

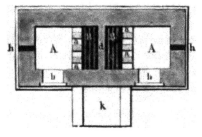

Fig. 42.

Wenn der Kalkofen völlig gefüllt ist, schließt man den Aschenfall unter dem Roste entweder mit Backsteinen oder mit einem mit Sand gefüllten eisernen Kasten, um die äußere Luft ganz abzusperren, damit keine ausstrahlende Wärme verloren gehe; denn wenn die Operation im Gange ist, darf nicht anders die atmosphärische Luft zutreten, als durch die Register in den Thüren b, b der Coeköfen. Nach Calcinirung von ungefähr zwei Dritteln der Masse nimmt man den obengedachten Verschluß, sowie auch einige der beweglichen eisernen Roststangen c, c hinweg, damit der Kalk sich herabsenken kann, den man dann auf Schubkarren von der Rampe k abfährt; man füllt dann unmittelbar wieder nach. Der Coke wird durch die vordern Thüren b, b herausgezogen; die mittlere Zeit des Garbrennens von Kalk ist fast dieselbe wie bei den andern Oefen. —

§. 72. Zuweilen werden auch sogenannte Siemens'sche Gas-generatoren oder Gasöfen zum Brennen von Kalk verwendet; es geschieht dies hauptsächlich, um die geringsten Sorten Brennmaterial z. B. Torf, klare Braunkohle, Sägespähne, schlechte Steinkohle zc. zu verwerthen. Zu dem Zwecke werden dieselben in diesen Gasöfen in brennbare Gase umgewandelt und dann in den eigentlichen Kalkofen unter Zuleitung von atmosphärischer Luft zur Verbrennung gebracht. Die Gase werden dadurch im Generator erzeugt, daß man dem Brennstoffe eine große Schichthöhe giebt und in Folge des beschränkten Luftzutrittes nur ein keiner auf dem Roste liegender Theil des Brennmaterials verbrennt, während der andere Theil vergast. — Die entweichenden Gase werden mit zugeführter atmosphärischer Luft durch einen Kanal in den Schacht des Kalkofens geleitet, wodurch die vollständige Verbrennung der Gase im Innern des Ofens bewirkt wird und das Brennen des Kalkes erfolgt. Es wird empfohlen, die zugeführte atmosphärische Luft vorher zu erwärmen.

Derartige Oefen sind in Böhmen in Zuckerfabriken mehrfach ausgeführt; die gewonnene Kohlensäure soll, für die Zwecke der Zuckerfabrikation, hinreichend rein sein.

Im Uebrigen sind die Resultate solcher Oefen im Vergleich mit andern bewährten Kalköfen keineswegs günstiger und sind die Herstellungskosten sehr bedeutend, so daß ihre weitere Einführung nicht zu erwarten steht; auch lassen sich dieselben nur bei einem continuirlichen Betriebe anwenden. —

## XIII.

## Vom Kalkbrennen in continuirlichen Ring- und Kanalöfen.

§. 73. Die Hoffmann'schen s. g. Ringöfen, welche im 2. Bande unter den continuirlichen Ziegel-Brennöfen ausführlich besprochen werden, sind auch vielfach zum Brennen von Kalk und Cement empfohlen worden. Die allgemein ungünstigen Erfolge der Ringöfen zum Kalkbrennen sind aber leicht erklärlich, indem diese Ofenconstruction den nothwendigsten Bedingungen und Erfordernissen für den Kalkbrennerei-Betrieb nicht im mindesten entspricht. Bekanntlich werden diese ringförmigen, in einzelne, mit einander communicirende Kammern abgetheilte Oefen derart betrieben, daß die abziehenden Feuergase einer Kammer zum Vorwärmen des Brenngutes in die folgende Kammer eintreten während die zum Brande erforderliche Luft durch die vorliegenden mit heißem, fertig gebrannten Gute erfüllten Kammern hindurchstreicht, und hier die bei der Abkühlung des letzteren abgegebene Wärme aufnimmt, und dadurch nutzbar macht; dabei erfolgt die Befeuerung durch Einschütten des Brennstoffes in die Heizkammern von Oben.

So zweckmäßig die Ringöfen sich zum Brennen von Ziegeln erwiesen haben, desto unbrauchbarer sind sie, wie bemerkt, für den Kalkbrennerei-Betrieb. — Der gar gebrannte Kalk bleibt nämlich, behufs Abgabe der aufgenommenen Wärme während einer bedeutend längeren Zeit in dem Brennraume als bei sämmtlichen vorstehend beschriebenen Ofenconstructionen; er wird dabei von der ganzen Menge der vorzuwärmenden Luft bestrichen und nimmt hierbei bedeutende Mengen von Kohlensäure und Wasser auf. In Folge dessen wird der Kalk mürbe und zerfällt zum Theil. —

Außer diesem Haupt-Nachtheile, der in der Natur dieser Oefen liegt und nicht zu beseitigen ist, haben dieselben noch einen andern Constructionsfehler, nämlich daß das Brenngut an den verschiedenen Theilen des Ofenquerschnittes einen bedeutend verschiedenen Hitzegrad bekommt. Dieser Umstand fällt beim Brennen von Ziegeln viel weniger ins Gewicht, als beim Kalkbrennen, denn die mehr oder weniger scharf gebrannten Ziegel können später sortirt werden. Dagegen giebt es beim Kalk nur eine Gattung von brauchbarem Fabrikat. Eine zu niedrige Temperatur genügt nicht zum Garbrennen des Kalkes

6*

und veranlaßt häufig eine erhebliche Menge ungenügend gebrannter Waare, während eine in derselben Brennkammer waltende
zu starke Hitze bei mergeligen Kalksteinen viel tobtgebrannte
Waare erzeugen kann.

Ferner ist das Einsetzen der rohen Kalksteine in die Brennräume
des Ringofens schwieriger und zeitraubender, indem durchlaufende,
mit den Beschickungsschächten communicirende Schürgassen gesetzt
werden müssen, was bei der großen Ungleichheit der Steine und ber
großen Zahl der Heizschächte schwer ins Gewicht fällt, mithin wesentlich schwieriger und bei höhern Arbeitslöhnen beträchtlich kostspieliger
ist, als das Einbringen in Setzöfen, namentlich aber in Cylinderöfen.

Endlich ist der gewonnene Kalk bei der sogenannten directen
Befeuerung mit den Rückständen der Brennmaterialien gemischt und
zeigt eine röthliche oder auch schwarzgraue Färbung, nie aber die
schöne gelbe Farbe, welche man in den oben beschriebenen Defen mit
großer Flamme erzielt.

Zwar stellt sich der Verbrauch an Brennmaterial geringer als
in den Setz- resp. den Cylinderöfen, allein dieser Vortheil wiegt nach
den übereinstimmenden Erfahrungen die erwähnten großen Nachtheile
lange nicht auf und wird zum größten Theil durch das nicht unbe-
trächtlich höhere Anlagekapital welches die Errichtung eines Ringofens
erfordert, wieder ausgeglichen. —

§. 74. Ganz anders sind die Verhältnisse in dieser Beziehung
mit dem in neuester Zeit erfundenen Bock'schen continuirlichen Kanalofen und scheint sich derselbe ganz vorzüglich auch zum Kalkbrennen
zu eignen. Diese interessante Ofenconstruction wird ausführlich unter
den continuirlichen Ziegelbrennöfen beschrieben und abgebildet werden.
Die Construction ist noch zu neu und konnten bisher nur Versuche
zum Brennen von Kalk in kleinern Quantitäten in einem zum Ziegelbrennen construirten Kanalofen angestellt werden, die indeß sämmtlich
günstig ausfielen, während ein besonderer Kanalofen zum Brennen von
Kalk und Cement erst in der nächsten Zeit ausgeführt werden soll.

Bei der Wichtigkeit des Gegenstandes theilen wir in nebenstehen-
der Fig. 43. eine Ansichtsskizze des in Braunschweig ausgeführten
Bock'schen Kanalofens mit, sowie in Fig. 44. einen Querschnitt des vom
Ingenieur Bock zum Brennen von Kalk und Cement construirten
Kanalofens der in der Kürze in Hannover ausgeführt werden soll.
Zur Erläuterung fügen wir hier nur folgende kurze Beschreibung
bei, während wir diejenigen, welche genauere Angaben über diese
Defen wünschen auf den 2. Theil unsers Werks verweisen.

Fig. 43.

Dieser Ofen besteht aus einem langen, von Chamotte- und Ziegel- steinen gemauerten Ka- nale, deffen Längen- und Querschnittdimen- fionen von der bean- spruchten Leistungs- fähigkeit abhängig find. Auf dem einen Ende dieses Kanals befindet fich ein ca. 20$^m$ hoher Schornstein, in welchen die Rauch- u. Dampf- kanäle des Ofens ein- münden. Die zu bren- nenden Waaren werden nun auf hierzu con- struirten eisernen Wagen am Schorn- steinende in den Kanal- ofen eingeführt. Diese Wagen durchlaufen den Ofen auf Schienen, und bilden deren Böden, im Ofen luftdicht an einander geschoben, die Grundfläche deffelben, unter dem Boden dieser Wagenreihe circulirt ein Luftstrom. Der von oben befeuerte Heiz- raum des Ofens be- findet fich ziemlich in der Mitte deffelben, und find zur Erzeugung höherer Hitzgrade außerdem Gasgenera- toren feitlich vorhan-

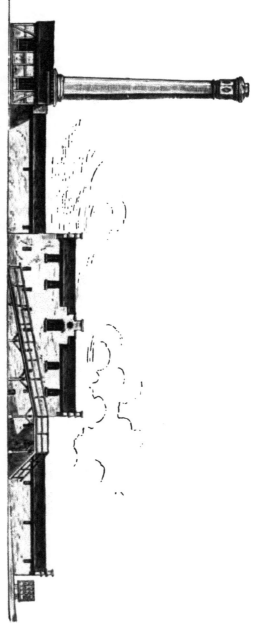

ben. — Dem Heizraume werden bie mit Kalk, Cement ꝛc. belabenen
Wagen continuirlich entgegengeführt unb werden bie Waaren auf
biefem Wege bei mäßig zunehmenber Temperatur geſchmaucht unb
zum Brennen vorgewärmt, während bie gebrannten Waaren bei ber
Vorwärtsbewegung ſich langſam abkühlen. Die kühlenbe Luft tritt,
ſtark erhitzt, als Speiſeluft in ben Heizraum. Am Kühlenbe iſt ber
Ofen offen, während berſelbe am anberen Enbe burch eine luftbichte
Thür geſchloſſen iſt, bie nur bann auf wenige Minuten geöffnet wirb,
wenn ein friſch belabener Wagen eingebracht werben ſoll. — Je
nach ber Größe bes Ofens kann in einer bis zwei Stunden ein
Wagen mit ca. 1½ Cub.-Meter roher Kalkſteine eingeſchoben werben,
natürlich wirb bas gleiche Quantum gebrannter Steine gleichzeitig
am Kühlenbe ausgeſchoben. Wie aus bem Querſchnitt Fig. 44. her-
vorgeht wirb ber luftbichte Abſchluß ber Böben von ben eiſernen
Platformwagen baburch erzielt, baß bie herabgehenden Seitenränber
a, a ber Wagenplatform in eiſerne Rinnen eintauchen, bie mit Sanb
gefüllt ſinb; außerbem ſinb bie Enben ber eiſernen Platform einer-
ſeits mit einer Nuth unb anbererſeits mit einer Feber verſehen,

Fig. 44.

die genau in einander paſſen und mit Lehm dicht verſtrichen werden. Durch eine doppelte Schichte in Verband mit Lehm gemauerte Back- ſteine b, b wird zunächſt die Hitze von den eiſernen Wagen abge- halten, und mittelſt einer dritten Schicht Backſteine c, c horizontale Zugkanäle für das Feuer gebildet, worauf dann nach einer Lade- ſchablone die zu brennenden Kalkſteine d, d ſehr einfach aufgeſchichtet werden, ſodaß die Ladung genau den lichten Raum des Ofenkanals ausfüllt, ohne an den Wänden anzuſtreifen.

Zur Bedienung des Ofens ſind drei Arbeiter nöthig, und zwar ein Brenner und zwei Mann zum Aufſetzen, Einſchieben und Ab- laden der Wagen. Das Setzen der Kalkſteine auf die Wagen erfordert weit weniger Intelligenz, als daſſelbe in den Ringofen, und kann bei den Kalkbrüchen oder auf dem Anfuhrplatze ſelbſt geſchehen, wie auch das Abladen der fertigen Waaren direct auf die Transportmittel, als Schiffe, Eiſenbahnwagen, Landfuhrwerk oder auf den Lagerplatz ſtatt- finden kann.

Ueber den Verbrauch an Brennmaterial bei dieſem Kanalofen ſei noch erwähnt, daß ſich derſelbe bei den bereits im Betriebe be- findlichen Oefen als annähernd halb ſo groß wie beim Ringofen beſter Conſtruction, unter gleichen Verhältniſſen, erwieſen hat.

Dieſes wichtige Factum hat darin ſeinen Grund, daß in dieſem Ofen das Feuer permanent auf e i n e r Stelle unterhalten wird, und daß die ſich einmal in Glühhitze befindenden Wände nicht wie bei Ring- und anderen Oefen, abgekühlt werden; hierin dürfte auch eine größere Haltbarkeit des Kanalofens, allen anderen Conſtructionen gegenüber, ihre Begründung finden, da bei letzteren durch das immer wiederkehrende Abkühlen und Erhitzen das Gefüge des Mauerwerks einer ſchnellen Zerſtörung entgegengeht.

Außerdem iſt das für einen Kanalofen erforderliche Anlage- kapital bei gleicher Produktionsfähigkeit geringer als das für Ringöfen.

Ferner iſt anzuführen, daß die in §. 73. erwähnten hauptſäch- lichen Nachtheile der continuirlichen Ringöfen zum Kalkbrennen bei den Kanalöfen nicht vorkommen können, indem das Abkühlen der gebrannten Steine hier viel raſcher aber nicht durch direkt einſtrö- mende atmoſphäriſche Luft erfolgt, und die Waare nachdem ſie ge- brannt, nach Verlauf von 8 Stunden bereits aus dem Ofen gezogen werden kann. Dabei kann das Setzen der rohen Kalkſteine auf die 1ᵐ breiten, 1½ᵐ langen eiſernen Platformwagen nach Ladeſchablonen und ebenſo auch das Entladen in bequemſter Weiſe im Freien, (ohne daß die Arbeiter durch Hitze und Staub beläſtigt werden) durch gewöhnliche Taglöhner geschehen, und durch die Zwischenräume der Ladungen von den an einander stoßenden Wagen, welche jedesmal mit den Einstreu-Oeffnungen des Brennmaterials correspondiren, werden in kurzen Entfernungen die einfachsten Heizkanäle gebildet; auf das Genaueste läßt sich der Zug des Feuers reguliren und der Hitzegrad im Brennraum beobachten, sodaß das vollkommene Garbrennen der ganzen Ladung mit Sicherheit erfolgt. —

## XIV.
## Vom Aufbewahren und Transportiren des gebrannten Kalks.

§. 75. Auf jeder gut eingerichteten Kalkbrennerei sollte ein dicht verschlossenes, trocken gelegenes Kalkmagazin vorhanden sein, wohin der gebrannte Kalk, welcher nicht gleich aus dem Ofen abgesetzt werden kann, gebracht wird und worin er monatelang, ohne daß er an seiner Güte verliert, aufbewahrt werden kann. Diese Magazine müssen einen gedielten Fußboden haben, die Wände und Decke dürfen keine Sprünge enthalten und der einzige Zugang (die Thüre) muß vollkommen dicht schließen und mit Nuth und Feder aus Doppeldielen zusammengefügt sein. Bei feuchtem Wetter und Gewitterluft muß man es möglichst vermeiden, die Thüren der Magazine zu öffnen, indem diese Luft auf das Zerfallen des Kalks am meisten Einfluß hat.

§. 76. Vicat beschreibt ein anderes Verfahren zur Aufbewahrung des Kalks, besonders des hydraulischen. Auf einer Tenne, die frei von Wasserzutritt und Feuchtigkeit ist, breitet man zuerst eine Lage zerfallenen Kalk von 15 bis 20 Centimeter Dicke aus. Auf diese Lage schichtet man den lebendigen Kalk auf, indem man ihn mit einem hölzernen Klotz zusammenrammet, um die Zwischenräume möglichst zu vermindern. Diesen Haufen schließt man flach abgeböscht und überschüttet ihn mit einer letzten Lage eines Kalks, der eben in Staubkalk zerfallen will. Dieser Staubkalk füllt die Zwischenräume des lebendigen Steinkalks aus und umhüllt ihn so gut, daß er gegen die Einwirkung der atmosphärischen Luft und aller Feuchtigkeit verwahrt ist. Man hat auf diese Weise circa 60 Cub.-Meter lebendigen Kalk während eines anhaltend nassen Winters aufbewahrt und nach 5 Monaten erhitzte er sich und zerging noch ebenso gut als frisch gebrannter Kalk. Je größer der aufzubewahrende Vorrath ist, besto mehr bewährt sich dieses Verfahren. —

§. 77. Man kann auch den gebrannten Kalk sofort nach dem Brennen in Fässer schlagen und an einem trocknen Orte aufbewahren. Am vortheilhaftesten ist es, wenn er gleich oder sehr bald nach dem Brennen verwendet werden kann. Denn die undichten Fässer lassen theils in den Magazinen, theils auf dem Transporte feuchte Luft zu dem Kalke, in Folge dessen verschluckt er Wasser und Kohlensäure, verschlechtert sich dadurch, giebt beim Löschen keinen sehr zarten Kalkbrei und gedeiht auch nicht in dem Maaße, wie frisch gebrannter Kalk. Bei dem Füllen der Fässer werden die nicht vollständig und tobtgebrannten Stücke, die man leicht an ihrer Schwere erkennt, ausgeworfen.

§. 78. Den pulverisirten und gesiebten hydraulischen Kalk (Cement) verwahrt man in Fässern, deren Fugen mittelst eines aus abgelöschtem hydraulischen Kalk erzeugten zähen Teiges gehörig verschmiert und dann erst noch von Innen mit Papier gut verklebt wurden. Außerdem ist bei dem Verpacken dieses Materials darauf zu sehen, daß die Fässer vollständig gefüllt und leere Räume in denselben vermieden werden. Der Deckel muß dicht auf dem Material aufliegen, zu welchem Zwecke man das Kalkmehl beiläufig um 12$^{mm}$ höher als die Nuth des obern Faßbodens aufträgt und hierauf den Deckel mit einiger Gewalt hineinpreßt, was mit keinen Schwierigkeiten verbunden ist. —

§. 79. Bei dem Transport des gebrannten ungelöschten Kalks muß er, wenn es blos auf kürzere Strecken geschehen soll, in wohlbedeckten Wagen gegen Feuchtigkeit und Regen geschützt, transportirt werden; auf weitere Entfernungen muß er in geschlossenen Gefäßen (Fässern) verpackt werden, um ihn gegen den Zutritt der atmosphärischen Luft zu schützen. —

Der Kalk setzt sich immer beträchtlich, wenn er auf der Achse von dem Brennofen nach dem Bau- oder Lagerplatze geschafft wird. Dieses Setzen hängt nicht allein von der Natur des Kalks, sondern auch von den Transportmitteln, der Entfernung und selbst von dem Zustande des Weges ab.

Bei dem hydraulischen Kalke von Paris, nach einem Transporte von 5 Kilometer auf einer gepflasterten Straße, beträgt das Setzen ein Sechstel, d. h. ein Cub.-Meter gebrannter Kalk aus dem Ofen gemessen gab nur 83 Cubikcentimeter auf der Ablabestelle. Es ist deshalb nicht gleichgültig, ob man den Kalk aus dem Ofen eingemessen oder beim Ablaben nachgemessen verkauft.

## XV.

## Von dem Ausmaaße des Kalks im Handel.

§. 80. Wie bereits erwähnt verliert der rohe Kalkstein durch das Brennen, also durch die Entfernung der Kohlensäure, durchschnittlich 5% seines Volumens. Das Messen des Kalkes geschieht jetzt allgemein in Deutschland nach Hectoliter, früher in Preußen nach Tonnen (Wispel), eine Tonne ist gleich 219,8 Liter = rot 2,2 Hectoliter. Die Tonne wurde früher gerechnet als gleichbedeutend mit 4 Berliner Scheffeln oder mit 64 Metzen oder mit 7⅛ Cub.-Fuß Inhalt, welches Maaß jetzt mit 2,2 Hectoliter zu bezeichnen ist.

Im Königreich Sachsen diente früher als Kalkmaaß der Dresdener Scheffel zu 8000 sächs. Cub.-Zoll. Ein Dresdener Scheffel = 1,038 Hectoliter = 1,889 preuß. Scheffel.

Im Königreich Bayern hatte früher der Kalkmetzen = 37,059 Liter, = 1,1871 Cub.-Fuß. 6 Kalkmetzen machten 1 Scheffel und 24 Metzen eine Muthel. In Rheinbayern wurde der Kalk bisher nach dem Gewichte verkauft.

Im Königreich Württemberg wurde bisher der gebrannte Kalk in Zubern oder Kufen, welche 40 Helleich-Maaß enthalten und Kalkscheffel genannt wurden, gemessen. 1 Kalkscheffel ist = 0,734 Hectoliter = 3,140 Cub.-Fuß.

Im Großherzogthum Baden wurde früher nach Fuder gemessen; 1 Fuder ist = 1,5 Cub.-Meter, = 55,5 bad. Cub.-Fuß.

In dem frühern Königreich Hannover wurde der Kalk nach Last, Malter und Himten verkauft. Die Last hatte 16 Malter zu 6 Himten; 1 Himten = 0,312 Hectoliter == 1¼ Cub.-Fuß = 0,567 preuß. Scheffel.

Im Großherzogthum Hessen war die frühere Kalkbütte viereckig und im Lichten 20 hess. Zoll lang, 20 Zoll breit und 25 Zoll hoch. Sie enthielt 25,625 Liter, = 10 hess. Cub.-Fuß.

Das specif. Gewicht des gebrannten Kalkes beträgt 1,27, des frischen Kalkmörtels 1,79. 1 Hectoliter giebt 0,2 Cub.-Meter = 6¾ preuß. Cub.-Fuß gelöschten Kalkes.

2,2 Hectoliter = 1 Tonne, = 7⅛ preuß. Cub.-Fuß geben 0,464 Cub.-Meter = 15 pr. Cub.-Fuß gelöschten Kalkes. 0,31 Cub.-Meter (10 pr. Cub.-Fuß) gebrannten Kalkes wiegen 420 Kilogr. 2,2 Hectoliter (1 pr. Tonne, = 7⅛ Cub.-Fuß = 4 Berliner Scheffel) wiegen

140—150 Kilogr., wobei zu berücksichtigen, daß beim Verkaufsmaaß 4 Theile Kalk und 3 1/8 Theile leerer Raum zu berechnen sind, weshalb der Verkauf nach Gewicht viel richtiger ist, als nach dem Ausmaaß. 0,31 Cub.-Meter (10 preuß. Cub.-Fuß) gelöschten Kalkes wiegen 400 Kilogr.

§. 81. In Oestreich hält das Kalkmuthel 2 1/2 Metzen à 61,4994 Liter, also 1 Muthel = 153,7485 Liter (circa 1 1/2 Hectoliter). 1 Metze = 1,119 Preuß. Scheffel = 0,277 Bayerische Scheffel. 1 Muthel = 4,9647 Cub.-Fuß. In Ländern, wo das französische Maaßsystem eingeführt ist, wird er meist nach dem Cubikmeter gemessen.

In Rußland wird der Kalk nach Cubik-Saschen zu 343 Cub.-Fuß oder 9,712 Cub.-Meter verkauft.

In Schweden dient zum Messen des gebrannten Kalks die Tonne zu 59 1/2 Kannen = 155,723 Liter = 5,0371 Cub.-Fuß.

In England ist das Normalmaaß für Kalk der Bushel = 8 Gallons = 32 Quarts = 36,347 Liter.

In Belgien und den Niederlanden ist das französische metrische Maaß- und Gewichtssystem eingeführt; in den Niederlanden jedoch mit holländischen Benennungen. Das Hectoliter für Kalk (und andere trockene Gegenstände) heißt Mubbe.

---

## XVI.

## Vom Löschen und Aufbewahren des gelöschten Kalks.

§. 82. Es ist keinem Zweifel unterworfen, daß von der Art und Weise, den Kalk zu löschen, dessen Güte mit abhängig ist; jedenfalls aber geht man zu weit, wenn man behauptet, daß man die charakteristischen Eigenschaften eines Kalks ganz verändern könne, wenn man z. B. behauptet, daß man durch eine besondere Art, den Kalk zu löschen sogar fetten Kalk in hydraulischen umzuwandeln vermöge. Das Löschen des Kalks kann auf dreierlei Art geschehen; entweder gießt man hinreichend Wasser auf denselben und arbeitet mit Hacken oder Krücken die Masse durch, um sie zu einem dünnen Brei zu verwandeln; oder man bringt den Kalk in einen Korb, welchen man wenige Sekunden in Wasser taucht, während der Zeit der Kalk Wasser genug auffaugt, um nachher in ein trocknes Pulver zu zerfallen; dadurch wird eine größere Hitze entbunden, der Kalk aber nicht so fein aufgeschlossen und fühlt sich wie Sand an. Die dritte Art zu löschen ist mittelst einer Sanddecke. Man zerschlägt die Kalksteine in nußgroße Stücke, bringt sie in kleine Haufen, welche man mit Sand bedeckt, begießt ihn mit Wasser und achtet wohl darauf, daß der Kalk an keiner Stelle ohne Sand mit der Luft in Berührung komme. (Trocken gelöschter Kalk.)

Das Löschen der erstern Art durch Aufgießen von Wasser oder Schwemmen wird bei fettem Kalk für das Beste gehalten. Die Wassermenge, welche hierbei aufgenommen wird, richtet sich nach der Beschaffenheit des Kalks; recht gut und gar gebrannter frischer Kalk verlangt durchschnittlich auf 3 Volumen 4 Volumentheile Wasser, auf 1 Kilogr. Kalk 2⅔ Kilogr. Wasser und fetter Kalk vermehrt sich hierbei um das Doppelte bis 3½fache. Aelterer gebrannter Kalk, der schon aus der Luft Feuchtigkeit aufgesogen hat, nimmt weniger Wasser beim Ablöschen auf. Zu wenig Wasser macht, daß beim Löschen der Kalk nicht gehörig aufgeschlossen wird; man nennt es Verbrennen des Kalks, dabei steigt die Hitze bedeutend, wodurch die Kalktheile zusammenbacken; zu viel Wasser macht den Kalkbrei zu dünn, der Kalk wird ersäuft. Durch das Ersäufen entfernen sich die Kalktheile zu sehr durch das dazwischen getretene Wasser. Der Kalk kann erst nach langsamer Verdunstung des überschüssigen Wassers, während dem seine Masse nach Verhältniß schwindend aufreißt, krystallisirend zu erhärten anfangen, wenn nicht etwa inzwischen die Bedingungen der Erhärtung ganz aufgehoben worden sind, oder in Wasser und Feuchtigkeit die Ausdünstung gar nicht, sondern gänzliche Auflösung der Masse erfolgt. Die richtige Wassermenge, wodurch der Kalk gesättigt wird, ist die, wodurch der Aetzkalk vollständig in Kalkhydrat verwandelt und außerdem mit so viel freiem Wasser zu einem so steifen Teig verwandelt wird, daß hierdurch die Theile der Krystallisation, durch eingehende gegenseitige hinlänglich nahe Berührung, beweglich werden, was beim trocknen Kalkhydrate nicht möglich ist, höchstens in ganz unmerklich kleinen Theilen; beim zu wässerigen (ersäuften) Kalkbrei aber ebenso wenig, weil hierbei die Stofftheilchen zu entfernt und zertrennt liegen. Es ist zu bemerken, daß magerer — oft gut hydraulischer — Kalk nur sehr langsam löschen kann, in den kleinern Theilen wohl erst länger nach dem Löschen selbst. Man sagt, die Theile schlössen sich erst später auf. In diesem Falle ist dem Kalke der zum fernern Aufschließen nöthige Wasserbedarf zuzu-

setzen und er ist dann vor der Anwendung noch einmal tüchtig durch-
zuarbeiten. Ein solcher magerer Kalk wird nach und nach in der
Grube speckiger und fetter, wenn er nicht durch (staubkleinen, im
Wasser unauflöslichen) Cementgehalt darin zu früh erhärtet.

§. 83. Es ist schwierig, die richtige Menge des Löschwasser nach
dem Gewichte oder Raummaaße für die anzuwendenden Kalksorten
auszumitteln, indem, wenn der Kalk nicht aus dem Ofen kommend
(frisch) gelöscht wird, er sogleich anfängt, immer mehr Feuchtigkeit
aus der Luft anzuziehen und Hydrat zu bilden; auch hängt die Verdunstung vom Hitzegrad und der Zeit der Löschung ab, der Hitzegrad aber vom Wärmegrad des Löschwassers, von dessen Masseven-
hältniß in Bezug auf die Kalkmasse, von der auf einmal zu löschen-
den Kalkmassengröße an sich u. s. w., wodurch diese Ausmittelung
immer schwierig und noch schwankender wird, wenn der Kalk in seiner
Natur — seinen zufälligen Beimengungen — sehr veränderlich vorkommt. Um älteren gebrannten Kalk leichter und vollkommen zu
löschen, nimmt man dazu heißes Wasser; ebenso auch im Winter.

Die Beschaffenheit des Wassers ist beim Löschen des Kalks nicht
gleichgültig; weiches Wasser, möglichst frei von Salzen, ist besser als
Brunnenwasser; man zieht Regenwasser dem Flußwasser und dieses
dem Quellwasser vor. Von jeher hat man die Anwendung von
Meerwasser bei der Bereitung des Mörtels verworfen; doch ist das
Princip kein unbedingtes. Ausgemacht ist, daß der mit diesem Wasser
angemachte Mörtel viel langsamer austrocknet und auf der Mauerfläche eine ziemliche Zeit lang salzige Auswitterungen erzeugt, weshalb
man es in keinem Falle bei Mörteln anwenden darf, die zu dem
Bau von Wohnhäusern gebraucht werden. Dieser Uebelstand kommt
jedoch nicht in Betracht bei Uferbekleidungen oder Futtermauern;
und man kann, wenn das Meerwasser wie von Einigen behauptet
wird, dem Mörtel mehr Festigkeit gewährte, dieses in diesem Falle
vorzugsweise anwenden. —

§. 84. Das Ablöschen geschieht gewöhnlich in offenen sogenannten
Sümpfen — runden Bütten — Löschbütten — Kalkkästen —
Speisepfannen. Letztere sind meist rechteckige, oben offene Kästen
aus 30—40ᵐᵐ starken guten Dielen, etwa 1ᵐ,25—2ᵐ lang, 0ᵐ,70—
1ᵐ breit, 0ᵐ,40—0ᵐ,50 hoch. Die Querseitenbretter sind in die
Längenseitenbretter eingezapft und verkeilt. Letztere erhalten an den
vier Vorragungen e, e (Fig. 45.) Löcher zur bequemen Tragbarkeit. Der
Boden bekommt unten Leisten zum Hohlstellen. An einer der schmalen
Seiten bekommt der Löschkasten zum Auslassen des gelöschten Kalks

nicht soviel Waffer zugesetzt werden, wie andern mehr Kohlenfäure enthaltenben Kalkarten. Uebrigens erlangen auch diese abgelöschten, stark mit Thonerde vermischten Kalkarten in der Grube und auch mit Sand und Erde bedeckt in kurzer Zeit einen sehr bedeutenden Grad von Härte.

Eine andere Art des trocknen Löschens geschieht durch schichtenweise Ausbreitung des Aetzkalkes und Bedeckung mit Mauersand mehrfach übereinander und Benetzung mit Waffer, worauf die Masse durchgearbeitet und gleich als Mörtel verbraucht wird; es darf hierbei jedoch an keiner Stelle der Kalk ohne Sand mit der Luft in Berührung kommen.

§. 90. Zwischen der naffen (mit Waffer geschwemmten) und trocknen (mit Waffer besprengten) Löschmethode ist ein auffallender Unterschied, indem dieser einen viel größern und gröbern Bodensatz giebt als jener, dessen Theile überhaupt viel länger im Waffer schwebend bleiben. Der durch Eintauchen gelöschte Kalk fühlt sich auch gewöhnlich zum Theil wie Sand an; die Theile des andern dagegen sind beinahe nicht fühlbar. Die Ursache hiervon liegt ohne Zweifel darin, daß bei der zweiten Löschungsart, sowie überhaupt, wenn zum Löschen des Kalks zu wenig Waffer angewendet wird, die Temperatur viel höher steigt, als wenn eine größere Wassermenge vorhanden ist. Dadurch backen die Theile des Kalkhybrats auf vielen Punkten zusammen oder, wie die Maurer sich ausdrücken, der Kalk verbrennt.

Frisch gelöschter Kalk kann zu Mörtel für gewöhnliches Mauerwerk gleich verwendet werden, muß dagegen für den Verputz von Wänden mehrere Wochen oder beffer Monate in den Gruben gestanden haben, weil einzelne ungelöschte Kalktheilchen sich sonst erst an den Wänden auflösen und im Verputz Blasen geben. —

.  .  .

## XVII.

## Von dem Mörtel.

§. 91. Unter Mörtel, Mauerspeise, Speiß versteht man eine aus Kalk und verschiedenen andern Mineralsubstanzen auf naffem Wege bereitete Steinmasse, welche theils zur Verbindung der Bausteine, theils zum Abputz 2c. dient. Man unterscheidet Luftmörtel gemeinen Kalkmörtel, und Wassermörtel, hydraulischen Mörtel; ersterer erstarrt nur unter Luftzutritt, aber nicht, wie letzterer, unter Wasser, und wird dann mit der Zeit fester.

Der Luftmörtel kann nur da angewendet werden, wo Gebäude aufgeführt werden sollen, welche blos der Wirkung der Luft, nicht aber dem Wasser ausgesetzt sind, denn wenn er dem Wasser ausgesetzt ist, so wird der Kalk von letzterem aufgelöst und der Zuschlag losgeweicht. Gelöschter Kalk an sich allein verliert 'allmälig Wasser, zieht Kohlensäure an, erhärtet an der Luft, zerklüftet sich aber sehr; es würde auch, wollte man denselben allein anwenden, zu viel darauf gehen. Man vermengt ihn deshalb mit irgend einem brauchbaren Zuschlag, welcher meistens in Sand besteht, und zwar Quarz-, Feldspath-, Glimmer-, Kalksand, Trieb-, Gruben-, Fluß- uud Steinsand von Steinmetzen, Steinkohlenasche, gepulverte Schmiede- und Hohofenschlacken, von verschiedener Größe des Kornes. Bauleute klassificiren den Sand nach der Größe der Körner. Grand oder Grus, groben und feinen Sand. Quarzsand, dessen Körner durch ein Sieb gehen, das 3$^{mm}$ weite Maschen hat und in einem Siebe mit 1$^{1/_2mm}$ weiten Maschen zurück bleibt, heißt Grand; der Sand, welcher durch ein Sieb mit 1$^{1/_2mm}$ weiten Oeffnungen, aber nicht durch Maschen von 1$^{mm}$ fällt, heißt grober und endlich der durch ein Sieb von 1$^{mm}$ weiten Maschen geht, ist feiner Sand.

§. 92. Der Sand muß rein, d. h. nicht mit Thon und Humustheilen vermischt sein. Die gewöhnliche Maurerprobe des Sandes besteht darin, daß man etwas davon in der Hand zusammendrückt und reibt; beschmutzt der Sand die Finger nicht, fühlt er sich scharf an, knirscht er zwischen den Fingern gerieben ohne anzuhaften und läßt er beim Wergwerfen keinen Staub zurück, so wird er für gut gehalten. Der gegrabene Sand ist selten ganz frei von Thon, Erde und vegetabilischen Theilen; kommen diese in größerem Verhältnisse vor, so wird der Mörtel weich und schlecht. Erdiger Sand sollte daher vor dem Gebrauche gereinigt (geschlämmt) d. h. in flachen Trögen gewaschen werden, aus welchen man das trübe Wasser mit dem darin schwebenden Thon, Erde und andern Unreinigkeiten ablaufen läßt. Das Schlämmen wird oft durch besonders construirte Maschinen bewirkt.

Kieseliger Sand von quarzigen Felsen ist der häufigste und wird gewöhnlich vorgezogen. Kalkiger Sand ist seltener, bildet aber, von hartem Kalkstein kommend, einen guten Mörtel. Einige thonige

Sande haben die Eigenschaften geringerer Puzzolanen, und sind deshalb werthvoll, da sie mit gewöhnlichem Kalke hydraulischen Mörtel geben.

Gegrabener Sand hat gewöhnlich ein rauheres, eckigeres Korn als Fluß- und Seesand, und wird deshalb zu Mörtel für Backstein- und Bruchsteinmauer vorgezogen; es ist nämlich der erstere in Folge der Erdrevolutionen eher abgesetzt worden, bevor ihn das Abschleifen der Kanten und Ecken durch das Rollen in den Gewässern hat treffen können. Der Flußsand besteht auch mehr aus gemischten Sandarten, da sie von verschiedenen Felsarten durch das Wasser losgerissen, mit fortgeführt und endlich an seichten Stellen abgelagert werden. Der Sand soll weder ganz fein noch in zu groben Körnern sein, sondern es ist am besten, wenn die Größe des Kornes verschieden, aber mehr von feinkörnigem als von grobkörnigem ist. Damit die Sandkörner nicht größer als die Fugen im Mauerwerke sind, läßt man den Sand nöthigenfalls durch entsprechende Siebe von 3—6ᵐᵐ Maschenweite werfen. Scharfkantiger Sand soll knistern und rauschen. Fluß- und Seesand sind zuweilen weiß und von feinerem und gleichmäßigerem Korne, was ihn zum Bewurfe sehr tauglich macht; der Sand von der Seeküste ist salzig, das Salz wird bei feuchter Luft feucht, und der Sand kann daher nur, nachdem er in süßem Wasser sorgfältig gewaschen wurde, gebraucht werden.

§. 93. Je fetter der Kalk ist, desto mehr Zuschlag verträgt er; Mergel- und Muschelkalk erfordern eine weit geringere Menge Sand; Kalk aus Kreide gebrannt erfordert dagegen gerade mehr Zuschlag als Steinkalk. Auf 3,1 Cub.-Meter (100 pr. Cub.-Fuß) Mörtel nimmt man 0,9 Cub.-Meter (29 Cub.-Fuß) Kalk und 2,6 Cub.-Meter (85 pr. Cub.-Fuß) Sand, oder auf 1 Theil fetten Kalk 5 bis 6 Theile Sand dem Gewichte nach. 0,31 Cub.-Meter (10 pr. Cub.-Fuß) frischen Kalkmörtels wiegen 559 Kilogr. Zu wenig Sand giebt einen schlechteren Mörtel, der Ueberschuß an Kalk verschlechtert denselben. Der Mörtel darf nicht zu dünn, d. h. nur mit soviel Wasser angerührt werden, als während des Erhärtens des Mörtels verdunsten und von den vermauerten Steinen angesogen werden kann; er muß demnach eine solche Consistenz haben, daß er nicht stückweise, sondern in einem Klumpen von der Mauerkelle abfällt. Nächst diesem ist die vollkommene Durcheinandermengung der Bestandtheile des Mörtels ein Haupterforderniß, welches sich namentlich dadurch kund giebt, daß beim Durchschneiden des Mörtels mit der Kalkhacke keine Kalkballen und Sand- oder Kalkstreifen zu bemerken sind. Eine zweckmäßige Art der Mörtelbereitung ist die, daß man den Sand schaufelweise auf Wurfweite über den ausgebreiteten flüssigen Kalkbrei wirft; jedes Sandkorn sinkt dann anfangs vermöge seiner größeren Schwere durch den Kalkbrei auf den Boden, und erhält eine feine Umhüllung von Kalkbrei, mithin wird die Mengung sehr vollkommen und leicht bewirkt; nach und nach wird von Neuem Sand auf dieselbe Weise darüber gestreut und darunter gemengt, bis der Mörtel die erforderliche Consistenz erhalten hat. Niemals muß mehr Mörtel bereitet werden, als in einem Tage verarbeitet werden kann; muß ausnahmsweise eine Quantität desselben für den nächsten Tag aufbewahrt werden, so ist er mit Sand oder Matten und Decken gegen die Kohlensäure der Luft zu schützen, weil das Erhärten des feuchten Kalkbreies an der Luft durch das Verdunsten des überflüssigen Wassers und durch Anziehen von Kohlensäure und Bildung von kohlensaurem Kalk geschieht. Die anfangs weiche Masse nimmt auf diese Weise im Laufe der Zeit die ursprüngliche Härte des Kalksteins an. Beim Antragen müssen die zu verbindenden Steinflächen hinlänglich mit Wasser genetzt werden, damit die porösen Steine den Kalkmörtel nicht schleunig austrocknen und dadurch den Proceß der Erhärtung stören.

§. 94. Es gilt als Regel: Bei Luftmörtel die Sandzwischenräume nur, aber vollständig, mit Kalkbrei auszufüllen; denn bei mehr Kalkbrei-Ueberfüllung der Zwischenmasse schwindet, also reißt die Mörtelmasse im Ganzen; bei weniger Kalk dagegen findet keine vollständige Zusammenkittung der Sandkörner statt; der Mörtel erhält somit geringere Festigkeit und gestattet das Eindringen von Feuchtigkeit in die leeren Räume, welche im Froste sich ausdehnend denselben zerstört; daher liegt bei der Zusammensetzung von Mörtel viel daran, das Verhältniß der Zwischenräume zu dem des massigen Sandes zu kennen. Man erfährt dieses (wie auch bei unregelmäßigen Steinen), wenn man ein tarirtes Gefäß mit Sand gestrichen füllt, dann allmälig so viel genau abgemesses Wasser zugießt, bis es dem Rande des Gefäßes gleich steht. Der Rauminhalt des zugegossenen Wassers ist gleich den Zwischenräumen des Sandes; und ist hiernach leicht das richtige Verhältniß des Zusatzes von Kalkbrei zu einem bestimmten Sande zu ermitteln. Vortheilhaft wird es sein, die Zwischenräume eines gröbern Sandes durch einen feinern auszufüllen; denn dadurch erreicht man: a) Ersparung an Kalkbrei, der meist theurer als Sand ist, b) Verkleinerung der Kalkmassen — Verringerung der Dicke der Umhüllung — dadurch Minderung der feinsten Ritzchen innerhalb der Zwischenräume, also Mehrung der

Festigkeit, c) Mehrung der Anhangsflächen und Abkürzung der Entfernungen dazwischen.*) In allen Fällen, wo man es mit einem
magern Sande zu thun hat, der das Wasser leicht verschluckt, ist es
gut, ihn vor dem Mengen zum Kalk etwas anzufeuchten, welches
denselben Erfolg hat, wie das Annässen der Steine beim Mauern.
Zum Mauern kann man sich auch des weniger guten Sandes bedienen; dagegen ist es nöthig, zu allen Putzarbeiten nur die besten
Sandarten zu nehmen. Mit Kalktheilen vermischter Sand giebt selbst
mit dem besten und fettesten Kalke vermengt immer nur einen schlechten Mörtel.

§. 95. Man behauptet oft, daß unsere Vorfahren einen bessern
Mörtel zu bereiten verstanden als wir. In dieser Behauptung liegt
eine Uebertreibung, mindestens eine Vernachlässigung der Rücksicht,
daß die Bildung des kieselsauren Kalks in dem erhärteten Mörtel
auch im Laufe der Zeit noch fortdauert. Daher mußte der Mörtel
alter Gebäude nach Jahrhunderten in ein festes porphyrähnliches Gestein verwandelt werden. Wird der alte Luftmörtel der fortdauern-
den Einwirkung des Wassers ausgesetzt, so wird er ebenfalls zerstört,
weil sein Kalkhydrat dadurch aufgelöst wird, wodurch der innere Zusammenhang des Mörtels verloren geht, seine Haltbarkeit also aufhört. Diejenigen Bauwerke aus dem Alterthum mußten sich daher
besser halten, die in heißen und trocknen Klimaten sich befanden,
als die in kalten und feuchten, die der wechselnden Zerstörung des
Wassers ausgesetzt sind.

§. 96. Die bindende Kraft des Luftmörtels erklärt man also:
vermöge der Abhäsionskraft, welche der Sand gegen den Kalk, und
so auch die Oberflächen der Mauersteine gegen jene ausüben, haftet
derselbe an ihnen, und beim allmäligen Zusammentrocknen des Kalk-
hydrats unter dem Drucke des Mauerwerks bildet sich ein fest wer-
dendes Conglomerat, indem zugleich Kohlensäure allmälig verschluckt
wird und kohlensaurer Kalk neben dem Kalkhydrat sich bildet. Schnelles
Austrocknen ist dem Mörtel nachtheilig, ebenso auch heftiger, schnell
eintretender Frost. Das Entweichen des Wassers und Eindringen
der Kohlensäure geht nur langsam von Statten, woher es kommt,
daß im Innern dicker Mauern selbst nach Jahrhunderten der Mörtel
breiartig und der Kalk ätzend gefunden worden ist. Unter Umständen
kann auch wohl fast alles Wasser entweichen und durch Kohlensäure

*) Siehe Wolfram's Lehrbuch der gesammten Baukunst. 1. Bd. 2. Abthlg.
S. 101.

erfetzt werden. — Der dichte Cohäsionszuftand der Kieselsäure im
Quarzsande ift· ber˙ chemischen Einwirkung bes Kalks nicht günstig;
anbers verhält es sich mit dem Kieselerdehydrat, welches mit Kalkbrei
ein im Wasser erhärtendes Produkt giebt. Nichtsdestoweniger findet
man im älteren Luftmörtel, baß sich ein Theil ber Kieselsäure des
Sandes mit Kalk chemisch verbunden hat.

Man nennt auch wohl einen Luftmörtel fett, wenn er zuviel
Kalk, mager, wenn er bavon zu wenig enthält. Er barf aber weder
fett noch mager, sondern muß kräftig, stark, sein. —

## XVIII.

## Maschinen zur Bereituug des Mörtels.

Bei größern Bauten. würde die Bereitung des Mörtels in Pfannen nicht zweckmäßig sein unb zu viele Kosten verursachen; man bedient sich hier weit besser entweder einer der gewöhnlichen Thonmühle
ähnlichen Maschine, oder einer Göpelmühle mit Wagenrädern, die in
einem kreisrunden ausgemauerten Trog laufen.

§. 97. Die erstere Maschine ift in Fig. 47. einem senkrechten
Durchschnitt nach a, b Fig. 49., Fig. 48 zwei Horizontalschnitten unb
Fig. 49. einem dritten Horizontalschnitt resp. Grundriß bargeftellt.
Diese verbesserte Construction kam mehrfach bei dem Bau der hannoverischen Bahn in Anwenbung unb wurde baselbft in ihren Haupt-
theilen nach den Angaben des französischen Architekten Roger conftruirt, welcher bei den Hafenbauten in Algier sich berartiger Maschinen mit Vortheil bebiente. Ihre Brauchbarkeit hat sich auch bei
dem Bau der hannoverischen Bahn unb namentlich bei dem Brücken-
bau über die Innerfte so günstig gezeigt, baß sie gegenüber ähnlichen
Maschinen bieser Art, besonders empfohlen zu werden verdient.

Aus der Zeichnung ift ersichtlich, wie in einer hölzernen Tonne
A von $1^m$, 0 Höhe unb $0^m$, 70 lichter Weite, beren Boden eine gußeiserne Platte B mit 16 schlitzförmigen Oeffnungen bildet, eine fte-
hende Welle sich bewegt, an welcher die Rühreisen befestigt sind.
Von ben letztern dienen die 4 oberen Arme a, a aus vierzölligem
Flacheisen, abwechselnd nach oben unb unten gerichtet, zur vorberei-
tenden Mischung der Mörtel-Ingredienzien, welche successive durch
bie trichterförmige Erweiterung der Tonne von Oben eingefüllt wer-

ben, namentlich aber zur gleichmäßigen Befeuchtung berfelben mit
bem etwa zugefetzten Waffer, während bie eigentliche Mengung bes
Mörtels burch bie 3 Sätze fternförmiger unb mit rechenartigen Zinken
verfehener Rühreifen b, b gefchieht, von benen ber mittlere Satz nicht
auf ber Welle, fonbern in ben Wänben ber Tonne befeftigt ift. Enblich wirb ber fo bereits burchgearbeitete Mörtel von ber untern guß-
eifernen unb ebenfalls fternförmigen Scheibe D gegen bie gußeiferne
Bobenplatte gebrückt, in feinen nicht vollftänbig feinen Mengtheilen

Fig. 47.

gerieben und läuft dann als zäher durchaus gleichförmiger Brei durch
die Oeffnungen der Bodenplatte in das darunter befindliche Reservoir.
Letztere Einrichtung, welche dieser Maschine eigenthümlich ist und

Fig. 48.

Fig. 49.

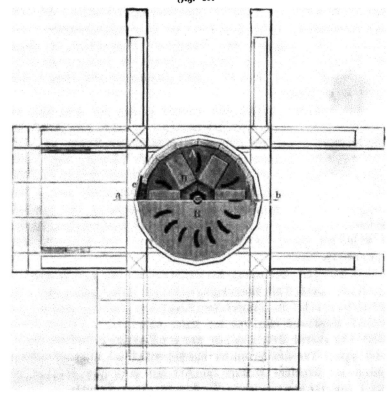

die außer einer Mengung von Mörtel-Jngredienzien auch eine Zerkleinerung derselben bewirkt, hat zunächst zur Folge, daß eine Stockung im Gange der Maschine fast niemals eintritt, da der fertige Mörtel nicht allein leichter durch die Oeffnungen der Bodenplatte getrieben, sondern auch stets durch die untere sternförmige Scheibe unter den eigentlichen Rühreisen weggesogen wird. Von mehr Belang wird sie aber, wenn die Mörteltheile nicht von genügender Qualität sind und unter andern mangelhaft gelöschter Kalk oder thonhaltiger Sand verwendet werden muß. In diesem Falle ist der durch diese Maschine erzeugte Mörtel vorzüglicher als jeder andere. — Die nähere Anordnung sowie die einzelnen Ausmaaße dieser Theile ergeben sich aus der Zeichnung vollständig. — Unmittelbar über der sternförmigen untern Scheibe ist an der vordern Seite eine durch einen eisernen Schieber c verschlossene Oeffnung angebracht, welche lediglich zum Reinigen des Innern dient. Letzteres ist bei fortwährendem Betriebe der Maschine mit gewöhnlichem Kalkmörtel zwar nicht erforderlich, doch bei dem Betriebe mit rasch erhärtenden Mörtelarten, als Traß- und Cementmörtel, namentlich dann um so wünschenswerther, wenn einzelne Theile desselben nach zeitweiligen Ruhepausen im Gange der Maschine sich in den Zwischenräumen der untern Scheibe zusammengeballt haben, und das rasche Durchgehen des fertigen Mörtels hindern sollten.

Die Bewegung dieser Mörtelmühle geschah bei dem Bau der Innerste-Brücke durch eine Dampfmaschine, welche zum Zwecke des Wasserpumpens bei den Gründungsarbeiten der Brücke aufgestellt war. Die Transmission E, F wurde durch 2 konische Räder oberhalb der Mühle bewirkt, wie solche in der äußern Ansicht gezeichnet sind. Bei einer Geschwindigkeit der stehenden Welle von 5 Umbrehungen in der Minute, welche erfahrungsmäßig das günstigste Resultat ergiebt, beträgt der Kraftaufwand zum regelmäßigen Betriebe, d. h. wo die Tonne stets bis Oben gefüllt ist, noch nicht vollständig eine Pferdekraft.

§ 98. Zur Bedienung der Maschine ist nur ein Arbeiter erforderlich, welcher die Mörtel-Jngredienzien herbeischafft, nach einer festgesetzten nicht zu verlassenden Reihenfolge dieselben mittelst Gemäße in die Tonne füllt, und den unten ablaufenden, fertigen Mörtel durch eine eiserne Krücke auf die vor der Maschine befindliche Mörtelbank zieht. Derselbe producirt durchschnittlich bei ununterbrochenem Gange der Maschine je nach der Art des gefertigten Mörtels und der Quantität des zugesetzten Wassers in einer Stunde:

1) Bei strengem Traßmörtel (sog. Bastard) aus gleichen Theilen Kalk, Sand und Traß, ohne irgend einen Zusatz von Wasser, 31 C.-Fuß.

2) Bei demselben Mörtel mit Zusatz von Wasser 46 Cub.-Fuß.

3) Bei ordinairem Traßmörtel aus ½ Theile Traß, ½ Theile Kalk und 1½ Theilen Sand und mit Zusatz von Wasser, 50 C.-Fuß.

4) Bei ordinairem Kalkmörtel aus 1 Theile Kalk und 2 Theilen Sand mit wenig Zusatz von Wasser, 48 bis 50 Cub.-Fuß.

Der unten abfließende fertige Mörtel ist bei regelmäßigem Betriebe stets von der vollständigsten Gleichförmigkeit in Durchmengung seiner einzelnen Bestandtheile; nur bei der ersten Füllung und im Anfange der Operation fließt eine Mischung ab, die eine größere Gleichförmigkeit wünschen läßt. Man beseitigt diesen Uebelstand aber leicht dadurch, daß man die zuerst abfließenden circa 6 bis 8 Cub.-Fuß zum zweiten Male durch die Maschine gehen läßt, wonach dann die Güte des ferner erzielten Mörtels ungeändert bleibt.

Die Kosten der Mörtelmaschine einschließlich ihres Gestelles mit Zubehör und der Transmission zum Zwecke ihrer Bewegung durch die Dampfmaschine ergeben sich aus folgender Zusammenstellung:

1) Für das Gestell . . . 46 Mark — Pfg.

2) Für die Mörtelmühle . 318 „ 45 „

3) Für die Transmission . 168 „ 75 „

4) Insgemein (für Transport, Aufstellung) . . 27 „ 80 „

561 Mark — Pfg. = 187 Thlr.

§. 99. Zu einer vergleichenden Berechnung der Productionskosten des durch diese Maschine bereiteten Mörtels mit den Kosten einer Mörtelbereitung aus der Hand und in Mörtelpfannen mögen folgende Anhaltspunkte dienen, die zunächst von dem erwähnten Bau der Eisenbahnbrücke über das Innerste abstrahirt sind.

Durch die Aufstellung der Mörtelmaschine bei diesem Bau wurden zuvörderst die im andern Falle erforderlichen Kalk- oder Mörtelpfannen entbehrlich, deren Anschaffungskosten mit den dazu erforderlichen Geräthen sich auf circa 96 Mark belaufen haben würden und die daher von den Gesammtkosten der Maschine = 561 Mark abzuziehen sind. Die darnach bleibenden Kosten von 465 Mark mit ihren Zinsen zu 4% stellen das Anlagekapital dar, welches durch die Benutzung der Maschine während der Dauer der Mauerarbeit von einem Jahre so weit abgetragen sein muß, als es den Preis der demnächst als alte Materialien zu verwerthenden Maschinentheile übersteigt. Dieser letztere bleibende Werth wird für das Holzwerk, circa 532 Kilogr. Gußeisen, 280 Kilogr. Schmiedeeisen ꝛc. zu im Ganzen 78 Mark nicht übermäßig angenommen sein, wonach eine reine Mehrausgabe für die Mörtelmaschine von 405 Mark 60 Pfg. zur Berechnung auf die Productionskosten verbleibt.

In der bezeichneten einjährigen Bauzeit wird mit Ausnahme der Wintermonate und der sonst ausfallenden Tage die Maschine mindestens 200 Arbeitstage à 10 Stunden um vollständigen Betriebe sein und werden während eines dieser Tage bei Annahme einer mittlern Mörtelgattung durchschnittlich 48×10 = 480 Cub.-Fuß (14,8 Cub.-Meter) Mörtel durch einen Arbeiter mit einem Taglohn von 1 Mark 25 Pfg. bereitet werden. Außerdem sind die Anlage- und Betriebskosten der erforderlichen einen Pferdekraft der Dampfmaschine in Rechnung zu ziehen, welche sich unter Berücksichtigung des besondern Hauptzweckes, für welchen die letztere länger dauernd und theilweise ausschließlich in Anspruch genommen wird sowie einer spätern anderweitigen Verwendung der Dampfmaschine im Durchschnitt höchstens auf 2 Mark 75 Pfg. täglich belaufen.

Auf Grund dieser Voraussetzungen kosten demnach durch die Mörtelmaschine producirt

100 Cub.-Fuß (3,1 Cub.-Meter) Mörtel

$\frac{135\frac{1}{2}}{200} \cdot \frac{100}{480}$ zur Tilgung der reinen Anlagekosten der Mörtel-

mühle . . . . . . . = — Mark 43 Pfg.

$10 \cdot \frac{100}{480}$ des Arbeitslohns . . . . = — „ 26 „

$22 \cdot \frac{100}{480}$ der Kosten für eine Pferdekraft

zum Betriebe der Mühle . = — „ 57 „

Summa: 1 Mark 6 Pfg.

Hierbei ist auf Unterhaltungskosten der Mörtelmühle nur in so weit Rücksicht genommen, als Ausgaben für Schmiermaterial und dergleichen in dem Ansatze für Bewegungskosten, der ohnehin ziemlich hoch gegriffen scheint, mitgerechnet sind. Eigentliche größere Reparaturen sind während einer einjährigen Gebrauchszeit der Maschine nicht vorgekommen.

Bei der Mörtelbereitung aus der Hand und in Mörtelpfannen können erfahrungsmäßig 4 Arbeiter in einem Tage zu 10 Stunden durchschnittlich 240 Cub.-Fuß (7,4 Cub.-Meter) Mörtel mittlerer Art produciren. Unter gleichen Umständen, wie oben angenommen, werden also 8 Arbeiter erforderlich sein, um in der Mörtelbereitung mit der Leistung der Maschine gleichen Schritt zu halten. Die Anlagekosten der hierfür erforderlichen Geräthe ꝛc. nebst ihren einjährigen Zinsen (siehe oben) betragen 96 + 96⁴/₁₀₀) = 99 Mark 84 Pfg., wovon nach Absatz des bleibenden Werthes von circa ¼ dieser Kosten in runder Summe 72 Mark zur Berechnung auf die Productionskosten bleiben. Außerdem sind für Unterhaltung der Geräthe mindestens 5 Procent ihrer Anschaffungskosten zu berechnen.

Es kosten demnach durch Arbeiter auf Mörtelpfannen aus der Hand producirt:

100 Cub.-Fuß (3,1 Cub.-Meter) Mörtel .

$\frac{24}{100} \cdot \frac{100}{480}$ zur Tilgung der Anlagekosten für

Geräthe ꝛc. . . . . . . = — Mark 7 Pfg.

$8 \cdot 10 \cdot \frac{100}{480}$ an Arbeitslohn . . . . = 2 „ 8 „

$\frac{(337\frac{1}{25} \cdot \frac{5}{100}) \cdot 100}{200} \cdot \frac{100}{480}$ der Unterhaltungskosten

für Geräthe ꝛc. . . . = — „ ½ „

Summa: 2 Mark 15½ Pfg.

Eine Vergleichung des Vorbemerkten und der beiden Kostenberechnungen ergiebt:

Daß durch Anwendung der beschriebenen Maschine in der Mörtelfabrikation eine wesentliche Ersparniß, in dem vorliegenden Beispiele des Baues der Innerste-Brücke bei Sarstedt von mindestens 90 Pfg. pro 100 Cub.-Fuß (3,1 Cub.-Meter) erzielt wird;

daß auch die Raschheit der Bauführung daneben insoweit gefördert erscheint, als 1 Arbeiter an der Maschine dasselbe leistet, wie 8 Arbeiter bei Mörtelbereitung aus der Hand;

daß endlich die Qualität des producirten Mörtels jeder Art nicht allein gleichförmiger und besser ist, als wenn derselbe in Pfannen von Menschen durchgearbeitet wird, sondern, daß diese Gleichförmigkeit in den Gemengtheilen sich auch leichter constant erhalten, die Quantität des verbrauchten Mörtels besser controliren läßt.

Wo mithin bei einem größern Bauunternehmen eine Maschinenkraft zu Gebote steht, welche zum Betriebe der Mörtelmühle auf die eine oder andere Weise benutzt werden kann, muß die Aufstellung der vorliegenden Mörtelmaschine von bedeutendem Nutzen sein. Aber selbst da, wo ein selbstständiger Betrieb derselben durch Pferde einzurichten wäre, werden angestellte Rechnungen, je nach der Dauer der Bauzeit und dem Erforderniß an Mörtel, in den meisten Fällen sich zu Gunsten der Maschine aussprechen, welche daher im Interesse einer wohlfeilen, raschen und soliden Bauführung wohl empfohlen werden kann*).

§. 100. Die Fig. 50. zeigt den Verticalschnitt und Fig. 51. den Grundriß einer andern ziemlich verbreiteten Mörtelmühle mit zwei oder drei großen Wagenrädern, die von 2 Pferden in Bewegung gesetzt wird. Letztere sind unmittelbar an die nach außen verlängerten Radachsen a, a angespannt, welche sich meist im Mittelpunkt des ringförmigen Beckens unter rechten Winkeln schneiden und ein wohlverbundenes Kreuz bilden. Das trapezförmig gebildete Becken wird aus Backsteinmauerwerk hergestellt und hat an einer Stelle bei b eine mit einem Deckel verschließbare Oeffnung, durch welche der fertige Mörtel in die unter dem Becken angebrachte Grube zur Verladung in Schubkarren ablaufen kann. Der Durchmesser des Beckens darf nicht zu groß gewählt werden, weil sich sonst die während des Ganges bisweilen ungleichförmig eingeschütteten Materialien zu langsam mengen. Für den äußern Durchmesser ist 2 Meter, höchstens 2,50 Meter, für die obere Beckenweite etwa 0,80 Met, die Bodenbreite und die Tiefe 0,50 bis 0,68 Met. als praktisch erkannt worden. Die Räder d, d werden das eine dem innern, das andere dem äußern Beckenrande möglichst nahe aufgesteckt. Eine mittelst 4 Eisenstangen an einem der Kreuzbalken befestigte geneigte eiserne Schaufel e dient zur Entleerung ebensowohl als zur Mischung des Mörtels.

_____

*) Notizblatt des Architecten- und Ingenieur-Vereins für das Königreich Hannover. 2. Bd 11—17.

**Fig. 50.**

**Fig. 51.**

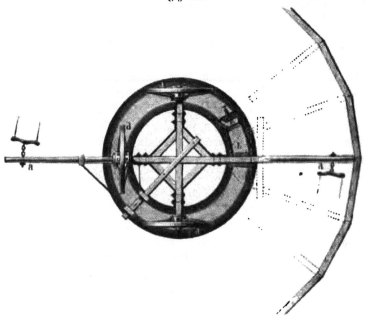

Figg. 52. und 53. zeigen dieselbe im größerm Maaßstabe. Der eiserne Rahmen e, e paßt in geneigter Stellung genau in das Becken und wird, wenn die verschiebbare Schaufel f heruntergelassen ist, von letzterer ganz bedeckt und streicht alsdann den Mörtel zusammen. Ist dagegen die Schaufel aufgezogen und durch einen eisernen Vorsteckstift oben festgehalten, so wird der Mörtel durch den Rahmen von dem Boden und den Wänden geschürft und unter die Räder geleitet. Das einfachste Mittel, ein dem Rahmen anpassendes Profil zu er=

Fig. 52. u. 53.

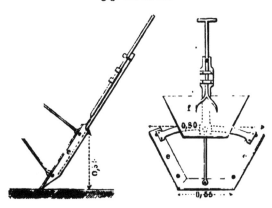

halten, ist, bie Wände mit Gyps zu bewerfen und ehe dieser erhärtet
ist, den Mechanismus umlaufen zu lassen. Zum Umwenden des
Mörtels bedient man sich auch einer Art Pflug anstatt des Schau-
felrahmens. Die Pflugschaaren, gewöhnlich drei an der Zahl für
Wände und Boden, sind an einem horizontalen hölzernen Rahmen
aufgehängt, der sich mittelst Rollen auf einem an den Rädern des
Beckens angebrachten Schienenweg bewegt. Ein einfacheres aber
unvollkommnes Mittel sind senkrechte, an einem der Kreuzbalken angebrachte Streich= und Rührhölzer. Ehe die Maschine in Gang gesetzt wird, legt man in der ganzen Ausdehnung des Beckens den für
eine gewisse Menge, z. B. für einen Cub.-Meter, nöthigen Kalk ein.
Erst wenn dieser nach einigen Umdrehungen mit dem Wasser etwas
durchgearbeitet ist, wird die erforderliche Sandmenge, ohne übrigens
den Gang der Mühle aufzuhalten, mit der Schaufel eingeworfen.
Ist der Mörtel fertig, so läßt man ihn durch die eiserne Schaufel t
gegen die am Boden des Troges befindliche Oeffnung scharren, wodurch er in die Grube fällt.

Nach dem Schlusse dieser Oeffnung wiederholt sich die Arbeit
für den zweiten Cub.-Meter u. s. f. — In einem Tage können erfahrungsmäßig 15—20 Cub.-Meter Mörtel bereitet werden. —

§. 101. Außerdem hat man auch Mörtelmaschinen mit Wagenrädern, die in spiralförmigen Bahnen laufen, dieselben sind jedenfalls
noch wirksamer als die zuvor beschriebenen, wo die Wege concentrische
Kreise bilden; allein der Vortheil der stetig veränderten Berührung
geht größtentheils dadurch verloren, daß die Construction complicirter
und theuerer wird und solche auch mancherlei Veranlassung zu

Störungen giebt. Die Abbildung und Beschreibung einer solchen Mörtelmaschine mit Wagenrädern, die in spiralförmigen Bahnen laufen, findet sich in Muspratt-Stohmann's Techn. Chemie. Erster Anhang, S. 147.

## XIX.

## Vom hydraulischen Mörtel (Wassermörtel) aus natürlichem hydraulischen Kalk.

§. 102. Der Wassermörtel, im Gegensatze zu dem Luft-mörtel, wird in Berührung mit Wasser, statt erweicht und ausge-waschen, immer fester, härter, es entsteht in ihm eine chemische Ver-bindung der Kieselsäure mit Kalk, Thonerde, es bilden sich mehrfache Silikate, welche eine steinharte Masse liefern. Aber nur unter Mit-wirkung von Wasser erfolgt dieses Erhärten; weshalb denn auch dieser Mörtel an der Luft nicht hart wird, sondern Risse bekommt und austrocknet. Analysirt man erhärteten Wassermörtel, so findet man aufgeschlossene Kieselsäure, welche aus ihrer Verbindung mit Basen ausgeschieden worden; ein Beweis, daß das Erhärten in einer Bildung verschiedener Silikate seinen Grund hatte, welcher Proceß aber durch-aus vom Vorhandensein von Wasser abhängig ist. Vicat hat Beobach-tungen bekannt gemacht, wonach Magnesia die Kiesel- und Thonerde übernehmen kann und mit Kalk einen erhärtenden Mörtel giebt.

§. 103. Die Bereitung des Wassermörtels kann auf dreierlei Weise geschehen:

a) mittelst der natürlich-hydraulischen Kalke, (Roman-Cement),

b) mittelst fetten Kalks und eines Cements (thonhaltigen Zuschlags aus gebrannten oder vulkanischen Stoffen) und

c) durch künstlich-hydraulische Kalke (Portland-Cement).

Am einfachsten wird ein solcher Mörtel mit natürlichem hydrau-lischen Kalke bereitet, welcher bereits ein Cement in sich hat, indem er kieselsauren Kalk, kieselsaure Thonerde, Magnesia (Eisenoxydul) enthält. Die natürlichen hydraulischen Kalke sind immer mager,[*) ] wohl manchmal ziemlich mager, aber nie fett. Von ihrer Farbe kann man nicht immer auf die Eigenschaften, welche sie besitzen, schließen,

---

*) Es giebt auch magere Kalke, die nicht hydraulisch sind, mithin im Wasser auch nicht erhärten.

denn eine geringe Menge Eisen reicht hin, um ihnen statt der gewöhnlichen Weiße des Kalks eine fahle, gelblich-grüne oder röthliche Farbe zu geben, es kann daher sowohl ein weißer als ein gefärbter Kalk hydraulisch oder fett sein.

Namentlich ist es der Gehalt an Thon- und Kieselerde, welcher den hydraulischen Kalk befähigt, im Wasser schnell und so zu erhärten, daß die Masse eine Festigkeit erlangt, die oft sogar größer ist als jene der mit obigem Kalke zu verbindenden Quadersteine. Demnach sind die hydraulischen Kalke in Bezug auf ihre Güte nach Maaßgabe ihres Thongehaltes verschieden und zwar:

a) Die sehr guten hydraulischen Kalke enthalten gewöhnlich 24 bis 30% Thon, und beginnen unter Wasser zwischen dem dritten und achten Tage zu erhärten. Nach einem Monate sind sie schon so hart, daß man ihre Außenseite mit dem Zahnhammer bearbeiten kann. Ihr Bruch ist in 12 bis 24 Tagen nach der Verwendung schuppig. Eine ihrer vorzüglichsten Eigenschaften ist, daß sie nicht sehr schnell, sondern erst in der genannten Zeit fest werden. Während 20 Jahren werden sie immer fester, wonach sie an Härte und Festigkeit oft die besten Steine übertreffen.

b) Die ziemlich guten natürlichen hydraulischen Kalke enthalten gewöhnlich mehr oder weniger Thon, als die unter a bezeichneten Gattungen und zwar beiläufig 30 bis 45% oder 20 bis 25% Thon. Sie erhärten unter Wasser, vom ersten Tage gerechnet, innerhalb 14 bis 20 Tagen. Erstere erlangen schon nach einigen Tagen eine außerordentliche Festigkeit, und sind besonders zu Gesimsen und architektonischen Verzierungen an Gebäuden anwendbar, aber ihre Güte nimmt mit der Zeit an der Luft ab.

c) Der weniger als 20% Thon enthaltende Kalk ist auch nur wenig hydraulisch und zwar vermindert sich der Grad dieser seiner Eigenschaft mit der Abnahme des Thongehaltes; ein solcher, nicht genug magerer Kalk wird, wenn er noch unter 14% Thon enthält, wohl ebenfalls im Wasser erhärten, aber nie so fest, als die oben erwähnten Gattungen werden. Dieser Kalk giebt aber einen vorzüglichen Mörtel.

d) Enthält der Kalk dagegen 50 bis 60% Thon, so ist er zu mager und verträgt kaum eine Beimengung von Sand; daher ist er ohne Zusatz von fettem Kalke ein sehr kostspieliges Baumaterial und kann zum Verbinden der Werkstücke, wenn er mit Wasser angemacht wird, sofort angewendet werden; behufs einer Bétonbereitung muß man ihn alsbald nach erfolgtem Ablöschen auch sogleich und zwar

Kaiserstaaten, Süddeutschland, Italien, der Türkei und den Donau-
fürstenthümern abgesetzt werden, und deren Werth nahe 1 Million
Gulden beträgt. Zu dieser Produktion werden an Brennmaterial
500 Klafter Holz, 300,000 Centner Mineralkohlen und außerdem die
bedeutenden Abfälle und Sägespähne von der Faßfabrikation verwendet und finden bei der Cementindustrie über 500 Menschen Beschäftigung. Die Arbeiter verdienen dabei 1 fl. bis 1 fl. 20 kr. und ein
Meister 2 fl. 50 kr. pr. Tag. Mit diesen Fabriken sind eigene Faß-
fabriken verbunden, wo mittelst Daubensägen die nöthigen Faßdauben
gefertigt werden. Die Herstellung der Cementfässer erfordert jährlich
an 40,000 Stück Holzklötze.

Die Annalyse des Cements von A. Saullich weißt folgende
Bestandtheile nach:

| | |
|---|---:|
| Kalt . . . . . . . . . . . | 55,78, |
| Bittererde . . . . . . . | 1,62, |
| Thonerde . . . . . . . . | 8,90, |
| Eisenoxyde . . . . . . . . | 6,05, |
| Kali . . . . . . . . . . | 0,75, |
| Natron . . . . . . . . | 1,06, |
| Kieselsäure . . . . . . . . | 22,53, |
| Kohlensäure . . . . . . . | 1,46, |
| Schwefelsäure . . . . . . . | 1,85, |
| | 100,00. |

Beim Vergleich mit der procentischen Zusammensetzung des englischen Portland-Cements, welche im XXIV. Capitel mitgetheilt wird,
ergeben sich nur ganz geringe Abweichungen, die nicht von Einfluß sind.
Es wird daher auch dieser vorzügliche Cement als Kufsteiner- oder
Perlmooser-Portland-Cement in den Handel gebracht, obgleich
wie bemerkt, derselbe aus einem natürlichen hydraulischen Kalk besteht.

Chemische Untersuchungen des Mergels, aus welchem der Kufsteiner hydraulische Kalk gebrannt wird, haben ergeben:

In Salzsäure lösliche Bestandtheile:

| | |
|---|---:|
| Kohlensaurer Kalk . . . . . . | 70,64, |
| Kohlensaure Bittererde . . . . | 1,02, |
| Eisenoxyd . . . . . . . . | 2,58, |
| Thonerde . . . . . . . . | 2,86, |
| Gyps . . . . . . . . . . | 0,34, |
| Wasser und organische Substanzen . | 0,79, |
| | 78,23. |

Gesammtmenge der in Salzsäure löslichen Bestandtheile.

In Salzsäure unlösliche Bestandtheile:

Kieselerde . . . . . . . . . 15,92,
Thonerde . . . . . . . . . 3,08,
Eisenoxyde . . . . . . . . . 1,40,
Kali . . . . . . . . . . 0,55,
Natron . . . . . . . . . . 0,82,
                          ⎯⎯⎯⎯
                          21,77.

Gesammtmenge der in Salzsäure unlöslichen Bestandtheile.

Das Brennen des natürlichen hydraulischen Kalks erfolgt gewöhnlich in den in §. 50 bis 60 beschriebenen continuirlichen Oefen. Bei dem weniger festen Mergel kann der Ofen Fig. 9. und 10. (auf S. 42) oder die in §. 63—65. beschriebene Beschickung des Ofens Fig. 37. und 38. empfohlen werden.

Das Mahlen und Sieben des Cements aus natürlichem hydraulischen Kalke wird später im Capitel XXIII. behandelt werden.

---

## XX.

## Vom Wassermörtel aus fettem Kalk und einem thonhaltigen Zuschlag aus gebrannten oder vulkanischen Stoffen.

§. 108. Wir kommen nun zu der zweiten Art der Bereitung des hydraulischen Mörtels, indem man dem fetten Kalke verschiedene Zuschläge zusetzt, welche demselben ebenfalls die Eigenschaft ertheilen, im Wasser zu erhärten; man nennt diese Zuschläge auch natürliche Cemente. Dieselben enthalten kieselsaure Verbindungen, welche häufig in der Natur anzutreffen und so beschaffen sind, daß sie in fein gepulvertem Zustande für sich allein im Wasser nicht erhärten, aber dem fetten Kalke beigemengt, auf diesen entweder geradezu chemisch einwirken und ein im Wasser erhärtendes Produkt geben, oder daß sie leicht durch's Brennen für sich oder mit etwas Kalk in diesen Zustand versetzt werden können. Statt dieser Naturprodukte kann man auch verschiedene Kunstprodukte anwenden, welche Silikate enthalten. Diese natürlichen Cemente oder Zuschläge werden überall gefunden, wo vulkanische Ablagerungen sich befinden; sie brauchen nicht gebrannt zu werden, da sie bereits von der Natur dem Feuer genügend ausgesetzt waren.

Unter diese Cemente gehören:

§. 109. a) Der Traß- oder Duckstein, eine erbige, schmuzig-gelbe, in's Graue und Braune ziehende, poröse, auch mehr oder minder dichte Masse, findet sich in Bänken von einigen Fußen Mächtigkeit abgetheilt, enthält eingemengt Bimsteinrollstücke, weniger häufig Basalt-Trachytbrocken, Schlackentrümmer, Baumstämme, Holzkohlen, Pflanzentheile. Der Duckstein ist ein vulkanisches durch Wasser aufgeschwemmtes Conglomerat, füllt Thäler aus, Lager von 3—7ᵐ Stärke bildend. Man findet denselben in den Schiefergebilden des Rheinufers eingelagert, größere und kleinere Spalten desselben erfüllend, besonders im Brohl-Netterthale, in der Gegend von Andernach, bei Pleit, Rheinbrohl, Tönesstein, in der Eifel; in Bayern, im Ries bei Monheim, am Habichtswald, (preuß. Provinz Hessen); im Norden von Irland. Er wird gepocht oder gemahlen und heißt dann Traß, es ist aber besser, ihn erst kurz vor dem Gebrauche zu mahlen, da er sonst an der Luft liegend an seiner Kraft verliert. Der Andernacher Traß kommt in zweierlei Formen vor: einmal als fester Stein, den man ächten Traß nennt, und sodann als Sand, der milder Traß genannt wird. Nur ersterer wird zur Mörtelbereitung verwendet. Der Traßstein ist oft in seinen obern Schichten ca. 1ᵐ hoch verwittert, erbig und unbrauchbar, ebenso wie der an der Luft zerfallene Stein. Geglüht gewinnt er eine braunrothe Farbe, mit Säuren brauset er nicht auf; sein innerer Gehalt wird um so höher geschätzt, je fester und schwerer er zu zermalmen ist, da weiche Steine gewöhnlich unreiner und erbiger sind.

Will man die Güte des Trasses nach seinen äußern Kennzeichen beurtheilen, so kann dieses nur mit einiger Sicherheit geschehen, wenn er noch nicht pulverisirt ist. Er muß möglichst fest und hart sein, so daß die scharfen Ecken sich nicht abbrechen lassen. Besonders muß der Traß sich scharf anfühlen und möglichst frei sein von fremden Beimengungen. Wenn der Traß pulverisirt ist, so pflegt man seine Güte nach dem Niederschlage zu beurtheilen, der sich bildet, sobald man ihn in ein Glas Wasser geschüttet und dieses umgerührt hat. Am besten ist der Traß, wenn der Niederschlag vollständig erfolgt und keine verschiedenen Schichten sich darin zu erkennen geben. Das sicherste Verfahren zur Prüfung des Trasses besteht darin, daß man durch directe Versuche sich von seiner Bindekraft überzeugt.

Der ächte Traß wird in Stücken von etwa einem halben Cub.-Fuß gebrochen und nachdem er etwas getrocknet ist, pulverisirt. Zum Pulverisiren dienen am häufigsten Stampfwerke; erst in neuerer

it hat man angefangen, den Traß auch zu mahlen. Der gemahlene
raß ist feiner vertheilt wie der gepochte, und verdient daher den
rzug.

Das specifische Gewicht des Trasses ist 0,8—1,07. Er besteht
s 57,0 Kieselerde, 16,0 Thonerde, 2,6 Kalk, 1,0 Magnesia, 7,0
ali, 1,0 Natron, 5,0 Eisen- und Titanoxyd, 9,6 Wasser. Nach
er andern Analyse aus: 48,938 Kieselsäure, 18,950 Thonerde,
,345 Eisenoxyd und Manganoxyd, 5,407 Kalk, 2,420 Magnesia,
556 Natron, 0,371 Kali, 7,056 Wasser und Ammoniak. Der in
alzsäure lösliche Theil betrug 49,0, der unlösliche 42,98%. In
msterdam bereitet man auch einen künstlichen Traß, es ist dieses
ne aus dem Meeresgrunde geförderte Thonerde, welche stark ge-
annt wird.

Ohne Zusatz von Wasser mit Kalkbrei im Verhältniß von 2
raßvolumen zu 1 Kalkteigvolumen innig gemengt, woraus 2 Theile
Mörtel entstehen, und naß unter Netzung der Steine verarbeitet,
ebt der Traß einen vorzüglichen Wassermörtel, welcher in drei Tagen
nter der Erde erhärtet und felsenfestes Mauerwerk erzeugt. Ein
Volumtheil dieses Traßmörtels mit zwei Volumtheilen kein geschlagener Ziegel- oder Sandsteinbrocken gemengt, giebt den bei Fun-
irungen im Wasser oft unersetzlichen Béton, wovon weiter unten
ausführlich die Rede sein wird. Zu Mauerwerk über der Erde angewendet, muß man sich des verlängerten Traßmörtels, aus 1 Volumen Traßmehl, 1 Volumen Kalkteig und 1 Volumen Mauersand
bedienen, da der fette Traßmörtel im Trocknen nicht hält, sondern
Risse bekommt und zerfällt. Zu empfehlen ist auch 4 Theile hydraulischer Kalk, 5 Theile Traß und 5 Theile Sand. Andere Vorschriften
zu Traßmörtel sind: 1 Theil Kalk, 1 Theil Traß und 4 Theile Sand.
Ferner 2 Theile gelöschten Kalk, 1 Theil Traß und 6 Theile Sand.
Dieser Mörtel ist nicht in stark reißendem Wasser zu verwenden, ist
aber zum Eindecken der Dächer vorzüglich.

§. 110. b) Die Puzzolanerde, vulkanischer Tuff, hat ihren
Namen nach der Stadt Puzzuoli, von der sie durch die Römer
zuerst bezogen sein soll; sie ist eine lockere, weiche, fast zerreibliche,
hellgraue, gelblich-braune, schwarze glanzlose Masse, im Bruche theils
feinkörnig, eben, theils erdig, bald ziemlich frei von Einmengungen,
bald verschiedene Fossilien und Felsarten einschließend, von deutlicher
Schichtung. Die Masse ist ein eisenhaltiger Thon, der durch das
Feuer der Vulkane einem hohen Hitzgrad ausgesetzt war; sie rührt
von Stücken poröser Lava her, die, vom Wasser fortgeschwemmt, an

entfernten Orten abgelagert wurden. Die Puzzolane bildet zusammenhängende Hügel von ziemlicher Ausdehnung an der südwestlichen Seite der Appeninenkette, in der Gegend von Rom bis gegen die Pontinischen Sümpfe und Viterbo, Bolsena und Puzzuoli bei Neapel; am besten ist die in alten Lavaströmen gefundene Puzzolane. Auch findet sich vulkanischer Tuff in der Auvergne, Vivarais, Martinique.

Die Puzzolane enthält jederzeit keine Feldspathkrystalle, weiße Leucitflocken und eine Menge schwarzer, kohlenähnlicher Bimsteinstücke von allen Formen. Die Höhlungen der letztern sind mit einer pechartigen Haut überzogen. Die Puzzolane besteht aus

| | |
|---|---|
| Kieselerde . . . . . | 60—55, |
| Thonerde . . . . . | 19—20, |
| Kalk . . . . . . | 6—5, |
| Eisenoxyd . . . . | 15—20. |

Bisweilen ist das Eisen metallisch, die Puzzolane ist dann magnetisch; diese Eigenschaft verliert sich aber, sobald sie angefeuchtet oder geglüht wird, denn in beiden Fällen oxydirt das Eisen und verliert also seine magnetische Eigenschaft. Wird sie angefeuchtet, so verursacht die Oxydation des Eisens ein Aufschwellen der Masse, sie erhärtet nur unter dem Wasser und wird für dasselbe undurchdringlich. Wegen dieser Eigenschaft ist sie für den Wasserbau von größtem Werthe; man braucht sie daher, wo die Kosten ihre Beschaffung erlauben, zu Wasserbauten und zum Ausstreichen der Fugen.

Die Bereitung dieses Mörtels geschieht in Italien in folgender Weise: Man nimmt soviel frisch gebrannten Kalk, als man ohne Unterbrechung zu verarbeiten gedenkt, breitet ihn in runder Fläche aus und umgiebt ihn mit einem kreisförmigen Bord von Puzzolane, zur Fassung des Löschwassers. Auf den Kalk gießt man sehr allmälig so viel Wasser, daß er zu Pulver zerfällt, worauf man ihn durch Zusatz von noch mehr Wasser in breiartige Consistenz verwandelt. Jetzt vermengt man die Puzzolane damit, wobei einige Arbeiter, einmal ums andere, Puzzolane und groben Sand auf den Haufen streuen, während die Masse von den Uebrigen sorgfältig durchgearbeitet wird. Das Verhältniß dabei ist: 2 Theile Kalk (als Pulver gemessen), 1 Theil Puzzolane und 1 Theil Sand. Man nimmt auch 2 Theile Kalk, den man durch Eintauchen gelöscht und in Pulverform gemessen hat, und 3 Theile Puzzolane ohne Sandzusatz.

§. 111. c) Die Santorinerde (sonst auch Aspe genannt). Dieselbe kommt von der Insel Santorino, welche eine der süd-

hften Inseln Griechenlands ist und durch geognostische Untersuchungen
ch als der größere Theil eines noch nicht ganz ausgebrannten
ulkans erwiesen hat. Diese Insel ist fast auf ihrer ganzen Ober-
äche mit einer mächtigen hellgrau gelblichen, oder hellgrau röthlichen,
eichen, leicht zerreiblichen, erdigen Masse bedeckt. Diese Erdschicht
iebt die sog. Santorinerde und besitzt vorzügliche hydraulische Eigen-
haften. Sie ist im Anfühlen sehr scharf und trocken und enthält
ine Menge kleinerer und größerer poröser, leicht zerreiblicher Körner,
ie aus Bimstein, trachytischen Breccien, Tuff bestehen und auf Wasser
hwimmen; specif. Gewicht 1,55 bei 10° Réaum. Sie besteht aus:
8,50 Kieselerde, 13,31 Thonerde, 5,50 Eisenoxyd, 4,71 Natron, 3,13
kali, 2,36 Kalk, 0.73 Magnesia, 0,31 Kochsalz, 1,05 Wasser. —

Es scheint, daß schon die alten Griechen und Römer sich der
Santorinerde bedient haben, wie aus der Menge von Höhlen geschlossen
werden darf, welche durch sie in jene Insel gegraben wurden. Viele
Jahrhunderte nach ihnen wurde kein Gebrauch davon gemacht, und
s blieb den Ingenieuren Griechenlands unserer Zeit (namentlich
em Geniehauptmann v. Weiler ums Jahr 1841) vorbehalten, die
Egenschaften und Vortheile dieser Erdart für das Baufach wieder
ns Licht zu ziehen

In neuerer Zeit wird die Santorinerde in Griechenland zu allen
Baulichkeiten sowohl in als außer dem Wasser ohne Ausnahme verwendet. Auch bei den großen Seebauten in Algier hat man die
Santorinerde mit Erfolg in Anwendung gebracht. In Syra, Triest
und Venedig sind seit dem Jahre 1843 viele Wasserbauten mit Santorinmauerwerk ausgeführt,

Das Santorinmauerwerk, welches stets unter Wasser bleibt, wird
zusammengesetzt aus: 7 Theilen Santorinerde, 2 Theilen gelöschten
etten Kalk, 7—9 Theilen zerschlagene Steine.

Für Mauerwerk, welches zeitweise über den Wasserspiegel zu
iegen kommt, nahm man: 6 Theile Santorinerde, 2 Theile fetten
Kalk, 6—7 Theile Steine.

Bei Ausführung des Santorinmauerwerks wird abwechselnd eine
0,8 Meter hohe Lage von Mörtel und eine ebenso hohe Steinlage
wischen die vorher aufgestellten Holzwände gebracht. Erstere läßt
man 2 bis 3 Tage ruhen, bis sie so hart ist, daß sie dem Finger-
 drucke Widerstand leistet; letztere wird mittelst Stampfens mit der
rstern vermengt. Nach 14 bis 20 Tagen kann man die Holzwände
wegnehmen und dieselben zur Fortsetzung des Baues wieder verwenden.
Sowohl in See- wie in süßem Wasser ist die Santorinerde brauchbar.

Der Preis der Santorinerbe wird in Syra frei am Ufer zu 5,04 Francs pro Cub.-Meter angegeben.

§. 112. d) Bimstein ist schwammig, blasig, löcherig, von unregelmäßiger Gestalt, meist verworren, faserig, weiß ins Perlgraue und Gelbe; Strich weiß; Glasglanz bis Seidenglanz; durchscheinend, seltener durchsichtig; im Bruche klein-muschelig und erdig; spröde; fühlt sich rauh und scharf an. Nach Klaproth besteht der liparische Bimstein aus: 17,5 Thonerde, 3,0 Kali und Natron, 77,5 Kieselerde, 1,75 Eisen- und Manganoxyd. Der Bimstein ist in Säuren unauflöslich und schmilzt vor dem Löthrohr zu blasigem Glase. Er findet sich in der Nähe älterer und neuerer Vulkane und wird von letztern noch ausgeworfen; man findet ihn daher auf den liparischen Inseln, bei Rom, auf Island, Teneriffa, Kamtschatka, am Laachersee bei Coblenz, in Ungarn ꝛc. Gepulvert giebt der Bimstein, mit gelöschtem gewöhnlichen Kalke gemengt, einen guten Wassermörtel.

§. 113. In den Niederlanden bedient man sich der Asche von Tournay zur Bereitung eines stark bindenden Mörtels mit hydraulischen Eigenschaften. In der Gegend von Tournay wird aus einem kiesel- und thonhaltigen Kalksteine, mit einer Art schieferiger Pechkohle, die in der Nachbarschaft gefunden wird, Kalk gebrannt. Ist der Kalk vollständig ausgebrannt, so fallen während des Ausleerens vom Ofen eine Menge keiner Kalktrümmer auf den Boden des Ofenherdes in die Steinkohlenasche; dieses Gemenge, welches aus Steinkohlenasche und ungefähr ¼ gebrannten Kalks besteht, ist die Asche von Tournay, die zur Bereitung jenes Mörtels benutzt wird, und zwar in folgender Weise:

Man schüttet eine angemessene Menge dieser Asche in ein hinreichend großes Gefäß, befeuchtet sie mit soviel Wasser, daß der Kalk vollkommen gelöscht wird, rührt und schlägt demnächst die Masse gut durcheinander, so ist der Mörtel fertig. Er kann ebenso wie gewöhnlicher Kalk längere Zeit in Gruben aufbewahrt werden, wenn er genügend mit Erde bedeckt wird. Will man von ihm Gebrauch machen, so füllt man ein starkes Gefäß, welches etwa 2 Cub. Fuß enthält, bis ⅔ damit an und stößt die Masse bei fortwährendem Umrühren eine halbe Stunde lang mit einem eisernen Stößel, der zur Erleichterung dieser anstrengenden Arbeit an eine hölzerne Feder gehängt ist; hierbei muß man soviel Wasser zugießen, daß die Masse allmälig die Consistenz von weichem Mörtel erhält. Hierauf legt man ihn an einen schattigen, gegen Regen geschützten Ort und läßt ihn daselbst 3 bis 6 Tage lang trocknen. Ist er hinreichend ausgetrocknet,

wird er, ebenso wie vorhin, eine halbe Stunde lang gestampft;
nn es noch länger geschieht, etwa 3 bis 4 Stunden lang, um so
:züglicher wird der Mörtel. Würde man jedoch das Schlagen noch
tger fortsetzen, so würde er zu steif werden, zu viel Wasser durch
rdunsten verlieren, welches während des Bearbeitens nicht ersetzt
rden darf. Dieser Mörtel bindet in wenigen Minuten so fest, daß
sogleich unter stehendes Wasser gebracht werden kann, und läßt
m ihn 24 Stunden lang vorher trocknen, so widersteht er auch
brennendem Wasser.

§. 114. Einen ähnlichen Mörtel wie den vorigen erhält man
s 3 Theilen lebendigen Kalk und 2 Theilen guter, reiner Kalk-
he (Cendrée), die von Kohlenstücken gereinigt und gesiebt ist. Man
scht den Kalk entweder auf gewöhnliche Weise, oder man macht ihn
rch Eintauchen zu Pulver. In ersterem Falle geschieht die Mischung
ne Wasserzuthat in einem Bassin, wo man sie in mehreren Sätzen
d mehrere Tage lang mit einer Handramme stößt, die beschlagen
bis 40 Pfd. schwer ist, bis sie zu einem guten, fetten und ganz
nen Teig geworden ist. Soll dieser Mörtel nicht sofort verbraucht
rden, so muß man ihn, damit er seine Güte nicht einbüßt, gegen
e Einwirkung der Luft und der Sonne schützen, entweder durch
trohdecken oder durch Ueberdachen. Für Anlagen, welche abwechselnd
ocken und feucht liegen, ist der Mörtel aus Kalkasche vorzüglich,
r muß man ihm Zeit lassen, gut auszutrocknen, ehe er mit dem
lasser in Berührung gebracht wird.

§. 115. Andere Aschmörtel bestehen aus 3 Theilen Kalkbrei, der
rch Eintauchen gelöscht wurde, und 3 Theilen Steinkohlenasche, die
m Kohlen gut gereinigt wurde; die Behandlung ist dieselbe wie bei
m vorigen. Dieser Mörtel ist zur Anwendung unter Wasser nicht
sonders geeignet, bei den Arbeiten im Trocknen dagegen und zu
lchen, bei welchen das Wasser vor dem Erhärten keinen Zutritt
ben kann, liefert er ausgezeichnete Resultate; namentlich bedient
an sich dieses Mörtels in London zum Abputzen der Giebel und
lcher Mauern, die dem Wetter sehr ausgesetzt sind. Ferner 2 Theile
alk werden, während er gelöscht wird, mit 3 Theilen frischer Holzasche
rmengt; nachdem sich das Gemenge abgekühlt hat, wird es gut
rchgerührt und bei häufigem Umkehren tüchtig durchgeschlagen, wo-
ch der Mörtel bald verarbeitet werden muß.

§. 116. Durch den Zuschlag von Pulver aus gebrannten Ziegeln
hält bekanntlich der Mörtel auch hydraulische Eigenschaften. Ver
hiedene derartige Vorschriften sind:

a) [nach Fleuret] 2 Theile Pulver von leicht gebrannten Ziegeln, 4 Theile feiner Sand und 3 Theile frisch in Wasser getauchter Kalk, der im Begriff ist zu zerfallen. Man bedeckt den Kalk mit einem innigen Gemenge von Sand und Ziegelpulver, läßt ihn so völlig zu Staub zerfallen, dann arbeitet man ihn durch und fügt nur allmälig soviel Wasser hinzu, um ihm ziemlich denjenigen Grad von Feuchtigkeit zu ertheilen, den die Erde in einer Tiefe von 1 Meter hat. Die Masse wird in diesem Zustande in einen kleinen Behälter geworfen, wo man sie mit einer Stampfe stößt, bis sie die zur Verwendung nöthige Geschmeidigkeit hat, was sich durch das Anhängen an die Stampfe erkennen läßt. Mit diesem Mörtel werden Estriche angelegt, Wasserreservoirs und Rinnen zu Wasserleitungen geformt.

b) [nach Loriot] 3 Theile feiner Kieselsand, 3 Theile Ziegelpulver, 2 Theile gelöschter Kalkbrei und 2 Theile gemahlener lebendiger Kalk Die drei ersten Stoffe werden unter Zusatz der nöthigen Wassermenge gemischt, dann wird der lebendige Kalk dazu geschüttet. Das Ganze wird hierauf tüchtig durchgearbeitet.

c) 8 Theile durch Eintauchen in Wasser gelöschter Kalk (als Pulver gemessen), 3 Theile Ziegelmehl und 3 Theile fein gepulverter Hammerschlag.

Die Zusammensetzung und Behandlung ist ganz dieselbe wie bei dem in § 114 angegebenen Mörtel von Kalkasche.

§. 117. Von den Eisenschlacken ist es längst bekannt, daß sie ein vortreffliches Material zu Wassermörtel sind; sie werden zu dem Ende gepulvert, gesiebt und ebenso wie Puzzolane und Traß dem Kalke beigemengt. Smeaton nahm statt Schlacke verrostetes Eisen und erhielt einen Mörtel, der unter Wasser erhärtete, jedoch mußte mehr Eisen zugesetzt werden, als Traß erforderlich gewesen wäre. 2 Theile hydraulischer Kalk, 2 Theile Eisenoxyd oder verrostetes Eisen, 1 Theil Sand geben 3,22 Theile Mörtel, der dem Traßmörtel völlig gleichkommt. Bedient man sich des fetten Kalks, so müssen 2 Theile Sand genommen werden.

§. 118. Ebenso werden gebrannter pulverisirter Basalt, blauer Thonschiefer, eisenschüssiger Sandstein und Ockererde als Zuschläge zu hydraulischen Mörteln verwendet. Derartige Zusammensetzungen sind:

a 2 Theile durch Eintauchen in Wasser zerfallener Kalk und 3 Theile pulverisirter gebrannter Basalt.

b) 2 Theile obigen Kalks und 3 Theile gebrannter, pulverisirter blauer Schiefer.

c) 3 Theile obigen Kalks und 4 Theile gepulverter eisenschüssiger Sandstein, in erster Stufe des Brandes.

d) 2 Theile obigen Kalks (als Pulver gemessen) und 3 Theile gebrannte und gepulverte Ockererde.

e) 8 Theile hydraulischer Kalk durch Eintauchen gelöscht und als Pulver gemessen, 3 Theile pulverisirter gebrannter Schiefer, Basalt, eisenschüssiger Sand oder Ockererde und 3 Theile Sand. —

## XXI.

## Fabrikation des künstlich hydraulischen Kalks oder des Portland=Cementes.

§. 119. Der Portland-Cement\*) ist im Gegensatz zum Roman-Cement als das Produkt einer künstlichen Mischung aus kohlensaurem Kalk und Thon zu bezeichnen. Selten nur stellt sich ein von der Natur geschaffenes Gemenge dar, welches ohne weitere Vorbereitung d. h. ohne Zusammensetzung verschiedener Materialien direct zur Darstellung des Portland-Cementes geeignet erscheint. Ein solches Material findet sich beispielsweise in dem Kalkmergel, welcher zu den Kufsteiner und Staubacher Cement verwendet wird (vergl. §. 107.) In manchen Fällen finden sich brauchbare Kalkmergel in der Nähe von Thonmergel, durch deren geeignete Mischung und Verarbeitung ein zur Darstellung von Portland-Cement brauchbares Material sich schaffen läßt, wie z. B. bei Hörter. Die größte Menge des in den Handel kommenden Portland-Cementes jedoch wird aus einer Zusammensetzung von kohlensaurem Kalk, in der Gestalt von Kalkstein, Kreide oder Wiesenkalk mit einem geeigneten Thone dargestellt. Die Bonner Cementfabrik verwendet z. B., so weit bekannt, Süßwasserkalk aus der Gegend von Mainz und Thon vom Westerwald; die Stettiner Cementfabrik Kreide von Rügen oder Wollin und Tertiärthon aus unmittelbarer Nähe Stettins.

---

\*) Jos. Aspdin von Leeds erhielt im Jahre 1824 in England ein Patent auf diesen Cement; derselbe ist von grünlich grauer Farbe; im verarbeiteten und erhärteten Zustande aber von hell-graublauer Steinfarbe. Von der auffallenden Uebereinstimmung dieser Farbe mit der des s. g. Portland-Steins, der in England als beliebter Baustein vielfach benutzt wird, hat der Erfinder den Namen Portland-Cement abgeleitet.

Den zu der Fabrikation des englischen Portland-Cementes verwendeten Thon gewinnt man aus den Buchten der Themse und des Medway, zwischen Sheerneß und Maidstone als Schlick und mischt ihn mit dem Material, welches die Kreidefelsen der Küste liefern. Man unterscheidet von letzterem weiße und graue Kreide; die erstere ist reicher an kohlensaurem Kalk und erfordert deshalb einen größern Schlickzusatz als letztere. Dieser Schlick ist ein Niederschlagsprodukt, welches sich bei dem Zusammentreten von Süßwasser und Salzwasser bildet, seine Zusammensetzung ist daher keine ganz constante, vielmehr nach den einzelnen Ablagerungsstellen in mehr oder weniger ruhigem Wasser verschieden. Auf die Auswahl eines geeigneten, thunlichst sandfreien Materials muß große Sorgfalt verwendet werden.

Ein ganz ähnliches Niederschlagsprodukt findet sich an unsern Nordseeküsten, dasselbe wird durch die Flüsse herbeigeführt und haben Versuche mit dem Emdener Schlicke die vorzügliche Brauchbarkeit zur Portland-Cementfabrikation ergeben*).

§. 120. Als Bedingungen, unter welchen die Anlage einer Portland-Cement-Fabrik günstige Resultate verspricht sind zunächst anzuführen, daß Kalk, Mergel, Thon und dergl. in hinreichender Menge und erforderlicher Güte vorkommen, oder billig zu beschaffen sind. Auch müssen diese Rohmaterialien möglichst zu Tage liegen, damit die Förderungskosten, sowie die Ausgaben für Beseitigung eines hohen Abraumes nicht bedeutend werden.

Ferner ist bei dem großen Verbrauch an Brennmaterial, dessen billige Erwerbung hauptsächlich zu berücksichtigen. Für die Zufuhr desselben, sowie für· die Abfuhr der Fabrikate ist es nothwendig, daß die Fabrik entweder die billige Wasserstraße oder eine Eisenbahn zu Gebote stehen. Außerdem ist es wichtig, wenn die Anlage einer solchen Fabrik an einem bedeutenden Consumtionsorte gemacht werden kann.

§. 121. Was speciell die Eigenschaften der zur Portland-Cementfabrikation zu verwendenden Rohmaterialien anbelangt, so ist von dem kohlensauern Kalke als dem Hauptbestandtheil für die Darstellung des Portland-Cements anzuführen, daß derselbe in verschiedenen Gestalten als fester Kalkstein, Kreide, als ein weiches, leicht zerreibliches Material, oder als mergelartige Substanz zur Portland-Cementbereitung tauglich ist, doch hängt der Grad der Brauchbarkeit von der mehr oder minder großen Beimischung fremder Bestandtheile und deren chemischer Beschaffenheit, in gewissem Sinne

---

*: H Klose, der Portland-Cement und seine Fabrikation. Wiesbaden 1871.

auch von der Härte des Materials insofern ab, als mit zunehmender Härte und Dichte desselben die Verarbeitung und Umwandlung in ein äußerst feines Pulver oder einen feinen Schlamm schwieriger und kostspieliger wird.

Im Allgemeinen darf man annehmen, daß dasjenige Kalkmaterial zur Fabrikation am brauchbarsten sich zeigt, welches den größten Gehalt an kohlensaurem Kalk hat, also am reinsten sich darstellt. Ob ein Gehalt an Kieselsäure, Thonerde, Eisenoxyd und Magnesia schädliche Einwirkungen hat, hängt theils von der Menge der einzelnen Substanzen, theils von Aufschließbarkeit der Kieselsäure ab. Sind größere Mengen unlöslicher oder freier Kieselsäure im Kalkstein enthalten, so ist er zur Cementfabrikation unbrauchbar; während wenn die thonigen Beimischungen in größerer Menge auftreten sie dem Kalke bekanntlich hydraulische Eigenschaften geben, aber zugleich ein ungleiches Ablöschen des gebrannten Kalkes verursachen und die bekannte magere, körnige Beschaffenheit desselben der Fabrikation eines guten Portland-Cements Schwierigkeiten entgegensetzen. Diese Schwierigkeiten werden um so größer; je ausgeprägt krystallischer das Gefüge des Kalksteins ist. In der Regel wird man sich veranlaßt sehen, bei Verwendung magerer Kalksorten den Kalkstein ungebrannt zu verwenden und ihn in ein möglichst feines Mehl zu verwandeln; diese Art der Behandlung des dichten Kalksteins ist überhaupt in den Cementfabriken die vorherrschende; wegen der höhern Bereitungskosten kommt die an sich empfehlenswerthe Methode, das reine, einen fetten Kalk liefernde Material zunächst zu brennen und dann mit Wasser abgelöscht als Kalkschlamm zur Mischung zu verwenden, selten zur Anwendung.

Die Kreide hat als Material zur Portland-Cementfabrikation wesentliche Vorzüge. Außer dem relativ größten Gehalt an kohlensaurem Kalk, welchen sie in der Regel besitzt, ist sie leicht zerreiblich und läßt sich daher leicht verarbeiten. Häufig sind indeß der Kreide Feuersteine in größern Mengen beigemischt, welche beim Verbleiben in der Masse die Qualität des Cementes sehr beeinträchtigen würden. Ihre Aussonderung läßt sich nicht gut anders als durch Schlämmen bewirken. Diesem Processe werden auch gewöhnlich die Wiesenkalke unterzogen, um Verunreinigungen an Steinen, Sand ꝛc. auszuscheiden und eine gleichmäßige Masse zu erzielen.

Der Thon bildet den zweiten Hauptbestandtheil der rohen Cementmasse, derselbe ist ein Material ohne Individualität und vielmehr ein Gemenge von Thonerde, Kieselsäure, Eisenoxyd, Alkalien und gelegentlichen Beimengungen von Kalk, Magnesia ꝛc. Eine Beimengung von kohlensaurem Kalk ist an sich nicht schädlich, doch ist das gegenseitige Verhältniß genau festzustellen; dagegen hat ein Gehalt des Thons an schwefelsaurem Kalke für die Verwendung des daraus dargestellten Portland-Cements stets große Bedenken.

Kommen im Thone Verunreinigungen durch Sand, Schwefelkies, Kalknieren ꝛc. vor, so müssen dieselben durch Schlämmen vorher ausgeschieden werden; für die Fabrikation ist die Verwendung eines reinen, gleichartigen Materials, dessen Korn so fein als möglich sein soll, vortheilhafter und zweckmäßiger.

Die Kieselsäure ist einer der wesentlichsten und wirksamsten Bestandtheile des Thones für die Portland-Cementfabrikation; sie muß namentlich in leicht aufschließbarem Zustande vorhanden sein. An und für sich ist die Kieselsäure fast unschmelzbar; durch den Hinzutritt von Alkalien und Eisenoxyd wird jedoch der Schmelzpunkt bedeutend herabgedrückt und die Kieselsäure aufgeschlossen d. h. in Wasser löslich und fähig gemacht, unlösbare Verbindungen mit Kalkerde einzugehen, dagegen verträgt der Proceß der Portland-Cementfabrikation die Gegenwart freier Kieselsäure nur in geringem Maaße. Wo also der Thon durch Sand verunreinigt ist, wird ein Abschlämmen desselben erforderlich.

Die Thonerde ist bei dieser Fabrikation gleichwerthig der Kieselsäure; sie ist ebenso schwer schmelzbar wie diese und wird wie sie durch Hinzutritt von Kalk, Eisenoxyd ꝛc. im Feuer aufgeschlossen. Die Gegenwart eines höhern Thonerdegehaltes scheint auf die Darstellung eines vorzüglichen Portland-Cementes von wesentlichem Einfluß zu sein. Diese Erfahrung wird durch die Vergleichung der Analysen bewährter Portland-Cemente und des Sandzusatzes, welchen sie vertragen, bestätigt. Cemente mit höherem Thonerdegehalt sind immer die fetteren und gestatten die größere Sandbeimischung, während hochkieselsäurehaltige Cemente sich stets als mager erweisen. Der Thon wird jedoch durch besonders hohen Thonerdegehalt sehr strengflüssig und veranlaßt leicht ein Todtbrennen des Cementmaterials. Das erlaubte Maximum der Thonerde in reinem Thon kann etwa 25% betragen.

Dem Eisenoxyde ist auch eine wesentliche Rolle in dem Proceß der Portland-Cementfabrikation zuzuschreiben; die Menge der im Thone enthaltenen Eisenoxyde darf jedoch eine beschränkte sein; es genügen einige Procente zur Bethätigung ihrer Wirksamkeit als Flußmittel. Die Anwesenheit eines größeren Eisenoxydgehaltes ist dagegen nicht vortheilhaft, indem er die hydraulischen Eigenschaften des Cementes beeinträchtigt; unter verschiedenen Cementen sonst gleicher Güte verdient daher derjenige den Vorzug, welcher den geringeren Eisengehalt aufweist.

Der Gehalt an Magnesia wenn sie in Thonen überhaupt vorkommt, pflegt nur gering zu sein, dennoch ist ihr Einfluß auf die Schmelzbarkeit eines Thones von nicht unwesentlicher Bedeutung. Neuere Erfahrungen haben ergeben, daß seine Schmelzbarkeit durch Magnesia mehr befördert wird, als durch Kalk, Eisenoxyd und Kali, weshalb denn auch ein Ueberschuß von Magnesia das Verschlacken des Brandes herbeiführt. Auf nassem Wege geht die gebrannte Magnesia chemische Verbindungen mit der Kieselsäure ein, befördert also an sich die Hydraulicität des Cementmörtels, dagegen verringert ein erheblicher Gehalt seine Festigkeit und ist deshalb schädlich. —

Die Verwandtschaft des Kalis und des Natrons zur Kieselsäure ist eine außerordentlich große; die Gegenwart der Alkalien im Thon dient zur Erniedrigung des Schmelzpunktes der Kieselsäure und zur Bildung von im Wasser löslichen Silicatverbindungen; mit der aufgeschlossenen Kieselsäure des Cementes verbindet sich der Kalk und bildet mit ihr im Wasser unlöslichen, kieselsauren Kalk. Der Alkaligehalt eines Thones kann um so geringer sein, je leichter dieser aufzuschließen und je reicher er an sonstigen Flußmitteln ist; sehr leicht aufschließbare Thone, wie die Schlickarten, bedürfen eines Alkaligehaltes kaum, während schwer aufschließbare Thone einen größern Procentsatz erheischen, der erforderlichen Falls durch Beimengung von alkalischen Aschen sich gewinnen läßt. Je weniger Alkali erforderlich oder im leicht aufschließbaren Thone vorhanden ist, je weniger also in den Cement übergeht desto schätzenswerther ist der letztere, weil dann das häufig so lästige und für manche Zwecke der Anwendung schädliche Ausblühen der kohlensauren Alkalien auf ein geringeres Maaß zurückgeführt wird.*)

§. 122 Das Mischungsverhältniß und die Brauchbarkeit der Rohstoffe. Das Verhältniß, in welchem Kalk und Thon mit einander zu vermengen sind, ist verschieden und richtet sich nach der Beschaffenheit der einzelnen Rohprodukte. Resultate, welche für eine größere Fabrikation Anhalt gewähren, können daher nur durch wirkliche Proben erlangt werden. Diese Proben sind so oft vorzunehmen, als neue Fundgruben des Kalkes und Thones eröffnet werden und

---

*) H. Klose, Der Portland-Cement. S. 15.

in diesen Versuchen nicht zu ermüden, ist die Hauptaufgabe desjenigen, der eine Cementfabrik mit Nutzen anlegen und betreiben will.

Unter Berücksichtigung des im Vorstehenden über die einzelnen Gemengtheile des Thones und deren Wirksamkeit für den Proceß der Portland-Cementfabrikation Gesagten läßt sich die Forderung stellen, daß ein vorzüglich geeigneter Thon enthalten soll:

| | | | | |
|---|---|---|---|---|
| Kieselsäure zwischen | . . . . | 60 und | 70% |
| Thonerde | „ . . . . | 15 „ | 25% |
| Magnesia | „ . . . . | 2 „ | 4% |
| Eisenoxyde | „ . . . . | 5 „ | 12% |
| Alkalien | „ . . . . | 1 „ | 4% |

Unter diesen Zahlen ist die Zusammensetzung der zur Fabrikation nothwendigen Bestandtheile des Thones nach Ausscheidung aller Beimischungen zu verstehen; zur Prüfung der Brauchbarkeit eines Materials hat man daher zuvor die Beimischungen an Kalk, Kohlensäure und Wasser ꝛc. außer Acht zu lassen und die aus der chemischen Analyse sich ergebenden Procentsätze der oben genannten fünf Bestandtheile aufs Neue in Procenten ihrer Gesammtmenge auszudrücken. Die obigen Zahlen selbst können als Anhaltepunkte dienen, welche innerhalb der angegebenen Grenzen allerdings vielfach varriiren; auch bei Ueber= oder Unterschreitung einzelner Grenzen ist das Material häufig brauchbar. Ueber den Grad der Verwendbarkeit eines Thones geben die chemischen Eigenschaften, die größere oder geringere Aufschließbarkeit, die relative Wichtigkeit der von den einzelnen Bestandtheilen zu erfüllenden Functionen, endlich vorzunehmende practische Proben Aufschluß. Das Mengeverhältniß der zur Portland-Cementbereitung zu verwendenden Materialien ist ein sehr begrenztes; man darf sagen, daß zur Erzeugung der höchstmöglichen Hydraulicität des Cementes zwei gegebene Sorten von Kalk und Thon nur in einem einzigen, bestimmten Verhältnisse zusammengesetzt werden dürfen. Das Mischungsverhältniß kann im Uebrigen wesentlichen Schwankungen unterliegen, je nach dem das eine Rohmaterial Einschlüsse des anderen in größerer oder geringerer Menge schon enthält.

Die gemeinen sehr fetten Kalke vertragen 0,2 Thon auf einen Theil Kalk; die mittleren haben genug an 0,15 und für Kalke, die schon an sich etwas hydraulisch sind, genügt 0,10 und selbst 0,06. Treibt man die Verringerung des Zusatzes noch weiter auf 0,33 oder 0,40 Theile, so löst der Kalk sich nicht auf, pulverisirt sich aber leicht und giebt beim Anmachen einen Teig, der sehr schnell unter Wasser bindet. Es ist für den Portland-Cement von erheblicher Wichtigkeit, daß der Kalk in jedem Theilchen dieselbe chemische Zusammensetzung hat, damit er allen Anforderungen entsprechen könne und ist deshalb der Kalk zu prüfen, ob er möglichst von gleichmäßiger Beschaffenheit und sich leicht in ein feines Pulver verwandeln läßt. —

Der Medway-Schlick verdankt seine Berühmtheit hauptsächlich dem Umstande, daß die Portland-Cementfabrikation zuerst auf ihn basirt wurde; seine Brauchbarkeit steht außer Frage; dennoch läßt sich mit Grund behaupten, daß wir in Deutschland Thone in hinreichender Menge besitzen die ein vorzüglicheres Material für jene Fabrikation abgeben, namentlich solche die einen größern Gehalt an Thonerde und einen geringeren als den sehr hohen Eisenoxydgehalt des Medway-Schlickes aufweisen und die frei von der Sandbeimischung sind, die dem letztern niemals fehlt. Es leidet keinen Zweifel, daß wir das Material haben, um Portland-Cement von dem englischen gleicher, wenn ihn nicht übertreffender Vorzüglichkeit darstellen; wie die Cementfabriken in Bonn, Stettin ꝛc. den praktischen Beweis liefern. —

§. 123. Verarbeitung der Rohmaterialien*). Für die Portland-Cementfabrikation ist eine der wesentlichsten Bedingungen die feinste Zertheilung und die gleichmäßigste Mischung der Rohmaterialien. Die vollständige Aufschließung des Thones erfolgt nur bei innigster Berührung mit den einzelnen Massentheilchen des Kalks; diese letzteren müssen daher in einen äußerst fein vertheilten Zustand versetzt werden.

Die für diesen Zweck angewendeten Mittel sind nach der Natur der Rohmaterialien verschieden. Man unterscheidet drei Verfahrungs-arten je nach der verschiedenartigen Behandlungsweise:

    a. der nasse Proceß,

    b. der trockene Proceß und

    c. der halbnasse Proceß.

Bei dem ersten Processe werden die Materialien geschlämmt, d. h. unter Wasser zuerst durch geeignete Vorrichtungen äußerst fein zertheilt und dann als Schlempe mittelst Rinnenleitungen in Schlämmbassins geleitet. Diese Schlämmbassins sind entweder im Erdboden ausgehoben oder übererdig aufgeführt. Im letzteren Falle werden ihre Wandungen aus Backsteinmauerwerk oder hölzernen Bohlen hergestellt; der Boden der Bassins besteht aus dicht an einandergelegten Backsteinen, deren Fugen mit dünnem Mörtel ausgegossen sind; dabei

---

*) Nach O. Klose, die Portland-Cementfabrikation. Wiesbaden 1873.

ist die Verwendung von Sand zur Füllung der Fugen sorgfältig zu vermeiden.

Die Behandlung der Rohmaterialien beim Schlämmen ist eine nach ihrer Beschaffenheit sehr verschiedene, je nachdem man lediglich beabsichtigt, den Kalk oder den Thon auf dem Wege nach den Bassins von Unreinigkeiten zu säubern oder auch gleichzeitig eine innige Mischung beider vorzunehmen. Unter dem eigentlichen nassen Proceß versteht man jedoch diejenige Art des Verfahrens, bei welcher beide Rohmaterialien auf nassem Wege gleichzeitig zerkleinert, gemischt und sodann in Bassins abgelagert werden. Die Rinnenleitungen dienen dann dazu, Verunreinigungen zurück zu halten und müssen für diesen Zweck sachgemäß mit sehr geringem Gefälle und hinreichend lang angelegt sein. Von dem Bodensatz wird das überschüssige Wasser abgezogen; unter besonders günstigen Verhältnissen zieht es durch den Erdboden fort. Der zurückbleibende Schlamm trocknet an der Luft bis zu einer kalkbreiartigen Consistenz ab.

Obwohl bei diesem Proceß eine sehr innige Mischung der Materialien und bis zu einem gewissen Grade eine Befreiung derselben von fremden Beimengungen erzielt wird, so hat er dennoch seine große Bedenken, wenn er nicht in der allersorgfältigsten Weise ausgeführt, und wenn nicht das Geschlämmte einer weitern zweckmäßigen Durcharbeitung unterzogen wird. Es liegt auf der Hand, daß im Schlammbassin zunächst die specifisch schwereren Massentheilchen sich zu Boden setzen und daß Schichtungen entstehen, welche die innige Mischung wieder aufheben; um dies zu verhindern, muß der Schlamm außer dem häufigen Verlegen der Ausgußöffnungen der Rinnen, in den Gruben möglichst vollständig mittelst Rechen und Eggen durchgearbeitet und nach dem Abtrocknen behufs weiterer Verarbeitung im Thonschneider einer nochmaligen Durchmischung unterzogen werden. Ein fernerer Uebelstand des Schlämmprocesses ist die Unsicherheit über die richtige quantitative Zusammensetzung der Schlempe, welche durch die Ausscheidung der Abgänge in den Rührapparaten und das Zurückbleiben gröberer Theilchen in den Rinnenleitungen und an den Eingußstellen alterirt wird.

Man ist daher da, wo irgend welche, aus der Natur der Rohmaterialien hervorgehende Schwierigkeiten, nicht durchaus gleichmäßige Zusammensetzung des Thons ꝛc. vorliegen, genöthigt, regelmäßig und täglich das Produkt einer Tagesarbeit chemischer Untersuchung zu unterziehen und nach dem Befunde derselben, am folgenden Tage eine gewisse Quantität Kalk oder Thon hinzuzuschlämmen; ein solches Verfahren kann die Gleichmäßigkeit der Fabrikation nicht fördern und ist nur als Aushülfsmittel zu betrachten.

§. 124. In den englischen Portland-Cementfabriken ist das Schlämmverfahren durchgängig in Anwendung, da aus der Kreide Feuersteine, aus dem Schlick Sand zu entfernen sind; doch wird auf die Aussonderung der schädlichen Beimischungen keine besondere Sorgfalt verwendet. Das ganze Verfahren der Portland-Cementfabrikation in England beruht auf praktischer Uebung und hat seit Beginn dieser Fabrikation kaum Fortschritte gemacht. Die in England vorzugsweise angewandte Vorrichtung besteht aus einem gemauerten Bassin, in welchem eine stehende mittlere Welle umgeht, die zwei mit eisernen Zacken versehene Arme trägt. Durch das Kreisen dieser Arme wird das Wasser in Bewegung erhalten und die Kreide förmlich zerwaschen, gleichzeitig auch der Schlick aufgelöst und dessen Mischung mit der Kreide bewirkt. Durch einen fortlaufend zugeführten Wasserstrom werden die bis zu gehöriger Feinheit zerkleinerten Theilchen aufgenommen, an dem oberen Rande des Beckens ausgeführt und nach den Schlämmbassins geleitet. Feuersteine bleiben auf dem Boden des Bassins liegen, der Sand wird hauptsächlich in den Rinnenleitungen abgelagert. — —

Für sehr weiche Mergel- und Süßwasserkalke wendet man verschiedene Rührapparate an, namentlich aber eine, in einem etwa $2^m,50$ langen Troge gehende Wasserwelle durch deren Umdrehung das Material unter Wasser zerschlagen wird; ein continuirlich zuströmender Wasserzufluß führt in ebenso continuirlicher Weise die Schlempe ab, während Sand und gröbere Theile auf den Boden des Troges fallen. Härtere Materialien, dichter Mergel und Kalkstein werden auf sog. Naßkollergängen verarbeitet. Ein göpelartiges Gestell führt schwere eiserne Walzen, auch wohl feste Mühlsteine in einem Bassin unter Wasser herum; die eingebrachten, vorher thunlichst zerkleinerten dichten Kalke werden von den Walzen zermalmt, nach und nach in feinen Schlamm verwandelt und als solcher in dem abfließenden Strome abgeführt. In einigen Fabriken wird die ablaufende Schlempe noch über einen Naßmahlgang geführt, um alle etwa noch vorhandenen gröberen Theile zu zerreiben. Diese Naßmahlgänge unterscheiden sich von den gewöhnlichen Mahlgängen im wesentlichen nur durch die Drehbarkeit des Bodensteines. Die Steine müssen auf das feinste gestellt werden bezw. an den Kanten anschließen.

Die in den Schlämmbassins niedergeschlagene Masse wird entweder in einer Consistenz wie steifer Kalkbrei direct auf die Darren gebracht — sofern eine Nachmischung unterbleibt — oder der Schlamm wird nach stärkerer Abtrocknung mittelst des Thonschneiders durchgearbeitet und darnach entweder durch die mit dem Thonschneider verbundene Ziegelpresse zu Steinen geformt, oder durch Handarbeit zu Steinen gestrichen; die Steine werden sodann theils an der Luft, theils nach Umständen, Witterungsverhältnissen ꝛc. auch auf Darren künstlich getrocknet.

Stehen reine Materialien von lockerer Consistenz z. B. Schlick, Kreide, Mergel ꝛc. zur Verfügung, so verarbeitet man auch wohl die Mischung auf dem Naßkollergange unter Beschränkung des Wasserzuflusses und führt die dickflüssige Masse dann direct auf eine Darre zu künstlicher Trocknung. Dieses Verfahren, wo es anwendbar ist, eignet sich besonders für die Winterfabrikation.

Da in England in der Regel die Cementfabriken den zum Brennen des Cementes erforderlichen Coke selbst darstellen und die abziehende Hitze der Cokeöfen zum Trocknen des Cementschlammes bezw. der geformten Steine benutzen, so liegen zu dem Ende eine Reihe niedriger Cokeöfen in gerader Linie nebeneinander, und an diese schließt sich die, aus eisernen Platten oder feuerfesten Thonplatten gebildete Darrtenne an, unter der die nach dem Schornstein führenden, in sachentsprechender Weise angeordneten Züge die Feuerluft abführen. Zuweilen benutzt man die Gichtflamme der Brennöfen zum Heizen der Darren. Die Darre muß durch ein Schutzdach gegen die Witterungseinflüsse gesichert sein. Das getrocknete Material kann hiernach in den Brennofen eingesetzt werden.

Als Grundsatz darf man festhalten, daß der Schlämmproceß nur bei sorgfältiger Ueberwachung und Leitung und unter Anwendung geeigneter Nachmischung gestattet sein sollte. Viele Fabriken halten dennoch die Nachmischung für entbehrlich, indem sie sich in Beurtheilung ihres Schlämmproductes lediglich auf ein gewisses praktisches Gefühl verlassen, und die Nachmischung für entbehrlich halten. Die unleugbaren Vortheile des Schlämmproceßes lassen sich benutzen, ohne dessen Nachtheile zu übernehmen. Zeigt sich der zu verwendende Thon als ein reines Material so empfiehlt sich die Anwendung des später zu beschreibenden halbnassen Verfahrens, bei welchem nur der Kalk geschlämmt wird. Steht jedoch nur sandiger Thon zur Verfügung, so wird es von größtem Vortheil sein, beide Materialien für sich zu schlämmen, für sich in Bassins absitzen zu lassen und nach dem Abziehen, sowie nach erfolgter hinreichender Verdunstung des Wassers die erforderliche innige Mengung durch geeignete, später zu beschreibende Maschinen vorzunehmen.

§. 125. Bei dem trocknen Proceß werden beide Materialien, Kalk und Thon, in trocknem Zustande in ein feines Pulver verwandelt. Den Kalkstein röstet man in kleinen Flammöfen, bricht die großen Stücke auf Steinbrechmaschinen in Stücke von Wallnußgröße und verwandelt sie auf Horizontalmühlen in ein feines Mehl. Der Thon wird in lufttrocknem Zustande zunächst auf kleinen Kollergängen (Verticalmühlen) durchgearbeitet, dann in rotirenden Trommeln, die durch Flammöfen gehen, oder auf besonders dazu hergerichteten Darren künstlich getrocknet und hiernach ebenfalls gepulvert.

Zuweilen giebt man abgemessene Quantitäten Kalk und Thonstücke zugleich auf den Mahlgang und verarbeitet beide Materialien zusammen zu Mehl. Obwohl hierbei sogleich eine Vermischung erzielt wird, so ist doch der anderen Methode der Vorzug zu geben, nach welcher man jeden Theil für sich pulvert und dann abgewogene Quantitäten beider zusammensetzt, indem dieses Verfahren in weit höherem Maaße die richtige, procentige Zusammensetzung der Cementmasse sichert. — Das gemischte Pulver wird eingesumpft, hierbei noch möglichst vorgemischt und sodann auf Thonschneidern, die im zweiten Bande genauer beschrieben und abgebildet werden, durch einen oder mehrmaligen Durchgang innig gemengt, wonach es zu Steinen geformt wird; in der Regel geschieht dies gleich durch eine mit dem Thonschneider verbundene Ziegelpresse. Das Trocknen der Cementsteine erfolgt sehr leicht, weil sie eben nur zum kleinern Theile aus Thon bestehen; die künstliche Trocknung kann daher meistens in Gegenden mit mäßigem Regenfall entbehrt werden, und sind dann nur einige Trockenschuppen anzulegen; ebenso werden Darrvorrichtungen zum künstlichen Trocknen der Steine bei Anwendung des Kanalofens zum Cementbrennen entbehrlich, da die an der Luft vorgetrockneten Steine nach dem Einsetzen in die Ofenkammern durch die abziehenden Feuergase gänzlich ausgetrocknet werden, ehe der eigentliche Brennproceß zu ihnen gelangt. Der trockene Proceß ist behufs Erzielung einer quantitativ gleichbleibenden Zusammensetzung der Mischung der gebräuchlichen Art und Weise der des nassen Mischprocesses vorzuziehen; hingegen liefert der letztere ein Mischproduct von weit größerer Feinheit, dessen einzelne Theilchen also bei nachherigem Brennen energischer auf einander einwirken können; auch läßt sich bei sorgfältiger Ueberwachung und Leitung des nassen Processes eine gleichartige, innige Mischung der einzelnen Materialien wohl erzielen. —

§. 126. In dem halbnassen Proceß lassen sich die Vortheile der äußerst feinen Zertheilung und der Reinigung des Rohmaterials durch die Schlämmarbeit mit den Vortheilen der constanten procentigen Zusammensetzung, wie sie der trockene Proceß bei sorgfältigem Verfahren bietet, vereinigen. Zu diesem Zweck wird das Kalkmineral in oben angegebener Weise in einen feinen Schlamm verwandelt, den man in Bassins bis zur geeigneten Consistenz abtrocknen läßt und dann durch mechanische Vorrichtungen mit dem Thone mischt. Je nach der Art des verwendeten Thones wird es in vielen Fällen zweckmäßig sein, den Thon als trocknes Pulver hinzuzusetzen, um aus dem Mischapparat direct eine bildsame Masse zu erhalten. Bei der Verarbeitung von reinem Schlick empfiehlt es sich, Kalkschlamm und Schlick, jeden für sich, soweit abtrocknen zu lassen als zur Herstellung einer plastischen Mischung erfordert wird, wonach man unter täglicher Bestimmung des Feuchtigkeitsgehaltes beider Materialien die Zusammensetzung derselben vorzunehmen hat. —

Der Thonschneider ist auch hier als geeignetster Mischapparat zu bezeichnen; da aber durch einmaligen Durchgang des Materials, eine genügend innige Mischung nicht hervorgebracht wird, so wendet man zwei hinter bezw. untereinander liegende Thonschneider mit entgegengesetztem Umgange und verschiedener Umdrehungsgeschwindigkeit an und es ist außerdem sehr zweckmäßig, noch ein Paar Thonwalzen zwischen die Thonschneider einzuschalten. Nachdem das Material so vorbereitet, werden wie oben angegeben die Steine geformt.

Außerdem kann das halbnasse Verfahren noch in ganz anderer Weise und zwar derart in Anwendung gebracht werden, daß der Kalk den trocknen und die thonige Masse den nassen Gemengtheil abgiebt. Dieses Verfahren ist namentlich bei Verarbeitung von Kreidemehl und Schlick anwendbar; man läßt den letztern soweit abtrocknen, daß er nach der Mischung mit der fein gemahlenen Kreide eine streichrechte Masse abgiebt.

Bei Anwendung irgend einer Art des halbnassen Processes darf die Bestimmung des Feuchtigkeitsgehaltes der Materialien und die hierdurch bedingte Feststellung ihrer procentigen Zusammensetzung nicht versäumt werden; dieselbe wird mindestens einmal täglich, unter Umständen mehrmal vorgenommen, hat jedoch selbst für den fabrikmäßigen Betrieb keine Schwierigkeiten oder Unbequemlichkeiten und ist mit geringem Zeitaufwande zu beschaffen.

## XXII.

## Das Brennen der Portland=Cement=Masse.

§. 127. Meiſtentheils geſchieht das Brennen des Portland-Cementes in Schachtöfen mit unterbrochenem Brande, wobei die ungebrannte Cementmaſſe in abwechſelnden Lagen in unmittelbare Berührung mit dem Brennmateriale gebracht wird. Dieſe Schachtöfen ſind
von rundem Querſchnitt, faſt cylindriſch, über dem Roſt etwas eingezogen und mit feuerfeſten Steinen ausgefüttert. Ein ſolcher Ofen
iſt in Fig. 54. einem Längenſchnitt und Fig. 55. einem Grundriß
dargeſtellt. a iſt der Roſt, b das feuerfeſte Backſteinfutter, c, c Iſolir-
ſchicht, d, d Einſetzthüren, e Schauloch, f Blechſchornſtein, mit Ab-
ſperrſchieber, g, g Lagerräume in Fachwerk. — Die trockene Cementmaſſe, mag ſie nun die Form unregelmäßiger Brocken haben, oder zu
Steinen geſtrichen ſein, wird in abwechſelnden Schichten mit dem
Feuerungsmaterial, Coke, durch die Einſetzthüren d eingebracht, deren
mehrere in verſchiedener Höhe ſich befinden. Durch eine über dem
Roſt liegende Oeffnung a wird das zum Anheizen dienende Material,
gewöhnlich Reiſerwellen, in Brand geſetzt, nachdem das Feuer ſich dem
eigentlichen Brennmateriale mitgetheilt hat, vermauert man dieſe
Oeffnung. Ebenſo werden die Einſetzöffnungen vermauert und zum
Theil durch außen vorliegende eiſerne Thüren geſchloſſen, welche eine
Beobachtung des Brandes von oben geſtatten. Der Luftzutritt findet
von unten durch den Roſt ſtatt; der Brennproceß vollzieht ſich ohne
weiteres Zuthun des Brenners und der regelmäßige Verlauf deſſelben
hängt theils von der Trockenheit des Materials, theils von der beim
Einſetzen verwendeten Sorgfalt, theils von gar nicht zu berechnenden
Zufälligkeiten ab. Es kommt mitunter vor, daß das Feuer überhaupt
nicht zum Durchbrennen zu bringen iſt und die ganze Ofenbeſchickung
wieder ausgeriſſen und neu geſetzt werden muß. Wenn im übrigen
die Zufälligkeiten, welche auf den Gang des Brandes Einfluß haben,
nicht von ſtörender Wirkung geweſen, ſo hängt deſſen Gelingen von
der richtigen Bemeſſung der Quantität des Feuerungsmaterials ab,
welche nur durch die Erfahrung feſtgeſtellt werden kann.

Für jedes Material iſt der geeignete Hitzegrad durch Verſuche
zu erproben. Ein dichteres Brennmaterial erfordert ſchärferen Brand;
Steinkalk und Schlämmkreide mehr Hitze als lockerer Wieſenkalk. Der
Hitzegrad liegt jedoch nicht innerhalb zu enger Grenzen. Die erfor-

Fig. 54.

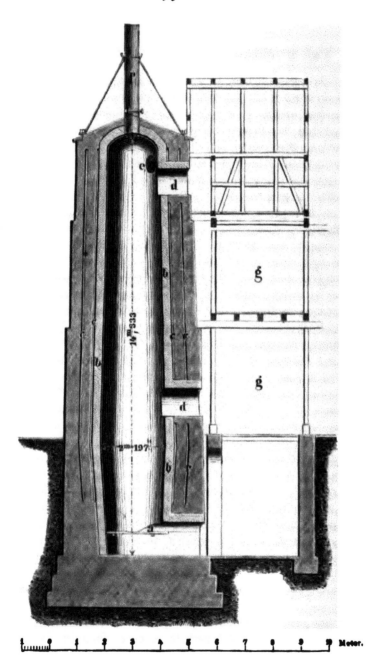

rliche Temperatur ist Weißgluth. Der Kalk wird schon bei dunkler othgluthhitze ätzend und wirkt energisch auf den Thon. Bei lebhafter ur eine Stunde anhaltender Rothgluth wird sämmtliche Kieselerde es Thones löslich; die Masse ist dann hellgelbgrau, erhitzt sich stark n Wasser, hat geringe Erhärtungsfähigkeit und zerfällt an der Luft. Rit Weißgluth wird die Masse grau mit Stich ins Grüne von einer isenoxyd-, Kalk- oder Silikatbildung. Bei größerer Hitze tritt eine laugraue Färbung und eine Verschlechterung des Cementes ein, r wird immer dichter, basaltischer und schmilzt obsibianartig. Im rsten Stadium giebt die Cementmasse ein helles, gelbbraunes, lockeres ßulver; im zweiten, dem Normalzustande, ein graues scharfes Pulver iit einem Stich ins Grüne; im dritten Stadium ist es entschieden laugrau, während das letzte, der verglaste Cement, ein helles, weiß= raues, äußerst scharfes Pulver liefert.

Fig. 55

Selbst bei dem günstigsten Ver= aufe des Brandes giebt der Ofen äufig eine Partie verbrannten, nicht erwendbaren und regelmäßig eine ßartie ungaren Materials aus, velche bei der folgenden Ofenbe= hickung wieder aufgeworfen wird. ist der Ofen ausgebrannt, so erden die Roststäbe gezogen, die rbrannte Cementschlacke stürzt dann n den Aschenfall hinab, wird aus= ezogen, sortirt und behufs weiterer

Jerarbeitung fortgeschafft. Die gebräuchlichsten Abmessungen der oben eschriebenen Schachtöfen betragen 2—3 Meter lichten Durchmesser und ca. 15ᵐ Gesammthöhe, wovon 6—8ᵐ auf den eigentlichen Schacht ommen.

§. 128. Klose\*) empfiehlt einen andern wenig bekannten Port= and-Cementofen (ohne jedoch Zeichnungen zu geben), der bei weitem vollkommener als der gewöhnliche Schachtofen sein soll und zu dessen Beschickung die Cementmasse in Form von Steinen vorliegen muß. Dieser Ofen hat einen mäßigen Durchmesser und eine mäßige Höhe; r besteht aus einem etwa 2ᵐ, 5 weiten, hohlen Cylinder mit konischer kuppel die ein niedriger Schornstein krönt. Der Ofen hat eine feste, twas über der Terrainhöhe liegende Sohle und drei seitliche, in der

---

\*) Die Portland-Cementfabrikation. Wiesbaden 1873.

Wandstärke des Ofens befindliche Feuerungen; die Aschenfälle liegen unter dem Terrain und sind durch eingeschnittene, den Feuergruben für Locomotiven ähnliche Zugänge erreichbar. Eine zu ebener Erde befindliche, während des Brandes vermauerte Einsatzthür dient zum Einbringen der Steine, die ähnlich wie im Ziegelofen, mit verticalen und horizontalen Feuergassen kunstgerecht gesetzt werden. In der konischen Kuppel sind drei Einsatz- resp. Ausgangsöffnungen angebracht, die sowohl zur Vollendung der Beschickung des Ofens, als auch zur Beobachtung des Feuers dienen. Ein Theil des Brennmaterials wird zwischen die eingesetzten oberen Steinschichten gegeben, der Haupttheil aber auf den drei Feuerherden verbrannt. Die genannten oberen, während des Brandes vermauerten Oeffnungen gestatten immerhin eine Beobachtung des Feuers und des Fortgangs des Brennprocesses im Ofen überhaupt, dessen Regulirung mit Hülfe der Seitenfeuerungen, wenn nöthig, erreichbar und dessen Beendigung ohne Schwierigkeit erkennbar ist.

Dieser Ofen bietet den weitern Vortheil, daß in ihm das Brennmaterial nur zum geringeren Theile mit dem Cemente in direkte Berührung kommt, und dadurch sowohl das Einschmelzen von Schlacken in der Cementmasse, als auch die direkte Einwirkung der aus dem Brennmaterial sich bildenden schwefeligen und sauren Gase möglichst vermieden wird. Die Verwendung von Coke kann auf die Schichtung im Ofen beschränkt bleiben, auf den Herden aber Steinkohle gebrannt werden. Die Art der Beschickung des Ofens ermöglicht ferner eine Anordnung der Gassen, durch welche ein, bei den übrigen Oefen recht lästiger und zu ihrem raschen Ruin beitragender Uebelstand, nämlich das Anschmelzen der Cementschlacken an die Ofenwände, fast ganz beseitigt ist. Die Oefen selbst fallen weit kleiner aus, als die gewöhnlichen Schachtöfen, da sie die große Menge des in diesen zum Verbrauch kommenden Brennmaterials nicht zu fassen brauchen.

§. 129. In neuerer Zeit hat man an verschiedenen Orten z. B. Dyckerhoff und Söhne in Amöneburg bei Biebrich, Grundmann und Comp. in Oppeln und die Stettiner Portland-Cementfabrik, angefangen, den Hoffmann'schen Ringofen auch zum Brennen des Portland-Cementes zu verwenden, und damit jedoch nur theilweise günstige Erfolge erzielt. Theoretisch ist der Ringofen bisher als einer der vollkommensten, einen geringen Brennmaterialaufwand erfordernder Brennapparat zu bezeichnen, der aber eine subtile, aufmerksame und geschickte Behandlung erfordert. Der Vorzug dieser Oefen, daß man im Ringofen ganz nach Bedarf produciren, langsam und rasch brennen,

ſich den Umſtänden anpaſſen und bei ſtarkem Begehr eine
almenge erzeugen kann, wie kein anderer Ofen ſie zu liefern
anbe iſt, ferner, daß die Beſchickung fortwährend und ohne
ıg des Brennproceſſes beobachtet, daß die Intenſität der Gluth
:n und hiernach die Befeuerung regulirt werden kann, ſchien
:rs für das Brennen des Portland-Cementes von Wichtigkeit.
ḥ hat die praktiſche Erfahrung im Allgemeinen nur Mißer-
ei der Benutzung von Ringöfen zum Cementbrennen ergeben.
ıſt zeigten ſich mechaniſche Schwierigkeiten bei dem Aufbau der
tmaſſe in den Kammern, dann Unzuträglichkeiten der ungleich-
:n Erhitzung des Brenngutes und endlich die große Schwierig-
r Regulirung des Hitzegrades. Dieſer Umſtand iſt hier von
ḥ größerem Belang als beim Kalkbrennen, weil das Cement-
ıl hinſichtlich des Temperaturgrades weit empfindlicher als
ın iſt, weil ein ganz beſtimmter, durch die Erfahrung zu er-
ıber Hitzegrad für jede einzelne Compoſition erforderlich iſt,
ieſes Material entweder ſehr leicht in Folge ſeines Gehaltes
glaſenden Antheilen todt gebrannt wird, oder bei zu geringen
aben in ungenügend gebranntem Zuſtande verbleibt.
egen ſind wir feſt überzeugt, daß durch den in neueſter Zeit von dem
:i-Ingenieur Otto Bock in Braunſchweig conſtruirte continuir-
!analofen (vergl. §. 74.) der zum Brennen von Ziegeln, Thon-
ı und Kalk bisher ſchon die günſtigſten Reſultate geliefert hat,
ıie ſo ſchwierige Aufgabe des gleichmäßigen und ökonomiſchen
ens der Portland-Cementmaſſe auf das vollkommenſte gelöſt
ı kann. Obwohl praktiſche Verſuche mit dieſem Ofen in einer
tfabrik bisher noch nicht gemacht wurden, ſo berechtigen die über-
ınſtigen Erfolge beim Ziegel- und Kalkbrennen, ein gleiches Re-
beim Brennen von Cementwaare zu erwarten; denn der Bock'ſche
ofen ermöglicht, ohne Wärmeverluſt die zu brennenden Waaren in
rmanent in Gluth befindlichen Feuerraum hinein und gleichzeitig
gebrannte heraus zu ſchaffen; ohne daß es einer Abkühlung
ens bedarf. Dabei iſt die Erhitzung des Brennguts eine gleich-
langſam zunehmende bis zum vollen Garbrande, während die
lung der gebrannten Waaren (was bei Kalk- und Cement-
:n ſo wichtig iſt) nicht durch die äußere Luft, welcher der ge-
ıe Kalk die feuchten Beſtandtheile begierig entzieht, ſondern mit
nter Luft erfolgt, die unterhalb der Wagenreihe circulirt und
ihlende in den Ofen gezogen wird. Die Vortheile des Kanal-
gipfeln in den ı weſentlichen Punkten, a, des geringen Bedarfs

an Brennmaterial, weil vollständige Ausnützung der damit erzeugten Wärme stattfindet, b, der Sicherheit mit welcher das Feuer regulirt und gesteigert werden kann, sodaß man jedem Theil des Brenngutes den geeigneten gleichmäßigen Hitzegrad ertheilen kann, c, der Dauerhaftigkeit der Anlage, indem die sich einmal in Glühhitze befindlichen Wände nicht, wie beim Ring- und andern Oefen, periodisch wieder abgekühlt werden und d, der billigen und bequemen Betriebsweise, die auch vom Standpunkt der Humanität eine bessere genannt werden darf, weil die beschäftigten Arbeiter nie den gesundheitsschädlichen Einflüssen von Hitze und Staub ausgesetzt sind.

Im Allgemeinen empfiehlt es sich, die zum Brennen von Portland-Cement benutzten Oefen irgend welcher Construction mit einem innern Futter von feuerfesten Steinen zu versehen.

§. 130. Für die Erzeugung eines guten Portland-Cementes ist der gleichmäßige Ausfall des Brandes, und die Erzielung einer durchaus garen Cementschlacke, unter möglichster Vermeidung nicht nur ungarer und verbrannter Partien, sondern insbesondere auch schwachgarer Masse, von wesentlicher Bedeutung. Bei den bestehenden mangelhaften Ofenconstructionen hängt das Gelingen des Brandes stets von der practischen Routine und Geschicklichkeit des Brandmeisters ab; es ist in der That bemerkenswerth, daß mit den unvollkommenen Schachtöfen durch richtige erfahrungsmäßig festgestellte Zumessung des Brennmaterials die relativ guten Resultate überhaupt noch erzielt werden, welche man in der Praxis erreicht.

Der Portland-Cement erfordert zum Garbrennen die helle Weißgluth. Gare Cementschlacke unterscheidet sich in Form und Farbe so wesentlich von nicht garer, daß ein Zweifel über die Tauglichkeit des aus dem Ofen kommenden Fabrikats gar nicht aufkommen kann. Das Ansehen des letzteren ist jedoch in verschiedenen Fabriken wiederum verschieden und hängt von der Art der verwendeten Rohmaterialien, ihrer natürlichen Dichte, der Dichte der eingebrachten rohen Masse und manchen Nebenumständen ab.

Die Cementschlacke, welche aus Schlick und Kreide dargestellt wurde, hat in fast garem Zustande eine hellgrüne, dem gewöhnlichen hellgrünen Flaschenglase ähnliche Farbe; bei fortschreitendem Brande wird diese schwarzgrün, und zuletzt blauschwarz oder schwarz. Die gare Schlacke zeigt sich als ein poröses Material von bimsteinartigem Aussehen und außerordentlicher Härte. Der Uebergang von Braun zum Grün geht mitunter so unvermittelt vor sich, daß selbst kleinere Stücke der Cementschlacke, welche einer hinreichend andauernden Hitze

icht ausgesetzt waren zur einen Hälfte hell- oder dunkelgrün, zur
ndern Hälfte gelbbraun oder grau sich zeigen. Nur die dunkel-
hwarzgrüne oder schieferschwarze Schlacke liefert den besten Portland-
ement von blaugrauer Farbe und größter Dichte; grüngraue Farbe
es gemahlenen Cementes ist ein Zeichen geringerer Qualität.

Die aus Thon und Kalkstein dargestellte gare Cementschlacke
immt nicht die schwarzgrüne, fast schwarze Farbe an; diese erscheint
ielmehr meistens grünlichgrau; bei fortgesetztem Brennen geht sie in
laugrau oder blauschwarz über, ist dann aber das Kennzeichen eines
ereits überhitzten, vollständig verschlackten und todten Materials.
)as ermahlene Cementpulver hat häufig einen Stich ins Grünliche,
sbesondere bei höherem Eisengehalte. Bei fortschreitendem Brande
ird die Cementschlacke immer dichter, härter und fester, das specifische
ewicht zunehmend größer. Der Bruch wird fortschreitend schärfer;
ie Bruchfläche des garen Cementes erscheint matt und fühlt sich rauh
n. Todt gebrannte Schlacke dagegen hat einen mehr muscheligen,
latten Bruch und ein glasiges Ansehen; sie giebt ein graues werth-
oses Pulver. Die richtig gebrannte Cementschlacke ist sehr hart und
est, fällt jedoch um so dichter aus, je dichter das Material schon vor
em Brande war; lockere Rohmaterialien geben eine mehr bimstein-
rtige poröse, dichte Rohmaterialien eine massigere, compacte Cement-
hlacke, besonders dann, wenn diese aus geformten Steinen er-
rannt ist.

Der beste Portland-Cement hat neben der größten Dichte den
elativ höchsten Gehalt an Kalk und dieser Gehalt muß im fertigen
iement nahezu 60% betragen, ohne weit über diese Grenzen hinaus-
ugehen. Die Schwierigkeiten der Fabrikation wachsen mit dem höhern
kalkzusatze, nicht allein in Folge der Anwendung der höchsten, practisch
arstellbaren Temperaturen, sondern auch deshalb, weil der nicht
ollkommen richtig verarbeitete und gebrannte Cement von höherem
kalkgehalte größere Neigung zum Treiben hat. — Eine sehr üble
kigenschaft der im Feuer befindlichen Cementmasse ist ihre Neigung
n Staub zu zerfallen. Dies Zerfallen kann beim Beginn des Brandes
intreten oder beim Abkühlen der Masse. Im erstern Falle ist das
Pulver braungelb und von kreideartiger Beschaffenheit, das im letztern
Falle gewonnene Pulver hat häufig ein Stich ins Violette, hat die-
elbe chemische Zusammensetzung wie der fertige Portland-Cement
nd ist dennoch vollständig unbrauchbar; es verhält sich beim An-
nachen mit Wasser und nach dem Trocknen etwa wie Lehm. In
ielen Fällen giebt lediglich ein zu geringer Kalkgehalt die somit leicht

zu beseitigende Ursache des Zerfallens ab. Außerdem ist auch ein Mangel in der chemischen Zusammensetzung des Thones als die Ursache des Zerfallens anzusehen; liegt jener Mangel an geringem Alkaligehalte, so läßt sich durch Zusatz von nur wenig Kochsalz oder Soda zur rohen Cementmasse nicht selten schon ein besseres Resultat erzielen.

## XXIII.

## Vom Mahlen und Sieben des Portland-Cements, ebenso des Kalkmergels, Traß's und anderer Zuschläge.

§. 131. Wie oben bemerkt, können der Kalkmergel, die Mergelnieren, der Portland-Cement, Traß und andere Zuschläge zu hydraulischen Mörteln nur in feiner Pulverform verwendet werden und müssen zu dem Ende diese Materialien gemahlen werden. Es kann dieses am besten auf gewöhnlichen Mahlmühlen mit horizontal liegenden Steinen geschehen, dabei müssen aber die zu pulvernden Materialien zuvor in nußgroße Stücke zerschlagen oder zerstoßen werden.

Bei Portland-Cement wird zunächst das aus dem Ofen entnommene Material sortirt, ungares auf die Beschickung des nächsten Ofens gegeben, Todtgebranntes beseitigt; die der garen Schlacke eigenthümlichen Farben und Formen dienen dabei als Kennzeichen für ihre Brauchbarkeit. Zur weitern Verarbeitung des außerordentlich harten und festen Materials sind geeignete Maschinen von großer Solidität erforderlich. Im Allgemeinen ist der Gang der Verarbeitung der, daß die oft zu großen Klumpen zusammengeschmolzenen Stücke, soweit erforderlich mit der Hand zerschlagen dann auf Brechmaschinen gebracht werden, welche sie in kleinere etwa wallnußgroße Stücke verwandeln, worauf diese letzteren auf Horizontal oder Verticalmühlen zu Pulver gemahlen werden.

Zum Vorbrechen wendet man dieselben Maschinen an, welche auch zum Zerkleinern des dichten Kalksteines dienen; Steinbrechmaschinen (Maulbrecher) oder Brechwalzwerke. Erstere sind im allgemeinen wegen größerer Leistungsfähigkeit und geringerer Reparaturen vorzuziehen. Auf diese Maschine folgt der Mahlgang; ist derselbe eine Horizontalmühle, so bedarf es der härtesten und festesten Mühlsteine; man verwendet deshalb französische Steine, wenn solche zu haben

eiserne Welle e von 180ᵐᵐ Durchmesser aufgekeilt, in der sich ein Schlitz zum Durchlassen der Steinachse f befindet, die einen Durchmesser von 100ᵐᵐ hat. Auf jedem Ende derselben sitzt ein Läuferstein g, g von 1ᵐ, 88 Durchmesser, am besten von Granit von 400ᵐᵐ Dicke. Diese Läufer bewegen sich im Kreise auf dem aus Granit anzufertigenden Bodensteine h von 1ᵐ, 72 Durchmesser und 400ᵐᵐ Höhe. Auf diesem Bodensteine ruht eine ringförmige gußeiserne Schale i, die seine Einfassung bildet. Jener Theil der Schale, welcher über den Bodenstein hervorragt, hat eine Untermauerung k von Quadersteinen oder Ziegelmauerwerk, welche nur unter dem Entleerungsschieber l ausgespart wird.

Der Bodenstein h hat in der Mitte eine viereckige Oeffnung von 200ᵐᵐ □, welche zur Aufnahme des untern Theils der Lagerpfanne m für den untern Zapfen der stehenden Welle e dient, in derselben sitzt eine Lagerbüchse von Rothguß. Der obere Zapfen der stehenden Welle e wird von einem Zapfenlager, welches an einem Querbalken des Mühlgerüstes angeschraubt ist, umfaßt.

Die Läufersteine haben behufs ihrer Drehung um die Achse je 2 Steinbüchsen aus Rothguß, welche in einem gußeisernen Steinbüchsengehäuse n, n eingepaßt sind. Das Gehäuse ist mit dem Steine zuerst mittelst Schwefel eingekittet; dann sind aber auch noch die Scheiben o, o aufgesteckt, vermittelst welcher und durchgehender Bolzen das Gehäuse in seiner Lage erhalten wird.

Um die Steine in ihrer Stellung auf der Achse zu erhalten, dienen die Vorlegscheiben r und die Steinachsenkeile s mit einer Nase und Vorstecksplint. Im Schlitze der stehenden Welle befinden sich zur Aufnahme der Steinachse zwei Wellbüchsen t von Rothguß, welche durch 2 Bolzen gekuppelt sind.

Um den Kalk beständig vor die sich umwälzenden Steine zu bringen, sind der Außenstreicher u und der Innenstreicher v angebracht; ersterer aus Holz und starkem Eisenblech construirt, letzterer aus Gußeisen. Zum Entfernen des feingemahlenen Gutes bei geöffnetem Schieber l dient der Ausstreicher w, ebenfalls aus Holz und starkem Eisenblech angefertigt. Zur Fortbewegung der Streicher sind sie mit den Streichbäumen x, x aus Buchenholz versehen. Nur der Innenstreicher v hat einen schmiedeeisernen Streicherbaum. Auf der stehenden Welle sind 2 Streicherarme y, y aufgekeilt, in deren entsprechende Löcher die Streicherbäume eingreifen. Zum Heben des Außen- und Ausstreichers ist an dem unteren Streicherarme der Hebel z angebracht; er wird durch Hebelstützen getragen, und um die Streicher

in der höhern Stellung zu erhalten, sind an den Streichbäumen
Federhaken angebracht. —

§. 133. Wenn der Mahlgang in Bewegung gesetzt ist, so besorgt
bei diesem ein Arbeiter sogleich das Aufschütten des zu mahlenden
Kalkmaterials mittelst Körben, während der andere Arbeiter durch
einen Druck an die Feder, welche den gehobenen Streicher u hält,
diesen herabfallen läßt, damit die hineingeworfenen Materialstücke,
behufs ihrer Zerdrückung gleich unter die Läufer geschoben werden
können. Der Ausstreicher w bleibt einstweilen in seiner gehobenen
Stellung. Sobald sich das Pulver fein anfühlt und nicht mit allzu
vielen unzerdrückten Kalk- oder Cementstücken resp. Körnern gemengt
ist, was nach ¼ bis ½ Stunde der Fall sein wird, kann das Pulver
zum Sieben abgelassen werden; zu dem Ende wird der Außenstreicher
u in die Höhe gehoben, der Ausstreicher w herabgelassen und der
Entleerungsschieber l herausgezogen. Ist die Schale i ausgestrichen,
so wird der Schieber l wieder eingeschoben, und neuerdings, wie eben
beschrieben wurde, Material aufgeschüttet.

§. 134. Die Stein- und Wellbüchsen n und t müssen — wenn
der Betrieb des Mahlganges ununterbrochen fortdauert — gewöhnlich alle 5 bis 6 Monate herausgenommen und durch neue ersetzt
werden. Der feine Kalkstaub, der sich an diese Theile legt, welcher
Uebelstand nicht leicht zu beseitigen ist, trägt das Meiste zu ihrer
frühzeitigen Abnutzung bei.

Sind die Büchsen einmal so stark ausgelaufen, daß die durchgehende Spindel zu viel Spielraum bekommt, so neigen sich die Läufersteine g nach innen und es ist dringend nothwendig, die Büchsen
gegen neue auszuwechseln. Das nicht leicht zu verhindernde Trocken-
laufen der Steinachsen in den Büchsen hat das Abnutzen der Achse
und der Büchse zur Folge, welchem sich aber dadurch einigermaßen
vorbeugen läßt, daß die Steinachse wöchentlich einmal theilweise aus
den Steinen herausgenommen und gut eingeölt wird, was mit wenig
Mühe bewerkstelligt werden kann.

Außerdem unterliegen zuweilen die Streicher kleineren Repara-
turen, bestehend in der Auswechselung des abgeschliffenen, unteren
Blechfutters, womit sie auf der gußeisernen Schale i und auf dem
Bodenstein h fortgleiten.

Dieser Kollergang hat den Nachtheil, daß immer ein Theil des
bereits hinlänglich gefeinten Materials mit dem noch nicht fertigen
durchgearbeitet und herumgeschleppt werden muß. Die Maschine erfordert daher einen großen, unnütz verzehrten Kraftaufwand.

Wenn am Mahlgange eine länger andauernde Reparatur stat——
findet, so muß das Getriebe c auf der Wellenleitung soweit zurück—
geteilt werden, daß die Zähne des Treibrades d nicht in dasselbe
eingreifen können, um die Benutzung der allenfalls anstoßenden Mahl-
gänge nicht unnöthigerweise zu unterbrechen.[*]

§. 135. Das durch obigen Mahlgang gelieferte Kalkmaterial besitzt in diesem Zustande nicht immer die Eigenschaft, sogleich zur
Mörtelbereitung verwendet oder in Fässer verpackt werden zu können, indem sich darunter kleinere und größere, unzerbrückte Kalkkörner oder Cementstückchen befinden, die man zuvor durch Sieben entfernen muß.

Zu diesem Sieben bedient man sich am besten besonderer Sieb-
maschinen oder Beutelwerke; ein solches ist in Fig. 58. in einem
Längendurchschnitt dargestellt und besteht aus einem dicht verschlossenen hölzernen Kasten A mit starkem Rahmenwerk auf 4 Füßen stehend, ca. 2½ Meter lang, 1 Meter tief und 1½ Meter hoch. In
diesem Kasten liegt geneigt das sechsseitige Beutelprisma B, welches
in Fig. 59. im Querschnitt zu sehen ist und aus einer hölzernen
Welle mit je 6 hölzernen Armen c, c versehen, über welchen die 6,
äußerlich abgerundeten Latten d, d befestigt sind; über diese wird
ein feines messingenes Drahtgewebe gespannt und an den Latten d
aufgenagelt.

Der obere Wellzapfen a ruht in einem an dem Kopfende des
Kastens angebrachten gußeisernen Achslager und verlängert sich nach
außen, um das konische Zahnrad e aufzunehmen; in letzteres greift
ein anderes konisches Rad f auf der verticalen Welle g ein, das
mittelst der aufgeteilten Riemscheibe h in Verbindung mit einer andern auf der verticalen Läuferwelle sitzenden Riemscheibe steht und
auf diese Weise oder sonst wie in Bewegung gesetzt wird und folglich durch das konische Rad e das Beutelprisma in Umdrehung versetzt. Am Fußende des Kastens liegt der Wellzapfen a des Beutelprismas nur in einem senkrechten Schlitz und wird durch ein auf-
geteiltes Rad i mit 6 vorspringenden Daumen, welche auf ein un-
tergelegtes Holz beim Umdrehen schlagen, beständig auf- und nieder-
geschleudert oder in Erschütterung versetzt.

Das von der Mühle C kommende Kalk- oder Cementmehl wird
mittelst der trichterartigen Röhre k am obern Ende in das Innere
des Beutelprismas eingeführt und theils durch die Umdrehungen,

---

[*] Mihálik, J. v., pract. Anleitung zum Betonbau. 2. Aufl. S. 53.

ist Folge der Aufnahme eines Theils des dem Cement hinzugesetzten Wassers. Das überschüssige Quantum wird wieder ausgestoßen und verdunstet.

Je feiner der Cement gemahlen ist, je zarter also das Pulver sich darstellt, desto vollständiger kann die Einwirkung des Wassers vor sich gehen und desto dichter können die einzelnen Partikelchen des Mörtels sich an einander lagern. Je größer ferner die Bindezeit ist, je mehr Zeit also dem Mörtel gelassen wird, unter dem Einflusse des Wassers sich zu setzen und zu verdichten, desto größer wird die Dichte des steingewordenen Productes, desto höher auch seine Festigkeit. Für die Erzielung eines dichten, steinartigen Körpers sind als Hauptbedingungen feinstes, gleichmäßig staubförmiges Pulver und langsames Binden desselben zu bezeichnen. Der Cement bindet aber um so langsamer, je größer seine eigene Dichte ist, d. h. je vollständiger der Fluß im Ofen war; ein künstlicher Stein kann daher nur aus schwerem, somit langsam bindenden und dabei staubförmig gefeinten Cemente dargestellt werden.

§. 140. Die Darstellung eines Cements von großer Eigenschwere verlangt, wie früher erwähnt, die äußerste zulässige Steigerung des Kalkgehaltes und die intensivste Hitze des Brandes. Diese beiden Faktoren sind daher auch von wesentlichem Einfluß auf die Bindezeit des Cementpulvers, welche unter Umständen zwischen wenigen Minuten und ganzen Tagen liegen kann. Man kann annehmen, daß ein guter Portland-Cement, ohne Sandzusatz und mit nicht mehr als der erforderlichen Menge Wassers angemacht, nicht schneller als in 20 Minuten und nicht langsamer als in 6 Stunden abbinden soll. Zwar kann ein noch langsamer bindender Cement von der vorzüglichsten Qualität sein; dennoch wird der Praktiker ihn stets mit Mißtrauen ansehen. Die Schwierigkeit, mit den gebräuchlichen Brennapparaten ein Fabrikat von hoher Gleichmäßigkeit bei äußerst intensivem Brande darzustellen, ist so groß, daß bei fabrikmäßigem Betriebe die Erzielung eines vollkommen hydraulischen Portland-Cementes von einer sehr langen Bindezeit, im Allgemeinen nicht erwartet werden darf. Beim Vorkommen solcher Cemente hat man zunächst immer verfälschtes Material vorauszusetzen und eine sorgfältige Prüfung desselben vorzunehmen. Außerdem ist für sehr viele Zwecke die Anwendung eines äußerst langsam bindenden Cementes unbequem und ungeeignet.

Wie wir oben angedeutet ist der Fabrikant im Stande, je nach der Menge des Kalkzusatzes und der Intensität des Brandes, einen mehr oder weniger schnell abbindenden Cement darzustellen und

h verschiedenartigen Anforderungen der Consumenten zu ent-
n; und in der That kann man gut geleiteten Fabriken ein
ial von größerer oder geringerer Bindezeit in Bestellung geben.
llgemeinen jedoch wird der im Handel vorkommende, schnell bin-
Cement durch Beimengung des ungaren, gelben, für sich rasch
enden und dabei sich stark erhitzenden Materials dargestellt.
abrikant findet sein Interesse in dieser Art der Fabrikation und
dabei durch die Anforderungen des größten Theils der Con-
ten unterstützt, der durchaus schnell bindenden Cement verlangt.
ndigerweise sollte weder der Fabrikant auf Bestellung schnell binden-
:mentes sich einlassen, noch der Consument einen solchen begehren.
ür manche Zwecke der Anwendung hält man die Verwendung
 bindender Sorten für unerläßlich, namentlich da, wo die höhere
:eit besseren Materials von untergeordneter Bedeutung erscheint,
i wesentlich darauf ankommt, die Wirkungen bewegten Wassers
:hindern oder abzumindern. Aber selbst in solchen Fällen ist
nwendung schnell bindender Portland-Cementsorten keine Noth-
;keit, wohl aber führt sie stets die Gefahr der Unhaltbarkeit des
:ten Productes mit sich.

)ie Untersuchungen Feichtinger's haben ergeben, daß die
:mtmenge des von dem Portland-Cement aufgenommenen Wassers,
nd des Anmachens und in der Zeit des Bindens, eine sehr
e ist. Da aber der ganze Erhärtungsproceß des Cementes auf
lasseraufnahme beruht, so folgt aus jener Eigenthümlichkeit, daß
eine Störung des Bindungsprocesses nur einen sehr unwesent-
Einfluß auf die Erhärtung und das Festwerden des Cementes
t. Diese Eigenschaft gehört zu den schätzenswerthe-
)es Portland-Cementes, ist aber bislang wenig beachtet
loch weniger zu bewußter Ausnutzung gekommen. Da wo die
endigkeit vorliegt, einen rasch in den starren Zustand über-
)en Mörtel zur Anwendung zu bringen, soll man nicht etwa
 bindenden Portland-Cement, sondern ein zuverlässiges gutes,
im bindendes Material wählen, den bereiteten Mörtel solange
utzt stehen lassen, bis die Bindezeit herannaht, oder bereits be-
sodann ihn kräftig wieder durcharbeiten und nun rasch in Be-
ıg nehmen. In Folge des wiederholten Durcharbeitens wird
rhärtete Product eine geringe Einbuße an Dichte erleiden; diese
ße ist jedoch unerheblich und hat namentlich für die vorliegen-
zwecke der Anwendung kaum eine Bedeutung. Als solche An-
ıngszwecke sind beispielsweise zu erwähnen: die Verstopfung von

Quellen, das Ausfugen triefender Tunnel, Betonniren, sowie alle ähnlichen Arbeiten unter Wasser. Namentlich auch für Betonarbeiten, Dichten von Spundwänden 2c. ist jenes Verfahren außerordentlich empfehlenswerth und in England verschiedentlich schon zur Anwendung gekommen\*).

Nach der frühern allgemeinen Ansicht, die auch heute noch nicht ganz beseitigt, verlangte man das Binden des frischen Portland-Cement-Mörtels unter Wasser; man hielt es für ein Zeichen guten Cementes, wenn frisch angefertigte und sofort unter Wasser gebrachte Kugeln ohne Aenderung ihrer Form zunehmend fester wurden. Diese Anschauung ist jedoch durchaus unrichtig; jenen Anforderungen entspricht der schlechteste Cement, nämlich der rasch bindende, am vollkommensten. In Wirklichkeit ist durchaus kein Gewicht darauf zu legen, ob die nach ihrer Anfertigung sofort unter Wasser gebrachten Kugeln ihre Form behalten, oder vollständig sich auflösen; schwerer Cement wird bei diesem Versuche selten die Kugelform behalten, vielmehr in einen kegelförmigen Haufen zerfallen, dessen Erhärtung unter Wasser man jedoch verlangen muß. Ist der schwere Cement frisch und aus der Tonne frisch entnommen, so leistet er mitunter auch bei längerer Bindezeit das Verlangte; etwas älter geworden, wenn auch vollständig tadellos, selten mehr. Die zu Erhärtungsproben unter Wasser zu verwendenden Kugeln läßt man daher zunächst an der Luft abbinden.

§. 141. Die zum Anmachen des Mörtels verwandte Quantität Wasser ist so viel als möglich zu beschränken; je dickflüssiger der Mörtel, desto größer wird die Dichte der erhärteten Masse und desto größer auch deren Festigkeit und Widerstandsfähigkeit gegen die zersetzenden atmosphärischen Einflüsse. Je schwerer der Cement, desto weniger Wasser erfordert er zum Anmachen des Mörtels, desto dichter kann also wiederum das Product werden. Das Minimalquantum des zuzusetzenden Wassers beträgt für reinen und zwar schweren Cement etwa 20% seines Gewichts; das Maximalquantum, welches nicht überschritten werden sollte, 40%. Der erhärtete Cement hat etwa 15% seines Gewichts an Wasser aufgenommen; ein Theil des Restes wird beim Setzen des noch flüssigen Mörtels, unter Verdichtung und Zusammensinken der Mörtelmasse, wieder ausgestoßen, ein anderer Theil verdunstet während des Erhärtungsprocesses.

Für viele Zwecke der Anwendung, namentlich für die Arbeiten

---

\*) H Klose, der Portland-Cement. Wiesbaden 1873.

)enartigen Anforderungen der Consumenten zu ent-
n der That kann man gut geleiteten Fabriken ein
)ßerer- oder geringerer Bindezeit in Bestellung geben.
Jedoch wird der im Handel vorkommende, schnell bin-
urch Beimengung des ungaren, gelben, für sich rasch
b dabei sich stark erhitzenden Materials dargestellt.
indet sein Interesse in dieser Art der Fabrikation und
ch die Anforderungen des größten Theils der Con-
ützt, der durchaus schnell bindenden Cement verlangt.
e sollte weder der Fabrikant auf Bestellung schnell binden-
h einlassen, noch der Consument einen solchen begehren.
Zwecke der Anwendung hält man die Verwendung
Sorten für unerläßlich, namentlich da, wo die höhere
n Materials von untergeordneter Bedeutung erscheint,
h darauf ankommt, die Wirkungen bewegten Wassers
)der abzumindern. Aber selbst in solchen Fällen ist
schnell bindender Portland-Cementsorten keine Noth-
aber führt sie stets die Gefahr der Unhaltbarkeit des
uctes mit sich.
suchungen Feichtinger's haben ergeben, daß die
)es von dem Portland-Cement aufgenommenen Wassers,
nmachens und in der Zeit des Bindens, eine sehr
aber der ganze Erhärtungsproceß des Cementes auf
hme beruht, so folgt aus jener Eigenthümlichkeit, daß
ung des Bindungsprocesses nur einen sehr unwesent-
uf die Erhärtung und das Festwerden des Cementes
Eigenschaft gehört zu den schätzenswerthe-
land-Cementes, ist aber bislang wenig beachtet
)er zu bewußter Ausnutzung gekommen. Da wo die
vorliegt, einen rasch in den starren Zustand über-
d zur Anwendung zu bringen, soll man nicht etwa
n Portland-Cement, sondern ein zuverlässiges gutes,
des Material wählen, den bereiteten Mörtel solange
-lassen, bis die Bindezeit herannaht, oder bereits be-
m kräftig wieder durcharbeiten und nun rasch in Be-
. In Folge des wiederholten Durcharbeitens wird
roduct eine geringe Einbuße an Dichte erleiden; diese
ch unerheblich und hat namentlich für die vorliegen-
Anwendung kaum eine Bedeutung. Als solche An-
sind beispielsweise zu erwähnen: die Verstopfung von

fühlt sich fettig an; seifige, stearinartig aussehende Klümpchen setzen sich auf der Oberfläche an den Gefäßwänden ab. In Folge dieser partiellen Zersetzung wird der Mantel der erhärteten Stücke etwas weniger fest, als das Innere; die getrockneten Stücke haben eine rauhere Oberfläche, von der etwas Pulver sich abreiben läßt. Unter Wasser geht die Erhärtung, namentlich in der ersten Zeit, langsamer vor sich als an der Luft; setzt man voraus, daß guter Portland-Cement an der Luft gegen massigen Druck binnen 24 Stunden widerstandsfähig werden muß, so darf diese Periode für unter Wasser erhärtende Stücke auf 48 Stunden ausgedehnt werden. Nimmt jedoch nach dieser Zeit die Oberfläche Eindrücke ohne Schwierigkeit noch an, so wird der Cement in den meisten Fällen von geringer Qualität sein; seine Brauchbarkeit läßt sich dann nur aus weiteren, längere Zeit fortgesetzten Beobachtungen beurtheilen.

Wie bereits bemerkt, soll man probweise zu behandelnde Stücke erst nach erfolgtem Abbinden unter Wasser bringen. Diese eingetauchten Stücke werden geringe Ablösungen von Oberflächenpartikelchen erfahren, müssen im übrigen unter Wasser unverändert bleiben, dürfen keine Risse an der Oberfläche bekommen, noch weniger förmliche Spaltungen zeigen und müssen zunehmend und schließlich vollständig unter Wasser erhärten. Mit Sand versetzte Probestücke müssen vorzugsweise erst vollständig abgebunden sein, ehe man sie unter Wasser bringt; je schwerer, fetter und überhaupt zuverlässiger der Cement ist, einen desto größeren Sandzusatz verträgt er und vertragen die Probestücke, welche unter Wasser erhärten sollen.

Enthält der Cement geringere Mengen freien Kalks, namentlich in Folge nicht ganz gleichmäßiger Zertheilung und mangelhafter feinster Zerkleinerung des rohen Kalkmaterials, so machen diese den Cement nicht immer geradezu unbrauchbar, zeigen jedoch ihre Wirkung an der Oberfläche des erhärteten Stücks. Die Wirkung beginnt bei sonst gutem Material etwa nach drei bis sechs Monaten, mitunter noch später und setzt sich Jahre hindurch fort. Sie zeigt sich in der Ablösung kleiner Theile der Oberfläche ganz ähnlich, nur in kleinerem Maaßstabe, wie bei Kalkputz, zu dem schlecht gelöschter Kalk verwandt war. Die Oberfläche des erhärteten Stückes hebt sich an einzelnen Stellen, die gehobenen Blättchen springen aus und in jedem so gebildeten Grübchen liegt ein mit feinem Auge erkennbares, kleines, weißes Kalkkörnchen. Bilden diese Grübchen sich in größerer Zahl, so bekommt das ganze Stück schließlich ein pockennarbiges Ansehen; bei erheblicherem Gehalte an Kalkkörnchen zerfällt es schließlich.

nben dieſe letzteren ſich nur vereinzelt in der Maſſe und iſt der ment gut gebrannt, ſo tritt das Aufblähen der Kalktheilchen mitter erſt nach 1½ bis 2 Jahren ein, bringt dann aber ſelten er ähnenswerthe Nachtheile und zeigt ſich überhaupt in um ſo gerinrem Maaße, je mehr beim Anmachen des Mörtels Waſſer, bezw. and hinzugeſetzt und je länger das Material während des Erhärngsproceſſes feucht gehalten wurde. Am auffallendſten zeigt die ſprochene Erſcheinung ſich an Stücken, die in trockener Luft feſt worden ſind.

§. 143. Der erhärtende Portland=Cement ſoll weder eine Volumrminderung noch eine Volumvermehrung erleiden. Die erſtere tritt der praktiſchen Anwendung wohl kaum auf, deſto häufiger die btere. Mit dem Namen „Blähen“, „Treiben“ oder „Quellen“ des mentes bezeichnet man eine der übelſten, ſelbſt guten Sorten nicht mer fehlenden Eigenſchaften dieſes im übrigen ſo ſchätzbaren Mateals. Die höchſte Stufe der Volumvermehrung oder des Treibens ﬂlt ſich als ein vollſtändiges Zerfallen des erhärtenden oder bereits härteten Fabrikats dar, welches durch Riſſigwerden und Abbröckeln nzelner Stückchen eingeleitet wird. Stark treibender Cement iſt t Stande, die Steine eines Bauwerks auseinander zu drängen.

Die gewöhnlichſten Urſachen des Treibens der im Handel vormmenden Cemente ſind:

a, Mangelhafter Brand, alſo ungare Cementſchlacke;

b, mangelhafte Feinung und Miſchung des Rohmaterials;

c, Fehler in der Zuſammenſetzung der rohen Cementmaſſe, insbeſondere zu hoher Kalkgehalt.

Von dieſen Urſachen ſind es hauptſächlich die beiden erſt genann, n, welche in der Praxis auftreten und entweder jede für ſich, oder uﬁger noch vereinigt vorkommen. Außerdem kann ein Gehalt an hwefelſaurem Kalk und zu grobes Cementpulver von ungleichmäßigem orn ein Treiben des erhärtenden oder bereits erhärteten Materials rvorrufen.

Ein geringes Treiben des Portland=Cementes iſt für die pracſche Anwendung um ſo weniger von Bedeutung, je größer der Zu ﬂ von Sand und Waſſer iſt und je länger der erhärtende Mörtel nen Ueberſchuß an Waſſer behält, je mehr alſo Gelegenheit zu einer hablofen Ausgleichung der auftretenden Spannungen gegeben iſt. ie gewöhnlichen Arbeiten des Maurers, bei welchen ſandgemiſchter örtel mit reichlichem Waſſerzuſatz verwandt wird, alſo die Aufführung on Mauerwerk, die Anfertigung von Wandputz und ähnliche laſſen sich mit einem Cemente noch herstellen, der in den ersten 14 Tagen, wenn ohne Sandzusatz probeweise angemacht, keine merkliche Anschwellung zeigt und der somit die später anzugebende Probe der Einfüllung von Cementmörtel in Gläser während 14 Tage aushält, ohne die Gläser zu sprengen.

Bei der Verwendung reinen Cementmörtels, wie überhaupt für Anwendungszwecke, die eine besonders sorgfältige und zuverlässige Arbeit bedingen, muß man höhere Anforderungen stellen. Man darf jedoch auch hier ohne Bedenken Cement verwenden, der frühestens nach 4 Wochen das umhüllende Glas knickt, ohne die Schalen abzuwerfen*).

§. 144. Die Versteinerung des Mörtels ist mit Beendigung des Erhärtungsprocesses eingetreten und gleichzeitig der Farbenton wesentlich heller geworden. Das Material bietet sich jetzt als eine steinfeste Masse von gleichmäßiger Härte, dichter Textur, bei glatter oft muscheliger, scharfkantiger Bruchfläche dar und zeigt eine angenehme, lichte blaugraue, bei höherem Eisengehalte etwas ins Olivengrüne spielende Steinfarbe. Je gleichmäßiger und vollkommener der Cement gebrannt und je feiner er gepulvert war, desto schärfer sind die Kanten der Bruchflächen.

War der Brand gut und gleichmäßig ausgefallen, ungares Material sorgfältig beseitigt und der Mörtel mit Sorgfalt bereitet, so erscheint der Cementstein in durchaus gleichmäßiger Farbe von neutralem, das Auge angenehm berührenden Tone. Sobald aber der Cement ungares oder gar im Ofen zerfallenes Material enthielt, so bilden sich auf der Oberfläche des Steines rostgelbe Wolken und Flecken.

Der aus gutem, schweren Cement dargestellte Cementstein ist naturgemäß von längerer Dauer, als der aus leichtem Cement bereitete; jener ist der Verwitterung in bislang kaum nachweisbarem Grade und überhaupt um so weniger unterworfen, je feiner das Cementpulver gemahlen war und je glatter die Oberfläche des Steines ausfällt. Zu wasserdichtem Mauerwerk jeder Art, zu Kanalisirungsarbeiten, Bassins, zu Bauten, von denen eine lange Dauer verlangt wird, sollte man nur bewährten, schweren Portland-Cement verwenden. Dabei ist aber wohl zu beachten, daß die Benutzung des besten Mörtelmaterials ohne Nutzen ist, wenn der verwandte Baustein nicht mindestens die gleiche Widerstandsfähigkeit gegen die Angriffe der Zeit und der Elemente aufweist; dieser Umstand darf nicht außer

---

*) Klose, H. Der Portland-Cement. Wiesbaden 1873.

Acht gelaſſen werden und erheiſcht eine ſorgfältige Auswahl und Prüfung des Baumaterials.

§. 145. Cementſtein von der vorausgeſetzten Güte übertrifft an rückwirkender Feſtigkeit diejenige guter Ziegelſteine; er erreicht die Feſtigkeit tauglicher, natürlicher Bauſteine vollkommen und wird nur von Marmor, Granit, Baſalt und gleichwerthigen natürlichen Steinen übertroffen. Um die Güte und Brauchbarkeit eines Portland-Cementes zu beurtheilen iſt zwar zunächſt die chemiſche Analyſirung erforderlich, deren Vergleichung mit den Analyſen bewährter Cemente Auskunft darüber giebt, ob die Zuſammenſetzung des Materials den oben geſtellten Anforderungen entſpricht. Die lediglich quantitative Analyſe allein iſt jedoch zur Erkennung der Tüchtigkeit und Tauglichkeit des Cementes nicht ausreichend. Es genügt nicht zu wiſſen, aus welchen Beſtandtheilen der Cement und in welchem Verhältniß er zuſammengeſetzt iſt, es muß auch unterſucht werden, ob dieſe Beſtandtheile in wirkſamer Eigenſchaft vorhanden ſind. Selbſt dann, wenn die Analyſe eine vollkommen regelrechte Zuſammenſetzung der chemiſchen Beſtandtheile nachweiſt, kann der Cement mit den ſchwerſten Fehlern behaftet ſein. Auch einzelne Proben über ſeine Bindekraft ſind unzulänglich, wenn ſchon einer der weſentlichſten Fehler, die Beimiſchung ungarer Theile durch ein zu raſches Binden in der Regel ſich zu erkennen giebt. Ein erheblicher Antheil verbrannten Materials Verfälſchungen ꝛc. können Urſache eines langſamen, anſcheinend durchaus regelrechten Abbindens des im Uebrigen wenig oder gar nicht brauchbaren Cementes ſein.

Die chemiſche Analyſirung des Portland-Cementes iſt einem durchaus bewährten und in ähnlichen Arbeiten erfahrenen Chemiker zu überlaſſen; dieſer wird zugleich das ſpecifiſche Gewicht des Cementes feſtſtellen, eine Arbeit, die nur von kundiger Hand ausgeführt werden darf, da die Ermittelung des ſpecifiſchen Gewichtes gekörnter oder pulverförmiger Körper Schwierigkeiten bietet. Alle übrigen Proben können vom Bautechniker vorgenommen werden. Eine ſachgemäße Unterſuchung erfordert umfangreiche Verſuche, zu denen außer der Feſtſtellung über die etwaige Volumvergrößerung auch Feſtigkeitsproben gehören. In dieſer Beziehung iſt zu erwähnen, daß die abſolute Feſtigkeit reinen Portland-Cementſteins beſter Qualität bis 42 Kilogramm pro Quadratcentimeter, die rückwirkende Feſtigkeit deſſelben bis 520 Kilogramm pro Quadratcentimeter beträgt.

§. 146. Die auf der Bauſtelle vorzunehmenden Proben müſſen hauptſächlich feſtſtellen:

1. die Bindekraft des Cements an der Luft wie unter Wasser;
2. das Haften am Stein;
3. die Unveränderlichkeit des Volumens des erhärteten Cementes;
4. den Sandzusatz, den der Cement erträgt; endlich in geeigneten Fällen;
5. die Wasserdichtigkeit des Cementsteines.

Die Proben werden zum Theil unter Anwendung eines Sandzusatzes vorgenommen. Zur Anfertigung der Probestücke entnimmt man eine kleine Quantität Cement aus jeder Tonne jeder einzelnen Anlieferung.

Um die Bindekraft des Cementes zu untersuchen, formt man Kugeln aus freier Hand, läßt sie an der Luft abbinden und beobachtet die hierzu nöthige Zeit; während dieser dürfen die Kugeln sich nicht merklich erwärmen; von den abgebundenen Kugeln legt man einige unter Wasser und beobachtet ihr Verhalten; sie dürfen im Wasser sich nicht auflösen, weder sich spalten noch rissig werden, oder abgebröckelte Partien zeigen, müssen vielmehr ihre ursprüngliche Form behalten und fortschreitend erhärten. Die zu baulichen Zwecken zu verwendenden Cementsorten müssen nach 24 Stunden unter Wasser gegen leichte Eindrücke widerstandsfähig geworden sein. Keine der Proben darf gelbe oder rostfarbene Flecken aufweisen. Die Kugeln werden am besten in folgender Weise angefertigt. Man macht das Cementpulver mit nur soviel Wasser an, daß die gut durchgearbeitete Mischung die Consistenz feuchten Sandes hat, ballt dann eine Partie derselben in der Hand zusammen und schüttelt sie einige Zeit lang in der hohlen Hand. Hierdurch verdichtet sich der Mörtel, überschüssiges Wasser tritt hervor und die Masse wird plastisch; die Kugel bekommt ein dichtes und festes Gefüge.

Die auf solche Weise angemachten Kugeln sollen an der Luft nicht schneller als in 20 Minuten abbinden; in der Consistenz des gewöhnlichen Mörtels angerührt, werden dann bis zu 30 Minuten bis zum Abbinden erfordert. Die an der Luft erhärtenden Stücken müssen, namentlich in der ersten Zeit, ab und zu angefeuchtet werden, wenn sie im trockenen Zimmer lagern. Die unter Wasser fest werdenden Stücke bedürfen zur vollständigen Erhärtung eines etwas längeren Zeitraumes, als jene; im Allgemeinen kann man jedoch annehmen, daß die Versteinerung in beiden Fällen nach 3 Monaten eingetreten ist, wenngleich eine geringe Festigkeitszunahme auch in den folgenden 20 bis 24 Monaten erfolgt. Ohne Festigkeitsversuche läßt sich der Grad der Erhärtung nur in oberflächlicher Weise, die Härte und

Widerstandsfähigkeit des steingewordenen Materials in der Hauptsache nur durch praktischen Blick abschätzen. —

§. 147. Zur Untersuchung des Haftens des Cementes am Stein und zur Beurtheilung der Festigkeit und Brauchbarkeit des Materials breitet man eine Partie angerührten Mörtels auf einem angenäßten Dachziegel, oder einem Ziegelstein von reiner Oberfläche aus. Ein guter Dachziegel eignet sich am besten, weil er nicht zu scharf gebrannt, gleichmäßig gar und von rauher Oberfläche ist; an Ziegelsteinen dagegen, die scharf gebrannt sind und eine glatte, etwas verglaste Oberfläche zeigen, haftet der Cement sehr mangelhaft; solche Steine sind daher sowohl bei Anstellung von Versuchen, als auch zur Verwendung für in Cementmörtel auszuführendes Mauerwerk auszuschließen. Von jenen Probestücken fertigt man mehrere an, legt einige derselben nach erfolgtem Abbinden unter Wasser, während man andere an der Luft erhärten läßt. Keine der Proben darf Risse bekommen, vom Stein sich ablösen oder unter Wasser sich erweichen. Der erhärtete Cement muß die oben geforderte, gleichmäßig blaugraue Farbe, ohne gelbe Flecken zeigen; er muß so fest am Stein haften, daß er bei gewaltsamer Trennung Theile des Steines von der ganzen Berührungsfläche abreißt und überhaupt darf eine Trennung nicht ohne Bruch der Probe und nur in kleinern Partien zu ermöglichen sein.

§. 148. Zur Feststellung der Unveränderlichkeit des Volumens macht man Partien des Cementes mit Wasser an und füllt den Mörtel in kleine dünnschalige Gläser, wobei man Luftblasen thunlichst zu vermeiden, bezw. solche durch Schütteln und Aufstoßen des Glases zu entfernen sucht. Während des Abbindens dürfen die Gläser sich nicht fühlbar erwärmen. Man bewahrt dieselben im trockenen Zimmer auf, taucht sie von Zeit zu Zeit unter Wasser und beobachtet regelmäßig und täglich ihr Verhalten. Hat der Cement beim Abbinden sich stark erhitzt, so darf man darauf rechnen, daß das Glas schon nach einigen Stunden springt, daß also der Cementmörtel eine erhebliche Volumvermehrung erleidet. Der Cement ist dann gänzlich unbrauchbar, er wird allerdings erhärten, das Product wird aber nach einigen Monaten seinen Zusammenhang wieder verlieren und in Stücke zerfallen. Sprengt der Cement das Glas innerhalb weniger Tage nach dem Anmachen, so ist seine Verwendung nicht anzurathen. Die aus demselben geformten Probestücke erhärten zwar zunehmend und erlangen nach einigen Wochen die größte Festigkeit und Widerstandsfähigkeit, deren sie überhaupt fähig sind, die aber die Festigkeit tabellofen Cementes nicht erreicht; von jenem Zeitpunkte ab geht aber ihre Festigkeit wieder zurück und nach Verlauf von Monaten, selbst Jahren verliert sich der Zusammenhang vollständig und die Stücke zerbröckeln. Probestücke aus solchem Cement zeigen nach etwa 4 Wochen eine relative Festigkeit bis zu 40 Kilogramm pro Quadratcentimeter, welche sich allmälig wieder vermindert; nach 6—12 Monaten lassen sich die Proben, wenn sie auch äußerlich noch ihren vollen Zusammenhang zeigen, ohne Schwierigkeit mit der Hand zerbrechen. Guter Portland-Cementstein erreicht eine relative Festigkeit bis zu 90 Kilogramm pro Quadratcentimeter.

Wenn der Cement das Glas erst nach 14 Tagen bis zu 4 Wochen spaltet, so ist er für solche bauliche Zwecke brauchbar, für welche er mit Sandzusatz und nicht zu wenig Wasser angemengt wird. Eine ganz geringe Volumvermehrung, die sich durch Spaltung des Glases nach 4 Wochen und mehr kund giebt; kann als unschädlich betrachtet werden. —

§. 149. Die Menge des Sandzusatzes, welchen ein Portland-Cement verträgt, ist um so größer, je besser das Material; und zwar kann der Sandzusatz um so stärker sein:

je fetter der Cement ist;
je schwerer der Cement und
je feiner er gemahlen ist.

In ersterer Beziehung ist noch zu bemerken, daß ein und derselbe Cement, je nach der Feinheit des Korns und der Schärfe des Brandes fetter oder magerer erscheinen kann; der schwere Cement hat immer ein mehr mageres Aussehen als der aus demselben Brande erstellte leichtere Cement und insbesondere giebt die Beimischung ungaren Materials dem Erzeugniß den Anschein eines fetteren Cementes.

Wie leicht erklärlich, giebt es eine, von der Güte des Cementes zunächst unabhängige, äußerste Grenze für die Menge des anzuwendenden Sandes; sobald der Cementbrei nicht mehr im Stande ist, jedes einzelne Sandkörnchen mit einer dünnen Haut zu umhüllen und es mit dem nächst liegenden Körnchen zu verkitten, hat man das zulässige Maximum bereits überschritten. Die Grenze selbst ist abhängig von dem Korn des zur Verwendung kommenden Sandes, wie von der Form und Schärfe der Sandkörner und von der Feinheit des Cementpulvers; es ist daher nöthig, das Maaß der Zwischenräume zwischen den Sandkörnern festzustellen, wozu das in §. 94. angegebene Verfahren dient. Am besten wird als Zusatz zum Portland-Cement ein nicht zu grober, recht reiner, staubfreier, nöthigenfalls gewaschener und scharfer Mauersand von möglichst gleichmäßigem Korn verwendet. Um zur Beurtheilung der Güte des Cementes zu gelangen ist das mögliche Maximum des Sandzusatzes in eben erwähnter Weise vorerst festzustellen. Nach Ermittelung desselben fertigt man Mischungen aus einem Theil Cement und einem, bis zu soviel Theilen Mauersandes, als das berechnete Maximum ergiebt.

Der Sand wird zu diesen Mischungen ganz trocken verwendet und nach gehöriger Durchmischung beider Materialien wird noch das nöthige Minimalquantum Wasser hinzugegeben.

Aus dem in verschiedenen Mischungsverhältnissen angemachten Mörtel fertigt man in der oben beschriebenen Weise Kugeln, zeichnet sie zur Vermeidung von Verwechselungen und läßt sie an der Luft vollständig abbinden, wozu bei höherem Sandzusatz und langsam bindendem Cement jedenfalls mehrere Stunden gehören. Darnach versenkt man sie behutsam unter Wasser und beobachtet, ob sie ihre Form behalten und fortschreitend erhärten, oder aber zerfallen. Soll der Cement als ein brauchbarer erkannt werden, so müssen sämmtliche Kugeln unter Wasser ganz bleiben.

Die relative Güte verschiedener Portland-Cemente läßt sich aus dem Maximum des Sandzusatzes beurtheilen, den die Kugeln überhaupt gestatten ohne sich aufzulösen, oder ihre Form zu ändern. Zur Erlangung eines Urtheils hierüber fertige man in angegebener Weise Kugeln in größerer Anzahl mit dem 3-, 4- und 5fachen Sandzusatze und bringe sie nach dem Abbinden unter Wasser. Selbst bei gutem Portland-Cement werden die im Verhältniß 1 : 5 zusammengesetzten und gleich nach dem Abbinden unter Wasser gebrachten Kugeln selten unbeschädigt bleiben und auch bei dem Verhältniß 1 : 3 und 1 : 4 werden vielleicht einzelne Kugeln zerfallen, während andere derselben Cementsorte und desselben Mischungsverhältnisses ganz bleiben. Je mehr Kugeln mit höherem bezw. höchstem Sandzusatze fest werden, desto besser ist die Qualität des zu ihnen verwendeten Portland-Cementes. —

Je weniger fein der Cement vermahlen ist, desto schlechter wird er die Sandprobe bestehen; um die Zwischenräume der Sandkörner zu füllen, ist von gröber gemahlenem Cemente eine größere Quantität nöthig, als die durch Proben ermittelte. Es ist daher nicht gut möglich ein bestimmtes Mischungsverhältniß als Zeichen der Güte des Cementes für alle Fälle zum Voraus festzustellen. Je höher übrigens der Sandzusatz, desto geringer wird erklärlicherweise die Festigkeit und Widerstandsfähigkeit des Cementsteins gegen chemische, wie mechanische

Einwirkungen. Es empfiehlt sich, die früher angegebenen Proben zur Untersuchung des Haftens am Stein auch mit sandgemischtem Cement vorzunehmen.

§. 150. Wenn die angeführten Proben die Güte des Portland-Cementes erwiesen haben, so darf man im Allgemeinen darauf zählen, daß der Cementstein eine Dichte besitzt, die hinreichend ist, um der Wasseraufnahme zu widerstehen. Je schwerer der Cement und je feiner er vermahlen, desto undurchlässiger ist der Cementstein; umgekehrt darf zu Bauten, von denen man Undurchlässigkeit gegen das Wasser verlangt, z. B. Gasometer Bassins, nur der schwere Portland-Cement verwandt werden. Hat man jedoch ein besonderes Interesse daran, die Wasserdichtigkeit durch directe Prüfung nachzuweisen, so kann die letztere (nach Klose) in folgender Weise vorgenommen werden.

Mit Hülfe einer leicht zu construirenden Form fertige man kleine Gefäße aus reinem Portland-Cementmörtel, gebe den Gefäßen eine Lichtweite von 6—10$^{cm}$ eine Höhe von 8—10$^{cm}$ und eine Wandstärke von etwa 10$^{mm}$. Beim Einfüllen des steif anzurührenden Breies suche man Luftblasen möglichst zu vermeiden, indem man den Mörtel nur nach und nach aufgiebt und nach jeder Einfüllung durch Klopfen unter die hohlliegende Tischplatte das Zusammensinken des Mörtels und das Freiwerden der Luftbläschen befördert. Nach hinlänglichem Abbinden des Cementes nehme man die Töpfchen behutsam aus der Form und gebe ihnen Zeit zu vollständiger Erhärtung, stelle sie dabei in freier Luft, aber schattig, oder auch im trockenen Zimmer auf und tauche im letzteren Falle sie während der ersten drei Wochen von Zeit zu Zeit unter Wasser.

Nach 3 Monaten kann man mit den Versuchen vorgehen. Man füllt die gänzlich ausgetrockneten Töpfchen zu etwa ³/₄ mit Wasser, stellt sie zu weiterer Beobachtung auf und ersetzt das verdunstete Wasser mitunter durch frisches. Hat der Cement die gewünschte Eigenschaften so bleibt die äußere Fläche der Töpfchen, selbst nach wochenlanger innerer Benetzung vollständig trocken.

Hierbei sei noch bemerkt, daß ein Verputz aus reinem Cementmörtel, der wirklich wasserdicht halten soll, eine Stärke von mindestens 12$^{mm}$ erhalten muß. Bei einem Zusatz von einem Theil Sand reicht die doppelte Stärke kaum aus. Der Verputz an Gebäuden kann jedoch schwächer sein, da er nur zeitweise die Feuchtigkeit des Schlagregens abhalten soll und bald wieder austrocknet; ein zu geringes Maaß, wie es in der Praxis häufig angewendet wird, ist jedoch nicht zu empfehlen; leiden die Mauern ohnedies an Feuchtigkeit, so muß der aus einem Theile Portland-Cement und einem Theile Sand gemischte Mörtel zur Vermeidung des Abfrierens mindestens 20ᵐᵐ stark aufgetragen werden, und diese Stärke dürfte sich überhaupt empfehlen, sofern der Putz nicht lediglich zur Verdeckung des Bausteins dienen soll; die gleiche Stärke ist für Estriche aus Cementmörtel nöthig.

§. 151. Die Analyse des englischen Portland-Cementes ist nach Pettenkofer folgende:

$$
\begin{array}{rl}
54,11 & \text{Kalk,} \\
22,23 & \text{Kieselerde,} \\
7,75 & \text{Thonerde,} \\
0,75 & \text{Magnesia,} \\
1,10 & \text{Kali,} \\
1,66 & \text{Natron,} \\
5,30 & \text{Eisenoxyd,} \\
2,15 & \text{Kohlensäure,} \\
0,75 & \text{Phosphor,} \\
1,00 & \text{Schwefel,} \\
2,20 & \text{Thon, Sand,} \\
1,00 & \text{Wasser.} \\
\hline
100,00 &
\end{array}
$$

Das specifische Gewicht fand sich zu 3,05. Die Eigenschaft, unter dem Einflusse des Wassers und der Kohlensäure sich in Stein zu verwandeln, verdankt der Cement im Wesentlichen dem unter der Einwirkung des Feuers gebildeten Kalksilicat und Kalkaluminat.

Von den hydraulischen Bestandtheilen des Portland-Cementes sind es hauptsächlich Kalk und Kieselsäure, welche in festen ziemlich eng begrenzten Verhältnissen auftreten müssen, während anderseits die für die Erhärtung gleichgültigen in möglichst engen Schranken sich halten sollten. Die Grenzen für den Kalk liegen — schweren Cement vorausgesetzt — zwischen 59 und 63%; die Grenzen für die Kieselsäure zwischen 23 und 26%. Thonerde sollte in der Menge von 7 bis 10% vorhanden sein; die obere Grenze von 10% wird von einzelnen im Handel vorkommenden Portland-Cementen fast erreicht, muß daher einstweilen als das darstellbare Maximum angesehen werden, während theoretisch ein noch höherer Gehalt an Thonerde sich empfehlen möchte. Der Perlmooser und der Portland-Cement des Bonner Bergwerks und Hüttenvereins weisen den höchsten Thonerdegehalt auf. Auf den kohlensäurefreien Zustand berechnet, enthält der erstere nach der Analyse des k. k. General- Land- und Haupt-Münz-

Probiramtes 9,9%; der Bonner Cement nach Hopfgartners Analyse 9,4% Thonerde, Eisenoxyd darf bis zu 6%, Alkalien dürfen bis zu 2% im Portland-Cemente vorkommen; die Güte des letzteren wächst unter sonst gleichen Umständen mit der Abminderung des Procentsatzes an den zuletzt genannten beiden Stoffen, wie an fremden Beimischungen, als Sand, Thon, Schlacken, Kohlenresten und dergl. die ideale Zusammensetzung des Portland-Cementes würde daher sein:

95% Kalk, Kieselsäure, Thonerde innerhalb der angeführten, jedem dieser Stoffe angewiesenen Grenzen und einschließlich einer geringen Menge (bis zu 2%) in der Regel vorkommender Magnesia.

5% Eisen, Alkali und unvermeidliche fremde Beimischungen.

Als mittlere Zusammensetzung eines guten Portland-Cementes giebt Michaelis die folgende, aus einer Reihe Analysen bewährter Sorten berechnete:

| | | | |
|---|---|---|---|
| Kalk | = 60,05 % | Kali | = 0,80 % |
| Magnesia | = 1,17 „ | Natron | = 0,74 „ |
| Thonerde | 7,50 „ | Gyps | = 1,82 „ |
| Eisenoxyd | = 3,34 „ | Kieselsäure | = 24,31 „ |

Von der vorstehenden unterscheidet sich die Zusammensetzung des Roman-Cementes wesentlich durch geringeren Kalk- und geringeren Kieselsäure- bei etwas größerem Thonerde- und erheblich höheren (bis 20%) Eisengehalt.

Die Anwesenheit von Gyps im Portland-Cement ist namentlich dann sehr bedenklich, wenn der letztere nicht als ein völlig gleichartiges, vollständig gar gebranntes Fabrikat sich darstellt; aber auch bei normal gebranntem und verarbeiteten Cemente tritt während des Erhärtens und nach demselben eine wahrnehmbare Volumvermehrung ein, sobald der Procentsatz des Gypses höher steigt als etwa 2%. Man darf Portland-Cement mit 5% schwefelsaurem Kalk unter allen Umständen als unbrauchbar bezeichnen.

Eine richtige procentige Zusammensetzung des Materials ist jedoch an sich noch kein sicheres Zeichen für seine Güte und Brauchbarkeit. Die chemische Analyse entscheidet eben nur über die Quantität der Bestandtheile, giebt also über die Hydraulicität und sonstigen Eigenschaften des Materials keinen Aufschluß.

Ueber diese kann man nur durch directe Proben sich Ueberzeugung verschaffen*).

*) H. Klose, der Portland-Cement, S. 33.

§. 152. Soll Portland-Cement mit gutem Erfolg angewandt erden, so ist vor Allem auf die Mörtelbereitung große Sorg-lt zu verwenden.

Werden Gefäße gebraucht, in denen gewöhnlicher Kalkmörtel ent-lten war, so sind dieselben zuvor gut zu reinigen. Ebenso ist rauf zu achten, daß kein trübes schlammiges Wasser zum mentmörtel benutzt werde. Der beizumischende Sand muß scharf-rnig und rein sein. Enthält daher ein Sand lehmige Bestand-eile, so muß er durch wiederholtes Waschen gereinigt werden.

Die Materialien sind nach vorher zu ermittelnden Maaßver-iltnissen untereinander zu arbeiten. Verfährt man hierbei blos ich ungefährer Schätzung, so kann nie ein gleichmäßiger Mörtel zeugt werden; auch geht über dem jedesmaligen Ab- und Zuthun unützer Weise Zeit verloren und in Folge dieses Zeitverlustes sieht an sich oft zu frühe von der Bindung des Cements ereilt', und er-ibet somit einen Verlust an Material. Es ist nämlich, wenn man ne zuverlässige Arbeit ausführen will, durchaus unstatthaft, nen bereits erstarrten Cementmörtel durch neuen Wasserzu-ß wieder aufzuarbeiten. Es ist daher auch besonders darauf . achten, daß keine zu großen Quantitäten von Cementmörtel if einmal angemacht werden.

Wenn der Sand vollkommen trocken, d. h. in der Sonnen-e oder bei künstlicher Wärme getrocknet ist, so kann man ihn mit m Cementpulver untereinander mengen und dann erst zu diesem emenge das erforderliche Quantum Wasser zufügen. Ist der Sand er feucht, so ist dieses Verfahren nur bei rascher und vorsich-ger Ausführung anzuwenden. Zögert man nämlich zu lange mit m Wasserzusatze und mit der Verarbeitung, so kann durch die uchtigkeit des Sandes sehr leicht die Kraft des Cements vernichtet erden.

Die einfachste und sicherste Methode der Mörtelbereitung ist daher e, daß man zuerst Cement und Wasser nach den für die ge-änschte Mörtelconsistenz abprobirten Maaßen untereinander rührt nb alsbann erst das ebenfalls abgemessene Sandquantum zu-igt und unterarbeitet.

Ueberhaupt aber ist ein mäßiger Wasserzusatz zu empfehlen, enn auch der Mörtel zuerst mager und kurz erscheint; durch flei-iges Durcharbeiten und Stampfen wird derselbe bald ge-meibig, bindend, und gerade recht erhärtungsfähig.

Wird der Cement zuerst mit feuchtem Sande gemischt, so bilden sich beim·Einmischen Knötchen, welche die Bildung einer gleichartigen Masse erschweren oder verhindern, und gießt man gleich anfänglich zu viel Wasser auf, so ist man nicht sicher, die Durcharbeitung genügend vorgenommen zu haben. Nach geschehener Verarbeitung aber, sei es zum Mauern, sei es zum Putze, lasse man es nie an Wasser fehlen, das den Mörtel in feuchtem Zustande erhält, bis seine Erhärtung eingetreten. Der beste Cement, in heißem Sommerwetter den Sonnenstrahlen oder einem trocknen Luftzug ausgesetzt, wird, sich selbst überlassen, nie die gewünschte Festigkeit erlangen.

Die größere Wassermasse, mit welcher man den Cement einrührt, verzögert die Erhärtung nicht; selbst in dünnflüssig eingerührtem Mörtel findet dieselbe statt, indem die Bestandtheile des Cements schwerer wie das Wasser sind, sich deshalb absondern und zu Boden sinken, während das Wasser nach oben steigt. Obwohl nun durch größern Zuguß von Wasser die Mörtelmasse in Wirklichkeit nicht vermehrt wird, so ist es doch scheinbar der Fall, weil die Absonderung des Cements nicht immer so schnell erfolgt, als die Zeit zwischen dem Einmischen und der Verarbeitung gestattet. Für Steine, welche vor ihrer Vermauerung fehlerhafter Weise nicht vollständig mit Wasser durchzogen sind, ist dünn eingerührter Mörtel dem dickeren vorzuziehen, damit ihm nicht durch nachträgliches Saugen der Steine das zur Erhärtung nöthige Wasser entzogen werde; im Allgemeinen und bei Verwendung gehörig durchnäßter Steine aber ist dem Mörtel nur gerade so viel Wasser zu geben, als seine sachgemäße Verarbeitung verlangt, widrigenfalls seine Festigkeit eine geringere ist. Denn bei einem mehr als nothwendigen Wasserzuguß bleibt ein Theil desselben als Blasen in ihm zurück, die nach der Erhärtung hohl sind und einen porösen Stein bilden.

§. 153. Erfahrungsmäßig ist der Wand- und Gesimsputz selbst von untadelhaftem Cement nicht immer dauerhaft. Entweder blättert die Oberfläche in dünnen Schalen ab, oder es bilden sich dort Blasen und Buckel, die später abfallen, oder es löst sich der ganze Putz von der Mauerfläche ab und fällt herunter. In diesem Falle trägt die Arbeit des Putzantragens die Schuld.

Um das Herabfallen des Putzes von den Mauerflächen überhaupt zu verhüten, ist es unbedingt nothwendig, die Mauerfläche kurz vor dem Auftragen des Putzes stark mit Wasser anzufeuchten. Andernfalls entzieht die Mauer dem Cement das zur Erhärtung nöthige Wasser und es bildet sich zwischen dem Mauerkörper und der äußern Putzfläche eine trockene Cementschicht; es geht also das Anhaften des ßes an der Mauer und hiermit die Dauer des Putzes verloren. m bedient sich hierzu am besten einer mit einer Brause versehenen ßkanne und wiederholt das Verfahren in kurzen Zwischenzeiten i Mal. Während man zur dauernden Haltbarkeit des Kalkmörtel= ßes einer gut ausgetrockneten Mauer bedarf, widrigenfalls min= dens unvertilgbare nasse Flecken in der Putzfläche entstehen, kann n den Cementputz ohne Nachtheil für denselben auf eine nicht lig ausgetrocknete Mauerfläche auftragen. Man findet in An= ndung dieses Putzes sogar ein Mittel, Räume, die nicht lange h der Vollendung in Benutzung genommen werden sollen, hierzu rauchfähig zu machen, ohne daß von etwaiger Feuchtigkeit eine sorgniß für die Bewohner oder Geräthe im Innern der Umfassungen geleitet werden könnte. Eine derartige noch feuchte Wand wirkt f die langsame Abtrocknung, daher auch auf die Festigkeit des Ce= nts wohlthätig, indem derselbe aus der Wand dasjenige an Feuch= keit herauszieht, was er auf seiner Oberfläche an die Luft abgiebt. r Glaube, daß ein nachträgliches Anfeuchten der Putzfläche das absäumte Anfeuchten der Mauer ersetzen könne, ist durchaus irrig, ungleich ersteres nicht unterbleiben darf.

Am häufigsten ereignet sich das Abfallen des Cementputzes an uchstein= und solchen Sockelmauern, welche durch keine Isolirschicht n den Grundmauern getrennt sind. Die Ursache davon liegt darin, ß der reine Cement nach der Erhärtung beinahe gar kein Wasser, r mit Sand gemischte um so weniger in sich aufsaugt, je geringer r Sandzusatz ist. Es bildet sich daher von der innern Feuchtigkeit r Mauer zwischen deren Oberfläche und dem Putze, insbesondere : Spätherbste, eine schwache Wasserschicht. Diese erstarrt im darauf lgenden Winter zu Eis, und da mit Eisbildung eine Volumen= rmehrung verbunden ist, so wird hierdurch eine Trennung des ßes von der Mauer bewirkt, die, von Jahr zu Jahr zunehmend, blich das Abfallen des Putzes zur Folge hat. Man kommt diesem belstand entgegen, wenn man den Putz nicht wie gewöhnlich ½ Zoll rk, sondern nicht unter ¾ Zoll stark aufträgt; eine Stärke, die fahrungsmäßig der erwähnten Wirkung der Eisbildung eine ange= ffene Widerstandsfähigkeit bietet.

Das Abblättern der Oberfläche des Putzes, gewöhnlich in 2ᵐᵐ rken Schalen, kann eine dreifache Ursache haben. Die erste davon ßteht darin, daß ungeübte Maurer zu anhaltend und zu stark mit m Reibebrett auf der Putzfläche umherreiben. Sie erzeugen hier= rch, mögen sie auch ein ununterbrochenes Benetzen des Putzes mit dem Maurerpinsel vornehmen, die Entwickelung von Wärme in der obern Decke des Cementes, in Folge dessen die verfrühte Erstarrung und zugleich die Ablösung dieser Decke vom Grundputz eintritt. Bei diesem Vorgang entstehen Haarrisse in der Decklage, durch welche im Spätherbst das Regenwasser Eingang gewinnt, während dann im Winter der Frost das Weitere thut. Den Winter hindurch hält nun zwar das Eis die Decklage des Putzes fest, im darauf folgenden Frühjahr jedoch beim Schmelzen des Eises fällt sie ab. — Die zweite Ursache bringt der Mangel an Wasser während der Erhärtung mit sich. Derselbe tritt zunächst an der Oberfläche des Putzes, wo die Verdunstung am raschesten erfolgt, ein. Während der Grundputz aus der Mauer einige Feuchtigkeit an sich zieht, gelangt diese nicht bis zur Decklage. Es wird deshalb der Grundputz in einen wirklich erhärteten, die Decklage aber nur in einen trockenen Zustand übergehen. In dem letztern fehlt der volle Antheil an Wasser, den der erhärtete Cement als Bestandtheil haben soll, er ist daher nicht allein unfest, sondern auch undicht, d. h. er gestattet nach seiner Erhärtung das Eindringen von Wasser, das ihn in Folge der Eisbildung mürbe und der ablösenden Kraft des anschlagenden Regens nicht widerstehbar macht. Zur Verhütung dieses Uebelstandes unterlasse man nicht, die überputzten Flächen eine längere Zeit hindurch und zwar möglichst mehrere Wochen, namentlich wenn dem Cement mehrere Theile Sand zugesetzt sind, stark mit Wasser zu begießen, wozu man wiederum am zweckmäßigsten eine mit einer Brause versehene Gießkanne benutzt. —

Die dritte Ursache endlich kann, insbesondere wenn die Mauer nicht feucht genug war, darin liegen, daß einzelne Stellen des Putzes an der Oberfläche zu viel Wasser erhalten. Alsbann bleibt der Grundputz lose, und über diesem bildet sich eine festere, mit jener nicht verbundene Kruste. Der Grundputz, Haarrisse bildend, zieht sich zusammen und nimmt die Decklage in seiner Bewegung mit. Da aber die letztere eine erstarrte, in kleinen Abtheilungen zusammenhängende Schale bildet, so entstehen beim Zusammendrücken Blasen, die später abfallen.

So wichtig es hiernach erscheint, sich zum Putzen keiner andern als geübter, vorsichtig und sorgfältig arbeitender Maurer zu bedienen, so ist dieß noch wichtiger beim Ziehen von Gesimsen. Man durchnässe die Steine mittelst wiederholten Benetzens oder Anspritzens, bereite den Mörtel nicht dünner, als nur eben das Ziehen gestattet, und trage ihn so hoch an, daß ein nachträgliches Anwerfen möglichst vermieden wird. Nachdem der Cementauftrag zuerst mit hölzernem Reibebrett abgerieben, wende man schließlich eine eiserne Reibeplatte an. Man bewirkt hierdurch nicht nur eine bessere Abglättung der Oberfläche, sondern auch einen festeren und dichteren Verputz. Bei und nach dem Ziehen vermeide man oftmaliges Reiben und Anspritzen an ein und derselben Stelle, und achte darauf, daß das ganze Gesims ein und derselben Behandlung unterworfen, nicht aber an ein und derselben Stelle eine mehrmalige Nachhülfe nothwendig ist. Die größte Sorgfalt verlangen die Sockelgesimse; außerdem darf deren Putzstärke nirgend weniger als 18ᵐᵐ betragen, oder es zieht sich in die entstehenden Haarrisse das Regenwasser bis zur Oberfläche des Mauerkörpers, bleibt dort stehen, gefriert zu Eis und stößt, in diesen Zustand übergehend, allmälig den Putz ab.

In Betreff der Jahreszeit, in welcher die Putzarbeiten mit Portland-Cement am zweckmäßigsten gefertigt werden, so ist der Winter, wo der Frost auf seine Erhärtung störend einwirkt, von selbst ausgeschlossen. Ebenso vermeide man den Spätherbst auf soweit zurück, daß die Erhärtung früher eintritt, als muthmaßlich die Temperatur der Luft auf den Gefrierpunkt sinkt. Von gleichem Nachtheil ist eine anhaltend hohe Temperatur, indem sie die Verdunstung des Wassers im Mörtel zu schnell bewirkt und ihn mehr trocknet, als sein Erhärten zuläßt. Die geeignetste Jahreszeit ist das Frühjahr, so daß ein im Jahre zuvor vollendeter Rohbau im Jahre darauf unmittelbar, nachdem die Besorgniß vor Nachtfrösten vorüber ist, an den Außenwänden mit Cementputz versehen wird. Zum Kalkmörtelputzen, zu welchem die Mauern in einem möglichst vollkommen trocknen Zustande sein müssen, zieht man bekanntlich die Sommermonate und den Herbst dem Frühjahr vor*).

## XXV.
## Ueber Herstellung von Cementgesimsen und Formen dazu.

§. 154. Die Cementgesimse werden nach drei verschiedenen Methoden dargestellt.

a, Die Herstellung zwischen Holzleisten und Ziehen mit der Schablone ist die beste und gleichzeitig billigste Methode, wenn

---

*) J. Manger, Portland-Cemente. Nachtrag 1859. S. 12.

die Gesimsprofilirungen nicht mit Ornamenten geschmückt sein sollen.
Bei dieser Methode kann der Cementmörtel zum Gesimskörper aus
1 Theil Cement und 3 Theilen Sand bestehen; die Gesimsprofili
rungen werden dann aus einem feineren Cementmörtel im Verhältnisse von 1:2 oder ohne allen Sandzusatz sauber nachgezogen. Um
ein völliges Ablösen des gezogenen Gesimses zu ermöglichen werden
die Seitenbretter und das Unterbrett, bezw. der Tisch, auf welchem
die Gesimse gezogen werden sollen, am besten mit dünnflüssigem, aufgelösten Thone bestrichen.

Sobald das Gesimsstück fertig ausgezogen und der Cementmörtel
mäßig erhärtet, werden die Brettstücke von demselben gelöst und der
sehr wenig auf dem Gesimsstück haftende Thonanstrich mit einem
Wasserpinsel abgewaschen.

Auch können glatte Gesimse in Holzformen hergestellt werden,
dieselben gestatten einen längern Gebrauch und sind dieselben in der
Weise einzurichten, daß sie nach Erhärten des Gußes auseinandergenommen werden können. Nach jedem Guße, der bei gutem Cement
nach etwa 2 bis 3 Stunden wiederholt werden kann, muß die Form
gut geölt werden.

Außerdem können zur Darstellung von Cementgesimsen Formen
von sauber gehobelten und profilirten Brettern, welche vorher genäßt
worden, benutzt werden. Diese Form wird zunächst mit nicht zu
grobem Maculaturpapier glatt ausgelegt, und dann der Cementmörtel
(aus 1 Theil Cement und 2 Theilen Sand) eingegossen, hiernach müssen
die Gußstücke einige Tage in einem kühlen Raume, um nicht zu
schnell zu trocknen, stehen und können in Folge der Maculatureinlage
dann leicht und mit Sicherheit herausgenommen werden. Guter
frischer Portland=Cement und rein gewaschener Kiessand ist hierbei
Vorbedingung.

§. 155. Bei Gesimsprofilirungen erfolgt die Herstellung gewöhnlich
b, in Gypsformen. Um gute Gypsformen herzustellen ist zunächst
ein schnell bindender Gyps erforderlich; dann sind die Formen so
einzurichten, daß die einzelnen Formstücke von einer Schaale fest um-
schlossen werden. Die fertigen Gypsformen müssen, bevor sie zum
Cementguß benutzt werden, wegen leichterer Ablösung des Gußstücks
in Leinöl gekocht werden. Um das bedeutende Einziehen des Oels
zu vermindern, werden zuweilen die Gypsformen vor dem Sieden in
Leinöl mit einer starken Lösung von schwarzer Seife gesättigt. Eben so
billig ist das Einstreichen einer Mischung von gelbem Wachs und Leinöl,
welche Mischung so lange auf die dem Cementguß zugekehrten Flächen

des Formstückes aufgetragen wird, bis sie, gegen ein Feuer gehalten, von der Masse nicht mehr eingesogen wird.

Wenn ein geringes Quantum von Gesimsen zu fertigen ist, kann man auch eine Schellackauflösung auf die Gypsform bringen.

Diese behandelten Formstücke werden mit Petroleum oder gereinigtem Mineralöl eingestrichen. Zu dem Cementguß dieser Gesimse ist ein nicht zu langsam bindender Portland-Cement wünschenswerth.

§. 156. c. In Leimformen: ist das schwierigste und, wenn ein langsam bindender Cementmörtel zum Guß genommen wird, zugleich das umständlichste Verfahren; zu unterschnittenen und reich profilirten Formen müssen dieselben jedoch angewendet werden. Genaue Kenntniß der Herstellung der Leimformen ist vor Allem nothwendig; auch benutzt man dieselben nicht eher bis der Ueberzug, zu welchem doppelter Leinölfirniß genommen wird, vollständig blank und trocken ist. Um den Cement zum Guß etwas schneller bindend zu machen ist es vortheilhaft, dem Wasser zum Anrühren des Cementes eine Auflösung von Soda hinzuzusetzen. Der durch diesen Zusatz sich bald nach der Erhärtung des Cementgusses zeigende weiße Ausschlag ist unschädlich, denn er verschwindet sehr bald.

Zum Einstreichen der Leimformen wird Oel oder billiger Petroleum verwendet. —

## XXVI.

## Ueber das Färben der Cementmasse und Herstellen dauerhafter Oelfarbenanstriche auf Portland-Cement.

§. 157. Im Allgemeinen haben Versuche, die Cementmasse für Sculpturen und architectonische Zwecke zu färben, kein günstiges Resultat geliefert, indem sich ergeben, daß sich weder reine Farbentöne hervorbringen lassen, noch daß dies ohne bedeutende Verminderung der Festigkeit der Cementmasse geschehen kann. Namentlich gilt dieses von der Methode, dem frisch angemachten Cementmörtel Farbenkörper in solcher Menge beizumischen, daß die Oberflächen später die gewünschte Färbung zeigen. — Es liegt auch in der Natur der Sache, daß reine, helle, lebhafte Farben niemals zu erzielen sind, da die schmutzige graue Farbe des Portland-Cementes dies nicht zuläßt. Durch das mit der verdunstenden Feuchtigkeit nach Außen geführte Kalkhydrat wird jede Farbe verwischt und zum großen Theil überdeckt.

Ferner verbieten sich alle Farben, welche nicht sehr billig sind; alle, welche durch die stark alkalische Reaction des Cementes verändert werden, und alle, welche nachtheilig auf die Bindekraft des Cementes einwirken.

Hierzu sind zwei verschiedene Methoden in Anwendung gekommen.

§. 158. Nach dem einfachern Verfahren wird die fertige Farbe mit dem Cementpulver gemischt.

Hierzu sind folgende Farben in Anwendung gekommen:

Für Weiß ist Barytweiß (Blanc fixe) am meisten zu empfehlen.

Für Roth Caput mortuum, für gelbe und braune Farben die Okerarten; diese Farben sind matt und beeinträchtigen außerdem die Festigkeit beträchtlich.

Für Blau und Grün blauer und grüner Ultramarin, welche jedoch erst bei Anwendung von 1 Theil Farbe und 2 Theilen Cement lebhafte Farben geben, dabei aber die Festigkeit des Cementsteins sehr gefährden und sehr theuer sind.

Für Schwarz hat man Frankfurter Schwarz anzuwenden versucht, aber gefunden, daß dies die Bindekraft und Festigkeit des Cements in hohem Grade beeinträchtigt.

Für Schwarzbraun hat man mit Mangansuperoxyd oder mit aus kohlensaurem Manganoxydul dargestellten Oxyduloxyd ziemlich günstige Resultate erzielt. Auf 3 Theile Cement werden 2 Theile Manganoxyd genommen. Diese Farbe wirkt, besonders wenn aus natürlichem Superoxyd bereitet, nicht gerade ungünstig auf die Festigkeit; auch ist dieselbe nicht zu kostspielig, um in so starken Verhältnissen immer noch angewendet werden zu können.

Am schönsten werden alle mit den erwähnten Farben hergestellten Gegenstände, wenn sie nach einiger Zeit mit Wasserglas bestrichen werden.

§. 159. Bei dem zweiten Verfahren wird der Cement mit einer Salzlösung angerührt, dann wird er in die Lösung eines anderen darauf reagirenden Salzes gelegt oder mit der Lösung des letzteren geschliffen. Dieses Verfahren ist von sehr beschränkter Anwendung, weil die meisten Salze das Erhärten beeinträchtigen.

Als anwendbar haben sich besonders Eisen- und Manganvitriol zum Anrühren und saures chromsaures Kali zum Schleifen erwiesen. Auf diese Weise wird eine sehr billige dunkelbraune Färbung erzielt.

Um eine Marmorirung herzustellen, gießt man auf eine geölte Spiegelplatte verschieden gefärbte Cemente und rührt solche in geeigneter Weise durcheinander. —

Meistens beschränkt man sich auf Anstriche mit Oelfarbe oder
reochromatische Färbung, um den Zweck ohne die oben erwähnten
achtheile zu reichen.

§. 160. Die stereochromatischen Anstriche sind ohne Zweifel die
uerhaftesten, aber ebenso wie Oelanstriche für viele Zwecke zu kost-
ielig, um in allgemeinere Verwendung zu kommen. Ganz billige,
n stereochromatischen an Dauerhaftigkeit vollkommen gleiche Anstriche
rden dadurch erlangt, daß den trockenen Farbkörpern ein gleiches
olumen feinst pulverisirten gerösteten Chalcedons (Feuersteins) bei-
mengt, diese Mischung mit dünner Kalkmilch angerührt, und auf
e frischen Oberflächen der Cementarbeiten aufgetragen wird. Wenn
r flüssigen Farbe etwas Wasserglas beigemengt wird, haftet der
nstrich noch besser. Das durchscheinend hellgraue Pulver des ge-
steten Chalcedons hat eine so geringe Deckkraft, daß die Farben
rch dessen Beimengung kaum verändert werden. Selbstredend dürfen
r ächte gegen Alkalien unempfindliche Mineralfarben hierzu ver-
ndet werden. Der Widerstand dieser Anstriche gegen atmosphärische
nflüsse ist so vollständig, wie der des Cementgusses selbst, ein Ab-
ättern findet nicht statt, dabei ist der Ton dieser Anstriche sehr an-
nehm durchscheinend und den ästhetischen Gesetzen der Architectur
d Sculptur entsprechend. Wandflächen von schöner Wirkung er-
ngt man durch Auftragen einer Mischung von sehr fein pulverisirtem
armor und Chalcedon zu gleichen Theilen, besonders wenn dieser
schung etwas Chromoxydgrün zugesetzt wird, wodurch der Ton des-
ben schwach zur Geltung kommt. Der Anstrich muß stets kurz
ch dem Abbinden des Cements aufgetragen und die Technik so ge-
ndhabt werden, daß möglichst ein Anstrich genügt, um die gewünschte
rbe zu erreichen. Sollte dies nicht gelingen, so muß der zweite
nstrich mit der in verdünnter Wasserglaslösung vertheilten Farbe
macht werden. Dabei muß die Arbeit während der ersten acht Tage
ch Vollendung reichlich naß gehalten werden, um den Auftrag mit
r Cementmasse auf das Innigste zu verbinden.

§. 161. Soll der aus Portland-Cement hergestellte Wandputz
er Estrich mit einem dauerhaften Oelfarbeanstrich versehen werden,
empfiehlt es sich — besonders an solchen Stellen wo der Cement-
tz oder Belag atmosphärischen Einflüssen ausgesetzt ist — mehrmals
t 8 bis 14 tägigen Pausen) mit einer verdünnten Wasserglaslösung
überstreichen. Durch diese wenig kostspielige Operation ist die
mentfläche auf die vorzüglichste Weise für einen Oelfarbeanstrich
rbereitet. Da das verdünnte Wasserglas bedeutend leichter, als

eine concentrirte Lösung von der Kohlensäure zerlegt wird, so ist es zu empfehlen, das 3 bis 4 fache Volumen Wasser zuzusetzen; bevor man aber mit dieser Lösung zum 2ten und 3ten male anstreicht, muß das Alkali mit reichlichem Wasser entfernt werden.

§. 162. Gewöhnlich wird zur Herstellung eines Oelfarbeanstrichs auf Cement die Oberfläche des Verputzes mit sehr verdünnter Salzsäure (besser ist Schwefelsäure) abgewaschen, um die häufig sich zeigenden Flecke zu entfernen und man glaubt, — nicht ohne Grund — nur dann erfolgreich die Arbeit ausführen zu können, wenn die ganze Verputzfläche eine gleichmäßige Farbe zeige. Diese hellen, von den Maurern mit „Salpeter" bezeichneten Flecken, bestehen häufig aus geringen Mengen freien kohlensauren Kalks, — namentlich in Folge nicht ganz gleichmäßiger Zertheilung und mangelhafter feinster Zerkleinerung des rohen Kalkmaterials — öfters aber auch aus den wirklichen Ausblähungen von salpetersauren Salzen der Mauer, die namentlich dann hervortreten, wenn der Verputz im Frühjahr auf die noch winterkalten Mauerwände aufgetragen wurde. Durch die Waschungen mit Säuren werden diese Ueberzüge mit kohlensaurem Kalk und Salzen entfernt und zugleich bei solchem Verputz, der mit zu geringem Sandzusatz hergestellt wurde und eine zu glatte Oberfläche bekommen hat eine feinkörnige Rauheit der Fläche bewirkt, auf welcher der Oelanstrich besser haftet.

§. 163. Paul Loeff*) empfiehlt zu diesem Zweck kohlensaures Amoniak. Wird der etwa 20 Tage alte Verputz mit einer Auflösung von ca. 100 Gramm dieses Salzes in 10 Liter kaltem, höchstens lauwarmen Wasser bestrichen, so erscheint die Fläche nach dem Abtrocknen in einer gleichmäßigen hellgrauen Farbe und soll nun zur Aufnahme eines Oelfarbenanstrichs sehr gut vorbereitet sein.

---

## XXVII.

## Von der Bereitung des Béton$s$ (Grob- oder Grundmörtels).

§. 164. Durch den französischen Ausdruck Béton (englisch Concrete) bezeichnet man nichts anderes als ein Gemenge von hydraulischem Mörtel und zerschlagenen Steinen, welches die Eigenschaft hat,

---

*) P. Loeff, Entwürfe zum Bau von Kalk-, Cement-, Gyps- und Ziegelbrennereien. Leipzig, 1873. S. 99.

unter Wasser und an feuchten Orten zu einem förmlichen Conglome-
rate zu erhärten. Der Béton vertritt die Stelle des gewöhnlichen
Mauerwerks 1) wo gewöhnliches Mauern nicht thunlich ist, z. B. unter
dem Wasser; 2) wo größere Cohäsion oder Wasserdichtigkeit als die
des gemeinen Mauerwerks erfordert wird, so z. B. bei Fundirungs-
betten auf ungleichem Grund*) oder für ungleich belastende Bauwerke,
bei Verkleidungen von Wasserbehältern u. s. w.; endlich, jedoch wohl
selten 3) aus blos ökonomischen Rücksichten. Es ist klar, daß in jedem
dieser Fälle auf die besondere Bestimmung des Bétons in seiner Zusammensetzung Rücksicht zu nehmen ist.

Was die Zusammensetzung des Bétons betrifft, so sind dabei
manche Bedingungen zu berücksichtigen; der Mörtel muß die Eigenschaft haben, daß er unter Wasser erhärtet; die Steine müssen von
der Größe sein, daß sie bei jeder zufälligen Schüttung eine möglichst
geschlossene Lage annehmen, und endlich muß zwischen dem Mörtel
und den Steinen das richtige Verhältniß gewählt sein, damit alle
Fugen wirklich mit Mörtel gefüllt und dennoch die Steine in nicht
zu großer Entfernung gehalten werden.

Bei der Wahl der Steine sehe man auf Härte, Zähigkeit, Rauheit des Bruchs und Scharfkantigkeit der Bruchstücke. Man zerschlage
sie wie für die Chausseen in kleine Stücke von 4 bis 6 Centimeter
größter Dimension; da sich sonst bei der gewöhnlichen specifischen
Schwere der Materialien der Béton allzu leicht entmischt, indem die
größern Fragmente an dem Fuß der aufgehäuften Bétonmasse sich an-
sammeln, während der Mörtel auf dem Gipfel liegen bleibt. Geschlagene Steine sind abgerundetem Flußkies und porösen Steinen
von muscheligem oder sandigem Bruche vorzuziehen. Ein Haupterforderniß aber ist ihre Reinheit; schmutzige, staubige, wenn auch sonst
noch so vortreffliche Steine sind durchaus unbrauchbar, da sie sich
nur höchst unvollkommen mit Mörtel verbinden. Die Steine müssen
vor ihrem Gebrauch in das Wasser getaucht werden, einmal, damit
sie gereinigt werden, und sodann, damit sie dem Mörtel nicht so schnell
seine Feuchtigkeit entziehen und dadurch seine vollständige Erhärtung
beeinträchtigen.

Ueber den hydraulischen Mörtel wurde früher das Erforderliche
mitgetheilt, hier ist nur zu bemerken, daß zu einem Theil Kalk in

---

*) Durch Anwendung des Bétons kann man eine künstliche Grundlage her-
stellen, die dichter und weniger preßbar ist, als der gewachsene härteste Boden;
eine Lage, die durch ihren starken Zusammenhang den besten Schwell- oder Pfahlrost vertritt.

der Regel 2—3 Theile Sand kommen. — Um das Mischungsverhältniß zwischen den Steinen und dem Mörtel zu bestimmen, ermittelt man die wirkliche Größe des Cubikinhaltes der Zwischenräume
zwischen den Steinen; zu diesem Zweck füllt man einen großen wasserdichten Kasten, dessen kubischen Inhalt man kennt, mit den benetzten
Steinstücken an und beobachtet, wie viel Wasser man hineingießen
kann, bis dasselbe den Rand des Gefäßes erreicht. Die beobachtete
Wassermenge giebt die nöthige Mörtelmenge an. Da indeß in dem
fertigen Béton die Steine durch den Mörtel verhindert werden, eine
ebenso dichte Lage anzunehmen wie in dem Kasten, so sind die Zwischenräume bedeutend größer und man muß deshalb einen Zuschlag von
Mörtel geben. Bei zerschlagenen Steinen, wo der Inhalt der Zwischenräume durchschnittlich 0,47 ist, muß man etwa 0,59 oder 0,60 Mörtel
rechnen, um einen guten Béton zu erhalten. Die Mischungsverhältnisse werden am besten durch directe Versuche bestimmt.

§. 165. Nachstehend einige Zusammensetzungen von Béton:
Bei dem Bau der Offenburger Kinzigbrücke nahm man:

| | | | | | |
|---|---|---|---|---|---|
| 3 | Theile | schwach hybraul. Kalk, | sobann 3 | Theile | Kalk, |
| 2 | „ | Traß | 1 | „ | Traß, |
| 7 | „ | Sand | 5 | „ | Sand, |
| 14 | „ | zerschlagene Steine | 16 | „ | Schotter. |

Diese 25 Theile gaben 18 Theile Béton.

Bei dem Rheinbrückenbau zu Kehl hielt man von den vielen
Versuchen zur Fabrikation des Bétons folgende Mischung fest:

0,265 Raumtheile Cement von Sentheim,

0,390 Rheinsand,

0,745 Rheinschotter,

1,400

Man erhielt davon nur einen Cubikmeter Béton, der augenblicklich haftet, an der Luft in 30 Minuten zu Stein erhärtet und
in hölzernen Formen schon nach 10 Minuten künstliche Quabern von
den reinsten Kanten lieferte.

Bei dem Bau der Brücke zu Morbouó nahm man:

6 Theile hybraulischen Kalk,

12 „ Sand,

11 „ Kieselsteine,

4,75 „ Wasser,

und erhielt 15,5 Theile Mörtel und 23,5 Theile Béton.

Diese 23,5 Theile Béton gingen durch das Versenken mittelst
keiner Kasten in 19 Theile zusammen.

In London nimmt man zu 100 Cub.-Fuß Béton 96 Cub.-Fuß Geschiebe, 48 Cub.-Fuß Sand, 12½ Cub.-Fuß Kalk und 16 Cub.-Fuß Wasser.

Bei den größern Staatsbauten in Frankreich nimmt man zu 1 Cub.-Meter Béton:

|  |  | Cub.-Meter |  |
|---|---|---|---|
| Gelöschter Kalk | . . . . . . . . . . | 0,19 | 0,58 |
| Sand und Puzzolane | . . . . . . . | 0,39 | |
| gemahlener Mörtel | . . . . . . . . | 0,48 | 1,21 |
| geschlagene Steine | . . . . . . . . | 0,73 | |
| Béton (in den Versenkkisten gemessen) | | | 1,00 |

Bei der Bereitung des Bétons wird unter einem Wetterdach oder Schuppen zuerst der hydraulische Mörtel entweder in Mörtelpfannen mit Hülfe der Schaufel und Krücke bereitet, oder bei großem Bedarf, indem man sich der Thon- oder Göpelmühle Figg. 47—49. und 50 u. 51. bedient.

§. 166. Das Durcheinanderarbeiten des Mörtels und der Steine geschieht in der Regel ebenfalls in Mörtelpfannen und muß so lange fortgesetzt werden, bis alle Steine mit Mörtel umhüllt sind und die Masse eine durchaus gleiche Farbe zeigt. Die Mengung der Bestandtheile des Bétons wird auch noch auf andere Arten bewerkstelligt.

In Frankreich bedient man sich sehr häufig eines sog. Schlotes (Fig. 63.), der zum ersten Mal von B. Krantz bei dem Hafenbau von Algier angewandt wurde; es ist dies ein aus Brettern gefertigter senkrechter oder wenig geneigter Schlauch, in welchem in verschiedener Höhe gegeneinander vier ebenfalls aus Brettern hergestellte schiefe Ebenen angebracht sind, um die von oben eingefüllten Steine und Mörtel, indem sie durch den Schlot heruntersinken, untereinander zu bringen. Sie erfüllen diesen Zweck

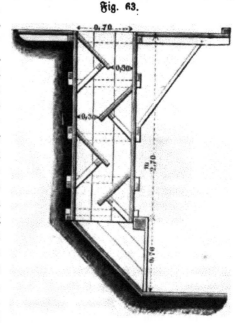

Fig. 63.

so vollkommen, daß der unten herausgezogene Béton in Hinsicht auf Mengung bei einiger Aufmerksamkeit im Einfüllen nichts zu wünschen übrig läßt. Die Steine und der Mörtel werden in dem vorgeschriebenen Mischungsverhältniß (etwa von 3:2) in paarweise auffahrenden (ungleich großen) Schiebkarren an die obere Mündung geschafft, an dem Rand derselben ausgeschüttet und von 2 Arbeitern gleichzeitig in den stets vollgehaltenen Schlot geschaufelt. Sehr zweckmäßig ist es, wenn die Steinkarren dabei einen rostartigen aus Latten oder Eisenstängchen zusammengesetzten Boden haben, der allen etwaigen Unrath durchfallen läßt; auch ist es sehr gut, wenn sie vor ihrer Entleerung mit einem oder zwei Kübeln Wasser beschüttet werden, eine Vorsicht, die bei trocknem Wetter in allen Fällen zu empfehlen ist.

§. 167. Ein anderer Mengungsapparat, welcher bei den Festungsbauten in Paris angewendet wurde, ist durch die Figg. 64. und 65. veranschaulicht. Eine etwas konische hölzerne Tonne ist an eine eiserne Achse befestigt, welche horizontal auf zwei Lagern ruht. Diese Tonne,

Fig. 64.

Fig. 65.

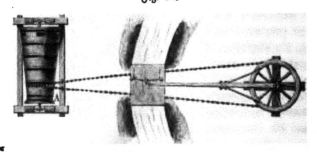

in ihrem Innern mit eisernen Spitzen versehen, wird durch einen Pferdegöpel in Umdrehung gesetzt. An dem weitern Ende der Tonne ist ein Boden. Der Mörtel und die Steine werden an der Mündung A der Tonne eingesetzt und durch das Drehen derselben vermengt; nach fertiger Vermengung wird der Béton durch die über dem Boden angebrachten verschließbaren Oeffnungen herausgelassen.

Ein sehr einfaches Verfahren der Mengung der Bestandtheile des Béton ist endlich das Hin- und Herziehen der Masse auf einem ebenen Bretterboden mit Hülfe von Schaufeln und Krücken oder Mörtel-hacken; man bildet zuerst ein Lager von Mörtel, etwa für einen Cub.-Meter Béton; über dieses Lager spreitet man die nöthige Menge Steine und wirft den Haufen mit der Schaufel auf, breitet ihn sodann mit der Hacke wieder aus, wirft ihn wieder auf und so fort, bis die Mischung vollendet ist.

§. 168. Der Constructeur Lepaitre in Paris hat eine neue Bétonmaschine hergestellt, welche sowohl in ökonomischer Beziehung wie auch rücksichtlich einer guten Vermischung der Materialien vor-treffliche Resultate geliefert hat. Sie ist in Fig. 66. einem senkrechten Durchschnitt nach der Achse des Cylinders, Fig. 67. und 68. zwei Endansichten dargestellt, besteht aus einem hohlen Blechcylinder A, der an beiden Seiten offen ist und durch den eine Achse E geht, deren Enden außerhalb des Cylinders in Lagern F ruhen, welche ihrerseits an Querhölzern befestigt sind, die einen Theil des Gerüstes ausma-chen, das den ganzen Apparat umschließt und ihn trägt.

Der Cylinder und seine Achse sind durch die Stäbe f f, die auf einem Ende der Welle befestigt und am andern Ende mit dem Cylin-der verbolzt sind, miteinander vereinigt. An der innern Fläche des Cylinders sind Schaufeln in schräger Stellung angebracht. Mittelst einer an der Welle b befestigten Kurbel a, des Getriebes d und des Rades D kann dem Cylinder eine anhaltende Umdrehungsbewegung mitgetheilt werden. Da diese Bewegung in der durch die Pfeile in Figg. 67 und 68 angegebenen Richtung stattfindet, und wenn wir annehmen, daß eine gewisse Quantität der Materialien, aus denen der Béton gemacht werden soll, mit der Schaufel in das Ende des Cylinders bei t geworfen wird, so werden diese nach einem mit dem Cylinder gemeinschaftlich durchlaufenen Bogen durch die Schwere gegen die untere Erzeugungslinie getrieben, was durch die gleichzeitig glei-tenden und rollenden Bewegungen so lange fortgesetzt wird, bis sie an die Schaufel s stoßen, die eine andere Neigung als die Cylinder-wand hat, und die Materialien in ähnliche Bewegungen wie die vorigen, jedoch in anderer Richtung, versetzt, während sie in der Richtung der Cylinderachse einen Weg zurücklegen, welcher gleich ist der Projection der schrägen Schaufel.

Wenn die Materialien diese Schaufel verlassen haben, so nehmen sie dieselbe Bewegung an, die wir am Anfange vorausgesetzt, und nachdem sie einen Bogen u v (Fig. 67. und 68.) zurückgelegt, stoßen sie auf eine neue Schaufel o, welche wie die früheren s die Masse um eine ihrer Projection gleiche Länge vorschiebt. Bei Fortsetzung derselben Bewegung wird die Mischung nothwendigerweise durch die Schaufeln s, o, r, n, q, m und p zu dem Ausgange des Cylinders geführt, worauf der Béton entweder auf einem dazu hergerichteten Boden, oder in Karren und Eimer oder endlich auf seinen Bestimmungsort fällt.

Was die für die Umdrehung des Cylinders erforderliche Kraft betrifft, so kann ein Mann ohne Anstrengung die Kurbel den ganzen Tag drehen. Gewöhnlich werden mit diesem Apparate in einem Arbeitstage von 10 Stunden 70 Cub.-Meter Béton erzeugt, wenn die Materialien mit der Schaufel in den Cylinder geworfen werden. Bei dem Bau des neuen Opernhauses in Paris hat man mit einer solchen Maschine bis 10 Cub.-Meter Béton per Stunde angefertigt, doch ist es schwierig, eine solche Fabrikation fortzusetzen, da es an Platz gebricht, um Arbeiter genug zum Einschütten der Materialien in den Cylinder anzustellen.

Die Mischung des Bétons erfolgt bei dieser Maschine sehr vollkommen, weil die Arbeiter die Materialien nicht mehr in Masse vorschieben können, wie bei den frühern und namentlich den senkrechten Bétonmaschinen, wo dieselben oft an dem untern Ende der Maschine nicht gehörig gemischt ankamen; bei der beschriebenen horizontalen

Fig. 66.

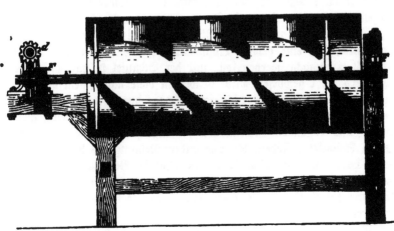

Bétonmaschine, sind im Gegentheil die Arbeiter genöthigt, die Materialien schaufelweise einzuwerfen, was einen Anfang Vermischung bewirkt.

Fig. 67.

Die Zahl der zum Einwerfen der Materialien verwendeten Arbeiter ist bei der horizontalen Maschine dieselbe als bei der senkrechten, indessen sind sie gezwungen, mit der Schaufel eine bessere Arbeit zu liefern, als bei dem Vorschieben in Masse, was bei der senkrechten Maschine schwer zu verhindern ist. Die Kosten der Triebkraft betragen, wenn 1 Mann 70 Cub.-Meter Mörtel anfertigt, per Cub.-Meter nur circa 5 Centimes.

§. 169. Nachdem der Béton gemengt ist, so kommt es darauf an, ihn auf die Sohle der Baugrube zu versenken. Eine wesentliche Bedingung dabei ist die, daß der noch weiche Béton möglichst wenig

Fig. 68.

mit dem Wasser in Berührung kommen und noch weniger von einem heftigen Strom getroffen werden soll, denn ein solcher würde die Kalktheilchen des Mörtels ausspülen und sonach ein späteres Erhärten der Masse unmöglich machen. Diese Bedingung erfordert vor Allem ein ruhiges Wasser über der Baugrube, weshalb dieselbe, wenn sie nicht schon von einem Fangdamm umgeben ist, durch eine solche Wand, welche wenigstens das heftige Durchströmen des Wassers verhindert, geschützt sein muß. Würde man den Béton durch das Waſſer frei herabfallen laſſen, ſo würde er ebenfalls ausgeſpült werden, es iſt dies ſonach ganz unzuläſſig. —

Das Verſenken des Bétons muß entweder mit einem trichterförmigen Kanal geſchehen, der bis zur Oberfläche der darzuſtellenden Bétonlage herabreicht; oder es kann in Kaſten bewirkt werden, die langſam herabgelaſſen, und wenn ſie dicht über dem Boden ſchweben, umgekehrt oder auf eine andere Art entleert werden. Wird der Béton in Trichtern verſenkt, ſo müſſen dieſe auf einer feſten Rüſtung aufgeſtellt ſein und, wie erwähnt, bis zur Oberfläche der zu bildenden Schicht herabreichen; ſchüttet man alsdann den Béton hinein, ſo wird derſelbe unter dem Trichter eine abgeſtutzte Pyramide bilden; deren obere Grundfläche mit der untern Oeffnung des Trichters übereinſtimmt und deren Seitenflächen der Böſchung entſprechen, welche der Béton unter Waſſer annimmt. Hat der ſo begrenzte Körper ſich gebildet, ſo hört das weitere Ausfließen des Bétons aus dem Trichter auf und nur wenn letzterer verſchoben wird, ſo ſtellt ſich auf's Neue eine Anſchüttung dar und dehnt den pyramidalen Körper in derjenigen Richtung weiter aus, wohin der Trichter verſchoben wurde. Auf ſolche Art läßt ſich durch das Fortfahren des Trichters auf einer horizontalen Bahn ein ganzer Streifen Béton quer über die Baugrube darſtellen, und wenn man hierauf wieder die ganze Bahn ſoweit ſeitwärts ſchiebt, daß die untere Mündung des Trichters von der Oberfläche des bereits dargeſtellten Streifens vortritt, und man läßt nunmehr wieder den Trichter langſam ſich über die Bahn bewegen, ſo legt ſich ein zweiter Streifen neben den erſten, und auf dieſe Art kann man die ganze Sohle der Baugrube nach und nach bedecken oder die ganze Bétonlage regelmäßig darſtellen. Der Abſtand des Trichters von dem Boden der Baugrube giebt die Stärke der Bétonlage. Soll die Bétonlage eine größere Stärke als 1 und 2 Meter erhalten, ſo wird ſie nicht auf einmal dargeſtellt, ſondern in zwei Schichten, wovon jede die halbe Stärke hat. Dabei müſſen die obern Schichten ſo angeordnet werden, daß eine Art von Verband ſtattfindet. Hat die Baugrube keine größere Breite als 10 Meter, ſo kann man leicht zu beiden Seiten derſelben, und zwar ihrer Länge nach, Pfähle einrammen und darauf eine horizontale Bahn legen; der Trichter ruht auf einem Wagen und läßt ſich auf dieſem ebenfalls hin- und herbewegen.

Iſt die Breite der Baugrube ſo bedeutend, daß die Wagen, worauf die Trichter gehen, ſich nicht mehr gegen ein ſtarkes Einbiegen ſichern laſſen, ſo muß man entweder den Trichter auf Fahrzeuge legen oder zur Verſenkung des Bétons mit Bétonkaſten ſeine Zuflucht nehmen.

Bei den Trichtern ist noch zu bemerken, daß sie immer bis über die Oberfläche des Wassers mit Béton angefüllt bleiben müssen, damit einestheils der gehörige Druck auf den eben versenkten Béton ausgeübt wird und anderntheils auch das Material, während es in die Trichter geschüttet wird, nicht durch das Wasser hindurchfällt. Zur ersten Füllung des Trichters bedient man sich entweder einer einfachen Rutsche oder eines engern aus Dielen zusammengenagelten Kanals. An der untern Mündung des Trichters sind zwei Walzen angebracht, diese dienen dazu, den versenkten Béton zu comprimiren und zu ebenen, und zwar kommt bei der abwechselnden Bewegung des Trichters jedesmal die Walze in Wirksamkeit, welche dem Trichter folgt. — Im Allgemeinen zeigt die Versenkung des Bétons mit dem Trichter keine besondern Nachtheile und ist für die meisten Fälle zu empfehlen.

Die Versenkung des Bétons in Kasten ist ebenfalls sehr einfach, allein sie hat den Nachtheil, daß der Béton sich nicht eben in der Baugrube ablagert, sondern mit eigenen Vorrichtungen wieder ausgeglichen werden muß.[*]

§. 170. Bei Versenken des Bétons in Kasten ist die erste Bedingung die richtige Stellung des (mit luftdichten Fässern flott gemachten) Arbeitsfloßes. Am zweckmäßigsten verfährt man, wenn man den Arbeitsfloß behufs der Steuerung an zwei unter rechten Winkeln über die Baugrube gespannten Seilen befestigt und dann, um mit dem Bétonschütten in einer der Ecken der Baugrube zu beginnen, reihenweise vorwärts rückt und eine Stelle nicht eher verläßt, als bis die Bétonschicht ihre vorgeschriebene Mächtigkeit erlangt hat. Um möglichst bald an die verlassenen Stellen zurückzukommen, sind die Reihen nach der Breite, nicht nach der Länge der Gruben anzulegen. Die Kasten sind mit Löchern versehen, um beim Eintauchen dem Wasser von unten Eintritt zu verschaffen; auch müssen sie von oben langsam niedergelassen werden, damit nicht das Wasser über ihnen mit Gewalt zusammenschlägt und den Mörtel ausspült. Eine weitere wesentliche Vorsicht ist, den auf den Grund gelassenen Kasten in derjenigen Richtung umzuwenden, daß beim Ueberschlagen ihre obere Mündung sich gegen den bereits liegenden Béton kehrt, weil sonst der herausfallende Béton über die Böschung des an Ort und Stelle liegenden ältern hinuntergleitet und sich gleichfalls verwäscht.

---

[*] R. Becker, allgem. Baukunde des Ingenieurs. Stuttgart 1853. S. 46—50 u. S. 229—230. 3. Aufl. 1865. S. 49—52 u. S. 306—309.

— Welche Vorsicht man aber auch nehmen mag, immer geschieht es, daß sich ein Theil des im Mörtel enthaltenen Kalkes ausspült und im Wasser suspendirt, welches, wenn es in der Baugrube stagnirt, sich bald mehr oder weniger milchweiß trübt, und sofort einen dünnen feinen, hefenartigen Niederschlag absetzt, der niemals erhärtet und, wo er sich mit dem Béton mengt, auch das Erhärten des letztern verhindert und namentlich seine spätere Wasserdichtigkeit im höchsten Grade auf das Spiel setzt. Schon mehr als eine Bétongründung ist mißglückt, weil man die schädliche Wirkung dieses Niederschlags zu bekämpfen versäumte. Es ist deshalb wesentlich, mit großer Regelmäßigkeit zu verfahren und gegen Mitte und Ende der Operation hauptsächlich an denjenigen Orten, wo die Form der Baugrube das Entweichen der Hefe unter dem Gewicht des ausgeschütteten Bétons nicht gestattet, dieselbe mit Handbaggern und an Stangen befestigten leinenen Netzen fortwährend zu entfernen.

Die zum Einsenken der Kasten erforderliche Mannschaft besteht gewöhnlich aus 2 Versenkern und 5 oder 6 Arbeitern an den Kurbeln der Versenkwelle, könnte aber mittelst eines an der letztern anzubringenden Bremserades wohl auf die Hälfte verringert werden. — Wird der Béton, wie dies im Allgemeinen zulässig und räthlich scheint, im Accord fabricirt, so wird die Abrechnung am besten auf die Zahl der eingesenkten Kasten gegründet.

Kann der Béton außerhalb des Wassers verwendet werden, so vereinfacht und erleichtert dies natürlich die Operation bedeutend, aber ein großer, wiewohl .schon mehrfach begangener Fehler wäre es, dieselbe durch theilweises Ausschöpfen der Baugrube erleichtern zu wollen. Kann letztere nicht vollständig trocken gelegt werden, so ist es, wenn schon einmal Wasser geschöpft werden will, — so sehr dies auch paradox erscheinen mag — viel klüger gehandelt, Wasser in die Grube hinein- als solches herauszuschöpfen, denn während man im ersten Fall hoffen kann, etwaige natürliche Quellen zu ersticken, ist man im letztern nahezu gewiß, daß man solche künstlich hervorruft. Und welch' höchst verderblichen Einfluß Grundwasser auf frischen Béton ausüben muß, ist in die Augen springend.*)

Bei dem Baue der großen Jll-Schleuße bei Straßburg wurde auf folgende Art verfahren: Eine leichte Rüstung mit einer horizontalen Winde wurde über die rechteckige Oeffnung eines Floßes ge-

*) W. Nörblinger, über Bétonbereitung in der Eisenbahnzeitung 1847. Nr. 14.

stellt, mit dieser Winde konnte ein Kasten herabgelassen werden, der jedesmal mit einem Zehntel Cub.-Meter Béton angefüllt war. Nach dieser Füllung wurden die beiden untergelegten Walzen, welche bisher den Kasten trugen, herausgezogen und der letztere soweit langsam herabgelassen, bis er auf der Sohle der Baugrube, oder auf dem schon früher versenkten Béton aufsaß. Nunmehr drehte man die Winde um 90 Grad rückwärts, damit Raum genug vorhanden war, um den Kasten um seine Achse drehen und somit ausleeren zu können. Dieses Drehen geschah mit einer dünnen Leine. Bei der nächsten Versenkung wurde die Welle um die Länge des Kastens verschoben und es bildete sich sonach unter der Oeffnung im Floße ein ähnlicher Streifen wie bei der Anwendung des Bétontrichters. Jedesmal nach Beendigung eines Streifens wurde der Floß verfahren, ein weiterer Streifen versenkt und somit nach und nach eine Schicht gebildet.

§. 171. Bei Versenkung kleiner Bétonmassen und bei weniger beträchtlichen Wassertiefen lohnt es sich nicht immer, einen Trichter anzufertigen und dafür eine Laufbahn zu construiren. Hier kann man den Béton auf geneigten Pritschen in die Baugrube mittelst hölzernen Krücken herabschieben. Ist der Béton an dem Fuße der Pritsche angekommen und hat die Lage ihre gehörige Stärke, so schiebt man die erstere sanft zurück und läßt immer neue Bétonmassen nachrutschen. Die Abebenung des Béton geschieht mit Krücken und flachen Stampfern.

Bei der Isère-Brücke, unweit Grenoble, hat Toni Fontenay eine billige Methode der Bétonschüttung angewendet. Unter einem Pfeiler mußte der Béton 5 Meter stark geschüttet werden. Die Baustelle wurde mit eingerammten Pfählen umgeben, gegen welche Bretterwände gelehnt. Auf einem, 45 Grad geneigt, in die Baugrube gestellten Brettergerüste wurde der Béton karrenweise eingeschüttet. Als die Schüttung an dem einen Ende der Grube über Wasser trat, wurde die schräge Böschung dieser ersten Bétonschicht an Stelle jenes Gerüstes zum Hinunterschieben benutzt. Dabei wurde so rasch geschüttet, daß zusammenhängende Massen entstanden. Die Schüttung ist vollkommen ausgefallen, das Wasser wurde kaum vom Béton getrübt. —

Schließlich muß noch erwähnt werden, daß sowohl bei Versenkung des Bétons mit Trichter wie mit Kasten manche Stellen in einer Baugrube entweder gar nicht erreicht werden können, oder einige Vertiefungen in der Oberfläche des Bétons bleiben; diese Stellen müssen nachträglich ausgefüllt werden, wozu man sich gewöhnlich der sogenannten Hand-Bétonpfannen bedient; dies sind aus Eisenblech angefertigte Kästchen, welche mit einer hölzernen Stange herabgelassen und, auf dem Béton angelangt, durch Anziehen einer dünnen Leine ausgeleert werden. —

§. 172. Bei Brücken-, Hafen- und Schleußen-Bauten, überhaupt bei Gründungen unter Wasser, ist Béton ein unschätzbares Material. Es mag ein Grund, worauf gebaut werden soll, irgend wie beschaffen sein, so braucht man dadurch nicht verlegen zu werden. Durch Anwendung des Bétons kann man eine künstliche Grundlage herstellen, die dichter und weniger preßbar ist, als der gewachsene härteste Boden; eine Lage, die durch ihren starken Zusammenhang den besten Schwell- oder Pfahlrost vertritt; der Béton wird deshalb bei Wasserbauten in neuerer Zeit allerwärts mit Erfolg verwendet.

In England ging man so weit, ganze Mauern, welche an die See stoßen, aus Béton (Concrete) herzustellen.

Architect Th. Cooper aus Brighton machte den Vorschlag, die ganze Mauer der östlichen Klippe zu Brighton aus Concrete in einzelnen Theilen zu gießen, und zwar in derselben Weise, wie der Pisébau in Frankreich seit undenklichen Zeiten ausgeführt wird. Hierauf folgte Ranger, der in zerlegbaren hölzernen Formen gewöhnliche Mauersteine und auch größere Blöcke aus Concrete machte. Der Admiralitäts-Architect Taylor hatte ferner den Gedanken, die größten Kais- und Schiffswerftmauern aus den künstlichen Steinen nach Ranger's Methode aufbauen zu wollen. Er führte seine Idee aus, nur daß er, was unerläßlich war, die der See ausgesetzte Seite seiner Mauern in den Docks mit Granit bedeckte und schützte.

Nach allen Erfahrungen kommt man übrigens zu dem Schlusse, daß Béton oder Concrete wohl zu Grundmauern ein vorzügliches Baumaterial ist, daß er aber für alle Frontmauern, die der Wirkung des Wassers, der Ebbe und Fluth ausgesetzt sind, verworfen werden muß. —

§. 173. Den verdichteten Béton (Bétons agglomérés) erzeugt man nach dem Verfahren von Fr. Coignet in St. Denis bei Paris als eine sehr feste plastische Masse oder als teigartiges Pulver, das man in dünnen Schichten in hölzerne Formen gießt und dann durch Stöße von einem harten und schweren Körper einem kräftigen Drucke aussetzt. Die Formen sind aus beweglichen Wänden gebildet, die mittelst äußerer eiserner Stangen, deren Enden mit Schrauben und Schraubenmuttern versehen sind, miteinander verbunden werden.

Jede Form wird nach ihrem Füllen auseinandergenommen und an einer andern Stelle wieder zusammengesetzt, denn der auf diese Weise angefertigte Béton ist so fest, daß er die angenommene Form beibehält. Nach Verlauf einer gewissen Zeit, je nach der Temperatur von einem bis zu drei Tagen, hat die Masse die Festigkeit des Steins angenommen und ist im Stande, allen Witterungseinflüssen Trotz zu bieten. Die Widerstandsfähigkeit dieses Bétons gegen das Herausreißen beträgt je nach seiner Composition mindestens 10 bis 20 Kilogr. per Quadratcentimeter; die rückwirkende Festigkeit kann nach den officiellen Versuchen, welche im Pariser Conservatoire des arts et métiers gemacht wurden, mehr als 500 Kilogr. per Quadratcentimeter erreichen.

Diese Widerstandsfähigkeit, welche viel größer ist als bei den gewöhnlichen Bétons, hat ihre Ursache in den eigenthümlichen Fabrikationsweisen, bei denen die Verhältnisse des Wassers und des Kalkes, welche in der Regel nothwendig sind, um auf praktische Art die Mischung der den Béton bildenden Massen zu bewirken, wesentlich modificirt worden. In der That haben die jetzigen Methoden bei dem Zerstoßen des Bétons die Folge, daß eine viel größere Wassermenge verwendet wird, als zur Sättigung des Kalks wirklich nothwendig wäre, und da diese größere Wassermenge von dem letztern nicht absorbirt werden kann, so setzt sie sich zwischen die Molecüle des Bétons, macht ihn unpreßbar und veranlaßt durch ihre Verdunstung leere Räume, die sich bei Regengüssen anfüllen und nach und nach die Trennung der Bestandtheile der Masse verursachen. Außerdem sind diese Methoden von der Art, daß sie einen größern Gebrauch von Kalk erheischen, weil es sonst unmöglich wäre, die Mischung des Kalkes und des Sandes auf praktische Weise zu bewirken. Nun kann aber keine größere Kalkmasse im Béton vorhanden sein, ohne daß der letztere von seinen wesentlichen Eigenschaften verliert, woher es denn auch kommt, daß ein vorher weicher, poröser und unter der Stampfe nachgebender Béton sich zusammenzieht und beim Binden und Trocknen Risse erhält.

Die Qualität des Bétons und des daraus hergestellten Mauerwerks hängt natürlicherweise von der Güte der verwendeten Stoffe und deren Mischungsverhältnissen ab. Besonders ist die gute Beschaffenheit des Sandes und Kalkes, dann die Vermeidung jeden Ueberschusses von Kalk und vor Allem von Wasser maaßgebend.

Aus 8 Theilen Lehmerde und 1 Theil Kalk erhält man schon ein ziemlich gutes Gußmauerwerk; mit 9 Theilen Fluß- oder Grubenfand, 1 Theil Ziegelmehl (und nicht absorbirtem Stein), 1 Theil Kalkteig ein für Zwecke des Hochbaues genügendes Mauerwerk.

Handelt es sich um Wasserbauten, so werden zu 7 Theilen Sand 1 Theil Ziegelmehl (und absorbirtem Stein) und 1 Theil Kalk beigesetzt, und soll das Mauerwerk von besonderer Härte sein, so wird $^1/_{36}$ des ganzen Volumens von hydraulischem Cement beigesetzt. Wird letzterer Beisatz auf $^1/_{15}$ vermehrt, so wird bei obiger Zusammensetzung die nöthige Härte für Trottoirs erreicht.

Das Zerstoßen dieses Bétons wird in zwei Operationen bewirkt; bei der ersten schüttet man allen Kalk, alle Puzzolane oder Cement und blos einen oder zwei Theile Sand, damit beträchtlich mehr Kalk als Sand vorhanden sei, in eine Mörtelmaschine und befeuchtet vollständig; bei der zweiten Operation mischt man den durch das erste Mahlen erhaltenen Mörtel mit dem Rest des Sandes. Nach dem zweiten Mahlen wird der Mörtel in die Form gebracht und in zwei Centimeter dicken Schichten darin ausgebreitet; jede Schicht wird kräftig und so lange gestampft, bis die Masse unter dem Druck der Stampfe klingend geworden ist.

Die Anwendung des verdichteten Bétons geschieht auf zweierlei Art, nämlich durch künstliche Steine, oder indem man Monolith-Bauten aufführt. Zu der ersten Art gehören die Materialien, welche man durch Stampfen des Bétons in beweglichen Formen erzeugt hat, welche so zu sagen eine Matrize bilden, worin sich der Béton nach der innern Form derselben verdichtet. Zur zweiten Art rechnet man die Baulichkeiten, welche in großen Theilen ausgeführt werden, die man nach und nach neben- und übereinander setzt und welche nach Maaßgabe, als die Formen auseinandergenommen werden, um sie über dem schon aufgeführten Mauerwerk von Neuem zusammenzustellen, fortschreiten. In diesem Falle schließt sich die Arbeit des heutigen Tages an die vom gestrigen Tage an und ist das Werk vollendet, so besitzt es die homogene Eigenschaft eines Monolithen Als Beispiel dieser Art bezeichnet Coignet Trottoirs, Straßencanäle, Wasserleitungen, Abtrittsgruben, Cisternen, Bassins und Reservoirs, die Gruben von Gasometer, trockne Wohnungen und Keller, Gewölbe, Brücken, Dämme, Quais und Futtermauern, Grundmauern von Maschinen, Docks 2c.

Coignet hat nach seiner Methode Wohnhäuser erbaut, deren Fundamente, Mauern, Fußböden und Decken von Béton hergestellt wurden; in neuester Zeit hat er sogar den Bau der Kirche von Besinet aus Béton unter der Leitung des Architecten Boileau übernommen.

Bei Coignet's hydraulischem Mauerwerk genügen 3 bis 4 Tage zur Erlangung einer Härte, zu welcher gewöhnlicher Béton 15 bis 30 Tage bedarf. Nach einem Monate sind aber alle diese Bétons steinhart und unzerstörbar. Uebrigens fand Coignet, daß durch Anwendung höherer Wärmegrade die Erhärtung des Bétons sehr beschleunigt werden könne, und erlangte hierdurch binnen 24 Stunden eine Festigkeit, wozu sonst 14 bis 15 Tage erforderlich gewesen wären. Diese Wahrnehmung ist besonders bei gewissen Wasserbauten, bei Fahrstraßen aus Béton und bei Arbeiten während des Winters von unberechenbarem Nutzen. Der Béton wird auf 60 bis 80 Grad C. erhitzt und bei dieser Temperatur verdichtet.

Die Kosten von Bétonquadern der besten Gattung betragen per 1 Cubikmeter 70 Francs, 1 Quadratmeter Chaussee 15 Millimeter stark 10½ Francs, ornamentale Platten und verzierte Ränder und Rosetten per Quadratmeter 4 Francs, eine schöne Büste 7 Francs. Im Mauerwerk bei Anwendung gewöhnlicher Materialien stellt sich derselbe viel billiger.

## XXVIII.

## Der Kalksandziegelbau.

§. 174. Der in Ostpreußen und den russischen Ostseeprovinzen schon seit vielen Jahren übliche Kalksand-Pisébau hat Veranlassung zur Fabrikation von Kalksandziegeln gegeben. Namentlich ist letztere seit einigen Jahren durch den Dr. Bernhardi sen. in Eilenburg (preuß. Provinz Sachsen) eingeführt und verbreitet worden.*)

---

*) Nach Vitruv fertigten bereits die Römer solche künstliche Steine und Luftziegel aus einem Mörtel von 1 Theil in Staub zerfallenen Kalks, 1 Theil Abfällen von Steinen aus den Steinbrüchen und 1 Theil trocknem Flußsand; diese gut untereinander gearbeiteten Stoffe wurden aber in beinahe trocknem Zustande verarbeitet, d. h. daß man so wenig Wasser als möglich zusetzte, weil sonst die Ziegel beim Herausnehmen aus der Form brachen. Die Römer mischten gehacktes Stroh unter den Mörtel, und wenn sie wollten, daß sie leicht sein sollten, so machten sie diesen Mörtel, wozu ein Drittel Kalk kam, nur mit seinem rothen Sand oder mit Kreide an, weil diese Stoffe leichter sind und das Stroh sich besser damit verbindet.

Die Vortheile der Kalksandziegel bestehen in ihrer Billigkeit, Dauerhaftigkeit und leichter Anfertigung. Da, wo man lehmfreien Sand eines zu erbauenden Hauses gewinnen kann, stellen sich die Kosten eines 1000 Kalksandziegel nicht höher als 13½ Mrk., denn zu 1000 Stück von 283$^{mm}$ × 136$^{mm}$ × 77$^{mm}$ braucht man ca. 4 Fuder Sand und 259,75 Liter Weißkalk oder 207,8 Liter Graukalk und 3 Arbeiter fertigen täglich durchschnittlich 1200 Stück Ziegel. Diese werden auf Trockenbrettchen 8—14 Tage lang an der Luft getrocknet und können dann sogleich verwendet werden. Die Fabrikation wird gewöhnlich an Ort und Stelle des Baues vorgenommen, und es stellt sich ein aus Kalksandziegel ausgeführter Bau oft um 40 bis 50 Procent billiger, als ein solcher aus gebrannten Ziegeln. Das Bauen mit solchen Ziegeln schreitet ebenso schnell und gleichmäßig fort als ein Bau von gebrannten Steinen; man kann mit ihnen nicht allein Umfassungsmauern, Wohn und Wirthschaftsgebäude, Scheuern, Ställe, Brennereien ꝛc., sondern auch alle Ueberwölbungen an Fenstern und Thüren, alle Simse und Verzierungen, Fenster und Thürgewände und dergleichen Arbeiten ausführen. Die Gebäude sind sofort trocken und bedürfen wegen ihres gefälligen Aussehens keines Bewurfes oder Abputzes, sondern sie werden blos ausgefugt. Der Umstand, daß die Brandversicherung in Preußen Gebäude, die aus Kalksandziegeln aufgeführt sind, als völlig massiv in die erste Klasse aufnimmt, dürfte für die Solidität derselben sprechen. Größere Gebäude aus diesem Material befinden sich in der Nähe von Eilenburg, in Pommern und Ostpreußen in bedeutender Zahl. —

Erfahrungsmäßig genügt die rückwirkende Festigkeit der einfachen Kalkziegel im Mauerverbande vollkommen, um Gebäude von drei und vier Stockwerken davon aufführen zu können. Auch spricht für die große Tragfähigkeit folgender Versuch: Auf vier Pfeilern, die in einem Viereck von 4 und 6 Fuß (1$^{m}$, 13 und 1$^{m}$, 70) Seitenlänge auf Bruchsteingrund 2 Fuß (0$^{m}$, 56) hoch auf Kalkziegeln aufgemauert waren und nur 1 Quadratfuß (0,080 ⎕$^{m}$) Grundfläche hatten, also nur 2 Steine starken Pfeilern wurde aus Balken und Brettern eine Bühne gelegt; diese ließ man so lange mit Kalkziegeln belasten, bis die Pfeiler von der Last zermalmt wurden; er erfolgte dieß, als die Bühne eine Zahl Kalkziegel aufgenommen hatte, die hingereicht haben würde, die vier Pfeiler etwa 40 Fuß aufzuführen. In vollen zusammenhängenden Mauern würde der Erfolg noch ein ungleich günstigerer gewesen sein. Hiernach eröffnet sich, besonders wegen der billigen Herstellung der Kalkziegel, ein weites Feld für deren Verwendung.

Aber nicht etwa nur die Billigkeit dieser Ziegel ist es, welche jene Ersparniß bewirkt, sondern auch der Umstand, daß die aus Kalkziegeln
erbauten Wände der Berappung oder des Abputzes nicht bedürfen.
Sie können als gefugtes Mauerwerk aufgeführt werden und nach
Außen so bleiben, und auch nach Innen, wenn sie eben nur gewerb-
lichen Zwecken dienen sollen. Ist aber nach Innen eine glatte Wandfläche erforderlich, etwa weil die Räumlichkeit zur Wohnung dienen
soll, so bedarf es doch eines eigentlichen Kalkbewurfs nicht, vielmehr
genügt es, die Wand zur vollkommenen Ausgleichung der Fugen ꝛc.
zu überreiben und dann zu tünchen, so daß der eigentliche Kalkmör-
telbewurf in jedem Falle gespart werden kann. Allein es haben die
Kalkziegel auch ihre Schwächen, die nicht verschwiegen werden dürfen.
Es ist nämlich nicht zu läugnen, daß sie an Festigkeit den gebrannten
Lehm- und Thonziegeln nachstehen und namentlich Schlag und Stoß
nicht so gut wie diese vertragen, auch keine so große rückwirkende
Festigkeit besitzen; da aber letztere immer noch größer ist, als bei den
meisten unserer Bauten erfordert wird, so genügt also die Festigkeit
der Kalkziegel vollkommen. Ein fernerer Mangel ist, daß sie Glühhitze nicht vertragen, weil diese den Kalk wieder ausglüht und seinen
Zusammenhang mit den Sandkörnern aufhebt. Sie taugen also nicht
z. B. zum Bauen von Feuerherden, überhaupt nicht am Feuer. Ferner
lassen sie sich auch nicht gut hauen, weshalb man wohl thut, für
bauliche Zwecke Viertel-, Halb- und Dreiviertelsteine besonders formen zu lassen; ferner lassen sie sich wegen ihrer Sprödigkeit nicht
so leicht unbeschädigt auf Wagen fortschaffen; sollen sie durch Reibung aneinander an den Kanten nicht leiden, so muß man sie in
ähnlicher Weise verladen, wie es mit den Dachziegeln gewöhnlich geschieht. Frost schadet diesen Ziegeln nur dann, wenn sie aus minder
scharf bindendem Kalke bereitet sind, dabei etwas stark hervorsprin-
gende Mauertheile, z. B. Deckplatten, Gesimse u. dgl. bilden, und
wenn sie in solcher Lage vom Regen vollkommen durchnäßt und so
in allen ihren Zwischenräumen von Wasser erfüllt, nun plötzlich stark
gefrieren. Niemals aber schadet der Frost den Mauern aus Kalkziegeln, in deren Oberflächen auch beim stärksten anschlagenden Regen nie Wasser in Menge haften bleibt, um beim schnellen Gefrieren
als Eis die Mauer- oder Ziegelsubstanz in ihren Theilchen auseinander treiben zu können.

Zum Schluß räth Dr. Bernhardi, das Fundament der Bauten
wenigstens 10<sup>em</sup> über die Erde herauf aus festen Bruchsteinen aufführen zu lassen, so daß mindestens nicht Wasser in Menge bei starkem

der nicht immer gleichen Feuchtigkeit des Sandes entsprechenden Menge Wassers angerührt. In die Kalkbank (Mörtelpfanne) wird nun Sand und diese Kalkflüssigkeit in den dem Mischungsverhältnisse entsprechenden Gaben schichtweise eingetragen und hier entweder mit der Harkenhacke gemengt oder durch die Mengemaschine (Mörtelmaschine) bearbeitet, welches letztere deshalb vorzuziehen ist, weil hierbei die unerläßlich sorgfältige Mengung der Masse der Willkür der Arbeiter entzogen wird. Ist die Masse nun so hergerichtet, daß sie ein gleichmäßiges Gemenge von Sand und Kalk bildet, und eben nur so feucht ist, daß sie nicht von Wasser glänzt und, in der Hand zusammengedrückt, keine tropfbare Flüssigkeit läßt, so wird sie in der Ziegelpresse zu Ziegeln geformt und als Ziegel auf das Trockengestell gebracht.

**Beschreibung von Dr. Bernhardi's Kalkziegelpressen.**

§. 179. Die Kalkziegelpressen bestehen der Hauptsache nach aus; einem kräftigen hölzernen Tisch und der in Fig. 69. im Durchschnitt

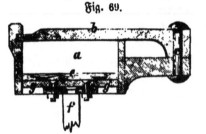

Fig. 69.

und in Fig. 70. in oberer Ansicht dargestellten gußeisernen Form mit nach oben verschiebbarem Boden, welcher mittelst eines circa 7 Fuß langen Hebels von Schmiedeeisen, oder mittelst eines Knichebels bei dem Pressen bewegt wird, aber auch mittelst eines zweiten leichtern Hebels zum Herausheben der fertig gepreßten Steine gehoben werden kann.

a (Fig. 69.) ist die von Innen sauber ausgefeilte Form, der starke gußeiserne Deckel b, dessen schmale Kante im geschlossenen Zustande in einen Falz greift, kann um einen Bolzen c gedreht werden und gestattet die Füllung der Form mit der vorher sorgfältig gemischten Kalksandmasse. Zur Führung des Deckels beim Oeffnen dient das an der Seite von der Form angebrachte gußeiserne Bogenstück d (Fig. 70., welche einen Grundriß der ganzen Maschine in kleinem Maaßstab darstellt); da die Kalksandmasse an und für sich nicht eine so zähe und plastische Masse ist, wie Thon und Lehm, und der aus der erstern gepreßte Ziegel in der Form nicht sogleich die Festigkeit jener Materialien erhält, um unmittelbar nach dem Pressen angefaßt werden zu können, so ist es nöthig, dem neuen Ziegel eine feste Sohle zu geben. Diese besteht in einem ungefähr

¹/₂ Zoll (15ᵐᵐ) ſtarken Bretchen e, welches an ſeiner untern Fläche, um das ſonſt unvermeibliche Werfen unb Verziehen zu verhindern, mit eingeſchobenen Leiſtchen verſehen ſein muß. Dieſes gehobelte unb in ſeiner Grundfläche genau der Ziegelform entſprechenbe Bretchen wird, vor dem Füllen der Form mit Kalkſanbmaſſe, in die Preßform gelegt (e Fig. 69), ber Preßhebel h (Fig. 70.) wird an der Hanbhabe in die Höhe gehoben unb baburch die mit ihm verbunbene eiſerne Stange f des gußeiſernen Bobens g abwärts gezogen.

Fig. 70.

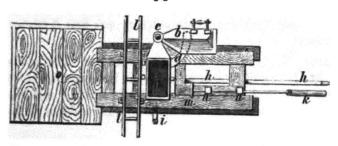

Jetzt wird die präparirte Maſſe mittelſt einer Maaßſchaufel, beren Größe der zu einem Ziegel erforberlichen Menge von Kalkſanbmaſſe entſprechenb iſt, burch einen über ber Form freiſtehenb angebrachten Blechtrichter in die Preßform geſchüttet, hier mit Hülfe eines hölzernen Spatels gleichmäßig ausgebreitet, beſonbers gut in die Eden gebrückt, unb ber Deckel b ber Preßform zugeſchoben, ſo baß er in ben Falz eingreift (Fig. 69.). Hierauf brückt ein Arbeiter ben Preßhebel h herunter unb preßt baburch ben Boben g mit dem Einlagebretchen e unb ber auf bieſem befinblichen Kalkſanbmaſſe gegen ben Deckel b, unb giebt ber letzteren bie beabſichtigte Ziegelform. Alsbann wird ber Deckel b geöffnet unb ber Ziegel mittelſt Nieberbrücken des kleineren Hebels i aus ber Form gehoben.

Um ben auf einem Einlagbretchen liegenben Ziegel nicht mit ber Hanb berühren zu bürfen, dient ein in einer Führung n, n zur Seite ber Form laufenbes eiſernes Stängchen k mit hölzernem Heft bazu, den Stein auf bas hölzerne, von Bernharbi mit „Schieber" be-zeichnete Bret (Fig. 71.) zu ſchaffen. Letzteres lagert zu bieſem Be-hufe auf bem, von ſchwachem Eiſen gefertigten Gerüſt l, l (Fig. 70.), welches genau in berſelben Höhe mit der Unterkante des Einlege-bretts e des gepreßten unb mittelſt Hebels i aus ber Form gehobenen

Fig. 71.

Ziegels steht; — wird nun das Schieberstängchen **k** sanft vorgeschoben, so trifft das am äußersten Ende desselben befindliche Quereisen **m** die Kante des Einlegbretchens, und schiebt so den fertig geformten Stein von dem Boden **g** der Preßform auf den zur Aufnahme des Steins bestimmten auf dem Gerüst **l** befindlichen „**Schieber**“. Letzterer ist ¾ Zoll (20ᵐᵐ) stark, 6 Zoll (152ᵐᵐ) breit und 2 Fuß 4 Zoll (681ᵐᵐ) lang und zur Aufnahme von zwei Ziegeln geeignet. Diese letztern gelangen dann mit dem Schieber auf eine Tragbahre, mittelst welcher eine Anzahl derselben, wenn das Trockengerüst entfernt gelegen ist, nach diesem gebracht werden, oder die Schieber werden gleich, bei in der Nähe gelegenen Trockengestellen, von dem Schieber auf diese gebracht.

Damit die Presse feststeht und nicht bei dem Niederdrücken des langen Hebels **h** aufkippen kann, ist in der Verlängerung des Apparats der aus 3ᶜᵐ starken Bretern gefertigte Kasten **o** angebaut, er dient mit Sand gefüllt als Gegengewicht und sichert durch letzteres den festen Stand der Presse.

Außerdem bietet der Deckel des Kastens **o**, welcher etwas über letztern hervorragt, eine Tischplatte, um die für die fernere Fabrikation von Kalkziegeln erforderlichen Einlegebretchen und Schieber niederlegen zu können. Damit die Kalkziegel stets von gleicher Dicke gefertigt werden, sind zwei eiserne Schienen mit Löchern vertical an der Maschine befestigt, durch welche je nach der beabsichtigten Dicke der Ziegel ein eiserner Bolzen höher oder niedriger gesteckt wird und bis auf welchen der Hebel **h** bei jedesmaligem Pressen niedergedrückt werden muß. Außerdem befindet sich an der Seite des Hebels **h** noch eine Feder, welche dem Hebel in seiner waagrechten Stellung als Stütze zu dienen bestimmt ist.

Die Presse übt einen Druck von ungefähr 4300 Pfund auf ca. 50 Quadratzoll oder 86 Pfund auf einen Quadratzoll aus; sie erfordert zu ihrer Bedienung 3 bis 4 Männer, welche in einem Tage, wenn die Masse von andern Leuten gemengt wird, bis 2000 Stück Ziegel pressen und zum Trocknen auf die Stellagen schaffen können. Liegt den Arbeitern aber auch die Mengung des Kalkes mit dem Sande ob, so schaffen 3 Männer nur circa 800 Ziegel. —

§. 180. Dr. Bernhardi übernimmt selbst Bestellungen auf die nöthigen Geräthschaften und liefert dieselben zu folgenden Preisen:

Kalkziegelpresse für kleinere Bauten . . . . . 120—150 Mark.

    '  größtentheils von Eisen . . . .   240  '

Kalkziegelpresse die 2—4 Ziegel auf einmal liefert,
je nachdem sie mehr oder minder von
Eisen ist . . . . . . . . . . 270—600 Mark
Mengemaschine mit Schwungrad für Ziegelmasse und
Mauermörtel, je nach Größe . . 60—120 =
Maaßschaufel für Kalkziegel . . . . . . . . 3 =
= = für Inhalt stellbar . . . . . . 6 =
Einlagebretchen, präparirt per 1000 Stück . . . 60 =
= = schwächer = = = . . . 48— 54 =

---

## XXIX.

## Fabrikation der Schlackensteine.

§. 181. Man hat bekanntlich vielfach versucht, die lästigen Abfälle der Eisenproduction, die Schlacken, zu verwerthen, welche bisher
einerseits zur Ablagerung sehr viel Raum beanspruchen, während andererseits ihr Transport vom Hohofen zur Halde bedeutende Kosten und
Schwierigkeiten verursachte. Die beste Art der Verwerthung der Hohofenschlacken wurde bisher durch die Granulation der Schlacken erreicht, deren Product, der sogenannte Schlackenkies, nicht nur mit
bestem Erfolge als Bettungsmaterial für Eisenbahnschwellen verwendet wird, sondern in der richtigen Weise mit Kalk gemischt, auch das
Material für den vorzüglichen Schlackenbaustein und Schlackenmörtel
hergiebt.

Die Darstellung von Schlackenkies durch Granulation besteht sehr
einfach darin, daß man die flüssige Schlacke in Wasser fließen läßt,
wo durch plötzliche Abkühlung und bei garer Schlacke ein Erhärten
zu bimsteinartigem Kies, bei weniger garer Schlacke zu grandigen
Körnern herbeigeführt wird. Es wurde dieses Verfahren in Deutschland auf der Georg-Marienhütte bei Osnabrück und der Friedrich-
Wilhelmshütte bei Troisdorf, zu Charleroi in Belgien, auch verschiedentlich in Frankreich und in neuester Zeit auch in England
practisch ausgeführt.

Auf der Georg-Marienhütte bei Osnabrück ist die Granulation
der Hohofenschlacken schon seit vielen Jahren und wohl am weitesten
ausgebildet. Auch entwickelte sich hier zuerst aus bescheidenen An-

fängen und mit Aufwand von viel Mühe, Zeit und Kosten als ein
besonderes Unternehmen einiger Privaten seit 1865 die Fabrikation
der aus einer Mischung von granulirten Schlacken und Kalk gepreßten Bausteine, welche sich jetzt zur hohen Blüthe aufgeschwungen
hat und als ein besonderes Geschäft unter der Firma: Bürmann,
Meyer & Witting, Traß- und Steinfabrik in Osnabrück, betrieben
wird. Das Vorurtheil der bauenden Techniker, welches sich dem
neuen Material entgegenstellte, ist in dieser Gegend als fast überwunden zu bezeichnen; in Osnabrück sind bereits viele nicht unbedeutende Gebäude aus Schlackenstein entstanden, auf der Georg-
Marienhütte sind alle andere Bausteine durch den Schlackenziegel verdrängt und selbst die dortige evangelische Kirche soll in diesem Material ausgeführt werden. Statt mit der in den ersten Jahren verwendeten Handpresse arbeitet die genannte Firma seit 1867 mit Dampf-
pressen und wird in nächster Zeit hydraulische Pressen einführen. Im
Jahre 1873 stellte man fast 5 Mill. Steine vom Normalformat dar. Vor
Kurzem hat man auch auf der Rolandhütte im Siegen'schen ganz nach
der Art wie auf der Georg-Marienhütte angefangen, zu granuliren
und Ziegel zu pressen, und auch dort schon vorzügliche Resultate erzielt. Jedoch haben die Unternehmer noch mit dem Vorurtheil und
Mißtrauen der dortigen Bevölkerung zu kämpfen, welche durch Gegner
der Schlackensteine, meistens aus Steinbruchbesitzern und Ziegel-
brennern bestehend, hervorgerufen und rege gehalten werden. Indessen zeigt die Furcht vor der Concurrenz den Werth des Unternehmens, und ohne Frage werden auch dort bald alle Hindernisse
überwunden sein.

§ 182. Der Schlackenstein giebt, wie die Versuche bestätigen,
dem gutem Ziegelstein an Verwendbarkeit nichts nach; er übertrifft
den Ziegelstein jedoch an Feinheit der Farbe und Porosität. Zuerst
leicht zerbrechlich, erhärtet derselbe schnell an der Luft; dies Erhärten
dauert lange fort, auch nach der Verwendung im Bau, und da auch
der Mörtel mit Schlackenkies angerührt wird, so entsteht eine vollständige Verbindung der Steine, so daß nach Verlauf einiger Jahre
eine solche Wand nicht mehr aus einzelnen Steinen, sondern aus
einer gleichartigen Masse besteht. Die daraus erbauten Häuser sind
sehr trocken, gesund und warm, ihr Aeußeres zeichnet sich durch seinen
lichtgrauen Farbenton aus, welcher die Wirkung von Licht und Schat-
ten in der Architectur des Gebäudes sehr hübsch hervortreten läßt,
eine Eigenschaft, die den Gebäuden von rothgebranntem Ziegelstein
bekanntlich im hohem Grade mangelt. Ein fernerer Vorzug dieser

äuser besteht darin, daß sie sofort nach ihrer Vollendung ohne Ge-
hr für die Gesundheit der Bewohner bezogen werden können, da
e in sehr kurzer Zeit ausgetrocknet sind.

Eine mit Steinen aus der Osnabrücker Fabrik in der k. Gewerbe-
ademie zu Berlin vorgenommene Prüfung auf Festigkeit ergab
lgende, für den Schlackenstein höchst günstige Resultate, welche hier
it den Resultaten von Druckproben zusammengestellt sind, die mit
deren Bausteinen dort vorgenommen wurden.

| | Zeigten Risse bei Kilogramm pro □ᶜᵐ | Wurden zerstört bei Kilogramm pro □ᶜᵐ |
|---|---|---|
| Schwammsteine vom Rhein | 18,6 | 19,7 |
| Gleiche Ziegelsteine aus der Osna- brücker Gegend . . . . . . | 67,89 | 87,96 |
| Rothe Ziegeln, hart gebrannt, aus der Osnabrückner Gegend . . . | 89,04 | 107,28 |
| Mit der Handpresse gefertigte Schlackensteine . . . . . . . | 31,0 | 32,1 |
| Mit der Dampfpresse 1873 gefertigte Schlackensteine . . . . . . | 92,4 | 110,5 |

Es tritt außerdem in der Tabelle die Vervollkommnung der
Schlackenziegel von der Handpresse zur Dampfpresse deutlich hervor.

Seine jetzige Vollkommenheit verdankt der Schlackenziegel ins-
sondere der Verbesserung der Ziegelpresse, ferner aber auch der Ver-
endung von trocken desintegrirtem Kalk, welcher dem bis zu 40%
Wasser enthaltenen Schlackenkies je nach Bedarf zugesetzt wird. Denn
gleich die granulirte Schlacke wegen ihres Gehaltes an löslicher
Kieselsäure, gepreßt oder gestampft, auch schon für sich allein erhärten
würde, so geschieht dies doch schneller mit Kalkzusatz. Das Erhärten
der Steine erfolgt durch Bildung fester Verbindungen zwischen der
löslichen Kieselerde, der Schlacke und dem beigemengten Kalk.

§ 183. Das Heben des Schlackenkieses aus den Wasserbassins
nach der Granulation geschah bisher gewöhnlich durch Paternoster-
werke, jedoch gab die vielfache Gliederung dieser Maschine zu starkem
Verschleiß und in Folge zu unaufhörlichen Reparaturen Veranlassung.
Man hatte sich daher auf der Georg-Marienhütte schon seit längerer
Zeit mit dem Gedanken beschäftigt, die Paternosterwerke durch feste
Schöpfräder zu ersetzen, welche im Sommer 1873 in der Maschinen-
fabrik der Hütte ausgeführt sind.

Das Schöpfrad hat folgende Einrichtung: Die Schöpfkästen sind
mit Schrauben zwischen zwei großen gußeisernen Ringen befestigt,

welche an zwei Frictionsrollen mit gemeinschaftlicher Achse aufgehängt sind. Diese wird vermittelst Zahnradübersetzung durch eine kleine Dampfmaschine getrieben, die an einem der vier gußeisernen Ständer angebracht ist. Die äußere Peripherie der Frictionsrollen wickelt sich in Folge dessen auf der inneren Peripherie der Ringe ab und dreht das Schöpfrad, welches durch zwei seitliche Führungsrollen verhindert wird, Schwankungen zu machen. Der lichte Durchmesser der Ringe gestattet, daß ein Eisenbahngleis durch das Schöpfrad hindurchgeht, ein ganzer Waggon von der einen Seite hinein= und nachdem er beladen ist, nach der anderen Seite hinausgeschoben wird. Die beiden gußeisernen Ringe mit den 24 Schöpfkästen haben ein Gewicht von etwa 90 Ctr. Das Gewicht der zeitig zu hebenden Schlacken beträgt im Maximum 6 Ctr. Das Rad macht in 5 Minuten eine Umdrehung, bei 80 Touren der Dampfmaschine pro Minute, sodaß der Apparat im Stande ist, 72 Ctr. Schlacke in der Stunde zu verladen. Die Ringe sowohl, wie die zur Aufhängung derselben nöthigen Ständer sind im Heerde gegossen und brauchen nicht bearbeitet zu werden. Der Fuß der Ständer ist so breit, daß er der Fundamentirung eine genügende Auflagerfläche darbietet und ist deshalb direct auf das Mauerwerk des Wasserbassins gestellt. Die Zapfen der stählernen Triebachse, an welcher die ganze Last des Rades hängt, bewegen sich in Kugellagern, die in einer Achsgabel durch einen Keil getragen werden und verstellbar sind. Die Achsgabel hängt zwischen den auf den Ständern ruhenden |_|= Eisen, welche den Rahmen der Maschine bilden.

Bei einem anderen in neuester Zeit auf der Georg=Marienhütte ausgeführten Granulirungs=Apparat fließt die Schlacke durch eine seitliche Oeffnung in eine auf zwei Führungsrollen bewegliche und seitlich durch Rollen gestützte Trommel, welche zum Theil mit Wasser gefüllt ist. In der Trommel sind Schaufeln angebracht, welche bei Drehung des Rades die granulirte Schlacke heben und in einer bestimmten Höhe auf eine schiefe Ebene ausschütten, von wo aus dieselbe auf den seitlich vorgeschobenen Waggon hinuntergleitet. Ein permanenter Wasserzufluß, vom abfließenden Formwasser ausgehend, tritt im Wasser der Trommel mit dem Schlackenstrom zusammen, um schnellere Abkühlung zu erreichen und allzuheftiges Kochen des Wassers zu vermeiden. Das aus der Trommel überfließende Wasser sammelt sich in einem aus gußeisernen Platten hergestellten Kasten, welcher zugleich zur Unterstützung der Führungsrollen dient, also den Rahmen der Maschine bildet, und wird durch ein Abzugsrohr abgeleitet. Der

Antrieb der Maschine ist durch ein flaches um die ganze Trommel ge-
schlungenes Drahtseil gedacht, welches von einer durch die Gieshalle
gelegten Transmission aus bewegt wird. Aber auch dieser Apparat
kann so gut wie der vorige durch Friction bewegt werden, wenn man
die unteren Unterstützungsrollen durch Zahnradübersetzung antreibt,
was wahrscheinlich sogar in manchen Fällen vorzuziehen sein würde.
Die Trommel macht in 3 Minuten eine Umdrehung und hat 12
Schaufeln, welche in der Stellung, wo sie ausschütten sollen, dem
Böschungswinkel des nassen Schlackenkieses entsprechen, d. h. unter
40° gegen die Horizontale geneigt sind. Es ist also bei dieser letzten Construction das Princip des Schöpfens aufgegeben, da im Rade
selbst granulirt und dadurch eine Arbeit erspart wird.

§. 184. Die Osnabrücker Stein- und Traßfabrik, durch Vertrag
vom 29. Mai 1865 begründet, stellte sich nach demselben die Aufgabe
die Schlacken verschiedener Hohofen-Anlagen in jeder möglichen Form
zu verwerthen. Zunächst wurde die Fabrikation gewöhnlicher Ziegelsteine allein aus Schlacken der Georg-Marienhütte betrieben. Zur Herstellung derselben diente eine sog. Bernhardi'sche Handziegelpresse (vergl.
§ 179.) Die Schlacke wurde in granulirtem Zustande mit der Hand
mit gelöschtem Kalk gemischt, mit der Maschine gepreßt und zum Erhärten und Trocknen an der Luft, zunächst auf einem ebenen Platz,
dann in Haufen aufgestellt.

Die granulirte Schlacke enthält lösliche Kieselsäure und erhärtet
gepreßt oder gestampft schon für sich allein, ohne Kalkzusatz, jedoch
langsamer als mit demselben. Die Erhärtung der Steine erfolgt
durch Bildung fester Verbindungen zwischen der löslichen Kieselerde,
der Schlacke und dem beigemengten Kalk. Die granulirte Schlacke
gemahlen, erhärtet für sich allein sowohl, als mit Kalk gemengt, in
letzeren Falle rascher und besser.

Da die Fabrikation der Ziegelsteine mit Handpressen ein Fabrikat gab, welches nur wenigen Anforderungen genügte, dachte man
daran, gemahlene, mit Kalk gemischte Schlacke in Formen zu gießen.
Die Größe des dazu nöthigen Platzes, sowie die Schwierigkeiten bei
Herstellung der großen Menge Formen ließen diese Fabrikations-
methode nicht über einen größeren Versuch hinauskommen.

Die Fabrikation der Ziegel wurde deshalb bis zum Jahre
1870 ausschließlich mit Handpressen, deren fünf vorhanden waren,
betrieben.

Diese Handziegelpressen hatten außerordentlich viele Reparaturen
in Folge Abnutzung durch die harte scharfe Schlacke und nur eine

geringe Leistung, weshalb man an die Beschaffung von Dampfziegelpressen besserer Construction dachte.

Die aus Schlacken und Kalk gemischte Masse läßt sich nicht in
Thon-Ziegelpressen verarbeiten, weil die gepreßte Schlackenmasse nicht
Consistenz genug hat, um abgeschnitten zu werden. Die aus dieser
Masse herzustellenden Ziegel müssen deshalb einzeln gepreßt werden.

§ 185. Auf der Pariser Ausstellung im Jahre 1867 war von
François Durand in Paris eine Ziegelpresse ausgestellt, welche den
an sie zu stellenden Anforderungen zu genügen schien. Nachdem im
Jahre 1870 eine solche Presse war beschafft worden, stellte es sich leider
gleich Anfangs heraus, daß diese Maschine im Princip zwar zweck-
entsprechend, in ihrer damaligen Construction aber unbrauchbar war.

Die Reparaturkosten dieser Presse betrugen im ersten Jahr mehr
als die Anschaffungskosten; um die wesentlichen Fehler zu beseitigen,
wurde im Jahre 1871 durch die Firma Brück, Kretschel & Co. in
Osnabrück eine zweite Maschine hergestellt.

In den Jahren 1871—73 wurden nach und nach 12 verschiedene
wesentliche Reconstructionen an den Pressen vorgenommen, ohne welche
dieselben zur Herstellung von Schlackensteinen nicht brauchbar sein
würden.

Die erste der von Brück, Kretschel & Co. in Osnabrück bezogene
Presse erlitt im Jahre 1872 ebenfalls so bedeutende Brüche, daß
diese Maschine in's alte Eisen wandern mußte. Erst mit Beschaffung
der dritten, wieder bedeutend verbesserten Maschine trat die Fabrikation der Schlackensteine im Jahre 1872, nach sieben Jahren aus
dem Versuchsstadium heraus. Die so mit Aufwand von viel Mühe,
Zeit und Kosten unter Mitwirkung verschiedener tüchtiger Techniker
verbesserten drei Ziegelpressen lieferten im Jahre 1872 schon 2,246,000
Steine (Normalformat).

Die Osnab. Stein- und Traßfabrik hat jetzt sechs Dampfziegelpressen im Betriebe, die von Herren Brück, Kretschel & Co. geliefert,
und wovon jede pro Arbeitstag ca. 7000 St. Steine fertigt und ca.
5 Pferdekraft braucht. Die Steine werden aus der Presse gleich auf
Karren in's Freie gefahren, ähnlich wie Lehmsteine zum Erhärten und
Trocknen an der Luft aufgestellt und sind in ca. 6 Wochen baufähig.

§. 186. Die Schwierigkeit, welche der verschiedene, bis 40% be-
tragende Feuchtigkeitsgehalt der granulirten Schlacke, die Versuche
über die Verwendung von zu Pulver oder zu Blei gelöschten oder
desintregrirten Kalk machten, sollen hier nur erwähnt werden.

Die Versuche, die Mischung und Abmessung von Schlacke und

Kalk, anstatt mit der Hand, allein mit Maschine zu bewerkstelligen, scheiterten, trotzdem eine gut durchdachte derartige Anlage mit großen Kosten im Jahre 1871 hergestellt wurde, vollständig. Nachdem man noch die Mischschnecke probirt hatte, ist man jetzt zu einer einfachen Mörtelmischmaschine übergegangen, in welche die Materialien durch die Hand abgemessen und eingetragen werden; dieselbe wird ebenfalls durch Dampf betrieben.

§. 187. Neben diesen technischen Schwierigkeiten stellte sich dem Absatz der Schlackensteine ein manchmal unüberwindlich scheinendes Vorurtheil mancher bauenden Techniker und des bauenden Publikums entgegen.

Nur das Vertrauen, welches die Verwaltung der Georg-Marien-hütte in das Fabrikat setzte und durch fortwährende bedeutende Verwendung der Steine bethätigte, gestattete dieser Anfangs kümmerlichen Industrie sich bis zu der jetzigen Höhe empor zu arbeiten.

Die folgenden Zahlen geben ein Bild der trotz entgegenstehender Schwierigkeiten ermöglichten Entwicklung der Fabrikation der Schlackensteine.

Die Osnabrücker Stein- und Traßfabrik producirte an Steinen — gewöhnliches Format — im Jahre

| | |
|---|---|
| 1866 . . . . . . . . . | 345,200 Stück, |
| 1867 . . . . . . . . | 439,670 = |
| 1868 . . . . . . . . | 597,525 = |
| 1869 . . . . . . . . | 700,425 = |
| 1870 . . . . . . . . | 1,274,850 = |
| 1871 . . . . . . . . | 1,787,830 = |
| 1872 . . . . . . . . | 2,246,950 = |
| 1873 . . . . . . . . | 4,365,771 = |
| 1874 (11 Monate) . . . . | 5,760,479 = |

In Osnabrück sind im Jahre 1872 außer vielen kleinen Bauten, mehrere bessere Wohngebäude und ein bedeutendes Fabrik-Etablissement aus den Schlackensteinen aufgeführt.

Auf Georgs-Marien-Hütte werden die Steine zu allen Hochbauten verwendet und haben alle andern Bausteine verdrängt. Außer einer großen Zahl Arbeiter-Doppelwohnungen wurden auf Georgs-Marien-Hütte das Krankenhaus der Knappschaftskasse für 32 Kranke, das Logierhaus nebst Menage für 200 Arbeiter, das Gesellschaftshaus und mehrere Beamtenwohnungen ganz aus Schlackensteinen erbaut. —

Die evangelische Gemeinde Georgs-Marien-Hütte beabsichtigt den Bau einer Kirche in Schlackensteinen und hat Herr Baurath Haase in Hannover, welcher die Entwürfe für diese Kirche übernommen hat, dieses Material als geeignet für diesen Bau anerkannt. Verkauft werden die Steine, welche eine Größe von 250ᵐᵐ × 120ᵐᵐ × 65ᵐᵐ haben auf dem Etablissement der Herren **Lürmann, Meyer und Witting** zu Georgs-Marien-Hütte mit 27—30 Mark pro Mille und in der Osnabrücker Fabrik zu 30—33 Mark pro Mille. Außerdem werden dort auch s. g. Schwammsteine angefertigt, — Größe und Qualität ähnlich derartiger Steine vom Rhein. (Größe 250ᵐᵐ × 120ᵐᵐ × 100ᵐᵐ. Gewicht 3¼ Kilogramm pro Stück) und Façonsteine aller Art. (Größe wie oben 250ᵐᵐ × 120ᵐᵐ × 65ᵐᵐ) Preis 45 Mark pro Mille.

§. 188. Die Fabrikation von Traßmörtel und größeren Bausteinen (Quader) durch hydraulische Pressen können jetzt als nächste Aufgabe der Osnabrücker Stein- und Traßfabrik, welche in einigen Jahren die sämmtlichen Schlacken der Georgs-Marien-Hütte zu consumiren gedenkt, in Aussicht genommen werden.

Zur Herstellung von Traß ist ein Desintegrator beschafft, die Versuche mit demselben sind jedoch noch nicht abgeschlossen.

Die Verwendung der Hohofenschlacke zu Schlackensteinen erregt jetzt, nachdem die Fabrikation mit Dampfziegelpressen aus dem Versuchsstabium herausgetreten ist, die Aufmerksamkeit der deutschen Hohofen-Techniker und Besitzer, was sich in letzterer Zeit durch sehr häufigen Besuch der Etablissements in Osnabrück und auf Georgs-Marien-Hütte documentirt hat.

Die Osnabrücker Stein- und Traßfabrik ist bereit, denjenigen Werken, welche zusichern die Fabrikations-Methode und Presse vor Nachahmung schützen zu wollen, bei Einrichtungen von Schlackenziegeleien behülflich zu sein.

In England und Amerika ist die Fabrikations-Methode patentirt und es wird jetzt ein Patent auf die verbesserte Ziegelpresse nachgesucht.

## XXX.

## Fabrikation künstlicher Bausteine.

§. 189. In Gegenden, wo die natürlichen Steine sehr selten sind, werden jetzt durch verschiedene Zusammensetzungen von hydraulischem Kalk, Cement, Sand und Steinstücken, die in hölzerne Formen

gebracht werden, künstliche Bausteine hergestellt, welche die natürlichen Steine in vielen Fällen sehr gut ersetzen und sich durch Wohl-
feilheit und Leichtigkeit auszeichnen.

Bei dem Hafenbau in Algier wurden große Maffen solcher künstlicher Mörtelsteine in das Meer versenkt. Die einzelnen Steine
hatten 3m,4 Länge, 2m Breite und 1m,5 Höhe. Sie bestanden aus
einer Art Béton von 1 Theil hydraulischem Mörtel und 2 Theilen
zerschlagener Steine. Das specifische Gewicht dieser Bétonsteine ist
1,65—1,98. Die Bétonmasse, welche im Großen mit Hülfe von
Mörtelmaschinen bereitet wird, kommt in hölzernen Kasten von
parallelepibischer Form; sobald sie soviel Festigkeit erlangt hat, daß
die Form abgenommen werden kann, wird der von ihr entkleidete
Block noch einige Zeit, etwa 4 Wochen lang, der Luft ausgesetzt oder
auch unter Wasser gebracht, um vollkommen zu erhärten und sodann
als Werkstück dienen zu können. Zu dem Mörtel nahm man bei dem
Versetzen dieser künstlichen Steine in Algier 1 Theil lebendigen Kalk,
1 Theil quarzigen Meersand und 1 Theil Puzzolanerbe.

§. 190. Ein anderes Verfahren, künstliche Bausteine darzustellen,
ist im Polytechn. Wochenblatt 1848 Nr. 13 beschrieben, wie folgt:

Der hydraulische Kalk wird in einem Korb, der ungefähr ⅛
Tonne faßt, gebracht und alsbann in ein Gefäß mit Wasser getaucht,
bis keine Luftblasen mehr aufsteigen. Man nimmt hierauf den Korb
aus dem Wasser heraus, läßt letzteres ablaufen, schüttet den Inhalt
aus und bedeckt ihn mit einem umgekehrten eisernen Kessel, welcher
etwa 12 Eimer faßt. Den auf dem Boden stehenden Rand des Kessels
bestreut man ringsum mit Asche, damit kein Luftwechsel unter demselben stattfinden kann. So läßt man den Kalk 12 Stunden stehen,
nach welcher Zeit er in ein feines Pulver umgewandelt sein wird
und nun zur Fabrikation der Steine verwendet werden kann.

Man mischt nun 1 Theil von diesem Kalkmehl mit Wasser, so
daß das Ganze einen dünnen Brei bildet, und setzt hierauf 2½ Theile
Ries und ½ Theil (ausgelaugte) Asche von Steinkohlen, Torf oder
Holz hinzu. Nachdem die Masse gut durchgearbeitet worden ist, so
daß sie ganz gleichmäßig erscheint, rührt man noch so viel Wasser
ein, daß die ganze verwendete Wassermasse 4 Theile beträgt, und
gießt sie in Formen, worin sie bald erhärten.

Eine noch leichtere Sorte künstlicher Steine, welche an manchen
Orten den Namen künstliche Tuffsteine führen, wird erhalten, wenn
man der Masse eine leichte Erde zusetzt, oder auch gemahlene Muschel-
und Austerschaalen u. dergl. Man setzt dann die Masse zusammen

aus 1¼ Theilen hydraulischem Kalk, 2½ Theilen von der erwähnten leichten Erde (Infusorienthon), 1½ Theilen Asche und 5 Theilen Wasser.

Die Formen, in welche die Masse eingegossen wird, verfertigt man aus tannenen Brettern. Der Boden ist 1ᵐ,8—2ᵐ,2 lang; die Seitenstücke ungefähr 14ᶜᵐ hoch. Durch eingeschobene Unterschiede wird das Ganze in 6 Abtheilungen getheilt und durch Querriegel und Keile zusammengehalten. Sehr kurze Zeit nach dem Füllen der 6 Formen mit der erwähnten Masse werden die Keile gelöst, die Seitenstücke hinweggenommen und die Steine auf dem Bodenbrett der Formen so lange liegen gelassen, bis sie so weit getrocknet sind, daß man sie ohne ihre Form zu ändern zum vollständigen Austrocknen unter frei liegende Schuppen bringen kann.

§. 191. Schon de la Faye beschreibt in seinen Untersuchungen über Mörtel*) die folgenden 4 Zusammensetzungen für künstliche Steine aus Kalkmörtel mit Sand und andern Substanzen, die im Verlauf mehrerer Jahre unter verschiedenen Umständen angewandt wurden und gleich befriedigende Resultate gegeben haben:

a) Man mische trocken ein Maaß an der Luft zerfallenen Kalk und 3 Maaß gesiebtes Steinpulver und gebe so viel Wasser zu, als zum Kneten dieser Mischung erforderlich ist. Die Masse muß tüchtig durchgeknetet werden.

b) Mische 1 Maaß Grubensand, der fein und trocken und weder thonig noch lettig ist, 1 Maaß gepulverten und gesiebten Stein und 1 Maaß trocken zerfallenen Kalk. Man gebe so viel Wasser zu, als nöthig zu einer formbaren Masse ist, und knete sie tüchtig durch.

c) 5 Theile guten, rauhen und scharfen Sand, 2 Theile frisch gebrannten, zerfallenen trocknen Kalk, wozu man nur so viel Wasser setzt, daß ein fetter, nicht flüssiger Teig entsteht, der in Formen gepreßt wird.

d) Man menge 1 Theil trocknen, in Pulver gebrachten und mit Oel angefeuchteten Letten, 8 Theile gesiebtes Steinpulver oder Grubensand, wohl auch eine Mischung von beiden, und 2 Theile frisch gebrannten Kalk; netze den Sand an und lasse ihn wie flüssigen Mörtel reiben, setze dann den klein gepochten Kalk zu und menge ihn mit der geriebenen Masse, so daß diese

---

*) De la Faye, Recherches sur la préparation que les Romains donnaient à la chaux etc. 1777.

von dem Kalk verdeckt wird. Nach Maaßgabe als derselbe sich löscht, knetet man ihn mit Kelle oder einer Reiberkeule, nöthigenfalls unter Zusatz von etwas Wasser durch. Sobald die Mischung vollkommen geschehen, setzt man, während sie noch heiß ist, den mit Oel benetzten Letten zu und läßt die Masse tüchtig durch Schlagen bearbeiten. Man muß sie sofort verwenden, weil sie sehr schnell bindet und unlösbar im Wasser wird.

Die geformten Steine dürfen nur langsam, geschützt gegen Wind und Sonne, trocknen; ein zu schnelles Trocknen hindert ihr Verhärten im Innern und die Regeneration des kohlensauren Kalks.

Die Keller und Souterrains, überhaupt alle Räume, die unter der Bodenoberfläche liegen, sind besonders vortheilhaft zur Wiedererzeugung des kohlensauren Kalks, da sie eine große Menge Kohlensäure enthalten, die das Erhärten des Steins um so mehr bewirkt, als er länger in feuchtem Zustande bleibt.

Auch kann man die geformten Steine auf feuchtem Sand betten, um das langsamere Austrocknen der Masse zu bewirken, was so wesentlich zur Festigkeit dieser Formwaare beiträgt. Die Steine können zu jeder Jahreszeit fabricirt werden, nur darf Hitze und Frost nicht auf sie einwirken, bevor sie vollkommen erhärtet sind. Ein sicheres Kennzeichen ihrer Güte und was zugleich anzeigt, daß das Trocknen nicht übereilt worden, ist, wenn nach einigen Tagen nach dem Formen auf der Oberfläche ein zuweilen bedeutendes Schwitzen bemerkbar wird, welches niemals Statt findet, wenn die Steine einer zu austrocknenden Luft ausgesetzt waren. In diesem Falle ist es gut, wenn man die Steine täglich ein- oder zweimal mit Wasser besprengt.

§. 192. De la Faye erzählt ferner a. b. a. O., daß in Alessandria (Piemont) Formsteine gefertigt werden, denen man von ihrer Gestalt den Namen „Prismen" beilegt und die vorzüglich zu den Ecken und Winkeln von Mauern verwendet werden. Zu der Masse dieser Steine nimmt man einen vortrefflichen hydraulischen Kalk aus der Gegend von Casale, der wie gewöhnlich gelöscht wird. Nach 5 bis 6 Tagen, nachdem er eingesumpft ist, schüttet man ihn in die Mitte einer Grube, worin Sand von ungleicher Größe, von dem ordinairen Korn bis zum groben Kies befindlich ist. Dieser Sand ist ausgezeichnet quarzig und enthält einige Kalktheile. Man macht alsbann die Mischung, wobei mit großer Sorgfalt verfahren wird. Hierauf richtet man einen prismatischen Graben von beliebiger Länge in einem wagerechten Boden vor, der gegen Wasserandrang geschützt ist, und glättet die Wände mit Wasser und der Kelle. Hierin formt man das Prisma durch mehrere Lagen, während man in den Mörtel Kiesel, von gleicher Größe, regelmäßig einstreut, und bedeckt dann das Prisma mit einer Erdschicht von 50ᶜᵐ Dicke.

Das Verhältniß ist auf 1 Cub.-Meter 0,14 Kalkteig, 0,90 gemischten Sand und 0,20 Kiesel. Man giebt den Prismen 1ᵐ,40 Länge auf 0ᵐ,8 Seitenlänge. Sie bleiben gewöhnlich drei Jahre lang verschüttet, jedoch genügen zwei, wenn der Kalk von erster Qualität ist; nach dieser Zeit gräbt man sie zum Gebrauch aus. Sie vermögen alsbann großer Belastung zu widerstehen, und werden oft 6 bis 7ᵐ hoch aufeinander gethürmt, wobei sich wohl die Kanten abstoßen können, die Steine selbst aber nicht brechen. —

§. 193. **Lebrun's künstliche Steine.** Die Methode von Lebrun besteht darin, daß man hydraulische Kalksteine in ein feines Pulver verwandelt, dasselbe mit Pulver von Holzkohlen oder Cole vermischt (im Verhältniß von 3 bis 4 Theilen des hydraulischen Kalksteins auf 1 Theil Kohlenpulver), die Mischung mit Wasser zum Teig anmacht, aus demselben Ziegel formt, diese in einem Kalkofen brennt und nach dem Brennen die Masse wieder in ein feines Pulver verwandelt. Dieses Pulver, welches Lebrun Hydro nennt, bildet das Hauptmaterial seiner Fabrikation. Die Steine, welche Lebrun liefert, sind von zweierlei Art. Die eine Art, bestehend aus einer Mischung von Hydro und Sand in dem Verhältniß von 1 : 3, dient zur Anfertigung architektonischer Ornamente, wie Pfeiler, Console, Geländer ꝛc, die andere Art blos aus Hydro, welches fest gestampft wird, bestehend, oder mit Hydro überzogen dient zu Platten, Trottoirs ꝛc. Die Stoffe werden in eisernen Formen geformt, mit einem Zusatz von Wasser, wie ihn die Former zum Anfeuchten des Sandes anwenden. Man hat gefunden, daß die aus dieser Masse dargestellten Gegenstände sich nicht zusammenziehen, ihre regelmäßige Form behalten, dem Zerbrücken und der Reibung gut widerstehen und auch gegen atmosphärische Einflüsse sich beständig zeigen.

§. 194. **Künstliche Steine aus Scott's Cement.** Nachdem der Ingenieur Herr Scott die Beobachtung gemacht hatte, daß glühender Kalk, eine Zeit lang Schwefeldämpfen ausgesetzt, sich nicht mehr in Wasser löschte und hydraulische Eigenschaften annahm, hat man nach vielfachen Untersuchungen die Erfahrung gemacht, daß aus jedem fetten Kalk, nachdem derselbe pulverisirt oder besser durch wenig Wasser als trockenes Hydrat gelöscht, durch Beimengung von 5—10%

gebranntem Gyps ein hydraulischer Mörtel entsteht. Zum guten Gelingen der Mörtelbereitung ist es erforderlich, den Gyps zuvor in der nöthigen Menge Wasser zu vertheilen und dann allmählich das Kalkpulver beizufügen. Der Mörtel verträgt viel Sandzusatz. —

Es werden aus diesem Mörtel mit Beimischung eines weißen scharfen Sandes in England Steine gepreßt, welche an Eleganz und Festigkeit mit edelen Sandsteinen wetteifern[*]).

§. 195. Ransome's künstliche Steine. Dieselben werden seit einigen Jahren in großartigem Maaßstabe in einer Fabrik zu East-Greenwich an der Themse erzeugt, sie bestehen im Wesentlichen aus Sand mit Natronsilicat als Bindemittel. Der wichtigste Bestandtheil, das Natronsilicat, wird gewonnen, indem Feuersteine mit einer Lösung von Aetznatron von 1,12 spez. Gewicht und unter einem Dampfdruck von 4,92 Kilogr. pro $\square$ Centimeter gekocht werden.

Die Grundidee für das Verfahren wurde dadurch gegeben, daß Ransome zur Erhaltung des gräulich grünen Sandsteins am Parlamentsgebäude in London, der sich bekanntlich in einer besorgnißerregenden Weise der Verwitterung zugänglich zeigte, eine Imprägnirung der Steinmasse mit kieselsaurem Natron unter nachheriger Behandlung mit salzsaurem Kalke vorschlug; aus der Natur beider Stoffe ergab sich deren Krystallisation zu einem unlöslichen Kitt, der durch die Länge der Zeit an Bindekraft zunimmt. Was hier als Nothbehelf ersonnen war, wurde später einem selbstständigen Industriezweige zu Grunde gelegt. Man mischt Sand mit ein wenig feingepulverter Kreide, deren Zweck es ist, die Zwischenräume zwischen den einzelnen Sandkörnern auszufüllen, da das Bindemittel ein möglichst dichtes Aneinanderschließen derselben erfordert, um seine Wirkung vollständig zu machen. Dieser Mischung wird sodann eine Lösung von kieselsaurem Natron (im Handel Natronwasserglas genannt) — auf 9 Volumen trockenes Gemenge 1 Volumen Lösung von 1,7 specif. Gewicht — zugesetzt und das Ganze tüchtig durchgearbeitet. In 4 Minuten ist die Masse zum Formen fertig und eignet sich sowohl zu Steinen in Backsteinform, als auch zu Ornamentsteinen, welche letztere man nach der Feinheit der Masse auch verschieden gut erhält, so daß sie nach der Vollendung entweder roh oder geputzt zu verwenden sind; ein Schwinden hat man bei der Herstellung der Form nicht zu berücksichtigen. Die geformten Steine werden zunächst mit einer

--------

*) Schott, Ueber Scott'schen Cement. Dingler's polyt. Journal 102. Bd. 1. Heft.

gesättigten Lösung von salzsaurem Kalk (Chlorkalcium) übergossen, was die erste Erhärtung bewirkt und dann etwa 3 Stunden lang in dieselbe eingetaucht. Hierdurch bringt die Lösung bis in das Innere des Steins und wird das Natronsilicat in das unverwüstliche Kalk-silicat verwandelt. Die ganze Procedur unterliegt keinerlei Schwierig-keiten; nöthig ist jedoch ein geringes Einpressen der Masse in die Formen damit der Zweck der Anwendung der Kreide, das enge An-schließen der Theilchen unter sich, wodurch sich die Festigkeit des Steines bedeutend erhöht — so vollständig als irgend möglich erreicht wird. Man hat auch versucht Kalkmehl statt Kreide anzuwenden, wobei nur auf die völlige Klarheit der einzelnen Theilchen desselben zu achten ist; dem Sande wurden geringe Zusätze von Kohlenasche, Felsengerölle, und andere kleine Körper in Erbsen- bis Haselnußgröße beigegeben; doch fand sich fast stets, daß reiner Sand das vorzüg-lichste Rohmaterial sei. Läßt man den Kreidezusatz ganz weg, so daß die sonst von demselben ausgefüllten Zwischenräume offen bleiben, so erhält man ein vorzügliches Filtermaterial. Durch die chemische Verbindung der beiden Silicate entsteht ein geringer Ueberschuß von Kochsalz, Chlornatrium, ca. 3% der ganzen Masse, der durch Douchen mit Wasser ausgespült werden muß. Dieser Umstand verhindert die Anwendung des Verfahrens zur Bereitung von Mauermörtel, da das Salz im Innern der Wände nicht zu beseitigen wäre und so zu fortwährender Feuchtigkeit Anlaß gäbe. Hingegen ist die Masse als äußerer Wandputz vorzüglich zu verwerthen, ebenso als Fußbodenbelag, für den es nur einer festen Unterlage bedarf. Durch Zusatz von Farbestoffen, die durch das Silicat nicht aufgelöst werden, kann man jeden beliebigen Farbenton erzielen, die Naturfarbe ist bei gutem Sande gelblich weiß.

Die künstlichen Steine, welche auf diesem Wege erhalten werden, sollen sich durch scharfe Form, gleichmäßige Farbe, Widerstandsfähig-keit gegen Hitze, Frost und Wasser auszeichnen und wohlfeil sein. Besonders werden die Mühlsteine aus dieser Fabrik gerühmt. —

§. 196. In neuerer Zeit werden auch künstliche Steinmassen aus Portland-Cement dargestellt. In Stettin, Berlin und ver-schiedenen anderen Orten hat sich derartige Kunst-Stein-Fabrikation bereits zu einem förmlichen Industriezweige erhoben, und es ist that-sächlich erwiesen, daß diese Industrie lebensfähig gegen die Stein-metzarbeit auftreten kann.

Außer den verschiedensten aus Portland-Cement gebildeten archi-tektonischen Verzierungen, als Gesimsen, Consolen u. dergl., ferner

Monumenten, Bafen, Urnen ꝛc. werden auch schwere Werkstücke dargestellt, im Innern aus mit Cement verbundenen Ziegelsteinen bestehend und außen mit feiner Cementhülle umgeben, so daß die
Masse wie aus einem Stein gearbeitet aussieht; z. B. Pfeiler und
Säulen, Balkone an Ort und Stelle aus Ziegelsteinen oder Ziegel-
steinbruchstücken mit Cementmörtel aufgemauert und mit Cementputz
versehen, Treppenstufen in gleicher Weise angefertigt, ganze Treppen
wie aus einem Stein bestehend, Krippen für Pferde und Rindvieh
mit sehr glatten leicht zu reinigenden Oberflächen, ferner Flurplatten,
oder auch an Ort und Stelle gearbeitete Fußböden und Trottoirs, Thür-
und Fenstereinfassungen, Mauerbedeckungen, Wasserleitungsröhren ꝛc.

Die Darstellung künstlicher Steinmassen mittelst Portland-Cement
geschieht entweder durch Guß oder durch Bearbeitung mit der Kelle.
Zu Gußarbeit werden Formen von Gyps, Zink, von elastischer Ge-
latine-Masse, von Gutta-Percha u. a. m. angewandt. Bei größeren
Formen werden zur Ersparniß von Cement nach dem Eingießen des
Mörtels gut genetzte Ziegelsteinbrocken zur inneren Ausfüllung in den
Cement eingedrückt.

Die meisten Kunststein-Arbeiten werden indeß mit der Kelle und
durch Ziehen mit der Chablone ausgeführt, indem der zu bildende
Steinkörper aus dem Rohen von Ziegelstein oder Ziegelstein-Bruch-
stücken mittelst Cementmörtels aufgemauert und mit glattem Cement-
verputz versehen wird. Zu diesem Zusammenmauern wie auch zum
Verputz kann der Cement mit Sand versetzt werden. Nachdem der
Verputz mit hölzernem Reibebrett geebnet oder in die gewünschte Form
gebracht ist, wird die glatte Oberfläche dargestellt, indem man etwas
reinen Cement mit Wasser dünn anrührt und auf die Fläche aufträgt, jedoch nur so dünn, daß eben die Poren zwischen den Sandkörnern erfüllt werden. Alsdann wird durch Reiben mittelst einer
polirten eisernen oder besser stählernen Reibeplatte eine vollkommen
geglättete Fläche hergestellt. Es gehört einige Uebung dazu, den
richtigen Strich sich anzueignen, sowie den richtigen Zeitpunkt zu treffen, wo das Reiben beginnen und aufhören muß. Nach einiger Erfahrung aber wird es nicht schwer fallen, eine künstliche Steinfläche
von glattem und sauberem Ansehen auszuarbeiten.

Sollen Fußböden und Trottoirs ausgeführt werden, so versteht
es sich von selbst, daß eine feste Unterlage gegeben sein muß. Nachdem also der Boden recht festgestampft ist, lege man in Kalk- oder
besser in Cementmörtel entweder eine Rollschicht oder eine flache Schicht
von Ziegelsteinen und trage darauf den Cement mit 2—3 Theilen

Sand versetzt. Wenn die Steinunterlage in Kalkmörtel gelegt wird, so ist indeß darauf zu achten, daß die Fugen etwas offen bleiben, damit durch das Eingreifen des aufgetragenen Cements eine festere Verbindung der Steine bewirkt wird. Auch ist darauf zu sehen, daß die Oberfläche der Ziegelsteine nicht mit Kalkmörtel verunreinigt werde, indem sonst der Cement sich nicht so fest mit den Steinen verbinden kann. Die Oberfläche des Cementauftrags wird alsdann in oben angegebener Weise geglättet.

§. 197. Hierher gehört auch Wilson's künstliche Stein-masse zu Platten, Fließen, Kamineinfassungen u. dergl. Das Ver-fahren der Anfertigung ist folgendes:

Man nehme ¹/₁ Hectoliter (7,3 preuß. Metzen) Flußsand und ¹/₄ Hectoliter (3,6 preuß. Metzen) lebendigen pulverisirten und ge-siebten Kalk; mische diese mit hinreichendem Wasser und knete sie 3 oder 4 Tage lang jedesmal eine halbe Stunde, jedoch ohne Wasserzuthat.

Hierauf mische man zu 9 Liter Wasser 1 Liter (nahezu ¹/₂ preuß. Quart) zerlassenen Leim und ¹/₄ Pfund Alaun, in heißem Wasser gelöst.

Um die Steinmasse zu bereiten, nimmt man einige Schaufeln voll der Mischung von Kalk und Sand, bildet in der Mitte eine Vertiefung, in welche man ³/₄ Liter Leim- und Alaunlösung gießt und noch 3 bis 4 Pfund Gyps hinzufügt. Die Mischung wird gut gerieben und geknetet, bis sie eine dichte Masse bildet.

Diese Masse drückt man in hölzerne Formen, die auseinanderge-nommen werden können und die man mit einer Mischung von 1 Theil Leinöl und 1 Theil Kalkwasser ausstreicht.

Bei dem Formen von Gesimsstücken und andern größeren Gegen-ständen füllt man die Form halb voll mit der gedachten Masse, legt dann der Länge nach starken Eisendraht und Hanffasern ein, drückt die Form voll, und bringt einen Deckel darauf.

Man stellt sie nun unter eine starke Schraubenpresse, worin sie 20 bis 30 Minuten oder bis zur nöthigen Erhärtung der Masse bleibt. Hierbei ist nöthig, daß man die Form mit eisernen Reifen umgebe, die durch Vorsteckkeile zusammengehalten werden.

Nach dem Trocknen werden die von der Form befreiten Gegen-stände mit Alaunwasser eingerieben und mit einer Kelle geglättet, auf die man etwas dünnen Gyps genommen hat.

§. 198. Orsi's künstliche Steinmassen (Metalllava). Diese bestehen aus feinen Steinbrocken, die durch ein harziges Bindemittel miteinander vereinigt werden. „Braune Metalllava" soll aus 3 Theilen Sand, 2 Theilen Kalkstein, 1 Theil Theer und ¹/₁₀ Theil

Wachs und irgend einer Mineralfarbe hergestellt werden. Diese
Masse eignet sich auch zur Anfertigung von Röhren. Zu diesem
Behufe umwickelt man einen runden Holzstab mit Papier und rollt
ihn auf der weichen heißen Composition so lange herum, bis sich
eine hinlängliche Menge davon angelegt hat; nun bindet man mehrere
starke Drahtstücke der Länge nach durch Umwickeln mit dünnem Draht
um die Röhre, um ihr eine größere Haltbarkeit zu geben, und rollt
die letztere abermals auf der Asphaltmasse herum, bis der Ueberzug
den Draht völlig bedeckt hat, worauf man den Holzkern herauszieht.

§. 199. „Metalllava für Ornamente" wird in den
verschiedensten Farben aus 3 Theilen Marmor, 2 Theilen Quarz, 1
Theil Harz und $1/_{10}$ Theil Wachs dargestellt; der Billigkeit wegen
gießt man aus dieser Masse nur dünne Tafeln und befestigt auf der
untern Seite eine dickere Tafel von brauner Lava. Das Schleifen
und Poliren der oberen Fläche geschieht ganz auf dieselbe Weise wie
bei den Marmortafeln.

§. 200. Künstliche Steinmasse zu Hausfluren, Frucht-
und Heuböden u. dergl. Man mische 1 Centner zu Pulver gelöschten Kalk und 3 Centner durch ein feines Drahtsieb geschlagene
Torf-, Steinkohlen- oder Braunkohlenasche mit Wasser zu einem dicken
Brei. Nachdem beide Theile gut vereinigt worden, setze man noch
1 Pfund Kaliwasserglas von 33 Proc., welches vorher mit circa 3
Pfd. Wasser verdünnt worden, hinzu und rühre abermals gut um.
Diese Masse kann auf Stein, Holz, Lehm ꝛc. aufgetragen werden, sie
trocknet binnen 7—8 Tagen zu einer äußerst festen Masse, auf welche
weder Luft, Wasser, Hitze noch Kälte zerstörend einzuwirken vermögen;
durch Schleifen und Poliren wird sie dem Marmor vollkommen ähnlich und giebt schöne Hausflurböden. — Eine andere ähnliche künstliche Steinmasse besteht aus 1 Centner zu Pulver gelöschtem Kalke,
1 Centner reinem Quarzsand mit 2 Centner durch ein grobes Drahtsieb geschlagener Torf-, Steinkohlen- oder Braunkohlenasche. Diese
werden mit reinem klaren Wasser zu Brei angerührt und dieser
Mischung dann noch 1 Pfd. 33procentiges Kaliwasserglas, welches
vorher mit 1 Pfd. Wasser verdünnt worden, zugesetzt. Diese Masse
kann zu Wasserbehältern, Deckplatten ꝛc. auch als hydraulischer Mörtel mit Mauerziegeln verwendet werden.

---

*) Ueber die Anfertigung aller möglichen Arten von Estrichen, Tennen, Ter-
razzo's und Mosaikfußböden siehe des Verfassers Werk: „Der Gypsbrenner, Gyps-
gießer und Gypsbaumeister, sowie Tünch- und Stuckarbeiter." Mit 130 Holzschnitten. Leipzig- 1864, Theod. Thomas.

## XXXI.

## Von den Kitten (Mastics).

§ 201. Die Kitte werden entweder als Bindemittel von steinernen, gläsernen, hölzernen, eisernen Gegenständen oder zu deren Bekleidung gegen den Angriff des Wassers gebraucht.

Man theilt die Kitte ein, in: a) Käse-, Blut- oder Rostkitte, b) Oel- oder fette Kitte, c) Harz- oder bituminöse Kitte.

Wir führen nachstehend nur die bewährtesten Zusammensetzungen auf; indem es unmöglich ist, alle die zu Kitten zum großen Theil als Geheimniß angegebenen Vorschriften mitzutheilen. Man hat von jeher viel an ihnen gekünstelt, Substanzen beigemischt, von denen weder eine chemische, noch mechanische Wirkung abgesehen werden kann.

### a) Käse-, Blut- und Rostkitte.

§ 202. Kitte von Käse und Kalk. Man wendet dazu entweder frische aus der geronnenen Milch ausgeschiedene Käsemasse oder getrockneten Käse an. Die erstere reibt man unmittelbar mit dem Aetzkalk (oder frischem Mehlkalk) ohne weitere Zuthat auf einem glatten Steine zusammen, bis eine weiche sich ziehende Masse, ohne Spur von Kalkkörnern entsteht. Den andern schneidet man in dünne Scheiben und rührt und kocht ihn so lange mit Wasser, bis er zu einer ganz zähen terpentinähnlichen Masse geworden ist, gießt das Wasser ab und knetet in einem warmen Mörser so viel luftzerfallenen Kalk hinein, daß eine weiche bildsame Masse erhalten wird, die man sogleich verwenden muß, da sie rasch erhärtet; der Käse nimmt dabei höchstens ¼ seines Gewichtes an Kalk auf.

Bedarf man größere Massen, so kann man vorher den Kalk mit etwa seinem gleichen Gewicht feinen Sandes oder Ziegelmehls vermengen und diesem so viel Wasser zusetzen, daß sie einen recht steifen Mörtel bilden, ehe man den Käse zerreibt.

Rich. Willms empfiehlt 81 Theile Sand, 11 Theile Kalk, 10 Theile Wasser, 4 Theile frisch ausgepreßte Käsemasse.

Andere empfehlen fein gesiebten Aetzkalk, frische Käsemasse und fein geriebenen Sandstein mit Eiweiß in einem Mörser oder auf einem Reibsteine zu einer feinen Masse verrieben; oder geschlagenes Eiweiß und Molken mit fein gesiebtem ungelöschten Kalk und Steinstaub von der Steinart, welche man verkitten will, zu einem steifen

Brei angemacht. Beides geben Kitte, die Steinwerk vereinigen, auch an feuchten Orten gut halten und zum Repariren von Bildhauerarbeiten verwendet werden können.

Man kann auch Buttermilch, so lange bis sie gerinnt und sich abscheidet, kochen, die überstehende Flüssigkeit wird dann abgegossen und die Molken in ein Leinwandtuch gebracht und ausgepreßt. Indem man nun 2 Theile davon mit 1 Theil ungelöschten fein gesiebten Kalk gehörig untereinander arbeitet, erhält man einen Kitt, der schnell trocknet und gut bindet. Dieser Eigenschaft wegen muß man ihn unmittelbar nach der Bereitung in Anwendung bringen.

Diese Käsekitte werden theils auf Stein (auch zum Zusammenkitten zerbrochenen Porzellans), theils auf Holz, theils zum Anstrich hölzerner Wände ꝛc. und über Kalkputz angewendet. Vorzüglich gut sind sie auch zum Leimen der Tafeln bei Fußböden aus zusammengefügten Brettern.

Frische Käsemasse, mit Roggenmehl und Kalkmilch angemacht, dient zum Ausfüllen der Löcher an Steinblöcken (Mühlsteinen) u. dgl.

§. 203. Der Universal- oder Parolikitt von Gill ist ebenfalls eine Käsekitt; derselbe läßt sich in gut verschlossenen Gefäßen Jahre lang aufbewahren und wird in folgender Weise bereitet. Man breitet den geronnenen Theil der Milch (sog. Schmierkäse) auf Leinwand aus und trocknet ihn an der Luft unter fleißigem Umwenden und Zerkleinern gut aus. Ist der Käse ganz trocken geworden, so schüttet man ihn in eine wohl gereinigte, besser in eine ganz neue Kaffeemühle, mahlt ihn so fein wie Gries und trocknet ihn in einem Darrofen nochmals; 3 Pfd. gepreßte Käsemasse geben 1 Pfd. dieses getrockneten Pulvers. Zu 90 Theilen dieser Kittmasse setzt man 10 Theile gepulverten gebrannten Kalk und 1 Theil Kampfer-Pulver (pulverisirbar durch Befeuchten mit wenig Weingeist), reibt alles gut zusammen und bewahrt die Mischung in wohlverschlossenen kleinen Flaschen. Beim Gebrauche reibt man das Pulver mit wenig Wasser zu einem Teige an, verschließt aber, wenn noch ein Rest in der Flasche verbleiben sollte, wieder sorgsam, weil dieser Kitt an der freien Luft leicht und bald verdirbt. Es ist dieß ein vorzüglicher Steinkitt, der auch zum Verkitten eiserner Wasserröhren und bei Holzwerk ꝛc. gebraucht werden kann; ist er einmal erhärtet, so vermag ihn selbst heißer Dampf nicht zu lösen. —

§ 204. Blutkitte. Einen Steinkitt erhält man, wenn man gleiche Theile zu Staub zerfallenen Kalk und pulverisirten Röthel mit einander mischt und mit Rindsblut zu einem geeigneten Brei anrührt. Man bestreicht damit gut die Fugen der Steine, fügt sie aneinander und preßt sie zusammen oder hält sie, bis die Erhärtung erfolgt ist, mit Bindfaden oder Stricken fest zusammen.

Einen wasserfesten Kitt erhält man, wenn man Kalk in Ochsenblut löscht, und bis zur teigartigen Consistenz feines Ziegelmehl darunter mischt, oder wenn man 1 Theil Mennig, 2 Theile Kalk und 2 Theile Eiweiß untereinander mischt.

Auch durch Zusammenkneten von Eisenfeilspähnen, ungelöschtem, aber frisch gebranntem Kalk und pulverisirtem Glas mit Eiweiß und Rindsblut zu einem consistenten Teige erhält man einen zu Wasserbauten geeigneten Kitt.

Ein guter Eisenkitt besteht aus: Ziegelmehl, gebranntem Kalk, gebranntem Gyps, Silberglätte, gepulvertem Glas, Kochsalz, von jedem 1 Theil, fein gepulvertem Hammerschlag 3 Theile, und etwas Feilspähne werden mit Rindsblut zu einem Teige gemacht.

Einen kittartigen Ueberzug zum Anstreichen von hölzernen Dachbedeckungen erhält man durch 30 Pfund Rindsblut und 4 Pfund gebrannten Kalk, welche zusammengemischt werden und durch Zusatz von Wasser wird der Masse die nöthige Consistenz ertheilt. —

§. 205. Rost- oder Eisenkitte. Die Mischungsverhältnisse dieses Kittes werden sehr verschieden angegeben; in allen Fällen ist es sehr gut, wenn ein starkes Rosten der Feil- oder Bohrspäne stattfindet; eine jede Composition, die dieses veranlaßt, erscheint deshalb als tauglich.

Gewöhnlich nimmt man:

100 Pfd. rostfreie Feil- oder Bohr- (Dreh-)Spähne,
³/₄ • Salmiak,
½ • Schwefelblumen.

Von diesem Verhältniß geht man mit Verminderung der Eisenspähne herab und nimmt z. B.

30 Eisenspähne, 1 Salmiak, 1 Schwefel.

Feilspähne sind allerdings besser als Dreh- und Bohrspähne, in denen stets Staub und Graphit sich befindet; man wird aber in den wenigsten Fällen solche Massen von jenen aufbringen, als zu den Verkittungen gewöhnlich gebraucht werden. Die Spähne werden durch ein Sieb getrieben, so daß die größten Stücke höchstens wie ein Rapskorn sind. Der Salmiak wird ebenso gröblich gepulvert, die ganze trockene Masse gut gemengt, und mit Urin angefeuchtet. Unter beständigem Durcharbeiten und Schlagen, wiederholtem Anfeuchten wird sich die Masse bald erhitzen, trocken und brüchig werden. In diesem Zustande wird der Kitt in die Fugen (der zu kittenden gußeisernen Cisternen, Röhrenleitungen, Dampfmaschinen, Kessel, Oefen 2c.) gemacht, und so fest als möglich mit Stemmeisen und Hammer eingerieben. Dabei wird der Kitt wiederum feucht, sogar ganz weich. Man verstreicht zuletzt die Fugen ganz glatt und läßt solche Verkittungen wenigstens zwei Tage anziehen und trocknen. Als Zeichen einer guten Verkittung erscheinen dann auf der äußern, zuerst hart gewordenen Rinde hier und da schwärzliche Tropfen. —

Es versteht sich von selbst, daß nur eiserne Theile damit verkittet werden können, und daß die Flächen, welche hiermit dicht gemacht werden sollen, ganz rein metallisch, rostfrei sein müssen. Die geringste Spur von Fett verhindert das Angreifen; ebenso faßt er nicht auf getheerten Kesseln. Man kann denselben in einem eisernen Topfe, fest eingestampft, und mit Wasser übergossen, lange aufbewahren. Will man davon gebrauchen, so gieße man das Wasser in ein anderes Gefäß ab und setze der herausgenommenen Masse noch so viele Eisenspähne zu, bis sie die geeignete Consistenz zum Verarbeiten hat. Jenes Wasser wird nachher wieder aufgeschüttet. —

Noch eine andere Zusammensetzung eines feuerfesten Eisenkittes, die vortheilhaft an Gebläsen und Windleitungen, Winderhitzungsapparaten gebraucht wird, ist folgende:

      15 Theile Eisenspähne,
       5   *   Lehm,
       1   *   Kochsalz.

Dieses kann mit Wasser und Essig (von jedem die Hälfte) oder mit Urin angemacht werden. —

Wenn man Hammerschlag oder Eisenfeilspähne glühet, in Wasser ablöscht, zu Pulver mahlt, mit Kalk, Sand, Glaspulver, Ziegelmehl, Schlackenpulver 2c. mit Wasser oder ohne Kalk mit Essig zu Mörtel macht, und diese Masse in die Fugen, welche für Wasser undurchdringlich werden sollen, fest einstampft, so versteinert sie sich.

Solcher Kitt bindet nicht augenblicklich, er versteinert sich erst nach langer Einwirkung des Wassers und der Luft, hat aber den Vortheil, daß er nicht auszutrocken braucht, ehe man ihn unter Wasser setzt. Wenn auch Anfangs Wasser durchdringt, so dauert das nicht lange.

Buchner empfiehlt 6 Theile Eisenfeilspähne, 1 Theil geglühten reinen Kieselsand, 1 Theil gepulverten frischen Kalk, alles mit Wasser zu steifem Mörtel angemacht; oder 6 Theile Eisenfeilspähne, 1 Theil geglühten Kieselsand, mit Essig zu steifem Mörtel gemacht.

§. 206. **Thonkitte.** Reiner, fetter, fein geschlemmter Thon mit reinem Sande, ⅛ Ziegelmehl, ⅙ feinem Hammerschlage, ⅙ fein gesiebter Asche geben einen guten Thonkitt für Ofenkacheln, ⅛—¼ Bleierz erhöht dessen Güte. (Asche, Sand, Hammerschlag ꝛc. erzeugt im Feuer eine Sinterung und dadurch größere Festigkeit und Dauer.) Um das Reißen des Speisethons bei Kachelöfen und eisernen Oefen zu vermeiden, ist es immer nöthig, denselben möglichst zu entfetten, oder ihn mit Pferdemist, Brech- oder Gersten-Annen (Flachsschäbe) zu versetzen.

6 Theile gelber Thon mit 1 Theil Eisenspähnen, mit etwas Leinöl verdünnt, und geschlagen geben einen Eisenkitt. Einen sehr festsitzenden, hart werdenden Kitt geben: Gummiauflösung, Thon und Eisenfeilspähne. Zum Beschlag für Oefen, Röhren ꝛc. dienen 10 Theile Thon, 15 Theile Ziegelmehl, 4 Theile Hammerschlag, 1 Theil Kochsalz, ¼ Theile Kälberhaare, alles mit Wasser gut gemengt und steif aufgetragen: ferner zum Retortenbeschlag 10 Theile feuerfesten Thon, 1 Theil gemeinen Töpferthon, 2 Theile groben Sand, 1/10 Pferdemist, alles mit Wasser möglichst gleichförmig geknetet. Beim Auftragen werden alle durch das Trocknen entstehenden feinen Risse mit der Hand zugedrückt; man trägt so nach und nach mehrere Lagen bis 7ᶜᵐ dick auf. Ein steifer Brei von gleichviel Thon und fein gepulvertem Porzellankapselpulver giebt ebenfalls einen guten Beschlag des Eisens bei Heiz-, Schmelz-, Brenn-, Sieböfen, Bratröhren, Siebpfannen, Kesseln ꝛc. Dadurch wird dasselbe gegen Verbrennung mehr geschützt und die Erhitzung gleichförmiger und gemäßigter nach Außen wirkend, stärker in geschlossenen Ofenräumen zusammengehalten.

Einen guten Ofenkitt erhält man auch, wenn man gesiebte Buchenasche mit gesiebtem Lehm zu gleichen Gewichtstheilen vermischt und etwas Kochsalz dazu thut. Die Mischung wird mit soviel Wasser angefeuchtet, daß man einen genügend festen Teig erhält. Um mit diesem Kitt die Fugen eines Ofens zu verstreichen, muß er vorher abgekühlt sein; er berstet nicht und nimmt eine außerordentliche Härte an.

Zwei Theile sehr fein gesiebter (nicht oxydirter) Eisenfeilspähne und ein Theil vollkommen getrockneter und gepulverter Lehm werden mit scharfem Essig so lange nach allen Seiten geknetet, bis das Ganze eine vollkommen gleichförmige plastische Masse darstellt. Dieser Kitt erhärtet schnell und widersteht sodann dem Feuer und Wasser, derselbe muß vor jedesmaligem Gebrauche frisch zubereitet werden, weil er einmal erhärtet nicht wieder verwendet werden kann. —

### b) Oel- oder fette Kitte.

§. 207. **Fensterkitte.** Zur Darstellung desselben nimmt man geschlämmte Kreide, knetet und verarbeitet sie mit Leinölfirniß so lange, bis eine zähe Masse daraus entsteht. Man kann ihn auch mit ungekochtem Leinöl bereiten; er erhärtet dann aber nicht so schnell. Man bewahrt ihn am besten in thierischen Blasen auf oder in mit Oel getränkter Leinwand; wird er dagegen unter Wasser aufbewahrt, so muß er in wenigen Tagen schon neu umgeknetet werden. Oder auf 1 Berliner Quart Leinöl, welches mit 1 Loth Silberglätte zu Firniß gekocht wird, nimmt man 1½ Pfund Bleiweiß und 1½ Pfund geschlämmte Kreide; das Ganze muß mit der Hand so geknetet werden, daß sich der Kitt ganz bildsam und geschmeidig zeigt. An Güte gewinnt derselbe, je älter er wird, wenn man dafür sorgt, daß er nicht durch Trockenheit erhärtet.

Der sog. **Pariser Fensterkitt** wird aus 7 Theilen gutem Leinöl und 1 Theil gemahlener Umbra, die miteinander gekocht werden, bereitet, alsdann fügt man, so lange die Mischung noch warm ist, ¼ Theil Wachs hinzu. Hierauf läßt man abkühlen und knetet 11 Theile Bleiweiß und 5½ Theile geriebene Kreide hinein.

Eine andere Vorschrift besteht aus 2 Loth Mennig, 1 Loth Bleiweiß, 1 Loth gebranntes Fischbein, 1 Loth gebrannte Umbra, 1 Loth Silberglätte, 2 Loth feinstes Ziegelmehl. Diese Theile werden mit dick gekochtem Leinölfirniß abgerieben und hierauf mit Bernsteinlack zu einem Teige angerührt. Der Kitt ist zwar theuer, aber auch sehr haltbar und kann auch dann zur Verkittung von andern Glaswaaren benutzt werden.

§. 208. **Kitt, der den Einflüssen der Luft und des Wassers widersteht.** Man zerreibt und siebt ½ Pfund Silberglätte, bringt dieselbe in einen irdnen Topf, gießt 3 Pfund Leinöl darüber, setzt den Topf dann über Feuer, läßt bei starkem Umrühren kochen, nimmt dann 5 Pfund ungelöschten Kalk, 2 Pfund Ziegelmehl, 1 Pfund Hammerschlag, ½ Pfund Schwefel und treibt alles durch ein Haarsieb, wonach man es mit dem Leinöl zu einem Teig verarbeitet. Will man diesen Teig gleich als Kitt anwenden, so setzt man ihm 1 Pfund Terpentin zu und bestreicht die Fugen vor dem Einlassen mit Leinöl, auch mischt man dem Kitt etwas Kuhhaare vor dem Gebrauch mit unter. —

Zu Mauerwerk, das beständig im Wasser ist, nimmt man 5 Pfund Kalk, 2½ Pfund Ziegelmehl, ½ Pfund Hammerschlag,

¼ Pfund Glaspulver, 2 Pfund Leinöl. Zu Mauerwerk, das bald naß, bald trocken ist: 5¼ Pfund Mehlkalk, 2½ Pfund feines Ziegelmehl, ¼ Pfund Glaspulver, 2 Pfund Leinöl; zu Geschirren: 1 Theil Mehlkalk, 1 Theil feines Ziegelmehl, 4 Theile Bleiglätte, alles, dem Raume nach, mit Leinölfirniß zu Brei gerührt. Kalk und Ziegelmehl müssen ganz trocken gestoßen und gesiebt sein.

Vom vorher gekochten Leinöl nimmt man anfänglich blos soviel, daß beim Schlagen kein Staub entsteht. Die gestoßene Masse wird gesiebt, mit 1½ Pfund Leinöl zum steifen Teig in einem großen Mörser gestoßen oder geschlagen; das übrige Oel gar zugethan. Diese Masse wird auf einer Steinplatte mit einem schweren Hammer gehörig durchgeschlagen, so daß der breite Kuchen immer von allen Seiten wieder zusammengelegt und geschlagen wird. Ein Mann schlägt täglich bloß 10 Pfund, wenn er nicht nachlässig verfährt. Ueber drei Tage darf man keinen Vorrath machen. Dieser wird in feuchtem Papiere, oder Tüchern in Kellern oder an frischen Orten aufbewahrt.

Beim Kitten des Mauerwerks werden die Fugen ganz getrocknet, und zuvor einigemal mit Leinöl ausgestrichen, worauf der Kitt tief eingepreßt wird. Kleine, anfangs entstehende Risse werden mit Oel bestrichen und von Neuem verkittet. Graue oder röthliche Farbe erhält man durch etwas Schwärze oder Bolus.

Ein Kitt zur Verdichtung der Fugen zwischen Kupfer und Sandstein besteht aus: 7 Theile Mennige, 3 Theile Silberglätte, 3 Theile Bolus, 1 Theil Glaspulver, 2 Theile Leinölfirniß. Anstatt der Mennige nimmt man besser halb so viel Bleiweiß, welches sich bei Kupfer oder Blech länger hält.

§. 209. Man erhält einen sehr guten Oelkitt, womit man Steine, Glas, Holz, Porzellan ꝛc. kitten kann, und zwar so, daß sich die Bruchstücke nie wieder trennen, wenn man ein ziemlich großes gut ausgebranntes Stück Kalk einen Augenblick in Wasser taucht und es dann auf ein Brett legt, worauf es gleich zu einem Pulver zerfällt, wovon man 12 Loth in zwei gleiche Theile theilt. Man mischt nun zu dem einen Theil 1 Loth Weizenmehl und 4 Loth gekochtes Leinöl, verarbeitet dieses gehörig miteinander und setzt der Mischung, sobald dies geschehen, nach und nach 3 Quent recht klein gezupfte Baumwolle unter beständigem Umrühren mit einem kleinen Stäbchen und durch Aufstreuen die übrigen 6 Loth zerfallenen Kalk zu, worauf der Kitt fertig ist. Bei Anwendung desselben müssen die Steine vorher mit Leinöl angefeuchtet werden.

Will man ben Kitt vorräthig halten, so schlägt man ihn gleich
ch der Bereitung in ein mit Leinöl angefeuchtetes Tuch ein oder
llt ihn in eine ausgeölte Blase, die man an einem feuchten Orte
er im Keller aufhängt. —

§. 210. **Steinkitte.** 3 Maaß Steinkalk, welcher ohne Ein-
rkung von Wasser nur an der Luft zerfallen sein muß, werden
t 1 Maaß Eisenfeilspähne, 1¼ Maaß fein geriebenem Kieselsand,
¼ Maaß fein gestoßenem Glas, 1½ Maaß feinstem Ziegelmehl,
½ Maaß pulverisirtem Bimstein und 2 Hände voll geklopfter Kuh-
er Rehhaare gemischt und das Ganze hierauf mit 2½ Flaschen
inöl mittelst eines Rührscheibes durcheinander gearbeitet.

Ist die Masse alsdann zu trocken, so setzt man noch etwas Leinöl
, und im umgekehrten Falle soviel des angegebenen Pulvers, als
r Darstellung eines mäßig steifen Teiges erforderlich ist.

Die Fugen oder Risse, welche mit diesem Steinkitt ausgefüllt
rden sollen, müssen vorher mit Leinöl, in welches man Bleiweiß
d Silberglätte eingekocht hat, gut bestrichen werden.

**Steinkitt für Marmor und andere Steine.** 9 Theile
nes Ziegelmehl, 1 Theil fein geriebene Bleiglätte, die man mit
iel Leinöl verarbeitet, um daraus einen Kitt von der Consistenz
es Pflasters herzustellen. Vor Anwendung dieses Kittes bestreicht
n die Steine mit einem nassen Schwamme. Dieser Kitt eignet sich
ch zum Ueberstreichen und Bekleiden von Bassins. Oder: man nimmt
zu Eiweiß, Bleiweiß und Leinöl-Firniß von jedem gleich viel und
i Viertel soviel Mennige; vor Anwendung dieser Stoffe zerschlägt
n das Eiweiß, die Mennige und das Bleiweiß mengt man als
nes Pulver zum Firniß und Eiweiß. Hiernach macht man die
armorstücke warm, belegt sie mit dieser Masse, die dann fest bin-
n wird. Der Marmor bindet nur so lange als er warm ist, nie
er in kaltem Zustande. —

**Steinkitt für Sandsteine.** Man nimmt 20 Theile trocknen
nen Sand, 2 Theile fein gepulvertes Bleioryd und 1 Theil zu
ulver gelöschten Kalk und setzt diesen Theilen Leinöl und Leinöl-
niß zu, um daraus einen Kitt zu machen.

§. 211. **Mastic von Thenard.** Man menge 93 Theile
egelmehl und 7 Theile fein zerstoßene Bleiglätte und mache dieses
ulver mit reinem Leinöl zu einem dicken Brei. Diese Masse, im
stande eines weichen Gypses, wird wie dieser aufgetragen, nach-
m man die zu kittenden Flächen mittelst eines Schwammes mit
asser benetzt hat. Dieser Mastic wird sehr hart, nach 3—4 Tagen

ist die Erhärtung vollendet. Derselbe ist zum Kitten von Steinen und überall, wo man dem Eindringen des Wassers vorbeugen will, anzuwenden. Kleine Risse werden mit der nämlichen Masse wieder ausgebessert.

§. 212. **Dihl's Kitt** wird aus Porzellankapselscherben angefertigt, welche zum feinsten Pulver gemahlen werden; man trägt dasselbe mit Leinölfirniß auf. Statt der Porzellankapseln kann auch anderes gebranntes Töpferzeug, Scherben von Schwefelsäure-, Scheidewasserflaschen, irdenen Röhren, Ziegelsteinen gebraucht werden; letztere sind aber am wenigsten gut.

Man hat bei den Festungsbauten zu Rochelle neue Versuche über Mastics gemacht und ist dabei auf eine Zusammensetzung gekommen, die in ihren Eigenschaften mit dem im Handel vortheilhaft bekannten Dihl'schen Kitt übereinzukommen scheint.

Sie enthält:

Kiesigen Sand 14 Volumtheile, pulverisirte Kalksteine 14 Volumtheile, pulverisirte Bleiglätte $\frac{1}{14}$ des Gewichts von dem Sand und Stein zusammen, Leinöl $\frac{1}{7}$ des Gesammtgewichts.

Diese Pulver müssen gut gemengt und dann mit Leinöl angemacht werden; zuvor aber ist es wesentlich, den Sand und das Kalksteinmehl in einem Ofen stark zu trocknen, indem davon die innigere Verbindung des Oels mit den Pulvern abhängt; man kann die Hitze bis zum Anfang der Calcinirung treiben. Auch bei diesem Mastic darf die Vorsicht nicht unbeachtet bleiben, daß man den Körper, woran er binden soll, mit siedendem Leinöl bis zur Sättigung tränkt.

Der Dihl'sche Mastic wird auch zum Bedecken von Terrassen und Gebäuden (mittelst 6$^{mm}$ dicker Platten, bestehend aus einem Drahtnetze, beiderseits mit Kitt), zum Ausschlagen von Wasserreservoirs, zum Vergießen der Werkstücke ꝛc. gebraucht.

§ 213. **Mastic von Corbel.** Dieser zum Ausstreichen der Steinfugen, die der Witterung bloßgestellt sind, ausgezeichnete Mastic besteht aus: 3 Kilogramm Ziegelcement, gut gepulvert und gesiebt, 0,50 Kilogramm Bleiglätte, 0,50 Kilogramm Bleiweiß, 1,5 Kilogramm ordinaires Leinöl zum Anrühren und 0,50 dergleichen gekocht als Siccativ.

Man muß sorgen, daß das Cementpulver, Bleiweiß und die Glätte in vollkommen trocknem Zustande sind, damit sie das Oel leichter annehmen und der Mastic schneller trockne. Auch müssen die Steinfugen recht trocken, ausgestochen oder gereinigt werden, weil sich der Mastic sonst mit den Steinen nicht verbinden und bald nach dem Verstreichen aus den Fugen fallen würde.

Auch der Mastic von Corbel scheint viel Analogie mit dem von Dihl, dessen genaue Zusammensetzung nicht bekannt ist, zu haben, zu demselben Gebrauch zu dienen, dabei aber weniger zu kosten. Man kann mit Erfolg das Ziegelpulver durch Thoncement vertauschen und das Bleiweiß durch Puzzolane ersetzen; denn das Bleiweiß kann neben der Glätte keine besondere Rolle bei der Erhärtung des Mastic haben.

§. 214. Mastic von Fiennes. Dieser zum Ausstreichen der Fugen sehr brauchbare Kitt wird aus 2 Theilen hydraulischem Kalk, der durch Aussetzen 8 bis 10 Tage lang in einem Keller zerfallen und durch ein feines Sieb getrieben worden, und 2 Theilen eines guten, frisch gepulverten und gesiebten Cements bereitet. Man knetet die Mischung wie Brodteig mit einem Theil Leinöl, in allmäligen Zusätzen. Vor der Anwendung knetet man die Massen nochmals durch, kratzt die Fugen tief aus und entfernt allen Staub; hierauf werden die Fugen mittelst eines Pinsels mit gekochtem Leinöl ausgestrichen; ein zweiter Arbeiter aber drückt sofort den Mastic mit einer kleinen Kelle ein. Dieser Kitt ist gleich gut an der Luft, unter Wasser und wo Feuchtigkeit und Trockne wechseln. Ein von Vauban angegebener Mastic hat ähnliche Zusammensetzung. —

§. 215. Hammann's Oelkitt für Terrassen und Wasserbehälter. Derselbe wird im Trocknen und Nassen vielfach angewendet und besteht aus: 5 Pfd. ungelöschtem Kalkstaub, 1½ Pfd. Kieselmehl (weißer Quarz), 1½ Pfd. in Klumpen geschmolzene (Schlacken von) Kalksteine oder Ziegel, oder statt derselben weiße Scherben von Steingut, pulverisirt, 24 Loth Glasmehl, 24 Loth Hammerschlag oder Feilspähne, 1¾ Pfd. Leinölfirniß. Die Ingredienzien werden durch ein Haarsieb gelassen, von dem Oel 1½ Pfd. dazu geschüttet und die Masse so lange gestampft, bis sie einen trocknen Brei bildet, dann auf eine Steinplatte gebracht und mit einem eisernen Spatel oder Hämmern unter Zuschütten des noch übrigen Oels zu einer weichen Masse geschlagen. Ein Klumpen muß sich dann in der Hand dünn drehen lassen. Beim Gebrauche werden die Fugen mit Leinölfirniß ausgestrichen und das Gekittete bis zum Trocknen, also einige Stunden, vor dem Einfluß der Sonne bewahrt. Der Kitt erhärtet schnell, man muß ihn daher immer frisch bereitet anwenden. —

In England wird ein billiger Oelcement für architectonische Zwecke aus Straßenstaub von Basaltstraßen hergestellt. Man soll 100 Theile solchen Staub und 10 Theile Mennig und Bleiglätte mit dem nöthigen Leinöl zu einer Masse von Consistenz des Glaserkittes verarbeiten. Der Kitt erhärtet an der Luft steinartig.

§. 216. **Clark's oder Hamelin's Mastic.** Dieser Oelcement wird in England, Hamburg und Berlin vielfach zum Verputz der Façaden, zu äußern und innern Verzierungen gebraucht und wird durch **Paul Schipmann** in Hamburg von derselben Güte wie der englische angefertigt; derselbe hat nach seiner Verarbeitung in seinem natürlichen Zustande mit dem besten englischen, dem **Portland-Sand-steine**, die vollkommenste Aehnlichkeit; er nimmt eine außerordentliche Härte an, läßt zugleich eine sehr saubere Bearbeitung der Ornamente zu, nimmt jede Färbung willig an und ist der Verwitterung durchaus nicht unterworfen. Ganz ausgezeichnete Dienste leistet er dort, wo sich an den Wänden u. s. w. Stellen zeigen, wo der Mauersalpeter anschießt, indem man, um diesem Uebelstand zu entfernen, damit ausreicht, eine 6$^{mm}$ dicke Lage dieses Cements aufzutragen, welcher in 14 Tagen so vollkommen erhärtet, daß man die Wände ebensowohl malen als tapeziren kann, ohne fürchten zu müssen, daß man jemals wieder Spuren der Salpeterbildung bemerken werde.

Die Zusammensetzung dieses Oelcements ist folgende: Man mengt entweder 30 Gewichtstheile guten gewaschenen und gesiebten Sandes, 70 Gewichtstheile gepulverten weißen Kalksteins und 3 Gewichtstheile pulverisirte Bleiglätte oder 35 Theile Sand, 62 Theile Kalkstein, 3 Theile Bleiglätte gehörig untereinander und verarbeitet ihn alsdann. Hierzu rechnet man auf 400 Pfd. Cement 30 Pfd. des besten alten rohen Leinöls, welches man ¹/₂ Stunde lang gut kocht. Der mit Cement zu übersetzende Raum wird am Tage vor dem Abputzen mit einer scharfen Bürste durchaus staubrein gemacht und dann, wenn man 400 Pfd. des Cements zu verbrauchen denkt, mit 7 Pfd. des oben erwähnten Oels sorgfältig angestrichen. Die übrigen 23 Pfd. werden dann unter das Cementpulver gemengt und das Ganze so lange durcheinander gearbeitet, bis es eine durchaus gleichartige Masse bildet, welche nirgends Körner zeigt. Kurz vor dem Auftrage des Putzes wird die Fläche, welche man unmittelbar darauf bedecken will, noch einmal mit Oel angestrichen, wobei man jedoch so schnell sein muß, daß das Oel nicht Zeit hat, einzuschlagen. Auf diesem Oelanstrich wird mit einer Mauerkelle der Cement dergestalt angetragen, daß die Kelle nicht das Oel von der Wand abstreift und der Cement selbst nicht wieder von dem Orte, auf welchem er einmal angetragen wurde, verschoben werde. Noch besser thut man, den

Cement mit der Hand anzutragen und so lange, bis er einige Bindung mit der Oberfläche der zu putzenden Wand zeigt, anzudrücken. Sobald die ganze Fläche bedeckt ist, wird der Putz bearbeitet wie jeder andere Mauerabputz. Will man Holzflächen mit diesem Cemente bekleiden, so darf man dieselben nicht berohren, sondern man muß sie mit ordinairem Schiefer bekleiden, und auf diesen den Putz in der beschriebenen Art antragen.

§. 217. **Paget's Mastic-Cement.** Man reibt 31½ Pfd. Sand oder Sandstein, 10½ Pfd. Kreide, 2½ Pfd. Bleiweiß, 1 Pfd. gelbgeglühte Mennige (d. h. Bleioryd), erst jedes für sich unter Zusatz von Wasser auf einer Maschine zu feinem Pulver, mengt dann Alles, reibt es unter Befeuchtung mit Bleizuckerlösung zu einem Teige, und endlich diesen mit 3 Pfd. eines möglichst dicken, trocknenden Oels (z. B. Mohnöl) zusammen. Dieser Kitt kann nicht allein als Mörtel und Putz, sondern auch zur Bildung von Abdrücken, Nachformung von Statuen u. s. w. dienen. Er läßt sich natürlich auch färben.

§. 218. **Schnell erhärtender Kitt von Deville.** Man rührt Bleiweiß und Leinöl zu einem steifen Brei an und reibt dann ein gleiches Gewicht von Gyps zu, indem man so viel Wasser zusetzt, daß die Masse gut verstrichen werden kann. In wenigen Minuten zieht dieser Kitt an und schon nach wenigen Tagen ist er erhärtet. Zum Dichtmachen der Gasröhren soll sich derselbe vorzüglich bewährt haben.

§. 219. **Kitte von J. L. Lamenaube.** Folgende Kitte zum Befestigen von Metallgegenständen (Buchstaben) auf Glas, Marmor, Holz ꝛc. wurden 1848 in England patentirt:

a) Man vermischt 15 Theile Copalfirniß,

|    |   |                                        |
|----|---|----------------------------------------|
| 5  | ⸱ | Leinölfirniß,                          |
| 3  | ⸱ | rohes Terpentinöl,                     |
| 2  | ⸱ | rectif. Terpentinöl,                   |
| 5  | ⸱ | thierischen Leim, im Wasserbade gelöst,|
| 10 | ⸱ | gelöschten Kalk.                       |

b) Desgleichen 15 Theile Copalfirniß und Gummilack,

|    |   |                                        |
|----|---|----------------------------------------|
| 5  | ⸱ | Leinölfirniß,                          |
| 3  | ⸱ | Kautschuklösung,                       |
| 7  | ⸱ | Theeröl und                            |
| 10 | ⸱ | gepulverten römischen Cement u. Gyps.  |

§. 220. **Türkischer Kitt** (Lukium). Dieser ausgezeichnete

von den Orientalen zur Verdichtung von Wasserbehältern, Ueber-
ziehen von thönernen und metallenen Wasserleitungsröhren fast allgemein gebrauchte Kitt besteht aus 100 Pfd. (engl.) reinem, frisch
gebranntem und fein pulverisirtem Kalk, 10 Quart reinem Leinöl
und 4 Unzen Baumwolle. Der Kalk wird nach und nach mit dem
Leinöl und der Baumwolle versetzt und zu einem dicken Brei geknetet, getrocknet und in Stücke zerschlagen aufbewahrt. Beim Gebrauch
weicht man ihn hinreichend in Leinöl auf und trägt den Kitt in
Schichten auf, die man jedesmal einzeln trocknen läßt.

§. 221. Tunesischer Mastic. Man mischt und schlägt durch
ein feines Sieb 2 Theile Holzasche, 3 Theile zu Pulver gelöschten
Kalk und 1 Theil feinen Sand und schlägt das Gemenge ohne abzusetzen drei Tage und Nächte hindurch mit hölzernen Schlägeln,
während man abwechselnd in regelmäßigen Zeiträumen Wasser und
Leinöl zugiebt, bis ein vollkommner zäher Teig daraus entstanden ist.

Dieser Mastic befindet sich von Brians Hygins beschrieben,
wie er bei den Cisternen in Tunis angewandt wird; er scheint eine
traditionelle Ueberlieferung noch aus den Zeiten Karthago's zu sein;
denn mehrere alte Monumente der Art finden sich mit Mörtel gemauert, dessen Analysen die erwähnte Mischung ergeben. —

§. 222. Dampfdichte Oelkitte. Der Oelkitt mit reinen
Bleipräparaten (Mennige, Bleiweiß), so wie man ihn gewöhnlich anfertigt, ist zu theuer; folgende billigere Zusammensetzung ist als bewährt gefunden:

$$\begin{array}{ll} 1 & \text{Theil Mennige,} \\ 2\tfrac{1}{2} & \text{-} \quad \text{Bleiweiß,} \\ 1 & \text{-} \quad \text{Thon,} \end{array}$$

Mennige und Bleiweiß werden für sich feingerieben, ebenso der Thon,
der sehr gut getrocknet sein muß. Dann mischt man die Ingredienzien und gießt von gekochtem Leinöl hinzu.

Nun kommt es darauf an, ob der Kitt steif oder weich sein soll,
wo er im ersten Falle für sich allein zwischen die Fugen gelegt, im
andern Falle an Hanfzöpfe oder Leinwandstreifen gestrichen wird.

Den steifen Kitt bekommt man bei vorsichtigem Zusatze von
Leinöl und fortwährendem Klopfen, Mischen und Durcharbeiten mit
einem eisernen Hammer. Es ist gut, wenn er durch und durch feucht
und gleichförmig ist, und wenn man ihn zwischen den Händen eben
rollen kann und er diese Gestalt behält.

Man wendet ihn an mit Bleikränzen oder Drahtnetzen von

Bal de Travers in der Schweiz, Seyssel und Lobsann in Frankreich, sowie Limmer bei Hannover.

Der Mineraltheer wird durch Auskochen eines Molassesandsteines, der von dem Theere stark durchdrungen ist, in Wasser gewonnen. Der Theer steigt an die Oberfläche des Wassers oder haftet an den Wänden des Kessels, und der Sand bleibt auf dem Boden. Ein reicher Sandstein von Seyssel enthielt:

| | |
|---|---|
| Bitumen . . . | 0,106 |
| Quarzkörner . . | 0,690 |
| Kalkkörner . . | 0,204 |
| | 1,000 |

Der bituminöse Kalkstein, welcher mit dem Mineraltheer gemengt wird, gehört der tertiären Formation an, und enthält 3 bis 15 Procent Bitumen nebst Thon und anderen Beimengungen.

Der sog. Asphalt wird aus diesen beiden Substanzen bereitet, wozu man den Mineraltheer in Kesseln von Gußeisen oder Eisenblech erhitzt und den gepulverten Kalkstein in richtigen Verhältnissen darunter mengt. Dieses Geschäft, obgleich sehr einfach, verlangt doch viel Geschicklichkeit und Aufmerksamkeit von Seiten des Arbeiters, weil der Kitt bei zu niedriger und bei hoher Temperatur schlecht wird. Am besten scheint es zu sein, ein lebhaftes Feuer anzuwenden, bis der Theer anfängt, weiße Dämpfe auszustoßen. Das Feuer wird dann gemäßigt und gleichförmig erhalten, während man das Pulver nach und nach einbringt und mit dem Theere durch gutes Untereinanderarbeiten tüchtig mischt. Ist die Temperatur zu hoch gestiegen, so giebt die heiße Masse gelbliche oder bläuliche Dämpfe; dann muß die Masse stark bewegt und schnell vom Feuer entfernt werden.

Der Asphaltstein wird entweder durch Rösten oder durch Zerreiben gepulvert. Zum Rösten zerschlägt man ihn zuerst in Stücke von der Größe eines Hühnereies. Diese bringt man in einen eisernen Kessel, erhitzt und zerstößt die Stücke mit einer eisernen Stange. Dieses Verfahren ist weniger ökonomisch als das Zerreiben, weil ein Theil des Theeres verdampft, und überdieß wird der Theer leicht durch zu starkes Erhitzen verdorben. Zum Zerreiben zerschlägt man ebenfalls die Steine wie beim Rösten und bringt diese Stücke in eine gewöhnliche Mörtelmühle (siehe Fig. 50. und 51.), wo man die Masse oft umrühren muß, damit sie sich nicht ballt. Trocken kaltes Wetter befördert das Zerreiben; die Steine dürfen daher der Nässe nicht ausgesetzt werden.

Bei dem verschiedenen Gehalte des Steines an Mineraltheer

stopft. Dieser durch die Erfahrung bewährte Kitt dichtet besser und dauerhafter als der Mennigkitt und ist daneben viel (beinahe um die Hälfte) wohlfeiler. Seine Zusammensetzung ist folgende: Man nimmt gleiche Gewichte von gebranntem Kalk, Roman-Cement, Töpferthon und Ziegelthon (Lehm). Diese vorläufig getrockneten Materialien werden sorgfältig gemahlen und gesiebt, dann auf's Vollständigste vermengt, endlich mit Leinölfirniß soviel als nöthig (ungefähr 1 Pfd. auf 6 Pfd. Kitt) angeknetet.

Wenn der Kitt zur Verbindung von Wasserleitungsröhren dienen soll, so wird ein größeres Verhältniß von Roman-Cement empfohlen; die Masse widersteht dann besser der Einwirkung des Wassers.

§. 226. Einen sehr haltbaren Kitt für Eisen- und Steinverbindungen erhält man durch Vermischung von Glycerin mit Bleiglätte, welche zu einem Brei vermengt, rasch zu verbrauchen ist, da die Masse schnell erhärtet. Nach mehrjährigen Erfahrungen ist jene Masse ein vortreffliches Mittel zum Dichten von Eisen auf Eisen, zum Verkitten von Steinarbeiten (und daher Bildhauern und Steinmetzen zu empfehlen), sowie vorzüglich auch zum Verkitten von Eisen in Stein, bei welcher letzteren Verwendung sie allen anderen bisher gebräuchlichen Mitteln vorzuziehen ist. Die Masse ist unlöslich und wird nur von starken Säuren angegriffen. Schon nach einigen Stunden kann man den gekitteten Gegenstand in Gebrauch nehmen. Man hat Sandsteinstücke mit diesem Kitt verbunden, welche nach dem Trocknen des letzteren nur bei großem Kraftaufwand und unter Bruch einzelner Theile auseinander wichen; damit vergossene Schwungradlager hafteten so fest, als es nur wünschenswerth erscheint. Zu beachten ist hierbei, daß der Kitt um so größere Haltbarkeit erhält, je mehr Wasser die Bleiglätte aufsaugt. Bei mehr trockener Bleiglätte bindet er nicht so gut. Zur Bereitung ist nur ganz reine Bleiglätte zu verwenden.

### c. Harz- oder bituminöse Kitte.

§. 227. Guter Harzkitt wird also bereitet: 24 Loth Colophonium (oder Pech), 3 Loth Wachs, 2 Loth Terpentin, 1 Loth gestoßener Mastix, 1 Loth Schwefel, eine Hand voll Ziegelmehl werden auf dem Feuer in einem Topfe zerlassen und fleißig umgerührt. Soll der Kitt sogleich gebraucht werden, so müssen die Fugen mit glühenden Kohlen oder einem glühenden Eisen heiß gemacht werden. Dann wird die Masse glühend eingegossen. Von diesem bei platt liegenden Steinen anwendbaren Harzkitte kann man Vorrath machen, in Stücke ihn aufheben und beim Gebrauche schmelzen.

Ein anderes Recept ist:

1 Theil Pech,
½ - Colophonium,
½ - Bleiglätte,
⅕ - Ziegelmehl,

bei gelindem Feuer durcheinander gerührt

§. 228. **Steinkitte.** In einem Topfe werden 1 Pfund gelbes oder braunes Harz, 2 Loth Terpentin, ¼ Pfund gemahlene Kreide, ¼ Pfund schwarz gebrannte Knochen zusammengeschmolzen, fleißig dabei umgerührt und die Masse noch heiß in die zuvor mit pulvertem Aetzkalk ausgestreuten Fugen und Löcher gegossen. Die Oberfläche wird nach dem Erkalten mit einem heißen Eisen glatt gestrichen. Wenn die Steinart eine bestimmte Farbe hat, so setzt man mit der Kreide etwas gelben Ocker, oder Umbraun, oder Tripel, oder Steinstaub von derselben Steinart zu.

Oder: 8 Theile Harz, 1 Theil Wachs werden mit etwas Gyps zusammengeschmolzen und nach dem Erkalten, um innigere Vereinigung zu bezwecken, noch mit den Händen vermengt.

Die zu verkittenden Stücke werden über Kohlenfeuer so stark erhitzt, daß sie den aufgetragenen Kitt schmelzen, worauf man sie zusammenfügt und eine Zeit lang fest zusammenhält. —

§. 229. **Bildhauerkitte.** Zu feinstem Pulver geriebene 1½ Loth Mastix, ¼ Loth Bleiweiß werden mit 1 Loth Wachs in einem angebrauchten Töpfchen über gelindem Kohlenfeuer zu einem dicken Brei geschmolzen. Der Kitt ist nur warm in Anwendung zu bringen und ist hauptsächlich für Bildhauerarbeit. Die Fugen der Steine werden heiß damit bestrichen.

Oder: Man schmilzt miteinander 1 Pfund Harz, 2 Pfund Wachs, setzt hierauf von derselben Steinart, die verkittet werden soll, 1½ Pfund Pulver zu, rührt alles gut durcheinander und verknetet die Masse in Wasser, damit sie sich gut vereinigt.

Der Kitt wird warm gemacht, wenn man ihn auf Alabaster, Marmor, Porphyr und andere Steine anwenden will. Wo möglich auch die Stücke, welche verkittet werden sollen.

§. 230. **Guter Stein= und Grottenkitt.** Man schmilzt 2 Theile Harz, nimmt den Schaum davon und mischt 4 Theile gelbes Wachs darunter. Wenn es gut zusammengeschmolzen ist, nimmt man Steinmehl von dem Stein, den man kitten will, und zwar soviel als nöthig ist, um dem Kitt die Farbe des Steins zu geben, ferner 1 Theil gepulverten Schwefel, verarbeitet alles gehörig, erst über gelindem Feuer, dann mit den Händen in warmem Wasser.

Vor dem Einstreichen dieses Kittes müssen die Steine gut trocken und ziemlich heiß gemacht worden sein, damit sich der Kitt gut damit vereinigen kann.

§. 231. v. Wiebeking war bei mehreren seiner Brückenbauten genöthigt, selbst im Winter Werkstücke versetzen zu lassen; er bediente sich hierzu nachstehenden Kittes:

        11 Pfund Pech,
        10   »    Theer,
         3   »    pulverisirter Schwefel,
     50—60   »    pulverisirte Schmiedeschlacken.

Diese Species werden in einem eisernen Kessel bei gelindem Kohlenfeuer und stetem Umrühren zusammengeschmolzen und auch während der Arbeit in gleicher Weise flüssig erhalten. Während des Kittens läßt man die Steine durch daran gehaltene Kohlen in einem Drahtnetze, worin sie mit einem Blasebalg glühend erhalten werden, erwärmen. Hierauf werden die Fugen mit Borstpinsel von Staub und Asche gereinigt und der Kitt mit eisernen Spateln eingestrichen.

§. 232. Lowitz'scher Mastic. Er besteht aus 65 Theilen Kreide, 34 Theilen Colophonium und 1 Theil Terpentinöl. Das Colophonium wird geschmolzen, die Kreide und das Terpentinöl unter stetem Rühren dazu gemischt, und hierauf die Masse auf Blechtafeln ausgegossen, wo sie schnell erhärtet.

Bei der Anwendung dieses Mastics im Bauwesen werden 60 Pfd. in einem Kessel geschmolzen und 120 Pfd. reiner, trockner Sand nebst 5 Maaß Steinkohlentheer darunter gerührt. Die Masse wird mit Maurerkellen aufgetragen und in beliebiger Dicke gleich gestrichen; sie ist bindend und wird steinbart ohne brüchig zu sein. Der beschriebene Mastic ist bei den Mainzer Festungsbauten als Decklage der Casematten-gewölbe, wie auch zum Schutz von Holz gegen Feuchtigkeit benutzt und bewährt befunden worden.

§. 233. Asphalt oder bituminöser Steinkitt. Die Kenntniß dieses Materials datirt von einer frühern Zeit her; aber erst in neuerer Zeit ist es in allgemeineren Gebrauch gekommen. Die gebräuchlichste Form, in der es jetzt gebraucht wird, ist eine Mischung aus Mineraltheer mit bituminösem Kalkstein. Diese beiden Körper werden hauptsächlich aus einigen Gegenden der Schweiz, Frankreichs und Norddeutschlands auf den Markt gebracht; die bekanntesten sind n der Schweiz, Seyssel und Lobsann in Frankreich,

theer wird durch Auskochen eines Molassesandsteines,
eere stark durchdrungen ist, in Wasser gewonnen.
an die Oberfläche des Wassers oder haftet an den
els, und der Sand bleibt auf dem Boden. Ein
von Seyssel enthielt:

Bitumen . . . . 0,106
Quarzkörner . . 0,690
Kalkkörner . . 0,204
───────
1,000

se Kalkstein, welcher mit dem Mineraltheer gemengt
tertiären Formation an, und enthält 3 bis 15 Pro-
st Thon und anderen Beimengungen.

halt wird aus diesen beiden Substanzen bereitet,
Mineraltheer in Kesseln von Gußeisen oder Eisenblech
pulverten Kalkstein in richtigen Verhältnissen bar-
eses Geschäft, obgleich sehr einfach, verlangt doch
und Aufmerksamkeit von Seiten des Arbeiters, weil
edriger und bei hoher Temperatur schlecht wird.
es zu sein, ein lebhaftes Feuer anzuwenden, bis
t, weiße Dämpfe auszustoßen. Das Feuer wird
b gleichförmig erhalten, während man das Pulver
abringt und mit dem Theere durch gutes Unter-
ichtig mischt. Ist die Temperatur zu hoch gestiegen,
Masse gelbliche oder bläuliche Dämpfe; dann muß
weg und schnell vom Feuer entfernt werden.

ein wird entweder durch Rösten oder durch Zer-
Zum Rösten zerschlägt man ihn zuerst in Stücke
es Hühnereies. Diese bringt man in einen eisernen
zerstößt die Stücke mit einer eisernen Stange.
ist weniger ökonomisch als das Zerreiben, weil ein
verdampft, und überdieß wird der Theer leicht
erhitzen verdorben. Zum Zerreiben zerschlägt man
re wie beim Rösten und bringt diese Stücke in eine
lmühle (siehe Fig. 50. und 51.), wo man die Masse
, damit sie sich nicht ballt. Trocken kaltes Wetter
reiben; die Steine dürfen daher der Nässe nicht

chiedenen Gehalte des Steines an Mineraltheer

kann das Verhältniß, in welchem man Stein und Theer mischen muß, nur durch Versuche bestimmt werden. Man sagt, drei oder vier Procent Theer zu viel verminderten die Haltbarkeit und Festigkeit des Asphalts, während ein zu geringes Maaß von Theer ebenfalls verwerflich sei. Im Allgemeinen geben 8 bis 10 Procent Theer dem Gewichte nach ein brauchbares Resultat.

Der Gebrauch des Asphalts hat in neuerer Zeit sehr zugenommen. Er wird zum Pflastern und zu Trottoirs auf verschiedene Weise gebraucht; entweder als Kitt, um größere Steine zu verbinden, oder als Bindemittel für Kies welche wie beim Béton in ihn gebracht werden; er giebt eine vorzügliche Isolirschicht auf Sockelmauern von Gebäuden: er ist einer der besten Anstriche für Cisternen, Keller, die Bedeckungen von Gewölben, Terrassen und flachen Dächern, wie sie jetzt gebräuchlich sind; endlich ist er ein gutes Schutzmittel für Holz, das dem Einflusse der Witterung oder von Dämpfen ausgesetzt ist.

§. 234. Vicat's Pechkitt, Mastic résineux genannt. Da die Anwendung des Asphalts ziemlich theuer ist, so hat Vicat angegeben, wie derselbe durch künstliche Mischungen zu ersetzen sei. Dazu gebraucht er Theer und wenn derselbe kocht, so werden pulverisirte (zerstäubte) Ziegel oder Scherben von gebrannten Gefäßen, Kalkmehl oder zerstoßene Kiesel, Hammerschlag, Holzasche ꝛc. hinzugethan; 16 Theile Theer, 18 Theile Hammerschlag gaben einen sehr guten derartigen Kitt. Diese Kitte sind in flüssigem Zustande zu Estrichen brauchbar, wenn man sie auf eine Unterlage von Quarzsand, Puzzolane, Ziegelsand, Glas-, Topf-, Porzellanscherben ꝛc. ausbreitet, da sie noch warm sind, und sie mit Marmorstaub, Kalk- oder Gypspulver, oder mit Holzasche zum Austrocknen bestreut.

§ 235. Pechkitt für gußeiserne Rohre, die mittelst Muffen ineinander gesteckt und verbunden werden. Man erhitzt in eiserner Pfanne Pech zum Sieden, giebt gröblich gestoßenes, gesiebtes Ziegelmehl, scharf getrocknet hinzu und rührt es durcheinander. Hanfzöpfe von der Dicke eines Fingers werden hineingetaucht, so daß sie auch Ziegelmehl mit herausnehmen, um das einzusteckende Stück gewunden und dann dieses rasch in die Muffe geschoben. Beide Rohrenden werden mittelst untergestellter Gluthpfanne handwarm gemacht. Die Umwicklung soll die Muffe ziemlich fest ausfüllen Gegen den Rand der Muffe, um das eingeschobene Rohr wird noch ein Hanfzopf umgelegt, mittelst eines Spatels noch mit Pech und vielem Ziegelmehl getränkt und sodann die Verkittung rasch abgekühlt, der noch bildsame Kitt wird mit angefeuchteter Hand glatt gedrückt.

Fuchs, über Kalk und Mörtel; in Erdmann's Journal für techn. Chemie. Bd. 6. S. 1. 132.; ferner in Dingler's Polyt. Journal Bd. 49. S. 271, die gekrönte Preisschrift; ferner in Poggendorf's Annalen der Physik Bd. 27. S. 591.

Hänel, Eduard, Abbildung und Beschreibung einer einfachen Cement- und Mörtelmühle, welche bei der Manchester- und Birmingham-Eisenbahn angewendet wurde; in der deutschen Gewerbezeitung 1845. Nr. 41.

Hoffmann's Kaltmaschinen zum Mischen des Mörtels; in Romberg's Zeitschrift für prakt. Baukunst und im Hannov. Gewerbebl. 1842. S 248.

John, J. F., über Kalk und Mörtel, nebst Theorie des Mörtels. Berlin 1819. 8. 1³/₄ M.

Kalksteinsand statt Quarzsand zum Luftmörtel, im Journal des polyt. Instituts in Wien. Bd. 15. S. 119.

Lamm's, C., in Braunschweig, Mörtelmaschine; in den Mittheil. des Braunschw. Gewerbever. 1848. Nr. 4. und im Polyt. Centralbl. 1848. S. 620.

Lapito's Bétonmaschine. Förster's Bauzeitung 1854. Notizbl. S. 20.

Lebrun, der Steinmörtel, oder prakt. Anweisung den Steinmörtel bei Gebäuden im Allgemeinen, besonders aber bei Bauten an und unter Wasser, bei Gewölben ꝛc. zu benutzen. Aus dem Franz. Ulm 1837. 8. 1³/₄ M.

Leconte, A., Beschreibung einiger Mörtel- und Béton-Maschinen, welche bei dem Festungsbau in Paris angewendet wurden; in Förster's allgemeiner Bauzeitung 1843. S. 399. 400.

Lepaire's horizontale Bétonmaschine. Förster's allgem. Bauzeitung 1864. S. 332.

Lichthammer's in Darmstadt, Mörtelmaschine; in den Verhandlungen des Gewerbevereins für d. Großherzogthum Hessen 1844. S. 100—2.

Lorriot's Abhandlungen über eine neue Art von Mörtel, der zu Gebäuden und ihren Auszierungen sehr dienlich ist. Aus dem Franz. übersetzt und mit Anmerkungen erläutert. Bern 1775. 8.

Mörtel mit kohlensaurem Kalk anstatt Quarzsand; im Polyt. Notizbl. 1850 Nr. 20. und im Polyt. Centralbl. 1851. S. 702.

Mörtel, zwei vorzügliche wohlfeile; in Zeitschrift für Bauhandwerker 1857 und Polyt. Centralbl. 1858. S. 1031.

Indischer Mörtel; in Dingler's Polyt. Journal Bd. 59. S. 64.

Algierischer Mörtel; daselbst S. 112.

Oel und Thran machen den Kalkmörtel schneller erhärten. Dingler's Polyt. Journal Bd. 22. S. 361.

Ostermaier, über Gußmarmor und den Mörtel der Alten; im Polyt. Notizbl. 1847. Nr. 11. und im Polyt. Centralbl 1847. S. 957 u. 58.

Pasch, über Mörtel und Cemente; in Erdmann's Journal für technische Chemie. Bd. 1. S. 394. 420.

Petzholdt, Dr. A., über Festwerden des Mörtels. Journal f. praktische Chemie. XVI. S. 91—99.; Polyt. Centralbl. 1839. S. 607—12.

v. Prittwitz, Generalmajor, Beschreibung einer bei den Festungsbauten in Preußen angewendeten Mörtelmaschine in den Verhandlungen des Vereins zur Beförderung des Gewerbefl. in Preußen 1832. Heft 2.

v. Prittwitz, Generalmajor, über Mörtel; in den Verhandlungen des Vereins zur Beförderung des Gewerbefl. in Preußen 1856. 3. Lieferung S. 91—97. u. im Polyt. Centralbl. 1856. S. 1179—83.

Rancourt, über Mörtel, in Annales des mines etc. T. 9. pag. 909. und in Dingle's Polyt. Journal Bd. 31. S. 435. Bd. 32. S. 426.

Roger's, Architect, Mörtelmaschine, mit Abbildung; im Journal de l'Architecture 1850. Nr. 6. pag. 93. und Polyt. Centralbl. 1850. S. 1356—58.

Schäbler, über die Eigenschaften verschiedener Basalte, Trachyte zur Mörtelbereitung, in Schweigger's neues Journal der Chemie u. Physik. Bd. 19. S. 140.

Svane, C., die Mörtelbereitung und Mörtelmaschine für den Bau der Fuldabrücke bei Kragenhof. Zeitschrift des Hannov. Archit.- und Ingenieur-Verein 4. Bd. S. 187—196.

Strootmann, J., de Mortelbereiding, voor het Metselwerk der Dokwerken te Willemsoord. Verhandlingen van het konikl. Institut van Ingenieurs. 1860—61. pag. 6—10.

getragen werden kann. Offenes Flammenfeuer muß man vermeiden, weil die an dem Keſſel in die Höhe ſchlagende Flamme den Inhalt leicht entzünden kann. Für den immer möglichen Fall einer Entzündung, die auch auf Kohlenfeuer eintreten kann, wenn z. B. etwas von der Maſſe außen am Keſſel herabgelaufen ſein ſollte, muß man einen gut ſchließenden Deckel, der von Holz ſein kann, zur Hand haben, um durch Auflegen deſſelben die entzündete Maſſe zu jeder Zeit dämpfen zu können.

Das ſtarke Erhitzen des Marineleims muß man namentlich dann vornehmen, wenn Stücke, die verbunden werden ſollen, nicht ſelbſt erwärmt werden können, was man niemals, wo es irgend möglich iſt, unterlaſſen muß. —

# XXXII

# Literatur über Kalk, Mörtel, Cemente, künstliche Steine und Kitte.

## A. Ueber Kalk im Allgemeinen.

Beck, Ingenieur. Ueber wasserfesten Kalk und Kalklöschen; in d. ökon. Neuigkeiten und Verhandl. 1848. Nr. 116; und im Polyt. Centralbl. 1849. S. 353. 55.

Becker, M., allgem. Baukunde des Ingenieurs. Stuttg. 1853 (über Kalk, Mörtel, Cement ꝛc.) S. 28—53. 3. Auflage. 1865. S. 30—55.

Bemerkungen über Kalk, Cemente und Mörtel. Försters Bauzeit. 1862. S. 61.

Bernheim, zur Untersuchung des Kalks und Mergels. Baiersches Kunst- und Gewerbebl. 1837. S. 391—96. Polyt. Centralbl. 1837. S. 748. 49.

Berthault-Ducreux, Ueber die Darstellung von plastischem Kalk; in Brevets d'Invention 1847. LXIII. pag. 97—118 und im Polyt. Centralbl. 1848. S. 156—189.

Berthier, Analysen einiger Arten Kalksteine und des aus demselben gebrannten Kalks, in Dingler's Polyt. Journal Bd. 11. S. 350.

Böhmer und Neumann, Kalk, Gyps und Cement. Weimar 1870.

Bolley, Dr. Pompejus Al., Prüfung des Kalks auf seine Anwendung zu techn. Zwecken, in d. Deutsch. Gewerbezeitung 1861. Jan. bis Mai.

Bruhner, C. Professor. Ueber Herstellung des sog. Wiener Kalks. Aus den Mittheilungen der naturf. Gesellschaft in Bern durch schweiz. Gewerbebl. Februar 1854 und im Polyt. Centralbl. 1854 S. 561—63.

„Chaux" im Dictionnaire technologique. Tome 13.

Daniell und Hutchinson, Verfahren aus Kalksand Kalk zu brennen; in Mechanics Magaz. und Popul Bauzeitung Bd. 2 S. 82.

Desnesmay, über Kalkbrennen in Dingler's Polyt. Journal 29 Bd. S. 411.

Ed., Hütteninspector zu Königshütte. Ueber die Anwendung des gebrannten Kalks statt des rohen bei dem Betriebe der Coakshohöfen auf der Königshütte in Oberschlesien; im Archiv für Mineralogie ꝛc. von Karsten und von Dechen. Bd. 25. S. 436 und im Polyt. Centralbl. 1854. S. 33—37.

Eiselen, J., ausführliche Abhandlung insbesondere über das Steinkalkbrennen mit Torf. Berlin 1793. 8. 3 Mark 75 Pf.

Evan's Oliv., Maschine zum Zerkleinern von Kalkstein. Polyt. Centralbl. 1838. S. 691. 92. nach Doolittle Manuel.

De la Faye, Recherches sur la préparation que les Romains donnaient à la chaux etc. 1777.

Froß, in Dinglers Polyt. Journal Bd. 13. S. 208. Desgl. Bd. 11 S. 117.

Fuchs, J., Ueber Kalk und Mörtel. Leipzig 1829. 8. 75 Pf.

Garber, in Dingler's Polyt. Journal Bd. 69. S. 318.

Gebhardt, E. Chr. R. Die neuesten Erfindungen und Verbesserungen in Betreff der Ziegelfabrikation sowie der Kalk- und Gypsbrennerei. 4 Aufl. Mit 9 Fig.-Tafeln. Quedlinb. und Leipz. 1847. 8. 6 Mark.

Geinitz, Dr. H. Bruno, Beiträge zur Kenntniß der Kalksteine; im Polyt. Centralbl. 1848. S. 1057—59.

Guéranger, Ed. Bestimmung des kohlensauren Kalks im Mergel; im Journal de chim. méd. 1850. Mai pag. 260 und im Polyt. Centralbl. 1851. S. 437.

Hartmann, C. Die Kalk- und Gypsbrennerei, sowie die Mörtel- und Stuckbereitung. Quedlinb. und Leipzig 1850. 8. 2 Mark.

Hassenfratz, Traité théorique et pratique de l'art de calciner la pierre calcaire etc. Paris 1825. 4.

Hertel, H. W. Die Lehre vom Kalk und Gyps in ihrem ganzen Umfange, begreifend die Rohstoffe, das Brennen, die Brennmaterialien, die Oefen, die Theorie und das Verhalten des Aetzkalks und der hydraul. Kalke, Bereitung der Mörtel, Cemente x. 3 Aufl. Mit 75 Fig. Weimar 1860. 8. 4 Mark 50 Pf.

Kalksteine aus den Ardennen, in Annales de mines. T. 20 pag. 193

Knapp, vom Kalk und Mörtel; in Chemische Technologie Bd. 1 S. 602.

Kuhlmann, F. Ueber die Verkieselung und Färbung der aus kohlensaurem Kalke bestehenden Gesteine in Comptes rendus. T. XL. p. 1335 und im Polyt. Centralbl. 1855. S. 1099—101.

Kuhlmann, über das Kalkbrennen im nördlichen Frankreich in Dingler's Polyt. Journ. 28. Bd. S. 408.

Kuhlmann, und A. Vogel, über den Alkaligehalt der Kalksteine und die Ausblühungen der Mauern. Annalen der Chem. und Pharm. 38. Bd. S. 42—53; Journ. f. prakt. Chem. 25. Bd. S. 230—36; Polyt. Centralbl. 1842. S. 433—42.

v. Liebhaber, J. C. Bildung von Minenhöhlen in kalkigem Gesteine und Bearbeitung von Gegenständen aus solchem Gestein, durch Salzsäure; im Rep. of pat. inv. 1851. pag. 15—19. und im Polyt. Centralbl. 1851. 1245—1247.

Mangeot, in Jahrbüchern des polyt. Instituts in Wien. 12 Bd. S. 147.

Montefiore-Levi und Dr. C. Schmidt. Ueber die Zusammensetzung der Hohofengase und über die Anwendung des gebrannten Kalks anstatt des Kalksteins als Zuschlag bei den Hohöfen. In Zeitschr. des östr. Ingen.-Vereins. 1852. S. 145—150 und im Polyt. Centralbl. 1853. S. 166—172. und 1851. S. 949. 950. sowie The mining Journal. 4. Jan. 1851.

Monteath, in Dingler's Polyt. Journal Bd. 66. S. 211.

Payen, Analyse von Kalksteinen in Bulletin de sciences technologiques T. 1. pag. 171.

Petot, in den Annales maritimes et coloniales. 1833. pag. 138. (Ein sehr lehrreicher und gründlicher Aufsatz.)

Prüfung des Kalks auf seine Anwendung zu technischen Zwecken. Deutsche Gewerbezeit. 1861. S. 175.

Schubarth, E. L. Handbuch der technischen Chemie. 3. Aufl. 1. Bd. S. 352 u. f. (über Kalk, Mörtel, Cement.) Berlin 1839.

Schulz, von den verschied. Kalksteinen x. in Popul. Bauzeitung. Bd. 2. S. 43.

Stanhope, in Dingler's Polyt. Journal Bd. 16. S. 133.

Ueber das Brennen des Kalks mit Holz und mit Steinkohlen; im Monatsblatt des Gewerbevereins für das Großherzogthum Hessen. 1844. Nov. S. 205—214; und im Polyt. Centralbl. 1845. 5. Bd. S. 179—183.

Ueber das Todtbrennen von Kalk; in Schweigger's neuem Journal der Chemie und Physik. Bd. 16. S. 92. 125.

Untersuchungen über die Art und Weise, wie die Römer den Kalk zubereiteten, dessen sie sich bei ihren Bauten bedienten, und über die Composition und Anwendung ihrer Mörtel. Förster's Bauzeit. 1854. Notizbl. S. 77—93.

Barrentrap, Dr., Ueber das Löschen des Kalks; in Mittheil. des hannoverschen Gewerbevereins. 1848. S. 51, und im Polyt. Centralbl. 1849. S. 350—52.

Verwendung des ungelöschten Kalkes zum Trocknen feuchter Gegenstände, namentlich der Cigarren: in Zeitschrift für deutsche Landwirthe 1852. S. 187 und im Polyt. Centralblatt 1852. S. 1229.

Vicat, Recherches expérimentales sur les chaux de construction, les bétons et les mortiers ordinaires. Paris 1818. 4.

Vicat, in zerstreuten Aufsätzen in Dingler's Polyt. Journal Bd. 4. 7. 11. 12. (S. 420) 15. 17.

**Bohl**, Dr., über die Zusammensetzung der in dem Regierungsbezirk Köln als Baumaterial gebräuchlichsten Kalksorten. Dingler's Polyt. Journal 155. Bd. S. 359.

**Weberling**, im Baierschen Kunst- u. Gewerbeblatt 1841. S. 606.

**Wittstein**, über das Verhalten des gebrannten Kalks an der Luft. Annalen der Chemie und Pharm. Bd. 97. S. 224; Polyt. Centralbl. 1856. S. 504; Dingler's Polyt. Journal 139. Bd S. 398.

**Wolfram**, L. Fr., Lehre von den künstlichen Bausteinen und Verbindungsstoffen (Brennen des Kalks, Gypses, vom Bau der Ziegel-Kalköfen ꝛc., von den Mörteln ꝛc.) Mit 163 Figuren. Stuttgart 1833. 4

**Wölfer**, M., die Kalk- und Gypsbrennerei. Weimar 1827. 8. 2¼ M.

## B. Ueber Kalköfen.

**D'Artigues**, continuirlicher Kalkofen, in Annales de l'industr. nation. et étrangers T. 4. pag. 402.

**D'Abhémar und Xavier**, Ofen zum Brennen von Kalk. Le Génie industr. Août 1858. p. 85. und im polyt. Centralblatt 1856. S. 1365.

**Brard**, Kalkbrennen in beweglichen Oefen, in Bulletin de la Société d'Encouragement 1828. pag. 197.

**Brom**, Kalkofen mit heißer Luft, in Bauzeitung 1830. S. 221.

**Broem**, über Anwendung der erwärmten Luft beim Kalk- und Ziegelbrennen. Förster's allgem. Bauzeitung Bd. IV. S. 221—26; Polytechn. Centralbl. 1839. S. 1142—45.

**Coffineau**, Kalkofen in Description des brevets d'invention etc. T. 51 pag. 256.

**Daniell u. Hutchinson**, Kalkofen in Mechanics Magazine. Vol. 39. pag. 366.

**Davidson's**, J. C., Ziegelbrenner in Malbing, Verbesserungen an Oefen zum Brennen des Kalkes und der Ziegel. Pat. in England am 2. Novemb. 1850; durch Rep. of pat. inv. 1851, June, pag. 336, im polyt. Centralblatt 1851. S. 926.

**Fink**, F., Beschreibung zweier Kalköfen. Gewerbeblatt f. d. Großherzogth. Hessen, 1856. Nr. 28 u. 29. Scheffler's Organ für Eisenbahnwesen 1856. S. 250—53. Polyt. Centralbl. 1856. S. 1507—11.

**Garger's u. Schwarzengrover's** Kalköfen. Dingler's Polytechn. Journal. Bd. 79. S. 318.

**Gabine's** Kalkofen mit mehreren Feuerungen. Dingler's Polyt. Journal 174. Bd. S. 258.

**Gayot**, Kalkofen, in Description des brevets d'invention etc. T. 50. pag. 346.

**De Gournay etc.** Kalkofen, in Description des brevets d'invention etc. T. 23. pag. 25.

**Hanser**, Kalkofen mit Steinkohlenfeuer in Bibl. univers T. 13. pag. 280.

**Heathorn**, Kalkofen in Dingler's Polyt. Journal Bd. 21. S. 533.

**Heeren**, Dr. in Hannover, Beschreibung eines Kalkofens; in Mittheilungen des Gewerbevereins für das Königreich Hannover 1858. S. 317. Polyt. Centralbl. 1859. S. 383. Dingler's Polyt. Journal. 154. Bd. S. 257.

**Hugenin**, Kalkofen, in Description des brevets d'invention etc. T. 50. pag. 84.

**Jacquelain**, über den Kalkofen von Simoneau in Nantes. Mit Abbildung in Bulletin de la soc. d'enc. Dec. 1854. p. 745—751 und im Polyt. Centralbl. 1855. S. 483—87.

**Jauve**, Kalkofen, in Description des brevets d'invention etc. T. 48. pag. 398.

**Jourdan**, Kalkofen, in Description des brevets d'invention etc. T. 29. pag. 143.

**Irische Kalköfen** in Mechanics Magazine. Vol. 4. pag. 143.

**Kalkbochofen**. Notizen- u. Intelligenzblatt des österr. Ingen.-Vereins 1850. Nr. 2.

**Kalkofen**, continuirlicher, für Steinkohlenbrand; Schubert, Zeitschrift für landwirthschaftliches Bauwesen. 7. Heft S. 50.

**Kalkofen**, unterirdischer, mit continuirlicher Feuerung (mit Zeichnungen) in Förster's allgem. Bauzeitung XXV. Jahrg. (1860) Heft 8 u. 9.

**Kalkofen** mit Gebläse in Mechanics Magazine. Vol. 29. pag. 109.

**Kalköfen** zum Steinkohlenbrand; von Pictet im Journal des Mines T. XIII. pag. 159.

und Gewerbebl. für Baiern 1852. S. 50—58, und im Polyt. Centralbl. 1852.
S. 667—693.

Schubarth, Professor. Einige Notizen über englische Cemente, in den Verhandlungen des Vereins zur Beförderung des Gewerbefl. in Preußen 1851. 5. Lief. und im Polyt. Centralbl. 1852. S. 565.

Schulz, von dem Béton u. seiner Bereitung; in Popul. Bauzeit. Bd. 1. S. 42.

Schulz, künstliche Puzzolan-Bereitung; in Popul. Bauzeit. 1. Bd. S. 9.

Schulz, Cement; in Popul. Bauzeit. 1. Bd. S. 7.

Seybert, über hydraulischen Kalk; in Bulletin des sciences techn. T. 7. p. 73.

Spence's, Pet., techn. Chemiker in Pendleton, Zinkcement. Patentirt in England den 12. Nov. 1850; in Rep. of pat. inv. 1851. July pag. 24—33 und im Polyt. Centralbl. 1851. S. 1105.

Swinbell's Cemente (künstliche aus Fabrikationsrückständen). Lond. Journ. 1842. Aug. pag. 27—28; Polyt. Centralbl. 1842. S. 1167.

Tidel, über Puzzolanen; in Dingler's Polyt. Journal Bd. 11. S. 249.

Tochi und Billeneuve, über die Darstellung von Cement; in Brevets d'inventions LXV. pag. 253 und im Polyt. Centralbl. 1848. S. 916.

Traß, inländischer, im Baierschen Kunst- und Gewerbeblatt 1824. S. 238. 281. 1826. S. 429. 1828. S. 375. und im Journal des polyt. Institutes in Wien, Bd. 6. S. 510.

Traß, schlesischer; in Dingler's Polyt. Journal 157. Bd. 394.

Treuffart, über Wassermörtel, in Dingler's Polyt. Journal Bd. 15. S. 341. Bd. 21. S. 40.

Treuffart, Darstellung von Puzzolane und Traß, in Annales des mines etc. I. Série. T. 12. pag. 233.

Troughton, Cement; in Dingler's Polyt. Journal Bd. 51. S. 155.

Ueber Bereitung des künstlichen hydraulischen Cements von Brian und St. Léger. Förster's Bauzeit. 1838. S 457—58.

Ueber Cementkalk von Hohenstein bei Stolpen in Sachsen und von Freiberg an der Unstrut; im Polyt. Centralbl. 1846. 7. Bd. S. 67—69.

Ueber die Darstellung von künstlichem Cement in England. Nach General Pasley; im Polyt. Centralbl. 1848. S. 98. 99.

Ueber den hydraulischen Cement von Kufstein in Tyrol; im Polyt. Centralblatt 1849. S. 1024.

Ueber den hydraulischen Kalk von Calvados, in Bulletin des sciences techn. T. 1. pag. 173; desgl. in den Ardennen daselbst. T. 7. pag. 150.

Ueber den Portland Cement; in den Mittheilungen des Braunschw. Gewerbevereins 1846. Nr. 8. und im Polyt. Centralbl. 1846. 4. Bd. S. 141—43.

Ueber Portland-Cementfabrikation; im Gemeinnütz. Wochenbl. des Gewerbevereins zu Köln. 1855. Nr. 45 und im Polyt Centralbl. 1856. S. 251—53.

Ueber Portland Cemente im Allgemeinen und seine Verwendung zur Dachdeckung insbesondere. Romberg's Zeitschr. f. Baukunst 1863. S. 119.

Ueber Santorinerde; in dem Notizbl. des Architekten-Vereins zu Berlin, Nr. 1. Dec. 1847. S. 16. und im Polyt. Centralbl. 1848. S. 621—22.

Ueber Santorinerde, in Förster's Bauzeitung 1841 S. 266. 1842. S. 306, und in den Verhandlungen des Vereins zur Beförderung des Gewerbefl. in Preußen. 1849. S. 86.

Ueber die Vicat'sche Vervollkommnung des Mörtels. Crelle's Journ. f. Baukunst. Bd. XXV. S. 33. Polyt. Centralbl. 1847. S. 951.

Untersuchung der Eigenschaften des Perlmoofer Portland-Cementes, gegenüber den hier im Handel vorkommenden englischen Portland-Cementen von einer k k Staatsministerial-Commission.

Versuche über die Festigkeit des Portland-Cements. Polyt. Centralbl. 1849. S. 355.

Versuche mit Cement von Pouilly und Parker's Cement im Hafen von Loriant; in Annales maritimes etc. 1830. II. pag. 282.

Vicat, über hydraulischen Kalk. Journal für prakt. Chemie XLII. S. 518—20; Polyt. Centralbl. 1838. S. 636. 37.

Vicat, über die Form der zum Béton zuzusetzenden Puzzolane. Förster's Bauzeitung 1840. S. 315.

Bicat, über hydraulischen Kalk und Cement. Journal f. pratt. Chemie. XXII. S. 251—56; Polyt. Centralblatt 1841. S. 302—4.

Bicat, über hydraulische Kalke und Cemente. Ann. de Chim. et de Phys. III. Sér. II. pag. 426—63; Polyt. Centralbl. 1842. S. 869—73.

Vicat, L. J., Recherches sur les propriétés diverses que peuvent acquérir les pierres à ciment et à chaux hydrauliques par l'éffet d'un incomplet cuisson etc. Paris 1840. 4.

Bicat, natürliche nicht vultanische Puzzolane in den Ardennen; in Annales des ponts et chaussées 1846. XII. pag. 128, und im Polyt. Centralbl. 1847. S 956—57.

Bicat, über den Einfluß des Eisenoxyds auf die Haltbarteit des hydraulischen Mörtels im Meerwasser; in Comptes rendus T. XXXIX. pag. 412, und im Polyt. Centralbl. 1854. S. 1341 und 42 und S. 382.

Bicat, L. J., prattische Anweisung, den hydraulischen Kalk (Cement oder künstliche Puzzolane) zu bereiten und denselben zu Wasserbauten aller Art anzuwenden. Getrönte Preisschrift. Aus dem Franz. von C. G. Schmidt. Quedlinburg. 1847. 8. 2½ M.

Bicat, über Puzzolane, im Journal der praft. Chemie. Bd. 26. S. 428. Bd. 37. S. 459. — Analyse der Puzzolane daselbst Bd. 34. S. 438.

Bicat, über das Vortommen der hydraulischen Kalke in Frantreich in Annales des ponts etc. T. 7. pag. 224. T. 9. pag. 357. T. 12 pag 429. T. 14. pag. 334. T. 18. pag. 227. II. Série. T. 2. p. 35. T. 3. pag. 118. T. 5. pag. 116.

Boit, über Cemente ꝛc., in Dingler's Polyt. Journal Bd. 4 S. 293.

Wadenroder, H. Hofrath, Dr. in Jena, über die Bestandtheile, die Wirkung u. Bereitung des Kalkcementes; mit besonderer Berücksichtigung der Gesteine und Erden in Thüringen; im Polyt. Centralbl. 1847. S. 237—248, und Popul. Bauzeitung 3. Bd. S. 70.

Wasserdichter Mörtel; in Joarn. des conn. us. 1835. pag. 84. 85.

White, über Fabritation des Portland-Cementes. Dingler's Journal 135. Bd. S. 360.

White, römischer Cement ꝛc. in den Verhandlungen zur Beförderung des Gewerbefl. in Preußen. 1829, S. 123.

Widerstandsfähigteit des Sandbétons. Förster's allgem. Bauzeit. 1838. S. 16; Polytechn. Centralbl. 1839. S. 588. 89.

Wintler, A, über hydraulische Mörtel. Journ f. praft. Chemie 1856. S. 444; Dingler's Journ. 142. Bd. S. 106; Polyt. Centralblatt 1857. S. 930.

Wintler, A., über Portland-Cement; im Chem. Centralblatt 1858. Nr. 31. und Polyt. Centralbl. 1858. S. 1164—65.

Zetter, über Bereitung und Anwendung des Bétons; v. Ehrenberg's Zeitschrift Bd. III. S. 56—58; Polyt. Centralbl. 1838. S. 651—53.

Ziegelmehl als Zuschlag zu Wassermörtel; von Cartwright; in Dingler's Polytechn. Journal Bd. 10. S. 362. Bd. 23. S. 84. — Desgl. von Beatson; in Erdmann's Journal Bd. 5. S. 33. — Desgl. von Lampadius; daselbst Bd. 6. S. 347. Bd. 8. S. 393. Bd. 13. S. 231; Journal für praft. Chemie Bd. 1. S. 356. Bd. 2. S. 376. — Desgl. von Hermbstädt in Erdmann's Journal Bd. 16. S. 457. — Desgl. von Sprengel im Journal für praft. Chemie. Bd. 1. S. 161.

Zur Geschichte der Anwendung des Bétons oder Concretes in England. Förster's allgem. Bauzeit. 1839. S. 114; Polyt. Centralbl. 1839. S. 491. 92.

## E. Ueber Fabritation künstlicher Steine und Kalt-Sand-Ziegelbau.

Aspdin's künstliche Steine; in Dingler's Polyt. Journal Bd. 16. S. 304; Bd. 19. S. 588.

Anfertigung und Anwendung des Kalt- und Gypsstuces; in Förster's allgemeiner Bauzeitung 1852. S. 91, und im Polyt. Centralbl. 1852. S. 734.

Bagshaw, über künstliche Steine; in Dingler's Polyt. Journ. Bd. 16. S. 805.

Brian und St. Léger, über Fabritation künstlicher Steine; in Bulletin de la Soc. d'Encourag. 1830. pag. 469.

Engel, F., der Kalk-Sand Pisébau und die Kalk Sand-Ziegelfabrikation ꝛc. 3. Auflage mit 10 Taf. Abbild. u. 46 Holzschn. Leipzig 1865.

Feilner, über Fabrikation künstlicher Steine; in den Verhandlungen zur Beförderung des Gewerbfl. in Preußen 1824. S. 20. und 1828. S. 93. und im Baierschen Kunst und Gewerbebl. 1830. S. 291.

Ueber Hohofenschlacken u. deren Verwendung (zu Schlackensteinen). Zeitschrift des Architekten- und Ingen.-Vereins zu Hannover. 1867. S. 297.

Jesnard's in Odessa Erdsteine. Wochenbl. für Land- und Hauswirthschaft 1838. Nr. 31; Förster's Bauzeitung 1838. S. 356—60.

Keene's Marmorcement zur Anwendung in der schönen Baukunst. Aus Austria durch Polyt. Notizbl. 1853. Nr. 11, und in Polyt. Centralbl. 1853 S. 689.

Kirrage, W., Anwendung des Salmiaks zu Steinguß und künstlichen Bausteinen ꝛc.; in London Journal 1848. Jan. pag. 432. und im Polyt. Centralbl. 1848. S. 916.

Lange, über künstliche Steine; in Dingler's Polyt. Journal Bd. 23. S. 556. u. im Baierschen Kunst- und Gewerbebl. 1830. S. 689.

Lazzari, venetianischer Terazzo (Estrich); in Allgem. Bauzeit. 1836. Nr. 8. u. 9. und in Dingler's Polyt. Journal 1836. S. 363.

Lebrun's künstliche Steine. Le Génie industriel. Oct. 1859. pag. 212; Polyt. Centralbl. 1859. S. 1760.

Orsi's, J., künstliche Steinmassen (Metalllava). London Journal Dec. 1848. Förster's Bauzeitung 1849. S. 215.

Paschen, E, Ueber Ausnutzung der Hohofenschlacken durch Granulation (und Schlackensteinen). Zeitschr. des Vereins deutscher Ingen. 1874. S. 33.

Ranger's künstliche Steine; in Dingler's Polyt. Journal Bd. 50. S. 25, und Bd. 59. S. 258.

Ransome's künstliche Mühlsteine und andere Steine; im Rep. of pat. Inv. 1845. Juli. pag. 41—44, und im Polyt. Centralbl. 1846. 7. Bd. S. 480.

Ransom's künstliche Steine. Deutsche Bauzeit. 1869. S. 149. u. 295. 1871. S. 369.

Schleider, F., Benutzung des Kalkes zu künstlicher Steinmasse; im Baierschen Kunst- und Gewerbeblatt 1848. S 98—101, und im Polytechn. Centralblat 1848. S. 917.

Der Steinguß auf kaltem Wege vom Decorationsmaler Gran und vom Ingenieur-Assistent von Egido zu Zittau; im Polyt. Centralbl. 1847. S. 1417.

Ueber Anfertigung von Trottoirplatten aus bituminösem Mastic, nach Leblanc, Brix und Killmar Verhandlungen des preuß. Gewerbevereins. 1838. S. 37—42; Polyt Centralbl. 1838 S. 437—41.

Ueber die Fabrikation künstlicher Bausteine mittelst hydraulischen Kalks; im Polyt. Wochenbl. 1848. Nr. 13; und im Polyt Centralbl. 1849. S. 356—57.

Ueber Kalkpisé-Steine. Deutsche Bauzeit 1870. S. 91.

Ueber künstliche Steinmasse und aus derselben gefertigten Fabrikate; in Romberg's Zeitschrift für Bauwesen 1859. S. 157 und im Polyt. Centralbl. 1860. S. 553—54.

Williame's, P. B, patentirte künstliche Steinmasse; in London Journal 1845. Dec. pag. 315—320, und im polyt. Centralbl. 1846. 7. Bd. S. 536—37.

Wilson's künstliche Steine; im Baierschen Kunst- und Gewerbebl. 1824. S. 145. 259. Daselbst 1823. S. 281.

## F. Ueber Kitte.

Asphalt, über die Bereitung des künstlichen, zu Pflasterungen. Brieg 1840. 16.

Bestandtheile des Diamantkittes Polyt. Centralbl. 1865. S. 1368.

Brunnenmacherkitt in Förster's Bauzeitung 1837. S. 55. 284.

Cement aus Gyps und Borax; in London Journ. Nov. 1856. pag. 201. Polyt. Centralbl. 1858 S. 346—47.

Chatigner's in Paris wohlfeiler Kitt für Wasserleitungsröhren; in Mittheilungen des Gewerbevereins für das Königreich Hannover 1855. S. 122, und im Polyt. Centralbl. 1855. S 1088.

Crause's Eisenkitt. Hannov. Mittheilungen Lief. 14. S. 466; Polyt. Centralbl. 1838. S. 303.

Delatouche mastic; in Description des brevets d'invention. T. 15. pag. 210.

Deville's Kitt. im Polyt. Notizbl. 1857. S. 208, u. Pol. Centralbl. 1857. S. 1181.

Dihl's Mastic; Bulletin de la Société d'Encouragement 1821. pag. 84.

Dobb's verschied. wasserdichte Kitte, Mörtel; Dingler's Polyt. Journ. Bd. 14. S. 234.

Eisenkitt, in Dingler's Polyt. Journal Bd. 68. S. 76.

Fagot, Kitt; in Dingler's Polyt. Journal Bd. 84. S. 238.

Froß, über Kitte; in Dingler's Polyt. Journal Bd. 11. S. 117.

Gill's Universal- oder Parolikitt; Polyt. Centralbl. 1837. S. 142. Anmerk.

Hamelin's Mastic, in Förster's Bauzeitung 1839. S. 122. 195.

Hammann's Delkitt, für Terrassen- und Wasserbehälter; Förster's allg. Bauzeit. 1837. Nr. 50. Polyt. Centralbl. 1838. S. 319.

Heeren, Dr., über den engl. Mastic-Cement. Hannov. Mitth. Lief. 14. S. 459 —60; Polyt. Centralbl. 1838. S. 225—30.

Heeren, engl. Mastic; in Dingler's Polyt. Journal Bd. 67. S. 430.

Heller's Steinkitt; im Frankfurter Gewerbefreund 1843, u. im Polyt. Centralbl. 1843. 1. B. S. 575.

Herose, K., über Wasser- oder hydraulischen Kitt; v. Ehrenberg's Zeitschr. 1838. S. 181—48.

Huguenot, J., über den Asphalt, dessen Vorkommen, Beschaffenheit, Darstellung als Asphaltmastic; sowie über seine Benutzung als natürlicher Mörtel, besonders zu Fußböden, Trottoirs und Dächern. Aus dem Französischen von C. Hartmann. Weimar 1847. S. 1¼ M.

Keil's Delcement; im Gewerbebl. für Sachsen 1843. S. 206, und im Polytechn. Centralbl. 1843. 1. Bd. S. 544. 45.

Dampfdichter Kitt in Dingler's Polyt. Journal Bd. 96. S. 80.

Deutsche Kitte zum Wasserdichtmachen ꝛc.; in Repert. of Pat. Invent. Mai 1844. S. 299 und in Dingler's Polyt. Journal Bd. 93. S. 148.

Kitt für Bildhauer; in Dingler's Pol. Journ. Bd. 16. S. 396. Bd. 50. S. 399.

Kitt für Eisen und Stein. Deutsche Bauzeitung 1870. S. 245.

Kitte für Säuren; in Dingler's Polyt. Journal Bd. 89. S. 467.

Klingemann, Fr., der natürliche und künstliche Asphalt u. das Asphaltmastix. Quedlinburg 1848. 8.

Lampabius, Anstrich, Kitt; in Erdmann's Journ. f. techn. Chemie Bd. 9. S. 316.

Leonhardt, W., die Kitt-, Leim-, Cement- u. Mörtel-Fabrikation mit Einschluß der Kalk- und Gypsbrennerei. Leipzig 1863. 8.

Meyer, J. B., der Asphaltstein des Val de Travers in mineralogischer, geschichtlicher und technischer Hinsicht. Coblenz 1839. 8.

v. Minkwitz, Beschreibung der Anfertigung und Anwendung eines wohlfeilen Theercements. Förster's Bauzeitung 1841. S. 201; Polyt. Centralbl. 1842. S. 225—32.

Ofenkitte, in Dingler's Polyt. Journal. Bd. 86. S. 369.

Paget's Mastic-Cement. Receuil de la Soc. polyt. No. 49; Polyt. Centralblatt 1842. S. 653.

Paroli- oder Universal-Cement; in Dingler's Polyt. Journal Bd. 8. S. 260, 378. Bd. 9. S. 125. Bd. 11. S. 251.

Peron, Steinkitt; in Dingler's Polyt. Journal Bd. 65. S. 158.

Shipmann's, K., Delmastic-Cement, oder Klark- ob. Hamelin-Patent-Cement genannt. Förster's allgem. Bauzeit. Bd. IV. S. 112; Polyt. Centralbl. 1839. S. 469—91.

Souillard, über Kitte und Mastic; in Bulletin de la Soc. d'Encouragement 1821, pag. 101.

Steinkitt von J. Ziegler; in Brevets d'invent. LXV. pa 150, und im Polyt. Centralbl. 1848. S. 604.

Ueber Steinkitt zu Wasserleitungsröhren; im Chemnitzer Anzeiger 1844. Nr. 35. und im Polyt. Centralbl. 1844. 4. Bd. S. 230.

Vortrefflicher Steinkitt; im Polyt. Notizbl. 1859. Nr. 16, und Polyt. Centralbl. 1859. S. 1382.

Voget's Steinkitt; im Polyt. Centralbl. 1836. S. 78.

Leipzig,
Druck von Hundertstund & Pries.

# Die Kalk=, Ziegel=
## und
# Röhrenbrennerei.

In ihrem ganzen Umfange und nach den neuesten Erfahrungen.

— — —

## Gründliche Anleitung

zur Anlage und zum Betrieb von Kalkbrennereien und Ziegeleien, zur Fabrikation von
allen Arten Backsteinen, Hohlziegeln, Dachziegeln, thönernen Fließen und Röhren, zur
Herstellung von Cementen und Mörtel.

## Ein Hand= und Hülfsbuch

für

Ziegler, Kalk=, Cement= und Backsteinbrenner, für Maurer, Bautechniker,
Fabrik= und Gutsbesitzer und technische Behörden.

Nach selbstständiger Erfahrung bearbeitet

von

## Edmund Heusinger von Waldegg,

Oberingenieur in Hannover, Herausgeber des Organs für die Fortschritte des Eisenbahnwesens,
correspondirendes und Ehrenmitglied verschiedener Architecten= und Ingenieur=Vereine.

### Dritte umgearbeitete und vielfach vermehrte Auflage.

#### Mit zahlreichen Holzschnitten.

#### II. Theil. I. Abtheilung.
### Die Ziegelfabrikation.

— — —

Leipzig,
Theodor Thomas.
1876.

Die

# Ziegelfabrikation

einschließlich

der neuesten Maschinen und Ofenconstructionen.

Nach selbstständiger Erfahrung bearbeitet

von

## Edmund Heusinger von Waldegg,

Oberingenieur in Hannover, Herausgeber des Organs für die Fortschritte des Eisenbahnwesens,
correspondirendes und Ehrenmitglied verschiedener Architecten- und Ingenieur-Vereine.

Dritte umgearbeitete und vielfach vermehrte Auflage.

Mit 277 Holzschnitten.

Leipzig,
Theodor Thomas.
1876.

# Vorrede

## zur zweiten Auflage.

In der Vorrede zum ersten Theil dieses Werks wurden bereits die Verhältnisse dargelegt, welche eine neue Bearbeitung dieses Buches in der kurzen Zeit seit seinem ersten Erscheinen nöthig machten, und es zugleich motivirt, weshalb dasselbe jetzt in zwei für sich verkäuflichen Theilen erscheint.

Auch bei der Bearbeitung des vorliegenden zweiten Theiles war es die Hauptaufgabe des Verfassers, das Buch den jetzigen Ansprüchen gemäß, welche an die Ziegel- und Röhrenfabrikation gemacht werden, zu verbessern und zu vervollständigen, und wie solches geschehen, geht aus der Thatsache hervor, daß in diesem zweiten Theile allein 8 neue Capitel, 82 neue Paragraphen und 72 neue Holzschnittfiguren mehr gegen die frühere Ausgabe enthalten sind, sowie daß der zweite Theil (über Ziegel- und Röhrenfabrikation) fast die gleiche Seitenzahl, wie die früheren drei Abtheilungen (über Kalk-, Ziegel- und Röhrenbrennerei) zusammen erreicht hat.

Die neu hinzugekommenen Capitel behandeln namentlich das Schwindmaaß der Ziegelformen, die Mosaikböden von gebranntem Thon, die verschiedenen Arten und Anwendungen der Hohlziegel, Maschinen zur Herstellung der hohlen Backsteine, neue Ziegelmaschinen (für Vollziegel), welche sich als besonders brauchbar bewährt haben, den doppelten Ziegelbrennofen für Steinkohlenfeuerung, den Ringofen mit ununterbrochenem Betriebe von Hoffmann und Licht, und specielle Construction der neuesten Ringöfen.

Andere Capitel, wie das Untersuchen des Thons zur Ziegelfabrikation, die verschiedenen Arten der Ziegelwaaren, das Treten und Fahren des Thons, die Thonknete- oder Thonschneidemaschinen, die Thonwalzmühle, Schlämmen des Thons, Nachpressen der geformten Ziegelsteine, Anfertigen der Façon-, Gesims- und Profilsteine, die verschiedenen Maschinen zur Fabrikation der Vollziegel, Maschinen zum Pressen der Dachziegel, Trocknen der rohen Ziegel, feuerfeste Backsteine, Einrichtung der Brennöfen für Ziegelwaaren im Allgemeinen, Holländischer Ziegelofen für Torfheizung, Einsetzen und Brennen der Ziegel, Verfertigen der Drainröhren mittelst Maschinen, sowie Trocknen und Brennen der Röhren wurden zum großen Theil umgearbeitet und vielfach vermehrt.

Einzelne früher empfohlene Ziegelmaschinen, die sich in der Praxis nicht bewährt haben, wurden nur für die Geschichte dieser Maschinen ganz kurz behandelt, und die Maschinenziegelei, welche jetzt auf einer solchen Stufe der Vollkommenheit angelangt ist, daß sie in einzelnen besondern Fällen Concurrenz mit der Handformerei siegreich bestanden hat, wurde überhaupt mit besonderer Sorgfalt bearbeitet und nur solche Maschinen der Art empfohlen, die sich als praktisch bewährt haben.

Die patentirten Ringöfen mit continuirlichem Betriebe von Hoffmann und Licht, welche durch ihre sinnreiche Construction und geringen Verbrauch jeglichen Brennmaterials sich auszeichnen, wurden möglichst gründlich behandelt, da dem Verfasser sehr ausführliche und zuverlässige Angaben darüber zugestellt wurden und er sich auf verschiedenen größeren Ziegeleien von dem zweckmäßigen und einfachen Betriebe dieser Oefen überzeugt hat, sowie dieselben besonders da empfohlen werden können, wo der Absatz einer großen Zahl von Ziegeln auf die Dauer zu erwarten steht.

Außerdem wurde die Reihenfolge der behandelten Gegenstände systematischer angeordnet und die reichhaltige am Schluß gebrachte Literatur bis zur neuesten Zeit vervollständigt.

Schließlich sagt der Verfasser noch den vielen strebsamen Ziegeleibesitzern, welche ihn theils mit zahlreichen anerkennenden Zuschriften über die erste Ausgabe des vorliegenden Werks, theils mit schätzbaren ausführlichen Mittheilungen und kleinern Notizen über Fortschritte und Verbesserungen in ihrem Fache erfreut haben, seinen verbindlichsten Dank und bittet ihn auch ferner mit solchen werthvollen Beiträgen aus der Praxis des Ziegeleigeschäfts unterstützen zu wollen, damit der Verfasser, welcher seit einigen Jahren im Ziegeleibetriebe nicht mehr praktisch thätig ist, in den Stand gesetzt werde, auch die folgenden Auflagen dieses Buchs stets den neuesten Erfahrungen gemäß zu verbessern und zu vervollständigen.

Hannover, Anfangs Mai 1867.,

**Edmund Heusinger von Waldegg.**

# Vorrede

## zur dritten Auflage.

---

Die Bearbeitung der dritten Auflage dieses Buches fiel leider in eine Zeit, wo der Verfasser durch mehrere größere literarische Unternehmungen, namentlich das Handbuch für specielle Eisenbahn-Technik und Handbuch der Ingenieurwissenschaften ganz außergewöhnlich in Anspruch genommen war. Das Erscheinen der neuen Auflage des vorliegenden Buches konnte daher nur sehr langsam erfolgen, auch konnte der Verfasser auf die Bearbeitung der besonders in den letzten Jahren in dem Fache der Ziegel- und Röhrenfabrikation gemachten riesigen Fortschritte und des massenhaft angesammelten neuen Materials nicht die Sorgfalt und Gründlichkeit verwenden, wie er es gewünscht hat. Dennoch hat er sich bemüht das Buch den heutigen Anforderungen gemäß zu vervollständigen und zu verbessern.

In welcher Weise die Vermehrungen und Zusätze erfolgten geht daraus hervor, daß der vorliegende 2te Theil im Vergleich mit der letzten Auflage 54 Seiten, 10 neue Capitel, 46 neue Paragraphen und 113 neue Holzschnitte mehr enthält, während ca. 20 Paragraphen und 10 Holzschnitte mit veralteten Constructionen und Einrichtungen beseitigt wurden. Die anfängliche Absicht, eine noch größere Zahl älterer Constructionen nicht wieder aufzunehmen, mußte aus Mangel an Zeit aufgegeben werden, weil dies eine vollständige Umarbeitung des Werkes erfordert hätte. —

Die neu hinzugekommenen Capitel behandeln namentlich: Handziegelpressen, Hebelmaschine, Kettenziegel und deren Anwendung, verschiedene Modificationen der Ringofen-Constructionen, continuirlicher Kanal-Ziegelofen, über künstliches Trocknen der Ziegelwaaren und Ziegelei-Betrieb im Winter, über Backstein-Rohbau und zweckmäßige Herstellung der Form- und Glasursteine, vom Veranschlagen und Zeichnen der Formsteine, neuere Schlämmmaschinen und Filterpressen, Fabrikation der thönernen Wasserleitungsröhren mittelst Maschinen und Nachträge. — Außerdem wurden in andern Capiteln 9 neue Ziegelmaschinen beschrieben und zum Theil abgebildet, 5 neue

Dach- und Falzziegelpressen, 2 Maschinen zum Nachpressen, 2 neue Drainröhrenpressen, 3 neue Schlämmmaschinen ꝛc. beschrieben und durch Abbildungen erläutert. —

Schließlich spricht der Verfasser den Herren Ingenieur H. Steg-mann in Braunschweig, welcher die Capitel XLV und XLVI der ersten Abtheilung sowie die Capitel IV bis X der 2ten Abtheilung selbstständig bearbeitete, und Architect Theod. Quentin in Frankfurt a/M. welcher die Capitel LIII und LIV verfaßte, desgleichen auch den verschiedenen Herren Maschinenfabrikanten, welche durch gefällige Einsendung von Zeichnungen und Beschreibungen ihrer neuen Maschinen und Apparate für Ziegel- und Röhrenfabrikation den Ver-fasser bereitwillig unterstützten — seinen verbindlichsten Dank aus.

Außerdem ist noch zu bemerken, daß die reiche Literatur über Ziegel- und Röhrenfabrikation bis zur neuesten Zeit ergänzt und bei der neuen Bearbeitung des 2. Theils ebenfalls alle verschiedenen Maaß- und Gewichtsangaben nach dem neuen metrischen System umgeändert wurden.

Hannover, Anfangs October 1876

**Edmund Heusinger von Waldegg.**

# Inhalt.

---

## Zweiter Theil. Zweite Abtheilung.

### Röhrenfabrikation.

# Zweiter Theil.

## Erste Abtheilung.

———⁓⁓⁓⁓⁓———

## Ziegelfabrikation.

————————

rigen Anfühlens); das Gegentheil davon ist kurzer oder magerer Thon, welcher sich rauh, sandig anfühlt, im angekneteten Zustande leicht abreißt oder bricht, und wenig Plastizität besitzt.

b) Das Schwinden. Wird der mit Wasser angeknetete Thon an der Luft oder durch Anwendung von Hitze getrocknet, so verkleinert sich sein Volumen mehr oder weniger. Diese Erscheinung nennt man das Schwinden. Ein und derselbe Thon schwindet besto mehr, je nasser er gewesen, je stärker die etwa angewendete Hitze war, und je länger die Einwirkung derselben gedauert hat. Wegen des zuerst genannten Umstandes ist es daher, wenn man das Schwinden möglichst verringern will, von Wichtigkeit, den Thon mit wenig Wasser (recht steif) zu verarbeiten. Fetter Thon schwindet im Allgemeinen mehr, als magerer. Findet die Austreibung des Wassers (beim Trocknen und Brennen zu rasch oder auch in verschiedenen Theilen eines Stückes ungleichmäßig Statt, so ist die Folge, daß der Thon reißt (Sprünge, Borsten bekommt); oder wenigstens seine Gestalt verändert, windschief wird (sich verzieht). Stark schwindender Thon ist natürlich auch am meisten dem Verziehen und Reißen unterworfen. Thongegenstände, welche überhaupt von geringer Dicke und etwa noch dazu an verschiedenen Stellen ungleich dick sind, verziehen sich am leichtesten; das Reißen tritt dagegen am öftersten bei dicken Stücken ein, weil diese die Feuchtigkeit aus dem Innern schwierig entlassen. Zu unterscheiden sind diejenigen Risse oder Borsten, welche im Thone zurückbleiben, wenn derselbe kleine Pflanzenreste enthielt, die beim Brennen zerstört werden; und solche, welche von eingemengtem Schwefelkiese (durch dessen chemische Zersetzung in der Brennhitze) veranlaßt werden.

c) Das Hartbrennen. Durch Glühen, was man Brennen nennt, erlangt der Thon eine mehr oder weniger bedeutende Härte, welche oft einen so hohen Grad erreicht, daß er am Stahle Funken schlägt. Verschiedene Thonarten erfordern verschiedene Hitzegrade, um ihre größte Härte zu gewinnen; im gleichen Feuer werden verschiedene Thonarten oft sehr ungleich hart. Nebst der Härte ist auch die Dichtigkeit der Masse ein beachtenswerthes Resultat des Brennens und auch hierin zeigen die Thone ein abweichendes Verhalten. Der gebrannte Thon bildet, auch noch so fein gepulvert, mit Wasser keinen plastischen Teig mehr.

d) Die Schwerschmelzbarkeit. Reiner (bloß Kiesel- und Thonerde enthaltender) Thon schmilzt im heftigsten Ofenfeuer nicht; solcher, der Kalk oder Eisen (auf irgend einer Stufe der Oxydation) bei sich führt, ist mehr oder weniger leicht schmelzbar; besonders ist der Kalk gehalt hierin von großer Wirkung. Schmelzbarer Thon kann eben wegen dieser Eigenschaft keiner so hohen Brennhitze ausgesetzt werden, als unschmelzbarer. Manche schwer oder gar nicht schmelzbare Thone erleiden bei der höchsten Brennhitze eine Verdichtung, ein Zusammensintern ihrer Masse, wodurch dieselbe fast glasähnlich dicht wird, und die Fähigkeit Wasser einzusaugen verliert.

e) Die Farbe. Im natürlichen Zustande sind einige Thone weiß, andere gelblich oder braungelb, braun, grau, bläulich, grünlich. Die Farben rühren jederzeit von fremden Beimischungen her, denn reiner Thon ist weiß. Nach dem Glühen (Brennen) wird weißer Thon, der eine geringe Menge Eisen enthält, oft gelblich oder röthlich; dagegen farbiger, dessen Färbung nur von verbrennlichen Pflanzenresten herrührt, weiß; die übrigen verändern ihre Farbe, und werden mehr oder weniger röthlich, rothgelb oder roth (bei sehr anhaltendem und starkem Brennen braun oder bläulich-grau), was immer einen erheblichen Eisengehalt anzeigt.

§. 3. Vom technischen Gesichtspunkte aus lassen sich folgende Hauptgattungen des Thons unterscheiden:

a) Lehm, Leimen oder Ziegelthon, sehr weich, zerreiblich; gelb oder bräunlich, nach dem Brennen schmuzig roth; stark eisenhaltig und meist mit viel Sand vermengt, zuweilen auch Kalk enthaltend; wenig plastisch, in starker Glühhitze schmelzbar. Man findet ihn im aufgeschwemmten Lande, als das Ergebniß früherer Anschwemmungen in Thälern, Mulden des Hügellandes; doch erhebt er sich nicht selten auch zu beträchtlichen Höhen, wohin neuere Anschwemmungen nicht gelangen können. Oft bildet der Lehm (Diluvialthon) 30 bis 100 Fuß mächtige, massive Lager, die ihrer geognostischen Alluvialbildung nach ganz oberflächlich liegen und meistens zu Tage ausgehen. Durch Aufnahme von Quarzsand geht der Lehm allmählig in lockern Sand oder in Sandmergel, durch Aufnahme von Kalktheilchen in Mergel und Kalkmergel über. Er findet eine vielfältige Anwendung in der Baukunst zu Dach- und Mauerziegeln, Lehmsteinen (Luftziegeln), Lehmpatz, mit Stroh vermengt, zum Stücken und Wickeln (Wellern) der Decken, Ausstreichen der Fachwände, zum Vermauern der Steine bei Brandmauern, Schornsteinen, Oefen ꝛc., er kittet aber nicht die Steine zusammen, wie Kalkmörtel, sondern füllt nur die Fugen aus.

b) Thonmergel, ein Gemenge von Thon und kohlensaurem Kalk, worin ersterer vorwaltet; grau- oder gelblichweiß, graugelb, grünlich, röthlich, bräunlich, nach dem Brennen mehr oder weniger röthlich, ziemlich plastisch, schmelzbar. Der Thonmergel ist derb, im

Bruche uneben, in's Splittrige, Flachmuschelige, seltener blätterig im Gefüge, zum Schieferigen sich hinneigend. Er ist nicht selten frisch weich und wird beim Liegen an der Luft hart; jedoch sind die untern Lagen häufig dichter und härter, als die obern. Der Mergel braust mit Säuren auf, zertheilt sich mit Leichtigkeit im Wasser und giebt eine teigige Masse, welche hinlänglich bindet. Er schließt nicht selten eiförmige Stücke von festerm Mergel ein, welche reicher an Kieselerde oder Kalk sind; er verläuft häufig in Töpferthon und Lehm, ist deutlich geschichtet, sehr zerklüftet, verwittert an der Luft, zerfällt in eine gelblich-graue Erde, Mergelerde. Der Mergel bildet die mächtige Grundlage von einem großen Theil Nordbeutschlands (Mecklenburg, Mark Brandenburg, Hannover, Schleswig, Holstein, Jütland,); man findet ihn auch im Mansfeldschen, am Harze, in Schlesien, Böhmen, Mähren, längs der Küste von Hampshire, Dorsetshire; in Frankreich, Gegend von Paris, Mont-Marton, Menil-Montant, Argenteuil, zu Viroslay bei Versailles. Hauptsächliche Anwendung des Thonmergels zur Backsteinfabrikation und zu gemeinen Töpferwaaren.

c) Letten (schiefriger Thon), ein Thon von dünn schiefrigem Gefüge, aschgrau, in's Schwärzliche meist durch kohlige Bestandtheile gefärbt, von Kalk, Quarzsand und Eisenoxyd fast frei, der mit Wasser eine zähe, äußerst dehnbare Masse bildet, sich der Zunge weniger anhängt als der Thon und auch einen geringern Thongeruch giebt. Er fühlt sich fettig an wie der Thon.

Der Letten findet sich im Allgemeinen weniger verbreitet und in geringerer Mächtigkeit als der Lehm, theils im Steinkohlengebirge, theils im aufgeschwemmten Lande, namentlich an den Ufern größerer Flüsse und Seen, bildet am Ausflusse der Ströme meist das Delta und kommt besonders häufig als Unterlage der Torflager vor. Anwendung zur Ziegelei und Töpferei.

d) Töpferthon (plastischer Thon), meist blau-grau, grünlich-grau oder gelb, nach dem Brennen gelblich oder röthlich; plastisch, oft in sehr hohem Grade; schmelzbar; enthält immer Eisen, öfters auch Kalk, in welchem Falle er ein Uebergangsglied zum Thonmergel bildet. Einige hierher gehörige Thonsorten haben im Aeußern mehr oder minder Aehnlichkeit mit dem feuerfesten Thon, sie sind aber weniger derb, mehr zerreiblich und zergehen weit leichter im Wasser. —

Der Töpferthon ist sehr weit verbreitet, er findet sich überall im Flötzgebirge, namentlich im tertiären und Alluvium, bisweilen auch in Gängen und Klüften des Granits; am ausgezeichnetsten in Begleitung der Braunkohlenlager als sogenannter plastischer Thon, wo er

oft regelmäßig geschichtet vorkommt. Anwendung zu feinern Backsteinen, Dachziegeln, Töpferwaare und zu geringern Sorten Fayence.

e) **Feuerfester Thon**, weiß oder gefärbt (röthlich, grau rc.),
nach dem Brennen weiß, grau, röthlich oder gelblich; er besteht aus
Kiesel, Thonerde und sehr wenig Eisenoxyd; ist sehr zähe, plastisch,
brennt sich fest und ist im Porzellanfeuer unschmelzbar.

**Fundorte:** im Königreich Sachsen zu Hubertusburg, Kolbitz; in
den sächsischen Herzogthümern auf dem Thüringer Walde; im Königreich Baiern zu Hausen bei Abensberg, zu Amberg, Kemnath, Mit-
terteich, im Königreich Böhmen im Bunzlauer und Leitmeritzer Kreise;
im Königreich Preußen im Regierungsbezirk Coblenz an der Nassauischen Grenze, zu Münster-Maifeld, im Regierungsbezirk Cöln, in
der Nähe der Stadt und in den Umgebungen des Laacher Sees. Bei
Halle auf dem linken Ufer der Saale, bei den Dörfern Benstädt,
Niebleben, besonders bei Salzminde; zu Beibersee, zu Belgern an der
Elbe; zu Tillendorf bei Bunzlau; zu Ruda bei Beuthen im Reg.-Bez.
Oppeln, zu Kattowitz bei Königshütte, zu Lissek bei Ratibor; bei Ge-
sell im Hennebergischen; in Provinz Hessen-Nassau zu Groß-Almerode
(berühmte Schmelztiegel, zu Montabaur und Grenzhausen; im Elsaß bei
Straßburg u. a. O.; in England in Devonshire, in Cornwales, auf der Insel
Wight, in Dorsetshire; in Frankreich besonders zu Abondant bei Dreux,
zu Coubé bei Houdan, zu Montereau, zu Forges-les-Eaux, u. a. O.;
in Belgien bei Namur, zu Andenne, Antrogues, bei Jemappes; in
Schweden bei Helsingborg, Höganäs; auf Bornholm in Dänemark.

Anwendung zu feuerfesten Ofensteinen, Schmelztiegel, zu feinem
und ordinairem Steingut, zu Fayence, den bekannten weißen Tabaks-
pfeifen, zu Kapseln, worin das Porzellan gebrannt wird. Von einigen dieser Anwendungen führen die hierher gehörigen Thone verschiedene Namen, als: **Porzellanthon, Kapselthon, Stein-
gutthon, Pfeifenthon.**

f) **Porzellanerde, Kaolin**, weiß, öfters mit einem Stich in's
Graue oder Röthliche, nach dem Brennen aber stets weiß; Kalk,
Bittererde und Eisenoxyd gar nicht oder in ganz geringer Menge ent-
haltend; sehr mager und sehr wenig plastisch; in dem stärksten Ofen-
feuer unschmelzbar. Anwendung zu Porzellan (in England auch als
Zusatz zu feinem Fayence und zum Wedgwood).

Vorzugsweise als Material zur Ziegelwaare nimmt der **Lehm**,
nebenbei der **Letten** und **plastische Thon**, unsere Aufmerksamkeit
in Anspruch; wir werden indeß meist den Gattungsnamen „**Thon**"
brauchen, wenn wir uns nicht im Speciellen auf eine der Arten beziehen.

## II.

## Bedingungen eines guten Thons zur Ziegelfabrikation.

§. 4. Die Tauglichkeit der Ziegelerde hängt erstens und vornehmlich davon ab, daß sie nur eine geringe Menge kohlensauren Kalk und gleichmäßig fein vertheilt enthält. Durch einen solchen Kalkgehalt bis zu 25% erlangt das Ziegelgut eine wünschenswerthe Verbesserung, indem der fein vertheilte Kalk beim Brennen als Flußmittel dient und die Festigkeit der gebrannten Masse steigert; über 25% aber wirkt der gleichmäßig vertheilte Kalk nachtheilig ein und ist solche Erde (Kalkmergel) zur Ziegelfabrikation in den meisten Fällen unbrauchbar. Kommt aber der kohlensaure Kalk in Form von größeren oder kleineren Geröllen und Geschieben vor, so können diese das Ziegelgut vollständig untauglich machen, da sie sich beim Brennen in Aetzkalk verwandeln, bei Anwesenheit von Feuchtigkeit Kalkhydrat bilden, wobei eine Volumenvergrößerung stattfindet und die gebrannte Masse zersprengt.

§. 5. Die Ziegelerde darf ferner keine andern Steine enthalten; denn wenngleich dergleichen Steine die Festigkeit der Ziegel nicht besonders beeinträchtigen, obgleich sie ihm keineswegs zuträglich sind, so erschweren sie doch ungemein das Behauen der Ziegel beim Bauen und veranlassen also eine große Menge unnöthigen Bruch und Abgang. Dieses gilt nur von kleinen Steinen; sind sie größer, wie eine Wallnuß z. B., so dehnen sie sich während des Brandes sehr stark aus und verursachen dadurch Risse in den Ziegeln und werden ihnen also nachtheilig.

Ebenso darf die Ziegelerde, wenn auf dichten Stein gesehen wird, keine vegetabilische oder Dammerde enthalten, denn die Dammerde verbrennt beim Brennen der Ziegel, und veranlaßt dadurch, daß sie porös und nicht so fest werden, als wenn der Thon rein gewesen wäre. Man wählt daher am zweckmäßigsten einen solchen Thon, der ca 1ᵐ· tief unter der Oberfläche der Erde liegt. —

Sind Pflanzenreste oder Wurzelknollen im Lehm enthalten, so können unter Umständen nach dem Brennen der aus solchem Lehm geformten Backsteine Höhlungen entstehen, die deren Festigkeit, Tragfähigkei und schönes Aussehen beeinträchtigten.

Man hat auch darauf zu sehen, daß der Thon keine Knoten von Schwefelkies enthält, denn die Hitze der Ziegelöfen ist selten, ja vielleicht niemals stark genug, um diese Verbindung des Eisens mit dem Schwefel völlig zu zersetzen. Das Schwefeleisen erleidet dadurch vielmehr nur eine Röstung; durch Einwirkung der Luft und Nässe erfolgt späterhin, wenn der Stein bereits vermauert ist, eine Verwitterung des Schwefelkieses; hierdurch bildet sich ein Salzbeschlag, der schwefelsaures Eisen ist, der in einzelnen Parthien das Mauerwerk überzieht, wodurch die Steine bröcklich und die in der Art angegriffenen Theile der Mauer feucht werden, woraus sich später allmälig Mauerfraß bildet.

§. 6. Eine weitere Bedingung von einer guten Ziegelerde ist, daß sie nicht zu fett und nicht zu mager sei. Fett wird die Erde genannt, wenn sie 80°/₀ Thon, mager, wenn sie bis 60°/₀ Sand enthält. Je fetter der Thon ist, desto schwieriger ist dessen Verarbeitung zu einer gleichartigen Masse. Man findet daher, daß Ziegelsteine aus fettem Thon sich sehr schwer verhauen lassen; daß die Steine beim Trocknen an der Luft kleine Risse bekommen, die beim Brande zum Springen und daher zu vielem Verlust Anlaß geben und sehr schwinden sowie auch sich verziehen. Bei magern Erden ist der Antheil an fremdartigen beigemengten Substanzen meistens von der Art, daß sie bei der gewöhnlichen Brennhitze die Masse leicht zum Verglasen bringen oder zum Zerbröckeln mürbe machen.

§. 7. Eine kleine Beimischung von Eisenoxyd erhöht die Härte und Festigkeit der Ziegel; denn das Eisenoxyd befördert bedeutend die innige Verbindung der Thon- und Kieselerde und bewirkt einen hohen Grad der Erhärtung der Masse im Feuer; solche Ziegel zeichnen sich daher durch große Härte, Festigkeit und einen reinen Klang aus. Diese Ziegel erhalten nach dem Brande eine rothe oder gelbe Farbe, die jedoch im Allgemeinen keineswegs auf die Güte eines Ziegelsteines schließen läßt. Das Eisenoxyd muß vollkommen oxydirt sein, denn im andern Falle zieht es Feuchtigkeit an, dehnt sich aus und zersprengt die Ziegel.

Das Vorhandensein von Magnesia in der Lehmerde ist nicht schädlich; der mit solchem Lehm gefertigte Backstein erhält dadurch beim Brennen eine mehr ins Gelbe spielende Farbe, wird jedoch magnesiareicher Lehm mit sehr schwefelhaltiger Steinkohle bei geringer Hitze, wie dies z. B. beim Brennen in Meilern der Fall ist, gebrannt, so bildet sich in ihm schwefelsaure Magnesia, die auswittert und dabei den Stein in seiner Oberfläche ganz zerstört. —

Bei Anwesenheit von Natron kann sich in ähnlicher Weise beim Brennen schwefelsaures Natron bilden, das gleichfalls schädlich durch seine Auswitterung wirkt.

III.

## Untersuchung der Thone zur Ziegelfabrikation.

§. 8. Bei der großen Verschiedenheit der Mischungsverhältnisse in einer Ziegelerde und bei deren zweifellos hohen Bedeutug für ihre Verwendbarkeit, ist es von großem Werthe, die chemische Zusammensetzung der zu verarbeitenden Erde kennen zu lernen. Chemische quantitative Analysen lassen sich aber keineswegs leicht ermitteln, und solche herzustellen, bedarf es nicht allein eines gut eingerichteten Laboratoriums sondern auch eines erfahrenen Chemikers. Auf der andern Seite geben noch so sorgfältig ausgeführte Analysen nicht immer einen sichern Anhaltspunkt für das Verhalten der Ziegelerde bei dem Brennproceß; man behilft sich daher meist bei der Beurtheilung der gewöhnlichen Ziegelerde mit mehr empirischen Proben und diese bestehen dann wohl:

§. 9. In dem Schlämmen einer gewissen Menge der zu beurtheilenden Lehmerde, um den Gehalt an beigemengtem Sand, Gesteinstrümmern etc. kennen zu lernen; hierbei ist es nothwendig, seine Proben verschiedenen Stellen des Lehmbodens zu entnehmen.

Zu der Prüfung nimmt man etwa 30 Gramm der zerbrückten Lehmerde und kocht sie eine halbe Stunde lang mit wenig Wasser, giebt sie dann in ein ca. 25$^{cm}$ hohes, oben 7$^{cm}$ weites Champagnerglas und läßt durch ein 50$^{cm}$ langes 7,5$^{cm}$ weites, am unteren Ende zu 2$^{mm}$ verengten Trichterrohr, das bis auf den Boden des Glases reicht, einen Wasserstrahl so lange auf die Lehmerde fließen, als das abfließende Wasser noch nicht ganz klar aussieht.

Der bei diesem Schlämmen gebliebene Rückstand ist Sand und wird trocken gewogen. Die abgeschlämmte Masse läßt man aus dem Wasser sich absetzen, bringt sie sodann wieder in das Champagnerglas und läßt bei einer Druckhöhe von 3,5$^{cm}$ noch einmal den Wasserstrahl darauf fließen, so lange noch etwas abgespült wird; der dann bleibende und getrocknete Rückstand giebt die Menge des beigemengten Staubsandes, den man gewöhnlich „Schlich" oder „Schluff" nennt. Nach längerem Stehen scheidet sich endlich aus der aufgefangenen Flüßigkeit ein Schlamm ab, der an der Luft dann bei 100 Grad getrocknet wird; dieser Rückstand giebt den Thongehalt, die Differenz beider Gewichte giebt ben Waffergehalt. Gottgetreu[*]) theilt folgende mechanische Analysen von gut sich bewährt habenden 5 Ziegelerbearten mit:

|  | I. | II. | III. | IV. | V. Sorte |
|---|---|---|---|---|---|
| Thongehalt. | 31,5 | 48,5 | 60,0 | 28,5 | 80,3 |
| Sandgehalt. | 20,0 | 14,5 | 10,5 | 20,0 | 6,5 |
| Sand. | 34,0 | 25,0 | 21,0 | 42,5 | 10,6 |
| Waffer. | 14,5 | 12,0 | 8,5 | 9,0 | 3,6; |

und zum Vergleich mit dieser die chemische quantitative Analyse derselben wie folgt:

|  | I. | II. | III. | IV. | V. Sorte. |
|---|---|---|---|---|---|
| Sand mit Steinchen. | 61,26 | 54,70 | 58,54 | 59,70 | 50,76 |
| an Thonerbe gebunden Kieselfäure. | 15,08 | 21,04 | 17,60 | 19,94 | 14,86 |
| Thonerbe. | 10,58 | 10,96 | 11,80 | 10,67 | 10,78 |
| Eisenoryd. | 2,56 | 3,57 | 3,74 | 3,42 | 2,57 |
| Kohlensaurer Kalf. | Spuren | 0,54 | Spuren | 0,48 | 8,34 |
| Magnesia. | 0,05 | 0,12 | 0,16 | 0,12 | 0,12 |
| Alkalien. | Spuren | Spuren | Spuren | Spuren | Spuren |
| Glühverluft. | 3,58 | 3,78 | 4,36 | 3,62 | 5,20 |
| Waffer hygrost. | 6,89 | 5,29 | 3,80 | 2,05 | 7,37 |

und chemisch gebunden.

§. 10. Folgendes einfache Verfahren dient dazu, die im Thon oder Lehm enthaltene Menge kohlensauren Kalks zu ermitteln. Man nehme 20 Gramm käufliche Salzsäure, vermische sie mit 40 Gramm Waffer und theile das Gemisch in zwei gleiche Theile a und b, deren jeder in ein Becherglas gegossen wird. In die eine Portion a bringt man 5 Gramm des zu untersuchenden Thons, in die andere b ein abgewogenes Stück Marmor (kohlensauren Kalk) von wenigstens 10 Gramm Gewicht. Hierauf laffe man beide Portionen unter öfterem Umrühren so lange stehen, bis sie durchaus kein Aufbrausen mehr zeigen. Dann wird das Marmorstück aus b herausgenommen, abgespült, getrocknet und gewogen; was es an Gewicht verloren hat, ist natürlich die Menge von kohlensaurem Kalk, welche die Salzsäure b (und also auch a) auflösen kann. Das Marmorstück wird hierauf in die Salzsäure a gelegt, worin es so lange verbleibt, bis kein Aufbrausen mehr stattfindet, dann herausgenommen, getrocknet und abermals gewogen. Der hierbei gefundene Gewichtsverluft wird geringer

---

*) Physische und chemische Beschaffenheit der Baumaterialien. 1. Bb. 2. Aufl. S. 168.

sein, wie bei h, weil a schon den kohlensauren Kalk aus dem Thone aufgelöst hat, und der Betrag, um welchen er geringer ist, wie der bei b gefundene, giebt die Menge von kohlensaurem Kalke, die in den 5 Gramm Thon enthalten waren, an.

§. 11. Erfahrene Ziegler wissen den Thon schon nach Ansicht und Gefühl zwischen den Fingern und im Munde ziemlich richtig zu beurtheilen. Wenn man nicht sowohl die Bestandtheile der gegebenen Thonerde, sondern deren Eigenschaft in Beziehung auf Bildsamkeit und Zähigkeit untersucht, so nimmt man eine Hand voll des zuvor ange-machten Thons und ballt ihn zusammen; zerfällt ein solcher Ballen, wenn er der Luft ausgesetzt wird, nicht von selbst, und bekommt er nur wenig Risse, nimmt er ferner die Abbrücke der Haut deutlich auf, so wird er für ziemlich brauchbar, im Gegentheil für schlecht gehalten.

§. 12. Obgleich diese Kennzeichen bei einer vorläufigen Prüfung zweckdienlich sind, so ist es doch sicherer, wenn man aus der zu unter-suchenden Thonmasse Probeziegel formen und bei einem Brande mit einsetzen läßt, wobei freilich, um sicher zu gehen, der Thon nach dem gewöhnlichen Verfahren vorbereitet werden muß. Es wird ganz natür-lich nur in selteneren Fällen eintreten, daß ein Thon alle gewünschten Eigenschaften in sich vereinigt, und man hat durch fortgesetzte Versuche zu ermitteln, in welchem Verhältniß fetter und magerer Thon mit Sand oder ähnlichen Zusätzen zu mischen ist, damit das Ziegelgut die gewünschte Beschaffenheit erhalte.

So lange der Thon zu fett ist, so lange werden die Steine zu dicht, zu wenig porös ausfallen, sich zu leicht verziehen und reißen; so lange der Thon zu mager, werden die Probeziegel zu mürbe und zerreiblich erscheinen. Es kann aber ein Thon für Dachziegel taugen, aber für Backsteine zu fett sein, denn bei der geringern Dicke der er-stern ist das Schwinden des fetten Thons weit weniger nachtheilig, während sich ein solcher Thon leichter formt und dichtere, festere und haltbare Waare (bei gleicher Dicke) liefert als ein magerer. Dachziegel und Formwaare können aus fettem Thone im Allgemeinen dünner, also leichter gearbeitet werden.

§. 13. Im Durchschnitt lassen sich alle und jede nur einiger-maßen taugliche Thonarten durch schickliche Zusätze, durch eine geeignete Behandlung und hinlängliche fleißige Bearbeitung, wo nicht gänzlich, doch immer sehr viel verbessern; je nachdem die Natur selbst hierzu mehrere oder mindere Unterstützung liefert. Ist die Erde, welche zum Ziegelstreichen verwendet werden soll, zu fett, d. h. hat sie zu viele Thontheile im Vergleich zu ihrem Sandantheil, so muß ein Sand-

zuſatz gegeben werden; man bringt nämlich die eingeſumpfte Ziegelerde in ausgebreiteten, einige Centimeter hohen Schichten auf die
Tretplätze und miſcht die nöthige Maſſe Sand hinzu; hierauf beginnt das Durchtreten der Maſſe, wobei ſie nicht nur die richtige Miſchung erhält, ſondern auch zum Streichen der Ziegelwaare gehörig pla-
ſtiſch gemacht wird.

Iſt die Ziegelerde zu mager, d. h. hat ſie zu viele Sandtheile
im Vergleich zu ihrem Thonantheil, ſo muß ihr ein Theil des Sandes
entzogen werden, und dies kann nur durch das ſogenannte Schlämmen geſchehen. Vergl. hierüber das XV. Kapitel.

Es trifft ſich oft, daß in der Nähe geringerer Thonarten die Mittel
zur Verbeſſerung gefunden werden. Iſt dieſes nicht der Fall, ſo daß man
zu künſtlichen Beimiſchungen ſeine Zuflucht nehmen müßte, oder daß
der Thon zu unrein wäre, daß die Reinigungskoſten zu beträchtlich
würden, ſo verlaſſe man lieber dieſes Thonlager. Der große Aufwand
von Arbeitskräften, die Erlangung des Zuſchlags und die mühſame Beimiſchung werden oft den Preis der Waare zu hoch treiben, da doch Wohl-
feilheit der Ziegel eine weſentliche und leitende Rückſicht iſt, um die Concurrenz beſtehen zu können, und dabei werden die Ziegel noch ſelten
die beanſpruchte Vollkommenheit erlangen. Aus dieſer Rückſicht iſt
man oft darauf hingewieſen, die nächſtliegenden Thonlager, die keinen
ſchwierigen Abbau verlangen und koſtſpieligen Transport nicht nöthig
machen, zu benutzen. Daher iſt auch der Lehm als das am Weiteſten verbreitete Foſſil als Hauptmaterial für Ziegeleien zu betrachten. —

Außer den oben genannten Gemengtheilen und dem Gemiſch von
fetten und mageren Thonen, wobei zuweilen ſelbſt die ſogenannte
ſchwarze Erde (Dammerde) Dienſte leiſtet, vermiſcht man das Ziegelgut noch mit einer Menge anderer Subſtanzen, zumal wenn auf beſondere Zwecke, z. B. große Leichtigkeit der Ziegel, hingearbeitet wird,
und wendet dazu vegetabiliſche, bituminöſe und andere Subſtanzen an,
die ſich theils ausbrennen, theils den Sand und Kalk erſetzen. Von
derartigen Zuſätzen iſt weiter unten bei der Fabrikation von poröſen
Steinen die Rede.

Die Kohlenaſche und die Schlacken, welche die Eiſenbahnſtationen
in Maſſe liefern, geben ebenfalls ein gutes Material als Zuſchlag zu
fettem Thon. In Lehmlagern von beträchtlicher Mächtigkeit findet
ſich überdieß eine große Verſchiedenheit der Schichten, deren obere gewöhnlich fett, die untern mager ſind, was großen Vortheil bietet, wenn
der rechte Gebrauch davon gemacht wird.

§. 14. Auch der Sand bedarf einer gehörigen Unterſuchung, wenn solcher dem zu fetten Thon beigemischt werden soll. Man kann Fluß= oder Grubensand wählen; jener ist stumpfer, meist mit Salzen ge= schwängert, dieser schärfer und reiner, enthält auch meistens viel Eisen= oryd, was vortheilhaft auf die Farbe der Waare wirkt.

Ein Sand, der mit erbigen Bestandtheilen gemischt ist, muß ge= waschen werden, welches leicht bewerkstelligt werden kann, wo fließen= des Wasser vorhanden ist. Das Waschen kann mittelst feiner Draht= siebe geschehen, die in dem Wasser in eine schüttelnde Bewegung ge= setzt werden, dabei setzt sich der feinere Sand zu Boden, der gröbere obenauf und kann leicht abgenommen werden; die Erdtheile gehen durch die Maschen des Siebes. Wo der Sand in Massen gebraucht wird, sind Vorrichtungen nach Art der Erzwäschen anwendbar.

Der Sand, den man als Zuschlag zum Ziegelthon nimmt, darf nicht zu grobkörnig sein, denn dadurch werden die Backsteine zu mürbe, die Sandkörner dehnen sich nämlich in der Hitze aus; kühlen sich da= her die Steine nach dem Brennen ab, so ziehen sich die ausgedehnten Körper schnell wieder zusammen und verlassen ihren Zusammenhang mit den Thontheilchen; dieser Nachtheil tritt um so mehr ein, je schnel= ler die Abkühlung erfolgt und je größer die Sandkörner sind. Der Sand muß ferner rein sein, vor Allem keinen Kalk enthalten und ein gleichmäßiges Korn haben.

Um sich von der Beschaffenheit des Thons genau zu unterrichten, ist es immer am besten, wenn mehrere Probeziegel gestrichen werden und in benachbarten Ziegeleien gebrannt werden; es ist dieses auch schon deshalb nöthig, um das genaue Schwindmaaß des Thons ken nen zu lernen und darnach die Größe der Formen einrichten zu können.

§. 15  Die Untersuchungen, um zu erforschen wie eine Erdart behandelt und verarbeitet werden muß, um dauerhafte Ziegel zu lie= fern, erfordern oft einen Zeitraum von mehreren Jahren. Man darf keine Mühe scheuen; es müssen viele und mannigfaltige Sandmischun= gen vorgenommen, dann Steine daraus geformt, bezeichnet und ge= brannt werden, die man nachher dem Wasser auf alle mögliche Weise preis giebt. Nur wenn diese Steine 3—4 Winter Stand gehalten haben, kann man sie für gut erklären, niemals früher; denn wir haben oft Winter von solcher Eigenthümlichkeit, daß sie selbst schlechte Steine nicht zerstören, denen dann wieder solche folgen, wo das Beste, mit dem größten Fleiß Gefertigte, nur Stand hält. —

Ziegelsteine aus fetter Erde werden, selbst gut gebrannt, viel mehr vom Wetter zersprengt, als solche aus magerem Thon oder mit star= kem Sandzusatz. Fetter gebrannter Thon saugt sehr schwer, aber den noch faſt immer Waſſer ein; magerer ſehr leicht; es iſt anzunehmen, daß erſterer bei raſchem und großem Temperaturwechſel, beſonders bei ſchnell eintretendem Froſte, entweder nicht hohle Räume genug hat, in denen das eingeſogene Waſſer ſich ausdehnen, vielleicht eine Art von Compenſation ſtattfinden kann, oder daß er es auch nicht ſchnell genug in ſolchem Falle fahren läßt, wodurch die Maſſe zerſprengt wird, welcher Fall bei Steinen aus magerer ſandiger Erde, die ſehr porös ſind, nicht einzutreten pflegt. —

## IV.

## Vom Aufſuchen der Thonlager, Gewinnung und Auswittern des Thons.

§. 16. Es iſt gewöhnlich nicht ſehr ſchwierig, den ordinären, für Ziegeleien geeigneten, Thon aufzufinden; die Thonlager gehen öfters zu Tage aus und zeigen ſich von ſelbſt an, oder man ſtößt in Gräben, an Bergabhängen oder beim Brunnengraben auf dieſelben. Iſt dieſes Alles nicht der Fall, ſo muß man ſeine Zuflucht zum Aufſuchen nehmen. Gewiſſe Pflanzen: der Huflattich, Gänſerich, das Tauſendgüldenkraut, der Bauernſenf u. a. verrathen ein unter der Dammerde liegendes Thonlager; auch kann man ſie mit ziemlicher Sicherheit im Felde an ſolchen Stellen vorausſetzen, welche das Regenwaſſer nicht gern durchlaſſen. Tiefer liegende Thonlager kann man durch den allgemein bekannten Erdbohrer aufſuchen; durch denſelben überzeugt man ſich auch von der Mächtigkeit eines gefundenen Thonlagers in ſeiner ganzen Ausdehnung mit wenig Mühe und Koſten und erhält zugleich Kenntniß von der Beſchaffenheit des Thonlagers in ſeinen verſchiedenen übereinanderſtehenden Schichten. Man beobachte beſonders die natürlichen Entblößungen der Gegend, an Hügeln, in Waſſerriſſen, Höhlen ꝛc. Dieſe können ſchon eine ziemliche Ueberſicht geben, ſo daß man das Bohren mit mehr Zuverſicht vornehmen kann. Man werfe auf Stellen, wo Andeutungen von Thonlagern vorkommen, hier und da Schurfgräben auf, um ſich dadurch nähere Kenntniß über Ausdehnung und Mächtigkeit des Lagers, oder deſſen Streichen, Fallen und Tiefe zu verſchaffen. Statt der Schurfgräben werden auch wohl in Fällen, wo der Thon in Gegenden ſelten iſt, Suchſtollen getrieben; jedoch ſchreitet man nur ungern an dieſe koſtſpieligen Verſuchsbaue und nur dann, wenn das Thonlager nicht zu tief vermuthet wird; sonst muß man immer das Bohren zu Hülfe nehmen.

Alsdann ist es nöthig, den Sand, dessen Qualität und Oertlichkeit zu untersuchen. Selten macht dieß viel Umstände, und die Fälle, wo man bei der Anlage einer Ziegelei um Sand verlegen sein möchte, kommen selten vor. Sand sich durch Zerkleinern und Mahlen von Gestein verschaffen zu müssen, gehört zu den letzten Zufluchtsmitteln.

§. 17. Die Förderung des Thons aus seiner Lagerstätte kann durch Tagebau oder bergmännisch geschehen; ein Abbau, sogenannter Raubbau, wo das Lager nicht regelmäßig ausgebeutet wird, darf nie Statt finden.

Der Tagebau geschieht entweder von Oben nieder, oder man sucht, wenn man seitwärts ankommen kann, wie z B. bei tiefen Wasserrissen, oder steilen Bergabhängen, von da anzugreifen. Jedenfalls muß zuerst in gehöriger Ausdehnung die Dammerde und die darunter liegende untaugliche Erd oder Steinschicht, Gerölle 2c. abgeräumt und ganz zur Seite geschafft werden, so daß man ganz sicher ist, der Abraum könne in keiner Weise mit dem Ziegelthon vermengt werden.

Ist das Lager nicht besonders mächtig, das Grundstück vielleicht nur gepachtet, oder wird der schwere Thonboden zur Verbesserung des Grundstücks aus demselben herausgenommen, so ist gewöhnlich die Bedingung daran geknüpft, die entstehenden Gruben und Löcher wieder der auszugleichen; ein Fall, der sehr oft eintritt. Zunächst hat man darauf Rücksicht zu nehmen, daß man hiermit an der Grenze des Grundstücks oder Thonlagers den Anfang mache, und dann regelmäßig mit der Entnahme des Thones über das ganze Grundstück fortgehen müsse. Zu dem Ende läßt man, so wie man mit dem Gewinnen des Thons eine Strecke vorgerückt ist und sich vorher auswärts zu Tage Luft gemacht hat, die obere Dammerde seitwärts neben den Gruben aufhäufen und den Abraum, welcher über dem Thone liegt, so auswerfen, daß der letztere gleich wieder in die vorhandenen Löcher zu unterst geworfen und die Dammerde darüber ausgebreitet werden kann. Hat man mit dem Thone nicht besonders zu geizen, so sticht man noch etliche Zoll hoch von seiner obern Fläche, die selten ganz rein ist, und wirft es zu dem Abraum.

Darauf sticht man den Thon stufenförmig von 2 zu 2 Fuß grabenartig aus, so daß sich die Länge nach der abgeraumten Fläche und die Breite darnach richtet, daß zwei Mann bequem Raum nebeneinander haben.

§. 18. Sehr häufig sammelt sich in den Thongruben, besonders wenn der Thon bis auf eine gewöhnlich darunter befindliche Sand- oder Kiesschicht ausgegraben wird, in bedeutender Menge Wasser, das, wenn es nicht durch einen Graben abgeleitet werden kann, sehr das Auswerfen des Thons stört, und durch Ausschöpfen oder besser Auspumpen mittelst einer einfachen Blechpumpe stets beseitigt werden muß. Diese Pumpe ist in Fig. 1. im Durchschnitt dargestellt; sie kann überall leicht angefertigt werden, und besteht aus einem $3\text{—}6^{\mathrm{m}}$ langen und $10^{\mathrm{cm}}$ weiten Cylinder A von Weißblech, außen mit 3 Marken von Weißblech eingefaßten Eisendrähten armirt. Das lederne Bodenventil befindet sich auf dem hölzernen Pumpenstiefel B, welcher unten mit mehreren Löchern versehen ist. Das Saugventil besteht aus dem ledernen Trichter C, welcher an die hölzerne Pumpenstange D mit kleinen Riemen befestigt ist. Am andern Ende der Pumpenstange ist ein Quergriff befindlich, und wird damit dieselbe von einem oder zwei Mann auf- und niedergeschoben. Das Blechrohr hat am obern Ende einen Ausguß. Diese Pumpe wird ohne weitere Rüstungen oder Gestell schräg an die Böschung der Grube gestellt und auf irgend eine einfache Weise befestigt, sie liefert bei $3^{\mathrm{m}}$ Förderungshöhe mit 2 Mann in einer Minute circa 0,09 Cub. Met. Wasser. Hat man die Sohle des Thonlagers erreicht, so zieht das Grundwasser bisweilen durch untere Sand- oder Kiesschichten ab, wodurch die gewöhnlich nicht unbedeutenden Kosten des Wasserschöpfens ꝛc. erspart werden.

Der Thon wird mit Körben oder Mulden (Rollen) aus den Gruben getragen, besser aber durch Schiebkarren abgefahren, wozu die nöthigen Anfahrten (wo möglich auf gewachsenem und nicht auf dem abgetragenen Boden) gleich angelegt werden und dann die aufgefahrenen Haufen durch Fuhrwerk nach der Ziegelei geschafft, falls diese neben den Thongruben nicht hat angelegt werden können.

§. 19. Bei großartigem Ziegeleibetriebe empfiehlt sich die Anlage von Schienengleisen, mit einer Spurweite von $0^{\mathrm{m}}$ 75, oder $1^{\mathrm{m}}$, wobei die Kasten der vierrädrigen Wagen mit einer Vorrichtung zum Umkippen versehen und sehr solid ausgeführt sein müssen, um mittelst Pferdebetrieb den Thon direct aus den Gruben nach der Ziegelei befördern und in die Trichter der Ziegelmaschine auskippen zu können.

Bei coupirtem Terrain, wo die Kosten der Erdarbeiten für die Bahnanlage zu bedeutend sein würden, oder wo der Grunderwerb zu beträchtlich kommt, ist die Anlage von sog. Drahtseilbahnen zu diesem Zweck noch vortheilhafter; doch darf die Entfernung der Thongruben von der Ziegelei nicht über 2 Kilometer betragen. Diese Drahtseilbahnen können nach verschiedenen Systemen ausgeführt werden. Gewöhnlich wird ein entsprechend starkes endloses Drahtseil — welches an den beiden Endpunkten über horizontale Rollen geleitet, mit geeigneten Spannvorrichtungen versehen und durch Leitrollen in entsprechender Entfernung unterstützt ist — durch Dampfkraft in Bewegung versetzt. An diesem Seile hängen kleine Fördergefäße, welche ebenfalls mit Vorrichtungen zum Auskippen versehen sind, und auf der einen Seite des Seils gefüllt hin, auf der anderen leer zurückgehen. Dieselben sind mit einfachen Vorrichtungen versehen, um die Stützrollen ungestört zu passiren, sowie an den Endstationen so lange aufgehalten zu werden, um sie be- und entladen zu können. Kostenanschläge und Ausführungen solcher Bahnanlagen werden durch das Bureau des Verfassers vermittelt.

§. 20. Sollte man genöthigt sein, zu der kostspieligen Förderung des Thons mittelst Stollen zu schreiten, so gehört zu dem Bau solcher Stollen schon einige Kenntniß vom Grubenbau. Das Gebirge, in welches man diese Stollen treibt, ist als Schwemmland nicht so beschaffen, daß die eingetriebenen Oeffnungen sich, ohne zusammenzustürzen, überall selbst erhalten. Dergleichen Stollen müssen dann verzimmert werden, d. h. der Stollen muß von dem Mundloch aus, mittelst Holz- und Breterverschalung, in einer Höhe von circa 1ᵐ50 gangbar gemacht und gegen das Einstürzen geschützt werden. Wo dergleichen Baue unumgänglich nöthig sind, ist es besser, einen gelernten Bergmann anzunehmen; wir umgehen deshalb auch die specielle Anweisung, einen solchen Stollen zu treiben und beschränken uns nur zu bemerken, daß die Stollenzimmerung aus Säulen (Thürstöcken) besteht, die man längs der Seitenwände der Oeffnung paarweise hintereinander aufstellt und oberwärts mit Rahmstücken (Kappen) verbindet, unten am Fuße durch schwächere Holzstücke (Stege) auseinander hält, und oben und an den Seiten mit Bretern, Schalstücken umgiebt. Einer solchen Kastenverschalung kann nur mit 0ᵐ6 bis 0ᵐ9 Länge in das Gebirge vorgearbeitet werden, weil es sonst nachstürzen würde, bevor die Auszimmerung eingebracht wird.

§. 21. Die Ausbringung des Thons durch Schächte ist noch seltener nützlich, wird aber dennoch hier und da getroffen, so zu Hilsbach in der Pfalz, im Amt Mosbach, zu Gentilly bei Paris. Im Wesentlichen wird dabei wie bei dem Brunnengraben verfahren und muß gleichfalls, wenn das Erdreich nicht von beruhigender Festigkeit, der Schacht tonnenförmig verschalt, oder je nach der Festigkeit des Erdreichs mit einem mehr oder weniger dichten Weidengeflecht ausgefüttert werden, welches durch Pflöcke mit Haken befestigt wird, so daß das Geflecht gegen die Erbwände angedrückt wird, wodurch diese Festigkeit erlangen, nicht hinabstürzen und die runde Form des Schachtes nicht verändert wird.

§. 22. Einige Flüsse führen Thon in solcher Menge mit sich, daß es der Mühe lohnt, ihn mit Säcken aufzufischen, denn in der Regel ist er zu Ziegeln aller Art vortrefflich. Macht man an den Stellen, an welchen der Strom den Lehm absetzt, Vertiefungen in das Flußbett, in denen er sich ansammelt, so erhält man einen Thon, der dem geschlämmten sehr nahe kommt. Um ihn aus dem Grunde zu Tage zu fördern, bedient man sich leinener Säcke, die mit ihrer Oeffnung an eisernen Ringen befestigt sind; diese haben vorn eine scharfe Kante, damit sie um so besser schöpfen können, und sind mittelst Düllen an Stangen befestigt, mit denen sie von Kähnen aus regiert werden.

In Holland ist ferner eine gebräuchliche Gewinnung des Thons zu bemerken. In den Kanälen und Flüssen Hollands häuft sich hin und wieder eine große Menge Thon an, die bisweilen ausgebaggert werden muß. Der durch s. g. Moddermühlen ausgeschöpfte Schlamm ist ein sehr feiner Thon und selten verunreinigt; er wird in Haufen von 4 Cub. Met. aufgesetzt und in die Ziegeleien geschafft. Besonders setzt die Yssel viel dergleichen Thonschlamm ab, weshalb man an dieser auch eine große Zahl von Ziegeleien trifft. Auf gleiche Weise gewinnen die Ziegeleien um London, an den Gangesmündungen, am Nil ꝛc. ihren Thon.

§. 23. Manche Thonarten sind so außerordentlich fest und zähe, daß sie sich nur mit der größten Mühe gleichmäßig zertheilen lassen; man läßt sie alsdann auswittern oder maulen. Zu dem Ende läßt man den Thon im Herbste vom October ab — zu welcher Zeit die Betriebsarbeiten auf den Ziegeleien sich etwas vermindern und dann die nicht mehr gehörig beschäftigten Arbeiter zu diesem Geschäft benutzt werden können — aus der Grube werfen und in lange schmale, höchstens 1ᵐ hohe Haufen so zusammenwerfen, daß sie in der

Richtung von Nordost nach Südwest liegen, in der die kältesten Winde wehen; zwischen den Haufen werden schmale Gänge zum Gehen aufgespart. So lange es die Witterung erlaubt, werden die Haufen öfters umgestochen und mit Wasser begossen, so daß sie der Frost zu jeder Zeit damit gesättigt vorfindet. Friert nun das Wasser in diesen Thonhaufen, so zertheilt es vermöge seiner Krystallisation den Thon, der dann bei eintretendem Thauwetter in keine weiche Klümpchen zerfällt, die sich sehr leicht durch Treten oder mit einer Thonmühle in eine gleichmäßige Masse verwandeln lassen. Man thut sehr wohl, wenn man sehr zähen Thon 2, auch wohl 3 Jahre lang auswittern läßt. Gewöhnlich wird der Thon schon beim Graben sortirt, d. i. wie ihn die Schichten geben, in fetten, mittlern und magern gesondert, um je nach Art der Waare die nöthige Vermischung machen zu können, welche man aus der Erfahrung abstrahirt hat.

Enthält der Thon Schwefelkies und einen kleinen Ueberschuß an Kalk, so wirkt das Auswittern folgendermaßen vortheilhaft auf die Ziegelerzeugung: durch die Einwirkung der häufigen Nässe wird der Schwefelkies theils ausgewaschen, theils aber auch zersetzt, es scheidet sich Eisen ab, wodurch Schwefelsäure frei wird; diese verbindet sich mit dem kohlensauren Kalke, indem selbiger vermöge dieser Verbindung seine Kohlensäure fahren läßt, zu schwefelsaurem Kalke oder Gyps, der unschädlicher für die Ziegel ist, als Kalk. —

## V.

## Von den verschiedenen Arten der Ziegelwaare.

§. 24. Die Ziegelfabrikation bedingt im Allgemeinen die Herstellung verhältnißmäßig kleiner Stücke, denn sehr große und dicke Stücke trocknen schwer und lassen sich sehr schwer gar brennen. Die Kleinheit des Steines bedingt andererseits eine strenge Regelmäßigkeit in der Form, damit ein regelmäßiger Verband hergestellt werden kann. Die gewöhnlichsten Erzeugnisse unserer jetzigen Ziegeleien sind:

A) Backsteine, Ziegelsteine, Mauerziegel, Brand- und Barnsteine — gewöhnlich vier- und rechtkantig (parallelepipedisch geformte Steine, deren 3 Abmessungen: Länge l, Breite b, Dick

oder Höhe d sich so verhalten sollen, daß wenn k die Dicke der Kalk-
oder Mörtelfugen ausdrückt,

$$b = 2 d + k \text{ und}$$
$$l = 2 b + k = 2 (2 d + k) + k = 4 d + 3 k \text{ wird.}$$

Dieses gegenseitige Verhältniß der Abmessungen ist erforderlich,
um einen richtigen Mauerverband zu erhalten, so daß senkrecht nie
in zwei folgenden Steinschichten Fuge auf Fuge, sondern immer Fuge
auf Steinmitte treffe.

In verschiedenen Gegenden sind sehr verschiedene Größen üblich;
die Länge variirt zwischen 200 und 350$^{mm}$, die Breite zwischen 97$^{mm}$
und 150$^{mm}$, die Dicke zwischen 50 und 80$^{mm}$. Für die Dicke ist der
Mauerverband nicht maaßgebend, nur muß sie stets gleich bleiben.
Neuerdings ist für Deutschland ein Normalformat vereinbart worden:
Länge = 250$^{mm}$, Breite = 120$^{mm}$, Dicke = 65$^{mm}$.

Die gewöhnlichen Ziegel müssen gleichmäßiges Format haben und
gut durchgebrannt sein, auch beim Anschlagen hellen Klang geben, sie
dürfen nicht Risse zeigen, auch keine großen Steine enthalten. Große
Glätte der Flächen und Schärfe der Kanten ist nicht erforderlich, vielmehr haftet an rauhen Flächen der Mörtel besser. Die Druckfestigkeit muß mindestens 70 Kilogramm pro $\square^{cm}$ erreichen, im Mauerwerke darf davon aber nur $^1/_{10}$ in Anspruch genommen werden.

B) Klötze, Schornsteinklötze, Backsteine von geringerer Breite
gewöhnlich 210—260$^{mm}$ lang, 80—100$^{mm}$ breit und 55—75$^{mm}$ dick,
die zum Mauern der weiten Schornsteine und Ausmauern dünner
(80—100$^{mm}$ dicker) Riegelwände benutzt werden.

C) Klinker unterscheiden sich von den ordinairen Backsteinen
durch ein feineres Korn, größere Dichtheit und Härte, da die Masse
zusammengesintert ist, sowie durch kleineres Format (150—160$^{mm}$
lang, 70—100$^{mm}$ breit und 40—50$^{mm}$ stark), wie in Holland, wo dieselben zu Pflasterungen verwendet werden, Straßenklinker. Sie
werden aus Thon bereitet, welcher leicht sintert, ohne alsbald die
Form zu verlieren. Diese Eigenschaft kann man dem Thon durch
Zusatz schwerflüssiger körniger Substanzen geben, wie Quarzsand, gemahlene Ziegel u. s. w. Auch bei dem Brennen gewöhnlicher Ziegel
werden Klinker gewonnen, es sind diejenigen Steine, welche nahe den
Feuerheerden gestanden haben; sie sind gewöhnlich stärker geschwunden,
als die normal gebrannten Ziegel, müssen aber die regelmäßige Form
bewahrt haben. Sie werden vorzugsweise bei Wasserbauten verwendet, damit der Mörtel an den verglasten Flächen gut haftet, muß er
steifer verarbeitet werden, weil der Klinker kein Wasser einsaugt.

§. 25. Nach der Qualität der obenerwähnten Backsteine und der Art der Bearbeitung theilt man sie ein in

a) Feldbacksteine, Ruffensteine. Dieselben werden immer nur aus einer geringern Sorte Thon (Lehm oder Mergel) und im Freien (auf dem Felde) geformt, getrocknet und gebrannt.

b) Ordinaire Backsteine, die in der gewöhnlichen Weise aus Lehm oder Letten in stehenden Ziegeleien unter Schuppen geformt, auf dem Boden der Trockenscheune, oder auf Bretern in Stellagen getrocknet und in gemauerten Oefen gebrannt werden.

c) Klopfsteine und Preßsteine; diese Sorte sind Backsteine, deren Außenflächen durch Beklopfen aus der Hand oder durch Nachpreffen mit einer Preffe, während die Steine noch lederhart sind, geglättet werden, um zum Verblenden der Außenwände bei dem Backstein-Rohbau (ohne Verpuß) verwendet zu werden.

d) Oelsteine und Schneidsteine sind eine noch feinere Sorte Backsteine aus geschlämmtem oder gut gemahlenem Thon, die entweder aus sehr steifer Maffe in mit Oel (anstatt Waffer) bestrichenen Formen geformt, oder auf gewöhnliche Weise gestrichen werden, in lederhartem Zustand nach Schablonen sorgfältig geschnitten sowie an den Außenflächen mit einem dünnen Thonbrei überzogen und polirt werden. Dieselben werden nur zur Verblendung befferer im Rohbau ausgeführten Bauwerke verwendet.

e) Maschinen-Vollziegel, welche mittelst einer Ziegelmaschine aus feuchtem Thone hergestellt und unter Trockenschuppen auf natürlichem oder künstlichem Wege getrocknet, sowie in gemauerten (Ring- und Kanal-) Oefen gebrannt werden.

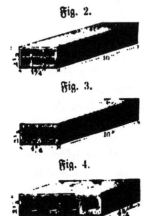

**Fig. 2.**

**Fig. 3.**

**Fig. 4.**

f) Loch- oder Hohlziegel (Fig. 2—4) find mit horizontal oder vertikal durchgehenden Oeffnungen versehen. Solche Ziegel werden stets mit Maschinen gepreßt; es ist ziemlich gleichgültig, ob die Löcher rund, oval oder eckig find. Zweckmäßig ist es nur, die Wandstärken ziemlich gleich zu machen, damit gleichmäßiges Austrocknen und Brennen stattfinde. Bei dem schnellen Trocknen erhalten die Hohlziegel leicht Riffe. Sie trocknen indeß schneller aus als Vollziegel, laffen sich auch schneller und gleichmäßiger durchbrechen als diese. Die Druckfestigkeit der Hohlziegel ist geringer als die der Vollziegel von gleich starkem Brande, erreicht aber das erforderliche Maaß von 70 Kilogramm pro ☐ᶜᵐ. Das Gewicht der Hohlziegel ist um $1/5$ bis $1/4$ geringer als das der Vollziegel; die Höhlungen wirken im Mauerwerk als schlechte Wärmeleiter.

g) Ziegel aus trocknem Thon, welcher gemahlen und gesiebt, in eisernen Formen dem starken Drucke einer hydraulischen oder Dampf-Presse ausgesetzt wird.

§. 26. Nach der Art des verwendeten Materials (Ziegelguts) unterscheidet man auch:

I. Gewöhnliche Thon- und Lehmsteine.

II. Poröse Backsteine, Kohlenziegel, Loh- oder Schwammsteine, schwimmende Ziegel; dieselben werden entweder aus einer Infusorienerde, einem leichten flockigen Bergmehl oder aus gewöhnlichem Ziegelthon unter Zusatz von Holzkohlen oder Braunkohlenpulver, Sägespähnen, ausgelaugter Loh- oder einem sonstigen brennbaren zerkleinerten Stoffe hergestellt, und es kann dieses in bedeutender Quantität, bis zur Hälfte der Masse geschehen. Im Brande werden die organischen Substanzen zerstört und lassen Höhlungen zurück, welche das Gewicht des Ziegels bedeutend vermindern. Aber auch die Druckfestigkeit wird dadurch bedeutend herabgesetzt, es dürfen daher Mauertheile aus porösen Ziegeln niemals belastet werden. Sie werden vorzüglich zur Herstellung von Deckengewölben in Kirchen und zum Ausmauern gesprengter Wände und dünner Fachwände benutzt.

III. Feuerfeste Backsteine, Chamotteziegel, Porzellansteine werden aus einem feuerbeständigen Thon mit einem Zusatz von Chamotte (stark gebranntem und fein gepulvertem Thon) gefertigt, widerstehen dem stärksten Feuer von Schmelzöfen und werden deshalb auch zur Ausfütterung von solchen Feuerungen, sowie denen von Dampfmaschinen, Porzellanöfen, Glühöfen ꝛc. benutzt.

Nach der Form der Backsteine sind noch folgende hauptsächliche Arten zu erwähnen:

§. 27. Kesselsteine; sie werden zum Setzen der runden Kessel benutzt, haben die Größe und Dicke gewöhnlicher Backsteine, sind aber an der Breitenfläche keilförmig und an den Längenflächen bogenförmig, auf einen Durchmesser von $0^m,80$ bis $^m,25$ centrirt. (Fig. 5.)

Fig. 5.

Brunnenziegel, sind wie die vorstehenden Steine von kreis-

Fig. 6.

Fig. 7.

Fig. 8.

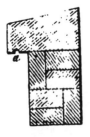

Fig. 9.

Fig. 10.

und keilförmiger Gestalt, nur breiter, auf einen Durchmesser von 1ᵐ,5—2ᵐ,20 centrirt und ganz hart gebrannt; sie werden entweder ohne Mörtel oder mit Cementmörtel zur Mauerung der Brunnenschächte verwandt; zu dieser Mauerung gehört die der versenkten Brunnen als Grundpfeiler und die umgelehrte Schachtmauerung beim Bergbau. (Fig. 6.) Meistentheils sind sie von 270ᵐᵐ Länge, 130—143ᵐᵐ Breite und 75ᵐᵐ Stärke aus möglichst festem Thon gearbeitet.

§. 28. Gewölbsteine oder Keilziegel haben die Keilform nach der Dicke und werden nach den vorkommenden, gegebenen Gewölbfügungen geformt, um unnöthige Arbeit zu vermeiden und Stoff zu gewinnen, welcher sonst durch Zurichtung solcher Keilsteine aus gewöhnlichen Backsteinen verloren geht.

Man hat zweierlei, entweder Läufer, (Fig. 7.) an einer Kopfseite, oder Strecker, (Fig. 8.) an einer langen Seite zugespitzt. Sie sind meistens nach einem Bogen von 1ᵐ,80 —3ᵐ,10 Durchmesser centrirt.

Für Gewölbe von 1 Stein Stärke erhalten sie gewöhnlich eine Länge von 300ᵐᵐ, Breite von 140ᵐᵐ und sind an einem Ende 100, am andern gegen 80ᵐᵐ dick. (Fig. 7.) Für Bogen von ¹⁄₂ Stein stark (Kappen) hat die eine lange Seite gewöhnlich eine Dicke von 80ᵐᵐ, die gegenseitige von 50ᵐᵐ. (Fig. 8.)

Die sog. dünnen Keilziegel haben nur 40—50ᵐᵐ keilförmige Dicke und dienen beim Wölben mit gewöhnlichen Ziegeln, um zwischen die Wölbziegel eingeschoben zu werden, wenn der Bogen eine falsche Wölbung einzunehmen droht. In England fertigt man eine Art Gewölbesteine, die ineinander greifen. —

§. 29. Decksteine mit einseitigem (Fig. 9.) und doppeltem Wasserfall. (Fig. 10.) Dieselben dienen zur Abdeckung von Einzäunungsmauern u. s. w., sind gewöhnlich 250—280ᵐᵐ lang, an der breitesten Stelle 130ᵐᵐ und an der schmälsten 75—100ᵐᵐ breit und 75—100ᵐᵐ dick; sie werden in Form von Rollschichten auf 150—240ᵐᵐ starken Mauern mit Cementmörtel verlegt, so daß sie mit den schmalen Kopfenden 25—50ᵐᵐ über die Wandfläche vorspringen; zweckmäßig ist es bei a, a Wassernasen anzubringen. Bei 1½ Stein starken Mauern werden von den Decksteinen mit einseitigem Wasserfall jedesmal zwei mit dem breiten Kopfende aneinander gestoßen, wie Fig. 11. zeigt.

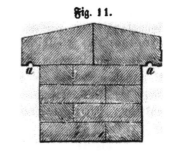

Fig. 11.

Fig. 12.

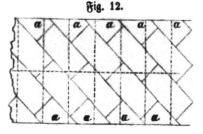

§. 30. Klampziegel oder Spitzsteine dienen dazu, in einem Mauerwerke die Fugen zu wechseln; zu dem Ende werden die Ziegel in der Art aufgelegt, daß die Stoßfugen nicht senkrecht auf dem Mauerhaupte sind, sondern dasselbe unter Winkeln von 45 oder 60 Graden schneiden,

Fig. 13.

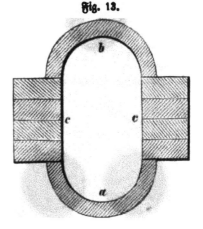

wie in Fig. 12. angegeben ist; es sind hier a, a, a die Klampziegel. Dergleichen Steinschichten heißen Klamp-, Kreuz- oder Stromlagen.

§. 31. Kanalziegel oder Halbröhren (a und b Fig. 13.). Dieselben sind starke Hohlziegel von 40—50ᵐᵐ Wandstärke, 400—500ᵐᵐ Länge und 200—250ᵐᵐ lichter Weite, sie werden wie die hohlen Dachziegel (Firstziegel) in Platten gestrichen und über einem Modell (Sattel) geformt und an den Kanten gerade geschnitten.

Die Kanalziegel eignen sich vorzüglich zur Herstellung zweckmäßiger Abzugskanäle von ovalem Querschnitt, babei wird nach unten als Bodenrinne eine Anzahl Kanalziegel a mit entsprechendem gleichmäßigen Falle gut in Lehm oder Sand gebettet, sowie die Fugen mit Cement vergossen, barauf auf beiden Seiten 3—5 Schichten c, c gewöhnlicher Backsteine mit hydraulischem Mörtel aufgemauert und oben mit einer Reihe Kanalziegel b zugedeckt und das Ganze mit Erde verfüllt.

Fig. 14.

Fig. 15.

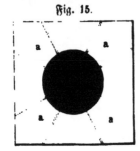

Fig. 16

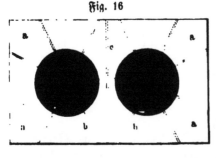

§. 32. **Rinnsteine,** Rinnziegel sind 300ᵐᵐ lang, 150—180ᵐᵐ breit und 100—150ᵐᵐ bick und mit einer halbcylinbrischen 75ᵐᵐ weiten Rinne versehen; sie werden bei Rollpflaster in Stallungen verwendet, um die Feuchtigkeit abzuleiten, auch mitunter durch Uebereinanderlegen von boppelten derartigen Steinen eine geschlossene Röhre zur Ableitung des Wassers von Gebäuden gebildet. (Fig. 14.)

§. 33. **Russische Kaminsteine, Schlotsteine,** werden an einzelnen Orten, wo man die Röhren oder Töpfe zum Ausfüttern dieser engen Schornsteine noch nicht hat, zum Aufmauern von russischen Kaminen verwendet; sie haben die Dicke der gewöhnlichen Backsteine und auf der einen Seite einen kreisförmigen Ausschnitt nach der Weite des Kamins. Man giebt ihnen eine sehr verschiedene Form und Größe; bei der Construction der Form zu diesen Steinen hat man hauptsächlich darauf zu sehen, daß die Stoßfugen gehörig wechseln. — Am besten giebt man ihnen nach Moller die Form a Fig. 15.; wo 2 und mehrere Kamine nebeneinander zu liegen kommen, wie Fig. 16. zeigt, muß man noch die Verbindungssteine b und c haben.

§. 34. Falzziegel zu Thür= und Fenstergewänden; sie haben die gewöhnliche Dicke der Backsteine, mit denen sie vermauert werden sollen, sind aber 30—40ᵐᵐ länger und breiter und mit einem Falz oder Ausschnitt versehen, in welchen sich einestheils der Fenster= oder Thürrahmen a (Fig. 17.) anlegt und der an= dererseits bei dem wechselnden Verband nach c hin den Mauergrund, vor dem das Fenster= gesims vorspringt, bildet; sie sind oft bei d mit einem Simswerk versehen. Diese Ziegel= steine sind sehr vortheilhaft, ersetzen in den meisten Fällen die kostspieligen Sandsteinge= wände und kommen immer mehr in Gebrauch.

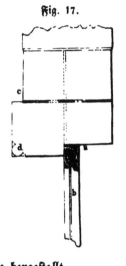

Fig. 17.

§. 35. Gesimssteine, Formsteine, Façonsteine, Profilsteine werden nach den mannigfaltigsten angegebenen Zeichnungen oder Schablonen bis zu 600ᵐᵐ Länge, 150— 230ᵐᵐ Breite und 100—150ᵐᵐ Dicke geformt, wie dieses später näher beschrieben wird. Im Schleswigschen, wo die Sandsteinbänke für Fenster sehr rar und theuer sind, werden selbst solche Sohlbänke aus einem Stück in Ziegelthon hergestellt.

§. 36. Fließen, Flurziegel, Fußbodenplatten, werden 4, 6, 8eckig in der Größe von 100—360ᵐᵐ und in der Dicke von 40 —65ᵐᵐ gestrichen. Sie werden zum Plätten der Hausfluren, der unteren Küchen ꝛc. benutzt, und oft in sehr mannigfaltiger Zusam= mensetzung, in verschiedenen Farben und Formen hergestellt, wovon weiter unten, bei Beschreibung von deren Anfertigung, verschiedene Muster mitgetheilt werden sollen. Die sog. Zwickelsteine sind drei= eckige Platten zum Ausfüllen der Ecken.

Plättchen, Speicherplatten, sind eine geringere und klei= nere Sorte von Fließen, gewöhnlich 150—200ᵐᵐ im □ groß und 12—20ᵐᵐ dick, oft auch 250—300ᵐᵐ lang; 125—150ᵐᵐ breit und 20—25ᵐᵐ dick, sie dienen zum Belegen der Fruchtböden und müssen so leicht als möglich sein, können der Zerbrechlichkeit wegen auch von keiner bedeutenden Größe hergestellt werden.

§. 37. Dachziegel; zu diesen gehören:

a) die gewöhnlichen Flachziegel, Bieberschwänze, Ochsen= zungen. Sie sollen so dünn sein, als es die Güte des Thons und Bearbeitungskunst gestatten, womöglich nur 12ᵐᵐ, höchstens 20ᵐᵐ dick, so breit, daß sie sich beim Trocknen zum Nachtheil nicht krumm ziehen, und so lang, daß sie bei der sog. doppelten Eindeckung den dritten Ziegel noch wenigstens 75ᵐᵐ, besser 90ᵐᵐ überdecken; sie sind gewöhnlich 350—400ᵐᵐ lang, 150ᵐᵐ breit, haben an dem einen Ende in der Mitte ihrer Breite oben einen Haken zum Aufhängen, die sog.

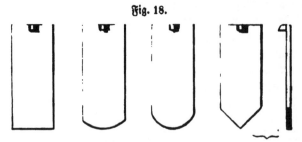

Fig. 18.

Nase, an dem untern Ende fertigt man sie theils abgerundet, theils gerade mit gebrochenen Ecken. Halbe Flachziegel oder Bieberschwänze haben nur die halbe Breite der vorigen und dienen an der Kante des Daches zur Ergänzung der Reihe. Sie werden oft nur von dem Dachdecker durch Verhauen ganzer Ziegel hergestellt: da aber dadurch mehr Bruch entsteht, so ist es rathsamer, diese halben Dachziegel auf den Ziegeleien zu streichen. Die halben Flachziegel dienen auch dazu, um die Dachkehlen gerundeter herausdecken zu können und werden dann Kehlziegel genannt.

b) Blendziegel sind Flachziegel ohne Nasen, sie sind gewöhnlich 300ᵐᵐ lang, 150ᵐᵐ breit und 12—15ᵐᵐ dick; sie werden in manchen Gegenden zur Verblendung des Holzwerks gestrichen und erhalten statt der Nasen Nagellöcher, mittelst welchen sie mit Nägeln auf dem Holzwerk befestigt werden.

c) Hohlziegel, First- fälschlich Forstziegel (Fig. 19.) Die

Fig. 19.

Querschnitte sind keine vollen Halbkreise, sondern Kreisbögen von 150°, deren Durchmesser von einem Ende zum andern immer kleiner wird, so daß sich der Kanal dahin verjüngt. Sie dienen zum Einbecken der Firste; sie werden 350—400ᵐᵐ lang, 160ᵐᵐ breit, 20ᵐᵐ dick gemacht und 75—100ᵐᵐ tief in einander geschoben, in Speismörtel gelegt, bisweilen, wenigstens einige mit dem Firstnagel aufgenagelt, weshalb sie 50ᵐᵐ vom bedeckten schmalen Ende ab ein Nagelloch bekommen. Die Nasen sind hier überflüssig; an einigen Orten werden die Firstziegel sehr unzweckmäßig gleich weit (halbwalzförmig) gemacht, wobei sie einander nicht überdecken können, sondern nur stumpf an einander stoßen und durch ein Kalk- oder Gypsband einigermaßen verwahrt werden.

d) Einfache Schlußziegel, Rinnenziegel sind Hohlziegel, wie die vorstehenden, jedoch mit Nasen an dem breitern Ende der convexen Seite. Sie werden an der Nase so aufgehangen, daß sie nebeneinander vom First herab bis zur Traufe Rinnen bilden, indem immer das schmälere Ende des obern Ziegels in den breitern obern Theil des untern Ziegels 30—40ᵐᵐ breit zu liegen kommt. Die Ränder von je zwei Rinnenziegeln und ihren Reihen von der First herab bis zur Traufe werden entweder durch eine Kalkleiste verwahrt, oder besser, es werden die Stoßkanten (wie Fig. 20 zeigt) durch besondere schmälere Hohlziegel umgekehrt ebenfalls in Kalk liegend überdeckt.

Man nennt dann die untern nach oben hohlen Ziegel Nonnen (Haken), die obern nach unten hohlen dagegen Mönche (Preiße). Die Mönche bekommen ebenfalls Haken soweit vom obern Rande, daß sich dagegen der untere Rand des folgenden obern Ziegels stemmen kann. Diese Art der Dachbeckung war im Mittelalter sehr häufig gebräuchlich; sie ist schwer und nicht recht dicht. Am Harze ist sie noch in Anwendung. —

Fig. 20.

Fig. 21.

e) Die doppelten Hohlziegel, Dachpfannen, Fittigziegel (Fig. 21.) sind mit einer Nase versehen. Man macht sie 450—500ᵐᵐ lang, 220—250ᵐᵐ breit, 15—20ᵐᵐ dick, zuweilen werden zwei diagonal gegenüberliegende Ecken abgestumpft. Sie geben ohne Verspeisung kein dichtes Dach und sind nur noch in einigen Gegenden Norddeutschlands und Thüringens üblich.

Fig. 22.

f) Die doppelten Schlußziegel, Kramp- oder Falzziegel, Breitziegel (Fig. 22.) sind ebenfalls an den Endkanten entgegengesetzt aufgebogen; doch ist der mittlere Theil flach ohne Krümmung. Von den aufgebogenen Krampen heißt die eine die Schluß-, die andere Wasserkrampe. Man fertigt sie gewöhnlich 350ᵐᵐ lang, 250ᵐᵐ breit und 12—20ᵐᵐ dick. Jede Krampe ist gegen 20ᵐᵐ aufgebogen und es greift die Schlußkrampe des einen Ziegels in die Wasserkrampe des daneben liegenden; auch sie haben Nasen. Eine besondere Art Schlußziegel sind die Henschel'schen Maschinenziegel, welche weiter unten mit beschrieben sind.

g) Die römischen Dachpfannen sind die ältesten Dachziegel und noch jetzt in Italien, insbesondere in Rom im Gebrauch, wo ihre Abmessungen auf einer Marmortafel auf dem Kapitol festgesetzt waren.

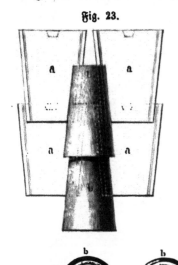

Fig. 23.

Die platten Bortziegel (a, a Fig. 23.) sind 370—400ᵐᵐ lang, oben circa 300ᵐᵐ, unten circa 230ᵐᵐ breit, und werden 75ᵐᵐ übereinander gedeckt; die Ränder sind 24ᵐᵐ hoch, 21ᵐᵐ dick, wie überhaupt der Ziegel. Diese Bortziegel bilden vom First bis zur Traufe Rinnen, an der breitesten Stelle der Ziegel etwa 26ᵐᵐ von einander entfernt. Diese Zwischenräume und Ränder werden durch Hohlziegel b, b von gleicher Länge überdeckt. Sie sind in neuerer Zeit in Preußen bei königlichen Bauten gebraucht worden und geben ein gutes wasserdichtes, nur etwas schweres Dach.

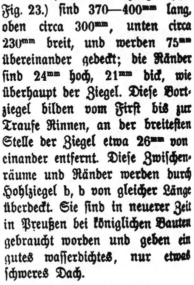

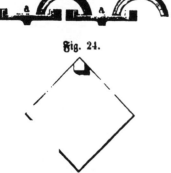

Fig. 24.

h) Quadrat- oder Geviertziegel bestehen aus einem Quadrat von 250—280ᵐᵐ Seitenlänge und haben ihre Nase nicht wie andere Ziegel in der Mitte einer Seite, sondern in einer Ecke des Quadrats, so daß die Diagonale beim Aufhängen in der Richtung der Sparren liegt. (Fig. 24.) Einige bilden diese Ziegel sechseckig, (wie Fig. 25.). Zuweilen fällt die Nase weg, wo sie dann Nagellöcher erhalten, und auf die Latten oder Bretſchalung aufgenagelt werden. Sie müſſen ſich wenigſtens 40ᵐᵐ überbecken.

i) Außerdem ſind die nach verſchiedener Form gefertigten Kapp- oder Raffziegel (Fig. 26 zu erwähnen; es ſind dieſes Platten von

Fig. 25.         Fig. 26.

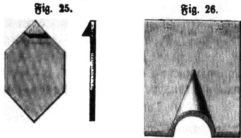

zwei- oder dreifacher Breite der übrigen Flachziegel, oben mit zwei Naſen, außen mit einer halbkegelförmigen, unten halbkreisförmig oder plattrund geöffneten Auswölbung zum Einfall des Lichtes. Sie werden an die Stelle kleiner Luken, meiſtens in die Dächer von Scheunen und andern Wirthſchaftsgebäuden eingedeckt.

— — — — - - —

## VI.

## Von dem Schwindmaaß der Ziegelformen.

§. 38. Es iſt nicht anzunehmen, daß die im vorigen Kapitel an- gegebenen Formate und Dimenſionen allenthalben genau eingehalten werden; dies liegt hauptſächlich daran, daß die Formen nicht immer nach Verhältniß des Schwindens des Thons während des Trocknens und Brennens eingerichtet werden, denn ſie werden gewöhnlich nach einem allgemein angenommenen Uebermaaße angefertigt, ohne die ſpeciellen Eigenſchaften des Thons zu berückſichtigen, der in ihnen ge- formt werden ſoll. Ein zweiter Grund der abweichenden Form der Ziegel iſt darin zu ſuchen, daß nicht hinreichende Rückſicht auf die Abnutzung der Formen genommen wird.

Das Schwindmaaß, d. h. dasjenige Maaß, um welches der Form- rahmen größer gemacht werden muß, als die Größe, welche der ge- brannte Stein haben ſoll, läßt ſich nur durch Probebrände für jede verschiebene Thon- und Lehmart feststellen. Um das richtige Maaß zu erhalten, läßt man einen Ziegel nach den gegebenen Maaßen in einer provisorischen Form streichen und vollkommen brennen; hiernach läßt man die definitiven Formen in allen Dimensionen um so viel größer machen, als die Ziegel geschwunden waren.

In ähnlicher Weise verfährt man auch bei Ermittelung der Dimensionen der Formen für die Dachziegel; man läßt nämlich ein Blatt derselben, d. h. einen Dachstein ohne Nase streichen, trocknet und brennt ihn hierauf und um so viel als der Dachziegel in der Länge und Breite geschwunden ist, ist die definitive Form größer einzurichten.

§. 39. Auf der königl. preußischen Ziegelei bei Joachimsthal hat man über das Schwinden der Ziegelerde Beobachtungen angestellt, die zu folgenden Resultaten geführt haben:

Thon von genügender Steifigkeit und mit einer Beimischung von $\frac{1}{4}$ Sand schwindet während des völligen Austrocknens auf 314$^{mm}$ Länge um 39$^{mm}$, so daß ein Stein aus einer Form von 314$^{mm}$ Länge und 150$^{mm}$ Breite nach dem Abtrocknen und nach dem Brande nur 257$^{mm}$ in der Länge und 130$^{mm}$ in der Breite mißt.

Erde von gleicher Consistenz mit $\frac{1}{5}$ Sand schwindet auf 314$^{mm}$ Länge um 41$^{mm}$.

Erde von gleicher Consistenz mit $\frac{1}{6}$ Sand schwindet auf 314$^{mm}$ Länge um 46$^{mm}$.

Erde von größerer Steifigkeit, die zu Klinkern und Mauersteinen bestimmt ist und mit Händen ohne zu großen Kraftaufwand in die Formen gedrückt wird, schwindet auf 314$^{mm}$ Länge

$$\text{mit } \frac{1}{4} \text{ Beimischung } 46^{mm}$$
$$\frac{1}{5} \quad \quad 50^{mm}$$
$$\frac{1}{6} \quad \quad 54^{mm}.$$

Das Schwinden des Thons bleibt ganz gleichmäßig und selbst dann noch, wenn die Formen der Steine unverhältnißmäßige Abmessungen erhalten, wie dieses bei Formsteinen bisweilen der Fall ist.

§. 40. Soll der Bedarf an Lehm oder Thon für eine große Anzahl Ziegel von bestimmten Formate berechnet werden, so muß dieses nicht nach dem cubischen Inhalte der Ziegel, sondern nach dem der Form geschehen. Man wollte z. B. wissen, wie viel Cubikmeter roher Lehm werden zur Anfertigung von 50000 Ziegeln normalen Formats erfordert; so ist der Inhalt der Form:

$$275. \ 132. \ 68 = 2468 \text{ Cubcm.}$$

Der Verlust, der durch das Schwinden des Lehms verursacht wird, beträgt also 100—79 = 21 Procent. Der Verlust während des Transports und der Zubereitung kann mit 7 Proc. angenommen werden, der ganze Verlust würde also 30 Proc. betragen. Manche Lehm- oder Thonsorten, die noch stärker schwinden, bedingen einen Gesammtverlust von 33$\frac{1}{3}$ Proc. Hiernach hätte man also zu dem cubischen Inhalte der gebrannten Ziegelmasse, je nachdem der Thon beschaffen ist, noch $\frac{1}{4}$ oder $\frac{1}{3}$ derselben zuzufügen. Ein Ziegel normalen Formats enthält: 250.120.65 = 1950 Cubcm. 50,000 derselben enthalten also 97,5 Cubm. Hierzu $\frac{1}{3}$ Verlust sind + 32,5 = 130 Cubm. rohen Lehm oder Thon. Soll das Ziegelgut mit $\frac{1}{4}$ Sand gemengt werden, so erfordern obige 50,000 Steine 97,5 Cubm. Thon + 32,5 Cubm. Sand.

---

## VII.

## Von der Einrichtung einer Feldziegelei.

§. 41. Die Einrichtung bei einer Feldziegelei ist von jener in einer ständigen Ziegelei wesentlich verschieden. Die Feldziegelei hat kein festes bestimmtes Local, sondern wird jedesmal nach Maaßgabe des vorhandenen Thons auf freiem Felde angelegt. Durch die Erfahrung muß es dem Meister bekannt sein, wie groß der Raum sein müsse, wo eine gegebene Zahl Backsteine gemacht werden soll. Hiernach steckt er sich vor allen Dingen den ganzen Arbeitsplatz ab, und wenn möglich so, daß derselbe ein längliches Viereck bildet, dessen eine schmale Seite sich an die Thongrube anschließt. Der Boden dieses Arbeitsplatzes wird genau geebnet, die Gruben werden ausgefüllt und die Unebenheiten weggehackt. Dann werden die Bahnen (Trockenfelder) 4—6$^m$ breit, 15—20$^m$ lang abgesteckt.

Auf jeder langen Seite der Bahn wird nach der Schnur eine erhöhte 0$^m$,94 breite Bank a, a Fig. 27, (Hagen, Heggen) von der Erde, welche von den Bahnen abgeraumt wurde, 150$^{mm}$ hoch aufgeworfen und diese mit kleinen Gräben zum Abfluße des Wassers versehen; zwischen je 2 aneinanderstoßende Hagen ist der Graben b tiefer und breiter. Die Hagen und Bahnen müssen wenn möglich so angelegt werden, daß die schmalen Seiten der Wetterseite zugelehrt sind.

An dem andern Ende des Ziegelfelbes bauen die Arbeiter aus
Bretern oder ungebrannten Feldziegeln eine Hütte zu ihrem Aufent-

Fig. 27.

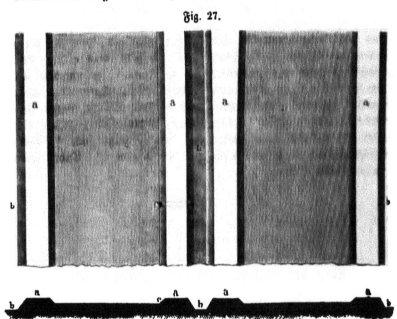

halt zugleich mit einem bebeckten Raum, unter welchen sie den Sand
bringen, nachdem sie ihn vorher in der Sonne getrocknet haben.

§. 42. Nahe bei der Thongrube ist Wasser in ziemlicher Menge
erforderlich; es wird zu dem Ende in der ganzen Breite des Ziegelfelbes ein Wassergraben mit mehreren Behältern ausgestochen und
wenn stehendes oder fließendes Wasser in der Nähe ist, dieses dahin
geleitet. Ist dieses nicht der Fall, so wird an dem einen Ende ein
Brunnen gegraben, aus dem nach Bedarf geschöpft wird. Der Brunnen wird mit Holz ausgeschalt. Wenn aber die Arbeit mehrere Jahre
hindurch am nämlichen Orte fortgesetzt werden kann, so ist es zweckmäßig, ihn auszumauern. Steht das Wasser in dem Brunnen nicht
so tief, so kann eine einfache Vorrichtung, wodurch das mühsame
Wasserziehen erleichtert wird, angebracht werden. Diese besteht in
einer Wippe, d. h. in einem langen, runden Holze (Stange) von solcher Stärke, daß es den vollen Eimer, ohne sich zu biegen, tragen
kann, dessen Achse sich in der Gabel eines Ständers auf- und nie-
berbewegt. An dem langen dünnen Ende besselben ist die Kette befestigt, woran der große Brunneneimer hängt; an dem stärkern kur-

en Ende ist ein Kasten angebracht, welcher so beschwert wird, daß
r dem vollen Eimer das Gleichgewicht hält. Der Arbeiter hat also
nur eine mäßige Kraft anzuwenden, indem er den Eimer in den
Brunnen senkt, und noch weniger, indem er ihn hinauf zieht. Bei
tiefern Brunnen bringt man am besten eine Pumpe an.

§. 43. Zu den Feldbacksteinen wird meistens nur Lehm oder
magerer Thon verwendet, indem der fette Thon oder Letten zu lange
Zeit zum Erweichen erfordert und auch zu schwierig zu verarbeiten
ist. Das Lehmgraben geschieht gewöhnlich im Herbst oder Anfang
Winters, nachdem vorher der Arbeitsplatz abgesteckt und für die be-
vorstehende Arbeitszeit, welche man Campagne nennt, nach Maaßgabe
der Mächtigkeit des Lehmlagers abgemessen worden. Zuerst wird
der obere Baugrund, welcher viele Wurzeln und Pflanzenreste enthält, auf 15—20$^{cm}$ Tiefe abgeraumt und an die Seite auf einen Haufen geschafft, um ihn später nach dem Abbau des Feldes wieder zum
Decken des schlechtern Baugrundes verwenden zu können. Bei dem
Graben nimmt man am besten jedesmal eine Bank von 1$^m$—1$^m$25
Breite vor, sticht den Lehm mit gewöhnlichen Spaten (Grabscheiten)
in Schollen von mäßiger Dicke ab und wirft ihn auf die Seite längs
der Bank; eine zweite Bank wird nicht eher angefangen, bis die erste
auf die ganze Tiefe, welche man ansheben will, ausgegraben ist, damit der obere Lehm, welcher gewöhnlich etwas fetter als der untere
ist, mit diesem gehörig gemischt werde. Finden sich Steine und Kalk-
oder Mergelnieren vor, so werden diese gleich herausgeworfen. Gegen
das Ende wird der Lehm nicht einmal aus den Gräben herausgeworfen und die Schollen werden stets locker aufeinandergehäuft, so
daß die Witterung hier ebenfalls darauf einwirken kann.

§. 44. Die eigentlichen Arbeiten beginnen im Frühjahr, gewöhnlich nach Ostern, wenn die Nachtfröste aufgehört haben.

Zu 5—6 Bahnen gehört 1 Formtisch; jeder Tisch kann täglich
je nach der Gewandtheit des Formers und dessen Gehülfen 5—10,000
Feldziegel liefern. Die bei einem Formtisch beschäftigten Arbeiter
werden ein Pflug genannt. Soll die Arbeit vortheilhaft ineinander
greifen, so muß der Pflug aus so viel Menschen bestehen, daß jeder
die übernommenen Verrichtungen gut, vollständig und zur rechten
Zeit liefern kann, damit die Mitarbeiter nicht aufgehalten werden. Ein
kleiner Pflug besteht gewöhnlich aus 1 Former, 2 Erdmacher, 1 Lehmträger, 1 Aushelfer, 2 Abträger (Knaben); ein großer Pflug aus 2 Former (1 zum Ablösen und zu sonstiger Aushülfe), 3 Erdmacher, 2 Lehmträger, 3 Abträger, zusammen 10 Personen, und können letztere die

3 *

doppelte Anzahl Steine als bei einem kleinen Pflug von 7 Personen liefern. Oft sind ein oder mehrere Weiber bei einem Pfluge, die als Former, zuweilen auch als Lehmträger verwendet werden und die, welche an den Formen abwechseln, besorgen zugleich abwechselnd die Küche, die Wäsche und sonstige häusliche Arbeiten; auch haben sie die Bahnen sauber zu halten, mit Sand zu bestreuen, die Steine aufzukanten. Bei dieser Einrichtung findet die ganze Familie ihren Unterhalt und jedes Glied derselben nimmt Antheil an der Arbeit, wie es seine körperlichen Kräfte gestatten, wodurch der Verdienst der ganzen Familie wirklich bedeutend wird.

## VIII.

## Von dem Zubereiten des Lehms und Formen der Feldbacksteine.

§. 45. Der Lehm wird an der Stelle, wo er gegraben, nicht allein eingesumpft, sondern hintereinander gerüstet und zum Formen fertig (gar) gemacht. Zu dem Ende treten zwei Mann aus dem Pfluge, worunter sich der Pflugmeister gewöhnlich selbst befindet, bloß mit einem Strohhut, einem Hemd und einer kurz am Unterleibe abgeschnittenen leinenen Hose bekleidet, mit den bloßen Füßen an den Lehmhaufen, hacken die Erde in dünnen Scheiben ab und werfen dieselbe mit der Schippe in einer Entfernung von etwa $1^m88$ auf einen Haufen von $2^m$—$2^m5$ Durchmesser auseinander. Man hackt gewöhnlich von unten weg, damit der obere Theil des Vorrathshaufens von selbst herunterfalle. Wenn man den neuen Haufen auf 15—20$^{cm}$ Höhe gebracht hat, so beschüttet man ihn mit hinreichendem Wasser. Man fährt auf diese Art fort, den Haufen zu vergrößern und von Zeit zu Zeit anzufeuchten, bis hinreichender Vorrath vorhanden ist. Damit der Lehm desto besser aufweiche, so nehmen die Lehmmacher die Hacke zur Hand und hacken diesen Haufen von Oben herunter wieder um, indem sie das Abgehackte vor und nach sich ziehen, so einen neuen Haufen bilden und von Zeit zu Zeit nach Bedürfniß Wasser über denselben schütten. Diese Arbeit wiederholen sie noch zweimal; zwischendurch schlägt der eine Arbeiter mit dem Rücken der Hacke die abgehackte Erde durch, während der andere fortfährt weiter zu hacken, bis der neue Haufen die Höhe von etwa $1^m$—$1^m25$ erreicht hat. Bei jedes maligem Umſetzen des Haufens werden die Ränder mit der Schippe aufgehoben, damit dieſelben nicht verloren gehen und den Arbeitsplatz nicht verunreinigen; auch wird aller Unrath an Wurzeln, Steinen ꝛc. herausgeworfen. Endlich ebnet man dieſen Haufen ſo glatt als möglich mit der Schippe und bedeckt ihn gegen die zu ſtarke Einwirkung der Wärme mit Strohmatten.

§. 46. Der zubereitete (gare) Lehm wird von dem Lehm= oder Vogelträger mittelſt einer eigenthümlich geſtalteten Trage — Vogel genannt — auf den Formtiſch getragen. Zu dem Ende werden jeder Bahn gegenüber Ausgänge aus der Lehmgrube herausgeſtochen, durch welche die Vogelträger zum garen Lehm gelangen. Sie ſetzen dort den Vogel A, Fig. 28., auf den Bock B, beſtreuen den mit Breter beſchlagenen Theil, a, b mit Sand oder durchgeſiebtem Backſteinſchotter, beladen ihn mit dem fertigen Lehm und tragen

Fig. 28.

Fig. 29.

ihn, indem sie mit dem Kopfe rückwärts zwischen die beiden Arme
c, c treten, und diese an den vordern Enden mit den Händen er-
fassen, auf den Schultern nach dem Formtisch hin, wo sie den Lehm,
indem sie die eine Schulter niederfenken, seitwärts auf das Tischblatt
rutschen laffen; d ist ein Strohkissen als Unterlage.

Oft sind die Vogelträger, namentlich bei den Lütticher Pflügen,
kräftige Weiber; diese tragen den Vogel, der dann die in Fig. 29.
abgebildete Gestalt hat, an den Riemen a auf dem Rücken, b ist ein
Strohkissen.

§. 17. Der Formtisch besteht aus kräftigen 60$^{mm}$ starken Füßen
a, a (Fig. 30.) mit oben und unten eingestemmten Querhölzern b, b
und den über's Kreuz genagelten Latten c, c, sowie aus der 1$^{m}$50

Fig. 30.

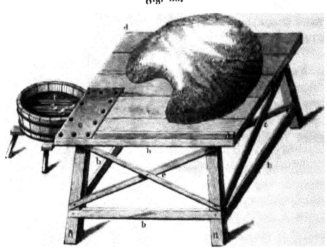

im ⌐ i großen aufgenagelten Platte d, d von 50$^{mm}$ dicken Dielen gefertigt. Er muß solid gebaut, darf aber nicht zu schwer sein, da er
auf den Bahnen alle 4—6$^{m}$ immer versetzt wird, damit die Abträger
nicht so weit zu laufen haben. Sehr zweckmäßig wird an der einen
Ecke des Tisches bei e eine 2$^{mm}$ starke, 46$^{cm}$ im ⌐ große Blechplatte
mit versenkten Schrauben aufgeschraubt, weil durch das stete Abziehen
und Daraufschieben der Formen sich ohne dieses die Tischplatte sehr
bald ausnutzen und unbrauchbar würde.

Die Formen werden am besten aus 6$^{mm}$ starkem Bandeisen oder
Eisenblech, wie Fig. 31. zeigt, genau winkelig zusammengenietet und
bei a, a mit eingenieteten Griffen von Rundeisen versehen. Hölzerne

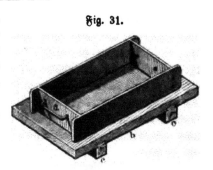

Formen aus 20ᵐᵐ dicken Buchen⸗,
Birn⸗ oder Apfelbaumholz sind
auch häufig in Anwendung, haben
aber eine zu geringe Dauer und
werden, wo eine Feldziegelei
mehrere Jahre hintereinander
betrieben werden soll, jedenfalls
am zweckmäßigsten durch eiserne
Formen ersetzt. Zu jeder Form
gehört ein Bodenbretchen oder

Fig. 31.

Abstreichbret b von festem Holze, ringsum 13ᵐᵐ größer als die
Form, und durch die beiden Einschiebleisten c, c verstärkt. Zu jedem
Formtisch gehören 2 oder 3 Formen und Abstreichbreter, je nachdem
der Pflug 2 oder 3 Abträger hat.

§. 48. Man fängt immer an dem der Lehmgrube entgegenge⸗
setzten Ende der Bahnen an zu formen. Während der Lehmträger
den Formtisch versetzt und die Abträger eine kleine circa 60ᶜᵐ im Durch⸗
messer haltende, zur Seite des Formtisches auf einem niedrigen Bock
stehende Bütte (s. Fig. 30. f.) mit Wasser füllen, bestreut der Former
den Theil der Bahnen, auf welchen zunächst
die geformten Steine abgelegt werden sollen,
mit trocknem Sand oder Ziegelmehl, das
beim Ausleeren der Felböfen zurückbleibt,
verbreitet dasselbe mit dem Schrubbel oder
Kitsch, Fig. 32., einem 60ᶜᵐ langen, 15 —
20ᶜᵐ breiten nach unten zu geschärftem Diel⸗
stück, worin ein Stiel gesteckt ist und ebnet
damit vollkommen die Bahn.

Fig. 32.

§. 49. Nachdem dieses alles geordnet
und die Vogelträger auf den vorher mit
Sand bestreuten Formtisch einen Haufen
Lehm abgeworfen haben, tritt der Former an den Tisch, netzt seine
Hände in der Wasserbütte, bricht mit beiden Händen einen Ballen
von geeigneter Größe von dem Lehm auf dem Tische ab, rundet den⸗
selben durch Rollen auf dem nassen Tische etwas ab, wirft ihn in
die von dem Abträger in's Wasser getauchte und auf dem Streich⸗
brete an der mit Eisenblech beschlagenen Ecke des Formtisches ruhen⸗
den Form, drückt ihn mit beiden Händen und den Ballen der Faust
namentlich in den Ecken ein und streicht den überstehenden Lehm mit
den beiden an den Fingern sich berührenden hochkant genommenen

Händen oberflächlich ab und wirft ihn auf den Vorrathshaufen. Der schon wartende Abträger zieht schnell die Form mit dem Streichbrete weg, sie zusammen mit beiden Händen an den Enden fassend, und setzt den Stein auf der Bahn ab; während der bereitstehende zweite Abträger seine Form und Streichbretchen in der Wasserbütte eintaucht und abschwengt und beides dem Former auf der mit Blech beschlagenen Tischecke zurecht stellt, hat dieser bereits wieder einen neuen Ballen Lehm abgebrochen und abgerundet, wirft ihn alsbald in die Form und so fort.

§. 50. Das Absetzen der geformten Steine auf die Bahnen geschieht in der Art, daß die Abträger die Form mit dem Streichbrete auf die eine Längenkante an den Boden setzen und die Form schnell umklappen, daß die bisher obere Seite der Form mit dem Steine nach unten auf den Boden zu ruhen und das Streichbret oben auf zu liegen kommt; hierauf ziehen sie dieses an den beiden eingeschobenen Leisten fassend von der Längenseite über die Form weg und streichen auch noch einmal in der andern Richtung mit der Kante des Brets über die Form und den Stein, wodurch dieser nach Oben eine ganz ebene Fläche erhält. Hierauf legt er das Bretchen zur Seite, hebt die Form an den beiden Handgriffen an den Enden sorgfältig senkrecht ab, legt die Form wieder auf das Bretchen, läuft zurück an den Formtisch, taucht die Form mit dem Bretchen in das Wasser, schwenkt sie ab und setzt sie auf die Tischecke zurecht u. s. f. — Die Abträger müssen die Steine in regelmäßigen Reihen und so dicht als möglich auf den Bahnen absetzen; sie sind unterwegs beständig in Trab, damit der Former nicht auf sie zu warten braucht. — Ein geschickter Former kann, wenn er den Tag über mehrmals, oft viermal, abgelöst wird, so viel Steine machen, als 3 und selbst 4 Abträger, meist Jungen von 14 -16 Jahren absetzen können, daher es möglich ist, daß ein solcher Pflug ↖ -10,000 und selbst mehr Steine, wenn solche nicht allzu groß sind, bei günstiger Witterung in einem Tage liefert. — Auch die Former sind häufig Weiber und diese erlangen meistens eine größere Fertigkeit im Formen als die Männer.

## IX.

# Von dem Trocknen der Feldbacksteine.

§. 51. Die Hagen werden gewöhnlich zwei, höchstens drei Blätter oder Wände stark angelegt, und werden bis zur Höhe von 14, 15 und 16 Steinen, auf der Kante stehend, aufgeführt, wodurch dann die erforderliche Schräge entsteht, um sie durch ein Pultdach von Strohmatten gegen den Regen zu sichern. Bei den Hagen von zwei Blättern, die wegen des leichtern Austrocknens vorzuziehen sind, muß man diesen Hagen etwas mehr Basis als an der Spitze geben, und die Wände etwas schräg anlaufen lassen, außerdem muß auf das Setzen große Sorgfalt verwendet werden, daß die Reihen schnurgerade werden und nicht an einzelnen Stellen überhängen. Jede fünfte Lage werden die einzelnen Wände durch Zangen verbunden. Zur Erläuterung der Construction fügen wir in Fig. 33. die Stirnansicht eines Hages von 2 Blättern und in Fig. 34. diejenige eines Hages von 3

Fig. 33.            Fig. 34.

Blättern oder 3 Reihen Steine hintereinander und nachstehend die Beschreibung bei.

Man setzt die erste Lage in möglichst gerader Richtung, drei Steinlängen breit, mit Kantsteinen an. Die Länge des Hages richtet sich nach der Länge der Bahn. Die Reihen in der Länge nennt man Blätter oder Wände, die drei hintereinander liegenden Steine Kändelage und die übereinander liegenden eine Lage. Die zweite Lage

## X.

## Von dem Einsetzen und Brennen der Feldbacksteine.

§. 54. Sobald die Steine von einem Hage auf jeder Bahn hinlänglich trocken sind — was durch Anbohren eines Steins mit einer Messerspitze daraus zu erkennen ist, daß der Stein im Innern nicht mehr feucht ist und gleiche Farbe als auf der Außenfläche zeigt — so werden die Steine zum Brennen in einem Feldofen durch besondere Arbeiter, einen Brenner oder Ofensetzer und 2 oder mehrere Zuführer (Scherger, Schiebknechte) sowie einen Kohlenjungen zusammengesetzt. Die Höhe und Breite des Ofens ist ungefähr bestimmt, die Länge hat aber eigentlich keine andere Grenzen, als welche der Vorrath an rohen Steinen vorschreibt. Wenn man einigermaßen in's Große ziegelt, so giebt man einem Ofen nicht gern weniger als 100,000 Steine, weil der Abgang bei kleinern Oefen verhältnißmäßig größer ist; dagegen bleibt man auch gern bei derjenigen Größe stehen, welche sich am meisten dem Quadrate nähert, und giebt daher dem Ofen von 80 Steinen in der Breite und 30 Lagen zur Höhe, nämlich 28 Lagen guter Steine und 2 Lagen Stücke zur Decke, sowie man überhaupt die beschädigten und beregneten Steine zu den äußersten Lagen anzuwenden pflegt. Höchstens setzt man eine Lage in der Höhe zu, wenn der Ofen sehr groß wird. Um den Abgang zu vermindern, baut man oft einen neuen Ofen an einen bereits ausgebrannten an, besonders wenn gegen Ende der Campagne nur noch eine kleine Quantität roher Steine vorräthig ist, welche zu keinem Ofen von angemessener Größe hinreicht. Man erhält dadurch einen festen Stützpunkt und die angelehnte Seite wird den Einflüssen der äußern Luft entzogen.

§. 55. Bei einer neuen Anlage wird die höchste, trockenste Stelle für den Ofen ausgesucht, geebnet und fest gestampft; öfters sticht man den Platz, worauf man den Ofen setzt, in der Mitte einen Fuß tief aus und läßt ihn nach den langen Seiten anlaufen, um das Ausweichen des Ofens zu verhindern, welches durch das ungleiche Ausbrennen der Steine und der Kohlen veranlaßt werden könnte. Zu größerer Sicherheit gegen einen solchen Unfall wird der Meilerofen von Grund aus gleichförmig von allen Seiten eingezogen, so daß seine Seiten an ihrem obersten Rande ungefähr 30$^{cm}$ hinter dem Lothe liegen. Offenbar ist diese Form der Haltbarkeit des Ofens sehr zuträglich und selbst die äußere Umgebung desselben ist dadurch vor bedeutenden Beschädigungen durch die nach Außen wirkende Gewalt des Feuers sicher gestellt.

§. 56. Die Scherger oder Schiebknechte fahren mittelst des in Fig. 37. dargestellten einfachen Schergkarrens, worauf sie ljebes= mal 50 Steine laden, weshalb sie sehr kräftige Leute sein müssen, die Steine nach dem Ofen; damit die Bahnen durch das Einschneiden des

Fig. 37.

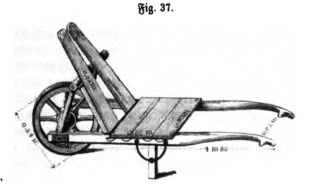

Rades bei der großen Last nicht Noth leiden und die Scherger leich= ter schieben können, werden Schergdiele längs der abzufahrenden Hage bis zum Ofen gelegt, worauf die Räder der Schergkarren laufen. Es erfordern diese Dielen allerdings eine nicht unbedeutende Ausgabe, sie können aber mehrere Jahre benutzt werden.

Die Scherger fahren zuerst die entferntesten Hage ab, damit sie nach Verhältniß der Steigung des Ofens durch die Nähe der Steine dem Einsetzer durch Zuwerfen der Steine in die Höhe eher behülflich werden können.

§. 57. Wenn man nicht gebrannte Steine von frühern Bränden hat, die zur untersten Lage des Ofens benutzt werden können, so kann man auch den Ofen sofort mit rohen Steinen anlegen, diese leiden aber durch die Erdfeuchtigkeit Noth und werden mürbe. Als Brenn= material zu den Feld= oder Meileröfen werden magere Steinkohlen (Gerieß, Grieß, Gruß, Grubenklein, der Abfall von harten Kohlen, welcher beim Gewinnen derselben oder sonst entsteht und mit erdigen Theilen vermischt ist) verwendet. Diese werden von dem Kohlenjun= gen durch einen Durchwurf durchgeworfen oder durchgesiebt, in kleine Körbe gefaßt und in die Nähe des Ofens bereit gestellt; der Einsetzer faßt die Kohlenkörbe mittelst eines langen Stockes, an dessen Ende sich ein Haken befindet, an einem Ohre und zieht sie zum Bestreuen der Steine an sich.

Wenn schon die erste Lage mit rohen Steinen angelegt wird, muß auch schon diese mit Brennmaterial versehen werden; man fängt also das Kohlenstreuen schon auf der ersten Lage 13ᵐᵐ dick an und fährt mit jeder Lage abnehmend so fort, daß auf die fünfzehnte Lage oder die halbe Höhe des Ofens nur 6ᵐᵐ Kohlen kommen. Von hier aus nehmen die Kohlenschichten mit jeder Steinlage an Stärke wieder zu, so daß dieselbe bei der letzten Lage wieder 13ᵐᵐ dick wird. Auch in diesem wichtigen Punkt werden verschiedene Verfahrungsarten befolgt, daher der Bedarf an Kohlen sehr verschieden ist; dieß hängt auch sehr von der Qualität der Kohlen ab. Man rechnet gewöhnlich auf jedes Tausend roher Steine von 250ᵐᵐ Länge, 120ᵐᵐ Breite und 65ᵐᵐ Dicke 1¼ Preuß. Scheffel Malter Kohlen oder 3—4 Scheffel Gerieß und 150 Pfund Stückkohlen; letztere kommen in die Heizkanäle.

§. 58. Zuerst wird nach der Schnur eine Lage Steine, wie bemerkt, wenn möglich gebrannte, wenn auch in Stücken nach der Ausdehnung des Ofens auf die hohe Kante gestellt. Siehe a, a Fig. 38.

Fig. 38.

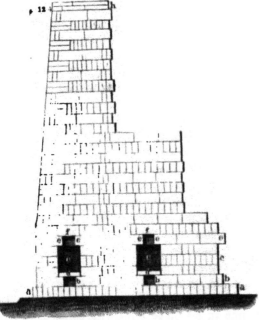

Darauf kommen die Luftzüge b, b unter den Schürlöchern c, c, die Mund heißen. Diese Luftzüge sind so hoch, als ein Ziegel auf die hohe Kante gestellt und ebenso breit; sie laufen unter den Kanälen ober Wände c, c in ihrer ganzen Länge hin und werden mit rohen, auf die flache Seite gelegten Strecksteinen d, d Fig. 39. mit 13ᵐᵐ weiten Zwischenräumen belegt, wodurch eine Art Rost gebildet und ein Luftzug in den Kanälen bewirkt wird, welcher dem Verzehren der Steinkohlen sehr zuträglich ist und auch die Entzündung der Kohlen zwischen den Steinlagen sehr befördert.

Die Feuerkanäle c sind eine Seitenlänge breit und 3 Kantsteine hoch und in der 4. Schicht nach Außen auf 1ᵐ,25 Entfernung, in der 5. Schicht durch Uebersetzen von beiden Seiten auf ¼ Steinlänge e, e auf die Hälfte der Breite verengt. In der 5. resp. 6. Schicht werden die Kanäle durch die mitten über die beiden Steinreihen e, e gleichfalls auf die Kante gestellten Steinreihen f geschlossen. Die Entfernungen zwischen den Feuerkanälen werden auf 2—3 Steinlängen angenommen. Die Kanäle oder Schürlöcher werden, ehe sie geschlossen werden, mit Steinkohlen — unten 10 bis 30 Pfund schweren Stücken, darüber mit kleinern Stückkohlen — gänzlich gefüllt. Jede Ziegellage zwischen den Schürlöchern wird, ehe man die folgende aufsetzt, 13ᵐᵐ hoch mit durchgeworfenem (gesiebtem) Kohlengries beschüttet.

Zwischen den in den Zwischenwänden g, g Fig. 39. schräg gestellten Steinen (Polier) läßt man etwas weitere Fugen, die mit haselnußgroßen Kohlen (Knapp) ausgefüllt werden.

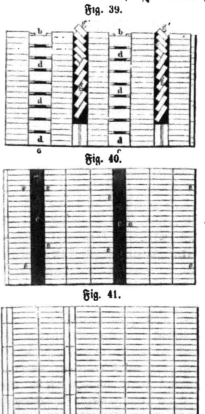

Fig. 39.

Fig. 40.

Fig. 41.

An einigen Orten und namentlich bei kleinern Oefen rückt man die Schürlöcher näher zusammen und giebt ihnen nur eine Steinlänge Entfernung voneinander. Die 5. Schicht zeigt Fig. 40.

Ueber den Schürlöchern werden die Ziegel nach den Grundrissen

Fig. 41. und 42. abwechselnd aufgeschichtet und zwar alle Steine im ganzen Ofen — diejenigen an den Mündungen und einzelne an den

Fig. 42.

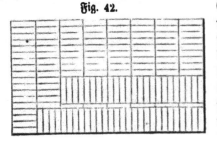

Ecken ausgenommen — kommen auf ihre hohe Kante zu stehen und der Einsetzer hat dabei besonders zu beobachten, daß jede Lage auf 2—3 Stein- längen von dem äußern Um- fange des Ofens sich mit der nächst vorhergehenden kreuze, damit ein gehöriger Verband erreicht werde. Außerdem müssen zu diesem Zwecke auch in der Mitte alle 5 oder 6 Lagen Verzahnungen gesetzt werden. Die schwierigste Aufgabe für den Einsetzer ist es, die äußern Wände des Ofens ganz gerade und gleichmäßig einzuziehen und jedem Stein ein festes Lager zu geben, damit er weder durch sein eigenes Gewicht noch durch die Gewalt des Feuers abgstoßen werde. Daher setzt der Einsetzer, wo es nöthig ist, die Einfassung der Steine mehr oder weniger geneigt, oder ganz platt, richtet darnach auch die nächst folgenden, bis die Gleichheit wieder hergestellt ist.

Die Grundform eines Feldziegelofens ist gewöhnlich ein läng- liches Viereck, in der Breite hält er gewöhnlich 80—120 Steine nach der Dicke gemessen, die Länge richtet sich nach dem Vorrath trockner Steine, seine Höhe ist = 22—30 hoch gestellten Ziegelreihen. Beim Setzen des Ofens wird nicht gleich die ganze Grundfläche angelegt, sondern anfangs nur der Fuß des ersten Kanals, dann bis zum zweiten Kanal der Fuß, hierauf stellt sich der Einsetzer auf diesen Fuß und setzt die drei ersten Reihen, so hoch er reichen kann aus, und fährt so stufenweis fort, wie Fig. 38. zeigt. Es sind dabei keine weitern Gerüste nöthig, als beim Schließen des Ofens; und diese Gerüste sind sehr einfach, der Einsetzer zieht in der hintern Wand, die geschlossen werden soll, ein Paar Strecksteine heraus, in die Löcher werden Stangen gesteckt und mit Steinbrocken ausgekeilt, auf die Stangen wird ein Schergdiel gelegt, auf den sich der Einsetzer stellt.

§. 59. Bei günstiger Witterung kann ein gewandter Einsetzer mit zwei Schergern (Schiebknechten) und einem Kohlenjungen zehn und mehrere Tausend Steine täglich einsetzen. Es ist dieß, wie auch das Schergen eine sehr anstrengende Arbeit. Der Scherger wirft dem Einsetzer die Steine je zwei und zwei (besonders geübte auch vier und vier) aufeinander gelegt zu, welche jener sofort an ihren Platz einsetzt, oder richtiger wirft.

Der Kohlenjunge faßt wie bereits bemerkt die zur Seite des Ofens an-gefahrenen und durch einen Durchwurf geworfenen Kohlen in kleine Körbe mit weit ausgebogenem obern Rande und stellt dieselben am Fuße des Ofens auf, so daß sie der Einsetzer an einem Ohre mittelst eines langen Stockes, an dessen Ende sich ein Haken befindet, an sich zieht. Erfahrene Einsetzer wissen durch eine geschickte Wendung und Schüt-teln des Korbes die Kohlen so gleichmäßig und in richtiger Dicke zu streuen, daß sie mit den Händen gar nicht oder nur sehr wenig zu planiren und nachzuhelfen brauchen.

Bemerkenswerth ist noch, daß die Steine oberhalb der Feuerka-näle wohl so dicht gesetzt werden müssen, daß keine Kohlen durch die Fugen fallen, sie dürfen aber nicht aneinander gezwängt wer-den, wie das viele Einsetzer thun, denn durch das allzu dichte Setzen kann die in den Steinen befindliche Feuchtigkeit nicht verdunsten und die Steine werden rissig.

§. 60. Wird das Einsetzen durch die Nacht oder weil der Vor-rath trockner Steine zum Aussetzen des Ofens nicht ausreicht, auf einige Zeit unterbrochen, so muß jedesmal der Ofen auf den nicht ausgesetzten Absätzen durch Strohmatten gut gedeckt werden, um diese Stellen vor plötzlich eintretendem Regen zu schützen. Das Beregnen des fertig ausgesetzten Theils hat weniger zu sagen, da die obersten Reihen guter Steine gleich beim Aussetzen mit 2 Lagen flach geleg-ter schadhafter Steine (h, Fig. 38) wenn möglich gebrannt (von frü-hern Bränden) dicht belegt werden; außerdem wendet man die be-schädigten und beregneten Steine immer zu den obersten Reihen und den äußern Lagen an.

§. 61. Nachdem der Ofen völlig ausgeführt ist, werden die Stück-kohlen an den Münden (Kanälen) durch eingeschobene Reisigbündel oder Holzspähne angezündet. Das eigentliche Brennen beschränkt sich hierbei bloß auf ein Bewachen des Ofens. Nachdem das Feuer drei Stunden gebrannt hat, muß man die Mündungen vermauern, jedoch in jeder eine Oeffnung von 3 Quadratzoll lassen. Außerdem hat der Brenner darauf zu sehen, daß der Ofen rundum mit einem flüssigen Lehmmörtel beworfen wird, das man placken oder beklatschen nennt, sowie daß sich der Wind nicht auf eine Seite des Ofens werfe und den Zug des Feuers störe. In diesem Fall hält er den Wind durch vorgesetzte Schirme von Strohmatten ab. Sollte dennoch die Gluth einen verkehrten Gang nehmen, so bleiben dem Brenner durch Oeffnen oder Verschließen der Mündungen und durch Abstoßen des Bewurfs auf die Richtung des Zuges der Gluth zu wirken. Sobald die Gluth nach 8 bis 10 Tagen bis zur Decke gestiegen ist, wird diese mit trockner Erde 50mm dick beschüttet. Weichen Wände aus, so werden sie gleich durch Holzstücke abgesteift (gebolzt). — Nachdem der Ofen ausgebrannt ist, muß man ihn 10—14 Tage abkühlen lassen, bevor man Steine verladen und verwenden kann.

§. 62. Der Feld- oder Meilerofen hat den Nachtheil, daß die äußersten Lagen nicht vollkommen ausgebrannt werden können und die obersten Reihen durch das Eindringen von Feuchtigkeit rissig und mürbe werden, mithin viel Ausschuß entsteht. Ein vollkommenes Ausbrennen der Wandsteine kann man dadurch erreichen, daß man den Ofen, nachdem er ausgesetzt und angezündet ist, mit einem Mantel aus bleichen (leicht gebrannten) Steinen auf seine ganze Höhe umgiebt und nur an den Münden die kleinen Oeffnungen für die Zuglöcher frei läßt. Dieser Mantel wird durch regelmäßiges flaches Aufschichten der Steine auf 1m,5—1m,8 Höhe 1½ Stein stark, darauf weitere 1m,5 hoch 1 Stein stark und der übrige Theil ½ Stein stark aufgeführt und alsdann dieser Mantel anstatt des Ofens mit Lehmmörtel beworfen. Auch baut man aus demselben Grunde einen neuen Ofen mit einer Wand an einen bereits ausgebrannten Ofen an, besonders wenn nur noch eine kleine Quantität roher Steine vorräthig ist, welche zu keinem Ofen von angemessener Größe hinreicht. Man erhält dadurch einen festen Stützpunkt und die angelehnte Seite wird den Einflüssen der äußern Luft entzogen.

§. 63. Wo ein nachhaltiges Lehmlager das Feldziegeln auf eine Reihe von Jahren sichert, da baut man die Feldöfen dauerhafter und vortheilhafter zwischen feststehenden, massiven Wänden auf. Man führt nämlich die beiden langen Seiten, worin sich die Schürlöcher befinden, 1m—1m,5 dick aus rohen Steinen oder bleichen Backsteinen mit Lehmmörtel auf, oder läßt die Wände in Pisee stampfen und bedeckt den Ofen mit einem ständigen Ziegeldache. Die Kopfseiten bleiben offen und erleichtern das Ein- und Aussetzen. Beides geschieht übrigens wie bei den andern Meileröfen, nur ist das Einsetzen viel einfacher, da die Steine oberhalb der Kanäle nur nebeneinander wie Fig. 40. gelegt zu werden brauchen, und der wechselnde Verband nach Fig. 41. u. 42. an den Langseiten wegfällt. Durch die dicken Wände wird das Ausweichen des Einsatzes unmöglich und da diese Wände die atmosphärische Luft von den rohen Steinen abhalten, so können diese selbst in den äußersten Lagen eine vollkommene Gare erhalten. Die Bedachung begünstigt außerdem das Einsetzen sehr und man erhält dadurch einen zuverlässigen Zufluchtsort für die trocknen

Ziegel bei herannahender schlechter Witterung, wo die Ziegel auf den Hagen immer mehr oder weniger leiden. Die Kosten eines feststehenden Ofens gestatten aber diese Einrichtung bei der gewöhnlichen Feldziegelei nur in seltenen Fällen.

Auf einer Ziegelei des Verfassers wurde der in Fig. 43. im Grundriß dargestellte doppelte Feldofen in Piseemauern aufgeführt und hat sich derselbe als sehr zweckmäßig erwiesen, indem der Abgang dabei nur 6—7% beträgt, während derselbe bei freistehenden Meileröfen 10—12% gewöhnlich beträgt. Bei diesem Ofen wurden die Fundamente in Bruchsteinen (Basalt) mit Lehmmörtel 30cm hoch über dem Boden aufgeführt und in jeder Längenwand a, a Oeffnungen (30cm weit und 60cm voneinander entfernt) gelassen, darüber wurden die gleichfalls 1m,5 dicken Pisewände 4m,7 hoch, zwischen aufgestellten und durch Eisenbolzen verbundenen Breterwänden aus trocknem Lehm mit etwas Kies vermischt ausgestampft und diese Pisewände obenauf mit einer doppelten Lage gut gebrannter Backsteinplatten in Speißmörtel mit wenig Fall nach Außen abgedeckt. Die Münde oder Oeffnungen zu den Kanälen wurden in den Pisewänden später auf 45cm Höhe noch herausgehauen.

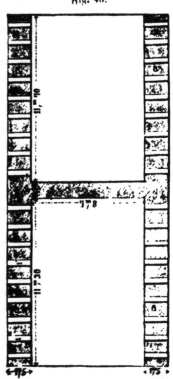

Fig. 43.

Durch die mittlere 90cm starke Scheidewand wird der ganze Ofen in zwei gleich große Oefen abgetheilt, wovon jeder circa 100,000 Steine faßt, und während der eine dieser Oefen brennt, oder ausgeleert wird, kann der andere eingesetzt werden. Durch das häufige Brennen in diesem Ofen sind die Lehmwände nach und nach so erhärtet und durchgebrannt, daß sie wie ein colossaler Backstein zu betrachten sind. Das Stampfen der Pisewände kostet im Accord per Cub.-Met. 40 Pfg. oder der ganze Ofen circa 140 Mk., dabei wurde jedoch das hölzerne Rahmenwerk und alles Geschirre zum Stampfen von dem Fabrikbesitzer gestellt.

Die feststehenden Meileröfen bieten außerdem noch den Vortheil,

4*

daß das Einsetzen und Brennen wegen der größern Einfachheit und Sicherheit um 50—70 Pfg. per Tausend billiger kommt als bei den freien Feldöfen, indem der Verfasser für Einsetzen und Brennen nur 1 Mk. 35 Pfg. per 1000 Stück zu zahlen brauchte, während er auf andern in gewöhnlicher Weise betriebenen Feldziegeleieen 1 Mk. 90 Pfg. — 2 Mk. 10 Pf. per 1000 Stück einzusetzen und zu brennen bezahlen mußte.

§. 64. Für die andern Arbeiten in den Feldziegeleien sind in den Rheingegenden folgende Preissätze üblich: 1) Für den Cub.-Met. Lehm zu graben 12—16 Pfg. oder per 1000 Steine 36—40 Pfg. 2) Für das Zubereiten des Lehms, Formen und Trocknen der Steine 2 Mk. 60 Pf. — 3 Mk. 50 Pf. je nach der zweckmäßigen Einrichtung der Fabrik und der Beschaffenheit des Lehms, Zufluß von Wasser ꝛc. 3) Für Einsetzen und Brennen wie oben bemerkt, und 4) für Verladen 40—50 Pfg. per 1000 Stück.

§. 65. Hinsichtlich des letztern gelten auch manche Vortheile, und es ist sehr zweckmäßig, dem Brenner das Verladen als ein Nebenverdienst zu überlassen und ihn nach der Ausbeute per 1000 Stück zu bezahlen. Um vortheilhaft verladen zu können, muß der Ofen vorher von seiner Decke befreit und die obersten mürben Steinreihen auf die Seite gesetzt werden, um später bei andern Oefen als Decksteine wieder verwendet werden zu können; alsdann müssen auch an dem Ende des Ofens, wo verladen wird, vorher die leichten Wandsteine herausgezogen und auf der Seite regelmäßig aufgesetzt und mit einer Strohmatte geschützt werden, um zu einem etwas billigern Preise im Innern von Gebäuden, zu Scheidemauern, Schornsteinen ꝛc. abgegeben zu werden. Das Verladen muß alsdann von oben herab, an dem zuletzt ausgesetzten Ende anfangend, reihenweise regelmäßig erfolgen. Es geschieht durch Zuwerfen und Abzählen der einzelnen Steine; bei größerer Entfernung von dem Fuhrwerk oder wenn die Steine noch zu heiß sind, bedient man sich eines 4ᵐ,7—6ᵐ,2 langen Rutschbiels (Fig. 44., an dem auf beiden Langseiten die 26ᵐᵐ vortretenden Latten u, a aufgenagelt sind, welche dem von oben herunterrutschenden Stein zur Führung dienen. Der Fuhrmann auf dem Wagen muß unten den Stein auffangen und schnell auf dem Wagen verladen, denn wenn 2 Steine unten auf dem Rutschbiel zusammenstoßen, so gehen sie in Stücke.

Das Abnehmen (Abzählen) der rohen Steine von den Backsteinmachern (Formern) geschieht gewöhnlich auf dem Hag; man muß dabei nur Acht haben, daß in der Höhe Stein auf Stein gesetzt wurde, und nicht etwa, wie das betrügerischerweise zuweilen geschieht, die

mittlern Reihen, wo das Zählen gewöhnlich vorgenommen wird,
dichter gesetzt wurden. Man zählt die Kopfsteine in einer der Reihen
auf die ganze Länge des Hages und multiplicirt diese mit
den einzelnen Steinen in der Höhe.

Fig. 44.

Genauer ist es immer, das Abzählen in dem Ofen vorzunehmen, wonach ohnedieß das Einsetzen berechnet wird.
Man wählt die mittelste Lage, z. B. wenn der Ofen 25
Lagen hoch ist, die 14., zählt die einzelnen Kopfsteine in
der Breite und die Strecksteine in der Länge des Ofens,
oder umgekehrt, multiplicirt beide Summen und diese wieder
mit der Summe der Lagen in der Höhe. Von der Gesammt-
summe werden für jeden Kanal $2^1/_2$ bis 3 Steine auf die
Breite des Ofens in Abzug gebracht: wenn also z. B. der
Ofen in der Mitte der Breite 104 Kopfsteine zählt 104
$\times 2^1/_2 = 260$ Steine für jeden Kanal.

§. 66. Bei gut gebrannten Steinen kommt es häufig
vor, daß sie zusammengeschmolzen sind zusammenbacken.: zu
dem Ende muß der Verlader ein kleines Brecheisen aus 26ᵐᵐ
starkem Quadrateisen mit verstählter Schneide zur Hand
haben, das in eine Fuge gezwängt und so der Stein mit
Leichtigkeit losgebrochen wird.

Dieses Zusammenschmelzen 'Schmolz kommt oft in
größern Massen vor, so daß die Steine mit dem Brecheisen
oder Hammer voneinander zu trennen sind und in diesen
unregelmäßigen Stücken nur zu Fundamentmauerwerk zu
verwenden sind. Es kann dieses je nach der Ausdehnung
einen großen Verlust veranlassen und rührt dasselbe entweder von
einer fetten Kohle her, oder daß dieselbe zu stark aufgestreut wurde.
oder auch wohl davon, daß die Steine noch nicht vollkommen trocken
waren. In mittelmäßig ausgebrannten Oefen rechnet man zwei hartgebrannte auf einen bleichen Ziegel: in Oefen, deren Ziegel gut ausgetrocknet und bei gutem Wetter eingesetzt waren, ist gewöhnlich der
innere Theil bis auf die äußern Wände durchaus gleichförmig ausgebrannt. Die bleichen Ziegel eignen sich zu Scheidemauern und im
Innern von Gebäuden besser als hartgebrannte, während schmolzige
Steine zu Mauern in der Erde und an feuchten Stellen sehr gut verwendet werden.

Im Betreff des Preises der Feldbacksteine sei hier noch bemerkt,
daß in der frühern Fabrik des Verfassers zu Homburg v o. H. gut

gebrannte Feldziegel von 285ᵐᵐ Länge, 140ᵐᵐ Breite und 72ᵐᵐ Dicke zu 21 Mk. per 1000 Stück und bleiche Ziegel zu 18 Mk. per Mill. verkauft wurden, während in einer andern Fabrik, die der Verfasser im Naffauischen auf dem Lande eingerichtet hatte, und wo in einem Jahre über 1 Million gefertigt wurden, wegen des billigen Terrains, bequemen Wafferzufluffes und billigern Verköstigung der Arbeiter dieselben Steine zu 16—18 Mk. verkauft wurden. Die Selbstkosten sind ¹⁄₄ bis ¹⁄₃ niedriger.

---

## XI.

## Vom Einsumpfen des Thons bei einer stehenden Ziegelei.

§. 67. Bei stehenden Ziegeleien wird der gegrabene und ausgewitterte Thon auf den Werkplatz gebracht und kommt zur weiteren Verarbeitung zunächst in den Sumpf, oder in die Schlämmgruben; man sumpfet ihn ein. Das Einsumpfen hat den Zweck, alle Theile des Thons mit Waffer in Berührung zu bringen, daher wird er möglichst durch Hacken oder — wenn er durch Wind und Wärme verhärtet ist — durch Klopfen zerkleint und mit Waffer angefeuchtet. Nach hinreichender Erweichung im Sumpfe soll jeder Thonklumpen, welchen man auseinander bricht, auch inwendig durchnäßt erscheinen, und sich zwischen den Fingern ziemlich gleichförmig auseinander streichen laffen. Ist der Thon aber theilweise schlüpfrig, zu feucht und trocken, so ist dieß ein Zeichen, daß das Waffer in zu großen Maffen auf einmal aufgegoffen, oder der Thon erfäuft worden ist. Solcher Thon läßt sich nachher nur mit Mühe gut zubereiten. Im Durchschnitt kann die Waffermenge etwa die Hälfte der Thonmaffe betragen.

§. 68. Die Thonsümpfe sind wafferdichte, meist 3ᵐ,15—3ᵐ,75 lange, 1ᵐ,50—1ᵐ,88 breite, 0ᵐ,94—1ᵐ,25 tiefe Gruben, nach Erfordern mehrere in einer Reihe. Diese Gruben werden entweder mit hart gebrannten Backsteinen in hydraulischem Mörtel gemauert und ebenso der Boden geplättet, daß die Bodenbacksteine b, wie Fig. 45. zeigt, unter die Wandmauer greifen; oder sie werden aus 100—150ᵐᵐ starken Bohlen, die nach Fig. 46. durch Einkerben auf die Hälfte ihrer Breite in den Ecken zusammengefügt, und deren Fugen kalfatert oder mit Letten hinterstampft sind, ausgefüttert. Bei geringern Anlagen wer-den zuweilen die Thon-

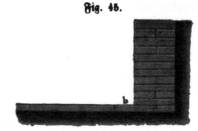

Fig. 45.

sümpfe mit 40—50ᵐ langen 20—25ᵐ breiten, 7ᵐ dicken Rasen-stücken (Wasen) aus-gesetzt, die wie Ziegel im Verband mit der grünen Seite nach un-ten gelegt und zusam-mengestampft sowie durch eine dahinter eingestampfte Letten-wand gesichert werden. Man sieht aber leicht ein, daß diese Gruben, wenn auch die wohl-feilsten in der Anlage, in der Unterhaltung doch die mühsamsten

Fig. 46.

sind, und aller Achtsamkeit ungeachtet dennoch immer den Thon leicht verunreinigen. — Gewöhnlich legt man mehrere Sümpfe in einer Reihe an; sie müssen eine zweckmäßige Wasserzuleitung haben, z. B. mittelst Rinnen aus einer nahe gelegenen Pumpe. Wenn die Ablei-tung des Wassers durch unterirdische Röhren geschehen kann, so ist dies ein großer Vortheil; selten möchte dieses möglich sein.

§. 69. Wenn der Thon in den Gruben etwa 30ᵐ hoch gefüllt ist, so muß ein Arbeiter hineinsteigen, die vorkommenden Klöße mit einer Hacke zerkleinern und die Masse gleichförmig ausbreiten. Hier-auf muß diese Schicht sogleich angefeuchtet, jedoch nicht auf einmal überschüttet werden, sonst läuft das Wasser durch die Zwischenräume durch und thut seine Wirkung nicht, weil der Thon nicht Zeit gewinnt, das Wasser einzusaugen. Auf diese Weise fährt man fort und kann dann versichert sein, daß der Thon durchaus aufgeweicht und nicht erläuft sei. Wenn die Grube ganz gefüllt ist, wird noch so viel Wasser übergegossen, daß es noch 3ᵐ über dem Thone steht, damit sich oben keine Kruste bilden kann; auch durchstößt man den Thon öfter mit Stangen, um das Sumpfwasser in das Innere der Thonmasse zu bringen. Erfordert die Thonart einen Zusatz von anderem Thon

ober von Sand, so ist es dienlich, diese Mischung sogleich beim Füllen
der Sümpfe vorzubereiten, indem jeder Schicht ihr Antheil am Zusatze zugegeben wird. Beim Sande ist jedoch darauf zu sehen, daß
ein Theil desselben zum weiteren Zurichten des Thons aufgespart
werde, damit der Zusatz nicht über das angenommene Verhältniß
steige. Beim Ausstechen eines gemischten Thons ist zu beobachten,
daß der Abstich nicht zu schräg, sondern möglichst senkrecht geschehe,
damit die verschiedenen Schichten so wenig als möglich getrennt werden, und die Mischung nicht wieder aufgehoben werde.

Man darf das Einsumpfen nicht übereilen; es gehören 2—3
Tage dazu, um die Erweichung vollkommen geschehen zu lassen. Magerer Thon wird früher gar als fetter. Das vollkommene Erweichen
ist erfolgt, sobald ein herausgenommener Klumpen einen bildsamen
Zustand hat und sich zwischen den Fingern gleichmäßig auseinander
streichen läßt. Sobald der Thon hinlänglich gar ist, schlägt man die
Sümpfe aus und sumpft sogleich wieder frischen Thon ein, so daß
die Streicharbeit ungestörten Fortgang haben kann. Die Größe und
Anzahl der Sümpfe richtet sich nach der Beschaffenheit des Thons
und der Größe der Ziegelei. Am zweckmäßigsten ist es, daß täglich
ein Sumpf ausgeleert und sofort wieder gefüllt werde, mithin so viel
Sümpfe nebeneinander liegen, daß der Thon so viel Zeit zum Auf-
weichen erhalten kann, als seine Zähigkeit erfordert. Nimmt man
nur den täglichen Bedarf als Maaßstab der Größe an und erwägt
dabei, daß der Flächenraum auf's Mindeste so groß sein muß, daß
der Arbeiter Gruben- oder Kastenknecht genannt nicht gehindert sei
die Schollen mit der Thonhacke (Schrothacke zu zertheilen und mit
der Schaufel abzustechen und heraus zu werfen, so ist die geringste
Länge und Breite der Grube und ebenso die größte Tiefe derselben
hiernach leicht anzugeben. Ein größerer täglicher Bedarf an garem
Thon erfordert also eine Ausdehnung der Grube in der Länge und
Breite, ohne daß die Tiefe von hochstens 1$^m$,5 überschritten werden dürfte; bei geringerem Bedarfe ist es dagegen besser, an der Tiefe
abzubrechen, als durch Verengung des Raums die Bewegungen des
Arbeiters zu beschränken.

§. 70. In München wird die Ziegelerde ohne weiteres in den
Lehmgruben abgehauen, mit Wasser übergossen und mittelst breit-
schneidiger Hacken in dünnen Schichten von einem Haufen zum andern
geworfen, was bei dem gewöhnlichen Ziegelgut dreimal, bei dem
feineren fünfmal, und bei dem ganz feinen siebenmal sich wiederholt:
je öfter die Ziegelerde umgehauen wird, desto plastischer wird sie, in

deſto feineren Scheiben kann man ſie mit den breitſchneidigen Hacken umwerfen, eine Manipulation die man in München mit dem Ausdruck „abſchröfeln“ bezeichnet. Einer weitern Bearbeitung wird die Ziegelerde in München nicht mehr unterworfen, und es fällt das Einſumpfen, das Treten auf den Tretplätzen fort; die Ziegelerde hat eben die glückliche Miſchung, daß ſie eine weitere Umgeſtaltung nicht nöthig hat, was ſo häufig bei andern Sorten der Fall iſt. —

## XII.

## Vom Treten und Fahren des Thons.

§. 71. Von den Sümpfen kommt der Thon in kleinern Ziegeleien auf den Tretplatz (Lehmtrete), wo er von allen ſchädlichen Beimengungen möglichſt gereinigt und aufs Gleichmäßigſte ſo bearbeitet wird, daß alle im Sumpfe noch unaufgeſchloſſenen Theile vollends aufgeſchloſſen werden. Ungleichförmiger Feuchtigkeitsgrad und theilweiſe roher Zuſtand des Ziegelgutes, durch abriges flammiges Bruchgefüge erkennbar, erzeugen während des Trocknens der fertigen Waare Werfen und Berſten, beſonders bei Dachziegeln. Ein ſolcher Tretplatz iſt ein viereckiger, ausgedielter, $2^m,5$—$3^m$ im □ großer Platz, der oft $30$—$45^{cm}$ vertieft liegt, ringsum mit einer $0^m,9$—$1^m,25$ hohen Wand oder einem Geländer umgeben iſt; an dieſen in Manneshöhe angebrachten Stangen halten ſich die Treter. Sie werden in der Nähe der Streichtiſche angelegt, damit der zubereitete Thon nicht weit transportirt werde.

§. 72. Oft hat man in einer Ziegelei 2 oder mehrere Tretplätze. Zu einer ſorgfältigen Bearbeitung des Thons rechnet man auf jeden Streicher 2 Treter. Zuerſt wird über den Tretplatz eine Thonlage von $8$—$10^{cm}$ hoch ausgebreitet und von den Arbeitern mit bloßen Füßen in kurzen Schritten durchgetreten, zuerſt in gleichlaufenden Richtungen vorwärts, dann rückwärts in die ausgetretenen Erhöhungen, hierauf quer über dieſe Richtung und ſo zurück, endlich ſchief ebenſo, in allen Richtungen ſich durchkreuzend. Dann wird der Thon gewendet und ſo fort wiederholt behandelt, deſto öfterer, je magerer er iſt. Dabei fühlen die Treter an den bloßen Füßen alle Steine und feſten Klöße, die ſich nicht auflöſen wollen, und entfernen fie mit ben Händen. Zuweilen bebienen fie fich auch einer Keule (Lehmkeule) von Hartholz, Fig. 47., auf bie fie fich bei bem Treten ftützen

Fig. 47. unb mit ber fie kleine fefte Körper zerftampfen, um fie unfchäblich zu machen; allein es ift beffer, wenn man nur Stöcke ben Tretern geftattet, auf bie fie fich ftützen können, um fich bie Arbeit zu erleichtern, unb ftrenge barauf hält, baß fie burchaus alle feften Körper, fie mögen fein, was fie immer wollen, herauswerfen. Während bes Tretens wirb ber Thon oft mit Waffer befeuchtet, bamit er feine Gefchmeibigkeit nicht verliere unb formbar bleibe, wozu man fich am vortheilhafteften einer Gieß-kanne bebient. Auf biefe erfte Thonlage kommt eine zweite, ebenfo hohe, bie in gleicher Art behanbelt wirb; wirb jeboch bie Tiefe ber Maffe ben Arbeitern zu be-fchwerlich, welches gewöhnlich bei 30ᶜᵐ Höhe ber Fall ift, fo wirb fie aus bem Tretplatze genommen unb neben bem Streichtifche auf einem Breterboben fo aufgehäuft, baß ber Ziegler ober Streicher fie bequem erreichen kann. — Soll inbeß bas Ziegelgut nicht fogleich verarbeitet werben, fo wirb es in bie Sargruben gebracht, bie meift 1ᵐ,25 tief, 1ᵐ,50 breit, 3ᵐ,0 lang, mit Klinkern ausgemauert, ausgebohlt, zum Bebecken eingerichtet finb; man bewahrt ihn barin hinlänglich feucht, inbem man ihn von Zeit zu Zeit etwas annäßt. Bis zu biefer Gare verliert ber Thon etwa ¹⁄₄ feines anfänglichen Cubikgehaltes.

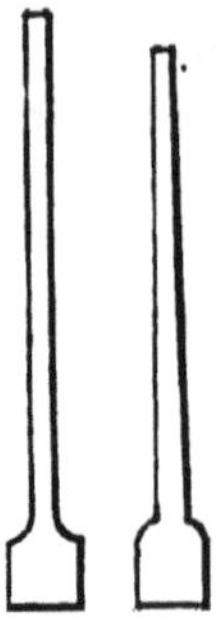

§. 73. Diefe Zubereitung genügt oft unb namentlich bei ber Dachziegelfabrikation noch nicht unb bas Verfahren ift babei ein an-beres. Der eingefumpfte Thon wirb Abenbs mit Schrothacken burchgehackt, burchfchrotet, unb nachbem er mit bem nöthigen Waffer begoffen worben, auf einen Haufen auf bie Haubank ober ben Hautifch gefchlagen, welcher 1ᵐ,0 hoch, 0ᵐ,9 breit unb 1ᵐ,88 lang aus 50—75ᵐᵐ ftarken Dielen auf einem ftarken Untergeftelle conftruirt ift, unb berfelbe mit bem Rücken ber Schaufel fo bicht als möglich eingefchlagen unb geglättet. Am anbern Morgen wirb mit bem Haueifen ober Degen, ober beffer mit Sicheln ber ganze Haufen in feine 1ᶜᵐ ftarke Spähne gefchabt ober burchgehauen. Je feiner bie Spähne finb, befto beffer laffen fich alle barin befinblichen Steine unb Wurzeln entbecken unb wegfchaffen, unb befto beffer vermifcht fich bie Maffe. Dann wirb ein Platz baneben mit Sanb beftreut, bie Spähne auf biefem Platze zu einem neuen Haufen zufammenge-worfen, ber erforberliche Sanb von Zeit zu Zeit bazwifchen geftreut, bas nöthige Waffer zugefpritzt, unb nun ber Haufen, nachbem er runbum festgetreten worden, von zwei Mann von Oben herunter getreten. Nachdem der Haufen oben platt getreten ist, tritt jeder der zwei Arbeiter, indem er in der Kreislinie des Haufens sich von der rechten zur linken Seite vorwärts bewegt, mit dem rechten Fuße einen geringen Theil der Außenfläche von Oben nach Unten ab und bildet so mit seinem ihm folgenden Kameraden einen Ring mit aufstehendem Rande. Wenn dieser Ring tief genug abgetreten ist, treten beide mit nach Außen gerichteten Fußspitzen so dicht mit dem flachen Fuße nebeneinander, daß der erhabene Rand abgeplattet werde und der Ring nur eine Dicke von einem Zoll behalte. Der Ring wird in mehrere Stücke zerschnitten, die Stücke werden locker aufgerollt, und nachdem der ganze Haufen so behandelt worden, wieder zu einem neuen Haufen vereinigt, womit ebenso verfahren wird, bis die Masse zur Verarbeitung tüchtig oder gar ist. Der Thon muß so lange getreten (getrateb) werden, bis er dadurch die zum Streichen gehörige Zähigkeit, Geschmeidigkeit und einen Zustand erreicht hat, in welchem er weichem Wachse ähnlich ist. Ein magerer Thon bedarf immer mehr Zeit zum Treten, als ein fetter, weil er geringerer plastischer Natur ist; allein der fette erfordert, besonders wenn er Zusätze erhalten hat, bedeutend mehr Kraftaufwand, weshalb dabei auch nicht so viel auf den Treteplatz aufgeworfen werden darf, als bei jenem. Besonders darf das Treten bei Ziegelerde, die viel Mergel oder Kalk führt, nicht gespart werden, damit diese Theilchen möglichst gleichmäßig durch die Masse vertheilt werden.

Spürt man, daß der Thon unter dem Treten durch Absorbiren der Feuchtigkeit zu steif oder zu stark (straff) wird, muß man ihn mittelst einer Gießkanne mit Brause gleichförmig anfeuchten. Das zuverlässige Kennzeichen vollkommener Bearbeitung ist, daß, wenn man mit einem Messingdraht eine Scheibe von der Masse abschneidet, der Thon auf der Fläche vollkommen gleichartig erscheine. Streifen, verschieden von Farbe und Glanz, beweisen, daß noch Lagen im Thone sind, welche mit den anderen nicht vereinigt und vermischt sind.

§. 74. Statt von Menschen läßt man auch in größern Ziegeleien oft von Pferden oder Ochsen den Thon treten; alsdann wird der Tretplatz kreisförmig mit einem Durchmesser von wenigstens 6ᵐ,0 angelegt; in der Mitte desselben wird ein Tummelbaum — Mönch — gestellt, an dessen Armen oder Speichen die Thiere befestigt und auf dem Thone herumgetrieben werden, der etwa 1ᵐ breit und 3,ᶜᵐ hoch um den Tummelbaum in einem Abstande von ca.

$2^{m},0$ ringförmig ausgebreitet wird. Ochſen treten tiefer als Pferde: auch haben ſie durch Zerſpaltung ihrer Klauen Vorzüge vor dieſen: ihr Tritt iſt aber langſamer, auch treten ſie gern in die alten Fuß⸗ tapfen. Bei dieſem Treten durch Vieh muß der Thon öfter umge⸗ ſtochen werden; ein Arbeiter muß hinterher den zur Seite zu weit ausgetretenen Thon mit einer Schaufel auf die Mitte der Tretbahn werfen und dabei alle zum Vorſchein kommenden Unreinigkeiten aus⸗ werfen, ſowie zuſehen, daß die ganze Maſſe hinreichend genäßt bleibt.

Dieſe Bearbeitung des Thons iſt zwar wohlfeiler als die vo⸗ rige, ſie hat aber auch den Nachtheil, daß faſt alle Steine und Kalk⸗ oder Mergelklöße in dem Thone bleiben; denn nur diejenigen werden ausgeworfen, welche zufällig die Arbeiter bemerken. Iſt in⸗ deſſen der Thon von Natur ſehr rein, ſo kann man ſich allerdings des Tretens durch Thiere bedienen; denn in den Fällen ſoll er nur durchgearbeitet werden. — Während des Tretens müſſen den Thieren die Augen verbunden werden, damit ſie nicht immer in dieſelben Spuren treten.

§. 75. Auf verſchiedenen größern Ziegeleien in Nordbeutſchland und im Schleswig'ſchen wird der Ziegelthon gefahren, eine Art der Zubereitung, welche in neuerer Zeit ſtatt des Tretens vielfach in Anwendung kommt, und darin beſteht, daß an dem über einer gewöhnlichen Tretdiele angebrachten Gangbaume eines Roßwerks 2 Räder ſo befeſtigt ſind, daß man dieſelben nach jedem Umgange der Pferde durch eine einfache mechaniſche Vorrichtung mehr vom Mittel⸗ punkte entfernen oder demſelben zurücken kann, ſo daß im Verlaufe der Arbeit alle Stellen der Diele durch die Räder befahren werden. Durch gehörige Belaſtung derſelben und hinreichend häufiges Ueber⸗ fahren des Thons wird derſelbe gehörig gemiſcht und verarbeitet. Die Details der Einrichtung können ſehr verſchieden ſein und müſſen der zu verarbeitenden Thonart rc. und den ſonſtigen Umſtänden je⸗ desmal angepaßt werden. Es hat dieſe Art der Bearbeitung vor dem Treten durch Pferde die Vortheile, daß der Thon etwas ſteifer verarbeitet werden kann, ferner daß derſelbe gleichmäßiger durchge⸗ arbeitet wird, und endlich, daß die Bearbeitung erheblich billiger iſt, indem die Pferde in dem Roßgange tagtäglich arbeiten können, wäh⸗ rend dieſelben beim Treten der ſehr angreifenden Arbeit wegen öfter ruhen müſſen, zuweilen ſogar nur einen Tag um den andern arbei⸗ ten können.

§. 76. Bei dem Feſtungsbau in Poſen, zu welchem ſehr be⸗ deutende Quantitäten Ziegelſteine nöthig waren, die ihrer Anwen⸗

bung nach von besonders guter Beschaffenheit sein mußten, hat der damalige Festungsbaudirector, Hauptmann von Prittwitz, eine sehr einfache Vorrichtung zum Mischen und Kneten der Ziegelmasse angegeben und in Ausführung gebracht. Diese Vorrichtung besteht aus einer 5$^m$,75 langen, zu einem Durchmesser von 30$^{cm}$ rund bearbeiteten Welle. Die Enden dieser Welle sind etwas schwächer, etwa 25$^{cm}$ im Durchmesser, gehalten und mit Ringen aus Schmiedeeisen beschlagen. Auf der Mitte sind 12 Räder von 13$^{cm}$ Felgenbreite, in Abständen von 21$^{cm}$ voneinander, durch gestürzte Speichen in derselben Art wie ein Wagenrad befestigt. Zwischen je 2 Rädern ist die Welle durch eiserne Ringe gegen Aufspringen gesichert, die Felgen der Räder aber sind mit starken Reifen beschlagen. Der Durchmesser jedes Rades beträgt 1$^m$,73 und das Gewicht des Beschlags aller beträgt etwa 10—12 Centner.

Mit Hülfe dieser Räder wird nun der Thon in folgender Art bearbeitet: Auf eine 75$^m$ lange, 3$^m$ breite, auf 3 hölzernen Unterlagen mit Bohlen gebielte, und an den langen Seiten mit Halbholz, gegen Spitzpfähle eingefaßte Bahn wird der ausgeschachtete Lehm etwa 10—13$^{cm}$ hoch locker ausgebreitet, nach seiner Beschaffenheit mit Wasser angefeuchtet, der erforderliche Sand zugesetzt und darauf die Räder durch 4 Pferde, von denen je zwei an den in das Wellenende befestigten Zapfen angehängt sind, vollends die Bahnlänge herunter und wieder zurückgeführt und so fort. Bei strengerm Thon mußten die Pferde, zu deren Leitung zwei Knechte dienten, innerhalb 3 bis 3$^1_2$ Stunden die Bahn mit den Rädern 48 bis 50 Mal durchlaufen, um eine gut gearbeitete, für die Ziegelfertigung geeignete Masse zu beschaffen. Der Inhalt einer solchen Bahn bestand etwa aus 15 Cub.-Met. Thon und 3 Cub.-Met. Sand. In einem Tage wurden meistens drei solcher Bahnfüllungen durch 4 Pferde bearbeitet, mithin also Masse zu 13500 bis 15000 Ziegeln (zu 12″ × 6″ × 3″ Größe). Ein weniger strenger Thon wurde mit einer gleichen Vorrichtung auf einer 56$^m$ langen Bahn durch 4 Pferde bearbeitet. Der Thon wurde etwa 13—15$^{cm}$ hoch und locker aufgetragen und nach 35 Hin- und Herzügen der Räder und binnen 2$^1_2$ bis 3 Stunden so bearbeitet, daß er zum Ziegelstreichen verwendet werden konnte. In einem Tage wurden meist vier solcher Bahnfüllungen, von denen jede zu 4500 bis 5000 Ziegeln derselben Größe zureichte, bearbeitet.

Die Vortheile, die diese Art der Thonbearbeitung gewährte, hat ihre Anwendung bei der Fabrikation im Großen zeither allgemeiner gemacht.*) Der Thon wird auf diese Art gleichmäßig gemischt und durchgearbeitet und der Nachtheil, daß alle Beimischungen der Ziegelerde, als Steine, Kalk- und Mergeltheile nicht beseitigt, letztere vielmehr zerkleinert werden, ist bei gewöhnlicher Ziegelwaare nicht von Bedeutung.

---

## XIII.

## Von den Thonknete- oder Thonschneide-Maschinen.

§. 77. Eine in größern Ziegeleien ziemlich verbreitete Knetemaschine ist die s. g. holländische Kleimühle (weil sie in den holländischen Ziegeleien zuerst aufkam und dort allgemein gebräuchlich ist).

Eine sehr zweckmäßige Construction von einer solchen Maschine ist in Fig. 48. in Ansicht und in Fig. 49. im Durchschnitt dargestellt. Die Maschine besteht aus einem kegelförmigen von 2zölligen eichenen Dauben gefertigten Fasse, 1ᵐ,8 hoch, oben 86ᶜᵐ, am Boden 70ᶜᵐ im Lichten weit; 6 starke eiserne Reife, welche durch Schrauben zusammengezogen werden können, halten dasselbe zusammen. Das unterste Band sitzt unmittelbar unter der Mündung a des Fasses, wo der Boden liegt. Von dem Boden abwärts verlängern sich noch die Faßdauben um 26ᶜᵐ und bilden dort einen leeren Raum. Im Innern des Fasses ist die senkrecht stehende 6ᶜᵐ dicke eiserne Achse A angebracht, welche mit einem am untern Ende angedrehten Zapfen scharf durch ein in der Mitte des Bodens eingebohrtes Loch tritt, und mit der verstählten Spitze in einer gleichfalls verstählten Pfanne der in dem schmiedeeisernen Bügel b angebrachten Schraube c spielt; der Bügel b dient zugleich zur Unterstützung des Bodens und zum Befestigen des Fasses. An der Achse A ist dicht über dem Boden das horizontal liegende Messer d angebracht, das an dem Ende nach der Schrägung des Fasses etwas aufwärts gebogen ist, wodurch der Thon vom Boden losgeschnitten und dessen Ausweichen durch die Mündung a erleichtert wird. Ueber diesem Messer trägt die Achse A in gleicher Entfernung voneinander 6 starke Arme e, e aus flachem 52ᵐᵐ breitem

---

*) Verhandl. des preuß. Gewerbevereins 1837. S. 41—51.

Nach vorliegenden Berichten werden mit einem ganz eisernen Thonschneider (von J. Jordan Sohn in Darmstadt) durch ein Pferd ohne Ueberanstrengung täglich bequem bestzubereitete Masse zur Handförmerei für 8000 Backsteine von 250ᵐᵐ × 120ᵐᵐ und 65ᵐᵐ geliefert.

Fig. 51.

Thonschneider für Dampfbetrieb (Riemenbetrieb) mit doppelter und höherer Umbrehungsgeschwindigkeit arbeitend, leisten das Doppelte und mehr.

§. 79. In neuerer Zeit werden sehr zweckmäßig die Thonschneider — auch die Tonnen — ganz von Eisen gemacht, da das Holz der Luft ausgesetzt fortwährend schwindet und wenn nun wie bei den Thonschneidern mit Holztonnen alle hauptsächlichen Maschinentheile an der Tonne selbst ihre Befestigung erhalten, so ist es erklärlich, daß mit der Holztonne auch die Eisentheile schlotterig werden, einem unvermeidlich starken Verschleiß ausgesetzt sind, dabei schwerer gehen und weniger leisten. Alle diese Nachtheile vermeidet der ganz eiserne Thonschneider mit eiserner Tonne; sie bleibt, wie sie montirt von der Fabrik kommt, fest und unverrückbar unter allen Witterungsverhältnissen. Vorzügliche ganz ei-

Fig. 52.

ferne Thonschneider, von 20 bis 25 Centner Gewicht, nach Fig. 51.
und 52. liefert J. Jordan Sohn in Darmstadt zu dem Preise von
429 Mk. bis 840 Mk.

Dieselbe nur für Riemenbetrieb mit fester und loser Riemscheibe, ohne Schwungrad, Gewicht 600 Kilogr. kostet jetzt 468 Mrk.
Dieselbe für Hand- und Riemenbetrieb eingerichtet, für erstere mit
Schwungrad und Drehkurbel, für letztere mit fester und loser Riemscheibe, Gewicht 675 Kilogr. Preis jetzt 510 Mrk.

Gebrüder Sachsenberg in Roßlau a. b. Elbe liefern a. Eisentheile
für Thonschneider zum directen Betriebe durch ein oder zwei Pferde,
bestehend aus gußeiserner stehender Welle mit schmiedeeisernen Messern,
Spur- und Halslager und Schuh zum Einlegen der Deichsel 290 Mrk.

b. Ein completer Thonschneider zum directen Betriebe durch
ein oder zwei Pferde mit gußeisernem Cylinder und dem übrigen
Zubehör wie unter a = 680 Mrk.

c. Eisentheile für Thonschneider zum Maschinenbetriebe, bestehend
aus schmiedeeiserner stehender Welle mit schmiedeeisernen Messern,
doppelten Vorgelegen mit fester und loser Riemscheibe und Lager-
stühlen mit Metallschalen 550 Mrk.

d. Ein completer Thonschneider zum Maschinenbetrieb mit gußeisernem Cylinder nebst Ankern und dem übrigen Zubehör wie unter
c = 1010 Mrk.

Leistung: die Thonschneider unter a und b liefern mittelst
eines Pferdes betrieben die präparirte Ziegelerde zu 3—4000 Streich-
steinen; die unter c und d bezeichneten, mittelst einer Betriebskraft
von 3—4 Pferdestärken präparirte Ziegelerde oder Thon zu 8 bis
10,000 Steinen.

e. Liegender Thonschneider für Maschinenbetrieb, für sehr schwer
zu bearbeitende Thonmassen und wenn es auf eine sehr innige
Mischung der betreffenden Materialien ankommt, bestehend aus gußeisernem horizontalen Cylinder mit schmiedeeisernen Wellen und
ebensolchen Messern, gußeisernem Schraubenflügel, Vorgelegen mit
fester und loser Riemscheibe, doppelten, durch Schieber zu regulirenden
Ausflußöffnungen und Ankerschrauben mit Platten = 1300 Mrk.

C. Schlickeysen in Berlin liefert Handthonschneider (nach
dem System seiner Patentziegelmaschine) mit Schwungrad zum Betriebe durch einen Mann zu 270 Mk. Diese Maschine präparirt
täglich circa 0,5 bis 0,6 Cubmet. Thon auf das Feinste; sie ist ganz
von Eisen, $1^m,18$ hoch, oben $0^m,314$ weit und wiegt $3\frac{1}{2}$ Centner. —

hat man diese Mühle durch Pferdegöpel in Bewegung gesetzt, was viel kostspieliger kam und kaum denselben Effekt lieferte, indem obige durch einen Esel betriebene Maschine mit einem Jungen als Bedienung täglich den Thon für 3—4 Zieglertische vollkommen gut bearbeitet liefert. Statt des Tretrades kann man auch bei o an der Welle o ein Schwungrad mit Kurbel anbringen und die Maschine durch die Hand betreiben; sie erfordert dann aber 2 kräftige Männer. Die obige Maschine kostet nur 240 Mk. Man hat auch größere derartige Maschinen, deren Walzen 300—375ᵐᵐ Durchmesser und 450—600 Länge haben, im Verhältniß kräftiger gebaut sein müssen und eine Dampfmaschine zum Betriebe erfordern.

J. Jordan Sohn in Darmstadt liefert solche auf niedrigem eisernen Gestelle mit Walzen von 375ᵐᵐ Durchmesser und 150ᵐᵐ Länge für Riemenbetrieb, von sehr kräftiger Bauart, mit Rädervorgelegen fester und loser Riemscheibe; Gewicht 1138 Kilogr., gegenwärtiger Preis 750 Mrk. Dieselbe mit Walzenlagern von Rothguß 50 Mk. mehr. Thonwalzenmühle, ganz von Eisen nur für Riemenbetrieb mit Walzen von 325ᵐᵐ Durchmesser und 450ᵐᵐ Länge, mit Rädervorlege, fester und loser Riemscheibe. Gewicht 850 Kilogr. Gegenwärtiger Preis 612 Mrk.

Die Gebrüder Sachsenberg in Roßlau an der Elbe liefern Walzwerke mit doppelten Walzenpaaren für Göpelbetrieb zum

Fig. 57.

plet mit Vorgelege nebst Schwungrad, Holzgestelle und Rumpf =
830 Mrk. (Leistung: liefert täglich mit einem Pferde betrieben Ziegelerde für 3—4000 Steine).

Ferner Walzwerke für Maschinenbetrieb mit Vorgelege nebst fester und loser Riemscheibe und Schwungrad, Holzgestelle und Rumpf
complet mit einem Walzenpaare 1010 Mrk. und mit doppelten
Walzenpaaren 2080 Mrk.

Die Nienburger Eisengießerei und Maschinenfabrik (vormals
Hertel und Comp.) in Nienburg a b. Saale liefert Walzwerke mit Hart-
gußwalzen, sehr stark gebaut mit Walzendurchmessern von 1020ᵐᵐ zu
2700 Mrk., 725ᵐᵐ zu 1950 Mrk., 550ᵐᵐ zu 1350 Mrk., 470ᵐᵐ zu
1050 Mrk. und ein Walzwerk zum Zerkleinern großer und fetter
Thonstücke zu 1950 Mrk.

§. 83. Auf verschiedenen Ziegeleien, wo man die Zahnräder
E und F (Fig. 56.) an obiger Thonwalzmühle von gleichem Durchmesser und nicht von ungleicher Zähnezahl gemacht hat, geschieht das
Mischen des Thons nicht vollkommen genug und man hat diese Walzmühle mit dem im vorigen Kapitel beschriebenen Thonschneider in
Verbindung gebracht, wodurch man — zwar mit größern Kosten —
eine sehr vollkommen präparirte Thonmasse erhält; denn die charakteristischen Eigenschaften des Thonschneiders sind:

Zerschneiden, Durchkneten und Mischen der Masse; diejenigen
der Walzmühle sind: Förmliches Zermalmen, also eine Zertheilung
in energischster Weise, Zerreiben und bis zu einem gewissen Grad
auch Mischen.

Aus der Vereinigung dieser beiden Zubereitungsmethoden erhält
man daher die vollkommenste, allen Anforderungen entsprechende Zu-
bereitungsmethode in der combinirten Thonbereitungsmaschine,
welche in Fig. 57. dargestellt ist.

Das eingeweichte Material wird auf die Walzen aufgegeben,
gelangt von da direct ohne weitere Handarbeit in den darunter liegenden Thonschneider und tritt von dort, in einer Operation zubereitet, aus dem vordern Ende des horizontalen Thonschneiders, auf
vollkommenste Weise präparirt, hervor.

Die hier abgebildete Maschine von J. Jordan Sohn in Darmstadt liefert per Dampfbetrieb bei mittlerer Geschwindigkeit stündlich
feinst zubereitete Masse für 1000 Stück volle Backsteine, daher in einem
Tag für 10,000 bis 12,000 Steine. Betriebskraft 3 Pferde. Gewicht
der Maschine 36 Ctr. Preis 1300 Mrk.

# XV.

## Vom Schlämmen des Thons.

§. 84. Wenn thönerne Röhren, feine Blendsteine, oder Ziegel zu architektonischen Verzierungen und Gliedern geformt werden sollen, so muß der Thon dazu auf eine ganz besonders sorgfältige Art ge-

Fig. 58.

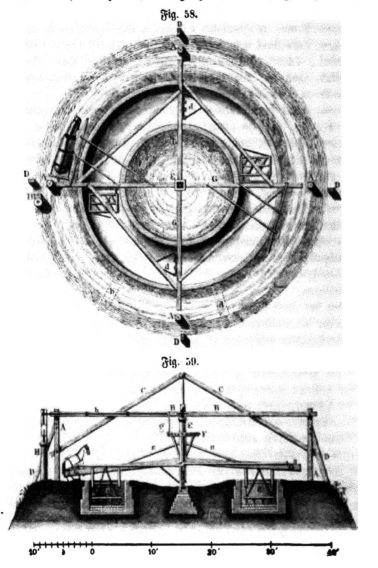

Fig. 59.

reinigt und im richtigen Verhältniß mit Sand gemischt werden, damit die Masse alle Vertiefungen der Form ausfülle, während des Brandes nicht so sehr schwinde, sich in keiner Art verziehe und eine feste gleichmäßige Consistenz erhalte.

Am vollkommensten erreicht man dieses durch Schlämmen und wird dadurch auch zugleich das feine blättrige Gefüge des Thons, was die gleichmäßige Bearbeitung erschwert, aufgelöst. Außerdem kommt auch das Schlämmen bei gewöhnlichem Ziegelthone in Anwendung, wenn derselbe zu sandreich oder zu mager ist. (Vergl. §. 13.)

Zum Schlämmen des Thons ist die in vielen Ziegeleien und Thonwaarenfabriken angewendete Maschine mit Pferdeumgang bei größerem Bedarf am einfachsten und zweckmäßigsten; sie ist in Fig. 58. einem Grundplan und in Fig. 59. einem Durchschnitt dargestellt.

Diese Maschine steht auf einer kleinen Erhöhung in der Ziegelei, damit der geschlämmte Thon in mehrere eigens hierzu eingerichtete Bassins ablaufen kann. In einem gemauerten kreisförmigen Kanal wird die Ziegelerde mittelst Schiebkarren gebracht; in der Mitte desselben steht ein Wellbaum E in einem sehr einfachen Gerüste A, A, zwei darüber in's Kreuz gelegte Balken B, B, die durch die 4 Hängebalken C, C verspannt und durch die Streben D, D versteift werden. An den Wellbaum E sind über's Kreuz 4 Arme befestigt, an zweien davon hängt eine Art Egge mit eisernen Zinken, an zwei andern Armen sind senkrecht stehende Messer angebracht, die den Thon auf rühren und zertheilen, wenn die Maschine je nach ihrer Größe durch ein oder zwei Pferde in Bewegung gesetzt wird. Die Zeichnungen sind hinlänglich deutlich und die Maschine so einfach, daß keine weitläufige Erklärung nöthig wird.

Durch a erfolgt der Zufluß des Wassers;

durch b der Abfluß des geschlämmten Thons;

c, c sind die Eggen, welche zwei Reihen von je 4 Zinken, die ziemlich senkrecht stehen, haben und welche mit Ketten an den Armen G hängen;

d, d sind senkrecht stehende Messer, welche den Thon schneiden; es sind 4 in jeder Reihe;

H die Pumpe.

Das horizontale Rad F bewegt den Hebel g und mittelst der Welle h wird diese Bewegung der Pumpe mitgetheilt und hierdurch das Wasser gehoben.

Der Ausfluß b ist mit einem gegossenen Gitter versehen, welches enge genug ist, um die Steine, Stroh, Körner, Schwefelkies ꝛc. zurückzuhalten und wird mit einer Schütze geschlossen. Das Mauerwerk an dieser Maschine ist das kostspieligste: das hölzerne Gerüste kann aus 12—15ᶜᵐ starkem Holze und die wenige Eisenarbeit von jedem Dorfschmied gemacht werden. Eine solche Schlämmmaschine liefert in ½ Tagschicht mit 1 Ochsen- oder 1 Pferdegespann ca. 14 Cubmet. Thon geschlämmt.

Die kreisförmige Grube des Schlämmapparates läßt man, je nachdem die Erde fester oder loser, daher schwerer oder leichter auflösbar ist, 13—20ᶜᵐ hoch damit anfüllen, dann zweimal so hoch Wasser aufgießen und das Ganze durch die Eggen und Messer so lange aufrühren, bis die Auflösung vollkommen beschafft ist. Ist das Aufrühren vollendet, dann darf die ganze Masse nur ungefähr 1 Minute oder wenig darüber stillstehen, damit alle größern Steine zu Boden fallen können, um in dieser Grube liegen zu bleiben.

Der Schlamm wird dann langsam abgelassen und in verschiedenen Bassins gesammelt, wo er sich zu Boden setzt. Hierauf wird die Grube von Neuem gefüllt und weiter geschlämmt. Zweckmäßig ist es, gleich neben die kreisförmige Grube ein Loch graben und ausmauern zu lassen, 1ᵐ,25—1ᵐ,60 im Quadrat und 0ᵐ,32—0ᵐ,45 tief, in welches aus jener der Schlamm hineinfallen und wenn es voll ist, auf der entgegengesetzten Seite in die Rinnen ablaufen kann, welche zu den größern Sammelbassins führen. Der Zweck dieses Loches ist, daß aller grobe kieselartige Sand, der gewöhnlich anfangs mit abfließt, in demselben zu Boden fallen und nachher herausgeschafft werden kann.

Sobald eine der großen Sammelgruben voll ist, muß man bemüht sein, das Wasser von der auf dem Boden liegenden Thonmasse möglichst bald abzulassen, um diese wieder dem Luftzuge und den Sonnenstrahlen auszusetzen. Den Rinnen, welche aus dem Loche neben der Eggengrube zu den Sammelbassins führen, darf man anfänglich nicht zu starkes Gefälle geben, und wird dann finden, wenn der Schlamm nicht zu rasch fließt, daß sich auch in ihnen noch viel Unnützes, besonders Sand ablagert; man macht die Rinnen am besten von Bretern, 360ᵐᵐ weit, und 150ᵐᵐ hoch. Es ist zweckmäßig, diese Rinnen möglichst breit zu machen, damit keine starke Strömung beim Durchlaufen der Schlämme eintrete, und die schweren Theile, Sand x. Gelegenheit finden, in den Rinnen sich abzusetzen. Aus dem Grunde müssen auch die Holzrinnen mit möglichst wenig Gefälle verlegt werden. Die großen Bassins können aus gut gebrannten Backsteinen aufgemauert und am zweckmäßigsten auch mit solchen Steinen geplättet werden. Sie werden 5½—6ᵐ groß gemacht, 0ᵐ,63—0ᵐ,78 hoch gefüllt; der geschlämmte Thon schwindet dann bis zum dritten auch vierten Theil zusammen.

§. 85. Gelegentlich des Baues der evangelischen Kirche zu Wiesbaden, welche, von Außen ganz mit feinen Backsteinen verblendet,
(im Rohbau) ausgeführt wurde, haben sich einige Backsteinfab-
riken bei Wiesbaden, namentlich Herr Ritzel daselbst und Vogel
in Bierstadt bei Wiesbaden, veranlaßt gefunden, Einrichtungen
zu treffen, den Thon für Backsteine in großen Massen zu schlämmen
und künstlich zu trocknen. Diese Einrichtungen verdienen Beachtung,
weshalb wir nachstehend die auf der Backsteinfabrik des Herrn Ritzel
beschreiben. Die Hauptvorrichtung zum Zerkleinern und Schlämmen
ist ein mit Backsteinen ausgemauertes rundes, circa 3$^m$,75 im Durchmesser fassendes, 0$^m$,78 hohes Bassin, in welchem drei vom Mittelpunkte nach dem Rande sich hinziehende Reihen von senkrecht und
feststehenden eisernen Zinken angebracht sind. In dem Bassin bewegt
sich eine Art Rechen um eine in der Mitte befestigte senkrechte Achse,
dessen Balken horizontal liegt und ebenfalls mit nach unten gerichteten
eisernen Schützen versehen ist, so daß letztere die am Boden befestigten
Reihen von Zinken passiren, wie man zwei Kämme mit weiten Zwischenräumen durcheinander hinführen könnte. Die Bewegung des Rechens
geschieht durch ein Pferd. In der Nähe des Bassins befinden sich 6
oder 8 ausgemauerte Thonsümpfe, in welche der rohe Thon, wie er
aus der Grube kommt, eingetragen und außerdem noch eine zum
starken Durchfeuchten hinreichende Quantität Wasser hineingeleitet
wird. Dieses Einsumpfen soll das Zerkleinern ungemein erleichtern.
Aus diesen Sümpfen wird der Thon in das Bassin geschöpft, wo er
während unaufhörlich Wasser durch eine geeignete Leitung einfließt,
durch die Bewegung der Zinken durcheinander gearbeitet wird, ohne
daß irgend eine andere mechanische Bearbeitung erforderlich wäre.
Die dünne Thonmasse fließt dabei unaufhörlich in einen durch die
Wand des Bassins gehenden, etwa 100$^{mm}$ breiten Kanal, dessen Oeffnung im Bassin mit einem Roste, der etwa 4$^{mm}$ breite Spalten hat,
versehen ist, so daß die gröbern Steine 2c. in dem Bassin zurückbleiben, und wird von diesem über ein horizontales Drahtsieb ausgegossen, welches ungefähr 0,5 $\square^m$ Oberfläche und Oeffnungen von
1$^1/_4$ $\square^{mm}$ hat. Durch das Sieb fließt der Thonschlamm in einen Trog
von ähnlichen Dimensionen und wird von da in 12 Pfannen geleitet,
wo der Thon sich absetzt und das Wasser abgelassen wird. Diese
Pfannen sind unbedacht und daher kann ein vorläufiges Trocknen
nur bei anhaltend trocknem Wetter statthaben. Regen bewirkt aber
wegen der Zähigkeit des einmal sich niedergesetzt habenden Thons
auch keine stärkere Durchfeuchtung.

Das Trocknen des Thons geschieht, soweit es erforderlich ist, durch künstliche Wärme in einer beiläufig 6ᵐ langen und 1ᵐ,5—1ᵐ,8 breiten, theils mit Backsteinen, theils mit gußeisernen Platten versehenen Pfanne, unter welcher ihrer ganzen Länge nach die heißen Gase einer kleinen mit Steinkohlen geheizten Feuerung herziehen. Der Thon muß in dieser Pfanne jedoch von Zeit zu Zeit umgeschaufelt werden, um zu verhindern, daß er an den untersten Theilen zu trocken werde, während die obern noch zu viel Wasser halten. Hier wird der Thon fertig gemacht, bis er zur Verarbeitung zu Steinen mittelst eiserner geölter Formen gelangt. Diese Einrichtung ist gewiß sehr einfach und der Thon wird in weit kürzerer Zeit zur Verarbeitung geeignet, als bei dem frühern Verfahren durch Schroten. Außerdem wird ein großer Aufwand von Mühe und Arbeit bei dem Durcharbeiten und Vermengen gespart. Der Aufwand an Steinkohlen zur Heizung der Trockenpfannen ist nicht bedeutend.

§. 86. Eine andere kleinere Schlämmaschine fast ganz in Eisen mit horizontalliegender Welle stellen die Figg. 60. und 61. in einem Längen- und Querdurchschnitt dar; sie stammt aus der ehemaligen

Fig. 60.

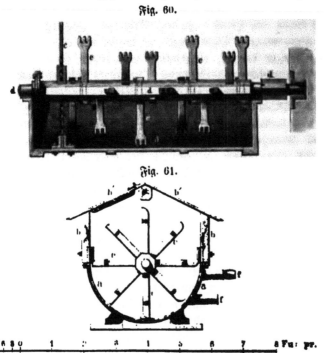

Fig. 61.

Feilner'schen Thonwaarenfabrik in Berlin und ist nur für kleinere Verhältnisse geeignet. a ist der eiserne Trog, b die hölzerne Verklei-

bung, oben mit Thüren versehen, c eiserne Scheidewand mit Oeff=
nungen, um Waſſer zufließen zu laſſen, d eiserne Welle, an welcher 14
Armee e, e befestigt ſind, die an den Enden drei Zacken haben, f, f
zwei eiserne Röhren zum Ablaſſen des erzeugten Thonſchlammes.

Die horizontale Welle d iſt außerhalb des Troges an dem vier=
eckigen Theile mit einem Transmiſſionsrade verſehen.

Bei der Arbeit dieser Maſchine wird eine gewiſſe Menge Thon
in den Trog gebracht, das nöthige Waſſer hinzugelaſſen und nun
das Gemiſch der Bewegung überlaſſen, bis die Thonmilch das ge=
wünſchte ſpecifiſche Gewicht erlangt hat.

Schlämmmaſchinen mit liegender Welle in halbcylinderiſchem Ge=
fäße arbeiten bei Weitem beſſer als ſolche mit ſtehender Welle in
einem cylindriſchen Bottich. Der Thon wird nämlich bei jenen nicht
als ein todter Klumpen im Kreiſe herumgedreht, ſondern beſtändig
im Waſſer gehoben, welches auch nicht die rotirende Bewegung annimmt,
wie in den verticalen Bottichen. Er wird durch die Arme mit Zacken nicht
blos vor ſich hergeſchoben, ſondern auch auf vielfache Weiſe zerriſſen.

Mit dieser Einrichtung iſt noch ein weſentlicher Vortheil ver=
bunden, den man benutzen kann. Man kann nämlich die Maſchine
in der Höhe anbringen, ſo daß die Thonmilch aus dem Troge von
ſelbſt in die Siebe und Schlämmvorrichtungen abfließt, während
eine ſo hohe Aufſtellung des cylindriſchen Schlämmbottichs wegen
der Transmiſſionseinrichtung und der Höhe des verticalen Rechens
ſtets ſchwierig iſt. Ueberdieß nimmt der Bottich auf hohen Balken=
lagern leicht ein oscillirende Bewegung an; ſtellt man ihn aber im
Erdgeſchoß auf, ſo muß die abgelaufene Thonmilch wieder durch
Pumpen gehoben werden, um ſie auf dieſelben Siebvorrichtungen
gehen laſſen zu können.

§. 87. Die Maſchinenfabrik von C. Schlickeyſen in Berlin
liefert a) Schlämmmaſchinen mit Pferdeumgang; gemauertes Baſſin
circa 0ᵐ, 78 tief, 5ᵐ,65—6ᵐ,28 im Durchmeſſer mit in der Mitte feſt=
ſtehender Drehachse. Der geſammte Eiſenbeſchlag mit den zerarbei=
tenden Theilen und mit oder ohne Einrichtung zum gleichzeitigen
Waſſerpumpen wird mit Zeichnung zur ganzen Anlage, je nach der
Ausführung, zu verſchiedenen Preiſen angefertigt. b) Transportable
eiserne Schlämmmaſchinen zum raſchen Umgang per Dampfbetrieb;
in verſchiedenen Größen von 1—5ᵐ Durchmeſſer. Der Betrieb be=
liebig darunter oder darüber anzubringen. Preis von 750 Mk. an
aufſteigend. Dieſe Maſchine wird beſonders empfohlen, wo es nicht
nur auf Auswaſchen von Verunreinigungen, ſondern auch Zertrüm=
mern harter brauchbarer Theile in der Schlämmmaſſe ankommt.

c) Schlämmmaschine mit liegender eiserner Welle und eisernen Messern, mit Holz- oder Eisengefäß, mit oder ohne Uebertragung von 375 Mk. an aufsteigend.

§. 88. Die Vorrichtung zum Sieben der Thonmilch besteht gewöhnlich aus einem Reservoir, einem viereckigen Kasten, auf welchem mehrere viereckige Siebe angebracht sind, die durch einen Mechanismus eine stoßweise erfolgende hin- und hergehende Bewegung erhalten. Man läßt die Thonmilch in solchem Verhältniß aus ihrem Behälter in die Siebe fließen, daß der Boden der letztern von Flüssigkeit stets unbedeckt bleibt, d. h. daß Alles hindurchgeht, was hinzufließt. Nun sammeln sich auf den Sieben verschiedene gröbere Unreinigkeiten zu Klumpen an, welche auf denselben hin- und herfahren und von Zeit zu Zeit herausgenommen werden müssen. Sie zerstören durch ihre Reibung hauptsächlich die Siebe. Außerdem zerbrechen die eisernen Theile, welche die stoßweise Bewegung der Siebe hervorbringen, sehr häufig gerade wegen dieser Bewegungsart.

Man kann nun sehr leicht diese Siebe durch cylindrische rotirende Siebe ersetzen. Diese bringt man in schiefer Richtung über dem Reservoir an und bewegt sie durch eine Riemscheibe. Man kann auch leicht eine Vorrichtung an der Achse anbringen, wodurch dieselbe bei jeder Umdrehung eine kleine stoßweise hin- und hergehende Bewegung macht, was bei dicken Thonflüssigkeiten das Durchpassiren sehr befördert. Die durchgehende Thonmilch fällt in das Reservoir, während das nicht durchgehende außerhalb des Reservoirs sich ansammelt und nicht erst nach langer Reibung und Abnutzung des Siebes herausgeschaft zu werden braucht. —

§. 89. Für kleinere Ziegeleien kann man auch das Schlämmen in kleinern Apparaten aus der Hand vornehmen. Zu dem Ende läßt man einen Rührkasten (Schlage; A Fig. 62. 3m,75 lang, 2m,50 breit, 47cm tief aus 50mm starken Dielen wasserdicht zusammensetzen (in den Ecken zinken und spunden). Die Ausflußöffnung steht mit ihrer Unterkante 15cm über dem Boden des Kastens, damit der Sand, wenn das Thonwasser abgelassen wird, zurückgehalten werde. Der Thon wird in dem Rührkasten reichlich mit Wasser begossen und mit eisernen oder hölzernen Kratzen, deren eine in Fig. 63. abgebildet ist, so lange durchgearbeitet, ähnlich wie beim Kalklöschen, bis er sich ganz gleichmäßig mit dem Wasser vermengt und aufgelöst hat. Hierauf läßt man den Schlamm so lange ruhig stehen, bis sich Sand und Steine, als die schwereren Bestandtheile, zu Boden gesetzt haben; nun wird der Schütz bei a Fig. 62. gezogen und der aufgelöste Thon durch ein Sieb in den Behälter B gelassen. In dieser Art fährt man fort, bis letzterer ganz gefüllt ist; man wartet nun ab, bis sich der Thon völlig gesetzt hat und das Wasser rein und klar darüber steht. Hierauf öffnet man die bei b, b in verschiedener Höhe in dem Behälter B angebrachten Zapfen, läßt das Wasser ablaufen, ver-

Fig. 62.

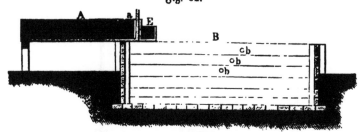

schließt die Abflußöffnungen wieder und setzt in dieser Weise das Schlämmen so lange fort, bis der Behälter B mit dem gereinigten Thone gefüllt ist, und läßt ihn alsdann so lange aus- trocknen, bis er zur weitern Verarbeitung ge- schickt ist.

Fig. 63.

Soll eine große Quantität Thon geschlämmt werden, so müssen mehrere Schlämmgruben angelegt werden, die in der Art miteinander verbunden werden können, wie dieses Fig. 64. darstellt. Es sind hier 1, 2, 3, 4, 5 die Schlämmgruben und A der Rührkasten. Die Schlammgruben werden aus 5—8 cm starken Dielen in der Art zusammengefügt, daß sie an den Enden in Falze der Eckpfosten eingesetzt werden, wie dieses aus dem Grundrisse zu ersehen ist. Die Fugen werden gut mit Thon ausgestrichen, damit sie wasserdicht werden. Eine solche Grube wird im Lichten 5—6 m im Quadrat weit und 1 m,5 hoch, so daß jede der- selben 36—38 Cub-Meter Thon fassen kann; sie werden am Boden mit Backsteinen auf der flachen Seite belegt und nur zur Hälfte der Höhe in die Erde gesenkt, um durch die in verschiedener Höhe angebrachten Löcher das klare Wasser abzapfen zu können; Fig. 62. ist zugleich ein Durchschnitt nach der Linie C—D.

Vor den Rührkasten wird die von Bretern zusammengeschlagene Rinne E gelegt, um das Thonwasser in die verschiedenen Gruben zu leiten. In der Mitte des Bodens dieser Rinne befindet sich bei c eine Oeffnung von der Größe der Ausflußöffnung vom Rührkasten; sie kann mit einer Klappe, die an Charnierbändern befestigt ist, ver-

ſchloſſen werden. An den Enden der Rinne befinden ſich bei d und
e Schieber, um die Gruben Nr. 2 und 4 zu füllen, ebenſo dergleichen
bei f und g, um die Gruben Nr. 1 und 5 zu füllen. Soll nun die
Grube Nr. 3 gefüllt werden, ſo wird die Klappe c geöffnet und die
Schieber bei e, d, f und g geſchloſſen u. ſ. ſ.

Fig. 64.

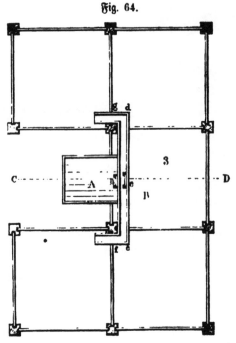

Mittelſt dieſer Einrichtung der Schlämmgruben kann die Arbeit
ununterbrochen fortgeſetzt werden; denn wenn die 5. Gruppe gefüllt
iſt, ſo wird in der 1. der Thon ſich geſetzt haben, das Waſſer kann
alſo abgelaſſen werden und die Arbeit von Neuem beginnen. Man
wird zuerſt die 1. und 5., hierauf die 2. und 4. und zuletzt die 3
Grube füllen, damit die ſchon gefüllten nicht wieder getrübt werden,
und der Thon in ihnen ruhig zu Boden ſinken könne. Auch dieſer
geſchlämmte Thon ſetzt noch einige feſte Theile ab, die zuerſt nieder-
fallen und einen ſandigen Bodenſatz bilden; wird daher der Thon
aus den Gruben herausgenommen, ſo muß dieſer Bodenſatz zurückbleiben, weil er ſonſt den reinen Thon wieder verunreinigen würde.

§. 90. Sobald das Waſſer von der geſchlämmten Erde abgelaſſen iſt, wozu nur einige Tage erforderlich ſind, wird auch gleich
diejenige Quantität Sand, welche der Güte der Steine angemeſſen

ift, möglichſt gleichförmig in den Schlamm geworfen und mit großen
Harken, welche durch Menſchenhände geführt werden, mit der noch
flüſſigen Thonmaſſe ganz vollſtändig durcheinander gerührt. Hat die
Erde einige Wochen geſtanden, ſo daß ſie beinahe diejenige Conſiſtenz
hat, welche zum Formen erforderlich iſt, dann wird ſie, weil ſich doch
gröbere Theile gewöhnlich noch am Boden feſtgeſetzt haben, auf der
Stelle, wo ſie liegt, noch einmal durchgetreten und in kleine Haufen
gebracht, die, bis ſie verarbeitet ſind, oft angefeuchtet oder beſſer mit
naſſem Zeuge bedeckt und gegen die Sonnenſtrahlen der Luft geſchützt
werden müſſen, damit ſie an der Oberfläche nicht trocknen.

Auf dieſe Weiſe erſpart man beſondere Tretplätze für die Erde
und kann ſie gleich aus den Gruben auf den Streichtiſch ſchlagen
laſſen, wodurch ſie nicht zweimal transportirt zu werden braucht;
auch iſt der Sandzuſatz in dem flüſſigen Thon bei weitem leichter
vorzunehmen, als wenn der Thon ſchon ſteif geworden iſt und erſt
noch einmal zu dem Ende in eine Knetmühle gebracht werden muß.
Steht zu befürchten, daß die Mauerſteine des Bodenbelags, wenn ſie
nicht feſt genug ſind, vom Froſte leiden, dann läßt man vor Eintritt
des Winters die Gruben voll ſchlämmen, oder wenn keine Zeit mehr
dazu war, mit Waſſer anfüllen, wo ihnen dann der Froſt keinen
Schaden thun wird.

Oft verſieht man die Schlämmgruben mit einem leichten Dach,
um den Regen abzuhalten, es kann aber auch dann die Sonne weniger trocknen helfen.

Bei allen Schlämmeinrichtungen iſt vor Allem erforderlich, genügendes Waſſer zur Verfügung zu haben; wo dieſes fehlt, iſt nöthigenfalls das aus den Sammelbaſſins abfließende Waſſer nochmals zu
benutzen.

Die Anordnung iſt ſtets ſo zu treffen, daß die Schlämm-Maſchine
unweit der Thonlager aufgeſtellt werde, da eine größere Entfernung
von dieſen zu viel Arbeitslohn für Ankarren des Thons veranlaßt,
während der flüſſige geſchlämmte Thon durch die längere Leitung in
den Holzrinnen keine Transportkoſten verurſacht.

§. 91. Eine ſehr einfache Methode, geringe, ſehr ſteinreiche Ziegelerde zur Dachziegelfabrikation genügend zu reinigen und ſchlämmen,
wurde uns noch von Herrn Ziegeleibeſitzer J. G. Reibner in Preß-
burg mitgetheilt.

Die dortige Thonerde, Steine von Haſelnußgröße, auch noch
größer enthaltend, wird zur Winterszeit gegraben und vom Fundorte
herbeigeſchafft, ſowie auf dem Werkplatz der Ziegelei in kleineren

6*

Haufen aufgeschüttet. Nachdem diese Ziegelerde durchgefroren, wird sie beim Beginn der Campagne durch ein Drahtgitter mit Maschen von entsprechender Größe sorgfältig durchgeworfen. Der so gereinigte Thon wird darauf in eine Schlämmgrube geschafft und dann von der durch das Gitter nicht durchgefallenen knolligen mit Steinen vermischten Erde nur so viel abgeschlämmt, als an Flüssigkeit zum Einsumpfen des gereinigten Thons erforderlich ist. Es ist klar, daß man auf diese Weise den Zweck, gewisse Ziegelerden schnell und ohne große Schlämmvorrichtung zur Fabrikation von Dachziegeln genügend zu reinigen, erreichen kann und dürfte diese Methode für manche Fälle zu empfehlen sein.

<hr />

## XVI.

## Vom Streichen (Formen) der gewöhnlichen Ziegelsteine im Wasser.

§. 92. Das Streichen der gewöhnlichen Ziegelsteine kann auf zweierlei Arten geschehen, nämlich mit Wasser oder mit Sand.

Wird mit Wasser gestrichen, so hat der Ziegler neben dem Streichtische einen Kübel mit Wasser stehen, der so groß ist, daß er die Form bequem darin abspülen kann; er stellt ihn an die rechte Seite des Tisches und schlägt den zubereiteten oder garen Thon so vor sich in einem 60—90$^{cm}$ hohen Haufen (Erdstock) auf den Tisch, daß er ihn zwar bequem ablangen kann, jedoch noch Platz genug zum Streichen unmittelbar vor sich behält. Der Streichtisch muß sehr kräftig gebaut sein, 75$^{mm}$ dicke Füße und eine circa 1$^m$,5 im □ große 50$^{mm}$ dicke Platte haben, sowie transportabel sein, um ihn an verschiedenen Stellen und nach dem Licht verrücken zu können. Auf einer der Tischecken rechts ist ein abgehobeltes Bret von etwas größerm Umfange als die Form aufgenagelt, welches den Thon verhindert an der untern Seite hervorzuquellen und das man leicht erneuern kann, wogegen beim Streichen auf der bloßen Tischecke ein Abnutzen jedesmal das Abhobeln der ganzen Tischplatte bedingen würde.

Auf dieses Bretchen legt der Arbeiter die in's Wasser getauchte oder mit Wasser besprengte Form: hierauf benetzt er sich die Hände und schneidet, d. h. bricht ein Stück Thon von dem Erdstock ab, welches etwas größer als ein Ziegel sein muß, bildet auf dem Tische

durch Walzen einen Ballen daraus und wirft denselben mit ziemlicher Gewalt in die Form, drückt ihn noch stark, besonders in die
Ecken der Form nach, so daß er sie vollständig ausfüllt, und schlichtet
den auf der Form etwa noch überschüssigen Thon mit einem Streichholze (gleich einem flachen Lineal), was in einer Neigung darüber
geführt wird, daß es mehr eindrückend als schabend wirkt, eben ab,
und wirft den Abstrich zu dem vorräthigen Thone. Alsdann streicht
er die gefüllte Form von dem Tische ab, indem er sie zugleich so hebt,
daß der Ziegel in ihr auf seiner längern schmalen Seitenfläche steht,
und übergiebt ihn einem Jungen, dem Abträger, der ihn auf die
Trockenbreter trägt, wo er ihn auf die flache Seite ablegt. Dieses
geschieht so, daß er die Form auf die Längenkante setzt, sie schnell
platt fallen läßt und sie zugleich senkrecht in die Höhe hebt, damit
der Stein ohne Beschädigung herausgleite. Er geht mit der leeren
Form zurück, taucht sie in's Wasser und setzt sie dem Former zur
Hand, um den inzwischen in einer zweiten Form geformten Stein in
Empfang zu nehmen. Die Trockenbreter, oder in Ermangelung derselben der Trockenboden oder die Trockenflur müssen mit feinem reinen
Sande bestreut sein, damit die Ziegel nicht antrocknen und leicht abgenommen werden können.

§. 93. In manchen Ziegeleien ist anstatt des Nachdrückens ein
anderes Verfahren eingeführt. Die Form liegt nämlich auf einem
Bodenbretchen, welches, nachdem der Thon in die Form geworfen
worden, sammt der Form aufgehoben und nochmals heftig mit beiden
Händen gegen den Tisch angeschlagen wird, wodurch der Thon in der
Form mehr verdichtet wird. Es ist aber ein zeitraubendes und an-
greifendes Verfahren und nicht besonders zu empfehlen. An andern
Orten wird nur mit einer Form gestrichen, dabei kommt dieselbe auf
ein Bodenbretchen zu liegen und die Form wird, wenn der Stein
mit dem Streichholz abgestrichen und mit etwas Sand bestreut worden, mittelst eines darüber gelegten Trockenbretchens umgewendet,
das Bodenbret zur Seite abgezogen, mit der nassen Hand die jetzt
obere Fläche geglättet und namentlich mit den Fingern längs der
Formkante hergestrichen, hierauf hebt der Ziegler die Form sorgfältig
ab und der Abträger nimmt den Stein mit dem Trockenbret, setzt ihn
in die Gestelle, bringt dem Former eine Anzahl Trockenbreter mit
zurück und setzt sie auf den Formtisch links ihm zur Hand. *)

---

*) Einzelne gewandte Ziegler arbeiten mit doppelter Form; dabei ist das
Verfahren ganz dasselbe, nur mit dem Unterschiede, daß, wie sich von selbst versteht,

## XVII.

## Von dem Formen der Ziegelsteine mit Sand.

§. 94. Sollen die Ziegelsteine im Sande gestrichen werden, so hat der Former anstatt des Wasserkübels einen vorn und oben offenen Kasten mit reinem, feinem, trocknem Sand auf dem Streichtische stehen, in welchem die Form vor dem Streichen umgerüttelt wird, damit sie im Innern ganz mit Sand bedeckt werde. Auf den Streichtisch wird ein Bretchen gelegt, welches etwas größer ist als ein Ziegelstein; dieses wird oben stark mit Sand bestreut und die Form darauf gesetzt. Der Former nimmt hierauf einen Ballen Thon, der zum Ausfüllen der Form mehr als hinreichend ist, und wälzt ihn im Sande, so daß er außen allenthalben damit bedeckt wird, aber nichts davon in's Innere des Ballens kommt, wodurch unzusammenhängende Falten entstehen würden. Dieser Ballen wird darauf mit Gewalt in die Form geworfen, die Ecken gut ausgedrückt und mit einem flachen Streichholze, oder auch durch einen eisernen mit Draht bespannten Bogen abgestrichen. Der mit Sand behängte Abstrich muß nicht in den garen Thon auf dem Streichtische, sondern in einen besondern Haufen zusammengeworfen, und demnächst wieder nach den Sümpfen gebracht werden. — Wollte man den Abstrich in den garen Thon werfen, so würde dieser bald mit Sand übermengt werden und undichte Stellen erhalten. — Hierauf wird die Form abgehoben und der ganze Ziegel nochmals mit Sand überstreut; demnächst übergiebt der Streicher das Bretchen mit dem Ziegel dem Abträger, um den letztern auf dem Trockenplatze abzusetzen, oder in Trockengestellen mit dem Bretchen aufzustellen. Bei dem Absetzen auf dem Trockenboden kann man, wenn zum Streichen möglichst steifer Thon verwendet wurde, den Stein auf die schmale Kante setzen, indem der Arbeiter das Bret mit dem Ziegel beinahe vertical hält und es mäßig auf

noch einmal soviel Thon abgebrochen wird. Der Arbeiter schlägt diesen aber vorzüglich in die ihm zunächst liegende Form, bricht mit der Hand das Ueberflüssige ab und füllt damit die zweite Form aus. Im Uebrigen verfährt er auf dieselbe Art. Der Vortheil beim Arbeiten mit doppelter Form besteht darin, daß der Arbeiter für zwei Steine nicht zweimal, sondern nur einmal abbricht, auch nur einmal abstreicht. Es gehört aber unstreitig ein stärkerer Arbeiter dazu, um den Thon für zwei Steine zugleich zu handhaben.

ben Boden stößt, wonach der Ziegel abgleitet und die verlangte
Stellung annimmt. Auf diese Art wird das Trocknen in doppelter
Hinsicht sehr befördert; erstens erfolgt es in kürzerer Zeit, weil
größere Flächen der Luft ausgesetzt sind, und zweitens ist nicht so
sehr zu befürchten, daß sich die Ziegel krumm ziehen werden; denn
wenn die Ziegel auf die breite Seite gelegt werden, so trocknet erst
der obere Theil derselben, während der untere feucht bleibt; ersterer
zieht sich zusammen, die Ziegel müssen sich also krümmen; damit sie
auch auf der untern Seite austrocknen, müssen sie aufgekantet werden, wodurch mancher Ziegel noch mehr gekrümmt und auch wohl
zerbrochen wird. Die aufgekanteten Ziegel ziehen sich nur dann wieder gerade, wenn sie in ihrer ersten Lage auf der breiten Seite
nicht zu sehr getrocknet waren; es gehört daher Uebung dazu, den
richtigen Zeitpunkt zu treffen, wenn die Aufkantung vorgenommen
werden soll. Diese Uebelstände finden nicht statt, wenn die Ziegel
zum Trocknen auf die schmale und nicht auf die breite Seite gelegt
werden, wenngleich hierzu mehr Geschicklichkeit erfordert wird, als
wenn sie flach gelegt werden.

§. 95. In einigen Ziegeleien wird bei der Sandstreicherei eine
Form mit festem Boden angewandt, indem diese schneller und vollkommener mit Sand ausgestreut und vor dem Einwerfen des Thon-
ballens umgewendet werden kann; nach dem Abstreichen wird die
Oberfläche mit etwas Sand bestreut, ein Trockenbretchen aufgelegt, die
Form mit diesem umgewendet, letztere abgehoben und das Trockenbret mit dem fertigen Stein dem Abträger übergeben.

Die in Sand gestrichenen Ziegelsteine sind nicht so sauber, glatt
und scharfkantig wie die in Wasser gestrichenen und auch leichter,
daher nicht so dicht als letztere; aber es haftet auf ihnen der Mörtel
besser; auch hat die Anwendung von Sand noch den Vorzug, daß die
Ziegelerde weit trockner verarbeitet werden kann und das Trocknen
der fertigen Steine weit rascher von Statten geht.

Die Formen zu den gewöhnlichen Ziegelsteinen fertigt man gewöhnlich aus 12—18ᵐᵐ dickem dichtem und glattem Holze (Buchen,
Aepfel-, Birnbaum) durch Einstemmen und Anschneiden von Zapfen;
sehr gut ist es, wenn die obere und untere Kante der Form durch
versenkt aufgeschraubte eiserne Schienen von Bandeisen vor Abnutzung
gesichert werden, indem die Form an den Längenkanten, wo die
Streichhölzer darüber hingehen, sich sehr bald abschleift, wodurch die
Steine in der Mitte dünner werden. Ebenso muß auch das Streichholz jedesmal, wenn 4—5000 Steine geformt sind, erneuert oder

frifch abgerichtet werden, denn auch diefes fchleift fich auf den Kanten der Form fonft zu fehr ab, fo daß die Ziegel zu fchwach
werden. —

## XVIII.

## Handziegelpreffen (Hebelmafchinen).

§. 96. In den letzten Jahren find auf verfchiedenen Ziegeleien
mit gutem Erfolg Handziegelpreffen, fogenannte Hebelmafchinen, zur
Fabrikation von Ziegeln aus unpräparirtem Thone in ausgedehnte
Verwendung gekommen.

Die erfte brauchbare Mafchine derart wurde bereits im Jahre
1853 von dem Ingenieur M. A. Julienne in Paris conftruirt. Es
ift diefes weniger eine Mafchine für die Fabrikation im Großen, als
vielmehr eine Vorrichtung zur Erleichterung der Handarbeit des
Formens und zeichnet fich diefelbe durch Einfachheit und Solidität
vortheilhaft aus.

Zwifchen dem Rahmen eines ftarken Tifches find zwei mit
Kupferblech ausgefchlagene Formen, die bewegliche Böden haben, be
feftigt und die, nachdem fie mit der faft trocknen oder nur wenig
angefeuchteten Erde angefüllt find, durch ftarke gußeiferne, um eine
Achfe wie Charniere fich drehende Deckel gefchloffen und feftgehalten
werden. Hierauf werden die beweglichen Böden oder Stöpfel mittelft
eines kräftigen Zuges an einem langen Hebel, deffen Welle mit zwei
kleinen Hebeln verfehen ift, die durch Ketten mit den Kolbenftangen
in Verbindung ftehen — gehoben und fo das in den Formen liegende
Material ftark comprimirt. Alsdann wird der den Deckel fchließende
Hebel durch einen Ruck gelöft, worauf die Deckel fich von felbft öffnen
und die fertigen Ziegel mittelft eines zweiten Handhebels, der auf zwei
andere Hebel mit Zugftangen wirkt, von unten ganz aus den Formen
gehoben, von wo fie weggenommen und gleich auf Halden aufgeftockt
werden können. Ein erwachfener Mann und ein Junge find zur Bedienung der Mafchine erforderlich und können in einem Tage, zu
10 Arbeitsftunden gerechnet, 4000 Ziegel anfertigen. Der Preis der
Mafchine ift 600 Francs.*)

*) Eine genaue Abbildung und Befchreibung enthält: Le Genie induftriel.
Dec. 1854. p. 281. und J. H. Kronauer, Zeichnungen von ausgeführten Mafchinen. III. Theil, Taf. XII. Zürich 1854.

§. 97. Eine sehr zweckmäßige Maschine der Art ist die Jägersche atent-Handziegelpresse, welche von dem Maschinenfabrikant Wilh. arx in Aachen zu dem geringen Preise von 630 RMk. geliefert rd. (Für Anbringung von Rädern zum Fahren werden 75 RMk tra berechnet.)

Fig. 65.　　　　　　　　　　　　　　Fig. 66.

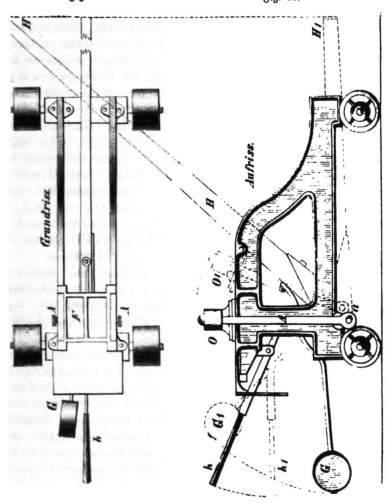

Diese Maschine, von welcher Fig. 65 einen Grundriß und Fig. 66 en Aufriß darstellt, ist einfach und solid gebaut, erfordert 2 Mann bienung und liefert bei einiger Geübtheit der Arbeiter täglich

3—4000 scharfkantige Ziegel aus frisch gegrabener Erde ohne vorherige Zubereitung, die ohne alle Trockengerüste hochkant, in 12 bis 15 Schichten hoch aufgestellt werden können und nach einer Woche bereits lufttrocken sind, um gebrannt werden zu können.

Das Princip der Presse beruht darauf, das durch eine sogenannte Kniehebelübersetzung, vermittelst deren bekanntlich ein unbegrenzt großer Druck erzeugt werden kann, der in dem doppelten Formkasten F eingefüllte Stoff durch zwei Paar Böden resp. Deckel bildende und gleichzeitig von oben und von unten gegen einander arbeitende Preßschuhe zusammengedrückt wird. Zu dem Behufe werden die beiden obern mit den Armen A verbundenen und in der Achse u drehbaren Preßschuhe O zurückgeschoben (Stellung $O_1$) und die beiden Formen gefüllt. Sind dieselben hiernach wieder in ihre ursprüngliche Stellung zurückgebracht, wobei sie den überflüssigen Stoff abstreichen, so wird der Arbeitshebel H niedergedrückt (Stellung $H_1$). Die beiden Steine sind nunmehr gepreßt und werden, nachdem dieser durch das Gegengewicht $G_1$ wieder in seine ursprüngliche Lage (H und G) zurückgebracht worden und die Preßdeckel O zurückgeschoben sind, durch den Handhebel h aus der Form gehoben (Stellung $h_1$) und direct auf die hohe Kante aufgesetzt. Da diese Operation immerhin dreimal in der Minute wiederholt werden kann, so ergiebt sich also für eine einzelne Maschine eine stündliche Production von 360 Steinen.

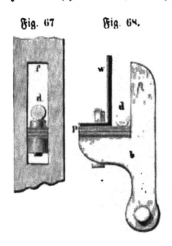

Fig. 67      Fig. 68.

Während Länge und Breite der Maschinenziegel durch die Dimensionen des Formkastens bestimmt sind, kann man die Dicke derselben nach Belieben verändern, indem man die Bodenstellung des Formkastens durch Wegnahme oder Hinzufügen der im Führungsschlitz f des Rahmens unter der Achse d eingelegten Scheiben s erhöht oder erniedrigt vergl. Fig. 67), und gleichzeitig die Größe des Hubes der Bodenplatten dadurch vermehrt oder vermindert, daß man die Anzahl resp. Dicke der zwischen dem innern Führungsbügel b und dem Winkel w liegenden Plättchen p (Fig. 68 durch Auswechselung größer oder kleiner macht. Es ist leicht zu ersehen, daß man mit Hülfe der nämlichen Scheiben s und p den Grad der Compression der Steine verstärken oder verringern kann.

Zur Anfertigung von guten Ziegeln eignet sich am besten die frischgestochene oder noch mehr die überwinterte Erde in ihrem natürlichen Feuchtigkeitszustande, während man bei Verwendung von feuchtem, durchweichtem oder gar festgefrorenem Stoff keine so schönen und festen Steine erhält, dabei die Arbeit erschwert und, um ein Anhaften des Materials an den Wänden des Formkastens zu vermeiden, letzteren jedesmal mit Sand ausstreuen müßte.

Damit das freie Spiel des Arbeitsbaumes H zwischen dessen Begrenzungslinien (dem eisernen Querbolzen oben und der hintern Holzschwelle unten) nicht behindert wird, ist darauf zu achten, daß sich zwischen den auf der Achse u befindlichen Hülsen der Arme A und der vordern Schwelle, sowie unter dem Contregewicht G kein Lehm ansetzt. Ebenso sollen die obern Messingplatten von dem sich bei Verwendung von zu feuchter Erde etwa ansetzenden Lehm zeitweise gereinigt werden. Bei dem Einsetzen der Ziegel in den Ofen ist darauf zu sehen, daß zwischen den einzelnen Steinen immer eine dünne Luftschicht gelassenen wird.

## XIX.

### Von dem Glätten (Klopfen) und Nachpressen der geformten Ziegelsteine.

§. 98. Zur Ausführung von Gebäuden in dem s. g. Backstein-Rohbau, wobei die Außenwände ohne Verputz bleiben und die Steine sauber gemauert und gefugt werden, sind die auf die gewöhnliche zuvor beschriebene Weise geformten Steine nicht genügend glatt und scharfkantig; man kann sie zu dem Ende, je nachdem dieselben einen höhern oder geringern Grad von Vollendung bekommen sollen, noch einer verschiedenen Bearbeitung unterwerfen. Eine bessere Sorte wird, wenn sie halbtrocken ist, oberflächlich beschnitten, geklopft und mit etwas größerer Sorgfalt getrocknet; die beste Sorte wird gepreßt, beschnitten und mit besonderer Sorgfalt weiter behandelt. Man nennt daher die Ziegelsteine nun je nach dieser Behandlung: ordinaire Backsteine, Klopfsteine oder Preßsteine.

§. 99. Das Beschneiden und Klopfen der lederharten Steine geschieht aus der Hand; zu ersterem bedient man sich eines gewöhn-

Fig. 69.

lichen Messers oder eines Stückes von einer alten Sense, zu letzterem eines Klopfers, welcher aus einem kleinen mit Handgriff versehenen Bretstück (Fig. 69.) gemacht ist. Mit dem Messer schneidet der Arbeiter zunächst die Brahmkante oder den Grath von den Kanten der Steine ab, welcher beim Abziehen der Form in der Regel sich bildet, alsdann führt er, in dem er den Stein in der Hand hält, oder hochkantig auf eine Bank oder dergleichen stellt, mit dem Klopfer einen Schlag auf jede Kante, zuweilen auch auf die breiten Seiten, und setzt dann den Stein wieder hochkantig in das Trockengerüst.

Ist das Messer einigermaaßen scharf und rein gehalten, der Klopfer gleichfalls rein und glatt und dabei der das Klopfen verrichtende Arbeiter geschickt, so werden auf diese Weise Steine hergestellt, welche für die meisten Zwecke vollkommen genügen. Sind indessen jene Voraussetzungen nicht oder nicht in genügendem Maaße vorhanden, so werden die Ziegelsteine zuweilen sehr mangelhaft, welches besonders in ungleichen Maaßen und schiefen Winkeln sich offenbart. Die bezeichneten Mängel werden gänzlich vermieden durch das Pressen der Steine, durch welche Arbeit eine vorzügliche Ziegelsorte mit sehr glatten und scharfkantigen Seitenwänden hergestellt werden kann. Sobald die zum Pressen bestimmten Ziegelsteine soweit getrocknet sind, daß dieselben mit den Händen angefaßt werden können, ohne erhebliche Fingereindrücke zu empfangen, werden dieselben in größere Haufen zusammengesetzt und dicht mit feuchten Strohmatten umstellt; alle bereits zu trocken gewordenen Steine werden hierbei ausrangirt, weil es für den Erfolg des Pressens von besonderer Wichtigkeit ist, daß die zu pressenden Steine alle in einem bestimmten und namentlich einem gleichen Grade von Lederhärte sich befinden, welchen man suchen muß, bei der ganzen, zur Zeit in Arbeit befindlichen Parthie mit Sorgfalt zu erhalten.

§. 100. Zum Nachpressen müssen die entweder mit Wasser oder Sand gestrichenen Steine bis zu einem gewissen Grad übertrocknet werden. Der zu pressende Stein darf weder zu weich, noch zu trocken sein. Ist er zu weich, so dringt die Ziegelerde in die feinen Fugen der Presse und verunreinigt dieselbe; die Steine lösen sich schlecht aus der Presse und verlieren hierbei ihre regelmäßig

Form. Ein zu stark getrockneter Stein dagegen hat seine Bildsamkeit verloren, und ist die Presse alsdann nicht mehr im Stande, demselben eine saubere Form zu geben; die Kanten und Ecken prägen sich nicht mehr scharf genug aus, oder aber sie springen ab. Um jedoch solche Steine, die anscheinend schon zu sehr getrocknet sind, noch pressen zu können, werden dieselben auf ihren Kopfflächen mehreremal kräftig aufgestaut. Hierdurch springen die getrockneten Kanten und Ecken ab, die im Innern enthaltene Feuchtigkeit dringt mehr nach der Oberfläche und die Masse wird wieder bildungsfähig und zum Pressen geeignet. Hie und da pflegt man die übertrockneten Steine unmittelbar vor dem Pressen mit Wasser zu benetzen. Dieses Verfahren ist der Festigkeit des Steins sehr nachtheilig, indem auf dessen Oberfläche durch den Brand eine große Anzahl feiner Haarrisse erzeugt wird. Ebenso verwerflich ist es, die Steine mit einer fein geschlämmten Thonmasse zu überstreichen, um ihnen ein schöneres Ansehen zu geben. Für den Fall, daß die zu pressenden Steine zu sehr getrocknet wären, tritt hierdurch kein Verlust ein, indem dieselben als gewöhnliche Mauersteine gebrannt werden.

§. 101. Eine einfache und zweckmäßige Presse zum Nachpressen ist in Fig. 70 einem Längenschnitt und in Fig. 71. einem Querschnitt in $\frac{1}{24}$ der wirklichen Größe dargestellt. Die Construction derselben beruht auf der Anwendung einer Tritthebel-Vorrichtung, welche mittelst eines vertical gehobenen Stempels die Pressung hervorbringt. Der Zweck der Maschine ist, den nach gewöhnlicher Art gestrichenen Steinen durch bedeutende Zusammenpressung ihrer Masse eine erhöhte Dauerhaftigkeit zu geben, zugleich aber deren äußere Form in Bezug auf glatte Flächen, scharfe Kanten und Ecken tadellos herzustellen.

Der zu pressende Stein wird in derselben Lage, die er auf dem Trockenbretchen hatte, in die offene Lehrform a der Presse auf die schmiedeeiserne Platte b gelegt. Um dieß bequem bewerkstelligen zu können, müssen die Steine ungefähr 3ᵐᵐ kürzer und schmäler als die Lehrform, dafür aber nach Maaßgabe der erforderlichen Thonmasse um soviel dicker sein. Darnach wird die Lehrform a mit dem gußeisernen Deckel c geschlossen und die mit zwei Handgriffen versehene schmiedeeiserne Krampe d vorgeschoben. Der Deckel c ist mit einem verschiebbaren Gegengewicht e versehen, um ihn leichter handiren zu können, und enthält an seiner untern Fläche eine 6ᵐᵐ starke, 40ᵐᵐ breite und 130ᵐᵐ lange schmiedeeiserne Platte, die in der Regel den Steinen den Namen des Ziegelfabrikanten aufpreßt, außerdem aber zugleich, während sie im Moment der Preſſung in die Oberfläche des Steins hineingedrückt wird, die Thonmaſſe nach den Seiten drängt

Fig. 70.

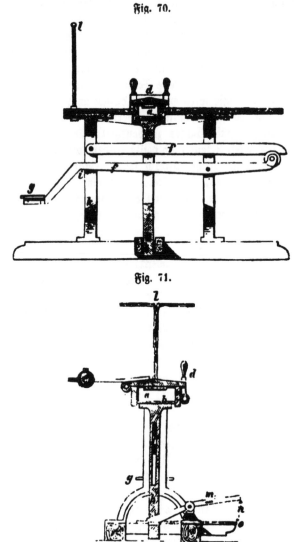

Fig. 71.

und dadurch zur Herſtellung ſcharfer Kanten und Ecken weſentlich beiträgt. Um die Preſſung ſelbſt in's Werk zu ſetzen, beſteigt ein Arbeiter den Tritthebel f bei g, und wuchtet auf demſelben ein- bis zweimal mit ſeiner Körperſchwere. Hierdurch wird der Stempel h gehoben und der Stein gepreßt. Die Tritthebel-Vorrichtung verneunfacht die bei g wirkende Last des Menschen.

Die gepreßten Steine müssen stets dieselbe Stärke erhalten, auch für den Fall, daß die hierzu verwendeten Thonmassen nicht die vorgeschriebene Größe gehabt hätten. Zu dem Ende ist die Einrichtung getroffen, daß der untere Tritthebel mit seiner Unterkante bei i auf die Fläche k des gußeisernen Fußes aufstößt, sobald der Preßstempel zu der vorgeschriebenen Höhe gehoben ist. Da die in Rede stehende Hubhöhe nur gering (circa 40$^{mm}$) ist, so läßt sie sich leicht durch die auf dem Stempel befindliche schmiedeeiserne Platte b reguliren. Während der Arbeiter auf dem Tritthebel steht, hält sich derselbe an dem 0$^m$,55 hohen Bügel l. Nach geschehener Pressung wird die Krampe d gelöst, und der Deckel c abgehoben. Hierauf kommt der Tritthebel m in Thätigkeit. Derselbe hebt den Stempel so hoch, daß die Oberfläche der Platte 6$^{mm}$ über dem obern Rand der offenen Form a steht. Die Hubhöhe dieses Hebels regulirt sich durch die Entfernung n, so zwar, daß der gehobene Hebel bei o aufstößt. Der gepreßte Stein läßt sich nun leicht abnehmen und nach den Trockenrepositorien schaffen.

Um zu verhindern, daß die Ziegelerde an den innern Wandungen der Preßform anhafte, wendet man gewöhnlich Baumöl an. Die Form wird mit einem leinenen Lappen sorgfältig gereinigt, und werden diejenigen Stellen, welche mit dem Preßstein in Berührung kommen, von Neuem, jedoch sehr sparsam eingeölt. Man bedient sich hierzu eines stumpfen 26$^{mm}$ starken Borstenpinsels oder besser eines in Oel getränkten wollenen Lappens. Das soeben beschriebene Verfahren wendet man auf Wasserstrichsteine an. Bei Pressung der mit Sand gestrichenen Steine bedient man sich mit mehr Erfolg eines feinen trockenen Ziegelmehls. Zu dem Ende wird die Preßform trocken ausgewischt, und der zu pressende Stein in Ziegelmehl einigemal umgewälzt, so daß er einen staubigen Ueberzug erhält.

Zur Handhabung der Presse ist ein kräftiger aufmerksamer Arbeiter nöthig, und ein Knabe besorgt das Ab- und Zutragen der Steine. Diese 2 Arbeiter liefern in einem Tage bei 10stündiger Arbeitszeit etwa 1200 bis 1500 saubere Preßsteine. Die Presse kostet, einschließlich der Modellkosten, 210—225 Mk., und läßt sich bei der Einfachheit ihrer Constructionstheile ohne Schwierigkeit herstellen. Dabei ist noch zu bemerken, daß die innern Flächen der Preßform, welche mit dem Preßziegel in Berührung kommen, sehr sorgfältig abzuschleifen, sowie vollkommen eben und rechtwinkelig herzustellen sind.

Damit die Preſſe rechtwinkelig wirkt, müſſen ſämmtliche Führungen höchſt ſorgfältig gearbeitet ſein. Der Anſchluß der Stempelplatte an die Wandungen der Form, desgl. der Verſchluß der Deckplatte muß haarſcharf ſein, da die ſtark gepreßte Ziegelerde durch die feinſten Fugen ſich durchdrängt, wodurch die Kanten der Preßſteine leiden und die Preſſe ſelbſt verunreinigt wird. Die obere Platte der Maſchine wird als Arbeitstiſch benutzt und muß eben und glatt ſein; dem entſprechend ſind die Schraubenköpfe verſenkt. Sämmtliche Conſtructionstheile der Maſchine müſſen ſehr compact gearbeitet ſein, damit jede unter der rohen Handhabung mögliche Beſchädigung vermieden werde. *)

§. 102. Da dieſe Hebelpreſſen eine ziemlich beſchränkte Leiſtungsfähigkeit haben und umſtändlich zu bedienen ſind, ſo hat in neuerer Zeit der Ingenieur H. Büſſing in Braunſchweig die in Fig. 72 einer Längenanſicht, Fig. 73 einem Querſchnitt und in Fig. 74 einer Aufſicht in ¹⁄₂₅ der natürl. Größe dargeſtellten Maſchinen zum Nachpreſſen der Backſteine conſtruirt, wobei eine motoriſche Kraft beim Betriebe verwandt werden und ein continuirliches Arbeiten mit der Preſſe ſtattfinden kann und wobei die Bedienung eine möglichſt einfache iſt.

In einem Kaſten a (Preßkaſten), deſſen Querſchnitt der Form des Steines entſpricht, bewegen ſich in verticaler Richtung zwei Stempel b und c, b iſt der untere Stempel und c der obere, die inneren Seitenwände des Kaſtens ſind ſauber geſchlichtet und die Stempel mit ihren Seitenflächen in demſelben ſo eingepaßt, daß der Stempel b den Kaſten nach unten und der Stempel c den Kaſten nach oben dicht abſchließt.

Der untere Stempel erhält ſeine Bewegung von einer auf der Kurbelwelle k befeſtigten excenterartigen Scheibe d, vermittelt durch die Stange e, welche in dem Halslager f geführt wird. Die Rolle g dient zur Verminderung der Reibung zwiſchen Stange und Excenter. Der obere Stempel wird bewegt durch die, unter gleichem Winkel ſtehenden Kurbeln h der Kurbelwelle k, vermittelt durch die Pleuelſtangen ii, welche an einen Querbalken l in den Punkten m und n angreifen. Dieſer Querbalken wird vertical an den Säulen oo geführt und trägt an ſeiner unteren Seite den Preßſtempel c.

Die Verbindung der Pleuelſtangen mit dem Querbalken l durch die Schrauben mit Contremuttern ermöglicht ein Verlängern reſp. Verkürzen derſelben, wodurch die Entfernung der beiden Preßſtempel

---

*) Erbkam's Zeitſchr. f. Bauweſen 1855. S. 571.

von einander in ihren tiefsten Stellungen variabel gemacht wird, und das Pressen der Steine in verschiedenen Dicken möglich ist.

Die Kurbelwelle erhält ihre Bewegung durch das Zahnrad q,

**Fig. 72.**
**Fig. 73.**

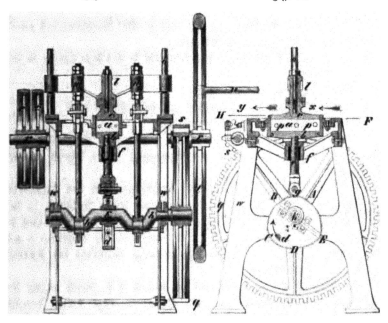

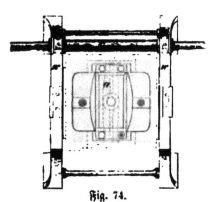

**Fig. 74.**

in welches ein auf der Triebwelle r befestigtes kleineres Zahnrad eingreift. Die Triebwelle r trägt auf der einen Seite ein Schwungrad t und kann durch Menschenkraft an der Kurbel u oder mit Riemenbetrieb durch die Riemenscheibe v bewegt werden. Die Wellen k und r sind in den Seitentheilen w w gelagert und ist durch Verbindung der letzteren ein Gestell gebildet, welches sämmtliche Constructionstheile der Presse aufnimmt, wie die Figuren zeigen.

Die Excenterscheibe d ist nun der Haupttheil der Presse, da durch deren Form in Verbindung mit der Kurbelwelle das continuirliche Arbeiten der Presse bedingt wird.

Die Peripherie des Excenters ist zusammengesetzt aus Kreisbögen und Curven, deren Form und Größe durch die einzelnen Perioden einer Pressung bedingt werden.

Der Act einer Pressung zerfällt nun in fünf Perioden und zwar:

1) in das Hineinlegen des Steines,
2) in den Heruntergang des Preßstempels b mit dem Steine in den Preßkasten,
3) in die Pressung des Steines,
4) in den Aufgang des Stempels mit dem Steine und
5) in das Hinwegnehmen des Steines.

Jeder dieser Periode entspricht ein bestimmter Theil der Peripherie des Excenters während der Bewegung dieses Theils in der Pfeilrichtung.

Der ersten Periode entspricht der Kreisbogen DE des Excenters.

Derselbe erhält den Stempel b während seiner Rotation in der Pfeilrichtung und der in Berührung mit der Rolle g von D nach E, im Niveau F des Tisches, und der Stein wird in der Richtung x auf den Stempel geschoben. Diesem Excenterwege entspricht der Kurbelweg D E im Kurbelkreise.

Der zweiten Periode entspricht die Curve E A, durch welche der Niedergang des Stempels mit dem Steine in dem Kasten bewirkt wird, während die Rolle g von E nach A in Berührung mit der Curve kommt. Der zurückgelegte Weg des Stempels nach unten ist gleich der Excentricität des Punktes E und wird bedingt durch die Steindicke. Die Curve ist für eine gleichförmige Bewegung construirt.

Diesem Wege des Excenters entspricht der Weg E A der Kurbel in ihrem Niedergange mit dem oberen Preßstempel c.

Die dritte Periode der Pressung ist bei der Darstellung in der Zeichnung angenommen und entspricht dieser der Kreisbogen A B.

Der untere Stempel mit dem Steine befindet sich während dieser Periode in Ruhe, und die Kurbeln passiren ihre tiefste Stellung von A nach B in z und drücken den oberen Stempel c auf den im Kasten befindlichen Stein, wodurch derselbe in Folge seiner Weichheit genau die Form des Kastens annimmt, also gepreßt wird. Durch die in den Seitenwänden des Kastens angebrachten 3—5ᵐᵐ im Durchmesser haltenden Löcher p p wird das überflüssige Material unter einem Drucke von 10—50 Centnern während der Pressung herausgedrückt, und dadurch jedem Steine dieselbe Höhe gegeben. Hierbei muß jedoch vorausgesetzt werden, daß die ungepreßten Steine in ihrem Volumen mindestens so viel Material besitzen, wie der gepreßte Stein erhalten muß, um scharfkantig und glatt in der Presse zu werden.

Bei verschiedenen Thonarten ist es erforderlich, den Druck auf den Stein im Kasten, der in vorstehend beschriebener Weise nur momentan ist, eine längere Zeit constant einwirken zu lassen. Zu diesem Zwecke wird der Kreisbogen AB im Punkte g diametral der tiefsten Kurbelstellung gegenüber, nach beiden Seiten hin bis in die Nähe der Punkte A und B nach einer Linie geformt, die dem unteren Stempel eine solche Bewegung während der Preßzeit ertheilt, daß, während die Kurbel von A nach B kommt, der obere und untere Stempel in gleicher Entfernung erhalten werden, hierdurch wird eine Druckzeit erzielt, die im Maximum die Hälfte des Kreisbogens AB betragen kann.

Für den Fall, daß die Steine nicht in gleichen Dicken gepreßt werden sollen, sind zwischen die pressenden Mechanismen elastische Körper (Gummi) einzuschalten, z. B. zwischen die Verbindungsflächen des oberen Preßstempels mit den Querbalken, die sich je nach der Dicke der zu pressenden Steine bei einem bestimmten Druck zusammendrücken und nach der Pressung wieder ausdehnen. Hierdurch werden die Löcher pp in den Seitenwänden des Kastens überflüssig, denn das zuviel im Steine enthaltende Material wird durch die Elasticität ausgeglichen. Unter Umständen kann es jedoch auch zweckmäßig sein, die Löcher und die Elasticität nebeneinander anzuwenden.

Der vierten Periode entspricht die Curve BC, durch welche der untere Stempel b, während die Rolle g von B nach C kommt, im Kasten aufwärts bewegt wird bis in das Niveau H des Kastens Der Weg des Stempels ist gleich der Excentricität des Punktes C. Bevor jedoch diese Aufwärtsbewegung beginnt, hat der obere Stempel bereits in seiner Aufwärtsbewegung einen Weg, entsprechend der Kurbelbewegung von D nach C zurückgelegt, wodurch erreicht ist, daß der gepreßte Stein in seiner Aufwärtsbewegung keinen Druck mehr in verticaler Richtung erleidet.

Die Kurbel kommt während dieser Periode von B nach C. Die Form der Curve BC ist für eine gleichförmige Bewegung construirt.

Der fünften Periode entspricht der Kreisbogen CD, während welcher Zeit die Rolle g von C nach D kommt und der Preßstempel b im Niveau H des Kastens erhalten wird, wo dann der gepreßte Stein in der Richtung y vom Preßstempel entfernt werden kann.

Die Kurbel passirt hierbei auf dem Wege von C nach D ihre höchste Stellung.

Durch die Differenz der Radien der beiden Kreisbögen C D und D E wird der untere Stempel, während der Punkt D die Rolle g passirt, in das Niveau F des Tisches gesetzt, und eine neue Pressung kann beginnen.

Um ein Anhaften des Thones an den Seitenwänden des Kastens und der Preßdeckel zu vermeiden, werden dieselben mit Oel benetzt. Dieses geschieht bei dem Kasten durch die in der Nuthe der Seitenflächen des unteren Preßstempels eingelegte Wergeinlage oder ein sonstiges Oel ansaugendes Material während des Auf- und Niederganges des Stempels. Die Speisung dieser Einlage mit Oel geschieht in der höchsten Stellung des Stempels. Das Oelen des oberen und unteren Stempels geschieht durch Benetzen der oberen und unteren Fläche des Steines, indem derselbe beim Hineinschieben durch zwei an der vorderen Seite des Tisches angebrachte hohle Walzen, die mit Oel und Oel mit sich führenden Materialien überzogen sind und aus den hohlen Walzen gespeist werden, geschoben wird.

§. 103. Mehrere nach dieser Construction ausgeführte Pressen haben eine Leistungsfähigkeit von 3000 Stück in 10 Arbeitsstunden ergeben, wobei die Bedienung der Maschine aus 3 Arbeitern bestand, ein Arbeiter zum Drehen des Schwungrades, einer zum Hineinlegen des Steines und einer zum Hinwegnehmen desselben.

Eine neben dieser Construction arbeitende Hebelpresse ergab nur eine Leistungsfähigkeit von 1000 Stück in derselben Zeit und mit derselben Bedienung, wobei diese Presse als eine der besten Constructionen bekannt war.

Die Büssing'schen Pressen werden von der Maschinenfabrik von Max Jüdel & Comp. in Braunschweig in vorzüglicher Ausführung zu dem Preise von 650 Mark geliefert.

Da alle Ziegelpressen bisher nur jedesmal für eine besondere Ziegelsorte eingerichtet sind, so hat man in ausgedehnten Ziegeleien, z. B. der des Herrn Hans Heinrich Dithmer auf der Rennberger Fabrik bei Flensburg, allein circa 20 Stück im Gebrauch, jedoch meist von den älteren Hebelpressen, die je nach Größe, Einrichtung und mehr oder weniger solider und sorgfältiger Ausführung 180—660 Mark pro Stück kosten. In weniger ausgedehnten Ziegeleien, oder wenn es nöthig wäre, bei der Anschaffung besonders ökonomisch zu Werke zu gehen, würden sich indeß sehr wohl Einrichtungen treffen lassen, um eine Presse zur Herstellung sehr verschiedener Ziegelsorten gebrauchen zu können. Es würde nur bedürfen, daß man den Preßkasten so einrichtet, daß seine innere Form durch einsetzbare Futter gebildet und an der Preßstange Einrichtungen getroffen werden, um verschieden geformte Preßkolben anbringen zu können. Durch entsprechende Auswechselung dieser Theile würde man die verschiedenartigsten Formziegel mit einer und derselben Presse herstellen können. Diese Einrichtung, obgleich so naheliegend und gewiß auch sehr wohl ausführbar, findet sich, so viel uns bekannt, bisher an solchen Pressen nicht, und ist dieß der Grund, weshalb die Herstellung beliebiger Formziegel durch Pressen eine so mißliche Sache (weil man glaubt, für jede Sorte eine eigene Presse haben zu müssen) und eine der allgemeinen Verbreitung und Einführung des Ziegel-Rohbaues hauptsächlich sich entgegenstellende Schwierigkeit ist.

§. 104. Die gepreßten Ziegelsteine, nachdem sie die Presse verlassen haben, werden nun entweder sogleich wieder in die Trockengerüste gebracht, oder aber zuvor noch einer weitern Operation, dem Beschneiden, unterworfen. Sollen nämlich die Steine die beste Qualität erhalten, oder aber sind die Preßkasten bereits etwas abgenutzt, so ist es nöthig, daß man von den Kanten den mehr oder weniger feinen Grath entfernt, welcher dadurch sich bildet, daß Theile des Thons in die feinen Fugen zwischen der innern Deckelplatte, sowie der beweglichen Bodenplatte und den Wänden des Kastens sich hineindrücken; bei in gutem Stande erhaltenen Pressen ist dieser Grath gering, bei schlechtern stärker, unter allen Umständen aber ist er Veranlassung zum Abbrechen größerer Kanten vom Steine, wenn er, besonders nachdem die Steine bereits gebrannt sind, zufällig oder absichtlich abgestoßen wird. Sollen die Steine deshalb den größten bei dieser Art der Fabrikation erreichbaren Grad von Schärfe erhalten, so müssen diese Grathe (Fig. 75.) von den Steinen entfernt werden, sobald dieselben die Presse verlassen. Man bringt die Steine dazu auf einen Bock von handrechter Höhe und fährt mit einem langen und breiten Messer rund um die obere Lagerkante und nachdem der Stein sorgfältig (bei noch weichem Thon mit Hülfe eines zweiten oben aufgelegten Bretes) umgekehrt ist, auch um die Kanten des zweiten Lagers, wobei man das Messer unter einem kleinen Winkel nach außen neigt Fig. 76). Die Arbeit ist leicht gethan, erfordert aber unausgesetzte Sorgfalt Um alle Steine auf diese Weise vom Grathe zu befreien, ist bei jeder Presse ein vierter Mann anzustellen.

Fig. 75.

Fig. 76.

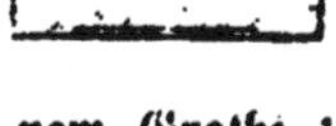

Obwohl die Steine durch das Pressen eine solche Härte erlangen, daß sie, ohne leicht beschädigt zu werden, in die Hand genommen und nach den Stellagen getragen werden können, so ist doch vorzuziehen, sich nachstehend in Fig. 77. skizzirter Vorrichtung als **Handhabe** zum Aufnehmen der eben gepreßten Steine von der Preßform, sowie zum Abtragen und Aufstellen in den Repositorien zu bedienen. Drei eichene gut geölte Bretchen von je 50ᵐᵐ Breite und 13ᵐᵐ Dicke

Fig. 77.

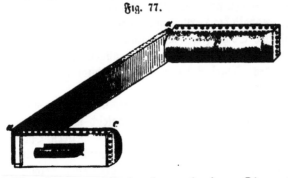

sind durch Charniere a, a mit einander verbunden. Die zwei kürzeren Bretchen, jedes ungefähr 112ᵐᵐ lang, d. h. kürzer als die Breite des Steins beträgt, sind auf den äußern Seiten mit hölzernen Handgriffen b versehen; auf ihren innern Flächen sind Polsterungen c, c, die mit glattem Leder überzogen sind, angebracht. Das mittlere dritte Bretchen ist ohne Polsterung und so lang, daß die Entfernung zwischen den beiden Polstern, wenn die kürzern Bretchen rechtwinkelig gegen die Achse des langen Bretchens stehen, ungefähr 6ᵐᵐ länger ist, als ein Preßstein. Mit der auf diese Weise gebildeten Zange nimmt man, die Polster gegen die Kopfflächen des Steins legend, denselben sanft auf und läßt ihn beim Abtragen dadurch, daß man die Zange aufwärts dreht, auf dem langen Bretchen ruhen. Ebenso bequem ist das Aufsetzen der Steine auf die Trockenbreter, zumal letztere abgenommen werden können, so daß hierdurch jedesmal der Raum über der zu setzenden Reihe frei ist.

Nachdem die Steine noch einige Tage in den Stellagen auf Bretern gelegen haben, sind dieselben hart genug, um ohne Schaden hochkantig in Stapel gesetzt werden zu können; geschieht dieß gleich nach dem Pressen, so werden die Steine, falls sie nicht etwa schon zu trocken zum Pressen waren, in der Regel etwas verdrückt, was die Operation des Pressens bei vielen Steinen mehr oder weniger unnütz macht; es sollte dieß also immer geschehen, wenn man gute Steine fertigen will. Da die gepreßten Steine leichter bersten und sich ziehen, wie die auf gewöhnliche Weise geformten, so ist besondere Aufmerksamkeit beim Trocknen derselben nöthig, und zwar um so mehr, als bei wiederholtem Umsetzen leicht Beschädigungen an den Kanten entstehen. Mit gleicher unausgesetzter Sorgfalt ist beim Eintragen in den Ofen, besonders aber beim Einsetzen, wobei das Abtreten von Kanten kaum ausbleiben kann (wenn nicht stets Breter gelegt werden, auf welche die im Ofen arbeitenden Leute treten) und beim Austragen des gebrannten Materials zu verfahren, wenn bei diesen Operationen nicht viel von dem wieder verdorben werden soll, was vorher mit vielen Mühen und Kosten erzielt ist.

§. 105. Da die gepreßten Ziegelsteine meistens zu glatte Oberflächen bieten, die dem Mörtel zu wenig Cohärenz gestatten, so versieht man gewöhnlich die Boden- und Deckelplatte der Presse in der Mitte mit einer 2 mm. dicken Erhöhung, welche in die Lagerflächen des Steins (s. Fig. 76) sich abdrücken und zur Aufnahme des Mörtels dienen und zugleich bei den saubern Außenwänden sehr dünne Fugen gestatten; ebenso kann man die Erhöhung des Deckelplatte mit einer Nummer für die verschiedenen Steinsorten und dem Namenszug der Fabrikfirma leicht versehen.

Bei dem beschriebenen Preßverfahren kommt es häufig vor, daß Preßsteine geliefert wurden, welche, wenn ihre Oberflächen auch etwas glatter waren, an Güte doch den auf gewöhnliche Weise gefertigten nachstanden, weil sie nicht ganz waren (klappten statt zu klingen) oder aber sehr ungleiche Maaße hielten; diese Mängel sind jedoch weniger dem Verfahren als der jedesmaligen Ausführung desselben zur Last zu legen.

Die Gründe dieser Mängel können in Folgendem gefunden werden. Zunächst preßte man die Steine in der Regel in einem schon zu trocknen Zustande, auf welchen denn auch die Größe des Preßkastens berechnet war. Die Folge davon ist zunächst, daß, um die Formen zu füllen, der nicht mehr hinreichend plastische Thon zerbröckelt, auseinandergeschoben und wenn auch oberflächlich, doch im Innern nicht wieder vollkommen verbunden wird; ferner ist es, um das Pressen überhaupt nur wirksam zu machen, nothwendig, einen sehr starken Druck anzuwenden welcher die Ziegelmasse nicht allein in unnöthigem, sondern sogar in schädlichem Grade verdichtet, und zwar, weil nicht allein Steine von verschiedener Dicke aus der Form hervorgehen, sondern auch, weil der so comprimirte Stein beim Trocknen leicht reißt und krumm wird. Ein anderer dem Erfolg des

Pressens ungünstiger Umstand ist der, daß die zum Pressen bestimmten Ziegel nicht besonders geformt, sondern beliebig aus den gewöhnlich geformten Ziegeln genommen werden; haben dieselben nun noch nicht den Grad der Trockenheit erlangt, welchen die Größe des Preßkastens bedingt, so gehen dieselben nicht in denselben hinein, sondern müssen erst, um dieß zu erreichen, auf zwei hohen Kanten gestaucht werden, wodurch, besonders wenn wie gewöhnlich kleine Thonstückchen, Sand neben der Presse auf dem Preßtische liegen, wo das Stauchen geschieht, in der Regel am Steine mehr verdorben wird, als durch das Pressen wieder gut gemacht werden kann.

Um diesen Mißständen auszuweichen, ist nöthig:

1) daß die Ziegel in so nassem Zustande wie möglich gepreßt werden; die Steine müssen eben hart genug sein, um bei vorsichtigem Anfassen ꝛc. sich handhaben zu lassen, ohne Fingerabdrücke zu bekommen, zu deren Vermeidung man denn auch der oben erwähnten Handbretchen mit Vortheil sich bedient;

2) daß die zum Pressen bestimmten Ziegel in besonderen nach dem Format des Preßkastens berechneten Formen etwas kleiner und entsprechend dicker gestrichen werden, um ohne Schwierigkeit in die Preßform zu gehen;

3) daß die Ziegel, sobald dieselben aus dem Ofen kommen, nach ihrem Maaße genau sortirt werden. Durch Beobachtung dieser Vorsichtsmaaßregeln wird man im Stande sein, die oben erwähnten Fehler der Preßziegel — Unganzheit und Ungenauigkeit der Größe und Form — zu beseitigen. —[*)]


## XX.

## Von der Anfertigung der Oelsteine.

§ 106. Man kann ebenso schöne scharfkantige Steine mit glatten Außenflächen, als diese durch Nachpressen nur erlangt werden können, auch durch bloßes Formen erzielen; es sind dazu aber eben besonders geschickte und accurate Ziegler, sorgfältig und solid angefertigte Formen erforderlich, sowie auch das Verfahren beim Formen von dem gewöhn-

*) Nach Notizblatt des Architecten und Ingenieur-Vereins f. das Königr. Hannover. II. Bd. S. 57–66 und 307–311.

lichen sehr abweichend ist, namentlich, anstatt die Form mit Wasser anzunetzen, mit Oel bestrichen wird, weshalb die auf solche Weise gefertigten Steine „Oelsteine" heißen.

Der Thon zu denselben muß ebenso wie zu allen Formsteinen besonders gut gereinigt, am besten geschlämmt oder wenigstens in der Thonmühle gemahlen und mit Sand oder Chamotte versetzt sein, sowie überhaupt so steif bearbeitet sein, daß er weder an den Händen noch an der Form sehr anklebt.

Die Form zu den Oelsteinen wird am besten aus 5mm dickem Flacheisen angefertigt und zusammengeschweißt; sie muß ganz genau rechtwinkelig und im Lichten gleichweit ausgefeilt und mit der Schlicht-feile von Innen so glatt bearbeitet werden, daß nirgends eine Vertiefung, eine rauhe oder schiefrige Stelle zu bemerken ist; ebenso muß die obere und untere Kante genau parallel und gerade bearbeitet sein; an den beiden schmalen Seiten werden ein Paar schmiedeeiserne Lappen oder Griffe angenietet oder angeschraubt, welche zum Anfassen beim Abheben dienen.

Die Form wird jedesmal mit einer kleinen Bürste mit Handgriff Schuhbürste) inwendig mit Oel bestrichen, wozu gemeines Rüböl brauchbar ist, dann auf einen Klotz von Eichenholz, der oben schräg abgehobelt und mit der Neigung nach dem Ziegler auf den Formtisch aufgenagelt, sowie mit einem Stück grober Leinwand oder Zwillich (Ziegellappen) bedeckt ist, gelegt.

Dieser Ziegellappen ist wie bei dem Formen der Dachziegel auf der linken Seite des Formklotzes angenagelt und an der entgegen-gesetzten Kante ist ein 10mm dickes rundes Holzstäbchen mit eingenäht, um den Lappen mit der Form bequemer umwenden zu können.

Von dem auf dem Formtisch aufgeschlagenen Thon (Erdstock nimmt der Ziegler mit beiden Händen einen Ballen, giebt diesem durch mehrmaliges Aufschlagen von den verschiedenen Seiten auf den Form tisch die Form eines Würfels oder vielseitigen Prismas und wirft diesen mit aller Gewalt in die Form, so daß der Thon bis zur Decke sprixt. Hierauf drückt er mit den Händen den Thon kräftig in die Ecken der Form und schlägt mit den flachen Händen mehrmals auf den über die Form reichlich hervorragenden Thon, damit keine Luft in dem Thone bleibt, die einmal eingeschlossen nicht gern wieder ent-weicht. Dieses Einwerfen, Drücken und Schlagen des Thones erfordert einen erfahrenen, gewandten und kräftigen Arbeiter; wo dieser nicht zu Gebote steht, kann man auch, nachdem die Form mit Thon aus-gedrückt und so voll gepackt ist, daß er einige Zoll hoch über dieselbe steht, ein Stück starke grobe Leinwand darauf decken, so daß diese an den Seiten der Form herunter reicht; hierauf legt man auf diese ein 10—13ᶜᵐ starkes eichenes Bohlenstück, welches etwas größer ist als die Form, und schlägt mit einem schweren Hammer mehrere Male auf dasselbe, wodurch der Thon sehr heftig in die Form getrieben und der Stein sehr dicht und fest wird. Nachdem das Bohlenstück und die Leinwand entfernt und der überflüssige Thon mit einem runden 26ᵐᵐ dicken Streichholze durch ein 2—3maliges kräftiges Darüberstreichen sauber abgestrichen ist, wird die Oberfläche des Steins in der Form mit einer möglichst gleichmäßigen Lage feinen Sandes aus der Hand oder besser mit einem Sieb bestreut und die Form mit dem darüber gelegten Trockenbret und dem untern Leinwandstück oder Ziegellappen umgewendet.

Auf dieser andern Seite der Form ist der Thon in der Mitte 12ᵐᵐ hoch hervorgequollen, da in dem auf dem Tisch aufgenagelten schrägen Formkloß eine 13—15ᶜᵐ lange, 8—10ᶜᵐ breite und 12ᵐᵐ tiefe Vertiefung herausgestochen worden, damit durch diese die Luft ent-weichen und etwas Thon hervortreten kann; dieser wird nun gleichfalls mit dem runden Streichholz sauber abgestrichen und hierauf die Form behutsam und gleichmäßig abgezogen, wonach der Stein fertig ist und in die Trockengestelle gebracht wird.

**Fig. 78.**

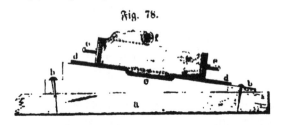

In Fig 78 ist a die Platte des Formtisches, b, b der darauf genagelte schräge Formkloß, c die in demselben ausgestochene 12ᵐᵐ tiefe Vertiefung, d, d der Ziegellappen, e, e die schmiedeeiserne Form mit den angenieteten Handgriffen aus Rundeisen, f das runde Streichholz.

Das Trocknen der Delfteine erfordert auch große Aufmerksamkeit und Sorgfalt, sie müssen anfangs sehr langsam trocknen, oft Wochen und Monate lang vor allem Zug geschützt werden, damit sie keine Sprünge erhalten, und die ganze Arbeit verloren ist. Wenn die Steine fast gänzlich trocken sind, werden sie von den Bretern abgenommen und mit einem scharfen Messer die übrigens nur sehr geringen Gräthe an den Lagerseiten beschnitten, damit später die Kanten nicht ausbrechen, worauf die Steine zum vollständigen Trocknen hochkant auf die Halden oder Haage gestellt werden. —

§. 107. Da ein erfahrener Ziegler mit einem Jungen, der abträgt und den Thonballen vorbereitet, täglich 4—500 saubere Oelsteine fertigen kann, so kommen diese nicht oder nur sehr wenig theurer zu stehen, als gewöhnlich mit Wasser geformte und nachgepreßte Steine, und bieten den Vortheil, daß die Oelsteine eine bedeutend größere Tragfähigkeit als Preßsteine haben (Versuche, die in Wiesbaden bei dem Bau der neuen evangelischen Kirche über die Tragfähigkeit der daselbst verwandten Oelsteine aus geschlämmtem Thon durch direkte Belastung angestellt wurden, ergaben das Resultat, daß 1 □cm 8000 bis 16,000 Pfd. zu tragen vermochte, bevor der Stein zerdrückt wurde) und daß die Lagerfläche der Oelsteine nicht so glatt und zum Haften des Mörtels somit geeigneter als bei Preßsteinen ist; außerdem erfordert die Anfertigung der Oelsteine nicht das große Anlagekapital für die Anschaffung der Pressen; auch beweisen der Bau der großartigen schönen evangelischen Kirche in Wiesbaden und Privatbauten daselbst und in Homburg, die nebst den reichen Verzierungen der Gesimse, Ornamente rc. ganz in Oelsteinen ausgeführt sind, daß der Backstein-Rohbau ebenso schön und sauber in Oelsteinen als in Preßsteinen herzustellen ist. — Ferner sind die Oelsteine nicht theurer als die Preßsteine, indem die letztern in der Fabrik des Herrn D. A. Hilmers zu Ham bei Hamburg in der gewöhnlichen Größe von 265mm, 130mm und 60mm zu 60 Mark per 1000 Stück verkauft werden, während verschiedene rheinische Ziegeleien Oelsteine in ähnlichem Format bester Qualität zu 52 Mark per 1000 Stück liefern. —

## XXI.

### Von der Herstellung der feinen Schneidesteine.*)

§. 108. In München, wo die Handfabrikation von feinen Blendsteinen zum Backstein-Rohbau einen hohen Grad von Vollkommenheit erreicht hat, wird die Herstellung dieser Blendsteine durch ein eigenthümliches Beschneiden und Glätten der sichtbaren

---

*) Nach Notizblatt des Architecten- und Ingenieur-Vereins für das Königreich Hannover. I. Bd. S. 255—291.

Steinflächen erlangt; wir wollen diese Steine daher zum Unterschied von den Klopf-, Preß- und Oelsteinen ꝛc. Schneidesteine nennen und die Fabrikation derselben beschreiben, wie solche in der Fabrik des Herrn Maurermeisters Hegel in München angewandt wird.

Es giebt in der Nähe von München zwei Thonarten; die eine nimmt durch das Brennen eine tief dunkelrothe, in's Blaue spielende, die andere eine gelblich-weiße Farbe an. Durch sehr innige, genau abgestimmte Mischung stellt man sodann aus diesen beiden noch zwei andere Farben dar, eine gelbe und eine hellrothe, deren Töne unter-einander noch einen sehr entschiedenen Unterschied bemerken lassen. Diese Mischung der Thonsorten wird indeß, um sie so innig zu machen, wie sie zur Darstellung einer gleichmäßigen Färbung sowohl als einer durchaus gleichartigen und festen Steinmasse erforderlich ist, erst dann vorgenommen, wenn der Thon nach dem auf gewöhnliche Weise be-wirkten Einsumpfen durch einmaliges Schlämmen gereinigt wurde, in welchem sein zertheilten Zustande derselbe jene innige Mischung der Theilchen einzugehen alsdann besonders geeignet ist. Nach dem Schlämmen und resp. Mischen wird nun der Thon in den gewöhn-lichen Formen auf gußeisernen Platten zu Mauersteinen geformt und auf Trockenbretern in einem geeigneten Trockenschuppen so aufgestellt, daß der Thon langsam und namentlich gleichmäßig austrocknet, wozu eine ganz besondere Aufmerksamkeit der Arbeiter auf Beschaffenheit der Luft und Witterung erfordert wird, wie es gewiß Jedem bekannt ist, der sich bemüht hat, gute Ziegelsteine herzustellen. Ist alsbann nach einigen Wochen der Thon soweit getrocknet, daß derselbe Eindrücke mit dem Finger kaum annimmt, so werden die Steine vorsichtig in den Schneideschuppen gekarrt und aufgestapelt Um ihnen eine genaue

Fig. 79.　　　　　Fig. 81.

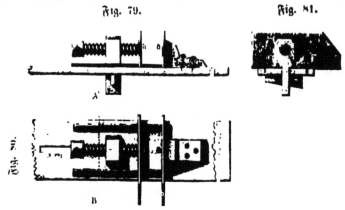

Außenfläche zu geben, werden dieselben hier in die, Fig. 79. in einem Aufriß, Fig. 80. in einem Grundriß und in Fig. 81. einem Querschnitt nach A B gezeichnete sehr einfache Schneidebank eingeschraubt, und diejenigen Flächen, welche demnächst im Mauerwerk zu sehen und den Einflüssen der Witterung ausgesetzt sind, vermittelst des in Fig. 82.

Fig. 82.

gezeichneten langen und sehr scharfen Messers von gutem Stahl nach den genau gerade und rechtwinkelig gehobelten gußeisernen Platten a, a glatt geschnitten. Wollte man indeß den so bearbeiteten Stein nach dem völligen Trocknen ohne Weiteres brennen, so würde sich eine Unvollkommenheit zeigen, die freilich in mehr oder weniger hohem Grade bei allen Ziegelsteinen sich vorfindet, durch ein einfaches Verfahren aber doch bedeutend vermindert werden kann, nämlich die Undichtheit der geschnittenen Flächen. Durch eine Menge wenn auch sehr feiner Oeffnungen würde die Nässe starken Eingang finden, allmälig durch die ganze Dicke der Mauer hindurchziehen und auf diese Weise ein Durchschlagen herbeigeführt werden, welches sowohl für das Gebäude, als besonders für die Bewohner desselben von dem größten Nachtheil sein müßte. Um dieses zu verhüten, wird die Außenfläche der Steine nach dem beschriebenen Schneiden mit einem sehr dünnflüssigen Brei von derselben Thonsorte wie der Stein, die jedoch nochmals durch das feinste Haarsieb geschlämmt wird, auf die einfachste Art dünn überzogen, daß der Arbeiter eine fein polirte Stahlklinge von der in Fig. 83. gezeichneten Form in den Thonbrei eintaucht und damit leicht über die Fläche hinfährt. Sind auf diese Weise einige Hundert Steine hergerichtet, so wird die Fläche mit denselben Werkzeugen mehrere Male leicht überrieben, so daß der aufgetragene Thon, der nunmehr schon halb getrocknet ist, eine feine Politur annimmt und die Oberfläche ein dichtes, glänzendes Aussehen bekommt.

Fig. 83.

Nachdem auf diese Art die Außenfläche der Steine hergestellt ist, kommt es nun darauf an, die Kanten scharf und geradlinig zu schneiden, um zugleich damit eine völlig gleiche Größe der Steine zu erreichen und denselben überhaupt die fertige Form zu geben. Dieses Bekanten geschieht vermittelst der Schneidlehren, Linealen von feinfügigem Holze mit einem Anschlage an der einen Seite und an der andern mit genau geraden Eisenschienen be schraubt, natürlich ganz von der Größe als man die Steine, das Schwinden des Thons berücksichtigend, herstelle.. will. Der Arbeiter legt zu dem Ende an die polirte Fläche des Steins den An schlag der Schneidlehre und schneidet mit dem in Fig. 84. ab gebildeten Kantenmesser an den drei Seiten der Lehre hin etwa 21ᵐᵐ tief in den überstehenden Thon ein. Es folgt hieraus und versteht sich wohl von selbst, daß alle Steine, die geschnitten werden sollen, etwas größer als die gewöhnlichen geformt werden müssen. Sodann wird das Beschneiden der Seitenfläche mit dem Kantenmesser aus freier Hand vollendet.

§. 109. Der Stein ist nun bis auf's Brennen fertig und nur noch über seine Form ist etwas zu bemerken, welches von bedeutender Wichtigkeit ist. Daß die Kanten der Steine so sehr scharf und geradlinig hergestellt werden, wie man sie von einigermaßen geübten Leuten auf die bezeichnete Art leicht erhält, dürfte Manchem überflüssig erscheinen, wenn man annimmt, daß man beim Vermauern der Steine auf die gewöhnliche Art verfährt, daß nämlich zwischen den einzelnen Schichten kleine Fugen gelassen werden, die man später mit einem Mörtel oder Cement verstreicht, oder wie man zu sagen pflegt, ausfugt. Durch dieses Ausfugen werden die Kanten ziemlich verdeckt und das Auge meint wegen der gerade gezogenen Fugen scharfkantige Ziegel zu sehen. Die Erfahrung hat jedoch ergeben, daß dieses Fugen nicht leicht dauerhaft herzustellen ist, daß der eingestrichene Mörtel nämlich sehr häufig herausfriert und dann der Nässe Oeffnungen ge boten werden, wodurch dieselbe einzieht, leicht Mauerfraß entsteht und somit das ganze Mauerwerk zu Grunde gerichtet werden kann, über haupt die Uebelstände des Durchschlagens in einem noch bei weitem höhern Grade herbeigeführt werden, als durch schlechte Steine. Ferner ist dieß Fugen mühsam und daher theuer. Aus diesen Gründen ge schieht es in München selten; man läßt vielmehr die Kanten der Steine einander scharf berühren und schneidet, um dem verbindenden Mörtel Platz zu geben, die Steine der Dicke nach um ein Geringes keilig. Die Steine sind daher nicht wie gewöhnlich parallelopipedisch, sondern einer sehr schlanken abgestumpften viertheiligen Pyramide gleich, wenn man von den kleinen winkeligen Flächen unmittelbar an den Außenkanten absieht (Fig. 85). Das aus solchen Steinen gefertigte Mauerwerk (Fig. 86.) zeigt demnach so sehr feine Fugen an der Außen seite, daß ein Ausfugen nicht erforderlich ist, und dasselbe in geringer

Fig. 85.  Fig. 86.

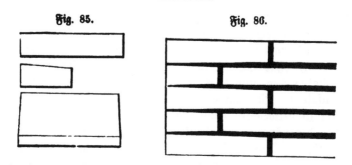

Entfernung wie gemalt aussieht. Man erlangt die hierzu nothwendig erforderlichen scharfen Kanten bei weitem leichter durch das Schneiden vor dem Brennen, als durch Hauen und Schleifen nach demselben, und hierdurch erklärt es sich, daß alle Steine, deren Form man vor Ausführung des Mauerwerks genau bestimmen kann, wie z. B. aller Arten Bögen, Gewölbepfeiler u. s. w. nach besondern Lehren geschnitten, und nur wenige, wie z. B. solche, welche gegen einen Bogen laufen, durch Hauen und Schleifen hergestellt werden. Ein scheitrechter Bogen z. B., dessen Gewölbsteine zur Hälfte verschieben sind, wird unter Berücksichtigung des Schwindmaaßes für den Thon auf ein Bret aufgerissen, die Steine werden eingetheilt, danach die einzelnen Lehren vom Tischler aus Bretstückchen angefertigt, hierauf die auf gewöhnliche Weise geformten Steine beschnitten und schließlich nach der Reihe mit Nummern bezeichnet, um sie beim Vermauern leicht finden zu können. —

***

## XXII.

## Von der Anfertigung der Façon=, Gesims= oder Profil=Steine.

§. 110. Als Regel bei Fabrikation der Façon= oder Profilsteine und Ornamentsteine gilt Folgendes:

a) Der Façon= oder Profilstein darf in seinen äußern Abmessungen die Größe des gewöhnlichen Verblendungsziegels für gewöhnlich nicht überschreiten. Dieß ist in vielfacher Beziehung wichtig. Denn dann hält es nicht schwer, einen kunstgerechten Verband zwischen dergleichen Formsteinen und den gewöhnlichen Verblendungssteinen herzustellen;

es reichen zur Fabrikation die gewöhnlichen Mittel, dieselben Preßformen, Trockengestelle, dieselben Brennöfen aus; es kann die Auf-
stapelung der Formsteine in den Öfen, zugleich mit den gewöhnlichen
Mauersteinen, ohne Schwierigkeit durch den gewöhnlichen Brenner
bewerkstelligt werden, und es ist kaum denkbar, daß der Brand solcher
Steine mißlingt. Ist man aber ausnahmsweise genöthigt, größere
Formsteine zu verwenden, dann suche man seinen Zweck durch Vergrößerung der Längen- und Breiten-Dimensionen zu erreichen und
vermeide es, die Dicke größer als 10 cm. anzunehmen. Hiermit ist
nicht gesagt, daß die Herstellung stärkerer Steine unmöglich sei; man
hat in neuerer Zeit Façonsteine, überhaupt Thonwaaren gefertigt,
deren geringste Dimension nicht unter 30 cm. betrug. Dann kosten
dieselben jedoch mindestens ebenso viel, als wenn sie von Haustein
gemacht worden wären, indem auf gewöhnlichen Ziegeleien das gleichmäßige Abtrocknen eines starken Steins, ebenso wie dessen Brennen,
sehr große Schwierigkeiten verursacht und in vielen Fällen vollständig
mißlingt.

b) Bei der Profilirung der Gliederungen sowohl wie des Ornaments vermeide man womöglich jede Unterschneidung. Eine Ausnahme kann stattfinden bei Gliederungen von glattem Profil, bei denen
Unterschneidungen wohl ausführbar; dagegen ist die Herstellung un-
terschnittener Gliederungen mit ornamentirtem Profil, desgleichen des
untergrabenen Ornaments auf Flächen sehr schwierig und vertheuert
die Fabrikation ungemein. Daß man aber auch ohne Unterschnei-
bungen und Untergrabungen ein schönes und zierliches Detail bilden
könne, lehren die eigenthümlichen und schönen Backsteinbauten Ober-
Italiens. Betrachten wir diese Backsteinbauten näher, so ergiebt sich,
als dieselben charakterisirend, die Zusammensetzung aus verhältnißmäßig kleinen Stücken und dadurch hervorgehende geringe Ausla-
dung der Gesimse in Verhältniß zu ihrer Höhe, dann reicher Schmuck
durch flaches Ornament.

Fig. 87.                    Fig. 88.

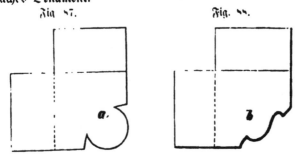

a.                          b.

c) Um den ökonomischen Rückſichten noch mehr Rechnung zu tragen, iſt es empfehlenswerth, Gliederungen ſowohl als Ornamente gleichförmig herzuſtellen. Zur Erläuterung des oben Geſagten biene Folgendes: Der vorſtehend (Fig. 87.) gezeichnete Profilſtein a, ber zur Auf= mauerung einer Fenſtereinfaſſung beſtimmt ſei, hat ein gleichförmiges Profil. Zur Herſtellung genannter Einfaſſung genügt unter Vor= ausſeßung eines regelrechten Verbandes eine und dieſelbe Sorte Formſteine. Das Profil des Formſteins b Fig. 88.) hingegen iſt ungleichförmig, inſofern als zur kunſtgerechten Herſtellung des Ver= bandes zweierlei Steine nöthig ſind. Ein Ornamentſtein iſt daher gleichförmig, ſobald mit einer Anzahl gleicher Steine ein fortlaufen= ber Fries oder dergl. gebildet werden kann.

§. 111. Alle Façonſteine, welche nur ein einfaches auf die ganze Dicke des Steines durchgehendes Profil zeigen, werden am beſten in ſtarken eiſernen Formen hergeſtellt, ganz ähnlich denen, welche für die gewöhnlichen Oelſteine gebraucht werden; auch wird bei dem Formen ſelbſt ebenſo, wie dieß bei den Oelſteinen beſchrieben wurde, verfahren; die Anfertigung der Form bedarf jedoch noch einer Erläuterung. Soll z. B. eine Form für Geſimsſteine zur Auf= mauerung von Thür= und Fenſtereinfaſſungen hergeſtellt werden, ſo läßt man aus 6—10 $^{mm}$ bickem Flacheiſen die Form in der Ge= ſtalt des Steines, jedoch ohne das Geſims anfertigen (Fig. 89.). Die 33 $^{mm}$ tiefe Abbiegung bei a bient theils als Anſchlag für den Fenſter= ober Thürrahmen b (Fig. 17.), theils tritt die Einfaſſung um die Dicke dieſes Ausſchnitts vor den in Backſtein-Roh= bau oder gewöhnlichem Mauerwerk mit Verpuß hergeſtellten Mauergrund her= vor, und werden die Geſimsſteine, ſo wie Fig. 17. zeigt, mit den Backſteinen des übrigen Mauerwerks im regel= mäßigen Verband vermauert, weshalb

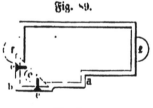

Fig. 89.

Fig. 90.

jene auch mit dieſen genau gleiche Dicke haben müſſen. An der Stelle b, wo nach Fig. 89. die Form das Profil des Geſimſes aufnimmt, iſt dieſelbe im Eiſen etwas ſtärker, das Geſims ſelbſt wird nach einem Holzmodell in Gyps geformt und in dieſe Gypsform aus Schrift= gießermetall (Blei und Antimon) die Geſimsecke abgegoſſen, wonach dieſelbe ſchwalbenſchwanzförmig in die eiſerne Form eingepaßt (ein= geſchoben) und von der Seite mit 2 verſenkten Schräubchen e, e un=

verrückbar befestigt wird. Auf diese Weise kann man das Gesims c leichter mit Gesims d (Fig. 90.) oder mit solchen von andern Formen wechseln, ohne daß man nöthig hat, jedesmal eine neue Form anfertigen zu laſſen. Bei f, f ſind an der Form Fig. 89. ein Paar Lappen angenietet, welche zum Abheben von dem geformten Stein dienen.

§. 112. Es kommen bei dieser einfachsten Art von Formsteinen gleichwohl oft Façons vor, bei welchen in einzelnen Punkten die Adhäſion des Thones selbst in der gut geölten Form stärker ist, als die Cohäſion der Thonmasse in sich, wovon dann die Folge ist, daß solche Steine entweder gar nicht aus der Form laſſen, oder aber doch so verzogen werden, daß sie unbrauchbar sind; ein solcher Fall

Fig. 91.

würde z. B. bei dem in Fig. 91 gezeichneten Formstein stattfinden, indem der Theil a schwerlich unter allen Umständen gut aus der Form laſſen würde. Um gleichwohl das System der ungetheilten Form, welches für die Arbeit große Vortheile hat, beibehalten zu können, hilft man in solchen Fällen sich einfach dadurch, daß man eine in die Form geläufig paſſende Patrone aus einem 12ᵐᵐ starken Bretstücke ausschneiden und mit einer Handhabe versehen läßt, etwa wie die Fig. 92. zeigt. Nachdem nun der Former die mit Thon gefüllte und von beiden Seiten abgestrichene Form auf ein Trockenbret gelegt hat, setzt der Abnehmer diese Patrone genau auf die Oberfläche des in der Form steckenden Steines und hält dieselbe an dem Stiele nieder, während der Former die Form nach oben

Fig. 92.

Fig 93

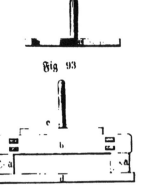

über die Patrone abzieht; oder der Ziegler legt auf die Enden des Trockenbretes zwei vierkantige Klötzchen a, a Fig. 93. (die so lang sein müssen als die Form breit ist und von der Höhe derselben) unter die Form b so, daß der Stein dazwischen gehörig Platz findet, welcher dann durch den genau in die Form passenden Stempel c auf das Bret d herausgeschoben wird. Bei einiger Sorgfalt und Geschicklich-

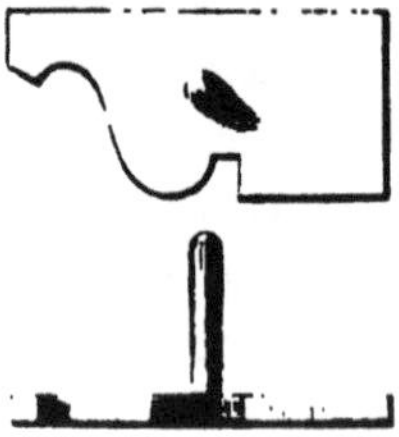

keit find auf biefe Weife bie complicirteften Façonfteine ber bezeich=
neten Kategorie unbefchädigt unb fauber aus ber Form zu bringen.
Zu berartigen Formfteinen, bie nur in geringer Zahl gebraucht
werben, unb wozu bie Anfertigung einer eifernen Form fich nicht
lohnen würbe, kann man bie Form auch von feftem glatten Holze
anfertigen; man tränkt bie neue Form auf allen Flächen fo lange
mit heißem Leinöl, bis fie nichts mehr bavon einfaugt, unb läßt bas
Oel barin ganz hart trocknen.

§. 113. Einige Mufter von zweckmäßigen Profilfteinen zu
Haupt=, Gurt= unb Sockelgefimfen unb beren Dimenfionen ftellen
bie nebenftehenben Figg. 94—97. bar.

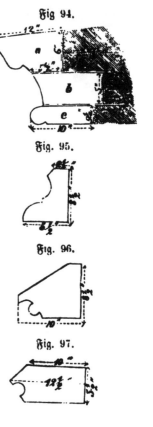

Fig 94.

Bei bem Hauptgefims (Fig. 94.)
ift bie obere Schicht a 60 $^{mm}$ dick,
bie mittlere Schicht b 65 $^{mm}$ dick
unb bie untere Schicht c 125 $^{mm}$
breit.

Bei bem Sockel= ober Plinten=
gefims Fig. 95. unb ber obern Schicht
eines Gurtgefims (Fig. 96.) fowie
bem Deckglieb eines Banbgefimfes
(Fig. 97.) finb bie bargeftellten Pro=
filfteine 65 $^{mm}$ dick unb werben bie=
felben als Rollfchichten vermauert.

Fig. 95.

Bei bem Gurtgefims (Fig. 96.)
kann als mittlere Schicht bas burch=
brochene Fries (Fig. 98.) ober ein
ähnliches aus ben Ornamentplatten
(Fig. 106.) zufammengefetztes Fries
verwenbet, bie untere Schicht aber
aus ben Profilfteinen c (Fig. 94.)
hergeftellt werben.

Fig. 96.

Ebenfo kann bie mittlere Schicht
zu bem Banbgefimfe (Fig. 97.) aus
ben 2farbigen Gefimsfteinen Fig. 99.
unb 100. fowie bie untere Schicht
ebenfalls aus ben Profilfteinen c ber
Fig. 94. hergeftellt werben.

Fig. 97.

Ein fchönes burchbrochenes Fries wird burch bie einfachen fym=
metrifchen Formfteine Fig. 98. hergeftellt; fehr effectvoll wird biefes
Ornament, wenn bie Formfteine aus hellerem Thon angefertigt

8*

werben, ober ber Hintergrund ber Mauerfläche bunkel angestrichen
wirb. Diese Formsteine lassen sich auch zu einer durchsichtigen

**Fig. 98.**

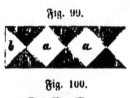

Füllung ober Vergittterung in einer
Garten- ober Hofmauer verwen-
ben.

Bei bem Band-Gurtgesimse Fig.
99. unb 100. sind bie einzelnen
Formsteine a, b, c 65 ᵐᵐ stark, bie
schwarzen halben Steine c unb Cylinber c werben in Steinkohlentheer
getränkt.

**Fig. 99.**

**Fig. 100.**

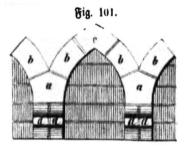

Das Bogenfries ober Hauptgesims
Fig. 101. unb 102. besteht aus 4
verschiebenen Formsteinen. Die An-
fänger a, bie mittleren Bogensteine b
unb Schlußsteine c sinb 90—105 ᵐᵐ
stark unb bie Kragsteine d 65 ᵐᵐ

stark.

**Fig. 101.**      **Fig. 102.**

§. 114. Um bie ungetheilte Form auch in Fällen noch beibehalten zu können, wo solches bie Façon bes zu bilbenben Steines
so ohne Weiteres nicht thunlich erscheinen lassen würbe, bebient man
sich folgenben Auskunftsmittels:

**Fig. 103.**

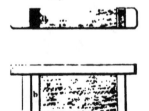

Es sei z. B. a Fig. 103. bas Profil,
welches ein Backstein an einer langen
unb benachbarten kurzen schmalen Kante
bekommen soll, so steht fest, baß basselbe
ohne Weiteres in einer ungetheilten
Form sich nicht bilben läßt, weil ber
geformte Stein aus berselben nicht
heraus zu bringen ist. Man hilft
in biesem Falle sich burch Anwendung

fog. lofer Klöße b, welche an der Ecke auf Gehrung zufammen-
geschnitten, an ihren innern Kanten nach dem vorgeschriebenen
Profil ausgearbeitet find, wie der Grundriß zeigt, in die Form
gelegt werden und nachdem der Stein fertig geformt ist, an dem-
felben haften bleiben, wenn die Form abgezogen wird, worauf diefelben dann leicht von der Seite weggenommen werden können.
Mancherlei kleine Gefimsglieder, Perl- und Brillantftäbchen laffen
auf diefe Weife fehr gut und viel leichter fich herftellen als in Gypsformen.

Wo auch diefes Mittel nicht mehr ausreicht, muß dann natürlich zur Anwendung mehrtheiliger Holz- oder Gypsformen gefchritten
werden, durch welche dann am Ende alle, felbft die complicirtesten
Formen herzuftellen find.

§. 115. Wir wollen jedoch hier noch ein Paar Beifpiele einer
mehrtheiligen zum Auseinandernehmen eingerichteten Holzform erläutern und befchreiben.

Es foll ein Gurtgefims von der
Form A Fig. 104. geformt werden und
der Stein die Länge oder Höhe von
30cm haben; bei diefer Höhe kann der-
felbe nicht mehr durch einen Stempel
aus der Form gefchoben werden. Die
Gliederungen würden fich bei diefer
Länge leicht verziehen; auch würde der
Stein, da er bei diefer Art des For-

Fig. 104.

mens auf der Grundfläche A gelagert werden müßte, bei feiner bedeutenden Länge leicht zufammenfacken, und dadurch würden die
Glieder an der untern Seite des Steins viel größer als die der
obern werden.

Bei dem Lagern des Steins auf dem Trockenbret ift auch darauf zu fehen, daß nicht fchwere Thonmaffen auf die Gliederungen
drücken; man legt alfo hier den Stein am zweckmäßigften auf die
Fläche a, b.

Die Form befteht aus der Kaftenform a, b, c, d, die Seiten
a, b und c, d find mit den Seiten b, c und a, d durch hölzerne
oder angefchraubte eiferne Zapfen mit vorgeftecken Schließen verbunden, das Einfaßfutter e ift an der Seitenwand b, c befeftigt,
während das Futterftück f lofe in der Ecke d in der Form liegt und
durch die punktirt angedeuteten Dübel an feinem Plaß gehalten wird,

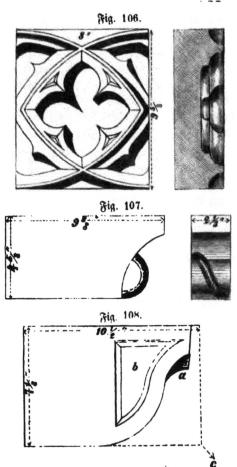

Fig. 106.

Fig. 107.

Fig. 108.

lagen erforderlich, wie bei dem Consolstein Fig. 108., der am Kopfe bei a Laubwerk und an beiden vor der Mauerfläche vortretenden Seiten bei b Füllungen enthält. Zur Herstellung des Laubwerks am Kopf genügt eine Seiteneinlage, die nach geschehener Pressung in der Richtung von c vom Stein gelöst wird. Die Füllungen b auf beiden Seiten werden eingepreßt durch zwei entsprechende Plättchen, deren eine an das auf die Stempelplatte aufgelegte Unterlagsblech, die andere an den gußeisernen Deckel der Presse angeschraubt ist. Ebenso lassen sich mit den Drainröhrenpressen und Maschinen zum Pressen von Hohlziegeln ꝛc. reich gegliederte Gesimssteine in größerer Länge, die sich namentlich für Gurtgesimse, Sockelgesimse, Mauerdeckel ꝛc. besonders eignen, sehr leicht herstellen. Von diesen wird später bei der Beschreibung dieser Maschinen die Rede sein.

Die größte Sorgfalt und Aufmerksamkeit ist auf das Trocknen der Façonsteine mit scharf eingeschnittenen Gliedern zu verwenden, indem sie, wenn sie zu rasch trocknen und dem Zug ausgesetzt werden, an diesen Einschnitten bersten und unbrauchbar werden. —

§. 118. In München geschieht die Anfertigung der Profilsteine für die Thür- und Fenstereinfassungen, sowie anderer Gesimssteine, ebenso wie die der Blendsteine durch Schneiden aus gewöhnlichen von geschlämmtem Thon gefertigten und sorgfältig zur Hälfte getrockneten

Ziegelfteinen, wie wir dieß oben in §. 108 beschrieben haben. Die oben beschriebene Schneidebank Figg. 79—81. wird anstatt der Platten a, a zu dem Ende mit zwei Lehren versehen, die nach dem Profil ausgeschnitten, mit Eisenblech beschlagen und miteinander in der passenden

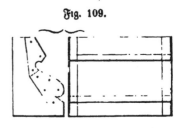

Fig. 109.

senden Entfernung verbunden werden. (Fig. 109.) Das Ausschneiden selbst geschieht mit verschiedenen langen, dünnen und schmalen Messern, je nachdem es die Form der Gliederung erlaubt, wird dann wieder der feine Thon mit der Stahlklinge oder einem feinen Borstenpinsel dünn und gleichmäßig aufgetragen und nach dem Trocknen mit geeignet geformten Modellirstäben von polirtem Stahl oder für sehr verschieden und selten vorkommende Stäbchen, Kehlen ꝛc. von hartem, polirtem Holze geglättet. Hiernach werden wiederum die Kanten scharf beschnitten, und so ist der Stein nach dem völligen Trocknen zum Brennen fertig.

§. 119. Als Beispiel, in welch' verschiedener Weise durch Beschneiden gewöhnlicher Ziegelsteine mit Hülfe von sehr einfachen Blechschablonen reich gegliederte Gesimse hergestellt werden können, die sonst nur mittelst Gypsmodellen anzufertigen waren, lassen wir hier noch ein Paar Muster von geschnittenen Gesimssteinen folgen:

Fig. 110.

Fig. 110 ist ein Gurtgesims; die Gesimssteine A, A sind aus 20ᶜᵐ hohen, 8—10ᶜᵐ dicken Klötzen nach einer Blechschablone, die mit einer hölzernen Tischlerschraubzwinge auf dem Stein festgehalten wird, durch schräges Abschneiden der Ecken, a', a, und Abfasen der

Kanten b', b sowie c hergestellt; die Schrägung ist auf dem Bleche durch Abreißen angegeben und hat man die Schneiden des Messers nur nach der (schräg) abgereiften Fläche des Blechs zu richten, um die Tiefe der Abschnitte und Fasen und an allen derartigen Steinen gleich zu machen. Das Fries B ist aus gewöhnlichen Delsteinen von 28 cm Länge und 65 mm Dicke hergestellt; die doppelte Zickzacklinie a, b, c, d, e, f, g, wird nach einer auf die Längenkante des Steins gelegten Holzlehre vorgerissen und darnach die Kerben ausgeschnitten. Damit dieselben gleich tief ausfallen, reißt man sich vorher mit einem Tischler-Streichmaaß auf beiden Seiten des Steins eine Linie 25 mm weit von der Kante, bis zu welcher man die Auskerbungen einschneidet. Bei dem Hauptgesimse Fig. 111 werden die Steine C, C aus 8—10 cm dicken, 20 cm langen Klötzen, ohne irgend eine Lehre oder Schablone geschnitten, indem man auf einem Kopfe dieser Steine von den Ecken aus zwei sich kreuzende Diagonallinien und auf den 4 Seiten 4 cm von der Kante dieses Kopfes mit einem Streichmaaß Linien einzureißen hat. Nach diesen Linien stellt man mit 4 Schnitten die pyramidenförmige Spitze des Steins her.

Fig. 111.

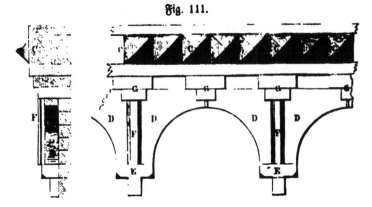

Die Bogensteine D, D werden aus 4—5 cm dicken Thonplatten, deren äußere Fläche mit dem Klopfholze glatt geschlagen wurde, nach einer Blechlehre mit den Aussparungen für die Tragsteine G ausgeschnitten, bei dem Tragsteine E sind die Ecken ohne Lehre blos nach dem Streichmaaße schräg abgeschnitten und die vor den Bogensteinen 12 mm vortretenden Leisten F sind aus 4 cm dicken Thonplatten hergestellt, woran 12 mm breite Fasen an der vordern Kante nach einem eisernen Lineal geschnitten sind.

Fig. 112.

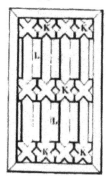

Bei dem Lisenen-Gesimse Fig. 112 sind die Facett-Leisten H ähnlich wie bei F in Fig. 111 hergestellt und die Gesimssteine I sind mit den doppelten Diagonallinien auf der Kopffläche und an den 4 Seiten durch ein Streichmaaß ringsum mit einer Linie, ähnlich wie bei C Fig. 111 versehen und nach diesen aus freier Hand die Auskerbungen durch je 8 Schnitte vorgenommen worden.

Fig. 113 giebt ein Muster von einer einfachen Vergitterung in einer Garten- oder Hofmauer, wobei die Kreuzsteine K aus 15$^{cm}$ starken Würfeln nach Blechschablonen ausgeschnitten werden und die Steine L gewöhnliche Oelsteine sind.

**§ 120.** So mannigfaltig nun auch die Formen sein mögen, die man durch das Schneiden des Thons herstellen kann, so läßt doch der Thon durch das Drücken in Gypsformen eine noch bei weitem ausgedehntere Formenbildung zu, die der Architect nicht übersehen wird. Vermittelst dieser Gypsformen ist jedes Relief ohne Unterschneidungen sehr leicht herzustellen; geht man aber noch weiter, stellt man in diesen Formen nur das Relief roh her und modellirt später die Unterschneidungen und überhaupt alle

Fig. 113.

diejenigen Theile, welche sich mittelst möglichst einfacher Gypsformen nicht darstellen lassen, so wird man leicht einsehen, welche unzählige Masse von Formen dem Thone zu geben man im Stande ist.

Die Manipulation bei Anfertigung dieser Ornamente ist sehr einfach und in mehr oder weniger vollkommenem Grade der Ausbildung bei jedem Töpfer zu sehen. Hier wird die Gypsform von genügender Stärke durch Austrocknen auf dem Brennofen so vorgerichtet, daß der in geringen Mengen eingeknetete Thon nach dem völligen Anfüllen der Form leicht losläßt. Die Gypsform ist, je nach Bedürfniß, aus mehr oder weniger einzelnen Stücken zusammengesetzt und wird durch einen hölzernen Rahmen zusammengehalten. Nach dem Ausfüllen der Form wird dieselbe umgedreht, der Rahmen auseinandergenommen und die einzelnen Gypsstücke von dem Stein behutfam abgelöft. Sodann wird die Außenfläche des angefertigten Ornamentes, wo es nöthig, mit dem Meffer, Modellirholze u. f. w. nachgeputzt, mittelft des Pinfels mit dem fehr feinen Thonbrei gleichmäßig überzogen, mit geeigneten Stahlpolirern geglättet und endlich die Kanten befchnitten.

Conftruction und weitere Anwendung der Gypsformen näher zu befchreiben, würde uns zu weit führen, da diefe Art des Formens nicht mehr in das Fach der Ziegelei, fondern in das der Häfnerei gehört.

Fig. 114.

Fig. 115.

Fig. 116.

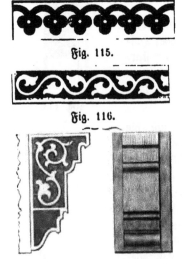

§ 121. Hier fei nur noch erwähnt, wie das Auftragen eines verfchiedenfarbigen Thons auf den Grund oder das Ornament felbft ein einfaches Mittel an die Hand giebt, diefe deutlicher hervortreten zu laffen. Auf ähnliche Weife kann man auch Flächen dadurch decoriren, daß man nach Art der Malerei vermittelft Schablonen aus ftarkem Weißbleh, die je nach der Form der Flächen gerade oder entfprechend gebogen find, eine Zeichnung von andersfarbigem Thone aufträgt. Sollten hierbei die Umriffe nicht fcharf ausfallen, fo werden diefelben mit dem Meffer nachgeputzt und fodann wird die ganze Fläche geglättet. Die Figg. 114, 115 und 116 geben ein Paar Mufter von folchen in München ausgeführten Ornamenten.

§ 122. Auf der königl. preuß. Ziegelei zu Joachimsthal gefchieht das Formen farbiger Profilfteine durch gefärbten Thon und Plattirung in folgender Weife:

Die Farben, welche dafelbft zur Decoration der Flächen folcher Formfteine angewandt werden, find dunkelbraun, fchwarz, grün, roth, gelb und weiß. Das Mifchungsverhältniß diefer Farben zu der erforderlichen Thonerde ift dem Volumen nach folgendes:

Dunkelbraun. $\frac{1}{1}$ rothe Thonerde und $\frac{1}{1}$ fein gepulverter Eifenocker, fog. Rafenerz.

Schwarz. $\frac{3}{5}$ rothe Thonerde und $\frac{2}{5}$ Eifenocker.

Grün. $\frac{1}{2}$ weiße Thonerde und $\frac{1}{2}$ Chromgrün-Präparat.

Roth. ⅗ weiße Thonerde und ⅖ fog. Todtenkopf (caput mo
tuum).

Gelb. ⅗ weiße Thonerde und ⅖ Uranoxyd.

Weiß. Aus weißer hallescher Thonerde.

Die Mischungen müssen auf einer Glasurmühle*) fein gerieben
werden, daß weder mit den Händen noch mit den Zähnen das ge=
ringste Körnige darin fühlbar ist.

Durch die so vollständige Zerkleinerung und Auflösung der Far=
benmaffe wird die möglichste Ausdehnung im Brande erreicht und
findet eine gleichmäßige Färbung der Thonmaffe unbedingt statt.
Mit den gefärbten Thonmaffen werden die sichtbaren Flächen der
Gesimssteine plattirt und zwar in folgender Art:

Zu einem Eierstabe, wie in Fig. 117,
muß die Form wiederum mit einem Bo=
denbret c versehen sein. Daffelbe enthält
die Gliederungen des Steins bei a, wäh=
rend die Gliederung b an der Seite der
Kastenform befestigt ist. Die Umriffe der
Eier, sowie der kleinen Dreiecke sind durch
schwaches Messingblech begrenzt, welches
in das Bodenbret eingelassen ist und über
die Formfläche nur 3 mm hervorragt.
Diese durch das Messingblech gebildeten
Felder werden mit gefärbtem Thon, der
mit einem Draht zuvor zu 3 mm dicken
Plättchen geschnitten ist, ausgelegt, jedoch
mit der Vorsicht, daß, wenn eine Abthei=
lung mit einer Thonfarbe gefüllt ist, die
daneben vor der Füllung erst wie=
der gereinigt werden muß, damit die verschiedenen Thonfarben nicht
durch Unreinlichkeit verdorben werden. Sind alle Felder gefüllt, so
auf dieselben anderer gewöhnlicher Thon mit den Händen gut
gerieben, um damit eine vollständige Verbindung der gefärbten
Thonmaffe mit der gewöhnlichen zu erreichen. Dann wird auf dem
mit Thon belegten Bodenbrete die Kastenform zusammengesetzt, mit

Fig. 117.

*) Diese wird in dem spätern Kapitel „Vom Glasiren der Dachziegel" abge=
handelt und beschrieben.

gewöhnlichem Thon gefüllt und dieser fest eingerammt. Der nun fertige Stein wird durch Lösung der Schließkeile von der Kastenform befreit und mit der Seite d auf das vorher mit Sand bestreute Trockenbret gelagert. Hier werden die durch das Messingblech entstandenen schwachen Nähte in den farbigen Gliederungen mit einem biegsamen Messer überstrichen, so daß von ihnen nichts mehr sichtbar ist.

Wenn ein Stein mit mehreren Thonfarben verziert werden soll, müssen diese so erprobt und abgestimmt sein, daß ein gleichmäßiges Schwinden derselben stattfindet, weil im entgegengesetzten Falle sich eine Thonsorte von der andern lösen und so die ganze Plattirung nicht haltbar sein würde.

Dieses zu bewirken, werden von den verschiedenen gefärbten Thonmassen kleine, gleich große Würfelchen geformt und getrocknet und ein ungleichmäßiges Zusammenschwinden derselben dadurch regulirt, daß man zu der fetten Masse, die mehr schwindet, als die andere, ein Vermagerungsmaterial von feingeriebenem Feldspath hinzufügt und mit der zu fetten Masse tüchtig durcharbeitet. Dieser Zusatz übt auf die Färbung keinen nachtheiligen Einfluß und gewährt der ganzen Masse dadurch Vortheil, daß er beim Brennen leichter in Fluß übergeht. In eben der Art wird auch der gewöhnliche Thon mit dem gefärbten abgestimmt, nur mit dem Unterschiede, daß statt des Feldspaths jenem ein Zusatz von Sand oder Chamotte beigegeben wird.

Eine Hauptsache bei der Fabrikation solcher Steine, die übrigens eine große Vorsicht und Genauigkeit erfordert, ist, daß die gefärbte Plattirung so schwach als nur irgend möglich aufgetragen wird, weil, je schwächer der Ueberzug, er sich desto weniger von der eigentlichen Thonmasse ablösen kann.

Derartige farbige Profilsteine wurden zu verschiedenen Bauten in Sanssouci, Sacrov und auf dem Babelsberge bei Potsdam seit 1840 verwendet und haben sich bis jetzt bewährt. Zur Glienicker Brücke bei Potsdam sind die sämmtlichen Gesims- und Verblendungssteine durchweg aus einer mit Eisenocker gemischten Thonmasse gefertigt, wodurch das Bauwerk die bedingte braune Farbe erhalten hat. Die Ziegelerde zu diesen Steinen wurde geschlämmt und mit $^1/_6$ Ziegelmehl und $^1/_6$ in den Stampfwerken zu Joachimsthal fein bereitetem Eisenocker gemischt.

Dieselbe bestand sonach aus $^2/_3$ geschlämmter Thonerde und $^1/_3$

der beiden genannten Substanzen. Das Bauwerk ist 1833 vollendet und seit dieser Zeit noch kein Stein davon durch die Einwirkung der Witterung versehrt worden\*).

## XXIII.

## Von der Anfertigung der Fließen, Estrichplatten oder Flurziegel.

§. 123. Zu diesen Steinen ist eine feinere und steifere Masse nöthig und das Streichen muß mit mehr Sorgfalt geschehen, als bei den gewöhnlichen Mauerziegeln, da der höhere Preis diesen Unterschied in der Arbeit bei Weitem überwiegt. Sie werden oft aus verschiedenfarbigem Thon 3, 4, 6, 8 und mehreckig hergestellt, um verschiedene regelmäßig künstliche Fugengestaltungen zu erzeugen. Wir theilen in Figg. 118. bis 125. acht verschiedene Muster mit, woraus zu entnehmen ist, wie mannigfaltig bei Anwendung verschiedener Farben die Zusammensetzung solcher Mosaikböden geschehen kann.

**Fig. 118.**

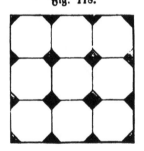

Die Fließen und Estrichplatten aller Art werden in hölzernen Formen von der bestimmten Masse gestrichen und auf einem geebneten mit Sand bestreuten Boden zum Anziehen niedergelegt, und wenn sie steif genug dazu sind, in Gerüsten aufgekantet. Sie sind gewöhnlich 15—35$^{cm}$ groß und 40—65$^{mm}$ dick, wenn sie gebrannt sind. Sie würden eine sehr unvollkommene Anwendung gestatten, wenn sie, so wie sie aus der Form kommen, gebrannt würden. Ihre Kanten und Winkel sind nicht scharf genug, um eine genaue Verbindung mit einander zuzulassen; auch sind sie auf der Oberfläche

**Fig. 119.**

\*) Fleischinger und Becker, systematische Darstellung der Bauconstructionen. 1. Lief. S. 6.

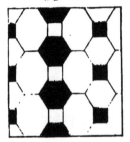

Fig. 120.

Fig. 121.

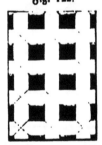

Fig. 122.

Fig. 123.   Fig. 124.

nicht glatt genug zu bearbeiten, wobei man auf Zierlichkeit sieht, und beim Trocknen verziehen sie sich mehr oder weniger. Sie werden daher, nachdem sie lufttrocken geworden sind, auf einer ebenen Steinplatte, oder auf einer starken, recht glatten Bank von festem Holz mit einem glatten Schlägel (Fig. 69.) auf der Oberfläche langsam geschlagen, zuweilen auch mit Wasser glatt gestrichen und durch Aufstauchen auf die obere Seite gerade gerichtet. Die Masse verdichtet sich dadurch immer mehr und die Oberfläche wird glatt. Durch das Schlagen verlieren dieselbe ihre Form in der Fläche; schwerlich wird aber auch ein Arbeiter die Fertigkeit erlangen, die Streiche so gleichmäßig zu führen, daß die Platten nicht auch in der Dicke ungleich werden. — Es ist wesentlich, daß die Platten während des Trocknens auf Haufen gesetzt und an einem kühlen Ort aufbewahrt werden, damit sie langsam und, wie man sagt, von inwendig heraus trocknen. Wenn die Platten nun geglättet und so hart sind, daß sie sich eben noch schneiden lassen, so werden sie nach Modellen, oder Schablonen von Eisen, welche vollkommen die verlangte Form haben, mit einem Messer beschnitten. Die Franzosen bedienen sich zu diesem Ende eines krummen sichelförmigen Messers; mit einem kurzen, vorn abgerundeten, jedoch scharf schneidenden Messer, dessen langer Stiel beim Schneiden auf der Schulter liegt, wie bei dem Schnitzmesser der Tischler, hat man mehr Kraft.

Die Blechschablone wird auf die

geglättete Steinplatte gelegt, so daß
letztere ringsum 2ᵐᵐ vorsteht; mit der
linken Hand wird die Schablone fest
aufgedrückt und mit der Rechten mittelst
des obigen Messers mit langem Stiel
dicht an der Schablone herfahrend, die
Platte ringsum beschnitten; die dabei
verlorenen 2ᵐᵐ an Länge und Breite
müssen der Dimension der Form zuge-

Fig. 125.

geben werden. Nach dem Schneiden sind die Platten zum völligen
Austrocknen fertig, welches noch immer langsam geschehen muß. Ehe
sie aber eingesetzt werden, müssen sie vorher an einem recht luftigen
aber noch besser warmen Orte eine Zeit hindurch gestanden haben,
damit man von ihrer völligen Austrocknung versichert sei. —

§. 124. Die s. g. enkaustischen Ziegel oder inkrustirte Fußbodenplatten von Minton und Comp. zu Stoke-upon-Trent in
Staffordshire sind Platten von 25—30ᵐᵐ Stärke und bestehen aus
verschiedenen Thongattungen. Ein gröberer brauner Thon von etwa
20—25ᵐᵐ Stärke befindet sich in der Mitte, darauf und darunter
eine Lage Porzellan-Thon, jede 3ᵐᵐ stark, von weißer, bräunlicher
und anderer Färbung. In der oberen Lage sind die Zeichnungen
eingesetzt. Die obere und untere Lage ist die kostbare und zur Ersparung an theurem Material dient nur die mittlere, gröbere Thon-
gattung. Daß die untere Lage von gleich gutem Thon wie die obere
ist, geschieht deshalb, um das Verziehen der Platten beim Brennen
zu verhüten. Für das Parlamentsgebäude hat Minton nach Pu-
gin's Zeichnungen die inkrustirten und emaillirten Fußboden-Platten
geliefert; eine solche aus 3 Farben und 30 Quadratcentimeter groß
kostet 12 Schilling oder 12 RMk.

§. 125. Auch die rühmlichst bekannte Thonwaaren-Fabrik von
March in Charlottenburg bei Berlin liefert dergleichen inkrustirte
enkaustische (eingebrannte) Fußboden-Platten von Thon zu angemessenen Preisen und zwar:

    1 Quadratfuß Fließen von sechseckiger Form (wie Fig. 119.), die
        Fließen von Seite zu Seite 143ᵐᵐ breit von gelb-bräunlicher
        . . . . . . . . . . . . 60 Pfg.

    1 Quadratfuß Fließen (ähnlich Figg. 120. u. 122.) von rauten-
        förmigen, dreieckigen und sternförmigen Füllsteinen von brau-
        ner, schwarzer und rother Farbe . . . . . . . 75 Pfg.

1 Quadratfuß Fließen von achteckiger Form (Fig. 118.), die Fließe von Seite zu Seite 130ᵐᵐ breit mit kleinen viereckigen Füllsteinen von dunkelbrauner oder schwarzer Farbe   80 Pfg.

1 Quadratfuß Fließen in verschiedenartigen Mustern, gelb, roth und schwarz (Fig. 123.) . . . . . . . . . . 90 Pf.

desgl. in Würfelform (Fig. 125.) . . . . . . . . . 1 Mt.

desgl. dreifarbig, gelb, roth und blau . . . 1 Mt. 25 Pfg.

desgl. wenn zwischen den Fließen abwechselnd eingelegte Mosaik steine (Fig. 124.) sind . . . . . . . . 1 Mt. 75 Pfg.

Ferner 1 lauf. Fuß Einfassung von gebrannter Steinmasse von farbigem Oel-Cement ausgelegt, je nach dem reicheren Ornament . . . . . . . . 75 Pfg. bis 1 Mt. 50 Pfg.

Diese gebrannte Steinmasse, welche sich durch Härte, Festigkeit und Dauer auszeichnet, wird aus Kieselerde und Eisenoxyd enthaltenem Thone verfertigt und wird noch mit gemahlenen Kapsel scherben (Chamotte) und einer talkerdehaltigen Thonart versetzt, wogegen Fließen aus gewöhnlichem gebrannten Thon nur eine sehr geringe Dauer haben. Ist bei letzterem die gebrannte Kruste durch Abnutzung verloren gegangen, so tritt besonders in engem Raume, wo die Passage fast immer auf gleicher Stelle erfolgt, bald eine vermehrte Abnutzung ein und Ungleichheiten und muldenförmige Vertiefungen verunstalten bald den Ziegelfußboden.

Sehr zweckmäßig ist es, um die Thonmasse zu den Flurziegeln fester zu machen und letztere weniger der Abnutzung zu unterwerfen, dem Thone in der Knetmühle gemahlenes Ziegelmehl zuzusetzen.

---

## XXIV.

## Mosaikböden von gebranntem Thon.

§. 126. Statt der Fußboden-Platten in Fließenform von gebranntem Thon bedient man sich kleinerer farbiger Thonstücke in Mosaikform, wie die alten Römer dergleichen vielfach in Marmor in verschiedener Weise fertigten. Die Thonmosaik bildet so einen Ersatz der mühsamen und theuren Marmormosaik, und mit der fortschreitenden Vervollkommnung in Bearbeitung des Thons entwickelte sich dieser Zweig mehr und mehr nach den Bedürfnissen des Luxus. Da die Thonstücke geformt und gepreßt und nicht wie die Stücke von

Marmor oder andern natürlichen Steinen in den Kanten und Flächen erst mühsam bearbeitet werden, so sind die Thonmosaiken, bei gleicher Dauerhaftigkeit auch schöner und lebhafter in der Farbe, gegenwärtig bei Weitem billiger als die Marmormosaik herzustellen. In Ermangelung der schönen verschiedenfarbigen Marmorarten der alten Römer bedienten sich bereits die Künstler des XII. Jahrhunderts zur Darstellung der Mosaik des gebrannten Thons, dem durch Metalloxyde die mannigfaltigsten Farben gegeben wurden, deren Schmuck durch einen Ueberzug von Emaille noch erhöht ward.

Die ältesten Fragmente, welche man von diesen Thonmosaiken vor mehreren Jahren entdeckte, dürften die in der Kapelle der Kirche Saint-Denis sein. Einige Muster von diesen zeigt die Fig. 126.

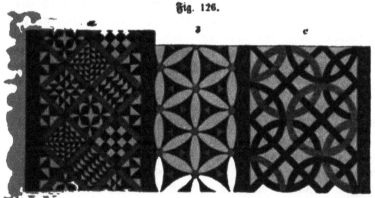

Sie sind in Streifen von verschiedenen Mustern angeordnet, die durch schmale Bänder von einander getrennt sind, und bestehen größtentheils aus sehr kleinen gebrannten Thonstücken, welche schwarz, gelb, dunkelgrün, roth gefärbt und emaillirt sind. Der Form nach sind sie dreieckig, viereckig, rautenförmig, rund und polygonal; die kleinen Theile von dreieckiger Form haben nicht mehr als 3 Millimeter Seitenläge. Wie die antike Marmormosaik zeichnet sich diese Thonmosail nicht allein durch die vortreffliche Zeichnung, sondern auch durch die Anordnung und Zusammenstellung der Farben aus, die bestimmter und schöner als Marmor die Zeichnung des Musters belebten.

§. 127. Die gegenwärtige Art und Weise der Anfertigung von Mosaiksteinen aus Töpfermasse hat wesentlichen Einfluß auf die mehr allgemeine Verwendung ausgeübt.

Im Jahr 1839 erhielt Singer in Vaurhall ein Patent auf eine Methode, Steine zu figurirten Fußböden darzustellen. Aus dünnen verschiedenfarbigen Thonscheiben sollten nämlich Stücke von der erforberlichen Größe und Form nach Schablonen ausgeschnitten resp. ausgestochen, dann getrocknet und wie gewöhnlich gebrannt werden. Auch erstreckte sich dieses Patent auf eine verbesserte Methode, um solche Mosaiksteine mittelst Cement zu Fußböden-Platten von beliebiger Größe zusammenzusetzen.

Singer hat nach dieser Methode mehrere sehr schöne Fußböden ausgeführt und seine Erfindung ist unstreitig als der erste und wichtigste Schritt zur Wiederaufnahme dieser Kunst in England zu betrachten.

§. 128. Im Jahre 1840 machte Prosser in Birmingham die Entdeckung, daß Porzellanmasse (eine Mischung von feinem Thon und Kieselerde) im Zustande eines trocknen Mehls sich durch eine starke Pressung bis auf etwa den vierten Theil ihres Volumens zusammendrücken lasse, und dann eine compacte Masse von außerordentlicher Härte und Dichtheit bilde, die nach dem Brennen weniger porös und bedeutend härter als der gewöhnliche ungepreßte und gebrannte Porzellan ist.

Diese außerordentliche und wie sich später ergab, so wichtige Entdeckung, fand zunächst in der Knopffabrikation Anwendung, um das bisher dazu verwendete Material, als Knochen, Perlmutter x., dadurch entbehrlich zu machen. Die auf diese Weise gestampften Knöpfe sind ausreichend fest und dabei dauerhafter und viel wohlfeiler, als wenn sie aus den gewöhnlichen Materialien gefertigt werden.

Diese Eigenschaft der Porzellanerde suchte gleich nachher Blashfield zur Darstellung von Formsteinen für getäfelte Fußböden zu benutzen. Er ließ durch Minton und Comp. (Besitzer von Prosser's Patent) nach dieser Methode kleine Würfel anfertigen, und als die damit angestellten Versuche in jeder Beziehung dem Zwecke entsprachen, brachte derselbe in Verbindung mit Wyatt, Parker und Comp. in London diese Fabrikation im Großen zur Ausführung. Seitdem sind dergleichen Mosaiksteine von allen möglichen Formen und von verschiedenen Farben, als roth, blau, gelb, weiß, schwarz, braun u. s. w. in großen Quantitäten gefertigt und zu den ausgedehntesten und kunstvollsten Täfelungen benutzt worden.

§ 129. Die nähere Fabrikationsweise dieser Mosaiksteine aus Töpfermasse ist nun folgende:

Der Hauptunterschied zwischen dem neuen und dem seit undenklichen Zeiten von den Töpfern angewendeten Verfahren besteht darin, daß der Thon oder überhaupt das erdige Material nicht wie bisher im feuchten bildsamen Zustande, sondern als ein äußerst fein zertheiltes trockenes Mehl in die gewünschte Form gebracht wird. Dieses Formen wird nach der neuen Methode durch ein Zusammenpressen des trockenen Thonmehls in entsprechenden Formen mittelst mechanischer Vorrichtungen bewerkstelligt, in Folge dessen die einzelnen Thonpartikelchen aneinander haften und eine dichte Masse bilden, welche dann später auf gewöhnliche Weise durch Brennen ihre Härte und Dauerhaftigkeit erhält. Das bis jetzt angewendete Verfahren ist in der Kürze wie folgt:

Das erdige Material, welches entweder in der gewünschten Qualität unmittelbar durch Ausgraben gewonnen, oder je nach der besondern Anwendung noch einen Zusatz von andern zweckdienlichen Erdarten erhält, wird durch mechanische Vorrichtungen, unter Zuführung von Wasser zu einer halbflüssigen Masse geschlämmt, demnächst durch Siebe geschlagen, um alle gröbern Beimengungen zu entfernen, und endlich in Behälter gebracht, in denen sich die erdigen Theile ablagern.

Nachdem das obenauf stehende Wasser abgelassen ist, wird der weiche schlammartige Bodensatz, nach gehöriger Durcharbeitung, soweit abgedampft, bis derselbe in Ballen geformt werden kann, welche getrocknet, demnächst grob zerkleinert und auf einer zweckdienlich construirten Mühle gemahlen werden. Das gewonnene Gut wird sorgfältig gesiebt, damit dasselbe ein aus gleich großen Thonpartikelchen bestehendes Mehl bildet, und kann dann unmittelbar verarbeitet, nämlich gepreßt werden. Die Vorrichtung zum Pressen kleiner Gegenstände aus diesem Mehl besteht im Allgemeinen aus einer gewöhnlichen Schraubenpresse, welche in Fig. 127. in der Seitenansicht abgebildet ist. Da diese Presse allgemein bekannt und ihre Construction aus der Zeichnung deutlich zu ersehen ist, so bedürfen nur die für den vorliegenden speciellen Zweck erforderlichen Vorrichtungen, die in Figg. 128. und 129. im größern Maaßstabe besonders dargestellt sind, einer kurzen Beschreibung. Diese bestehen zunächst aus einer nach der Form des zu pressenden Artikels gearbeiteten glatten stählernen Form a, welche mit der Grundplatte der Presse durch Schrauben senkrecht unterhalb der Spindel b so verbunden ist, daß der an der Schraubenspindel befestigte Stempel c genau hineinpaßt. Der Boden d der Form ist beweglich und kann durch den Hebel e mittelst der Stange f aus der Form a gehoben werden. Eine kleine horizontal liegenbe hölzerne Tafel g ist um bie Form a angebracht, um einen Vorrath des zu pressenben Thonmehls h aufzunehmen.

Fig. 127.

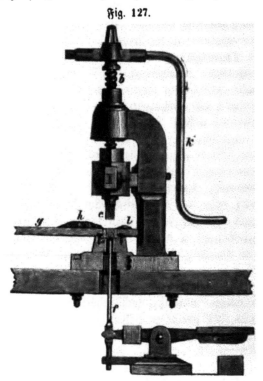

Fig. 127.

Das Pressen selbst ist höchst einfach. Der Arbeiter hebt näm- lich zuerst, indem er ben Schraubenschwengel k mit ber rechten Hand von sich stößt, ben Stempel c ganz aus ber Form a (wie in Fig. 127.), schiebt bann mit ber linken Hand mittelst eines löffelartigen Instruments das seitwärts ber Form auf ber Tafel g aufgehäufte

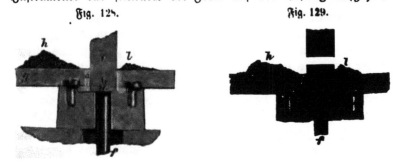

Fig. 128.                                        Fig. 129.

Thonmehl h lose in die Form, streicht die überflüffige Maffe l, welche zur Seite liegen bleibt, ab und giebt dann die Preffung. Diese darf nicht ftoßweife, fondern nur nach und nach mit verftärter Kraft erfolgen, damit die eingeschloffene Luft entweichen kann, und wird so lange fortgesetzt, bis das eingefüllte Mehl auf etwa ein Drittheil feines Volumens zufammengepreßt ist, wie Fig. 127. und 128. zeigt. Nächstdem dreht der Arbeiter den Stempel c wieder aufwärts und hebt, indem er feinen Fuß auf den Hebel o fetzt, das fertige Stück m ganz aus der Form, wie in Fig. 129. zu fehen ist. Die aus diefem Thonmehl gepreßten Formtäfelchen werden dann, um Afche, Flamme und Rauch abzuhalten, in Kapfeln gefchichtet, auf gewöhnliche Weife bis zur Halbverglafung gebrannt und find hiernach, wenn fie unglafirt bleiben follen, zum Gebrauche fertig. Gewöhnlich wird aber gleich beim erften Brennen die Glafur aufgefetzt, oder auch in manchen Fällen die Maffe fo zufammengefetzt, daß fie äußerlich in der Hitze verglaft und daher einer befondern Glafur nicht bedarf.

§. 130. Durch Anwendung diefer neuen Fabrikationsmethode wird nicht allein ein vollkommneres, fondern auch ein wohlfeileres Fabrikat erzielt. Alle Artikel, welche nämlich aus derfelben gefärbten Maffe und in derfelben Form gepreßt find, haben nothwendig diefelbe Größe, Farbe und denfelben Härtegrad; fie find vor dem Brennen durch und durch trocken, fchwinden alfo nicht, und können unmittelbar nach dem Preffen in die Kapfeln gefetzt werden, fo daß jeder Befchmutzung derfelben vorgebeugt wird. Der Zeitverluft, den das langfame Trocknen der Waare vor dem Brennen bei der bisjetzt üblichen Methode verurfacht, fowie der dabei nothwendig entftehende Verluft durch Bruch wird befeitigt, und die dazu erforderlichen ausgedehnten Trockenräume werden überflüffig. Ferner erlaubt diefe Methode eine weit vortheilhaftere Mifchung der Erdarten, als nach dem gewöhnlichen Verfahren zuläffig ift.

Die von den Töpfern gewöhnlich verarbeitete Maffe befteht nämlich größtentheils aus Thon. Seine Eigenfchaft, das Waffer einzufaugen, giebt den einzelnen Partikelchen deffelben das Beftreben, aneinander zu haften, und fomit der ganzen Maffe, bei einem gehörigen Zufatz von Waffer, die erforderliche Bildfamkeit. In anderer Beziehung ift aber ein bedeutender Zufatz von Thon zur Töpfermaffe keineswegs immer wünfchenswerth, weil die einzelnen Thonpartikelchen im gewöhnlichen Töpferofen nicht feft zufammenbacken, die daraus gefertigte Waare minder hart ift, und beim Brennen bedeutend fchwindet. Das Fabrikat ift viel mehr porös, faugt begierig Feuchtigkeit ein und ist daher ohne Glasur fast unbrauchbar. Wird dagegen eine Glasur aufgesetzt, so bekommt diese in der Regel Haarrisse.

Durch den Zusatz von reiner Kieselerde erlangt die Töpfermasse beim Brennen eine große Härte und Festigkeit, auch schwindet sie dadurch nicht mehr bedeutend, dagegen verliert sie die Bildsamkeit und ist gewöhnlich nur in beschränkter Weise zuzusetzen. Da nun aber nach der neuen Methode eine plastische Eigenschaft der zu verarbeitenden Masse nicht mehr erforderlich ist, sondern letztere nur im Zustande eines trocknen Mehls verarbeitet wird, so kann das Mischungsverhältniß ohne Beschränkung so gewählt werden, wie es sich zum Brennen am vortheilhaftesten herausstellt.

Die durch Metalloxyde gefärbte Masse, aus welcher Minton und Comp. die Mosaiksteine bilden, ist ziemlich dieselbe, welche Wedgwood zu dem Jaspisgut anwendete, und besteht aus Thon-, Kiesel- und Baryterde. Die Steine sind daher durch und durch gleichmäßig gefärbt, sehr hart und saugen nur in geringem Maaße Wasser ein. Beim Zusammensetzen der Masse und namentlich beim Brennen muß darauf gesehen werden, daß die Waare nur in Halbfluß kommt, weil, wenn diese Grenze überschritten wird, das daraus gefertigte Getäfel zum Gehen zu glatt sein würde. Sollen dagegen die Täfelchen zum Bekleiden der Wände dienen, so kann entweder die Verglasung weiter getrieben, oder auch besondere Glasur aufgesetzt werden, wodurch allerdings der Glanz der Farben ungemein erhöht wird. Große Pflasterziegel von quadratischer, sechseckiger oder irgend einer andern beliebigen Form können auf dieselbe Weise durch Anwendung von entsprechend gearbeiteten Formen gefertigt werden, nur reicht dann die vorhin beschriebene Schraubenpresse nicht mehr aus, sondern man bedient sich dazu einer Bramah'schen Presse. Der Vorzug, den diese genau aneinander passenden, gleich gefärbten und gleich harten Mosaiktäfelchen vor den römischen Getäfelsteinen, die, wie schon früher bemerkt, in Form und Härte so sehr voneinander verschieden sind, besitzen, ist augenscheinlich. Nicht weniger verdient aber auch die jetzige Art der Verbindung der einzelnen Steine zu einem ganzen Getäfel vor der alten den Vorzug.

§. 131. Anstatt die zu täfelnde Fläche vorher mit einer Cementlage zu überziehen und dann Stein für Stein mühsam hineinzusetzen und abzulothen, wie es Vitruv vorschreibt, werden jetzt die einzelnen farbigen Steine, wie es das Muster erfordert, vorher auf einer Tafel mit dem Kopfende nach unten zusammengesetzt, wodurch sich eine ebene Oberfläche ohne Mühe von selbst herstellt. Sobald ein angemeſſener Theil des Muſters auf dieſe Weiſe gebildet iſt, wird die Rückſeite mit ſeinem in die Fugen der Steine eindringenden Cement übergoſſen und zu einer zuſammenhängenden Tafel hergeſtellt. Das nähere Verfahren zur Anfertigung der Moſaikplatten iſt das folgende:

Auf einem in der untern Fläche mit eingeſchobenen Leiſten verſehenen Reißbrete werden zur Begrenzung der anzufertigenden Platten Leiſten von etwa 40ᵐᵐ Breite und 32—40ᵐᵐ Höhe mit einigen Holzſchrauben befeſtigt. In dieſen ſo umgrenzten Rahmen wird nun die Zeichnung, nach welcher die Moſaik ausgeführt werden ſoll, gelegt und darüber eine Glasplatte. Letztere dient insbeſondere zur Schonung der Zeichnung, jedoch auch um eine glatte Unterlage für die Moſaikſteine zu gewinnen. Auf dieſe Glasplatte werden nun die kleinen, verſchiedenartig gefärbten Moſaikſteine von gebranntem Thon gewöhnlich von quadratiſcher oder rautenförmiger Geſtalt von 18— 32ᵐᵐ Seitenlänge und 10ᵐᵐ Stärke nach Maaßgabe der Zeichnung gelegt. Iſt ſo die Glasplatte mit Steinen, die glatte Oberfläche derſelben nach unten, belegt, ſo wird der innere Raum über dieſen bis zum oberen Rande der Einrahmungsleiſten, alſo 22—28ᵐᵐ hoch, zuerſt mit flüſſigem Portland-Cement-Mörtel, ohne Beimiſchung von Sand und dann mit ſteiferem Mörtel ausgefüllt, in welchen eine oder auch zwei Lagen Dachziegel oder beſſer Dachſchieber im Verbande eingedrückt werden; die obere Lage wird dann mit Cement abgeglichen und mit einem Lineal über die Einrahmungsleiſten glatt abgeſtrichen. Hierdurch wird Cementmaſſe erſpart und die Platten erhalten auch eine größere Feſtigkeit. Aus gleichem Grunde erhalten die Platten auch eine Stärke von 32—40ᵐᵐ, jedoch können füglich auch Platten von geringerer Stärke verwendet werden. Zum beſſern Anhaften des Mörtels beim Verlegen pflegt man auch wohl in dem Cement einige rinnenartige Streifen zu machen. Iſt die Cement-Füllmaſſe erhärtet, ſo werden die Umfaſſungsleiſten — welche vorher, um das Anhaften zu verhindern, gut einzufetten ſind — beſeitigt und die Moſaikplatte dann von der Glasplatte abgehoben. Dieſe Methode bietet zugleich die Annehmlichkeit, daß Kunſtliebhaber beliebige Muſter mit leichter Mühe ſelbſt zuſammenſetzen können und nur das Hinlegen der fertigen Platten dem Arbeiter verbleibt.

Die Conturen aller Muſter in den auf die hier beſchriebene Weiſe conſtruirten Fußböden treten ſcharf und klar aus der glatten Fläche hervor, die nicht mehr durch jene breiten, unebenen und ſchmutzigen Cementfugen unterbrochen iſt, welche in römiſchen Täfelungen ſo ſtörend ſind. Die Schärfe und Präciſion einer jeden Linie, eines jeden Winkels und die genaue Uebereinstimmung aller das Muster bildenden Theile, so complicirt und verschieden sie auch immerhin sein mögen, steigern den Effect bis zur Vollendung. Diese Täfelungen sollen in der That eine solche Genauigkeit und Leichtigkeit der Anfertigung erlauben, daß die verschlungensten und verwickeltsten Durchkreuzungen der maurischen Dessins nicht schwieriger als die einfachen, rechteckigen pompejanischen Muster darzustellen sind. Selbst Schnörkel, verwickeltes Netzwerk, Darstellungen von Rossen und Kriegern 2c., wie sie sich in den prachtvollsten römischen Mosaiken vorfinden, können mit diesen gefärbten und gepreßten Thonsteinen täuschend nachgeahmt werden.

§. 132. Seit Jahren werden Mosaiksteine in vorbeschriebener Weise in der Thonwaaren-Fabrik von March in Charlottenburg bei Berlin von vorzüglicher Härte, Dauerhaftigkeit, Schönheit und Schärfe in den Kanten gefertigt. Zur Darstellung von farbigen Steinen werden dem trocknen, gepulverten Thon metallische Farbstoffe beigemengt. Die Steine, entweder von quadratischer oder rautenförmiger Gestalt, sind an Größe verschieden, von 18—32ᵐᵐ Seitenlänge und 7—10ᵐᵐ Stärke; die gebräuchlichsten sind 23ᵐᵐ im Quadrat groß und 10ᵐᵐ stark. Von diesen gehen auf den Quadratfuß bei sehr sauberen Fugen 183 ganze Steine oder incl. Verlust und Bruch 195 Stück. Von den rautenförmigen Steinen mit 20ᵐᵐ Seitenlänge und 10ᵐᵐ Stärke gehen auf den Quadratfuß 216 ganze Steine oder

Fig. 130.

Fig. 131.

incl. Verlust und Bruch 230 Stück. Ganze und halbe Steine erhält man in der Fabrik in den mannigfaltigsten Farben.

Um das Verlegen der einzelnen Mosaiksteine zu einem bestimmten Muster eines Fußbodens zu erleichtern, werden in der genannten Thonwaaren-Fabrik größere und kleine Platten von Portland-Cement mit Mustern der verschiedensten Art von Mosaiksteinen eingelegt. von 26—32ᵐᵐ Stärke in reichſter Auswahl gleich vorräthig gehalten. Einige einfache Muſter ſtellen die Figuren 130. und 131. dar, erſtere enthält 4 Farben, gelb, rothbraun, ſchwarz und weiß, letztere bildet eine Einfaſſung in 5 Farben, ſchwarz, weiß, blau, roth und braun. Gewöhnlich ſind dieſe Platten von Portland-Cement mit eingelegten Moſaikſteinen 1 Quadratfuß groß. Diejenigen, welche die Platten, nach der oben beſchriebenen Anweiſung ſelbſt anfertigen wollen, erhalten die Moſaik-ſteine in verſchiedenen Formen und Farben in der genannten Fabrik zu folgenden Preiſen:

Es koſten:

100 Stück ganze Moſaikſteine, rautenförmig oder quadratiſch, der Stein in der Seite 22ᵐᵐ lang und 10ᵐᵐ ſtark, von blauer Farbe . . . . . . . . . . . . . . . 1 Mk. 50 Pf.

100 Stück ganze Moſaikſteine desgl. von grüner Farbe 1 . 25 .

100 . . . . = = ſchwarzer . 1 . — .

100 = = = . = = weißer . — . 90 .

100 . . = v. grauer u. braun. . — . 75 .

100 . . = v. gelber u. rother . — . 72 .

100 . halbe . nach einer Mittellinie oder einer Dia-gonale der vorigen ganzen Steine getheilt von blauer Farbe — Mk. 95 Pf.

100 Stück halbe Moſaikſteine desgl. von grüner Farbe — . 80 .

100 . . . . . ſchwarzer . — . 68 .

100 . . . . . weißer . — . 62 .

100 . . . = v. grauer u. braun. . — . 55 .

100 . . . = = gelber u. rother . — . 52 .

1 Quadratfuß Moſaikplatte mit vier Farben, blau, gelb, rothbraun und weiß . . . . . . . . . . 3 Mk. — Pf.

1 Quadratfuß Moſaikplatte mit vier Farben, gelb, rothbraun, ſchwarz und weiß (nach Fig. 130.) . . . . . . 2 Mk. 50 Pf.

1 Quadratfuß Moſaikplatte mit fünf Farben, gelb, roth, blau, ſchwarz oder grün und weiß . . . . . . . . . 3 Mk. — Pf.

1 lauf. Fuß von Einfaſſung von gebrannter Steinmaſſe, mit à la grecque-Verzierung von farbigem Delcement ausgelegt, 115ᵐᵐ breit . . . . . . . . . . . . . — Mk. 75 Pf.

1 lauf. Fuß Einfaſſung desgl. mit etwas reicherem Ornament, 130ᵐᵐ breit . . . . . . . . . . . . . 1 Mk. — Pf.

1 lauf. Fuß Einfaſſung desgl. mit Laubwerk, 182ᵐᵐ breit 1 . 50 .

1 lauf. Fuß Einfaſſung mit Moſaikſteinen 65ᵐᵐ breit in drei Farben, ſchwarz, grau und blau . . . . . . . . — Mk. 70 Pf.

1 lauf. Fuß Einfassung desgl. 127ᵐᵐ breit, mit fünf Farben, dunkelbraun, gelb, roth, grau und weiß . . . . . 1 Mk. 35 Pf.
1 lauf. Fuß Einfassung desgl. 170ᵐᵐ breit nach Fig. 131. in fünf
Farben, schwarz, weiß, blau, roth und braun     1 Mk. 75 Pf.[*]

§. 133. Ebenso fertigt die Thonwaarenfabrik von Villeroy
und Boch in Mettlag a/d. Saar in Rheinpreußen Mosaikplatten aus
hartgebrannter farbiger Thonmasse, welche sowohl durch die reiche
Auswahl der darin ausgeführten Zeichnungen als durch die gefällige
Zusammenstellung ihrer Farben die Mittel an die Hand geben, zugleich höchst dauerhafte und zierliche und in Betracht ihrer Eigenschaften vergleichungsweise billige Bodenbelege auszuführen.   Diese
Platten sind härter wie Stahl, mit dem sie Funken geben, so daß
sie der Abnutzung durch noch so häufige Berührung mit harten Körpern, wie Schuhnägel zc. nicht unterworfen sind; nicht minder trotzen
sie dem Einflusse der Witterung, so daß sie ebenso gut im freien als
im bedeckten Raume verwendbar sind.

Die Farben sind der Masse der Platten einverleibt und die Zeichnungen werden darauf hervorgebracht durch Zusammenstellung verschieden gefärbter Massetheilchen.   Daher sind die Farben so dauerhaft wie die Masse selbst.

Die mannigfaltigsten in Mettlag bereits ausgeführten Zeichnungen — es sind deren an Hundert — gehören bestimmten Bau-
stylen an; auf Verlangen werden jedoch beliebige Zeichnungen ausgeführt, wofern solche sich in die feststehende Form und Maaße der
Platten einfügen lassen, nämlich in Quadrate von 116 Millimet. Seite,
d. i. 36 Stück auf einen Quadratmeter.

Die Preise dieser Mosaikbelege sind verschieden, je nach der
Zeichnung; sie schwanken, in für jede Nummer festen Sätzen, zwischen
8 Mk. und 5 Mk. pro Quadratmet. loco Mettlag. —

---

[*] Nach Fleischinger und Becker, systematische Darstellung der Bau-Con-
structionen, 6. Liefer. S. 11.

## XXV.

### er Herstellung der Terrassen= oder Falz= und Deckziegel.

34. Soll eine Fläche, z. B. Malz= und andere Darren ꝛc.,
t mit Ziegelplatten belegt werden, so braucht man dazu
Falz= oder Terrassenziegel, b. h. Platten, welche sich
Falzen durchaus bedecken und scharfe Fugen haben, mithin
fer ben Durchgang um so mehr erschweren. Sie werden
ndern Platten aus vorzüglich gut gearbeitetem Thone ge-
nb behandelt.

132. stellt die Ansicht eines Mittelfalzziegels dar,
wei Seiten von oben, auf zwei Sei-
nten gefalzt ist. Bei den Ortfalz=
inb die an die Wand stoßenden Sei-
Falz und zwar haben in Fig. 134.
egel a zwei, die Wandziegel b
eine anstoßende stumpfe Seite. Wird
g. 134. gefugt, so sind halbe Wand-
c erforberlich, nach Fig. 133. nicht.
enquerschnitt nach Fig. 133a zeigt,
bere und untere Falz um die Fugen=

**Fig. 132.**

**Fig. 133.**         **Fig. 134.**

**Fig. 133a.**

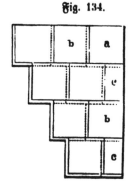

dicke weniger betragen müssen, als die Höhe der Platten. Es kann
die Falzdicke 26ᵐᵐ, die Fugendicke 6ᵐᵐ, also die Plattendicke 58ᵐᵐ
betragen. Für solche 21ᶜᵐ im Gevierte gefugte Terrassenziegel bedarf man nur zweier Modelle in Holz, eines von 222ᵐᵐ, das andere
von 248ᵐᵐ ins ☐, beide 65ᵐᵐ tief (wegen des Schwindens etwas
größer als die Platte nach dem Brande). Die Eck- und Ortziegel
werden mit ersterer, die Mittelziegel mit letzterer gefertigt, die halben
haben eine eigene Form, welche die Hälfte der Ortziegel beträgt,
oder man bildet sie durch Abschneiden von diesen. Wenn die Ziegelplatten lufttrocken sind, wird eine kleine Maschine (Regel) Fig. 135.
an dieselben angelegt und die Falze an ihren gehörigen Stellen mit

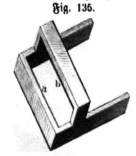

Fig. 135.

einem dünnen öfter zu benetzenden Messer
hineingeschnitten. Die Falzwinkel sind
an den Kanten a, b, wo geschnitten wird,
mit eisernen Schienen belegt, damit sie
nicht schnell ausgewetzt werden und die
Falze sich gleich bleiben. Der Falz wird
zuweilen auch durch das Formen hervorgebracht, indem man in die Form ein
parallelopipedisches, glattgehobeltes Holz,
welches genau die Größe des Falzes hat,
befestigt. Genauer werden die Falze jedoch durch das Schneiden. —

Fig 136.

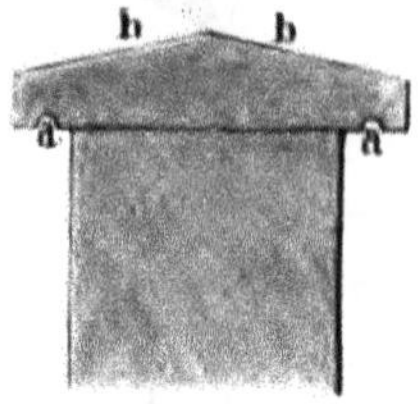

§. 135. Hierher gehören auch die
Deckziegel auf Befriedigungsmauern
um Höfe, Gärten 2c. (Fig. 136.), sie werden 20—25ᶜᵐ breit, 26—31ᶜᵐ lang,
10—13ᶜᵐ dick hergestellt und in den
Langseiten wie die Falzziegel mit über-
einander greifenden Falzen versehen. Sie werden wie die gewöhnlichen Ziegelsteine in hölzernen Formen gestrichen, wobei jedoch die
Form an den zwei Langseiten die Gestalt der Abdachung b, b des
Steins hat und dieser von der Mitte aus nach beiden Seiten abgestrichen wird. Um das Wasser von den Fugen abzuleiten, wird
bei a, a an den Rändern der untern Seite des Steins, wenn derselbe lederhart ist und die Falze geschnitten werden, mittelst eines
hakenförmigen Messers und einem Lineal zwei Ruthen eingezogen.
(Vergl. auch Deckziegel mit einseitigem Wasserfall in Fig. 9. und 11.
auf S. 25).

§. 136. Eine zweckmäßigere Form dieser Deckziegel ist in

137. `einem ſenkrechten
zenſchnitt und einer Enb=
ht in ¹/₁₀ der Natur=
e bargeſtellt. Dieſe Deck=
e ſind auf der obern
dachten Fläche hohl aus=

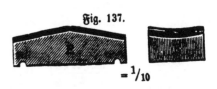

Fig. 137.

= ¹/₁₀

ichen, damit der Waſſerablauf ſtets in der Mitte der Steine ſtatt=
et und nicht an den Mörtelfugen einbringen kann, dadurch wer=
bie Falze an den Längenſeiten entbehrlich. Dieſe Deckſteine
len in gewöhnlichen Formen hergeſtellt werden, wobei die beiden
eren Seitenbreter oberhalb die Abbachung haben und unterhalb
ein Paar halbrunden Ausſchnitten für die Waſſernaſe verſehen
. In dieſe Ausſchnitte werden ein Paar halbrunde Stöcke (ge=
tene Haſelſtöcke) auf das Formbret loſe eingelegt, das Formbret
Sand beſtreut, hierauf wird der Thonballen wie gewöhnlich ein=
fückt und die Oberfläche mittelſt eines bogenförmigen Streichholzes
ben abgebachten Seitenbretern der Form hohl von der Mitte
nach beiden Seiten hin ausgeſtrichen. Nachdem die Form ab=
ben, wird der Stein mit dem Formbret in die Trockengeſtelle ge=
ht und bleibt dort ruhig bis zum vollſtändigen Austrocknen ſtehen;
ei können beim Schrumpfen der Thonmaſſe die loſe auf dem Form=
aufliegenden halbrunden Stöcke leicht folgen, ohne daß der Stein
e bekommt. —

## XXVI.

## Die verſchiedenen Arten und Anwendung der Hohlziegel.

§. 137. In Figg. 2—4 Seite 22 theilten wir bereits drei ver=
bene Arten hohler Backſteine von rechteckiger Form mit, die wie
gewöhnlichen Vollziegel verwendet und vermauert werden. Außer
en hat man für glatte Mauern die äußern patentirten hoh=
Verbandziegel (Fig. 138.) mit denen zu zweien nebenein=
er gelegt und durch eine
rtelfuge verbunden, eine
— ſtarke Mauer (Fig. 140.)
lbet werden kann. Fig. 139.
einen hohlen mittlern Ziegel

Fig. 138.     Fig. 139.

derselben Construction, aus benen in Verbindung mit vorigen Ziegeln, wie Fig. 141. erläutert, eine Mauer von 395ᵐᵐ Stärke hergestellt

**Fig. 140.**     **Fig. 141.**

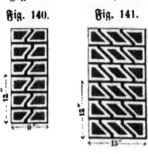

**Fig. 142.**

werden kann. Jeder solcher Ziegel nach Figg. 140. und 141. mit Mörtelfuge bildet eine Schicht von 10ᶜᵐ Höhe, so daß drei solcher Schichten 30ᶜᵐ Höhe haben. Neun hohle Ziegel von dieser Größe geben so viel Mauerwerk als 16 Ziegel gewöhnlicher Größe. Das Gewicht der erstern übersteigt das der letztern nur um Geringes. Bei der eigenthümlichen Form dieser hohlen Patentziegel wird ein in der Mauer nach der Länge durchlaufender Verband erlangt. Die Stoßfugen jeder äußern und innern Schicht treffen senkrecht auf je eine über und unter derselben; Binder bei diesem Verbande fallen fort. Die Stoßfugen sind gebrochen, gehen daher in der ganzen Stärke der Mauer nicht durch (Fig. 142.), wie dieß sonst bei regelrechtem Verbande gewöhnlicher Mauerziegel eingehalten werden muß.

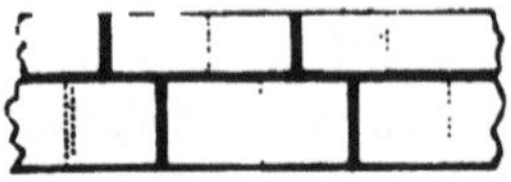

§. 138. Auf gleiche Weise werden hohle Steine zum Auslegen der Balkengefache, anstatt des lange Zeit zum Trocknen erfordernden

**Fig. 143.**

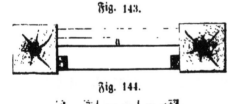

**Fig. 144.**

Sticken und Wickeln (Wellern mit Strohlehm) gefertigt. Fig. 143. zeigt die Balken mit diesen Steinröhren über Hirn gesehen, Fig. 144. einen Querschnitt der letztern in der Längenrichtung der Balkengefache; sie sind auf der einen Längenseite mit einer Feder a, auf der andern mit einer Nuthe b versehen, mit denen sie ineinandergreifen.

Die Hohlziegel bieten den hauptsächlichsten Vortheil, daß die mit denselben construirten Gebäude rascher austrocknen und viel früher bezogen werden können; daß sie sehr vortheilhaft bei Ueberwölbungen zur Erleichterung und Verminderung der Stärke der Widerlager, sowie bei Aufführung von Wänden auf flachen Bögen und überhaupt da, wo eine Belastung zu vermeiden ist, verwendet werden; daß sie wegen der geringen Wärmeleitungsfähigkeit der Luft sehr warmhaltende Zwischenwände bilden, die im Winter warm, im Sommer kühl sind und, bei äußern oder innern Mauern verwendet, gegen Feuchtigkeit und Kälte schützen; daß sie bedeutend weniger Rohmaterial zur Anfertigung erfordern und leichter auf die Baustelle zu transportiren sind. Sie kommen daher immer mehr in Anwendung.

§. 139. Besonders vortheilhaft sind die Hohlziegel zur Herstellung von dauerhaften Decken in Stallungen. Es ist bekannt, daß Holzdecken in Stallungen einer sehr raschen Zerstörung durch die fortwährende Ausdünstung des Viehes ausgesetzt sind. Man hat verschiedene Constructionen von Decken in Holz und Stein versucht, durch welche dieser Mißstand wenigstens theilweise beseitigt wird, z. B. Ausvölben der Balkengefache. Durch keine derselben aber wird der Zweck so vollständig und billig erreicht als durch die vom Bauverwalter Schneller in Schlitz angewandte Construction.

Fig. 145. zeigt einen Durchschnitt durch ein Balkenfeld in ¹⁄₁₀ natürl. Größe. A, A sind die Deckenbalken, zwischen welche die eigenthümlich geformten hohlen Steine B, B eingesetzt und an den Stoßfugen mit Cement verstrichen werden. Die Balken werden, ähnlich wie für das

**Fig. 145.**

**Fig. 146.**

Ausfüttern mit Stückhölzern, an den Seiten mit Narben a, a versehen, in welchen die Steine B, B mit dem obern Kamme ihre Widerlager finden. Unter die Balken werden die 25ᵐᵐ dicken, an den Kanten abgeschrägten Deckziegel C, C gleichfalls in Cement gelegt und durch

die untern Kämme der Hohlziegel b, b festgehalten. Eine andere derartige Construction für gerade Decken zeigt Fig. 146. Diese Hohl- und Deckziegel werden auf der gräfl. Görtz'schen Ziegelei in Schlitz in zwei verschiedenen Größen für Balkenfelder von 450ᵐᵐ und 575ᵐᵐ lichter Breite gefertigt. Durch Versetzen der größern Steinsorten mit der kleinern von der Form in Fig. 146. können auch Balkenfelder von 512ᵐᵐ Weite überdeckt werden.

Da die Balken von den Zimmerleuten nie so gerade gearbeitet werden, daß keine Differenz in der Breite vorkommt, so ist der mitt- lern Stoßfuge der Steine nach oben eine größere Breite gegeben; hiernach kann der Maurer beim Versetzen derselben sich stets helfen und Keilchen D von Ziegeln ꝛc. von verschiedener Stärke, je nach- dem es das Balkenfeld erfordert, einsetzen. Auch bei den Steinen für gerade Zimmerdecken (Fig. 146.) ist dieß ein Haupterforderniß, um die Steine in der mittlern Keilfuge zu verspannen.

Die Kosten einer Backsteindecke berechnen sich noch etwa ¹⁄₁₀ bil- liger, als wenn dieselbe mit Eichenholz gestäkt, gewickelt und getüncht wird. Auch ist das Gewicht geringer. Auf die Backsteine wird in den Ställen unmittelbar geweißt.

1) Zu Stalldecken von 450ᵐᵐ weiten Feldern kosten 1000 Stück Decksteine, womit 34¹⁄₃ □ᵐ überdeckt werden und die 64 Ctr. wiegen, 37 Mk.

2) Zu Stalldecken von 575ᵐᵐ weiten Feldern kosten 1000 Stück Decksteine, womit 43, 8□ᵐ überdeckt werden und die 77 Ctr. wiegen, 45 Mk.

3) Zu geraden Zimmer- oder auch Stalldecken für 450ᵐᵐ weite Balkenfelder, kosten 1000 Decksteine, welche 34¹⁄₃ □ᵐ überdecken und die 69 Ctr. wiegen, 40 Mk.

4) Von den Deckziegeln (C) zur Verkleidung der untern Balken- flächen, welche 187ᵐᵐ breit und 300ᵐᵐ lang sind, kosten 1000 Stück 17 Mk. 25 Pf.

An Arbeitslohn kostet der Quadratmeter 35 Pf., für Cement per Quadratmeter 23 Pf., für Lehmaufschlag 12 Pfg. In Summa kostet hiernach der Quadratmeter Decke (die Balkenflächen mitgemessen) 1 Mk. 60 Pfg.

Was die Güte und Widerstandsfähigkeit der hohlen Steine ge- genüber von vollen Steinen anbelangt, so ist erstere über das Dop- pelte größer. Dieß kann nur darin seinen Grund haben, daß die hohlen Steine leicht austrocknen und daß beim Brennen derselben das Feuer durch die Höhlungen c geht, wodurch sie vollkommen ausgebrannt werden. Die vollen Steine dagegen trocknen schlecht aus, sie behalten immer einen feuchten Kern, und diese innere Feuchtigkeit verwandelt sich in der Glühhitze des Brennofens in Dämpfe, welche die Steine leicht rissig machen, was ihre Widerstandsfähigkeit beeinträchtigt. —

§. 140. In England werden seit 20 Jahren feuerfeste Treppen gefertigt, deren Stufen aus Hohlziegeln bestehen und in gewöhnlicher Weise gebrannt sind. In Fig. 147. und 148. sind einzelne Stufen dieser Art nach zwei verschiedenen Modellen abgebildet. Solche Treppen sind leicht, solid und, wenn gut gebrannt, der Abnutzung wenig unterworfen, auch können dieselben, wenn sie mit eisernen Trag- und Verbindungsstangen, sowie gusseisernem Geländer versehen sind, dem Feuer sehr lange wiederstehen.

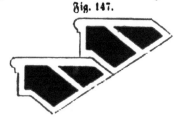

Fig. 147.

Herr Rittergutes- und Ziegeleibesitzer Oscar Christ in Neisse in Schlesien theilte uns mit, daß er solche hohle Stufenziegel in Längen von 47ᶜᵐ und 94ᶜᵐ fertigen lasse, um beim Verband nicht Fuge auf Fuge treffen zu lassen. Wir halten es jedoch für vortheilhafter, wenn dieselben in Längen von 47ᶜᵐ und 31ᶜᵐ gefertigt werden, weil sich als

Fig. 148.

dann mit diesen Treppen von 78ᶜᵐ 94, 110, 121ᶜᵐ Breite mit richtigem Verbande herstellen lassen und kürzere Stücke leichter gerade anzufertigen sind.

Fig. 149.

§. 141. Ganz in derselben Weise wie obige hohle Treppenstufen lassen sich reich profilirte Gurt- und Sockelgesimse, Fenstersohlbänke, Rinnsteine (Canalziegel) und Decksteine für Einfriedigungsmauern durch Hohlziegel herstellen. Wir sahen vor einigen Jahren solche thönerne Fenstersohlbänke in Hamburg von vorzüglicher Güte 65ᶜᵐ lang, 18ᶜᵐ breit und 75ᵐᵐ dick, dieselben sollen aus der Ziegelei von

Fig. 150.

Ditmer auf dem Renneberg bei Flensburg stammen und nur 1 Mk. per Stück kosten. Die hohlen Decksteine erhalten gewöhnlich für 30ᶜᵐ starke Mauern im Querschnitt die Form Fig. 149. und für 45ᶜᵐ starke Umfassungsmauern die Form der Fig. 150.; letztere besteht aus zwei Schichten, wovon die untere Schicht aus zwei Stücken des Röhren steins a und die obere Schicht aus dem Firststein b besteht, deren Fugen wechseln oder einander decken.

## XXVII.

## Kettenziegel und deren Anwendung.

§. 142. In den letzten Jahren ist eine neue Art von Ziegeln, die s. g. Kettenziegel aufgekommen, welche durch die Bestrebungen veranlaßt wurden, im Mauerwerk die Verbindung der einzelnen Ziegel, (welche sonst wesentlich auf der durch die Abhäsion des Mörtels hervorgebrachten Reibung beruht) durch eine besondere Form der Steine zu unterstützen, um so einmal an Arbeitszeit und durch die Verringerung der Wandstärke auch an Material zu sparen.

Auf der Wiener Weltausstellung (1873) waren zwei Systeme solcher Kettenziegel ausgestellt. Die von Emil Pavy in Chateau du Claveau bei Mézières en Brenne (Depart. Indre) zeigten sich hauptsächlich in ihrer Verwendung zu runden Bauten, einem Getreidereservoir und sonst in einzelnen Exemplaren. Sie sind in Fig. 151—153 dargestellt und haben an jedem Ende einen schwalbenschwanzförmigen Einschnitt, welcher nicht durch die ganze Steindicke hindurch geht und in einer besonderen Handpresse in vorher vollkantig gefertigte Ziegel eingedrückt wird. Bei dem Verlegen dieser Steine wird dann in die sich gegenüberstehenden Einschnitte zweier benachbarten Ziegel ein besonderer Zwickelstein a in Mörtel eingelegt. Nach Angaben von Pavy wird bei runden Schornsteinen, welche, als aus fest verbundenen übereinander liegenden Ringen bestehend, durchgehend

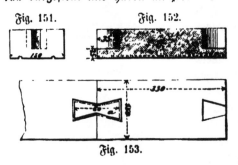

Fig. 151.      Fig. 152.

Fig. 153.

nur einen halben Stein stark zu sein brauchen nur der dritte Theil des sonst erforderlichen Ziegelmaterials nöthig. Pavy giebt wie die Fig. 151. zeigt, seinen Ziegeln in der Lagerfläche einige der Länge nach laufende Furchen, um damit die Lagerfuge zu verstärken.

§. 143. Bei den in Fig. 154 bis 156 dargestellten derartigen Ziegeln von A. T. Freund in Wien ist der zuletzt angeführte Gesichtspunkt in weit größerem Maaße ausgebildet, indem dieser in die Lagerfläche seiner Ziegel eine etwa 50ᵐᵐ tiefe schwalbenschwanzförmige Nuth einpreßt und auf der Oberfläche des darunter liegenden Steines eine entsprechende Feder anbringt. Wie aus den Figuren leicht ersichtlich müssen die Ziegel beim Verlegen seitwärts übereinander geschoben werden.

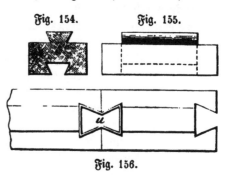

Fig. 154.  Fig. 155.

Fig. 156.

geben aber eine äußerst feste Verbindung, von welcher die Wiener Weltausstellung (1873) ein Beispiel zeigte, indem aus einem Pfeiler ohne Anwendung von Mörtel ein gut 1ᵐ,5 freitragender Mauerklotz herausgebaut war. Sonst hatte Freund noch ein kleines Haus aus seinen Steinen vorgeführt, sowie im Modell die verschiedenartigsten Steinverbände*). —

Die Freund'schen Kettenziegel lassen sich sehr gut mittelst der Ziegelmaschine und Drainröhrenpresse herstellen, und zwar sowohl die Steine selbst als die Schwalbenschwanzzwickeln. Die Ausschnitte für letztere an den Kopfenden der Steine werden sobald diese lederhart geworden nach Blechschablonen durch ein Paar Schnitte mit einem scharfen Messer hergestellt. —

Die Kettenziegel haben für besondere Zwecke z. B. schwache Gewölbe, Hohlmauern, Scheide- und Isolirungsmauern, Ueberkragungen, freistehende Schornsteine, Fenster- und Thüranschläge ꝛc. eine gewisse Bedeutung und werden ohne Zweifel noch eine vielseitige Anwendung finden. —

---

*) Zeitschrift des Vereins deutscher Ingenieure 1874 p. 298.

# XXVIII

# Maschinen zur Herstellung von hohlen Backsteinen.

§. 144. Die Hohlziegel kommen immer mehr in Aufnahme; sie bieten große Vortheile; nicht nur, daß die damit aufgeführten Mauern schneller austrocknen und ein geringeres Gewicht haben, son dern es werden auch bei der Fabrikation 15 bis 30% Thon und 20 bis 30% Kohlen beim Brennen gespart, sowie auch $\frac{1}{3}$ weniger Zeit zum Trocknen erforderlich ist.

Die Hohlziegel können bisjetzt nur durch eine Ziegelmaschine oder Röhrenpresse hergestellt werden; von diesen Maschinen hat man zwei Gattungen, nämlich Kolbenpreßmaschinen und Walzenpreßmaschinen.

§. 145. Bei den Kolbenpreßmaschinen wird jedesmal ein Quantum vorher gereinigter Thon zum Auspressen in einen Preßkasten eingelegt und durch einen Piston die Hohlsteine oder Röhren durch Formen gepreßt. Diese Art Maschinen sind am weitesten verbreitet, und entweder mit einfachen oder doppelten Preßkasten und Pistons versehen, welche horizontal wirken; die Fig. 157. und 158. geben von beiden Arten eine Abbildung, wie sie in der Maschinenfabrik von J. Jordan Sohn in Darmstadt in vorzüglicher Ausführung gebaut werden.

Fig. 157.

Die einfache Maschine Fig. 157. (Modell No. III.) besteht aus einem soliden eisernen Kasten, der in einem auf gußeisernen Rollen beweglichen Gestelle von bedeutender Stärke liegt. Dieser Kasten wird mit dem wohl zubereiteten, völlig steinfreien Thon angefüllt, und sein Deckel vermittelst eines starken Eisenhebels hermetisch verschlossen. Die hintere Eisenwand des Kastens ist in Laufschienen beweglich und wird durch eine Zahnstange von Schmiedeeisen nach vorwärts gedrängt. Die letztere erhält ihre Bewegung durch ein (unterhalb des Preßkasten-deckels gelagertes) Rädersystem, welches so viel Kraft erzeugt, daß ein einzelner Mann ganz bequem die Maschine regieren kann. Der Thon im Kasten wird durch das Drehen der Kurbel nunmehr nach vorn getrieben, passirt ein Gitter und kommt dann an den Oeffnungen der vordern Kastenwand als Hohlziegel heraus. Diese vordere Kastenwand, die Formplatte, ist aus- und einsetzbar, je nach der Gattung Hohlsteine, Gesimssteine rc. von verschiedenen Formen und Dimensionen, die man anfertigen will. Die aus der Formplatte tretenden Hohlziegel gelangen auf das Rollbett, einen langen, aus einzelnen beweglichen Walzen bestehenden Tisch, auf welchem sie fortgleiten, bis der Kasten leer ist. In die erforderliche Größe werden diese Ziegel zerschnitten, mittelst darüber in die Höhe gerichteter Bogen mit Stahlsaiten. Der Kasteninhalt dieser Maschine beträgt 0,05 Cubikmeter. Das Gewicht der Maschine ist circa 18 Centner und ihr Preis, exclus. Formen 346 Mark und bei gleichzeitiger Einrichtung für Riemenbetrieb, mehr 51 Mark. Ein Mann und ein Junge können pro Tag 3000 Stück hohle Backsteine, oder 4000 Dachziegel und Röhren dar-

Die doppelt wirkende Presse (Modell No. IV.) Fig. 158. kann als zwei miteinander verbundene Pressen betrachtet werden, welche einen gemeinschaftlichen Bewegungsmechanismus besitzen; denn denken wir uns das letzte Drittel der Maschine, rechts, nebst Riemenvorgelege weg, so bleibt uns eine einfach wirkende Hohlstein- und Drainröhren-Presse von der Größe der vorher beschriebenen Maschine. Jede Presse hat ihren eigenen Preßkasten mit besonderem Deckelverschluß, ihre eigene Form und ihr eigenes Schneidwerk. Die Anordnung des Bewegungsmechanismus ist hier ebenfalls wie bei der vorher beschriebenen Maschine derart gewählt, daß alle Zahnräder von dem Deckel der Maschine aus nach unten gelagert sind, um die Bedienung der Maschine nicht zu behindern. Die beiden Preßkolben wirken abwechselnd; während der eine Kolben preßt, wird der andere Preßkasten mit frischem Thone gefüllt; die beiden Preßkolben sind mit

doppelten Zahnstangen von geschmiedetem Eisen versehen, welche von zwei auf der Betriebswelle sitzenden, ebenfalls schmiedeeisernen Trieben ihre Bewegung erhalten. Die Maschine kann für Handbetrieb oder für Riemenbetrieb benutzt werden. Beim Handbetrieb arbeiten zwei Mann an den beiderseitigen Kurbeln. Die erforderliche Kraft für Riemenbetrieb beträgt circa $\frac{1}{2}$ Pferdekraft. Wie die Abbildung zeigt, ist ein besonderes Vorgeleg mit 3 Riemscheiben hierfür vorhanden, welche zum Betriebe mit umkehrender Bewegung und zum Leerlauf dienen. Die beiden anhängenden Schneidwerke sind auf je 3 Schnittlängen von 30$^{cm}$ und 2 Schnittlängen von 45$^{cm}$ eingerichtet. Man kann auf dieser Maschine Steine pressen, welche im Querschnitt bis zu 33$^{cm}$ breit und 17$^{cm}$ hoch sind und eine beliebig verlangte Länge haben.

Von den beiden Preßkasten hat jeder 0,05 Cub.-Meter Inhalt. Für Handbetrieb eingerichtet kostet die Maschine 1158 Mrk. und fordert zu ihrer Bedienung 2 Mann und 2 Jungen. Für Riemenbetrieb eingerichtet kostet die Maschine 102 Mrk mehr und erfordert an Bedienung 1 Mann und 2 Jungen. Die Presse liefert per Tag 6—7000 Hohlbacksteine oder Dachziegel (Flachziegel) und 8—10,000 Röhren; ihr Gewicht beträgt 23 und 25 Centner.

Von der genannten Fabrik werden die gebräuchlichsten Formen zu diesen Maschinen geliefert nämlich:

1 Hohlsteinläuferform, 2löcherig . . . . . à 27—30 Mrk.
1 Hohlsteinbinderform, 4löcherig . . . . . à 33—42 =
1 Vollsteinläuferform . . . . . . . . . . 30 =
1 Vollsteinbinderform . . . . . . . . . . 36 =
1 Dachziegelform . . . . . . . . . . . 30 =
1 Schneidrähmchen dazu . . . . . . . . 9 =
1 Schneidbügel dazu . . . . . . 6 =
1 Plättchenform, volle oder hohle . . . . . 30—36 =
Ferner an diversen Façonsteinformen:
1 einfache Gesimssteinform . . . . . . . . 30 =
1 Kaminsteinform . . . . . . . . . . 48—54 =
1 Hohlsteinläuferform 3löcherig . . . . . . 36 =
1 Hohlsteinbinderform 6löcherig . . . . . . 48 =
1 Hohlsteinläuferform 6löcherig . . . . . . 45 =
1 Hohlsteinläuferform für □ Steine von 120$^{mm}$ im
□, 4löcherig . . . . . . . . . 36 =

§. 146. Als eine höchst wichtige und eingreifende Neuerung, die sich erst in den letzten Jahren entschieden Bahn gebrochen hat, ist die Anwendung continuirlich arbeitender Maschinen speciell für die Hohlsteinfabrikation im Großen zu verzeichnen.

Daß die großen, für Massenerzeugung gewöhnlicher guter Vollziegel construirten, Ziegelmaschinen nicht gleich praktisch für die Hohlsteinfabrikation sind, ist eine längst bekannte Thatsache. Die Gründe hierfür sind nahe liegend. In einer großen Maschine sind große Massen von Thon fortwährend zu bewegen und durch die Form (Mundstück) als Vollsteine durchzudrängen. Wird nun dieser, für Vollsteine ganz offene Querschnitt des Mundstücks durch eine Hohlsteinform wesentlich verringert, so ist dies gleichbedeutend mit einer theilweisen Schließung des vorher offenen Mundstücks durch eine Platte, die nächste Folge ein Halt und Widerstand für die hinter der Platte in Bewegung befindliche, nach vorn gepreßte Masse. Weitere nothwendige Folge ist ein vermehrter, und zwar nutzlos vermehrter, Kraftverbrauch. Denn bedenkt man, daß ein 14jähriger Bursche mit einer Handpresse von 0,05 Cub. Meter Kasteninhalt ganz bequem einen oder mehrere Hohlsteinstränge zusammen auspreßt, (und fast mit derselben Geschwindigkeit als die große Maschine mit Dampfbetrieb), so ist es augenscheinlich, daß bei der Methode, mit großen Vollsteinmaschinen Hohlsteine zu fabriciren, große Kraftverluste stattfinden müssen, daher viel Geld unnöthig ausgegeben wird.

Diese Erwägungen haben zur Construction einer Maschine geführt, welche als kleinere combinirte Ziegelmaschine — mit kleineren Dimensionen die Vortheile einer continuirlich arbeitenden Ziegelmaschine verbindet, das ihr aufgegebene Ziegelrohmaterial mittelst Walze und Thonschneider (daher der Name combinirte Maschine) selbst zubereitet und direct aus dem horizontalen Thonschneide-Cylinder zu Hohlsteinsträngen auspreßt.

Diese Maschine ist die combinirte Ziegelmaschine Modell C. III 10 der Firma J. Jordan Sohn in Darmstadt, welche in Fig. 150 dargestellt ist. Dieselbe hat eine ähnliche Anordnung wie die von derselben Firma gebauten größern combinirten Ziegelmaschinen für Vollsteine, sie ist, wie erwähnt, vorzugsweise für Hohlsteinfabrikation im Großen bestimmt und in Folge ihrer kleinern Dimensionen ungefähr nur halb so schwer, als jene. Der dem entsprechend mäßige Preis und die geringere Betriebskraft ermöglichen deren Aufstellung auch für Geschäfte von mittlerer Größe.

Diese Maschine hat Walzen von 325ᵐᵐ Durchmesser und 480ᵐᵐ Länge, mit direct darunter liegendem Thonschneidecylinder von 350ᵐᵐ Durchmesser und ca 1ᵐ Länge mit Rädervorgelege, Gegendruckbügel

an der Thonschneidewelle, Preßmundstück und kostet mit 1 Form (Hohlsteinläufer) und 1 Schneidewerk für Hohlsteine, fester und loser Riemscheibe auf der Vorlegewelle 2100 R. Mrk; das Gewicht beträgt
1750 Kilogr. Leistung 5—8000
Stück zweilocherige Hohlsteinläufer, Normalformat. (250
×120×65ᵐᵐ). Betriebskraft
5—6 Pferdekraft.

Die Vortheile dieser kleinern
continuirlich arbeitenden Ziegel - Maschine sind für die
Fabrikation der Hohlsteine so
durchschlagender Art, daß man
sagen kann, sie sind geradezu entscheidend für die Maffen-
Anwendung der hohlen Backsteine als Façadesteine oder
mit andern Worten, sie sind
geradezu entscheidend für die
so wünschenswerthe allgemeine
Anwendung des Backsteinroh-
baues. Der Backstein-Rohbau
sollte bei allen Bedürfnißbauten
wie bei dem bürgerlichen Wohn-
haus, Schulhaus, Gemeinde-
haus (Rathhaus), bei den landwirthschaftlichen und Eisenbahn - Gebäuden, Werkstätten
der Industrie, Kasernen, Kran-
kenhäusern rc. in Anwendung
kommen und werden alle diese
Bauten mit hohlen Backsteinen
und guten Façaden mit Ge-
simssteinen besser, schöner und
billiger gebaut, als mit gewöhnlichen Ziegeln und Feldbacksteinen, wobei die Außen-

Fig. 189.

wände einen Mörtelverputz erfordern, der stets bedeutende Reparatur-
und Unterhaltungskosten erfordert. —

Als weiterer Vorzug des Systems der zuletzt beschriebenen

Ziegelmaschinen zur Fabrikation von Hohlsteinen werden noch geltend gemacht:

1) Durch die Anwendung der Walzen zur Bildung eines hohlen oder vollen Thonstrangs werden alle Luftblasen vermieden;

2) der Thon kann weit steifer verarbeitet werden, da die Walzen einen bedeutenden Druck ausüben;

3) die große Einfachheit und Solidität der Maschine, an welcher nur continuirliche Bewegungen und nicht leicht Störungen vorkommen.

§. 147. Die Hohlziegel haben nur den Nachtheil, daß die Oeffnungen im Ziegel nur nach der Länge oder Breite desselben angebracht sind, daß sie sich daher nur für das glatte und volle Mauerwerk eignen, da man mit ihnen keine Ecken, Fenster- und Thüreinfassungen, keine Schornsteine und Pfeilervorlagen ausführen kann. Hierzu mußte man sich bis jetzt der vollen Steine bedienen.

Um diesen Uebelständen zu begegnen, ließ sich C. Baker in England die in Fig. 160. (einem Längendurchschnitt) dargestellte Ziegelform unterm 8. März 1853 patentiren, mittelst der senkrecht durchlöcherte Ziegel fast eben so schnell als die gewöhnlichen Vollziegel aus der Hand gestrichen werden können.

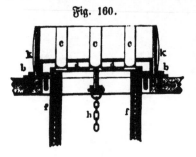
Fig. 160.

Auf dem Tische a ist das Unterstück einer Ziegelform mittelst der Schrauben b befestigt. Auf dem Rahmen d sind viereckige oder runde Stifte c, c befestigt, und zwar eben so viele als der Ziegel Löcher erhalten soll, etwa sechs. Der Rahmen d wird durch die um die Stangen f gewundenen Federn e, e fortwährend aufwärts gepreßt. Zur Geradeführung der Stangen f dienen mehrere in der Figur nicht angegebene Messingbüchsen. Um den Rahmen d nach Einformung eines Ziegels niederzuziehen, ist an der untern Seite desselben in der Mitte eine Kette h angeschlossen, welche mit einem in der Figur nicht gezeichneten Fußtritt verbunden ist. Beim Formen der Ziegel stülpt der Arbeiter den Formkasten k über den Boden oder das Unterstück, wie gewöhnlich, läßt jedoch, ehe er den Thon einfüllt, die Stifte c, c bis in ihre höchste Stellung steigen, so daß ihr oberes Ende im Niveau des obern Randes von k liegt. Diese Stellung wird durch Schraubenmuttern am untern Ende der Stangen f, f regulirt. Nun wirft und preßt der Arbeiter den Thonballen in die Form, streicht das Ueberflüssige ab, zieht mittelst des Fußtrittes die Stifte c nieder und giebt nun den Ziegel auf ein Trockenbret ab, wie bei einer gewöhnlichen Streichform.

In Betreff des bei diesen durchlöcherten Ziegeln geringern Brennmaterialconsums fand C. Baker, daß aus einem kleinen Ofen, welcher 20,000 Steine faßte und bei massiven Steinen bei einem Brande 7 Tonnen Kohle verbraucht, bei durchlöcherten Steinen nur 5 Tonnen erforderlich waren und jedes Tausend 6 Centner weniger wog. Da beim Bauen sich der Mörtel in die Oeffnungen der Ziegel einsetzt, so soll auch das aus Lochziegeln hergestellte Mauerwerk besonders fest sein und gute Bindung besitzen.*)

## XXIX.

## Von den verschiedenen Maschinen zur Fabrikation von Vollziegeln.

§. 148. Der große von Jahr zu Jahr stets wachsende Verbrauch von Ziegeln, dann die einfache und gleiche Form derselben hat für die Erzeugung mit Maschinen immer etwas Einladendes; daher sind auch in den letzten 40 bis 50 Jahren unzählige Constructionen von Ziegelmaschinen entstanden, aber nur einzelne haben sich wirklich bewährt, um die Concurrenz mit der Handformerei bestehen zu können. Es wird dieses einleuchten, wenn man bedenkt, daß für das Formen aus freier Hand, sammt dem Abtragen, Aufkanten und Aufstocken der gewöhnlichen Ziegel per 1000 Stück meist 2—3 Mrk. bezahlt wird. Von diesen genannten Arbeiten beträgt aber die des Formers nur die Hälfte, also kaum $1—1\frac{1}{2}$ Mrk. per 1000 Stück oder circa $6\%$ des ganzen Ziegelpreises. Hiernach sieht man, daß eine selbst gute Maschine zur Ziegelfabrikation nur einen aliquoten Theil von $6\%$ der Erzeugungskosten ersparen kann. Es können daher Ziegelmaschinen nur da vortheilhaft sein, wo die Fabrikation einer großen Zahl von Hohlziegeln, an der Längenkante façonnirter Ziegeln, und Röhren (deren Herstellung aus freier Hand schwieriger und zeitraubender ist) stattfinden soll, oder wo Mangel an Arbeitskräften ist und wo die

---

*) Civil. Engin. and Archit. Journ. Nov. 1853. S. 425.

Anfertigung von Vollziegeln unter sonst günstigen Umständen mit großer Kapitalkraft betrieben werden soll. Die letztern Umstände treffen sehr selten ein und es setzen die Deckung der Zinsen für das Anlagekapital, die Erhaltung und die Nothwendigkeit, eine Maschine ununterbrochen zu beschäftigen, verbunden mit den Kosten und den Zinsen für die bewegende Kraft, welche solche Maschinen bedürfen, einen fortlaufenden und ungeheuern Absatz voraus. —

Allerdings hat das bedeutende Steigen der Arbeitslöhne, namentlich in England, Norddeutschland 2c., hier mehr zu den Maschinen gedrängt und zugleich wurde durch die Erfindung des Ringofens von Hoffmann und Licht und des Bock'schen Kanalofens die Möglichkeit gegeben, die dichtern Maschinenziegel mit wenig Brennmaterial zu brennen; denn dieser Vorwurf wurde mit den alten Ziegelöfen, nicht ohne Begründung, früher öfters den Maschinenziegeln gemacht.

Wenn wir alle die verschiedenen seither construirten Ziegelmaschinen genau beschreiben wollten, könnten wir ein besonderes Buch damit anfüllen; auch haben sie meist nur ein geschichtliches Interesse. Wir wollen daher nur einen Blick auf die Prinzipien werfen, welche diesen Maschinen zum Grunde liegen und die man sehr gut in fünf Klassen eintheilen kann. Von einigen wichtigern derartigen Maschinen fügen wir kurze Beschreibungen bei und verweisen diejenigen, welche sich specieller mit der Construction dieser Maschinen beschäftigen wollen, auf das Verzeichniß der am Schlusse dieses Werkes angehängten Literatur.

A) Maschinen mit wirklichen beweglichen Formen, wie beim Handformen.

§. 149. Dabei werden die Formen mittelst einer Maschinerie gefüllt und abgeglichen; ferner erhalten sie eine geradlinige fortlaufende oder hin und hergehende Bewegung. Die Form passirt zuerst unter die Thonmaschine, um sich zu füllen, kommt dann unter einen Maschinentheil, der den Thon in die Form preßt, und endlich frei über oder unter einen Stempel zu stehen, der den Stein aus der Form herausdrückt.

Auf diesem Principe beruhen die Maschinen von Kinsley (bekannt gemacht 1813 im 12. Bde. des Bull. de la Soc. d'encourag. p. 177), von Delamorinière (1825 patentirt, von Thierrion aus Amiens (1829) patentirt), von Remond und Gaëtan zu Orleans, von Carville aus Issy bei Paris (1840), von Ernst Gouin (1851), von Henry in Liverpool (1851), von Platt in Oldham (1854 und die F. Durand in Paris (1867).

§ 150. Die Ziegelmaschine von Carville in Issy bei Paris

besteht aus einer gewöhnlichen tonnenförmigen Thonschneidemaschine, bei der der seitlich am Boden heraustretende Thon durch eine über der Oeffnung angebrachte gußeiserne Walze in die dicht unter dem Boden hingleitenden und wie eine endlose Kette zusammenhängenden eisernen Formen gepreßt wird. Da die Formen frei in der Luft schweben und unten offen sind, so ist unter denselben ein beweglicher Boden angebracht, welcher aus starken Eisenblechplatten besteht, die in Entfernungen, welche mit den Ziegelformen correspondiren, artikulirt und auf eine innere endlose Kette gehalt sind, die von zwei Radkreuzen bewegt werden. Damit die Formen bei ihrem Durchgange unter dem Boden der Tonne sehr nahe der Horizontalebene folgen, so liegen eine Reihe hölzerner Walzen nebeneinander, deren eiserne Achsen frei in Pfannen laufen; über diese Walzen rückt der mobile Boden fort. Sobald die Formen durch die Preßwalze mit Thon gefüllt sind und den mobilen Boden verlassen haben, werden sie durch zwei parallele, über die obere und untere Fläche hinstreichende, stählerne Klingen glatt gestrichen, wonach die Ziegel alsbald durch eine sehr sinnreiche eigenthümliche Stoßvorrichtung von oben herab auf Bretchen gedrückt, die unter den Formen auf einer andern endlosen Kette liegen, welche rechtwinkelig zu dem mobilen Boden über Walzen absatzweise bewegt wird und die fertigen Ziegel seitwärts abführt. Damit die Erde nicht an der äußern Fläche der Preßwalze haften bleibe, ist ein mit Wasser gefülltes Gefäß über der Walze angebracht, welches fortwährend einen schwachen Strahl über dieselbe fließen läßt. In gleicher Weise streut auch ein hölzerner Trichter feinen und trocknen Sand auf die Oberfläche der Ziegel, sowie diese unter den sie glättenden Klingen durchgehen.

Die Kette der Formen setzt, sobald sie die Ziegel abgegeben hat, ihre Bewegung über ein Kreuzrad fort und taucht unter diesem in einen Wasserbehälter, der sich unter der ganzen Kettenlänge hindurch erstreckt; in diesem Behälter werden die Formen abgewaschen und von aller etwa anklebenden Erde befreit. Die Kette steigt sodann über das am andern Ende vom Gestelle befindliche Radkreuz in die Höhe, geht nach der Richtung der Tonne fort und erhält im Augenblicke, wo sie unter dieselbe tritt, einen Strahl feinen und trocknen Sandes aus einem zweiten daselbst angebrachten Trichter.*)

*) Eine Abbildung und Beschreibung dieser Maschine befindet sich in Gebhardt's: „Die neuesten Erfindungen und Verbesserungen in der Ziegelfabrikation." Quedlinburg 1847. S 50—87.

§ 151. Ernst Gouin hat bei seiner im Jahr 1851 hergestellten neuen Ziegelmaschine mit Glück das Prinzip des Dampfhammers zur Fabrikation von Ziegeln angewandt. Die Construction besteht im Wesentlichen aus zwei Theilen: einer Kette ohne Ende, welche die Form trägt, und einem Dampfhammer, welcher durch wiederholte schnelle Schläge den Lehm in die Formen preßt und zusammendrückt. Die Formen werden, sowie sie unter den Hammer kommen, der Reihe nach leicht mit Lehm in angemessener Menge gefüllt. Gleichzeitig fällt der Hammer sechs bis sieben Mal auf jeden Stein und zwar in jeder Secunde einmal. Der Lehm wird hierbei so verdichtet, wie bei keinem der frühern Herstellungsverfahren. Die Kette ohne Ende bringt, indem sie sich weiter bewegt, den geformten Stein auf eine schiefe Ebene, welche bewirkt, daß sich der Stein aus der Kette und der Form auslöse. Kinder nehmen denselben in Empfang und tragen ihn fort.

§. 152. Bei den Ziegelmaschinen von James Mac Henry in Liverpool (patentirt für Frankreich den 14. Januar 1854) besteht der Formrahmen aus einer Anzahl von gußeisernen Formen, z. B. 14; dieselben sind in zwei in angemessener Entfernung voneinander stehenden Reihen von je 7 Stück angeordnet. Jede Form ist mit einem Kolben von der Größe des Ziegels versehen, für dessen Stange im Boden des Formrahmens eine Oeffnung ausgespart ist. Wenn die Maschine in Thätigkeit ist, so erhält der Formrahmen eine hin und hergehende Bewegung; indem die eine Parthie der Formen unter einem mit trocknem gemahlenen Lehm gefüllten Kasten, in dessen Mitte eine gußeiserne Preßwalze liegt, hingeht und der Lehm einge drückt wird, werden an dem einen Ende der Maschine die bereits geformten Ziegel der andern Parthie durch Hebel, welche gleichzeitig unter alle Kolbenstangen greifen, auf die obere Fläche der Form ge hoben und vermittelst eines durch Hebel bewegten Streicheisens zu sammen zur Seite von der Tischplatte geschoben, von wo sie weg genommen werden können; sobald die Wirkung der Hebel auf die Kolbenstangen aufhört, sinken die Kolben durch ihr eigenes Gewicht auf die Böden der Formen zurück, der Formrahmen bewegt sich nach der andern Seite hin, die andere Parthie Formen wird unter dem Thonkasten und der Preßwalze gefüllt, während die erste Parthie auf der entgegengesetzten Seite entleert wird u. s. f.

§. 153. Bei dem Maschinensystem von Platt und Comp. in Oldham bei Manchester (patentirt am 19. Octb. 1854) wird der Thon durch kleine eiserne Wagen zum Zwecke des Trocknens in gehörig langsamer durch Maschine erzeugter Bewegung durch circa 60 Fuß lange, mit heißer Luft geheizte, unmittelbar über der Erde erbaute und durch schwaches Dachwerk leicht bedeckte Oefen, worauf das so getrocknete Rohmaterial, in Cylindersieben von Steinen getrennt, mittelst Elevatoren in ein nebenstehendes Gebäude gehoben, dort gesiebt und endlich in einer senkrecht stehenden Ziegelpresse durch Schlag und Druck gepreßt wird. In starken oben und unten offenen eisernen Formkasten werden immer 4 Mauersteine auf einmal erzeugt und zwar dadurch, daß man denselben nacheinander zwei Stöße von einer Daumenwelle giebt und zuletzt eine zugleich von unten und oben auftretende Pressung ertheilt, sowie die fertigen Steine selbstthätig aus den Formen gehoben.

Nach dem Bericht des Herrn Professor Rühlmann, der diese Maschine während des Betriebes beobachtete, werden pro Minute 28—32 Mauersteine von gewöhnlicher Größe erzeugt. Die Steine sollen ein schönes Aussehen haben und auch dauerhaft sein; sie sind bei einem Druck von 80—100 Pfund pro Quadratzoll hergestellt, sehr dicht und erfordern beim Brennen mehr Feuerungsmaterial und Zeit. Ein scharfes Brennen erscheint aber unerläßlich, namentlich sobald sie nicht leicht Wasser aufnehmen sollen. So kommt es überhaupt, daß das specifische Gewicht solcher Ziegel bis auf 2,3 erhöht wird, während es bei aus nassem Thon erzeugten Steinen 1,87—2,0 beträgt. — Für eine allgemeine Einführung dürfte der künstliche Trockenproceß der Thonmasse die meisten Schwierigkeiten erzeugen.*)

§. 154. Bei der in der Pariser Ausstellung 1867 ausgestellten Ziegelmaschine von F. Durand (Paris 115, Rue de la pompe) wird der Thon ohne irgend eine weitere Vorbereitung in einen Fülltrichter gebracht, an dessen unterem Boden ein horizontaler, mit Stahl armirter massiver Piston sich verschiebt, und so in eine Form mit beweglichem Boden eintritt, die in seiner Längenachse liegt. Der zwischen Piston und Form gefallene Thon wird von jenem in letztere gepreßt, während der Formenboden feststeht. Nach vollendeter Pressung gehen Piston und Boden zusammen in der gleichen Richtung noch ein Stück, gleich der Breite des erzeugten Ziegels vorwärts und schieben so den-

---

*) Abbildung und Beschreibung dieser Maschineneinrichtung enthalten die Mittheilungen des Hannoverschen Gewerbever. 1863. S. 368. Eine in neuester Zeit noch verbesserte Construction dieser Maschine von Platt Brothers und Comp. in Oldham ist im Engineering vom 1. März 1867 abgebildet und beschrieben.

selben auf ein Band ohne Ende, das in demselben Momente eine Bewegung um etwas mehr als die Ziegellänge nach einer auf die Pistonachse senkrechten Richtung erhält. Auf solche Art werden die fertigen Steine nach einem Orte transportirt, an dem ein Arbeiter das Abnehmen und Aufschichten derselben bequem bewerkstelligen kann.

Der Mechanismus der ganzen Maschine ist höchst einfach. Eine gekröpfte Welle treibt durch eine Triebstange direct den Piston an. Zwei Herzscheiben vermitteln die ruckweise Verschiebung des Bodens und des Bandes ohne Ende. Um Stöße zu vermeiden sind Kautschuk-Buffer in die Zugstangen des Bodens eingeschaltet. Die Leistungsfähigkeit der Maschine ist, trotzdem sie nur mit einer einzigen Form stets arbeitet, doch ziemlich bedeutend, wenn auch die Angabe des Erfinders, sie producire pro Tag 25,000 Steine, nicht erreicht wird. Nach den auf der Ausstellung vorgeführten Probearbeiten dürften schätzungsweise mit ihr bei einem Kraftverbrauche von ca. 3 Pferden nicht mehr als 10,000 Ziegel herzustellen sein. Da der Thon ganz ohne Vorbereitung gepreßt wird, so erscheint auch hier möglichst gleichförmiges Rohmaterial als Bedingung zur Erzielung eines guten Productes. Ebenso nothwendig dürfte es sein, sehr feuchte oder stark bindende Thone von der Verarbeitung auszuschließen. Der Umstand, daß es mehr oder weniger vom Zufall abhängt, wie viel Thon im Momente des Pressens zwischen Piston und Form fällt, bedingt eine Ungleichheit der Festigkeit sowie des Gewichtes der erzeugten Ziegel, was als Nachtheil dieses Systems hervorgehoben werden muß. Dagegen spricht Solidität und Einfachheit der ganzen Construction sehr zu Gunsten desselben in solchen Fällen, wo gleichförmige, etwas sandige Thone zur Verarbeitung gelangen. Je schlechter ein Thon bindet, desto schwieriger ist dessen Bewältigung mit dem „Naßpressen", desto günstigere Resultate erhält man dagegen mit jenen Maschinen, die ihn trocken formen. Der Preis dieser Maschine war zu 5500 Frcs angegeben, und dürfte bei einem Totalgewichte von 2200 Kilgr. etwas hoch gegriffen sein.

B) Maschinen, deren Formen entweder in einer feststehenden Tischplatte, oder auf einer horizontalen sich drehenden Scheibe angebracht sind.

§. 155. Im letztern Falle ist die Bewegung entweder eine horizontal oscillirende, oder eine horizontal-rotirende.

Hierher gehören die Ziegelmaschinen von Doolittle (1819) bei Washington angewendet (bekannt gemacht im Bull. de la Soc. d'encouragement. Vol. 18 p. 361), die von Ch. L. Levasseur-Pré court in Paris (patentirt 1826), von Champion, Favres und James Dubry zu Besançon (1830 patentirt), die von Edward Jones (1835 patentirt), von Forsith, von Manoury (1844), von H. Holmes (1845), von M. A. Julienne zu Paris (1838 u. 1848) von W. Imray in Liverpool (1851), von J. F. Porter (1854), und die von Brabley und Craven in Wakefield (1860).

§. 156. Bei der Maschine von Jones dreht sich eine runde Scheibe mit ringsherum angebrachten, in der Richtung von Radien stehenden Formen, horizontal, dabei nimmt sie unter einem feststehenden Trichter den Thon in die Formen auf; zugleich wird der Thon durch eine konisch zulaufende Walze in die darunter weggehenden Formen eingepreßt und an der Oberfläche abgeglichen, sowie endlich durch Kolben, welche über eine ansteigende schiefe Ebene gehen, die geformten Ziegel ausgestoßen.

§. 157. Bei der Ziegelmaschine von Forsith preßt ein dampfbewegter Kolben den Thon in einen Cylinder auf eine bewegliche Formplatte, die den Boden des letztern bildet. Diese Formplatte ist mit einer Reihe viereckiger Schlitze versehen (welche die Größe der Ziegel haben und die Formen bilden), und bewegt sich hin und her, so daß abwechselnd die Hälfte der Schlitze unter dem Cylinder sich befindet und gefüllt wird, während die andere Hälfte sich frei neben dem Cylinder herauszieht und somit in den Bereich eines Apparates kommt, der die geformten Steine aus den Schlitzen von oben nach unten auf Trockenbreter herausschiebt.

§. 158. Der Ingenieur M. A. Julienne in Paris construirte schon im Jahre 1838 eine Maschine zur Fabrikation von Backsteinen, welche in der Nähe von Rouen in Betrieb gesetzt wurde. Dieselbe bestand aus zwei Trichtern, in welche man die Lehmerde warf und unter denen zwei eiserne mit auswärts stehenden Zähnen versehene Wellen die Erde zerbröckelten. Von hier aus gelangte die letztere in ein Sieb und aus diesem auf ein endloses Tuch, welches dieselbe in die über dem Formkasten befindlichen Behälter brachte. Dieser Lehm wurde weiter nicht benetzt, sondern gerade so verwendet, wie derselbe aus dem Boden kam, dessen Feuchtigkeit hinreichend war, um das Pressen vornehmen zu können.

Die eigentliche Presse besteht aus einer horizontalen gußeisernen Scheibe mit etwa 40 am Rande gleichmäßig vertheilten viereckigen Luken oder Formen. Die letztern haben genau die Größe eines Backsteines und sind unten durch einen beweglichen hölzernen Stöpsel verschlossen; die oberen Oeffnungen werden durch gußeiserne Deckel geschlossen, die sich in Scharnieren bewegen und ebenfalls eine Art Kolben bilden. Wenn die Formen leer sind, so steht der untere Stöpsel so, daß der hohle Raum genau die Form eines Backsteines hat; der Deckel ist alsdann geöffnet. Sowie eine Form unter den Lehmkasten gelangt, wird sie mit Lehm angefüllt; aber kaum hat sie jenen verlassen, so fällt auch der Deckel zu und erhält einen sehr starken Druck, in Folge dessen die Erde zusammen gepreßt und der Backstein in die gehörige Form gedrückt wird. Das Herausnehmen des letztern aus der Form wird ebenfalls auf mechanischem Wege bewerkstelligt, indem bei der Drehung der Formplatte jener Deckel durch einen Haken, dem er begegnet, geöffnet und der untere Stöpsel in die Höhe getrieben werden kann, wodurch der nunmehr geformte Backstein aus seinem Formkasten heraustritt und von Knaben weggenommen wird. Diese Backsteine, welche durch die Pressung eine solche Festigkeit erlangt haben, daß sie beim Transportiren nicht mehr brechen, werden gleich auf Halden aufgestockt. Daselbst läßt man sie an der Luft trocknen, wozu einige Tage hinreichen.

Etwa 10 Jahre später hat Julienne die so eben beschriebene Maschine durch einen weit einfachern Apparat ersetzt, welcher zwar im Principe von jener nicht abweicht, dagegen eine ganz andere Manipulation erfordert. Es ist derselbe weniger eine Maschine für die Fabrikation im Großen, als vielmehr eine Vorrichtung zur Erleichterung der Handarbeit des Formens (vergl. die Beschreibung auf S. 88.).

§. 159 Die Ziegelpreßmaschine von Manourn, welche auf der ersten Pariser Weltindustrieausstellung war und 6000 Ziegel per Tag pressen soll, hat einen horizontalen Preßtisch mit 1 oben und unten offenen Formen, in welche von oben und unten Stempel eindringen, die durch Hebel bewegt werden, von einer rotirenden Kurbelwelle aus — die untere durch ein Excentricum und Winkelhebel, die oberen durch zwei Winkelhebel und eine durchgehende Schraube nach Art der Kniehebel Schraubenpresse. Die Bewegung ist natürlich eine absetzende, und wenn der obere Stempel gehoben wird, stößt der untere die Ziegel aus den Formen, während aus einem Rumpfe neue Masse nachdringt. Die Formen sind mit Messing gefüttert, die Stempel von Eisen.

§. 160. Die Ziegelpresse von H Holmes besteht aus einer horizontalen, runden Tafel, welche auf einem festen Pfeiler drehbar ist; in der Mitte befindet sich ein vierseitiger Kloß, gegen den von allen Seiten vier Ziegelformen angeschoben und mit Haken so befestigt werden können, daß sie unverrückbar sind. Zur Seite und zwar so, daß die eine Säule des Galgens auf dem Klotze in dem Mittelpunkt der Tafel aufsitzt, die andere aber so weit absteht, daß sich die Tafel frei drehen kann, befindet sich eine Presse, deren Stempel, unterhalb genau in die Ziegelformen passend, in Leitungen der beiden Galgensäulen auf und nieder gleitet; nach oben hat er einen starken cylindrischen Stiel, welcher durch ein Loch im Querbalken des Galgens geht und oberhalb von einer auf diesem Querbalken ihren Fixpunkt findenden von einem Gehäuse umgebenen starken Spiralfeder so umgeben ist, daß er, wenn er nicht durch einen angebrachten starken Hebel gewaltsam herabgedrückt wird, stets gehoben bleibt.

Die Stärke der Spiralfeder ist also gerade hinreichend, das Gewicht des Preßstempels zu heben. Man füllt nun eine Form nach der andern mit Thon, bewegt sie unter die Presse, drückt den Hebel herab, dreht dann weiter, entleert die Form, setzt eine neue dafür auf u. s. f. — Dieses Verfahren ist nicht viel schneller als die Handstreicherei, nur kann steiferer Thon dazu verwendet werden.

§. 161. W. Imray's (in Liverpool) Maschine zur Anfertigung von Ziegelsteinen, welche am 4. Sept. 1851 für England patentirt wurde, besteht aus einem horizontalen ringförmigen System von Formen, welche um eine verticale Achse rotirend und in die der Lehm aus einem darüber befindlichen Trichter der Reihe nach eingefüllt wird; durch Kolben, welche in die Formen eintreten und durch die Daumen einer Daumenwelle niedergedrückt werden, wird der eingefüllte trockene und pulverisirte Thon oder Lehm kräftig zusammengedrückt.

§. 162. Dasselbe System ist bei der Ziegelmaschine von J. F. Porter in Beßborough-Street (Middlesex), die für England am 25. Decbr. 1854 patentirt wurde und bei der im Jahre 1860 erst bekannt gewordenen Construction von Bradley und Craven in Westgate-Foundry in Wakefield in Anwendung gekommen. Die letztgenannten Fabrikanten stellen durch ihre Maschine die Ziegelsteine, Dachziegel ꝛc. durch Druck aus pulverisirtem Thon her und haben vorzüglich das Bestreben, die Schwierigkeiten, welche aus der Gegenwart der Luft in dem unter Druck befindlichen Material erwachsen, zu beseitigen. Sie setzen deshalb das Thonpulver nacheinander einem dreifachen Druck mit drei verschiedenen Kolben aus. Der Thon wird auf einem Drehtisch aufgegeben und befindet sich hierbei in Formen, die weit tiefer sind, als der Ziegel werden soll, damit einestheils die

große Masse des noch nicht zusammengebrückten Materials und anderntheils der Preßkolben Platz in denselben finden. Der erste Druck
wird mit einem Kolben gegeben, der den beweglichen Boden einer
Form bildet und längs einer festen schiefen Ebene sich bewegt; in
Folge hiervon wird der Kolben gehoben und drückt den Thon gegen
einen Deckel an, welcher oben am Tisch sich befindet. Mit dem Zu-
sammenbrücken des Thons, das hierbei vor sich geht, ist zugleich ein
Austreiben eines Theils der Luft verbunden. Der nächste Druck geschieht mit Hülfe eines Kolbens, der von oben nach unten wirkt und
durch eine darüber liegende Kurbel oder ein Excentric in Thätigkeit
gesetzt wird. Für den dritten und letzten Druck endlich dient ein
Kolben, der genau dem ersten gleich ist und an dem entgegengesetzten
Ende des Tisches sich befindet.

Der Ziegel ist nun fertig und wird durch endlose Bänder aus
der Maschine entfernt. Gestattet die Qualität des Materials, die Ziegel mit nur zweifachem Druck anzufertigen, so kann die Production
der Maschine verdoppelt werden. Der Drehtisch erhält seine Bewegung durch ein Paar Daumen, die einander gegenüber an einer horizontalen Scheibe befestigt sind; die letztere sitzt an einer stehenden
Welle, die von der Excentric- oder Hauptwelle getrieben wird. Diese
Daumen treffen bei ihrer Drehung gegen eine Anzahl entsprechender
Vorsprünge am Umfange des Tisches und bringen bei jeder Berührung eine frische Form unter die obern Preßkolben. Nach jeder
Drehung hält eine Federklinke den Tisch fest, damit durch den Druck
der schiefen Ebene gegen den untern Kolben keine unbeabsichtigte Ver-
rückung hervorgebracht werden kann. Da die Masse des Materials
bei verschiedenem Feuchtigkeitszustand einen verschiedenen Raum ein-
nimmt, so ist der Theil der schiefen Ebene, auf welchem der untere
Kolben beim Einfüllen des Materials aufruht, vermittelst eines Hebels und einer Schraubenspindel der Höhe nach verstellbar gemacht,
so daß man die Kolbenstellung mehr oder weniger erhöhen und somit
den Fassungsraum der Form kleiner oder größer machen kann.*)

Die zu dieser Maschine gehörende Thonmühle besteht aus ein
Paar gußeisernen Walzen, die sich auf einer horizontalen in senk-
rechten Schützen vom Rahmen gelagerten Welle in einem gußeisernen
Mahltroge bewegen; letzterer wird unter den Walzen auf einem Tische

---

*) Eine gute Abbildung und Beschreibung dieser interessanten Maschine fin-
det man im: „Pract. Mech. Journal." Jan. 1860, S. 253, und im: „Polyt.
Centralbl." 1860 S. 933—936.

mittelst einer vertical stehenden Welle gedreht. Die Mitte des Mahl=
trogs sowie derjenige Theil desselben, auf welchem das Material der
Zerquetschung unterworfen wird, besteht aus massivem Metall, wäh=
rend der äußerste Theil desselben aus einer Rostfläche besteht, über
welche das gemahlene Material sich vertheilt; was nicht durch den
Rost fällt, wird unter die Walzen zurückgestrichen und nochmals ge=
mahlen. Das durch den Rost fallende Feine gelangt in einen großen
festen Behälter und wird in demselben dem sog. — aus einer end=
losen Kette mit Schaufeln bestehenden — Elevator zugeführt. Auf
der Ziegelmaschine von Brablay und Craven kann das Material,
sowohl trocken als auch in dem Feuchtigkeitszustande, wie es gegraben
wird, verarbeitet werden. Manche Thonarten, wie Mergel und san=
diger Lehm, liefern bessere Producte, wenn sie etwas feucht, als wenn
sie ganz trocken aufgegeben werden. Die Dichtheit, welche die Ziegel
erhalten, kann eine ganz beliebige sein, da man den Druck auf jeden
einzelnen Ziegel bis zu 2000 Pfd. steigern kann.

Bei Anwendung trockenen Materials beträgt die Betriebskraft 6
Pferdekräfte, bei feuchtem Material nur 4 Pferdekräfte. Einschließlich
des Thonmühlenbetriebs kann die Betriebskraft zu 10—12 Pferde=
kräfte geschätzt werden. Das Productionsquantum hängt nur von
der Geschwindigkeit ab, mit welcher die fertigen Ziegel von der Ma=
schine abgelegt werden können. Bei zwei Umdrehungen des Tisches
werden in jeder Minute 48, also in 10 Arbeitsstunden 28,800 Stück
fertig.

§. 163. Von den Maschinen, welche zur Herstellung der Steine
aus natürlich feuchtem Thone in den letteren Jahren in England
aufgetreten sind, scheinen die von Pollock den Sieg davon getragen
zu haben. Dabei wird der Thon in dem Zustande, wie er gestochen
wird, verwendet; man bringt ihn auf sehr starke Maschinen, in denen
er zuerst zwei Paar Walzen von glashartem Stahl passirt, um in
eine Misch- und Knetvorrichtung zu gelangen, aus welcher er, ähnlich
wie bei der zulett beschriebenen Maschine, in unter jenen befindliche
Formen, wobei jeder Stein seine eigene Form hat, gelangt. Hier
wird er in der Form einer Pressung von ca. 3000 Kilogr. ausgesetzt,
und aus der Form auf ein Band ohne Ende gehoben, welches in den
Trockenraum führt und wo die Steine abgehoben werden, um sofort
20 Steine hoch übereinander aufgestapelt zu werden. Schon am
zweiten Tag können die Steine in den Ofen gebracht werden; man
erreicht damit die großen Vortheile, daß Witterungsverhältnisse und
leichter Frost nicht die Fabrikation hindern, man vielmehr fast den

ganzen Winter hinburch ziegeln kann, wenn die Kälte nicht zu streng
auftritt. Trockenschuppen fallen weg und wird der Trockenraum burch
Ueberbeckung des Raumes zwischen je zwei Oefen, welche nach Art
der Münchener Oefen construirt sind, hergestellt. Wenn gleich starke
Dampfmaschinen erforderlich sind, so wird doch an Menschenkräften
bedeutend gespart, was bei den heutigen Arbeitsverhältnissen ebenfalls
wesentlich ist. Man braucht beispielsweise für eine Production von
2000 Steinen pro Stunde, welche in einer Pollock'schen Maschine gemacht werden, eine Dampfmaschine von 24 Pferdekräften, während
bei den sonst gebräuchlichen Ziegelpressen der Art höchstens 10 Pferde
kräfte verwandt werden. Es geht daraus hervor, daß die Verar
beitung resp. Vorbereitung des Thones zum Pressen besser und zweck
entsprechender sein wird. In Betreff der Kosten, so stellen sich die
Anlagekosten etwas hoch), da z. B. eine Anlage zur Production von
4000 Steinen pro Stunde, wozu zwei große Pollock'sche Ziegel
maschinen erforderlich sind, auf ca. 180,000 Mark kommt. Dagegen
stellen sich die Selbstkosten der Steine wieder niedrig, was wohl haupt
sächlich in der großen Production und dem ganzen Verfahren selbst
begründet ist.

§. 164. Zu den Ziegelmaschinen, deren Formen auf einem sich
drehenden, runden, horizontalen Formtisch angebracht sind, gehört
auch Morand's Patent-Ziegelmaschine, welche von Terham
in Leeds auf der Wiener Weltausstellung (1873) ausgestellt war.
Dieselbe besteht aus einem verticalen Thonschneider, der von oben
und zwar mit einem Schneckenrade angetrieben wird. Diese Arbeit.
sowie die intermittirende Drehung des runden, horizontalen Form
tisches, welcher die versenkten Ziegelformen enthält, wird von zwei
an den beiden Seiten des Gestelles der ganzen Maschine anmon
tirten, schief liegenden Dampfmaschinen verrichtet.

Der Boden der Ziegelformen ist beweglich, wie ein Stempel ge
staltet, der am untern Ende ein kleines Laufrad trägt, das auf einer
schiefen Ebene läuft Gelangt die Form bei Drehung des Tisches
unter das am Boden des Thonschneiders angebrachte Mundstück des
selben, so füllt sich dieselbe, da ihr Stempel am tiefsten Punkte, an
dem Beginne der ebenfalls kreisrund herumgelegten, schiefen Ebene
steht. Beim Vorwärtsgehen des Tisches aber hebt sich der Boden der
Form durch Auflaufen des Rädchens auf die schiefe Ebene, und drückt
so den fertig gepreßten Ziegel heraus. Eine Abstreichvorrichtung be
fördert ihn auf ein Tuch ohne Ende, von dem ein Arbeiter die fertige
Waare abnimmt

Die Kraftübertragung mittelst Schneckenrad und Schraube ohne Ende ist sehr mangelhaft und geht dabei viel Kraft verloren; ein weiterer Nachtheil ist die starke Ausnutzung der Formen und der bedeutende Consum an Schmiermaterial, den ein gutes Functioniren aller Theile erfordert, was hier in Betracht kommt. Was endlich bei dieser Maschine besonders unangenehm wird, ist die Schwierigkeit die Form der Ziegel zu ändern, da neue Einsätze in den Formtisch, sowie natürlich auch neue Stahlstempel hierbei eingeführt werden müssen. Alles reibt, zwängt und drückt sich an Morand's Maschine und starke weitgehende Reparaturen werden an ihr bald unvermeidlich sein. Der von ihr gelieferte Ziegel ist jedoch ein ganz gutes Fabrikat, ähnlich dem von Hand geformten, scharfkantig und ziemlich homogen im Bruch. Die verschiedene Beschaffenheit des Thons hat, wenn derselbe nicht allzu fett ist, weniger Einfluß auf diese Maschine als auf manche andere ähnliche Construction. Ihr Preis stellt sich inclus. Dampfbetrieb auf 9000 Mark, ohne dieselbe auf 7000 Mark loco England. Die Leistungsfähigkeit einer solchen Presse bei einem Kraftverbrauch von angeblich acht Pferdestärken (den angewandten Cylinderdimensionen nach soll es wohl besser 15 Pferdekräfte heißen beträgt 1200 bis 1500 Steine pro Arbeitsstunde, wobei angenommen wird, daß der Formtisch vier Umdrehungen per Minute macht. —

C) Maschinen, wo die Formen auf der krummen Fläche eines um eine horizontale Achse sich drehenden Cylinders angeordnet sind.

§. 165. Nach diesem System haben Baron Gavedal-Geanny 1826 patentirt u. bekannt gemacht im 23. Bde. der Brevets p. 95), Raubot & Comp. (1828 patentirt), Cartereau (1829 patentirt), später Capouillet, Leahy und Naßh, sowie Parise (1844), Aloys Milch in Brüssel und E. J. Carrs in Belper Ziegelmaschinen construirt. In neuerer Zeit wurden Maschinen nach diesem System nicht mehr gebaut.

§. 166. Die Maschine von Capouillet ist von Giraudon nach einem sehr großen Maaßstabe in Belgien, zu London, Dünkirchen und in der Nähe von Paris mehrfach ausgeführt, und soll in 12 Arbeitsstunden über 50,000 Ziegel liefern. Bei derselben passen zwei, 2ᵐ,229 im Durchmesser große und 0ᵐ,28 breite gußeiserne Walzen wie bei einem Streckwerke aufeinander: die eine hat eine glatte Oberfläche die andere ist auf ihrer ganzen Oberfläche mit Ausschnitten versehen, welche die Größe der zu verfertigenden Ziegel haben; in jeder dieser Ausschnitte paßt ein rechteckiger Kolben von der Länge und Breite der Ziegel. Die Kolben bewegen sich frei, aber eng anschließend in ihren Ausschnitten der Walze und sind mit runden Stangen versehen, welche durch die Böden der Formen auf der innern Seite der Walze hindurchgehen. Die Stangen leiten die Kolben und gestatten eine abwechselnde hin- und hergehende Bewegung, deren Weite der Dicke der Ziegel gleich ist.

Die in einem besonderen Apparate oder von Menschenhänden präparirte Erde wird in einen rechteckigen Kasten gebracht, welcher auf dem Gestelle über den Walzen befestigt ist und unter allmäliger Verschmälerung bis fast zur Berührungslinie der beiden Walzen fortgeht; die Erde fällt zwischen die Walzen und wird durch die Bewegungen derselben mit fortgeführt. Man regulirt die Quantität der ausfallenden Erde mittelst eines Registers von Eisenblech am Kasten. Die Höhe des Kastens darf nicht unter 2$^m$ betragen. Seitwärts vom Kasten ist ein hölzerner Trichter, welcher feinen trocknen Sand enthält und diesen in geringen Portionen auf die Oberfläche der Formwalze fallen läßt, ehe diese die Erde in ihre Ausschnitte aufnimmt.

Die aus dem Kasten zwischen die beiden Walzen gefallene Erde wird von diesen zusammengedrückt; sie trifft dabei auf die Ausschnitte in der Formwalze, tritt in diese hinein und füllt dieselben um so leichter vollständig aus, als die Kolben in diesem Augenblicke ganz zurückgegangen sind und die Formräume frei lassen. Die Kolben werden einige Augenblicke früher von den Zähnen einer starken gußeisernen Scheibe zurückgedrängt, welche rechts von der Walze auf einer eisernen Achse läuft, deren Träger in dem Gestelle der Maschine befestigt sind. Die Zähne greifen, wie die Zähne eines gewöhnlichen Stirnrades, nach und nach in die Vertiefungen der Formwalze und drängen dadurch die Kolben nach der innern Seite der Walze zu.

Auf der innern Seite des Rahmens ist ein Segment von einer ercentrischen Scheibe so befestigt, daß dasselbe am Fuße der Formwalze frei in das Innere der Walze eingreift und die ercentrische Fläche mit den Stangen der Kolben in Berührung kommt, wodurch dieselben von Innen nach Außen zugetrieben werden und die Ziegel aus den Formen herauskommen. Die Krümmung der ercentrischen Scheibe muß so eingerichtet sein, daß der Kolbenhub der Ziegeldicke entspricht, damit die Fläche der Kolben genau bis vor die äußere Oberfläche der Walze tritt.

Sowie die Kolben bis auf die äußere Fläche der Formwalze vorgetreten sind, fallen die Ziegel aus den Formen heraus und legen sich auf horizontale Bretchen, die sich der Geschwindigkeit der

Walzen entsprechend fortbewegen. Die Bretchen rücken von der linken Seite der Maschine hin, treten links frei ein, und kommen rechts
mit den Ziegeln beschwert wieder heraus. Eine endlose Kette trägt
die Bretchen und geht entweder selbst bis zur Trockenkammer fort,
oder man nimmt, wenn dieß nicht der Fall ist, die Ziegel an der
Maschine ab und schiebt sie auf Karren in die Trockenkammer. Damit die Oberflächen der Walzen immer glatt bleiben, sind ein wenig
unter ihrer Berührungslinie zwei Abkratzer, die durch Hebel und
Gewichte stets angedrückt werden, angebracht.*)

§. 167. Die Ziegelformmaschine von Parise, welche (von Durand ausgeführt) sich auf der Pariser Weltausstellung befand, ist
eine rotirende und continuirliche; die Formen sind am Umfange eines
großen gußeisernen Rades angebracht; von Außen wirken Deckel, die
durch besondere Griffe mit Reibungsrollen mittelst zweier spiralför-
mig gewundener Bahnen successive geschlossen und geöffnet werden,
von Innen Stempel haben, die auf ähnliche Weise vor- und rückwärts bewegt werden, so daß an einer Stelle des Umgangs die aus
einem Rumpfe am obern Theile in die Formen fallende Lehmmasse
den Druck der Stempel und der Deckel in entgegengesetzter Richtung
auszuhalten hat. Durch eine besondere Vorrichtung kann die ursprüngliche Stellung der Stempel und die Dicke der Ziegel regulirt werden.
Es sollen per Minute 25 Stück Ziegel damit gefertigt werden können. —

§. 168. Der Ingenieur E. J. Carrs in Belper ließ sich am
1. Octbr. 1852 für England eine Maschine zum Pressen von Mauerziegeln und ähnlichen Waaren patentiren; dieselbe besteht aus einer
um eine horizontale Achse sich drehenden Trommel, in deren Umfang
zwei oder mehrere Reihen von Preßformen angebracht sind. Darüber
liegen drei Paare Quetsch- und Preßwalzen, welche den in einem
Rumpfe zugeführten Thon oder Lehm durcharbeiten und in eine verticale Lutte und von da in die eben darunter befindliche Form, resp.
Formen der Trommel pressen. Der Boden jeder Form ist radial,
ein- und auswärts beweglich. Ist die Form in der angegebenen
Weise gefüllt, so dreht sich die Trommel um so viel weiter, daß eine
leere Form unter die Lutte zu stehen kommt. Der in der eben gefüllten Form enthaltene Thon wird durch den sich auswärts bewegenden Boden und eine zur Trommel parallele Walze zusammengepreßt.

---

*) Eine Abbildung und Beschreibung in: „Gebhardt's neuesten Erfindun-
gen und Verbesserungen der Ziegelfabrikation." Quedlinburg 1847, S. 87—93.

Kommt die Form bei weiterer Drehung allmälig im tiefsten Stand
an, so wird der Formboden plötzlich soweit als möglich radial auswärts geschoben. Der Ziegel fällt auf ein unter der Trommel lie-
genbes enbloses Band, welches ruckweise bewegt wird und die Steine
nach dem Trockenschuppen schafft. Durch eine Bürstenwalze wird
der Boden jeder Form gereinigt, ehe er wieder zurückgeht.

§. 169. Die Ziegelpreßmaschine von Aloys Milch in Brüssel
ist ebenfalls nach dem System des rotirenden Zellencylinders construirt, sie ist sehr solid, ganz von Eisen gebaut und wiegt ungefähr
12 bis 15,000 Pfund. Sie wird durch 2 Pferde betrieben und kann
an jedem geeigneten Platze im freien Felde aufgestellt werden. Sie
liefert täglich 25—30,000 Steine, welche sofort auf Halden (Hage
zum Trocknen aufgesetzt werden können. Da eine vorausgehende Bearbeitung der Lehmmasse mit Wasser nicht erforderlich ist, wenn die
Thonschicht sich nur einigermaaßen gleichartig auf dem Lager befindet, so hat man es zur leichtern Formung angemessen gefunden, den
Thon vor Winter auszustechen und durchfrieren zu lassen. Bei sehr
trockner Witterung ist vor der Formung ein Uebergießen mit Wasser
sehr zweckmäßig, um die theilweise ausgetrocknete Erdmasse zusammen-
klebend und formbar zu machen; ohne diese Vorsicht würden die
Steine nur porös und von geringem Zusammenhange erscheinen.
Eine vorausgehende Bearbeitung mit Wasser wird indessen überall,
wo die vermehrten Kosten durch den Verkaufpreis gedeckt werden können, vorzuziehen sein, denn es entsteht alsdann jedenfalls ein vorzüglicheres Fabrikat, wie der Erfolg bei den zu Henneberg (bei Flensburg), Dünkirchen, Brüssel, Paris von Milch gelieferten und aufgestellten Maschinen dargethan hat.

1) Maschinen, welche vermittelst ihrer Form die Ziegel aus einem Thonkuchen
ausstechen.

§. 170 Die Maschinen mit einer Ausstechform unterscheiden sich
hauptsächlich von den vorhergehenden dadurch, daß die Ziegelerde einer
vorläufigen Bearbeitung unterworfen werden muß, durch welche sie
in plattenförmige Massen gebracht wird, auf welche die Form wie bei
einer gewöhnlichen Ausstechmaschine mit der nöthigen Kraft nie-
derfällt, um die zu einem Ziegel erforderliche Masse auszustechen.
Hierher gehört: die Maschine von Cundy (1827 in England patentirt und bekannt gemacht durch St. Amand in Bull. de la Soc.
d'encourag. Bd. 26 S. 381., die der Gebr. Bosq, Girault und
Tazil 1829 patentirt) und die von J. P. Farjon in Paris; —

auch laffen fich bei hinreichenbem Druck mit folchen Borrichtungen ben Steinen architektonifche Berzierungen in Relief aufpreffen, wie bei ber Mafchine von Birebent in Toulouse (1831).

Die Ziegelmafchinen nach biefem Syftem haben fich inbeß am wenigften zweckmäßig erwiefen; wir gehen beshalb auf keine berfelben näher ein. —

E) Mafchinen, welche ein fortwährenbes Banb von Thon erzeugen unb baffelbe nachher in einzelne Ziegel zerfchneiben.

§. 171. Ein folches Banb ift ein Parallelopipeb von beliebiger Länge, beffen Dicke ber Dicke ober Breite bes Steins, beffen Breite feiner Breite ober Länge gleichkommt: wenn man baher von biefem Banb Stücke von ber Breite ober Länge eines Backfteines — bei ein- zelnen berartigen Mafchinen von ber Dicke — abfchneibet, fo werben biefe bie richtige Form eines Backfteins befiten. —

Die Erzeugung bes Thonbanbes gefchieht in biefen Mafchinen auf eine Weife, bie theils Aehnlichkeit mit ber Berfertigung von Rubeln in Rubelfabriken, theils mit bem Walzen von Stabeifen hat, b. h. fie gefchieht entweber baburch, baß ein Cylinber ben Thon von ber Thonmafchine empfängt, unb ber Kolben bes Cylinbers ben In- halt gewaltfam burch eine Oeffnung von bem oben bezeichneten Quer- fchnitte preßt, ober bie Preffung wirb birect aus bem Thonfchneiber burch eine Art enblofer Schraube bewirkt, ober bas Thonbanb wirb burch ben Druck von Walzen geformt. Hierauf wirb es von einer horizontalen Unterlage aufgenommen unb burch ben Schneibeapparat mittelft ftraff angefpannter Drähte zerfchnitten. Mit biefem Schneibe- apparate können oft 2 ober 4 Steine zu gleicher Zeit abgefchnitten werben; beibes entweber in ber Breite ober Länge: bann ift ber Ap- parat aber auch complicirter. Bei größern berartigen Mafchinen können auch mehrere Thonbänber unb in verfchiebenen Richtungen unb Formen herausgepreßt unb bie Leiftungsfähigkeit außerorbentlich gefteigert werben.

Zu biefem Syftem gehören bie Mafchine von Hoftenberg (war bereits 1807 in Petersburg im Gebrauche), bie von George aus Lyon (1825), bie bes Marquis von Tweebale, verbeffert burch Hunt (1840); von Freberic Ranfome (1846); von Slomann (1847); von Robert Beart; von Terrafon-Fougères (ber bie golbene Mebaille ber Société d'encourag. bafür erhielt): ferner bie von Ranbal unb Saunber, bie von Boric in Paris (1852): bie von Jof. Pimlott Oates in Lichfielb (1854), bie von C. G. Hoffmann in Breslau,

Cazenave in Paris (1862) ganz besonders aber die von Carl Schlickeysen in Berlin (1856 und 1875), H. Clayton & Co. in London Gebrüder Sachsenberg in Roßlau a/b. Elbe, von Hertel & Co. in Nienburg a/b. Saale, und J. Jordan Sohn in Darmstadt, sowie Gebrüder Schmerber in Tagolsheim. Die bewährtesten Constructionen dieser Art sollen nachstehend näher beschrieben werden.

§. 172. Die Ziegelmaschine von Randal und Saunder hat mehrere eigenthümliche Einrichtungen.

Die Thonkammer besteht aus circa 1ᵐ22 langen, 230ᵐᵐ weiten Cylindern, die parallel und horizontal nebeneinander liegen, und da die Längenseiten an den Berührungsflächen 150ᵐᵐ hoch auf ihre ganze Länge weggenommen sind, so stehen die innern Räume beider Cylinder längs derselben in Verbindung. Sie sind auch aus einem Stück gegegossen und sind beide in ihrem Centrum mit schmiedeeisernen, parallel liegenden Achsen versehen, die an dem einen Ende ein Lager in der hintern Bodenplatte und an dem andern Ende im Innern befestigte Lager haben. Jede dieser beiden Achsen trägt eine Knetschraube, deren weit vorspringende Gänge an hohle Cylinder angegossen sind, welche über die Achsen gesteckt und auf denselben befestigt werden. Die Schrauben sind rechts- und linksgängig und liegen so gegeneinander, daß ihre sehr tiefen Windungen ineinander eingreifen. Der Thon wird in einen auf die Cylinder festgeschraubten Trog geworfen, von wo aus derselbe durch eine Oeffnung zu den Schrauben in dem Knetcylinder hinabgelangt. Durch die Wirkung der rechten und linken Schraube schiebt sich dann der Thon den Cylindern entlang vorwärts, so daß er als zusammenhängende Masse durch das am vordern Ende befestigte Mundstück austritt, dessen Oeffnung gerade so groß ist, als der Querschnitt eines Backsteins. Beim Austreten aus dem Mundstücke gelangt das geformte Thonband auf ein endloses Tuch, das über Walzen gespannt ist, welche sich, durch das Vorwärtsschreiten des Thons selbst veranlaßt, drehen. Die Bewegung dieser Walzen ist sehr zweckmäßig benutzt, um den Abschneidemechanismus durch einen konischen Schnurlauf auf der Achse der ersten Walze rechtzeitig in Thätigkeit zu setzen. Von diesem Konus geht eine gekreuzte endlose Schnur zu einem ähnlichen konischen Schnurlaufe oberhalb, der auf dem Ende einer Achse sitzt, welche mittelst Hebel, Sperrklingen und Federgehäuse den Rahmen mit dem Schneidedraht rechtzeitig und selbstthätig in Bewegung setzt. Dadurch, daß man die endlose Schnur auf die eine oder andere Spur der Konen bringt, kann man die Länge der abzuschneidenden geformten Thonstücke beliebig verändern. Will man die Schnitt-

flächen der geformten Artikel nicht eben machen, sondern denselben Erhöhungen und Vertiefungen geben, z. B. dem einen Ende eine Nuth,
dem andern dagegen eine vorspringende, in die Nuth passende Feder, so
befestigt man ein zweimal rechtwinkelig umgebogenes Messer an das Fe-
derhaus, welches dasselbe bei seiner Umdrehung mitnimmt, so daß das
Thonband auf diese Weise nach der Form des Messers abgeschnitten wird.*)

Werden zwei Pferdekräfte zum Betriebe dieser Maschine verwendet,
so liefert sie in der Stunde 1000 Ziegel oder 1800 zweizöllige Röhren.
Sollte es nöthig sein, den Thon vorher durch Walzen gehen zu lassen,
um harte Knollen zu zerdrücken, so können diese Walzen über dem
Fülltroge angebracht werden, so daß der gebrochene Thon von selbst
in diesen fällt.

In der beschriebenen Maschine preßt sich der Thon, ohne Luft
in sich aufzunehmen, und die fertige Waare ist frei von Luftblasen,
welche bei den Kolbenpressen so häufig vorkommen. —

§. 173. Die Ziegelformmaschine von Joseph Pimlott Oates
in Lichfield beruht auch auf dem Princip der Erzeugung eines fortlaufenden Thonbandes; dasselbe wird indeß nicht durch Drähte in
einzelne Ziegel zerschnitten, sondern in besondere Formen gedrückt
und durch Stempel aus diesen herausgestoßen, durch welches Verfahren diese Art Ziegel eine außerordentliche Festigkeit erlangen.

Bei derselben hat ein gußeiserner Thoncylinder, der sich nach
oben zu einem Trichter erweitert, in welchem der Thon aufgegeben
wird, zum untern Durchmesser ungefähr die Länge der Ziegelform
am Boden der Preßkammer. Eine verticale Schraube liegt in der
Achse des Thoncylinders und erhält ihre Geradführung in dem obern
Theile des Cylinders. Die Schraube ist unten cylindrisch und füllt
den cylindrischen Theil der Aufgebevorrichtung nahezu aus; nach oben
aber vergrößert sie sich bis auf beinahe das Doppelte ihres untern
Durchmessers. Der locker in den Rumpf eingeschüttete Thon wird
durch einen oberhalb der Schraube befestigten gekrümmten Arm,
welcher mit der Schraubenwelle umgeht, zertheilt und nach der Mitte
gedrängt; die nach unten verjüngte Schraube zwängt ihn in den Thoncylinder und füllt diesen vollständig aus, während der überschüssige
Thon in dem Rumpf zurückbleibt. Vom Cylinder aus gelangt der
Thon weiter in die Preßkammer und die Ziegelform, welche letztere
aus einem parallelopipedischen Kloz von der Dicke eines Ziegelsteins

---

*) Eine ziemlich gute Abbildung und Beschreibung dieser Presse ist in P.
Schaller's „Der wohlunterrichtete Ziegler." Weimar 1855, S. 97—101 zu finden.

besteht und mit zwei oben und unten offenen Höhlungen zur Aufnahme der Ziegel versehen ist. Zur Seite von der Ziegelform liegt
eine horizontale Welle, welche eine excentrische Scheibe trägt und beständig rotirt; das Excentric wirkt auf zwei Rollen von einem Rahmen,
der mit der Ziegelform durch eine Stange in Verbindung steht, und
ertheilt dieser eine hin- und hergehende Bewegung, so daß die beiden
Formen abwechselnd unter die Oeffnung der Preßkammer gebracht
werden. In dieser Lage verbleiben sie jedesmal während einer Vier-
telumdrehung des Excentrics, wegen dessen daumenförmiger Gestalt.
Wenn die Ziegelform von der Preßkammer sich entfernt hat, so wird
der Ziegel durch den Niedergang eines Kolbens, der auch wieder die
Dimensionen eines Ziegels hat, aus der Form herausgebracht. Der
Kolben wird vermittelst eines Hebels durch die Bewegung einer auf
der Excentricwelle sitzenden Stufenscheibe niedergedrückt und zwar
jedesmal dann, wenn die Form das Ende ihres Wegs erreicht hat,
und wird auch wieder gehoben, ehe sie ihren Rückweg beginnt. Der
massive Klotz zwischen den beiden Ziegelformen ist ein wenig breiter
als die untere Oeffnung der Preßkammer, so daß nicht die Anfertigung
eines zweiten Ziegels begonnen werden kann, ehe die des ersten
vollendet worden ist. So lange die Deckfläche des Klotzes an der
Bodenöffnung der Preßkammer vorübergeht, wird die Thonzuführung
aus der letztern unterbrochen, und es muß daher während dieses
Zeitraums der Druck aufgehoben oder die Bewegung der Schraube
unterbrochen werden. Das letztere Hülfsmittel hat sich als unbrauchbar erwiesen: man hat daher zu dem erstern seine Zuflucht genommen
und eine sehr sinnreiche Anordnung gefunden, welche zugleich die
Wirkung eines Druckregulators und Sicherheitsventils ausübt. Dieselbe besteht in einem Röhrenansatz, welcher in seiner Gestalt mit der
Ziegelform übereinstimmt, aber seitlich in horizontaler Richtung aus
der Preßkammer ausmündet und am andern Ende offen ist. Bei der
regelmäßigen Bewegung der Schraube tritt ein Theil des Thons durch
diesen Röhrenansatz aus und bildet in demselben eine ununterbrochene
Säule: der Reibungswiderstand dieser Säule beim Fortrücken durch
den Röhrenansatz ist nun das Maaß für den Druck in der Maschine
und dieses Maaß kann unter allen Umständen nicht überschritten
werden. Auf diese Weise ist die Maschine gegen Ueberlastung gesichert, und die Schraube hat überdieß noch den besondern Vortheil,
daß die Ziegelform mit einer ununterbrochenen Thonsäule und unter
einem gleichförmigen Druck gefüllt wird, woraus wiederum hervor-
geht, daß der Ziegel eine gleichmäßige Dichtheit erhält. Ein Beweis

für die gute Wirkung dieses Rohransatzes ist der Umstand, daß jedesmal während des Umwechselns der Formen unter der Preßkammer
eine Thonsäulenlänge von $\frac{1}{4}$ bis $\frac{1}{2}$ Zoll zur Oeffnung herausgepreßt wird. Von Zeit zu Zeit wird die herausragende Thonsäule
abgebrochen und wieder in den Rumpf aufgegeben.

Die obere Fläche des massiven Klotzes in der Ziegelform ist mit
Stahl belegt und die Oberfläche des Ziegels wird dadurch geglättet,
daß sie an der Oeffnungskante der Preßkammer scharf vorüber geht,
während die untere Fläche ihre Glätte durch eine stählerne Unterlage
empfängt, welche unter der Ziegelform auf dem Gestelle fest aufge-
lagert und mit Durchgangsöffnungen für die Thonabfälle versehen ist.

Die Schraubenwelle wird durch Elementarkraft getrieben und
macht ungefähr 30 Umgänge in der Minute; auf jede Umdrehung
der Schraubenwelle kann man einen fertigen Ziegel rechnen. Die
tägliche Production läßt sich nach Abzug des Ausschusses zu 12,000
Stück annehmen. Die Betriebskraft richtet sich nach dem angewendeten Material. Auf den Ziegeleien zu Old-Bury, wo bereits seit
1857 zwei solcher Maschinen in regelmäßigem Betriebe stehen, verwendet man einen kalkigen Mergel und braucht für jede Maschine
etwa 12 Pferdekräfte; das Productionsquantum ist das oben angegebene.

Schließlich sei noch erwähnt, daß die Zerdrückungsfestigkeit zu
9024 Pfund pro Quadratzoll gefunden worden ist, während die Zerdrückungsfestigkeit der mit der Hand gefertigten Ziegel aus gleichem
Material nur durchschnittlich 2403 Pfd. auf den Quadratzoll betrug.
Die Bruchfestigkeit wurde bei 7 Zoll Länge zwischen den Auflage-
rungsflächen beobachtet

bei Handziegeln . . . . . . . 2350 Pfd.
  = Maschinenziegeln . . . . . . 3085 =
  = hart gebrannten Maschinenziegeln 4320 =

Hiernach ist die Bruchfestigkeit der gewöhnlichen Maschinenziegel
um 31% und die der hart gebrannten Maschinenziegel um 84%
größer als die der Handziegel.[*])

§. 174. Die Ziegelmaschine von Cazenave und Comp. in
Paris ist im Wesentlichen eine Walzenpresse, bei welcher das Mundstück
durch die Entfernung der beiden mit Rändern versehenen Walzen
oder Cylinder hergestellt wird. In den vor den Preßcylindern befindlichen Trichter wird der vorher gehörig präparirte Thon gewor-

---

*) Mech. Magazine. Mai 1840. pag 316.

fen, das seitliche Einweichen desselben wird durch die Umfassungs-
ränder gehindert. Der Thon wird dadurch auf einen entsprechenden
Querschnitt zusammengedrückt, hierauf verläßt der so gebildete Streifen
die Preßscheiben und gelangt zuerst auf ein durch Walzen unter-
stütztes endloses, etwas geneigtes Gummiband, nachher aber vor einen
ausgespannten Draht, durch welchen der Thonstrang in zwei nebeneinander parallel laufende Stränge geschnitten wird. In der Fortsetzung werden dieselben durch anderweit angebrachte Walzen in seiner
fortlaufenden geneigten Bewegung unterstützt. Bevor dieselben die
letzte dieser ersten Walzen verlassen, schiebt man von beiden Langseiten unter jedes Band Holzbretchen von der Breite eines Ziegelsteines, welche durch ein zweites ebenfalls in Drehung befindliches
horizontales Walzensystem getragen und fortgeschoben werden. Diese
letzteren Walzen laufen mit ihren Endzapfen in zwei auf die hohe
Kante gestellten Blechen, welche an das Gestell angeschraubt sind.
Mittelst Zahnrädchen auf dem einen Ende der Rollenzapfen wird
das Ganze über die Rollen gehende endlose Abschneidetuch bewegt.
— Vorerst rücken die Bretchen fort, ohne mit den Thonbändern in
Berührung zu kommen, für jedes desselben eine aufeinander folgende
Reihe bildend. Hierauf gelangen die Thonbänder auf die Bretchen,
auf welche das Uebergehen der Thonstränge durch eine darüber be-
findliche, in geschlitzten Lagern laufende Druckwalze von 150 Millimeter Durchmesser noch mehr gesichert wird.

An jedem der untergelegten Ziegelbretchen ist nun an der auswärts vom Thonstrange befindlichen Seite ein vertical gerichtetes
dünnes Eisenblech befestigt; die in der Bewegungsrichtung voran-
gehende Kante hat genau die verticale Richtung, und trifft in weiterer
Bewegung den betreffenden Schneidedraht an einem zehnarmigen
Doppelhaspel, dessen correspondirende Arme durch straff gespannte
Drähte verbunden sind. Dadurch entsteht eine Drehung des in Lagern,
welche mit Consolen an dem Gestell angeschraubt sind, befindlichen
Haspels um seine Welle, die sich in Bezug auf die Wirkung des
Drahtes gegen die Thonbänder auf einen senkrecht gerichteten Schnitt
des Drahtes reducirt. Nach dem Schneiden und somit Vollenden der
Ziegel werden die Holzbretchen mit den Ziegeln von beiden Seiten
schnell entfernt, damit nicht der Draht, welcher seinen Schnitt voll-
endete, gegen den noch vor ihm liegenden Ziegel bei seiner weiteren
Drehbewegung wirke. — Die Eigenthümlichkeit dieser Vorrichtung
ist hauptsächlich die durch indirecte Drehung erfolgende Bewegung des
Schneidehaspels.

So sinnreich diese Abschneidevorrichtung ist, so ist nicht zu verkennen, daß das Hinbringen und Wegnehmen der Ziegelbretchen eine Arbeit ist, die mit Vorsicht und Schnelligkeit geschehen muß.

Nach Angaben von Cazenave sollen mit dieser Maschine 8 Personen in 10 Stunden 12,000 Ziegel anfertigen können. Nach Armengaub*) sind diese Maschinen auf den Blot'schen Ziegeleien in den Departements Seine-Marne und Seine-Oise zur Zufriedenheit in Anwendung. Diese Maschine war auch auf der Pariser Weltausstellung (1867) in Thätigkeit mit verschiedenen veränderten Einrichtungen, unter Andern hatte der Schneideapparat nur 6 Arme; die Maschine erforderte 4—8 Pferdekräfte und nur 3 Mann zur Bedienung, ihr Preis war auf 5500 Frcs. angesetzt.

**§. 175. Schlickeysen's Patent-Ziegelmaschine.** Dieser Fabrikant hat große Verdienste um die Einführung der Maschinenziegelei in Deutschland, indem es ihm gelungen ist, zu dem billigen Preise von 450—1350 Mark eine in vielen Fällen brauchbare Ziegelmaschine für Verwendung roher Erde herzustellen, die bei einer Betriebskraft von 1 bis 2 direct an der Maschine angespannten Pferden täglich 2 bis 6000 ordinaire Ziegel liefert.

Diese älteren Maschinen kamen dadurch rasch auf vielen Ziegeleien in Anwendung und wenn gleich sie besonders bei unreinem und wenig plastischem Thone an manchen Orten die gewünschten Resultate nicht geliefert haben und als Ziegelmaschinen wieder beseitigt wurden, so wurde man doch vielfach durch die erkannten Mängel auf zweckmäßigere Constructionen hingewiesen, und man benutzte die Schlickeysen'sche Maschine ferner nur als Thonschneider.

Der äußeren Zusammenstellung nach besteht diese ältere Schlickeysen'sche Maschine aus einem hohlen senkrecht stehenden Cylinder, unten durch einen horizontalen Boden verschlossen, oben trichterförmig erweitert, mit daranschließendem oben offenem cylindrischen Aufsatz; concentrisch der Achse dreht sich eine Welle, mit daran sitzenden horizontalen Messern, und über dem Boden ist eine Ausflußöffnung im Cylindermantel. So weit ist die Construction als Thonschneide- oder Knetemaschine alt und bekannt, außerdem ist neu an derselben, und in beistehender innern Ansicht der Maschine Fig. 161 ersichtlich:

---

*) Publication industrielle, Tome 14. pag 479. Daselbst findet man auch genaue Abbildungen und Beschreibung der Cazenave'schen Maschine, ebenso auch von Professor Kühlmann in den Mittheilungen des Hannov. Gewerbevereins 1863. S. 365.

dem gewünschten Fabrikat entsprechend geformte und sorgfältig aus-
gearbeitete Mundstück H befestigt ist, und unmittelbar sich anschließend
befindet sich vor demselben ein mit Rollen versehener Tisch m, m,
auf welchem sich der bewegliche Abschneideapparat F leicht hin- und
zurückrollen läßt. Das Rohmaterial wird, je nach seiner natürlichen
Beschaffenheit, entweder nur erbfeucht, oder nur leicht angesprengt
oder sorgfältiger gesumpft und, wenn es sehr steinigt und mit harten
Stücken vermengt sein sollte, durch ein besonders aufzustellendes
Walzwerk vorgewalzt, in dem durch die Erfahrung festzustellenden
Grade der Consistenz und dem auf dieselbe Weise zu ermittelnden

Fig. 162.

(= ¹⁄₄₈ der wirkl. Größe.)

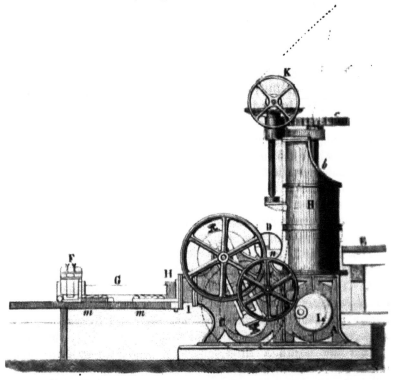

etwa erforderlichen Sandzusatz auf das sich hinter dem Thonschneider
0ᵐ,80 bis 0ᵐ,94 über dem Terrain erhebende Podium E geschafft,
hier von einem oder 2 Arbeitern in den Thonscheiber geworfen, tritt
dann gehörig geknetet aus der Mündung heraus, um, durch den
Zerkleinerungsapparat D in dünne Schwarten zerschnitten, direct in

ben Rumpf unb auf bie Walzen zu fallen, von benen es sofort erfaßt unb eingezogen unb in ben Kasten I getrieben wirb, woselbst eine äußerst starke Compression stattfinbet, bis bas hinlänglich zur Pressung vorbereitete Material burch bas Munbstück II, welches für bie gewöhnlichen Vollsteine einen ber Länge unb Breite berselben entsprechenben Querschnitt, als ein zusammenhängenber fortlaufenber Thonstreisen G zu Tage tritt. — Dieser Thonstreisen bewegt sich auf einer Anzahl Rollen vorwärts, um zu bem von ben Gebrüber-Sachsenberg erfunbenen eigenthümlich construirten Abschneibeapparat F zu gelangen, ber ohne Unterbrechung stets winkelrechte Abschnitte liesert.

§. 178. Alle continuirlich arbeitenben Ziegelmaschinen erzeugen nämlich einen, aus einem Munbstücke heraustretenben, sich also immer bewegenben Thonstrang; es bestanb bie bei ber Construction einer Abschneibevorrichtung wo möglich zu lösenbe Aufgabe barin: währenb ber fortschreitenben Bewegung bes Thonstranges Ziegel abzuschneiben, welche einerseits überall rechtwinkelig geformt, andererseits rauhe Lagerslächen unb enblich, um auch zu Verblenbziegeln anwendbar zu sein, möglichst glatte Seitenslächen haben. In ber ersten Zeit bes Bestehens ber continuirlich arbeitenben Ziegelmaschinen wurben bie hier gestellten Anforberungen nur unvollkommen erfüllt: man erhielt namentlich Ziegel, welche nicht überall rechtwinkelige Kanten hatten, inbem man bie Abschneibevorrichtung nicht an ber Bewegung bes Thonstranges Antheil nehmen ließ. Die Gebr. Sachsenberg waren bie ersten, welche bie Abschneibevorrichtung mit einem Wagen verbanben, welcher ber Bewegung bes Thonstranges folgte unb Ziegel mit rechtwinkeliger Kante liesert. — Um nun Steine abzutrennen, wirb zuerst burch einen am Wagen oben unb unten sich führenben Rahmen mit einem bünnen straff gespannten Stahlbraht ein Stück abgeschnitten, welches bie Gesammtbicke von brei Ziegelsteinen zur Länge hat unb auf einem zweiten sich horizontal verschiebenben Rahmen zu liegen kommt, ber bann zwischen zwei am Wagen befestigten genau parallel eingespannten Stahlbrähten schnell hindurchgezogen wirb, welche bas Zertrennen bes Thonstücks in brei einzelne Steine bewirken, bie nunmehr zum Trocknen in bie Schuppen weiter transportirt werben. Der Wagen wirb hierauf wieber gegen ben inzwischen sich stetig fortbewegt habenben Thonstreisen zurückgeschoben unb es erfolgt auf bie eben beschriebene Weise ein neuer Abschnitt u. s. w.

§. 179. Die Figg. 163., 164. unb 165. zeigen biesen sinnreichen Schneibeapparat in ½₁ der wirklichen Größe, und zwar ist Fig. 163. eine Seitenansicht. Fig. 164. ein Grundriß und Fig. 165. ein Querschnitt.

Das den Apparat tragende Gestell ist aus zwei parallel laufenden Winkelschienen m, m und eben solchen Querschienen v, v gebildet, wobei ein Bock M als Stütze des freien Endes dient, während das andere (linke) Ende durch zwei Charnierbänder an den Formplatten H des Preßkastens I der Ziegelmaschine aufgehangen ist. An den Schienen m, m sind vertical gestellte Blechwände k, k befestigt zur Aufnahme der Lagerstellen für die Zapfen hölzerner, mit

Fig. 163.

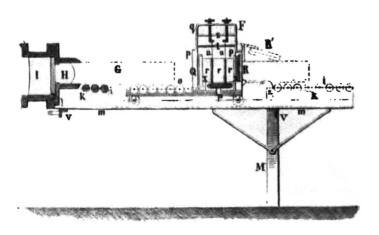

Fig. 164.

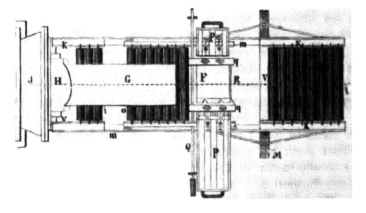

Baumwollenzeug überzogener Walzen i, i. Innerhalb der Schienen m, m läuft ein ebenfalls aus Winkeleisen und Flachschienen construirter Wagen F, unter dem in kleinen Lagern zwei Achsen mit festen Rollen laufen und auf welchem ebenfalls eine Anzahl hölzerne und überzogene Walzen o, o liegen. An den Wagen F sind die beiden Gestelle p, p genietet, welche die beiden Bügel q, q tragen, während in den untern Seitenschienen des Wagenrahmens F Vertiefungen eingearbeitet sind, worin sich ein schmiedeeiserner Rahmen P durch

Fig. 165.

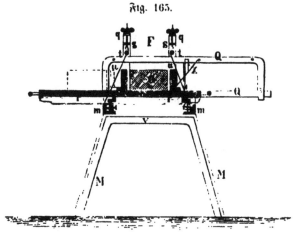

Handgriffe an beiden Enden bewegen läßt. Innerhalb dieses Rahmens sitzen drei Holzleisten, zwischen denen zwei mit Plüsch bezogene Rollen liegen, über denen aufrechtstehend durch Winkel drei Holzplatten r, r, r so angebracht sind, daß zwischen je zwei von ihnen ein Zwischenraum von 3ᵐᵐ verbleibt, und die Gesammtbreite derselben mit Einschluß der Zwischenräume gleich der Dicke von drei Ziegelsteinen ist. An dem linken Eisengestelle p des Wagens F lehnt ferner ein anderes verticales Rahmenstück Q, an welchem an zwei oben und unten vorspringenden Stiften ein parallel, zum Rahmen aber in schräger Richtung straff gespannter dünner Stahldraht x befestigt ist. Innerhalb des rechten Flacheisengestells p bewegt sich eine an Charnieren aufgehängte hölzerne durch Leisten verstärkte Klappe R so angeordnet, daß die innere Seite derselben genau gleich drei Ziegelsteindicken von dem straffgespannten Drahte an dem Rahmen Q entfernt ist. Durch jeden der Bügel q, q gehen oben zwei schwache Schrauben mit Flügelmuttern hindurch, welche, durch den Riegel s geführt, an ihrem untern rechtwinkelig gebogenen Ende dünne Stahlbrähte u, u aufnehmen, welche, von 1 an die äußern Seiten der untern Winkelschienen vom Wagen F genieteten Haken ausgehend, sich um den runden Verbindungsbolzen t in daselbst eingefeilte Kerben legen, wobei die Stellung der Schrauben so gewählt ist, daß die Drähte an den Bügeln q, q genau parallel mit dem Draht des Rahmens Q und der innern Fläche der Klappe R den Raum zwischen den beiden letztern in genau drei gleiche Theile theilen, so daß also bei der Bewegung des Rahmens P nach irgend einer Seite hin (normal zur Bildfläche von Fig. 163) die Drähte an den Bügeln q, q durch die Schlitze zwischen den Holzplatten r, r, r hindurchgehen müssen. — An der Klappe R befinden sich am untern Ende zwei Klinken, welche in Schließhaken liegend dieselbe festhalten, die aber, wenn man den Wagen F weit genug nach rechts bewegt, über an k angenieteten Knaggen gleiten, so daß sie sich aus den Schließhaken herausheben und die Klappe sich von selbst öffnet.

Bei der Arbeit mit der Backsteinmaschine gelangt der Thonstrang G vom Preßkasten I aus durch das Mundstück H anfänglich auf die drei ersten Unterlagswalzen i, wobei der Querschnit des Thonprisma, der Formöffnung H gemäß, gleich der Lagerfläche eines Ziegelsteins ist. Weiter kommt der Thonstrang G auf die Walzen o des (erst ganz nach links geschobenen, Wagens F und über dessen Walzen weggleitend endlich bis an die innere Fläche der Klappe R, gegen welche sich der Körper G immer mehr und fester anlegt, bis der ganze Wagen F die Bewegung des Thonstrangs annimmt. Hierauf wird durch den Draht X an dem Rahmen Q, indem man denselben nach irgend einer Seite hinüberschiebt, ein Stück von G abgetrennt, welches drei Ziegelsteindicken zur Länge hat, und sodann der Wagen F schnell um einige Zoll vorwärts (nach rechts) geschoben, um wegen der stetigen Fortbewegung des Thonstrangs G Raum zum Abschneiden und Abnehmen der einzelnen Steine zu gewinnen. Bis jetzt ruhte der Rahmen P in seinen Einschnitten, nun wird aber derselbe rasch herübergezogen, wobei seine Oberkante über die Walzen o hervortritt und wodurch der Abschnitt von G auf den Holzleisten des Rahmens P eine feste Lage erhält, worauf endlich durch die Drähte an den Bügeln q die Trennung in drei Ziegelsteine r, r, r erfolgt, welche abgenommen und weiter befördert werden.

Sollte während des Betriebes einmal eine kleine Störung eintreten, die das regelmäßige Abschneiden der Steine verhindert, so wird, ohne die Bewegung des Thonstranges aufzuhalten, der Wagen so weit nach rechts sich bewegen, bis die Klinken der Klappe R über die Knaggen hinweggleiten, sich heben, die Klappe R mithin durch den nachbringenden Thonstrang öffnet, in die punktirt gezeichnete Stellung R' gelangt und der Thonstrang sich über die dort angebrachten Walzen i weiter fortbewegt. —

§. 180. Von diesen Ziegelmaschinen sind mehrere Hundert Stück in verschiedenen deutschen, österreichischen und holländischen Ziegeleien im Gange und über alle lauten die uns vorliegenden Zeugnisse sehr günstig. Zum Betriebe derselben ist eine Dampfmaschine oder Locomobile von 6 bis 8 Maschinenpferden erforderlich. Der Preis wird von den Fabrikanten einschließlich des Thonschneiders, Rolltisches und Schneideapparats zu 3450 Mrk. (ohne Thonschneider zu 2345 Mrk.) angegeben und soll diese Ziegelmaschine pro Tag 10,000 Voll- oder Hohlsteine gewöhnlichen Formats liefern, welche frisch gepreßt bereits so consistent sind, daß sie sich, je nach dem aus der Erfahrung zu bestimmenden zulässigen Grade der Weichheit, direct von der Maschine aus ohne Rüstungen 3- bis 6fach übereinander in den Schuppen aufstellen lassen, so daß auch die theuere Unterhaltung der Ziegelbreter wegfällt. Mundstücke zu Hohlsteinen kosten pro Stück 60 Mrk. Extra-Mundstücke zu Vollsteinen nach gegebenen Dimensionen pro Stück 51 Mrk. Extra-Mundstücke zu Façonsteinen, je nach Construction und Art, des Profils 60—90 Mrk.

Die Güte des mit der Sachsenberg'schen Maschine erzeugten Fabrikats beweist am besten die vielfache Verwendung desselben zu stattlichen Rohbauten, wie unter andern zu den Stationsgebäuden an der mecklenburgischen Friedrich-Franz-Eisenbahn zu Neubrandenburg, Malchin und Teterow; es sind zu diesen Bauten nicht nur sämmtliche Vollziegel, sondern auch gegen 70 Arten von Façonsteinen der verschiedensten Formen und Größen mit dieser Ziegelpreßmaschine hergestellt worden.

§. 181. Ziegelmaschine von Hertel und Comp. (jetzt Nienburger Eisengießerei und Maschinenfabrik) in Nienburg a. d. Saale. Dieselbe ist in Fig. 166. einem Längenburchschnitt, Fig. 167. einem Grundriß und Fig. 168. einer Endansicht dargestellt.

Die Maschine ist gleichfalls eine Combination von Walzwerk und Thonschneider, jedoch in umgekehrter Richtung von der Sachsenberg'schen Anordnung, in der Weise, daß das Walzwerk den Thon quetscht, ehe es der darunter befindliche horizontal liegende Thonschneider in sich aufnimmt und weiter durcharbeitet. In dieser Einrichtung (ähnlich der englischen Ziegelmaschine von Clayton) soll vorzugsweise die günstige Leistung und die Qualität der gelieferten

Steine begründet fein. Die Aufgabe des Walzwerkes ist also, die Thonmaffe und die in derselben befindlichen harten Knoten, Mergel-knollen, Steine, Muschelschalen 2c. zu zermalmen; im Fall aber, daß letztere zu hart oder zu groß find, so daß für einzelne Theile die Ge-fahr eines Bruchs entsteht, rückt die eine der Walzen von selbst aus, indem sie den nöthigen Druck durch Gummibuffer (in unserer Zeich-nung durch Hebel mit Gewichten P) erhält.

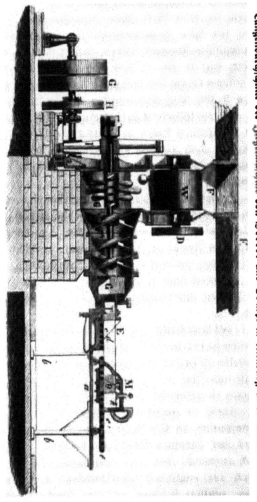

Fig. 191.

Längendurchschnitt der Ziegelmaschine von Hertel und Comp. in Nienburg a. d. Saale.

je näher er dem Ausgange der Maschine kommt, in einen dichtern und feiner Zustand versetzt wird, so sind auch die Flügel diesem Umstande entsprechend und angemessen angeordnet, sowie der Mantel mehr verengt. Die Bewegung erhält die Messerwelle von den Riem

Fig. 168.

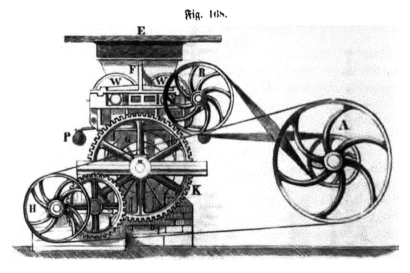

scheiben H mittelst der Vorgelege I und K und macht die Messerwelle etwa 6—7 Umdrehungen per Minute, während die Walzen 22 bis 28 erhalten. Am Ausgang des Thonschneiders ist das Mundstück I.

Fig. 169

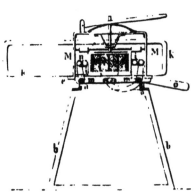

angeschraubt, das bekanntlich bei den Ziegelmaschinen den verschiedenen Thonarten angepaßt werden muß. — Der herausgedrückte Thonstrang gelangt nun an den Schneide apparat M, welcher ebenfalls so eingerichtet ist, daß in dem Momente des Durchschneidens keine Unterbrechung stattfindet, so daß die Steine vollkommen rechtwinkelig abgeschnitten werden.

§. 182. Diese Abschneidevorrichtung hat natürlich das mit der Sachsenberg'schen gemein, daß sich dieselbe an einem Wagen befindet, welcher der Bewegung des Thonstrangs folgt. · Fig. 169. giebt einen Querschnitt in etwas größerm Maaßstab.

Aus dem Mundstück L wird ein Thonstrang gepreßt, dessen Höhe gleich einer Ziegelbreite (circa 130$^{mm}$), dessen Breite aber vier Ziegeldicken (à circa 65$^{mm}$) plus zwei verloren gehenden Schwarten entspricht, wogegen aus der Längendimension des Stranges die Länge der Ziegel gebildet wird. Unter und vor dem Mundstück ist aus zwei Winkeleisen a, a mit Stützen b, b eine horizontale Bahn gebildet, welche nahe dem Mundstücke fünf Rollen c aufnimmt, mit welchen der Thonstrang zunächst in Berührung tritt. Fünf beim Mundstück angespannte Stahldrähte d spalten den Thonstrang hier zuerst in sechs Theile, nämlich in vier Ziegeldicken f, f und in zwei verloren gehende Schwarten i, i (Fig. 169).

Der Wagen, welcher die eigentliche Abschneidevorrichtung enthält, ist aus zwei Winkelschienen e und zwei Flachschienen gebildet und mit vier Rädern versehen, die auf den Schienen a ihre Bahn finden. Auf den Winkelschienen e ist eine Anzahl Rollen c′ gelagert, welche in gleicher Höhe mit den Rollen c liegen, beim weitern Vordringen des Thonstranges also die Unterlage für denselben bilden. Auf jede der zwei Langseiten des Wagens ist ein aus Flacheisen bestehendes Gerüst M angenietet, und befinden sich zwischen diesen Gerüsten folgende Theile: zunächst querdurch die Holzplatte h, welche sowohl in der gezeichneten Lage, als auch weiter oben fixirt werden kann; ferner der aus Flacheisen gebildete Rahmen k, welcher in der Querrichtung des Wagens in Nuthen von M beweglich ist und den Schneidedraht n enthält; endlich auf jeder Seite des Thonstranges, außerhalb der Schwarten i, zwei verticale Platten in solcher Entfernung, daß der Schneidedraht n ungehindert passiren kann. Diese Plattenpaare können mittelst des Hebelmechanismus o mit den zwei festen Punkten m, m′ mehr oder weniger von einander entfernt werden.

Der Betrieb mit dieser Abschneidevorrichtung geschieht nun in folgender Weise: Vor Beginn des Abschneidens ist der Wagen so wei wie möglich nach links (Fig. 166. zu schieben und das Gewicht des Hebels o wird die Platten i, i selbstthätig soweit wie nöthig voneinander entfernen, so daß der aus dem Mundstück hervortretende Thonstrang den Wagen ungehindert passiren kann. Die Platte h ist in der gezeichneten Lage fixirt; sobald nun der Thonstrang gegen diese Platte stößt, wird der Wagen anfangen sich zu bewegen. In diesem Augenblicke hebt der bei o befindliche Arbeiter mit der linken Hand den Hebel o, wodurch die Platten i, i einander genähert werden und der Thonstrang in lothrechter und fester Lage erhalten wird, und schiebt oder zieht den Rahmen k quer durch den Wagen, wodurch das Abschneiden der Ziegellängen stattfindet. Ein zweiter am Ende der Maschine befindlicher Arbeiter löst nun die Platte h aus ihrer angegebenen Lage und fixirt sie darüber in die punktirte Lage, wonach er die 4 Ziegel nebst Schwarten herausnimmt, um sie dem weitern Transport zu übergeben. Die Schwarten kommen natürlich wieder zur Benutzung und die Arbeit beginnt von Neuem, indem der Wagen wie oben nach links geschoben wird.

Im Vergleich mit der Sachsenberg'schen Abschneidevorrichtung hat die Hertel'sche wohl den Vorzug größerer Einfachheit sowohl der Construction als der Handthierung für sich, möchte auch einen forcirten Betrieb zulassen; indeß liefert sie Steine, bei welchen nur zwei Seitenebenen, die Langseitenebenen, glatt, die beiden andern dagegen rauh erscheinen. Die Sachsenberg'sche Abschneidevorrichtung liefert dagegen Steine, bei welchen alle vier Seitenebenen glatt sind, also auch allen Anforderungen genügen, die man an Verblendziegel stellen kann.—

§. 183. In neuerer Zeit wurde die Hertel'sche Ziegelmaschine in mehreren Stücken wesentlich verbessert. Einer der Hauptnachtheile des alten Systems der horizontalen Thonschneider an der ursprünglichen Hertelmaschine war die Lagerung der horizontalen Messerwelle, die nur hinten am Antriebe doppelt gelagert, nach vorn hin jedoch auf eine Länge von ca. 950ᵐᵐ frei überhängend blieb. Dabei war es unvermeidlich, daß die auch noch mit schweren Messern und Schaufeln belastete Welle sich senkte und nun die Schaufeln an der untern Seite des Rumpfes der Maschine aufliefen. Unterstützt durch den sandigen Thon, der als Schleifmittel wirkte, nützten sich beide Theile rasch ab, viel Triebkraft ging verloren und ein ewiges Auswechseln der verbrauchten Schaufeln, endlich des ganzen gußeisernen Mantels, waren hiervon die Folge.

Wenig nur war durch Anbringung eines Lagers geholfen, das, auf drei schmiedeeisernen Armen ruhend, welche ihrer Form nach dem durchtretenden Thone möglichst wenig Widerstand boten, durch eine Metallbüchse gebildet wurde, in der die Welle lief. Der sandige Thon nützte auch dieses, übrigens ganz primitive Lager ab und beide, Welle sowohl als Büchse, liefen sich bald oval aus. Das alte Uebel blieb.

Bei der neuesten in Wien (1873) ausgestellten Maschine dieser Art ist die letztere Idee wohl beibehalten, jedoch anstatt auf den drei Armen ruht das Lager nur auf zweien, die der Länge nach eine Bohrung tragen. Sie dient zur Schmierung der Lagerflächen, die gegen das Einbringen von Thon mittelst einer Stopfbüchsenpackung geschützt sind.

Hierdurch ist die Hertel'sche Maschine wohl allein schon um Vieles brauchbarer geworden, aber sie hat auch weiter in manchen Details gewonnen, ihre Theile sind constructiver geformt, mitunter leichter zugänglich gemacht, einige auch verstärkt, was stellenweise sehr nöthig war. Auch der Abschneidetisch hat einige Veränderungen erfahren, sowie die Lagerung der Zuführungs= und Quetschwalzen für den aufgegebenen Thon. Während früher eine Trennung des aus= tretenden Thonstranges sofort in vier Ziegelstärken und zwei Abschnit= ten geschah, schneidet jetzt die Maschine quer durch den Thonstrang, der keine Abfälle mehr giebt. Diese Querabschneide-Vorrichtung, welche wir an den meisten Ziegelpressen jetzt finden, ist jedenfalls der erste= ren vorzuziehen, wenn auch mehr Kraft zum Abschnitte erforderlich wird. Die Drähte am Mundstücke kommen leicht in Unordnung, rei= ßen oder geben zu Verstopfungen durch etwas unreineren Thon Anlaß.

Die Hertel'sche Maschine ist bereits in mehr als 400 Exemplaren in Thätigkeit. —

Die gegenwärtigen Preise sind:

Ziegelmaschine No. 1 mit einer Leistungsfähigkeit von circa 15,000 Vollsteinen Normalformat in 10 Arbeitsstunden nebst 1 Mund= stück für lang geschnittene Steine, 1 zugehörigem Abschneideapparat, Anker und Ankerplatten 3300 Mrk.

Ziegelmaschine No. 2 mit demselben Zubehör mit einer Lei= stungsfähigkeit von 20—30,000 Vollsteinen in 10 Arbeitsstunden 4200 Mrk.

Ziegelmaschine No. 3 von 30—40,000 Leistungsfähigkeit, Construction wie vorstehend, jedoch 2seitig austreibend mit 2 Mund= stücken und 2 dazu gehörigen Abschneide=Apparaten 4800 Mrk.

Ein Hohlstein-Mundstück, beliebig als Hohlsteinläufer — Hohl= steinstrecker oder Querschnitt mit Kopf= und Läuferseiten ¼, ¾, für besonders feine Blendsteinläufer und Blendsteinköpfe 2c. 145 Mrk.

Ein Mundstück für Vollsteine mit sauberer Kopf= und Läufer= seite (Querschnitt). 135 Mrk.

Dasselbe kann so eingerichtet werden, daß mit diesem einen Mundstück die verschiedensten Façonsteine gefertigt werden können. Jede Façon ca. 20 Mrk.

Ein Vertical-Abschneide-Apparat zum Schneiden von Stei= nen mit glatten Kopf= und Läuferseiten, sowie Façonsteinen. In be=

**13***

liebiger Stärke zu schneiden, mit selbstthätiger Vorrichtung gegen das Ausreißen der Steine auf der Unterseite 500 Mrk.

§. 184. H. Clayton's Ziegelmaschine. Diese Maschine ist eine Combination der Thonwalzenmühle, der Knetmaschine und der doppelten Formpresse mit den Abschneideapparaten.

Fig. 170. zeigt einen Querschnitt des hintern Theils mit Walzen und Knetmaschine und Fig. 171. eine Endansicht des vordern Theils mit Formpresse und Abschneideapparaten.

Fig. 170.

Fig. 171.

Dabei ist A, A das gußeiserne Gehäuse, welches die Walzen B, B zur ersten Vorbereitung des Thons umschließt, während das ebenfalls rotirende Armsystem C zur Vertheilung und Einführung der oben in den Rumpf eingeschütteten Thonerde dient.

Der sogenannte Thonkneter oder Thonschneider D besteht hier aus einer mit 16 Armen versehenen Horizontalwelle E, die pro Minute 12 bis 13 Umläufe macht, wobei bemerkt werden muß, daß dieser Thonschneider nicht (wie bei den Maschinen von Hertel und Jordan) direct als Ziegelpresse, sondern gleichzeitig nur als Transporteur des bearbeiteten Thons nach dem vierecigen Preßkasten G (Fig. 171.) benutzt wird.

In diesem Kasten bewegt sich ein ebenfalls viereckiger Preßkolben hin und her und zwar vermittelst Kurbel w und Lenkstange v, welche letztere durch ein geeignetes Zwischenstück u mit dem Kolben in Verbindung gebracht ist.

Der zu beiden Seiten angeordnete Schneideapparat H, H ist derselbe, wie bei den bekannten doppeltwirkenden Hohlstein- oder Drainröhrenpressen (Fig. 158.), wobei immer nach je einer Seite hin ein entsprechendes Thonprisma herausgepreßt wird, während in derselselben Zeit auf der andern (entgegengesetzten) Seite das Zerschneiden in einzelne Ziegelsteine erfolgt.

Großes Gewicht wird von Clayton auf die Anordnung der vertical um die Achsen laufenden (mit Moleskin überzogenen) Walzen r, r gelegt, wodurch er die Seitenreibung des Thonstranges auf ein Minimum herabziehen will und deren Umdrehung durch einen besondern Riemen m und Kegelrad Transmission p und q von zwei Stirnräderpaaren an den verlängerten Achsen der Vorbereitungswalzen B, B unabhängig von der Presse zu Stande gebracht wird. Durch über den Mundstücken in jeder Seite der Presse aufgesetzte Wasserkästen i, i werden die Walzen r entsprechend feucht gehalten.

Herr Professor Rühlmann in Hannover, dem wir diese Mittheilung verdanken, sagt darüber:*) „Ich muß zur Ehre dieser Anordnung gestehen, daß ich solche niemals unwirksam gesehen habe, ungeachtet der ungeheuern Massenproduction, beispielsweise zweier großen Clayton'schen Maschinen, die (1862) unweit der Victoria Docks in London arbeiteten, um täglich gegen 40,000 Ziegelsteine für die Untergrundeisenbahn und für die großartigen Sielbauten der Stadt London zu fabriciren."

Bei der Londoner Ausstellung (1862) wurde diese Clayton'sche Maschine als die beste Ziegelmaschine der ganzen Ausstellung bezeichnet, weil keine andere Maschine weder so compendiös und gefällig construirt, noch so ausgezeichnet ausgeführt war.

Der Preis einer solchen Maschine ist ab London 330 Pfd. St. (6600 Mrk.); sie liefert täglich 28—30,000 Stück glatte und volle Mauerziegel des gewöhnlichen Formats. Zum Betriebe sind etwa 18 Maschinen-Pferdekräfte erforderlich. Die Gesammtbedienung besteht aus 20 Personen, wovon 8 Mann zum Ankarren des erforderlichen Thons auf eine Förderstrecke von 250—300ᵐ, 1 Mann zum Bedienen der Locomobilen, 1 Mann zum Ueberwachen der regelmäßigen Arbeit an der

*) Mittheilungen des Gewerbevereins für das Königr. Hannover. 1863. S. 362.

Ziegelpresse, um etwaige Störungen, Thonstopfungen abzuhelfen, 2 Mann zum Abschneiden der Ziegelsteine an den zu beiden Seiten austretenden Thonprismen und 8 Jungen zum Abfahren der erzeugten Ziegelsteine dienen. —

Kleinere Maschinen ohne Preßkasten und Kolben liefert Clayton ab London von 120 bis 185 Pfd. St. (2400—3700 Mrk.)

§. 185. Schlickeysen's neueste Ziegelpreßmaschine liegender Construction. In der neuesten Zeit hat C. Schlickeysen in Berlin die in Fig. 172. in Ansicht dargestellte Ziegelpreßmaschine construirt und sich in den meisten Staaten Europa's patentiren lassen; dieselbe zeichnet sich durch verschiedene sehr sinnreiche Einrichtungen aus, hat sich bereits als ganz vorzüglich bewährt und verdient sehr der Beachtung:

Fig. 173. stellt einen senkrechten Längenschnitt,

Fig. 172.

Fig. 173.

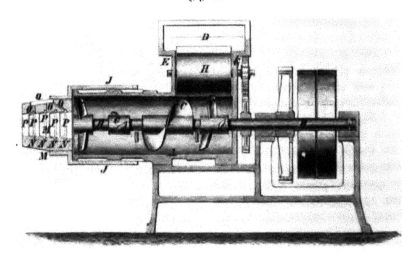

Fig. 174. einen senkrechten Querschnitt,

Fig. 175. einen Schnitt durch den beweglichen Kopf I dar; gleiche Theile sind überall mit gleichen Buchstaben bezeichnet.

Fig. 174.

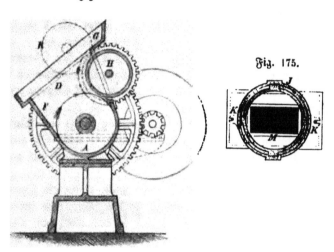

Fig. 175.

A ist ein hohler Cylinder, in dessen Achse sich die Messerwelle B dreht.

B Messerwelle, worauf die Messer C befestigt sind.

C Messer zum Thonkneten und Pressen.

D Trichteröffnung zum Einwerfen von Thon.

E, F, G die feststehenden Wände dieses Trichters.

H eine Walze, die vierte Wand des Trichters bildend, in der Richtung des Pfeiles sich gegen die Messerwelle drehend und von dieser aus in Bewegung gesetzt.

J ein hohler Cylinder auf dem Kopfende des Preßcylinders A sitzend und in der Längsrichtung desselben verschiebbar.

K, K zwei Bolzen, welche mittelst doppelten Muttern den Cylinder J festhalten, resp. vor- oder rückwärts schieben.

M eine Ziegelpreßform an den Hohlcylinder J befestigt, und das Kopfende des Cylinders A schließend, so daß aller, mittelst der Messer C, nach vorn geschobener Thon, nur durch dieses Preßmundstück hindurch den Cylinder verlassen kann und durch dasselbe seine äußere Form erhält, dem Querschnitt eines Ziegels entsprechend.

N, N sind einzelne Rinnen, die gleich in sich geschlossenen Ringen an verschiedenen Stellen um die innere Formöffnung herumlaufen.

O sind Communicationsöffnungen dieser Rinnen N nach der Oberfläche der Form.

P sind Metallbleche, mit welchen die Form im Innern schuppenförmig beschlagen ist; in der Längsrichtung des austretenden Stranges sich übereinanderlagernd, in den vier Ecken stumpf zusammenstoßend, so daß also die hier vorgezeichnete Form mit $5 \times 4 = 20$ einzelnen solcher Schuppenbleche im Innern bekleidet ist.

Q, Q sind zwei kastenförmige Senkungen auf der Oberfläche der Form um Wasser aufzunehmen; die Communicationsöffnungen O münden in diese Wasserkasten und sind mit einem Stück Gewebe geschlossen um Verunreinigungen abzuhalten.

Der die Preßform passirende Thonstrang saugt das Wasser aus dem Wasserkasten mittelst der Rinnen N und O nach sich und wirkt dieses durch die Schuppen und in den Ecken schmierend auf die Thonoberfläche.

R. Die Kreislinie R deutet an, wie man, wenn ein Quetschwalzwerk über die Fallöffnung angebracht werden sollte, eine zweite Walze gegen die Speisewalze H lagern müßte, so daß man den Thon nicht nur durch die Trichter Oeffnung D, sondern auch direct auf dies Walzenpaar H, R aufgeben könnte.

Bei dieser oben beschriebenen Maschine sind drei Vorrichtungen neu und bis jetzt nicht bekannt, und zwar:

1) Die Druck- und Speisewalze H, welche gegen eine Schnecke arbeitet und alle durch die Bewegung letzterer gegen diese Walze her angeführte und festklebende Thonmasse durch ihre Bewegung wieder in die Schnecke preßt, und so ein ununterbrochenes Greifen dieser bewirkt, während Fülltrichter mit vier festen Wänden sich bald zusetzen.

2) Der bewegliche Kopf J, der während des Ganges der Maschine zur Ersparung von Kraft, je nachdem der Thon und die Preßform es erfordern, letztere näher an die Schnecke heranziehen oder von ihr entfernen, und zwar mittelst der doppelten Muttern und der Ziehbolzen K.

3) Die Preßform M mit ihren Bewässerungsrinnen und Schuppenblechen, zum Zwecke dieselbe stets feucht und schlüpfrig zu erhalten, indem der dieselbe passirende Thon durch die Schuppen der einzelnen Bleche das in und über derselben stehende Wasser nach sich zieht, d. h. saugt, indem eine Verschmierung der Oeffnungen durch das Uebereinanderlagern der Bleche unmöglich ist.

§. 186. Mit der vorstehend beschriebenen Ziegelmaschine hat Schlickeysen auch einen neuen eigenthümlich Abschneideapparat verbunben, ber in Fig. 172. gleichfalls perſpectiviſch, ſowie in Fig. 176. und 177. in zwei Anſichten dargeſtellt iſt.  Derſelbe wirkt in folgen-

Fig. 176.

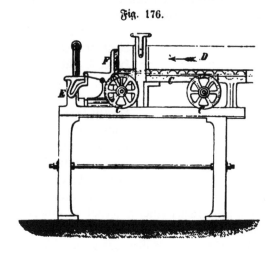

Fig. 177.

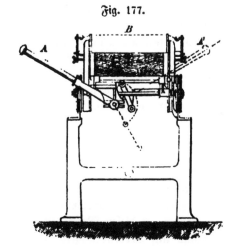

ber Weiſe: Der bebienenbe Mann  nimmt den Griff A in bie Hand unb brückt ihn nieder, ſo daß der Schneibebraht B über dem Ziegel- ſtrang hängt.  Sobalb der Thonſtrang D ben Wagen C, C vorbrückt, wirb A nach A' bewegt unb baburch B burch den Strang hinburch, 2—3 Ziegel abſchneibend, nach unten bewegt, bann zieht er an A ben Wagen bis gegen ben Wiberſtanb E; baburch wirb bie Klappe F in die Lage F' (Fig. 178.) gebracht. Die freistehenden Ziegel G, G werden abgehoben, der Hebel wieder in die Lage A gebracht, gleichzeitig der Wagen C wieder gegen den kommenden Strang D gedrückt und dieselbe Arbeit beginnt von Neuem.

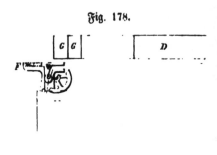

Fig. 178.

Der den Abschneidetisch bedienende Mann braucht den Hebel A nicht aus der Hand zu geben, wodurch er an diesem Tisch pro Minute mindestens doppelt so viele Ziegel abschneiden kann, als an jedem andern bis jetzt bekannten Schneideapparat, wo zum einmaligen Abschneiden stets mehrere Werkzeuge in die Hand genommen werden müssen.

Von diesen neuen Schneidetischen fertigt C. Schlickeysen drei verschiedene Gattungen.

a) Mittelschneider zur Massenproduction, schneidet nach links und rechts jedesmal zwei Ziegel ab. Gewicht ca. 90 Kilogr. Preis 240 Mrk., in Kiste 265 Mrk.

b) Seitenschneider mit Druckklappe zur Vermeidung rauher Schnittkanten, nach links, rechts leer zurückgehend. Gewicht ca. 100 Kilogr. Preis 270 Mrk., in Kiste 298 Mrk.

c) Senkrechtschneider von oben nach unten, leer nach oben zurückgehend, zu sauberen Blendsteinen. Gewicht ca. 130 Kilogr. Preis 375 Mrk., in Kiste 400 Mrk.

§. 187. Die combinirte Ziegelmaschine für Dampfbetrieb von J. Jordan Sohn in Darmstadt, welche in kleinern Dimensionen für Hohlsteine bereits auf S. 155 in Fig. 159 dargestellt wurde, besteht aus Thonwalzmühle, liegendem Thonschneider, Knet- und Mischmaschine, Preßmundstück, Form und Schneidewerk. Die Neuerungen, welche in den letzten Jahren an diesen Maschinen vorgenommen sind, beziehen sich hauptsächlich auf Verbesserungen in den Details. So wurden namentlich an den Lagerungen Verbesserungen vorgenommen, welche darauf hinzielen:

a) Die unvermeidliche Abnutzung, welche der Betrieb, auch bei sorgfältiger Beaufsichtigung mit sich bringt, auf das mögliche Minimum zu reduciren.

b) Gute und leicht zugängliche Schmierung aller gehenden Theile.

c) Diejenigen Theile (insbesondere Lagerstellen), welche vorzugsweise einer Abnutzung unterworfen sind, so herzurichten, daß deren Setzung in den alten Stand und Fertigstellung für den Wiedergebrauch den thunlichst geringen Aufwand an Zeit und Geld kostet und mit Hülfe von passend gelieferten Reservetheilen an Ort und Stelle vorgenommen werden kann.

Der Hauptträger der Maschine ist aus einem Stück gegossen und ist zugleich Ständer für die darüber liegende Walzenmühle. Alle Wandbicken sind in sehr kräftigen Dimensionen gehalten. Die Riemscheiben sind nicht frei schwingend, sondern zwischen Fußlagern von ansehnlicher Breite eingelagert. —

Die Schneidwerke für diese Maschinen liefert J. Jordan Sohn jedesmal dem vorliegenden Zweck und Bedürfniß entsprechend in verschiedener Weise. Bei den continuirlich arbeitenden Maschinen sind die Schneidwerke alle beweglich, d. h. sie nehmen an der Bewegung des Thonstrangs Theil, bezüglich der Schnittweise können sie aber für longitudinalen oder für transversalen Schnitt oder auch für beide Arten zugleich eingerichtet sein. Zusammenhängend mit den Schneidwerken werden auch die Formen je nach Zweck und Material verschieden ausgeführt, so z. B. für langgeschnittene Vollsteine (rechts und links der Form ein Abfall) oder für quergeschnittene Vollsteine mit glatter Hochkante ringsum (also ohne seitlichen Abfall), Formen, bei denen eine Anzahl Steine zusammen, also z. B. 6 Stück hochkantig austreten, oder auch Formen, bei denen nur 1 Stein flach liegend die Form verläßt. Alles dies richtet sich nach dem besondern Zwecke, auch nach Größe des Betriebes oder der angewandten Maschine. Diese combinirte Ziegelmaschine Mod. No. CIII. 9 mit Walzen von 375ᵐᵐ Durchmesser und 480ᵐᵐ Länge mit direct darunter liegendem Thonschneidecylinder von 500ᵐᵐ und ca. 1400ᵐᵐ Länge, mit Gegendruckbügel an der Thonschneiderwelle, doppeltem Rädervorgelege, Preßmundstück, Form- und Schneidewerke für Vollziegel liefert J. Jordan Sohn jetzt für 3180 Mark. Das Gesammtgewicht der Maschine beträgt 3750 Kilogr. und die Leistung 10—12000 Vollsteine Normalformat pro Tag, bei 6—10 Pferdekraft als Betriebskraft, je nach Material.

§. 188. So berechtigt das Bestreben ist, bei der Ziegelfabrikation im Großen vorzugsweise solche Apparate (Maschinen) in Anwendung zu bringen, welche das geringst mögliche Maaß von Handgeschicklichkeit von dem Arbeiter verlangen, der die Maschine bedient, und welche Apparate, wenn Alles in Ordnung geht, den Besitzer möglichst unabhängig von seinem Arbeitspersonal zu machen bestimmt sind, so giebt es doch auch wieder eine große Zahl von Fällen bei der Ausübung der Ziegelfabrikation und des Ziegeleigewerbes, wo es nicht räthlich und nicht thunlich erscheint, an der reinen Maschinenarbeit, — die jede Handgeschicklichkeit ausschließen will, — principiell und streng fest zu halten. Vielmehr können es in einer Reihe von Fällen ganz gewichtige, praktisch entscheidende Gründe sein, welche zur Anwendung eines gemischten Arbeitssystems führen, bei welchem Maschinenarbeit und menschliche Handgeschicklichkeit Hand in Hand gehen, sich gegenseitig ergänzen und in rationeller Weise verwendet, zur Geltung kommen.

Solche entscheidende Gründe können z. B. sein:

1) Eigenschaften des Materials (des Rohmaterials, der Ziegelerde), welches zwar eine gründliche Zubereitung durch Maschinen (Walzmühle und Thonschneider) verlangt, aber sich wenig für Maschinenformerei eignet.

2) Gewohnheiten der Abnehmer, welche mit Rücksicht auf die sonstigen Eigenschaften der Ziegelerde, aus denen der zu verwendende Stein gemacht ist, den Handstein dem Maschinenstein und oft mit Recht vorziehen.

3) Locale Verhältnisse, Größe des Betriebes und des möglichen Absatzes, Betriebsmittel.

In diesem Sinne hat seit Jahren und Jahrzehnten hauptsächlich die Firma J. Jordan Sohn in Darmstadt in ersprießlicher Weise gewirkt und die specielle Aufgabe, die kleineren und mittelgroßen Ziegeleigeschäfte und Thonwaarenfabriken mit guten und soliden Hülfsmaschinen zu versehen, stets in einer Weise gelöst, die von gründlichem und eingehendem Sichbefassen mit dem Specialfache zeugt und alle Anerkennung verdient.


## XXXI.

## Von dem Formen der Dachziegel.

### A. Streichen der Flachziegel (Biberschwänze, Ochsenzungen).

§. 189. Das Streichen der Flachziegel geschieht auf verschiedene Weise. Die beste Art ist die in Süddeutschland und am Mittelrhein übliche, wo die Dachziegel aus weichem Thon in der Consistenz des gewöhnlichen Backsteinthons geformt oder gestrichen werden. Der Ziegler hat auf der linken Seite des starken $0^m,80 — 0^m,85$ hohen,

1ᵐ,20—1ᵐ,25 breiten Streichtisches bei a b Fig. 179., ein circa 0ᵐ,40 langes, 0ᵐ,20 breites und 0ᵐ,04 dickes Bohlenstück von festem Holz

Fig. 179.

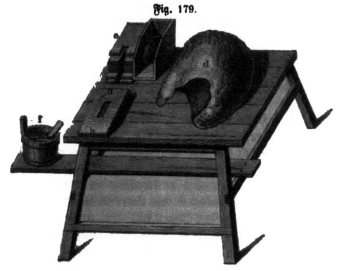

(den Formklotz) in feuchtem Thon gebettet, so zu sich geneigt liegen, daß die obere Fläche des hintern Endes bei a circa 0ᵐ,12 und die des vordern Endes bei b circa 0ᵐ,6 von dem Streichtische absteht; über diesem Formklotz liegt der s. g. Ziegellappen (ein circa 0ᵐ,40 langes und 0ᵐ,27 breites Stück grober Leinwand oder Zwillich), das mit der einen Seite an der linken Kante des Formklotzes mit Sattlerzwecken angenagelt worden ist und dessen andere Seite um ein 0ᵐ,1 dickes rundes Holzstäbchen genäht oder gesäumt ist.

Bei o liegt ein Haufen Ziegelbreter (0ᵐ,35—0ᵐ,40 lange, 0ᵐ,16 —0ᵐ,20 breite Bretstücke, die in der Mitte der einen schmalen Seite einen 0ᵐ,03—0ᵐ,04 breiten und 0ᵐ,05—0ᵐ,06 tiefen Ausschnitt für die Nase des Ziegels haben). Bei d ist ein Vorrath Thon (Erdstock) für circa 4—500 Ziegel aufgeschlagen und mit den häufig in Wasser getauchten Händen an der Oberfläche glatt gestrichen, damit ihn die Luft nicht an einzelnen Stollen so sehr austrockne. Bei e steht ein an der vordern Seite offener Kasten mit feinem trocknen Sand. Bei f steht neben dem Tisch auf einem tiefer befestigten Brete oder auf einem besondern etwas niedern Bank ein Eimer oder Kübel mit Wasser, so daß dessen oberer Rand mit der Tischplatte gleiche Höhe hat. Die Ziegelform ist von 3ᵐᵐ dickem Schmiedeeisen, so wie

Fig. 180. zeigt, zusammengeschweißt, sauber ab- und ausgefeilt und ist an der einen Ecke mit einem eisernen Handgriff versehen. Die Form ist, je nachdem der Thon die Dachziegel dünn zu machen gestattet, 10 bis 15ᵐᵐ stark.

Fig. 180.

Der Ziegler steckt die Form in den Wasserkübel, legt sie auf den Ziegellappen des Formklotzes, so daß der Handgriff links zu liegen kommt; hierauf nimmt er mit den Spitzen seiner beiden Hände, die Finger zusammenstoßend, von dem Erbstocke eine Hand voll Thon, bildet einen kleinen Ballen auf der Tischplatte daraus, legt ihn in die Form, drückt ihn mit den Fingern auseinander, so daß der Thon die ganze Form ziemlich gleichmäßig füllt und namentlich in den Ecken gut ausgedrückt wird, hierauf streicht er das Ueberflüssige bis zu der Stelle, wo die Nase stehen soll, mit einem flachen 0ᵐ,40 langen, 0ᵐ,04 — 0ᵐ,05 breiten und 3ᵐᵐ dicken Streichholze ab; die Nase oder den Haken formt er mit seinen beiden Daumen, indem er den überflüssigen Thon zur Seite abstreift. Die Nase muß niemals angesetzt werden, weil sie dann nie hinreichende Festigkeit erhalten kann; sie muß im Gegentheil immer aus der vollen Masse geformt werden.

Alsdann wird der Dachziegel mit Sand bestreut, auf selbigem das Ziegelbret (Trockenbret) gelegt, so daß die Nase in den Ausschnitt des letztern kommt, und die Form sammt Ziegelbret mit Hülfe von dem Ziegellappen umgewendet. Das Trockenbret kommt nun zu unterst auf den Formtisch zu liegen und die Form so, daß sich der Handgriff zur Rechten befindet: der Ziegler glättet nun die obere Seite des Dachziegels mit seinen beiden vorher in Wasser getauchten Händen und zieht, indem er die beiden Zeige- und Mittelfinger zusammenhält, mit den vier andern Fingern der beiden Hände, von dem abgerundeten Ende anfangend, die Wasserfurchen; endlich streicht er mit seiner rechten flachen Hand quer über das obere scharfkantige Ende des Ziegels, hebt mit der rechten Hand an dem Handgriff die Form sorgfältig und hilft mit der linken nöthigenfalls nach. Der Dachziegel ist nun vollendet und wird von dem Ziegler in ein bewegliches 1ᵐ bis 1ᵐ,20 breites zu seiner Rechten stehendes Lattengestell geschoben, von wo ein Junge (der Abträger), je nach seiner Gewandtheit, 2, 3 oder 4 zu gleicher Zeit abträgt (indem er 2 Breter in beiden Händen, 1 auf dem Kopfe und allenfalls 1 viertes in dem linken Armgelenke, hält) und in die Trockengestelle stellt. Ein Abträger dient gewöhnlich für 2 Ziegelstreicher. Ein gewandter Ziegler streicht nach der beschriebenen Methode, wenn die Erde gemahlen und gut zubereitet ist, in einem Tag 1000 Stück Flachziegel; ist der Thon aber nur geschroten und weniger gut durchgearbeitet, so bringt er nur 8—900 Stück per Tag fertig, da das Auslesen der Steine und Knollen sehr aufhält. — Alle 14 Tage muß gewöhnlich der Ziegellappen durch einen neuen ersetzt werden; ein Streichholz hält gewöhnlich 8—14 Tage. — Weil die Dachziegel von den Trockenbretern nicht eher abgenommen werden können, bis sie durch das Trocknen einige Consistenz erhalten haben, muß in gut eingerichteten Ziegeleien ein bedeutender Vorrath von Ziegelbretern sein; man rechnet auf jeden Flach-Ziegelstreicher 10—12000 Stück. An andern Orten verarbeitet man den Thon zu Flachziegeln etwas steifer; der Ziegelstreicher nimmt eins der oben beschriebenen Ziegelbretchen (mit Ausschnitt für die Nase), legt es auf den Formtisch, bestreut es mit Sand, legt die naßgemachte eiserne Form darauf und schlägt die erforderliche Thonmasse mit Gewalt hinein, drückt ihn noch mit Berücksichtigung der Ecken mit den Händen voll, und streicht über der Form ab; die Form der Nase ist in dem Ausschnitt des untergelegten Ziegelbretes abgedrückt.

§. 190. In Frankreich, wo die Ziegelform ein hölzerner Rahmen ist, bringt man am untern Riegel desselben (gegen den Arbeiter zu) einen Ausschnitt an, worin der Stoff zum Haken oder der Nase sich bildet. Der Abträger nimmt nun den Ziegel in Empfang, wendet ihn auf ein anderes Trockenbret um, biegt das unten vorstehende Ende Thon auf und bildet daraus den Haken.

Wenn der Dachziegel mit seiner äußern Fläche auf das Trockenbret zu liegen kommt und überhaupt nicht äußerlich mit der nassen Hand glatt gestrichen wird, so bleibt seine Außenfläche rauh und ist lange nicht so dicht, als die nach der zuerst beschriebenen Weise gestrichenen Ziegel.

§. 191. Auf manchen Ziegeleien verfährt man beim Streichen der Flachziegel folgendermaßen:

Es ist Fig. 181. die von starkem Bandeisen gemachte Form, welche bei a mit einer Erhöhung für die Nase versehen ist und daselbst einen Stiel hat. In Fig. 182. ist A, B der Streichtisch; C, D ein verdoppeltes Bret, von denen das obere einen Ausschnitt b, c, d hat,

Fig. 181.

in welchen die eiserne Form, Fig. 181., mit etwas Spielraum hineinpaßt. Die hölzerne Form C, D ist mit Charnierbändern e, f an dem Arbeits-

Fig. 182.

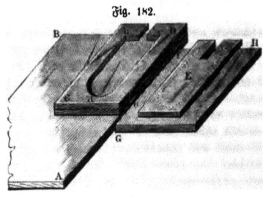

tisch A, B befestigt. Neben dem Arbeitstisch A, B befindet sich ein kleinerer Tisch G, H. Sollen Dachziegel gestrichen werden, so wird die eiserne Form in den Ausschnitt b, c, d gelegt, fest voll Thon gedrückt, die Nase wird vor der eisernen Erhöhung a mit den Händen geformt, der überflüssige Thon im Groben mit der Hand, demnächst aber mit der einen Kante eines flachen Streichholzes ganz eben abgestrichen. Hierbei versteht es sich von selbst, daß die Form, ehe der Thon hineingebracht wird, mit trocknem reinen Sande ausgestreut werden muß. Ist nun der Dachziegel soweit fertig, so wird er auch auf der eben abgestrichenen Seite mit Sand bestreut und mit dem Trockenbret überdeckt. Hierauf faßt der Ziegelstreicher das Trockenbret und die Form C, D zusammen und klappt sie auf den Tisch G, H über: alsdann faßt er den Griff der eisernen Form, drückt sie gegen das Trockenbret und klappt gleichzeitig die Form C, D auf den Arbeitstisch A, B zurück. Endlich überstreicht der Ziegler den Dachziegel mit der andern Kante des Streichholzes, und nimmt demnächst behutsam die eiserne Form ab; der Dachziegel ist soweit fertig, daß er auf die Trockengestelle gebracht werden kann.

E. **Vom Streichen der Hohl- und Firstziegel.** [*)]

§. 192. Das Blatt, woraus der Hohlziegel gebildet wird, muß soviel Consistenz haben, daß es sich, obgleich es in der Regel noch dünner ist, als die Flachziegel zu sein pflegen, ohne Unterlage aufheben läßt, und zum Hohlziegel ausgebildet, in seiner neuen Form un-

*) Nach Schaller, der wohlunterrichtete Ziegler. Weimar, 1855.

verrückt stehen bleibt. Der Thon muß hierzu viel zäher zubereitet sein und steifer verarbeitet werden. Das Blätterstreichen ist daher mühsamer und dennoch verfertigt ein erfahrener fleißiger Arbeiter 500 Blätter in einem Tage. Das Verfahren, das veraltete Schneiden der Blätter vom Stocke ausgenommen, ist hierbei nur in Nebendingen verschieden. Zuerst macht ein Arbeiter (der Walkenmacher) aus dem zubereiteten (garen) Thone Stücke oder Walken. Er schlägt nämlich aus dem garen Thonhaufen ein vierseitiges Prisma von 20—25$^{cm}$ im Geviert und schneidet hiervon Walken, d. h. Stücke, welche den Rahmen bei Weitem nicht ausfüllen, aber so dick sind, daß sie, auf die Dicke des Hohlziegelblattes ausgebreitet, nicht nur ausreichen, sondern einen Ueberschuß zum Abstreichen geben.

Fig. 183.

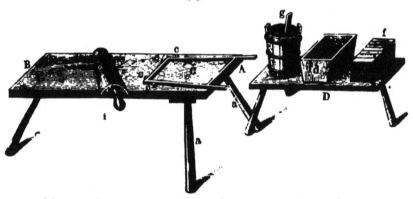

Die zum Streichen der Hohlziegel gebräuchliche Formbank A, B Fig. 183. ist 1$^m$,57—1$^m$,88 lang und 40—48$^{cm}$ breit, von zweizölligem Eichen- oder Buchenholz gefertigt und hat bei a, a zwei und bei B einen starken schräg nach außen eingestemmten Fuß, worauf sie 86$^{cm}$ hoch feststeht. Sie muß besonders an dem Kopfende A gerade, glatt und fest sein und hat dort 4 eiserne Stifte c, c, welche nicht völlig so hoch vorstehen, als der eiserne Rahmen C dick ist, und diesen in seiner Richtung halten. Neben der Formbank an dem Eck des Kopfendes A steht eine zweite Bank D von gewöhnlicher Sitzhöhe; diese trägt den Sandkasten (Sandback) d, welcher, oben weiter als unten, einen Eimer voll Sand fassen soll, ferner bei e den Wassereimer, welcher so hoch sein soll, daß das Streichholz größtentheils mit Wasser bedeckt ist. Bei f, f liegen auf der Formbank oder auf der Bank D ein Vorrath Walken.

Der Ziegler tritt mit dem Rahmen in der linken Hand vor den

Sandback, ergreift mit der rechten Hand Sand, mit dem er den in den Kasten gesenkten Rahmen abreibt. Er tritt sodann vor den Kopf der Formbank bei A, legt den Rahmen zwischen die 4 Stifte c, c fest, streut mit der rechten Hand den mitgebrachten Sand über den Rahmen und den dadurch eingeschlossenen Raum, ergreift bei f eine Walke und legt dieselbe in den Rahmen, so daß sie nach ihm zu am Rahmen anliege. Dann schlägt er mit beiden Händen auf die Fläche der Walke und dehnt sie so beinahe auf das erforderliche Maaß aus. Darauf fährt er mit der Wurzel der Hand drückend über die Fläche hin, von sich ab und nach den Seiten zu, um die Form ganz auszufüllen, streicht mit der gekrümmten Hand einen Theil des überflüssigen Thons ab, bessert allenfalls mangelhafte Stellen damit aus, welche er dann nochmals mit der flachen Hand überfährt, um das Nachgetragene besser zu befestigen, und ergreift dann mit der linken Hand den Abstreicher oder das Streichholz (ein Stück glatten und harten z. B. Buchenholzes) 52ᵐᵐ breit, 26ᵐᵐ dick und wenigstens 2 Hand breit länger als der Rahmen breit ist, benetzt es völlig mit der Rechten und streicht zweimal hin und her ab. Beim ersten Abstreichen fängt er auf der Hälfte der Fläche an, weil auch der stärkste Arbeiter kaum Kraft genug hat, auf einmal die ganze Fläche abzustreichen. Beim zweiten Abstreichen dreht der Arbeiter das Streichholz schnell um und thut den Strich mit den Kanten, die früher oben waren. Ist dieß geschehen, so zieht der Ziegler das Streichholz mit der linken Hand zwischen dem Daumen und dem Zeigefinger der rechten, indem er diese fest an das Holz anklemmt, hindurch, um den anhängenden Thon abzustreifen, und wirft es wiederum in's Wasser. Zu diesen Handgriffen gehört viel Uebung, wenn sie gut und mit der erforderlichen Fertigkeit geschehen sollen. Das Schlagen mit den Händen geschieht zwar mit einiger Kraft, jedoch blos durch Bewegung des Vorderarmes in dem Ellenbogengelenke. Gewöhnlich werden mit jeder Hand sechs bis acht Schläge gegeben, aber jeder Arbeiter hat dabei sein eigenes Tempo. Wesentlicher ist das Drücken mit der Handwurzel. Es kommt darauf an, nicht die obere Lage des Thons über die untere in den leeren Raum zu drücken, sondern den Thon in seiner ganzen Dicke so zu pressen, daß er von unten her mit fortrücke. Außerdem entstehen Falten im Blatte, welche dasselbe unbrauchbar machen, weil der dazwischen sitzende Sand die Verbindung desselben verhindert.

§. 193. Es giebt andere Former, welche sich die Walken auf die Länge des Ziegels rund gerollt machen lassen. Diese werden als

dann, ohne daß man fie platt schlägt, mit den Händen nach den Sei=
ten hin ausgedehnt und auf diese Art der Rahmen ausgefüllt. Wenn
auch diese Methode in Absicht auf die Güte der Ziegel der eben be=
schriebenen gleichkäme, so ist die Anstrengung des Streichers bei Wei=
tem verschieden, indem dem Manne, welcher von sich wegdrückt, die
Schwere seines Körpers zu Hülfe kommt, derjenige aber, welcher nach
der Seite hinstreicht, einen größern oder kleinern Theil dieser Schwere
überwinden muß, je nachdem er sich mehr oder weniger nach der Seite
hinüber neigt. Auch in Hinsicht des Abstreichens ist einige Verschie=
denheit. Bei der erstern Methode ist der Abstreicher ein flaches Holz
mit vier scharfen Kanten, bei andern ist es cylinderförmig; die Fran=
zosen haben gleichfalls unten abgerundete Streichhölzer. Die kanti=
gen bieten vier Schneiden dar und erleichtern dadurch ohne Zweifel
das Abschneiden des Thons. Der Streicher hat es aber auch dabei
in seiner Gewalt, nach Verhältniß der Neigung, welche er dem Striche
gegen die Fläche des Blattes giebt, die Compression des Thons nach
Gutdünken zu vermehren. Auch wird er sich die beste Kante für den
letzten Strich behalten. Beim Abstreichen des Ziegelblattes soll der
Thon, welcher über der obern Fläche des Rahmens hervorragt und
gegen den Streicher ansteht, nicht allein weggeschoben, sondern zum
Theil auch noch ferner in den Rahmen hineingedrückt werden. Das
ganz runde Streichholz befördert dieß freilich am Meisten, besonders
wenn es einen großen Durchmesser haben könnte. Da dieß letztere
aber nicht der Fall ist, so häuft sich der Thon vor dem Streichholz
an und bietet einen Widerstand, welcher nur mit großer Kraft über=
wunden werden kann und dann in ein Ausreißen ausartet. Der
Ziegelstreicher kann zu den fernern Strichen auch nicht immer eine
reine Fläche gebrauchen, ohne das Streichholz vorher abzustreichen,
wodurch Aufenthalt veranlaßt wird. Bei den flachen Streichhölzern
aber hängt es von der Willkür des Arbeiters ab, den Winkel, wel=
chen das Streichholz mit der Fläche des Ziegelblattes bilden soll,
spitzer oder stumpfer zu machen und dadurch die schneidende Kraft der
untern Kante des Holzes zu vermindern oder zu vermehren. Beim
ersten Striche wird er, um sich die Arbeit einigermaaßen zu erleich=
tern, den Winkel stumpfer machen und weniger fest aufdrücken; be
dem zweiten und dritten Striche wird er das Holz immer mehr nei=
gen, so daß es bei dem vierten Striche beinahe flach aufliegt. Die
Streichhölzer müssen oft erneuert werden, und sind die flachen auch
in dieser Hinsicht vortheilhafter, da ihre Anschaffung billiger ist und
sie auch mehrmals abgerichtet werden können.

14*

gutgeſtrichenen Blattes die Grundlage; die Geſtalt, welche man demſelben geben will, kann man als Nebenſache in dieſer Hinſicht betrachten,
obſchon dazu viele Uebung und Fertigkeit gehört.

Die Bedachung mit Hohlziegel von der ∼ Form, Dachpfannen,
Fittig-Ziegeln) iſt mit vielerlei Uebelſtänden verknüpft, und wenn ſie
auch als waſſerabhaltend vielfach empfohlen wird, ſo überwiegen deren
Nachtheile, große Belaſtung, Gefahr bei Feuer und Koſtſpieligkeit ꝛc.
den Vortheil weit. Man hat daher überall angefangen, dieſe Bedach-
ungsart abzuſchaffen und ſollte immerfort kräftig dahin wirken. Uebrigens erſtrecken ſie ſich auch nur noch auf kleinere Diſtricte, wo die
nahen Ziegeleien darauf eingeübt ſind. Neue Anlagen zur Anfertigung
von dergleichen Ziegeln zu machen, wird Niemand ſo leicht einfallen.
Weil jedoch zur Reparatur von vorhandenen derartigen Dächern noch
mitunter ſolche Hohlziegel verlangt werden, und der Vollſtändigkeit
wegen, wollen wir eine kurze Beſchreibung von deren Anfertigung
noch folgen laſſen.

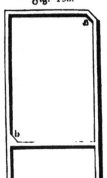

Fig. 185.

Für die Kramp-Hohlziegel oder Eßziegel hat
der Rahmen zur Bildung des Blattes die Form
der Fig. 185., wobei die Ecken bei a und b, wo
die Ziegel übereinander greifen, abgeſtumpft ſind;
ferner hat man, um dem Blatt die entſprechende
Biegung zu geben, eine eigenthümliche Form
(Fig. 186.) nöthig. Sie iſt aus einem Stück
Nußbaumholz gemacht und allenthalben ſo gut
ausgearbeitet, daß ſie ſo wenig als möglich ſchwer
werde. Es iſt gut, ihr nicht mehr Länge zu geben,
als der Hohlziegel haben ſoll, damit der Fuß
deſſelben an dem Ende der Form abgeſtrichen
werden könne. Vorn bei a iſt

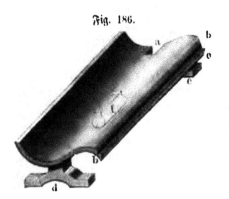

Fig. 186.

eine Vertiefung für die Naſe
oder den Haken angebracht:
bei b b iſt ſie abgerundet, um
die Schlußkrampe zu bilden,
welche gegen die vorſpringende
Leiſte angeſtoßen wird, und
bei c iſt das Eck abgebrochen
damit der Ziegel der obern Reihe
ſich beim Eindecken beſſer anlegen könne. d zeigt den vordern
Fuß und e den hintern, f iſt die

Handhabe, bei welcher der Former sie faßt, wenn er den fertigen Ziegel abſetzen will. Damit die Form durch das ſtete Abſtreichen nicht ſobald abgenutzt werde, iſt es rathſam, die Kopf- und Seitenränder mit eiſernen Schienen zu bekleiden; auch iſt es gut, der Form mehr Tiefe in der Aushöhlung zu geben, als der Ziegel haben ſoll.

Sobald das Blatt in dem Rahmen Fig. 185. ganz in derſelben Weiſe, wie wir dieß oben bei den gewöhnlichen Hohl- und Firſtziegeln beſchrieben haben, geſtrichen iſt, wirft der Former etwas Sand in ſeine Form Fig. 186., hauptſächlich in der Vertiefung derſelben bei a, greift dann das geſtrichene Blatt an deſſen ſchmalen Seiten mit bei-den Händen und legt es ſo in die Form, daß die Ränder ſo viel wie möglich gleich ſtehen. Mit dem Daumen der linken Hand drückt er das Blatt in die Vertiefung a, wirft mit der rechten etwas Thon auf die Stelle, um ſie auszufüllen, und bildet den Haken und den obern Theil des Ziegels aus, indem er mit der gekrümmten Hand da-rüber hin- und herfährt und den obern Rand abrundet. Dabei bricht er die Ecke bei c ab, fährt mit dem fleiſchigen Theile der geſtreckten rechten Hand der Länge nach durch die innere Fläche des Ziegels, um ihn überall feſt an die Form anzudrücken, bildet mit derſelben Hand den Krampen oder den Umſchlag bei b, bricht dann rund um ab, was vorſteht und ebnet alle Kanten. Bei dieſem Verfahren ſind wenig Abweichungen. Die hauptſächlichſte beſteht darin, daß einige zuerſt die Vertiefung a ausfüllen und das Blatt dagegen anbrücken, wobei aber der Haken nicht ſo zuverläſſig feſtſitzt, als wenn er aus dem Blatte ſelbſt ausgebildet wird.

Fig. 187.

Der Former befeuchtet nun die ſtärker abgerundete Fläche des Ab-ſetzers Fig. 187. (ähnlich dem h Fig. 183., nur iſt er in der Mitte ſeines Rücken 32ᵐᵐ dick und läuft mit beiden Seiten meſſerſcharf aus) und legt ſie auf den geformten Zie-gel. Er drückt denſelben mit drei Fingerſpitzen der rechten Hand feſt an, indem er mit der linken unter die Form greift, den Knopf f, Fig. 185 faßt, die Form damit umſtürzt und den Ziegel auf dem Abſetzer liegen läßt, da er die Form abhebt. Nachdem er dieſelbe niedergeſetzt, greift er mit der linken Hand die Handhabe des Abſetzers und indem er ſich ummendet und dem Gerüste nähert, läßt er den Rand des Ziegels, welcher zum Krampen oder Umschlag gebildet ist, zwischen Daumen und Zeigefinger der rechten Hand durchgehen, um denselben noch etwas zurück zu bringen, weil er seine Form zum Theil verloren hat, und dann läßt er den Handgriff des Absetzers aus der linken in die rechte Hand übergehen. Endlich setzt er den Hohlziegel auf seinen bestimmten Platz ab. Die größte Kunst des Formers besteht in diesem Absetzen. Er muß dabei besonders Acht haben, daß die Ziegel gleich hohl gesetzt werden, denn da der Hohlziegel so fest nicht sein kann, daß er beim Ausfallen aus der Form seine Gestalt beibehalte, so muß ihm dieselbe beim Setzen wieder ganz gegeben werden; ferner muß er besorgt sein, daß sich der Ziegel auch nirgendwo an das Bret des Gerüstes fest anhänge und beim Schwinden nicht zerrissen werde.

Der Former nähert nämlich den auf dem Absetzer ruhenden Ziegel dem unmittelbar vorher abgesetzten so, daß der Umschlag des ersteren sich gegen die Seiten des letztern sanft anlegt, läßt alsdann auch die andere Kante auf das Bret nieder, und zwar in der Entfernung, daß der Ziegel die erwünschte gleiche Höhe erhält. Mit der linken Hand, welche er aufrecht unmittelbar neben die Kante des Ziegels auf das Bret setzt, ohne jedoch den Ziegel gegen das Bret anzudrücken, wodurch er sich anhängen würde, verhindert er, daß der Ziegel nicht ausweiche, so lange er ihn noch durch den Absetzer bewegen muß. Er setzt diese Hand zuerst an den Fuß des Ziegels und zieht sie in demselben Maaße vorwärts, als er den Absetzer an sich zieht. Während dem Anziehen des Absetzers macht der Former solche Kreisbewegungen mit demselben, daß der Ziegel eine richtige gewölbte Gestalt erhält. Dabei ist die Breite des Absetzers nicht so groß, als der Zirkel, welchen der Ziegel bilden soll, damit der Former durch eine geschickte Wendung der Hand den Ziegel hohler oder flacher nach Belieben aufsetzen könne.

§. 195. Die Kramp-Breitziegel (siehe Fig. 22.) sind gleichfalls eine Art von Flachziegel von fast doppelter Breite, welche an der einen langen Seite mit einer Wasserkrampe, an der andern mit einer Schlußkrampe zu versehen sind. Die Anfertigung der Blätter zu dieser Art Dachziegel geschieht in der beschriebenen Weise wie bei den Hohlziegeln, und das Bilden der Krampen in einer Form ähnlich der zuletzt beschriebenen, in Fig. 186. dargestellten. Das Abtragen geschieht jedoch nicht mit einem Absetzer, sondern vermittelst breiter Ziegelbreter, auf die diese Ziegel gleich von der Form aus geschoben werden, so daß die Nase in den Ausschnitt des Bretes kommt.

§. 196. Bei dem Formen der römischen Dachpfannen (Fig. 23.), wie solche auf der Joachimsthaler Ziegelei gefertigt und zu verschiedenen Bauten der königl. preußischen Regierung verwendet wurden und die 366ᵐᵐ lang, 314ᵐᵐ breit und 13ᵐᵐ dick sind, wird folgendes Verfahren beobachtet:

An die beiden Seiten des Thonstocks A Fig. 188. (dessen Oberfläche den Umfang der Pfannenform a Fig. 23. hat und auf die Schwindung berechnet ist) werden hölzerne Stäbe von 13ᵐᵐ Stärke aufeinander geschichtet, wie a, a Fig. 188. zeigt, diese an den Thon fest angedrückt und nach dem jedesmaligen Abheben von je einem derselben auf jeder Seite nach und nach der ganze Thonstock vermittelst

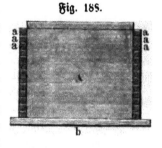

Fig. 188.

eines mit zwei Handgriffen versehenen Messingdrahts, der jedesmal über die obersten Stäbe weggezogen wird, zu ganz gleichmäßigen halbzölligen Platten zerschnitten. Diese Platten werden auf Breter gelegt und mit einer kurzen eisernen Ziehklinge auf der obern Seite fein abgezogen und geglättet, dann an der Luft etwas abgetrocknet und zum Formen der Pfannen benutzt.

Die Thonplatten werden mit der geglätteten Seite auf die zuvor geölte Form (Fig. 189.) gelegt, mit nasser Leinwand ganz überdeckt und durch kräftiges Hin- und Herreiben mit den Händen auf der Leinwand in die Form vollkommen ausgedrückt. Darauf wird der an den Seiten hervorgetretene Thon bis auf eine Stelle bei a mit einem Draht abgeschnitten, bei a die Nase geformt und aufwärts gebogen und die fertige Pfanne auf das mit Sand bestreute Trockenbret gelegt und hier mit einem nassen Schwamme sauber abgewaschen. Auf dem Trockenbrete kommt der Ziegel auf Fläche b Fig. 190. zu liegen und werden die beiden gekrümmten Seiten durch eigens dazu

Fig. 189.

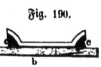

Fig. 190.

geschnittene, ebenso lange Thonplättchen c, c unterstützt, weil sonst sich jene leicht verziehen würden. Die dazu gehörigen Hohlziegel werden ebenfalls aus Thonplatten, welche in vorbeschriebener Art gefertigt werden, über einen Sattel, wie oben beschrieben wurde, geformt.

§. 197. Es giebt noch eine besondere Art Ziegel, die Kapp- oder Kaffziegel, die hier noch zu erläutern sind. Es sind dies Flach-ziegel von doppelter Breite, mit einer halbkreisförmig geöffneten

Fig. 191.

Auswölbung am Fuße (wie Fig. 191. zeigt), mit einer ausgeschnittenen Oeffnung in der Mitte (a Fig. 191.) durch welche selbst dann, wenn eine kappenähnliche Bedeckung b gegen den Regen über der Oeffnung angebracht ist, noch ein merkliches Licht auf den Bodenraum fallen soll. Die Oeff-nung kann auch durch ein in einen Falz ange-brachtes Glas verschlossen werden. Bei c, c erhält der Kappziegel zwei Nasen. Die Kappe wird auf die eben beschriebene Weise in einer Form ausgebildet, und wenn beide Theile gleichförmig angezogen sind, werden die Flächen, wo die Fugen hinkommen sollen, rauh gemacht, entweder durch Ritzen oder indem man kleine Gruben hineinsticht. Nun feuchtet man beide Stücke an diesen Stellen an, bestreicht sie einen Messerrücken dick mit einer ganz weichen Masse aus dem nämlichen Thon, woraus der Ziegel besteht, aber mit mehr Sand-zusatz, drückt sie gegeneinander, damit so wenig als möglich zwischen der Fuge sitzen bleibt. Endlich streicht man die Winkel der Fuge mit ähnlicher Masse, welche aber steifer sein muß, zum Ueberfluß in- und auswendig dicht aus.

## XXXII.

## Maschine zum Pressen von Dachziegeln (Schlußziegel.)

§. 198. In neuerer Zeit werden vielfach Dachziegel dargestellt, welche auf der obern und untern Seite stark gerippt sind, wodurch nicht allein die Festigkeit erhöht wird, sondern auch Rinnen gebildet werden, in welchen das Wasser von einem Ziegel auf den nächsten untern läuft. Das Eindringen von Wasser in die Stoßfugen wird dadurch vollkommen verhindert, und man kann mit diesen Schluß-ziegeln viel flachere Dächer als mit den gewöhnlichen Ziegeln decken. Stellt man sich ferner vor, daß die Rippen auf der obern Seite der obern Hälfte des Schlußziegels den Höhlungen der untern Hälfte der untern Seite genau entsprechen, so wird klar, welchen dichten Ab-schluß Ziegel dieser Art bewerkstelligen. Springt auch einmal die Nase eines Ziegels ab, so wird dennoch der Ziegel an Ort und Stelle liegen bleiben. —

Die Vorzüge des Falzziegeldaches, das in seiner heutigen Gestalt von einem Werkführer Müller (jetzt bei Gebrüder Schmerber in Tagolsheim) und von Gilardoni in Mülhausen herrührt, lassen sich kurz zusammen fassen. Sie bestehen in größter Leichtigkeit, Möglichkeit der Herstellung von Ziegeldachflächen bis zu 20⁰ Neigung, Sicherheit gegen das Auffliegen durch Wind und Eintreiben von Regen und Schnee, endlich in einem gefälligen Aussehen.

Während ein gewöhnliches doppelt gedecktes Dach (ca 110 sogenannte Biberschwänze gerechnet) ein Gewicht von 350 Pfund hat, wiegt ein gleiche Dachfläche (mit 54 Stücken Falzziegel gedeckt) nur 270 Pfund, also fast um 25 Procent weniger, was eine bedeutend leichtere Dachconstruction zuläßt. Namentlich für Fabrik- und Bahngebäude giebt es keine zweckentsprechendere Bedachung.

Derartige Schlußziegel wurden von Gebrüder Schmerber in Tagolsheim, Alb. Schlumberger in Mülhausen, Karl Huffsstein in Mariaschein bei Teplitz, von Gilardoni Frères zu Altkirch im Elsaß, von Champion ainé in Pont-Chartrain (Seine und Oise), John Sealy in Bridgewater und Andern construirt. Die Herstellung dieser Art Ziegel ist nur mittelst Maschinen möglich, die auf sehr verschiedene Art ausgeführt sind.

§. 199. Wir geben nachstehend die Abbildung und Beschreibung der interessanten Ziegelpresse, welche in der Thonwaarenfabrik von Gilardoni Frères seit 1846 in Anwendung ist. Dieselbe wurde von Hugeunein & Ducommon in Mülhausen erbaut. Fig. 192 ist eine Seitenansicht und Fig. 193, ein Querschnitt nach der Linie a—b; beide Figuren sind in ¹/₁₀ der natürlichen Größe ausgeführt.

A, A sind die gußeisernen Füße, welche den Preßtisch B tragen, letzterer ist gleichfalls von Gußeisen und enthält den ganzen Mechanismus der Presse; C ein Schlitten, der in einer auf B angebrachten Führung läuft; D der Untertheil, E der Obertheil der Form; ersterer legt sich genau auf den Schlitten C auf und ist zur Seite mit Charnieren und mit einem Griffe d versehen, um sich umschlagen zu lassen, was zum Abnehmen des gepreßten Ziegels erforderlich ist. Diese Form ist von Gußeisen und mit einer 7—8ᵐᵐ starken Schicht von Gyps bedeckt; man kann sie auch mit Weglassung des Gypses von polirtem Kupfer fertigen. Die obere Hälfte der Form E ist an dem Schieber F angeschraubt, der sich in einer entsprechenden genau passenden Höhlung des Kopfes G befindet und in dieser sich auf

Fig. 192.

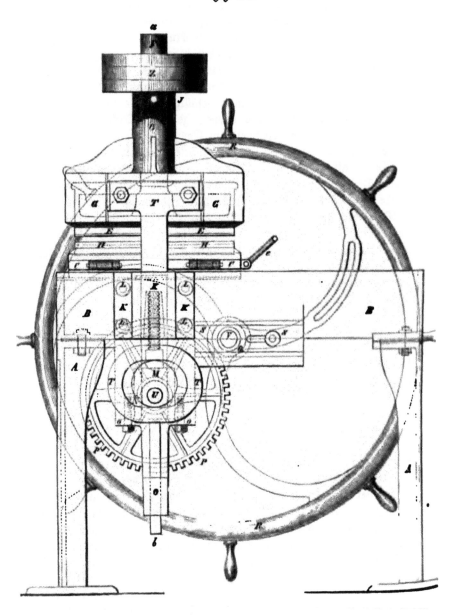

und nieder bewegen kann. Diese Höhlung dient dem Schieber F zur Leitung und an letzterem ist eine durch den Preßkopf G hindurchgehende runde Stange angebracht, an welcher bei I mit 3 Schrauben ein Ring befestigt ist. Auf diesem Ringe liegen die Druckgewichte Z und es werden dieselben nebst F von dem Preßkopfe G mit in die Höhe genommen, sobald G gegen diesen Ring antrifft. Unterhalb ist an G ein vorspringender Rahmen angebracht, welcher die ganzen über die Form des Ziegels vorstehenden Thontheile beim Pressen abschneidet. Auch der obere Theil der Form ist mit einer Gypsschicht belegt.

H ist der Durchschnitt eines gepreßten Ziegels; K Leitungen, welche durch die mit dem Preßkopfe durch Schraubenbolzen verbundenen Zugstangen T, T oberhalb hindurchgehen, und O, O Leitungen, welche diese Stangen unterhalb umschließen. Bei L sind die Leitungen K an den Preßtisch angeschraubt. Die Zugstangen T, welche den Preßkopf tragen, sind mit Höhlungen versehen, in denen die excentrischen Scheiben M der Welle U liegen; U erhält seine Drehung durch ein Rad P mit 60 Zähnen, in welches ein Getriebe mit 15 Zähnen an der Welle V eingreift. V wird entweder durch ein Schwungrad R mit Spillen oder durch Riemenscheiben in Umdrehung gesetzt, und damit je nach der verschiedenen an der Presse zu verrichtenden Arbeit die Räder ausgewechselt werden können, sind die Lager S für die Welle V verstellbar eingerichtet. N, N sind die Zapfenlager für die Welle U. Die Schrauben X über und x unter diesen Lagern dienen dazu, die Stärke des pressenden Ziegels zu reguliren und das Abschneiden des über die Ziegelgröße vorstehenden Thons zu veranstalten. o ist ein an dem Schlitten angebrachter Griff, um denselben auf seiner Leitung vor und zurück bewegen zu können.

Was die Arbeit mit der beschriebenen Presse betrifft, so wird zunächst der Schlitten C auf dem Preßtische so weit vorgezogen, bis er an die vordere Seitenwand antrifft, hierauf eine Thonschicht aufgelegt, welche den ganzen untern Theil der Form bedeckt, der Schlitten unter die Presse geschoben, bis er an die Hinterwand anstößt, wo er dann die richtige Stellung gegen die beweglichen Preßtheile erhalten hat, und nun das Spillrad R gedreht. Es wird dabei der Preßkopf heruntergeschoben, der obere Theil der Form setzt sich auf den unteren auf, und es wird durch Aufhebung des Gewichtes Z der Ziegel gepreßt, indem sich G über die untere Form wegschiebt und dabei den überflüssigen Thon abschneidet. Bei fortgesetzter Drehung wird zuerst G von der Form abgeschoben, während F noch auf der Form

Druck auf die obere Form (den Tiegel) mittelst einer senkrechten (zwischen zwei Säulen in einem Galgen geführten) Schraubenspindel, mit horizontalem Spillrad oben auf bewirkt. Nach Aufschrauben der Preßspindel kann der untere Theil der Form mit dem fertigen Ziegel zwischen Leitschienen herausgeschoben und der Ziegel mittelst eines Fußtritts aus der Form gehoben werden, um ihn auf die Trocken gestelle zu tragen. Bei Benutzung dieser Maschine muß jedoch zunächst auf gewöhnliche Art durch Handformen eine die Form der Presse ziemlich ausfüllende Platte gefertigt werden.

Eine gute Abbildung und Beschreibung dieser Maschine enthält das Bulletin d'Encouragement 1847, pag. 72—74.

§ 203. Falzziegelpressen für Handbetrieb baut die Firma E. Laeis & Comp. in Trier in vorzüglicher Ausführung; eine auch nur irgend rentable Fabrikation läßt sich jedoch mit diesen Handpressen nicht erzielen, da die Leistungsfähigkeit eine zu geringe ist. Außerdem können auch Maschinen-Dachziegel mittelst der Hertel'schen Ziegelpresse der gestellt werden und kostet diese Einrichtung (Dachstein-Mundstück nebst Abschneideapparat) loco Nienburg a. d. Saale 540 Mark.

§. 204. Um einige Anhaltspunkte für die Anlagekosten einer Falzdachziegelfabrik mit Maschinen zu erhalten, theilen wir nachstehend die Preise der Maschinen der 1868 errichteten Mack'schen Ziegelfabrik in Scherzberg (Oberamt Gerabronn in Württemberg) mit:

1 Falzdachziegelpresse compl. . . . . . . . . . 4500 Mk.
1 Vorwalzwerk . . . . . . . . . . . . . . 825 Mk.
1 Aufzug zur Beförderung des Materials in den
   Thonschneider . . . . . . . . . . . 225 »
1 Thonschneider . . . . . . . . . . . . . 900 »
1 Ziegelpreßmaschine, welche neben den verschiedenen
   Formen von Ziegeln auch die Thonplatten für
   die Falzziegelpresse liefert . . . . . . . . 1950 »
je 1 Mundstück für verschiedene Steinsorten . . . 30 »
1 Abschneide Apparat . . . . . . . . . . . 90 »

Die vorstehenden Maschinen wurden von der Maschinenfabrik der Gebrüder Sachsenberg in Roßlau geliefert.

Außerdem waren noch erforderlich:

1 Elevator . . . . . . . . . . . . . . 855
für Transmissionen . . . . . . . . . . . 1200
Leder-Riemen zu den Transmissionen*) . . . . 408 »

---

*) Deutsche Bauzeitung 1868. S. 404.

§. 205. Auch der verstorbene Oberbergrath Henschel in Cassel hat eine neue Art Dachziegel, sog. Schlußziegel, construirt, die eine durch geringes Gewicht, Dichtigkeit, Solidität und Gefälligkeit des Aussehens ausgezeichnete Dachdeckung liefern.

Form, Maaße und Eindeckungsart dieser Ziegel sind in Fig. 194. dargestellt. Die Ziegel decken bei 13½'' (33cm) Länge und 9½'' (23cm) Breite rein 9½'' (23cm) in der Höhe (wobei 4'' Ueberbeckung angenommen, aber auch eine kleinere, nicht aber eine größere zulässig ist) und 8'' (19½cm) in der Breite, sehr nahe 0,53 ☐ Fuß und man kann annehmen, daß 1000 Stück incl. Bruch reichlich 500 ☐ Fuß Dachfläche geben. Das Gewicht der Ziegel ist circa 4⅞ Pfd. per Stück, so daß der ☐ Fuß Dachfläche circa 10 Pfd. wiegen wird.

**Fig. 194.**

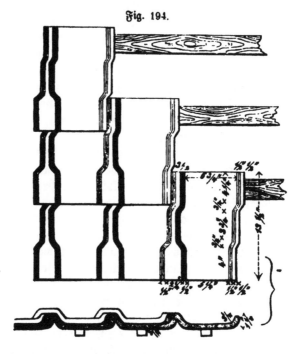

Zur Fabrikation derselben ist ein nicht zu magerer, namentlich aber solcher Thon erforderlich, welcher im Trocknen und Brennen nicht ungleichmäßig schwindet und sich wirft. Aus den Platten (Blättern), welche von möglichst steifem Thone in gewöhnlicher Weise gestrichen werden, bildet man die Façon mit Hülfe einer einfachen, stehenden Kniehebelpresse. Der Haken wird mit Hülfe einer Schablone hernach von der Hand angesetzt. Die von Eisen gebaute, zu zwei Formen eingerichtete Presse ist von Henschel's Maschinenfabrik in Cassel für 600 Mark zu beziehen; sie erfordert für den Betrieb von zwei Formen (welche sehr wohl gleichzeitig arbeiten können) einen Raum von 2$^m$,40 Breite und 4$^m$,80 Länge, sowie 2 Mann und 2 Jungen (bei einseitiger Bedienung nur 1 Mann und 1 Junge), und liefert täglich 7—8000 Stück je nach Uebung und Gewandtheit des Personals.

Mit Hülfe der Presse und der derselben beigefügten Gebrauchs-anweisung ist jeder nur einigermaßen einsichtsvolle Fabrikant und Ziegelmeister leicht im Stande, die Fabrikation dieser Ziegel in gewöhnlichem Machwerk einzurichten, und wenn das Material nur einigermaßen gut ist, mit Erfolg zu betreiben.*)

§. 206. Häufig werden auch die auf gewöhnliche Art gestrichenen Dachziegel, um sie dichter und gleichmäßiger herzustellen, nachdem sie übertrocknet, in besonderen Pressen nachgepreßt. Diese Fabrikation findet genau nach denselben Grundsätzen statt, wie die der gepreßten Verblendungssteine (siehe §§. 100 u. 101). Die hierzu zu verwendende Presse unterscheidet sich von der oben beschriebenen und in Figg. 70. u. 71. dargestellten Presse nur durch die Lehrform, und wird es genügen, diese letztere zu beschreiben.

Bei 38$^{cm}$ langen, 16$^{cm}$ breiten und gepreßt 8$^{mm}$ dicken Biber-schwänzen ist die Preßform dem entsprechend eingerichtet. Die Nase des Dachsteins wird durch eine in der Deckplatte der Presse angebrachte Vertiefung ausgeprägt, und es kommt besonders darauf an, derselben eine solche Form zu geben, daß sich die Nase nach geschehener Pressung beim Aufheben der Deckplatte c aus ihrer Lehrform bequem löse. Die Außenfläche des Ziegels soll möglichst glatt sein; demgemäß wird der gestrichene Ziegel auf das gesandete Trockenbretchen so aufgelegt, daß die Nase nach unten gerichtet ist. Man thut dieß auch, um die Nase beim Ab- und Zutragen vor etwaigen Beschädigungen zu schützen. Der übertrocknete Dachziegel wird folgendermaßen in die Presse gebracht: man legt auf den Stein ein in die Preßform genau passendes, 1$\frac{1}{2}$$^{mm}$ starkes, sauber abgeschliffenes Blech, klappt den Ziegel um, so daß er auf dem Blech ruht, und hebt das Trockenbretchen ab. Mit dem Blech legt man den Ziegel in die Presse und preßt nach bekannter Art. Inzwischen ist das Trockenbretchen sauber gereinigt, von Neuem

---

*) Vergl Notizblatt des Architecten- und Ingenieur-Vereins f. d. Königr. Hannover. 3. Bd. S. 372 ff.

mit trocknem Sande bestreut, und wird der gepreßte Ziegel wieder darauf gelegt, um in den Stellagen vollkommen zu trocknen.

Zu dieser Arbeit gehören 1 Arbeiter zum Pressen, 1 Junge zum Reinigen der Trockenbretchen und Bleche, desgleichen zum Auflegen der zu pressenden Ziegel auf die Bleche, endlich 1 Junge zum Ab- und Zutragen.

Zur Fabrikation der gepreßten Dachpfannen (∿ oder Krampziegel) dient statt des Blechs eine sauber gearbeitete Lehrform von Rothguß (Fig. 195.), Einlage genannt, die auf der Stempelplatte lose aufliegt und mit dem gepreßten Steine abgehoben wird. Die ebenfalls aus Rothguß bestehende Gegenform ist an die Deckplatte befestigt. Es ist nicht nöthig, daß die zu pressenden Ziegel schon die Pfannenform haben, diese wird durch die Presse erzeugt und genügt es, Plat-

Fig. 195.

tenform zu streichen oder zu schneiden, vorausgesetzt, daß Größe und Form der Fläche passend sind. Nach geschehener Pressung wird die Pfanne in oben beschriebener Art auf das Trockenbretchen gebracht.

Die Fabrikation der oben (§. 205) beschriebenen Henschel'schen Schlußziegel kann in ganz gleicher Art mittelst zweier Einlagen billig geschehen.

----

## XXXIII.

## Vom Trocknen der rohen Ziegel.

§. 207. Ein wichtiger Gegenstand bei der Ziegelfabrikation ist das Trocknen der Ziegel. Nicht hinlänglich ausgetrocknete Steine reißen und bersten im Brennofen. Durch zu schnelles Trocknen — in der Sonne oder in scharfem, trocknem Luftzuge — bekommen sie eine Kruste, sie werfen sich und reißen ebenfalls, indem alsdann die Oberfläche zu schnell trocknet, dabei aber die Feuchtigkeit im Innern noch angehäuft bleibt. Die Trocknung muß daher langsam, aber möglichst vollkommen und gleichmäßig bis in den Kern erfolgen.

Dünnere Steine bedürfen zum Austrocknen weniger Luftwechsel als dickere; lockere, poröse trocknen leichter aus, als schwere compacte; nässeres Ziegelgut muß einem langsameren Trocknen unterworfen werden; fetter Thon muß mehr gegen scharfen Luftzug verwahrt wer-

15*

ben, als magerer; Frühjahrsluft wirkt vorzüglich stark auf Verdunstung der Feuchtigkeit ein; alles Beobachtungen, welche im Allgemeinen beim Trocknen der Ziegelwaare berücksichtigt werden müssen.

Das Trocknen der Ziegel auf unbedeckten Räumen im Freien, wie das bei den Feldbacksteinen geschieht, ist bei bessern Backsteinen, Fließen und Dachziegeln nicht möglich; denn da es durchaus unmöglich ist, so lange mit Sicherheit auf ununterbrochene trockne Witterung zu rechnen, so ist man stets der Gefahr eines Regenschauers ausgesetzt, wodurch sie an Güte verlieren und die Arbeit ungemein verzögert wird. Ein Gewitterregen würde oft das Werk mehrerer Tage zerstören, daher ist der Betrieb der s. g. Feldziegeleien ein wahrer Kampf mit der Witterung. Bei stehenden Ziegeleien geschieht das Trocknen der bessern Backsteine und Dachziegel allgemein unter besonders dazu angelegten bedeckten Trockenscheunen, theils auf dem Boden, theils auf Bretchen in Gestellen. Würde man bloß den Fußboden zum Trocknen benutzen wollen, so würden allzu große Schuppen erfordert werden, um eine bedeutende Anzahl Ziegel zu trocknen.

Man muß für diese Schuppen eine Stelle aussuchen, wo sie frei stehen, dem Winde und der Sonne ausgesetzt sind, und wo vor allen Dingen der Untergrund vollkommen trocken ist. Sie werden in ganz bekannter Art entweder auf gemauerte Backsteinpfeiler oder auf hölzerne Pfosten erbaut, wobei nur zu bemerken ist, daß erstens der Querverband durch keine Strebewände bewirkt werden muß, damit der untere Raum möglichst frei bleiben kann, und zweitens daß die Balken mittelst Unterzügen genügend unterstützt werden, damit sie hinreichend stark sind, die Ziegel, die unter dem Dache gestrichen und getrocknet werden sollen, zu tragen.

§. 208. Die Fig. 196. stellt einen Querschnitt und Fig. 197. eine Längenansicht der Trockengerüste dar. a a sind die Grundschwellen, b b die Pfosten darauf, c c die Pfetten darüber, zugleich Unterzüge der Dachbalken d d, welche zugleich die Brustschwellen der oberen Gerüste bilden. Man macht die Pfosten gewöhnlich aus 8—10$^{cm}$ starken vierkantigen Stangen (Schalterbäumen), an deren innern Seiten, wie Fig. 196. und 197. zeigt, die Latten angenagelt werden. Einfacher und zweckmäßiger ist es aber, diese Pfosten aus 7$\frac{1}{2}$$^{cm}$ dicken, 15$^{cm}$ breiten kantigen Hölzern e, e, wie Fig. 198. und 199. zeigt, zu fertigen; die Latten werden dann an die beiden schmalen Seiten der Pfosten von Außen angenagelt. Die Gestelle sind auf diese Weise solider und leichter anzufertigen. Die Latten werden in Entfernungen von 7½ —10$^{cm}$ (je nach der größten Dicke der zu fer-

Fig. 196.    Fig. 197.

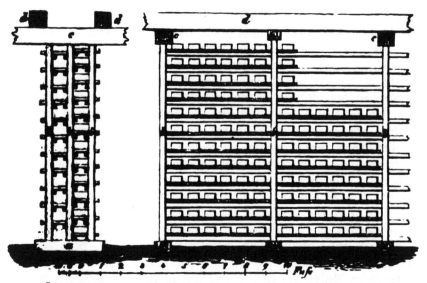

Fig. 196.    Fig. 197.

tigenden Backsteine, einschließlich des Trockenbretchens) voneinander angenagelt. Diese Gestelle werden immer paarweise 0$^m$,90 voneinander entfernt angebracht und bilden zwischen sich Gänge, von denen man zu jeder Gestellreihe bequem gelangen kann. Im Erdge-

Fig. 199.

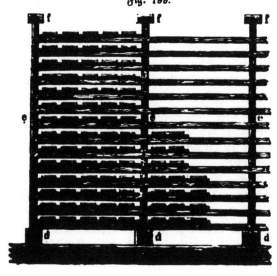

.schosse werden die Gestelle am zweckmäßigsten mit der Länge derselben nach der Breite des Schuppens und unter dem Dach mit der Länge der Gerüste nach der Länge des Schuppens aufgestellt. Die Höhe des Erdgeschosses darf nicht zu niedrig angelegt werden, damit die Luft die untern Räume genügend durchstreichen und die stets daselbst sich entwickelnden feuchten Dünste fortführen kann; man macht sie gewöhnlich 2$^m$,80—3$^m$,50 hoch, so daß man 12 bis 15 Lattenreihen übereinander an den Gestellen anbringen kann. Die Gestelle unter dem Dach sind gewöhnlich nur 2$^m$,50 hoch, da diese aber meist nur zum Trocknen von Dachziegeln, Plättchen und überhaupt weniger schwerer Ziegelwaare benutzt werden, so können die Latten in geringerer Entfernung 50—75$^{mm}$ übereinander angenagelt werden, so daß die Dachgestelle auch circa 15 Lattenreihen übereinander enthalten. Fig. 198. und 199. ist das Dachgestell, bei denselben sind f, f leichte Querhölzer, die unter den Kehlbalken angebracht sind, und g, g Diele die in den Gängen auf die Balken d aufgenagelt sind. Die Abträger, welches gewöhnlich Jungen sind, bedienen sich des in Fig. 200. dargestellten einfachen Bocks, aus einem 3$^m$,15 langen Doppeldiel, um an die obern Reihen der Gestelle gelangen zu können. Die Fache in

Fig. 200.

den Umfassungswänden werden mit Laden oder Klappen versehen, um zu heftige Winde abhalten zu können und zu verhindern, daß nicht Regen in die Trockenräume eindringe. Im Dache müssen durchgehende Luken angebracht werden, damit auch hier die Luft freien Durchgang habe, oder noch einfacher, man zieht einzelne Dachziegel aus dem gewöhnlich mit Ziegeln (Biberschwänzen) einfach und leicht gedeckten Dache in die Höhe und schiebt dieselben bei ungünstigem Wetter wieder herunter.

§. 209. In neuerer Zeit stellt man auch Trockengerüste für Ziegeleien mittelst Telegraphendraht her. Dieselben bieten den großen Vortheil, daß sie über ¹⁄₃ mehr Raum für die Trockenbretter gegen die aus Latten hergestellten Trockengerüste gewähren und sehr leicht und billig herzustellen sind. Die Endständer bestehen aus 15 × 7$^{cm}$ starken Pfosten, welche in die Grund- und Kopfschwellen verzapft sind, während 2—3 Mittelständer, welche in Entfernungen von $0^m,90$ bis $1^m,0$ anzuordnen sind, aus gewöhnlichen tannenen Bretern von $20^{cm}$ Breite bestehen und an schwächern Grund= und Kopfschwellen seitlich angenagelt sind. Der Längenverband wird durch am Boden und der Decke zwischen je 2 Ständerreihen aufgenagelte Breter hergestellt. Sind Verstrebungen nöthig, so können diese leicht durch schräg ange= nagelte Latten in dem mittlern Zwischenraum zwischen beiden Stän= derreihen hergestellt werden.

Zu den Drahtgerüsten werden Ausschußdraht und Abfälle von Telegraphendraht aus den Drahtfabriken billig bezogen und in der Weise befestigt, daß sie auf genaue Länge geschnitten, an den Mittel= ständern in eingebohrten Löchern ruhen und an den Endständern mit= telst angebogenen Oesen von beiden Seiten angenagelt werden.

§. 210. Auf verschiedenen sehr ausgedehnten Ziegeleien, wo die Trockengestelle oft sehr entfernt von den Streichtischen angebracht sind und das jedesmalige Abtragen und Aufstellen von 1 oder 2 Ziegeln einen bedeutenden Zeitverlust veranlassen würde, wendet man verschie= den construirte Wagen zum Transport von Ziegeln an, die dann ent= weder auf Laufbohlen oder förmlichen Schienengleisen fortgeschoben werden. Ein solcher Transportwagen für Dachziegel ist in Fig. 201. einer Seitenansicht und Fig. 202. einem Querschnitt dargestellt; ein

**Fig. 201.**      **Fig. 202.**

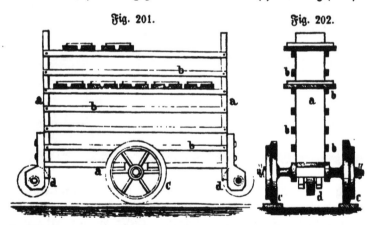

aus 3 Bretern a, a gebildeter Rahmen ist an beiden Seiten wie die Trockengestelle mit Latten b, b benagelt; die Last wird nur von den beiden mittlern Rädern c, c getragen, die zwei Bahnen oder Durch= messer haben, einen größern für die gewöhnlichen Laufdielen und einen kleinern zum Fahren auf einer Schienenbahn. — Eine solche Bahn

stellt man her aus schwachem Zimmerholz mit Flachschienen benagelt
oder auch aus sog. Grubenschienen (Eisenbahnschienen von keinem
Profil). Die beiden Rollen d, d am Ende des Wagens halten denselben ziemlich gerade, wenn der Wagen still steht, beim Fahren berühren sie den Boden nicht. Von solchen Transportwagen müssen
natürlich mehrere vorhanden sein; während einer immer zur Seite
des Streichtisches aufgestellt ist, ist ein anderer nach den Trockengestellen unterwegs.

Andere Ziegel-Transportwagen ganz in Eisen von der Rienbur-
ger Eisengießerei und Maschinenfabrik (vormals Hertel und
Comp.) in Rienburg a. d. Saale ausgeführt, stellen die Fig. 203
bis 206 dar, und zwar ist Fig. 203 und 204 ein breiträdiger Ziegeltransportwagen, 4etagig, für 40 Maschinensteine, auf Holzbelag zu
fahren, derselbe kostet 75 Mrk.

Fig. 203.    Fig. 204.

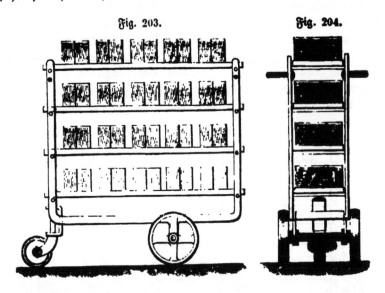

Fig. 205. und 206. ist dagegen ein eiserner Ziegeltransportwagen, ebenfalls 4etagig für ca. 120 Maschinensteine auf einer Eisenbahn von 490$^{mm}$ Spurweite zu fahren. Dieser Wagen hat Hartguß-
räder und doppelt verschraubte Patentachsen; derselbe kostet loco Rienburg a. d. Saale 125 Mrk.

§. 211. Wenn die Ziegel etwas übertrocknet haben, das Wetter
sehr ruhig ist und keine große Hitze herrscht, kann man alle Luken
öffnen; die in den Giebelseiten müssen dann aber verschlossen bleiben,

weil dadurch zu starker Luftzug bewirkt wird. Ueberhaupt hat der Ziegler durch das volle und theilweise Oeffnen der Läden, durch die richtige Beurtheilung der Windseite, durch das höhere oder niedrige Aufklappen, die Stärke des Zuges völlig in der Gewalt.

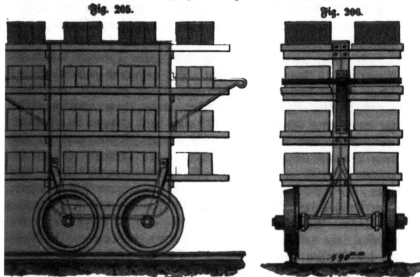

Fig. 205.     Fig. 206.

Starker Wind und ganz besonders heftiger Zug sind sehr gefährliche Feinde der zum Trocknen aufgestellten Ziegel. Den Verheerungen, die dadurch angerichtet werden, ist nur durch strenge Aufsicht vorzubeugen, oft aber verlockt eine warme, dabei windige Witterung den Ziegler, die Klappen und damit dem Zuge den Zutritt zu öffnen, der im Stande ist, in einigen Stunden die Arbeit von mehreren Tagen zu zerstören.

Sind die Steine etwas getrocknet, so daß sie schon eine bleichere Farbe angenommen haben, so nimmt man sie von den Trockengestellen ab, schichtet sie auf einem ruhigen Platz (gewöhnlich in den Mittelgängen) so nahe als möglich am Brennofen — um den spätern Transport dahin zu erleichtern — in mehreren Schichten, mit wenigstens 1 Finger breiten Zwischenräumen auf, nachdem sie vorher mit stumpfen Messern verputzt worden, und läßt sie hier vollkommen austrocknen. Man muß damit nach der Reihe der Gestelle verfahren und die zuerst abräumen, die zuerst besetzt worden waren; jedoch nicht eher abnehmen, bis die Steine ihre eigne Last und die der obern Schicht tragen können, ohne Eindrücke anzunehmen und ihre

Zur Probe der Trockniß bohrt man mit einer Messerspitze in die flache Seite eines Ziegelsteins ein 26$^{mm}$ tiefes Loch oder zerbricht einen Ziegel von Zeit zu Zeit. Zeigt derselbe auf dem Bruche innen und außen gleiche Farbe und ist er durchgehends gleich trocken, so ist er zum Brennen tauglich. Steine, die außen eine feste Kruste haben, innen aber noch feucht sind und so auch lange bleiben, versprechen wenig Gutes.

Bei heller, warmer Witterung und guter Thonerde können die Steine in 14 Tagen trocken sein. Bei anhaltend feuchtem Wetter bedarf es viel längerer Zeit und man ist oft genöthigt, die Steine in noch feuchtem Zustande abzurüsten, wenn es an Trockengestellen zur fortgesetzten Fabrikation fehlt; man darf alsdann die Rüstflöcke nur nicht zu hoch machen, damit die untern Steine durch die Last keine Eindrücke annehmen. Der Verlauf des Trocknens ist aus folgendem Beispiele zu entnehmen. Ein Stein (circa 26$^{cm}$ lang, 13$^{cm}$ breit, 65$^{mm}$ dick) wog frisch geformt 94 Unzen vor dem Brennen; aber förmlich lufttrocken nur noch 72 Unzen und nach dem Brennen 68 Unzen. Während des Trocknens sind also 22 Unzen Wasser verdunstet, und zwar 9 Unzen in den ersten 24 Stunden, 13 Unzen in den übrigen 5 bis 6 Wochen; 4 Unzen wurden beim Brennen vertrieben.

§. 212. Bei dem Trocknen der Dachziegel ist noch Folgendes zu bemerken:

Bei manchen Thonarten, wenn die aus denselben gefertigten und zum Trocknen aufgelagerten Dachsteine nicht öfters auf ihren Bretern gewendet werden, ist es beinahe unmöglich, einen vollkommen geraden Dachziegel zu erhalten, indem das Trocknen der einen Oberfläche ein Zusammenziehen veranlaßt, während die untere noch nasse ihr nicht folgen kann. Auch ist es oft nöthig, daß die Nase nach einigem Uebertrocknen aus dem Ausschnitt des Brets gerückt werde, weil sie öfters sich in dem Ausschnitt feststeckt und bei dem weitern Trocknen abgerissen wird. Diese Arbeiten werden in der Regel, zumal bei größern Ziegeleien, vernachlässigt, daher daselbst gerade Dachziegel oft sehr selten sind.

Sind die Dachziegel halb trocken, so daß sie ohne Nachtheil abgetragen werden können, so rostet man sie auf; man nimmt sie nämlich von den Bretchen ab und stellt sie vor den Gestellen auf die hohe Kante, so daß immer die Nase des einen Ziegels eng an den Kopf des andern anschließt. Wird dieses Verfahren, um Raum zu gewinnen, mit zu feuchten Ziegeln vorgenommen, so ist dieses ebenfalls

Veranlassung, daß sich die meisten Ziegel beim weitern Austrocknen krumm ziehen. —

§. 213. Bei dem Trocknen größerer und namentlich der Gesimssteine wird noch anders verfahren. Diese müssen auf ihren Trockenbretern so lange liegen bleiben, bis sie völlig trocken und beim Abrüsten nicht mehr mit den Händen verdrückt werden können. In unheizbaren Räumen bei ungünstiger Witterung brauchen sie oft mehrere Monate Zeit zum Austrocknen.

Das Trocknen dieser Steine darf durchaus nicht übereilt werden, damit der Thon ganz gleichmäßig zusammenschwinde. In unheizbaren Trockenschuppen, wo den Steinen der nöthige Luftzug zum Austrocknen durch Thüren und Klappluken zugeführt wird, ist das Abtrocknen derselben immer ungleichmäßig, weil die dem Luftzuge zunächst liegenden Flächen weit mehr austrocknen, als die entgegengesetzten. Es ist daher nöthig, solche Steine in den ersten drei bis vier Wochen gänzlich vor Luftzug zu schützen, indem man Thüren und Luken dicht verschlossen hält. Da ihre untere Lagerfläche von der Luft gar nicht berührt wird, so bleibt dieselbe im Schwinden immer etwas zurück, und müssen deshalb die Trockenbreter, wie schon oben bemerkt, stark mit trocknem Sand, der frei von gröbern Kieseln sein muß, bestreut werden.

Außerdem ist es nöthig, die Steine in der ersten Zeit öfters zu versetzen und die den Luken und Thüren zunächst liegenden und daher mehr abgetrockneten Steine nach der Mitte des Schuppens, die aus den Mittelgängen hingegen an jene Stelle zu bringen, um ein gleichmäßiges Schwinden dadurch zu erzielen.

§. 214. Bei Steinen, die in unverhältnißmäßigen Abmessungen geformt sind, wird ein gleichmäßiges Austrocknen dadurch bewirkt, daß die Steine durch Thonplatten vor dem Luftzuge ganz geschützt werden. Diese Platten werden aus gewöhnlichem Thon ¼" stark und etwas höher als der Stein mit Draht geschnitten und kantig zu beiden Langseiten des Steines auf das Lagerbret geklebt; über dieselben wird noch eine Platte gedeckt, so daß der Stein von drei Platten geschützt wird. Diese dünnen Platten trocknen bald und absorbiren dann die Ausbünstung des Steines schnell, wodurch ein gleichmäßigeres Trocknen herbeigeführt wird. Nach gemachtem Gebrauche werden diese Platten wieder mit eingesumpft. Liegen mehrere geschlossene Brennöfen nebeneinander, so kann man die Decken planiren und mit Ziegeln plätten, wodurch man einen schönen Trockenraum gewinnt, der sich nach Befinden zubauen und mit

Gestellen besetzen und zum völligen Austrocknen halbtrockner Ziegel benutzen läßt.*)

## XXXIV.
## Von porösen Ziegelsteinen.

§. 215. Die porösen Backsteine, Kohlenziegel, Loh- oder Schwammsteine werden aus gewöhnlichem Ziegelthon unter Zusatz von Holzkohlen- oder Steinkohlenpulver, Sägespähnen, ausgelaugter Lohe, Kiefernadeln, gemahlener Kiefernrinde, frisch gestochenem Torf, Moorerde, Flachs- und Hanfschäben 2c. verfertigt. In welchem Verhältnisse diese brennbaren Theile zu dem Thon gemischt werden sollen, um die erforderliche Leichtigkeit und dabei Festigkeit der Ziegelsteine zu erhalten, muß durch Versuche ermittelt werden. Fette, gute Ziegelthone lassen derartige Zusätze bis zu 75 Volumentheile zu; es ist nicht gerade erforderlich, specifisch plastische Thone zu den porösen Steinen zu verwenden, nur magere Erden geben unbrauchbare Steine. Da zu einer ausgedehnten Fabrikation poröser Steine Massen von Zusatz erforderlich sind, so wird sie vortheilhaft nur von solchen Ziegeleien unternommen, die abgesehen von dem geeigneten Thonmaterial, welches solche Zusätze verträgt, auch diese Zusätze leicht zur Verfügung hat. Hauptbedingung ist das gleichmäßige Durcharbeiten und Mischen der Materialien, so daß die Mischung eine schichtfreie, homogene Masse bildet, deshalb werden die besten porösen Steine immer mit der Knetmaschine oder Ziegelmaschine hergestellt; im Uebrigen werden sie ganz in derselben Weise wie die gewöhnlichen Backsteine geformt, getrocknet und gebrannt. Beim Brennen in nicht gewölbten Ziegelöfen muß das Dach derselben erhöhet werden, damit es die starke Flamme, welche die Steine geben, nicht erreiche und anzünde; man kann jedoch zwischen den Schwammziegeln auch gewöhnliche Backsteine aufsetzen, wodurch die Flamme gemäßigt und zugleich an Brennmaterial etwas erspart wird. Kommen solche Ziegel nicht ganz trocken in den Brennofen, so zeigen sie häufig im Innern eine dunkele, fast schwarze Färbung, auch wenn sie stark gebrannt sind: es thut dies ihrer Verwendbarkeit kei-

*) Siehe Schaller, der wohlunterrichtete Ziegler. 1855. S. 134—136.

nen Eintrag. Die Erfindung der porösen Ziegel ist schon sehr alt, das Schiff von der im 30jährigen Kriege zerstörten schönen Katharinen-kirche in Oppenheim war mit solchen porösen auffallend leichten Back-steinen überwölbt, wobei der Thon mit Häcksel von Schilfrohr gemischt war, der, herausgebrannt, die Steine ganz dicht durchlöchert, ohne ihrer Festigkeit Eintrag zu thun. Auch in der Gegend von Nürnberg findet man in alten Gebäuden sehr häufig die Schornsteine mit sehr leichten Backsteinen aufgeführt, bei denen der Thon mit Gerberlohe, auch wohl Spreu versetzt war. Da sie theurer kommen als gewöhn-liche Ziegel, so ist dieß wohl die Ursache, daß man sie in Vergessen-heit kommen ließ, wenn gleich noch Ziegler in jener Gegend leben sollen, die sie angefertigt haben. In der auf dem Torfstiche zu Kal-bermoor in Bayern bestehenden Ziegelei werden aus einem Gemenge von farbhaltigem Lehm und feinfaserigem, wurzelfreien Torf sehr poröse Ziegel angefertigt, welche man dort wegen der Aehnlichkeit ihres Aeußern mit Kalktuff „Tuffziegel" nennt. Die porösen Steine gewähren manche nicht unwesentliche Vortheile:

— 1) Wegen ihrer Leichtigkeit eignen sie sich sehr gut zur Span-nung von Gewölben in höher gelegenen Theilen eines Gebäudes, welches keine starken Widerlager anbringen kann. Beim Ausmauern schwacher Fachwerkswände, die in jeder Hinsicht so leicht als mög-lich construirt werden müssen, leisten sie vortreffliche Dienste, und überhaupt bei allen Bauwerken, die keinen großen Druck ausüben.

2) Die porösen Ziegel sind bei Weitem schlechtere Wärmeleiter als die gewöhnlichen; sie sind deshalb zum Ausmauern dünner Fach-wände und zur Aufführung von Schornsteinen besonders geeignet. Denn da der Rauch nur vermöge der durch seine größere Wärme erlang-ten Leichtigkeit in die Höhe steigt, so müssen Schornsteine, die mit solchen porösen Steinen aufgeführt sind, welche die Wärme weniger leiten, also den Rauch nicht so schnell abkühlen, selten Rauch verbreiten, auch wird sich in ihnen wenig Ruß ansetzen.

3) Die schwammige Beschaffenheit dieser Ziegel ist Ursache, daß sie bei Weitem besser den Mörtel anziehen, als gewöhnliche; aus gleichem Grunde haftet auch der Verputz außerordentlich fest an

4) Wegen der beigemischten brennbaren Stoffe trocknen die rohen porösen Ziegel leicht aus, verziehen sich dabei nicht so sehr

§. 216. Schon Strabo berichtet von schwimmenden Back-

steinen aus einer Erde, die sich auf einer der Inseln des toscani-
schen Meeres, in Spanien ꝛc. vorfindet; auch Vitruv und Plinius
haben solche Steine zum Bau empfohlen; sie wurden Ende des vorigen Jahrhunderts von Fabroni aus Pisa wieder angeregt, und
es gelang, mehrere Lager von der gleichen Erde z. B. bei Santa Fiora
in Toscana, bei Raubanne in der Auvergne, bei Ceissat in der
Nähe von Clermont, auf Zante und bei Berlin aufzufinden. Die
Erde von Santa Fiora ist ein weiches, leichtes, flockiges Bergmehl,
welches aus

| | | |
|---|---|---|
| 0,55 | Theilen | Kieselerde, |
| 0,25 | = | Bittererde, |
| 0,12 | = | Thonerde, |
| 0,03 | = | Kalkerde, |
| 0,01 | = | Eisen, |
| 0,04 | = | Wasser, |
| 1,00 | Theilen | |

besteht; die daraus gefertigten Ziegel sind 5 mal leichter als die gewöhnlichen, aber nur $^2/_5$ so fest; durch das Brennen werden sie um
$^1/_4$ leichter und verlieren nichts an ihrem Umfange.

§. 217. Die mikroskopischen Untersuchungen, welche Ehrenberg neuerdings über diese Erden angestellt hat, führten auf die
Entdeckung, daß sie nichts weiter sind, als Anhäufungen oder Bauten von den mikroskopisch kleinen, aus Kieselerde bestehenden Pan-
zern, womit gewisse Infusionsthiere bekleidet sind. Der unter Berlin liegende Infusorienthon besteht aus solchen Kieselpanzern, deren
Größe etwa den 9. Theil vom Durchmesser eines Menschenhaares
betragen, sieht im frischen Zustande mehr trocken, perlgrau oder
weiß aus, ist am Spreeufer ungeheuer ausgedehnt und stellenweise
30$^{mm}$ mächtig. Ein Cub.-Fuß wiegt im rohen Zustande 61 Pfd. (der
des Wassers 66 Pfd.); geschlämmt und getrocknet nur 25 Pfd. 14
Loth. Steine daraus wiegen nur $^1/_4$ so viel als gleich große Mauersteine, sie schwinden gegen $^1/_{20}$; solche, mit 10% Thon versetzt, wurden
für das Gewölbe der Rotunde im Museum in Berlin gebraucht.
Auch das Schiff der Neuen-Werder'schen Kirche daselbst ist mit derartigen
porösen Steinen überwölbt. Diese Steine sind 260$^{mm}$ lang, 114$^{mm}$
breit, 66$^{mm}$ hoch; das Stück davon wiegt 4$^1/_2$ Pfd., während gewöhnliche Ziegel von gleicher Größe 7—7$^1/_2$ Pfd. wiegen.

Die Infusorienerde ist auch ein vortrefflicher Zuschlag zu dem
fetten Thon statt des Sandes.

## XXXV.

## Von feuerfesten Backsteinen, Porzellansteinen (Chamotteziegel).

§. 218. Alle Thonarten, aus welchen gewöhnliche Mauersteine angefertigt werden, enthalten außer den bekannten Bestandtheilen des Thons (Kiesel- und Kalkerde) fast immer eine bedeutende Beimischung von Eisenoxyd und sehr häufig auch Kalkmergel. Die Anwesenheit dieser beiden letzten Bestandtheile hat den Nachtheil für die aus solchen Thonarten geformten Steine, daß sie bei anhaltender Berührung mit dem Feuer zu schmelzen anfangen und nach dem Abkühlen nothwendig in mehrere Stücke zerspringen müssen, indem nur die eine dem Feuer zugekehrte Seite des Steines durch das Fließen stark zusammengezogen wird, während der übrige Theil desselben, der in seinem Volumen unverändert geblieben ist, diesem raschen Zusammenziehen nicht folgen kann, also sich auseinander geben muß. Dieser Uebelstand hat für das Mauerwerk den Nachtheil, daß es in kurzer Zeit außer allen Verband kommt, und daß durch das weitere Ausschmelzen der Oberflächen der Steine bald große Vertiefungen entstehen, die nothwendig alle pyrotechnischen Verhältnisse der ganzen Feuerung verändern und solche zum ferneren Gebrauch untauglich machen.

Es ist daher von großer Wichtigkeit, zur dauerhaften Anlage solcher Feuerungen, in denen ein bedeutender und anhaltender Hitzegrad entwickelt werden soll, wie dieß bei Schmelzöfen, Glasöfen, Dampfmaschinen-Feuerungen ꝛc. der Fall ist, Backsteine anzuwenden, welche:

1) aus einer vollkommen feuerfesten, d. h. unschmelzbaren Masse bereitet wären;

2) im Feuer keine weitere nachtheilige Veränderung ihres Volumens zu erleiden hätten, und

3) sich mit einem ebenfalls feuerfesten Mörtel verbinden ließen, so daß das ganze Mauerwerk eben sowohl die größte Einwirkung des Feuers als auch eine rasche Abwechselung der Temperaturen ohne Nachtheil ertragen könne. Die sogenannten Chamotteziegel besitzen diese Eigenschaften.

Außerdem ist zu berücksichtigen, ob die Steine eine gleichmäßige sehr hohe Temperatur auszuhalten haben, oder ob sie häufigen Abkühlungen ausgesetzt sind; ferner ob sie den Einflüssen alkalischer

Dämpfe ausgesetzt sind, welche mit Bestandtheilen des Thones schmelzbare Verbindungen eingehen, endlich ob sie starke Stöße und Erschütterungen auszuhalten haben. Nach diesen Rücksichten müssen die Chamotteziegel von verschiedener Beschaffenheit sein.

§. 219. Die Feuerbeständigkeit hängt vorzugsweise von der Reinheit des Thones ab, deshalb ist es erstes Erforderniß, daß der zu verwendende Thon möglichst gereinigt und rein gehalten werde. Gewöhnlich sind reine Thone sehr fett; daraus geformte und gebrannte Steine werden zwar sehr feuerbeständig, springen aber bei Abkühlungen sehr leicht, und müssen deshalb starke Zusätze von unplastischer Masse erhalten. Haben sie nicht die höchsten Hitzegrade auszuhalten, so genügt als Zusatz reiner Quarzsand oder zerstoßener weißer Quarz, und zwar wird das Reißen am besten durch gröbere Zusätze vermieden. Wird aber die höchste Feuerbeständigkeit verlangt, so muß der Zusatz aus gebranntem und zerstoßenem feuerfesten Thone bestehen, wozu man gewöhnlich die Scherben und Bruchstücke bereits gebrauchter Porzellan-Kapseln und feuerfester Steine verwerthet, nachdem die verglasten Theile vorher sorgfältig abgeschlagen worden. Die vorzüglichsten Chamotteziegel sind mürbe und locker, das Brennen derselben findet nur statt, um ihnen für den Transport etwas Festigkeit zu geben, sonst könnten sie auch ungebrannt verwendet werden. Bestehen die Zuschläge blos aus gebrannten feuerfesten Thonscherben, so ist der Widerstand gegen die chemische Einwirkung mineralischer Dämpfe am stärksten; quarzhaltige Chamotteziegel gehen mit alkalischen Dämpfen, wie sie bei den Metallschmelzprocessen sehr gewöhnlich entwickelt werden, viel leichter glasartige Verbindungen ein, welche dann die Oberfläche des Steins überziehen. Je gröber die Zuschläge, je poröser demnach die Steinmasse, desto besser hält dieselbe Temperaturwechsel aus Ist der Stein starken Stößen ausgesetzt, wie bei Rostfeuerungen, Kalköfen ꝛc., in denen mit den Schüreisen herumgestoßen wird, so müssen sie möglichst hart sein; dies ist freilich meistens nur auf Kosten der Feuerbeständigkeit zu erlangen, indessen wird der höchste Grad derselben in solchen Fällen auch nur selten erforderlich. Chamotteziegel zu Dampfkesseleinmauerungen u. s. w. können daher etwas mehr Quarzzusatz vertragen und müssen hart gebrannt sein*).

Die Porzellanmanufacturen, welche zu dem Bau ihrer Oefen feuerfeste Steine nicht lange entbehren konnten, waren daher unstreitig die ersten, welche dergleichen fabrikmäßig anfertigen ließen, und na-

---

*) Nach Neumann's Keramik im deutschen Bauhandbuch.

mentlich wurden in den Königl. Porzellanmanufacturen in Berlin Steine dieser Art in der vorzüglichsten Qualität angefertigt. Da dieß indeß nur ein Nebengeschäft für solche Werke sein konnte und der Verbrauch von feuerfesten Steinen beständig im Wachsen ist, so lag es dem bürgerlichen Gewerbe sehr nahe, auf diesen Artikel zu reflectiren, und namentlich war Albrecht in Berlin der erste, der es unternahm, ein Fabrikwerk zu errichten, welches sich mit der Anfertigung solcher feuerfesten Steine allein beschäftigen sollte.

§. 220. Wir geben nachstehend die Beschreibung der Anfertigung solcher Chamottesteine aus dieser Albrecht'schen Thonwaarenfabrik in Berlin.

Der sogenannte weiße Pfeifenthon (derselbe, aus welchem die irdenen Pfeifen, das Steingutgeschirre und zum Theil auch die geringen Porzellansorten angefertigt werden), war, seinen Eigenschaften nach, am vortheilhaftesten, das Hauptmaterial zur Anfertigung feuerfester Steine abzugeben.

Wollte man indessen, ohne Zusatz anderer Bestandtheile, Steine aus solchem Thon anfertigen, so würden sie wegen der fetten Beschaffenheit desselben und seiner großen Verwandtschaft zum Wasser, während des Trocknens und beim Brennen sich verziehen, einreißen und sehr stark schwinden. Es kam daher darauf an, ein Material zu finden, welches sich mit dem fetten Thon bequem verbinden ließ und jene nachtheiligen Eigenschaften desselben möglichst aufhob. Ein solches wurde bald in der Chamotte gefunden, welches nichts anderes als stark gebrannter und dann fein zerpochter Thon ist.

Gewöhnlich bedient man sich dazu der unbrauchbar gewordenen, jedoch noch unverglasten Kapseln aus Geschirrmanufacturen, so wie der Steinbrocken, welche beim Brennen der Steine entstehen.

Die Quantität, in welcher Chamotte dem Thon zugesetzt wird, ist sehr verschieden nach den Gegenständen, welche daraus angefertigt werden sollen. Zu Steinen wird mehr als die Hälfte hinzugesetzt, zu Kapseln ungefähr gleiche Theile, zu Muffeln weniger als die Hälfte.

§. 221. Um stark gebrannten Thon in feine Körner zu zertheilen, bediente man sich früher der Pochwerke, welche jedoch den Nachtheil haben, daß sie, hinsichtlich der darauf zu verwendenden Kraft, nur ein geringes und sehr ungleiches Resultat liefern, indem der größte Theil des zu pochenden gebrannten Thons in feines Mehl verwandelt wird, während der andere Theil in groben Stücken zurückbleibt.

Eine bessere Maschine zu demselben Zweck sind die in vielen Ziegeleien eingeführten Walzen-Quetschwerke, wie wir sie oben in §. 80—83. beschrieben haben und welche die zwischen die Walzen gesteckten Thonscherben zermalmen. Der Uebelstand ist jedoch nicht zu vermeiden, daß bei dem Vorkommen sehr hart gebrannter Scherben die Wellenzapfen brechen. Auch ist die Bedienung dieser Maschine durch einen Arbeiter, der fortwährend die Scherben auflegen muß, hinsichtlich der zu erzielenden Menge Chamotte ziemlich kostbar. Indessen ist nicht zu läugnen, daß ein Quetschwerk gleichmäßiger als ein Pochwerk arbeitet und eine weit bessere Chamotte liefert.

In der Albrecht'schen Fabrik ist eine Vorrichtuug getroffen, welche in ihrer Wirkung beide obengenannte Werkzeuge wohl um das Zehnfache übertrifft.

Um ohne Zeichnung einen Begriff von dieser Maschine zu bekommen, denke man sich eine gewöhnliche Kaffeemühle in sehr vergrößertem Maaßstabe, ungefähr 1$^m$,25 im Durchmesser, die an der stehenden Welle eines Pferdegöpels angebracht ist.

Diese Maschine liefert in einer Stunde, wenn die Scherben nicht übermäßig hart sind, bei ganz geringer Anstrengung zweier Pferde, wenigstens 25 Centner Chamotte von so gleichmäßiger Beschaffenheit, daß sie kaum gesiebt zu werden braucht.

§. 222. Um die gewonnene Chamotte mit dem Thon zu versetzen, bedient man sich am besten der gewöhnlichen Thonschneide- oder Knetemaschinen, wie sie in den Thonwaarenfabriken üblich sind und oben in §. 77—79 beschrieben wurden. Mit einigen kleinen Abänderungen, welche Herr Albrecht wegen besonderer Beschaffenheit seiner Thonmasse mit der Construction dieser Maschine hat machen müssen, liefert dieselbe ein vortreffliches Resultat, indem ein jeder Schneidekübel von circa 0$^m$,94 Durchmesser und 1$^m$,25 Höhe in 8 Stunden eine Quantität von 40—50 Ctr. innigst gemengter Steinmasse bereitet. Man verfertigt aus dieser Masse nicht allein Steine, sondern auch Futter für Ziegelöfen in Kreissegmenten, Platten, Röhren, in einzelnen Segmenten, Kapseln für Porzellan, Steingut, Fayence, Muffeln für das Einbrennen von Porzellan, Glas, für die Zinkdestillation und andere Zwecke, Beschläge für chemische Oefen.

§. 223. Das Formen der Steine geschieht aus der Hand in der Weise, wie man es in den bessern Ziegelhütten findet. Zum Trocknen der Steine von gewöhnlichem Format gehört weder eine besondere Vorrichtung noch lange Zeit. Im Sommer ist die freie Luft unter einem Trockenschuppen, im Winter gelinde Ofenwärme in wenigen Tagen dazu hinreichend. Bei Steinen von größerm Format (es werden dergleichen in der Albrecht'schen Fabrik von 53,4 Cub.-Centimeter Inhalt und Platten von 27,36 ☐ Centimeter Fläche angefertigt) ist das Austrocknen hingegen ein Geschäft, welches die größte Vorsicht erfordert und wozu vielfache Erfahrung gehört, um beim Brennen keine großen Verluste zu haben. Die Hauptsache dabei ist, die Oberfläche solcher Steine so lange feucht zu erhalten, bis die Austrocknung im Innern etwas vorgeschritten ist. Die Ueberzeugung, ob dergleichen Steine, um gebrannt zu werden, hinlänglich trocken sind, kann man sich nur dadurch verschaffen, daß man einzelne durchbohrt, um sich von ihrer innern Beschaffenheit überzeugen zu können.

§. 224. Zum Brennen der Chamottesteine gehört ein nach besten pyrotechnischen Grundsätzen ganz von Chamottesteinen gebauter Brennofen, der überall stark verankert ist, gut zieht und in welchem eine vollkommene Weißglühhitze zu erzielen ist.

Als Brennmaterial wird in der Gegend von Berlin das Kiefernholz allgemein verwandt. Werden indessen Steine verlangt, die neben der Feuerfestigkeit auch eine große Tragkraft haben sollen (z. B. Rostseine, Dampfmaschinen-Kesselsteine 2c.;, so ist ein Nachbrennen mit Buchenholz, aus leicht begreiflichen Gründen, von dem wesentlichsten Einfluß. — Die Farbe solcher Fabrikate ist gelblichweiß, die Härte nach dem Brennen ziemlich groß, da wo sie glühend mit Alkalien in Berührung kommen, z. B. mit Holz- oder Torfasche, verglasen sie. (Verglaste Kapseln können als Cement nicht gebraucht werden, da sie nicht gut binden und bei der Verarbeitung die Arbeiter verletzen.)

§. 225. Der Thonmörtel, dessen man sich zum Vermauern der Chamottesteine bedient, besteht aus einer Masse, die aus feuerfestem Thon und einer ansehnlichen Quantität feingepulverter Chamotte zusammengesetzt ist. Er hat die Eigenschaft, im Feuer nicht zu reißen, sondern durch dasselbe bei einer fast unmerklichen Schwindung immer fester zu werden. Hierbei kann die Bemerkung angeschlossen werden, daß sowohl der Thonmörtel als die Chamottesteine im Vergleich zu andern eisenhaltigen Steinen eine sehr geringe Capacität für die Wärme haben und dadurch, wie leichtlich zu übersehen, Holzersparniß und Feuersicherheit bei ihrer Anwendung herbeiführen müssen.[*] In Berlin kostet das 1000 Chamotteziegel 96—120 Mark Normal-Format und 111 Mark Klein-Format. Auch auf der Kalk- und Ziegelbren-

---

[*] Vergl. „Zeitblatt für Gewerbtreibende und Freunde der Gewerbe". Herausgeg. von Comm.-Rath Heinr. Weber. Bd. III. 1829. S. 74 u. f.

nerei des Herrn Didiers zu Nobejuch bei Stettin werden Chamottesteine und Chamottemehl angefertigt, die allen Anforderungen ent
sprechen; ebenso verfertigen die Herren Müller und Köhler in
Friesdorff bei Cöln feuerfeste Steine, die sehr hart gebrannt sind,
sehr wenig Wasser aufsaugen, den Witterungseinflüssen vollkommen
widerstehen und sich bisher im stärksten Feuer der Calciniröfen vollkommen gut gehalten haben.

§. 226. Beim Eisenhüttenproceß hat man die Erfahrung gemacht, daß gepreßte feuerfeste Steine länger halten als gewöhnliche;
der Oberingenieur Daelen in Hörde beschreibt in der Zeitschrift des
Vereins deutscher Ingenieure 1863 eine von ihm construirte Dampf-
presse zum Nachpressen der vorher geformten, lederharten Ziegel und
bemerkt dabei:

Die Beschaffenheit guter, sehr feuerbeständiger Ziegel ist keine
der kleinsten Sorgen für den Metallurgen. Wenn auch die Reinheit
des Thons, sowie die Mischung und sorgfältige Fabrikation überhaupt die vornehmsten Bedingungen zur Erlangung brauchbarer feuerfester Backsteine sind, so trägt doch auch ihre Dichtigkeit wesentlich zur
Güte und Dauerhaftigkeit derselben bei. Um letztere möglichst zu steigern, ist es nothwendig, bei der Herstellung einen möglichst hohen
Druck anzuwenden. Die erwähnte Dampfpresse hat sich zur Erfüllung dieser Bedingung durch eine schnelle, kräftige Wirkung vortheilhaft bewährt. Dieselbe besteht aus einem eisernen Tische mit zwei
beweglichen zusammenhängenden eisernen Formen, die abwechselnd
unter einen mittelst Bügel und Schraube verschließbaren Deckel geschoben werden und worauf von unten ein Stempel mittelst Kniehebel von einem 9zölligen zur Seite vom Tische angebrachten Dampf-
kolben aus wirkt. Zur Bedienung dieses Apparates sind 2 Arbeiter
und 1 Gehülfe erforderlich, der die Steine herbeischafft. Letztere werden, wie bemerkt, vorher geformt und in halbtrocknem Zustande angewendet. Nachdem der eine Arbeiter einen Stein hineingelegt und
die Form in die passende Lage geschoben, schließt er den Deckel und
läßt den Dampf auf den Preßstempel wirken. Nachdem durch ein ent-
gegengesetztes Verfahren der Dampf abgesperrt und der Deckel los
geschraubt wurde, hat der andere Arbeiter die zweite Form gefüllt,
mit welcher jetzt dieselbe Operation beginnt, während dessen der erste
vermittelst eines Tritts und eines 'auf jeder Seite von dem Preßstempel unter der herausgezogenen Form befindlichen) hölzernen Stempels den fertigen Stein hebt und bei Seite schafft.

Die Maschine kann so pro Tag leicht 2000 Steine pressen, welche sich durch eine regelmäßige Form schon im Ansehen von anderen auf gewöhnlichen Pressen hergestellten auszeichnen.

Die Dauer der gepreßten Steine verhält sich zu der Dauer ungepreßter wie 3 zu 2, welches Resultat durch zahlreiche Versuche in Puddel- und Schweißöfen festgestellt wurde.

§. 227. Die berühmten feuerfesten Steine von Stourbridge (2 Meilen westlich von Birmingham) werden aus einem in der Gegend vorkommenden natürlichen Thon fabricirt.

Das Fossil ist dunkelgrau, sehr schwer, hart und von fast steinartigem Ansehen, von unebenem, feinsplitterigem Bruch, matt, theils schwach glänzend. Specif. Gewicht im trocknen Zustand = 2,49.

Im Wasser zerfällt er, aber nicht fein, sondern zu einem aus kleinen zähen Klümpchen bestehenden Schlamm, welcher nur durch anhaltendes Bearbeiten einen ziemlich fetten Thonbrei liefert.

Das Fossil hält

$$
\begin{array}{lr}
\text{Kieselerde} \dots & 69,993 \\
\text{Thonerde} \dots & 19,050 \\
\text{Wasser} \dots & 6,800 \\
\text{Eisenoxyd} \dots & 2,702 \\
\text{Verlust} \dots & 1,455 \\
\hline
& 100,000.
\end{array}
$$

Da es in Deutschland 2c. an analoger Zusammensetzung dieser Thonart fehlt, so finden wir die Beschreibung des Fabrikationsverfahrens für überflüssig und verweisen auf die Mittheilung des Hannoverschen Gewerbevereins 1852, Lieferung 67.

§. 228. Die Fabrik feuerfester Steine und Röhren von Herrn Sprot zu Garnkirk, sieben engl. Meilen von Glasgow an der kaledonischen Eisenbahn gelegen, hat sich durch die vorzügliche Güte ihrer Fabrikate einen so bedeutenden Ruf erworben, daß jährlich eine nicht unbeträchtliche Menge derselben in das Ausland und zum großen Theile nach Deutschland exportirt werden.

Das Material für die Fabrikation dieser feuerfesten Steine liefert ein grauer bituminöser wenig sandiger Schieferthon, welcher der schottischen Steinkohlenformation angehört und dem Kohlensandsteine untergeordnet mit diesem und mit Flözen von Steinkohlen und Kohleneisenstein wechsellagert. Diese Schieferthonbänke, welche, um ein gutes Produkt zu geben, soviel wie möglich frei von Sand und Schwefelkies, namentlich von letzterm sein müssen, weil sie beim Brennen der Steine zur Bildung von leicht schmelzbaren Eisenthonsilikaten Veranlassung geben, kommen in einer Mächtigkeit von $1^m - 1^m,5$, regelmäßig dem Fallen und Steigen des Steinkohlengebirges folgend, vor, und werden mittelst eines unterirdischen, systematisch betriebenen Bergbaues durch förmliche Schräm- und Schießarbeit gewonnen; so findet nicht nur zu Garnkirk, sondern auch bei dem großen Eisenwerke Gartsherrie und auch noch andern Punkten ein ausgedehnter Bergbau auf Schieferthon statt. Die gesammten Verhältnisse des schottischen Kohlengebirges scheinen mit denen der großen westphälischen Steinkohlenmulde eine so große Aehnlichkeit zu haben, wie namentlich auch in dem Vorkommen des Kohleneisensteins, daß es sehr wahrscheinlich in der letztern auch solche Schieferthonbänke giebt, wie in Schottland, die sich zur Fabrikation feuerfester Steine vorzüglich eignen, und es sich gewiß der Mühe verlohnen würde, nach ihnen zu suchen.

Der bergmännisch gewonnene Schieferthon wird nur zum Theil aus beträchtlichen Teufen gefördert und über Tage in Halden in 4$^m$,5 bis 6$^m$ Höhe aufgestürzt, wo er 2 bis 3 Jahre liegen muß, um zu verwittern oder zu faulen. Durch den Einfluß der Sonne und atmosphärischen Feuchtigkeit geht mit dem frisch geförderten ziemlich festen Schieferthone eine große Veränderung vor. Er wird heller an Farbe, schwillt auf durch Aufnahme von Wasser, zerfällt zu einem klebrigen Pulver, welches sich mit der Hand ballen läßt, und verliert den etwaigen Schwefelkiesgehalt fast vollständig durch Verwittern und Auslaugen der gebildeten Eisensalze durch den Regen.

Nachdem der Thon durch mehrjährige Verwitterung vorbereitet ist, wird er erst ausgeklaubt, ehe er zur Fabrik gefördert wird. Diejenigen Schieferthonstücke, welche entweder sehr sandig oder durch Eisenoxydhydrat braun gefärbt sind, welches aus Schwefelkies entstand, und sich in der Hand nicht mit Leichtigkeit zerdrücken lassen, werden ausgehalten und theils ganz weggestürzt, theils als noch nicht reif wieder auf die Halde zurückgegeben. Nur der durch das Faulen vollständig reif gewordene Thon wird in die Fabrik gefördert, wo er dann nach Bedürfniß zur Bearbeitung kommt.

Zunächst wird der Thon in gewöhnlichen englischen Quetschmühlen mit stehenden Steinen, welche, sich um ihre horizontale Achse drehend, sich zugleich mit einer stehenden Welle im Kreise herumbewegen, auf einem feststehenden eisernen Teller gequetscht und dann durch sehr feine Drahtsiebe durchgeworfen.

Die groben Stücke kommen wieder auf die Mühlen zurück und der Durchfall wird mit wenig Wasser in einem Thonschneider, von vielen schief gestellten Messern durchschnitten, möglichst sorgfältig bearbeitet. Der Thonschneider hat die Einrichtung, daß ihm von oben fortwährend durch einen Rumpf gesiebter Thon und Wasser zugeführt wird, während er den bearbeiteten Thon, der nur so naß ist, daß er sich mit der Hand gerade gut ballt, beständig in untergestellte Gefäße fallen läßt.

Der so vorbereitete Thon gelangt nun in die Formerei und muß sogleich verarbeitet werden, wenn er nicht durch theilweises Austrocknen ungleichmäßig werden und seine Elasticität verlieren soll.

Das Formen der Ziegelsteine geschieht theils mit der Hand, theils mit Maschinen. Die Handformerei ist derselbe Proceß wie das gewöhnliche Ziegelstreichen; sie unterscheidet sich dadurch, daß der Thon trockner geformt wird und daher in die hölzernen Formen stärker eingepreßt werden muß, als dieses gewöhnlich geschieht. Zum Theil werden die Steine aber auch aus einem fast ganz trocknen Thonpulver in einer Formmaschine mit hydraulischer Presse gepreßt. Die Maschine formt zwanzig Steine zu gleicher Zeit, welche sehr dicht und scharfkantig sind, jedoch war man mit ihr deshalb nicht ganz zufrieden, weil sie zu langsam arbeitet.

Große Gestellsteine für Hochöfen von mehreren Cubikfuß Rauminhalt wurden gleichfalls mit der Hand in hölzernen Schablonen geformt und verlangten schon beim Formen eine besonders sorgfältige Behandlung, namentlich ein gleichmäßiges Einformen unter verstärktem Drucke, weil sie sonst beim Trocknen und Brennen Risse bekamen.

Die Trockenräume sind große geräumige Gebäude, welche durch Kanäle in dem Boden geheizt werden. Bei dem stets feuchten schottischen Klima ist die Anwendung heizbarer Trockenräume durchaus nothwendig. Da jedoch bei der Anfertigung der Steine so wenig Wasser wie möglich angewendet wird, ist die vollständige Austrocknung derselben schon nach wenigen Tagen soweit erreicht, daß sie den Brennöfen übergeben werden können.

Die Brennöfen für die feuerfesten Steine, welche mit Steinkohlen geheizt werden, haben eine länglich viereckige Form und fassen 20,000 Stück Ziegel. Auf beiden schmalen Seiten des Ofens befinden sich die Feuerungen, bestehend aus mehreren kleinern nebeneinanderliegenden Rosten von circa 0$^m$,61 Breite und 1$^m$,22—1$^m$,52 Länge. Von ihnen zieht sich die Flamme durch Feuergassen, welche beim Eintragen der Ziegel offen gelassen werden, nach der Mitte des Ofens hin und zwar so, daß sie zuerst von unten nach oben bis an das Gewölbe aufsteigt, dann aber wieder nach der Mitte zu niedergeht, und hier durch Oeffnungen, welche in den langen Ofenseiten unmittelbar über der Ofensohle angebracht sind, in zwei neben dem Ofen stehenden, etwa 6$^m$,10 hohe Essen entweicht. Ein Brand dauert 8—10 Tage und sind während desselben 2 Arbeiter zur Bedienung des Ofens, einer für jede Feuerseite, erforderlich.*)

§. 229. Die größte deutsche Fabrik feuerfester Steine ist die „Stolberger Actien-Gesellschaft für feuerfeste Producte" (vormals R. Keller) in Stolberg bei Aachen. Daselbst treiben 3 Dampfmaschinen mit zusammen über 100 Pferdekräften die zur Zerkleinerung der Rohmaterialien dienenden 6 Steinbrecher, 5 Walzwerke, 6 Kollergänge, sowie 7 Elevatoren und 5 Knetmaschinen. Diese und 16 Brennöfen ermöglichen die jährliche Herstellung von etwa 20,000 Tonnen feuerfester Producte, eine Leistung, welche von den größten Fabriken Englands und Belgiens kaum erreicht wird. Das Rohmaterial ist ein Kohlensandstein der Tertiärformation welcher sich in großen Mengen nebst reinem fetten Thone im dortigen Inkohlenbecken findet.

Es werden hauptsächlich folgende feuerfeste Producte geliefert:

Chamottesteine prima Qualität für Eisenhohöfen zu 25 Mrk. 50 Pf. per 500 Kilogr.

Chamottesteine prima Qualität für Koksöfen zu 22 Mrk. 50 Pf. per 500 Kilogr.

Quarzsteine prima Qualität für Koksöfen zu 18 Mrk. per 500 Kilogr.

Deutsche Dinasbricks für Martin'sche und Siemens'schen Regenerativ-Oefen (Format: 235 × 113 × 65$^{mm}$) zu 20 Mrk. per 500 Kilogr.

Quarzsteine prima Qualität für Puddel- und Schweiß-Oefen, (Formate: 235 × 113 × 79$^{mm}$, 210 × 117 × 79$^{mm}$, 200 × 131 × 91$^{mm}$, 200 × 131 × 91$^{mm}$ und 157 × 142 × 79$^{mm}$) zu 15 Mrk. per 500 Kilogr.

Quarzsteine prima Qualität für Bessemerstahlfabrikation zu 15 Mrk. per 500 Kilogr. (bei complicirten Formaten erhöht sich der Preis um 3 Mrk. per 500 Kilogr).

Converterbüsen per Stück zu 45—60 Mrk.

Convertermaterial zu 10 Mrk. 50 Pf. per 500 Kilogr.

Feuerfester Cement zum Einmauern der Dinasbricks und der Quarzsteine zu 15 Mrk. per 500 Kilogr.

*) Notizbl. zu Förster's Bauzeitg. 1855, S. 153; dasselbe enthält auch Fabrikate von feuerfesten Röhren, sowie Preise ꝛc.

## XXXVI.

## Von Einrichtung der Brennöfen für Ziegelwaare im Allgemeinen.

§. 230. Man hat zwei Hauptgattungen von Ziegelöfen: A) Periodische Ziegel-Oefen und B) Ziegel-Oefen für continuirlichen Betrieb, von ersteren unterscheidet man wieder: 1) offene Oefen, Stock- oder Schachtöfen, 2) gewölbte oder geschlossene Oefen; letztere sind entweder liegend oder stehend. Stehende Oefen arbeiten mit dem natürlichen verticalen Zuge, d. h. das Feuer zieht im Ofen nach oben mit einer Abweichung nach hinten; bei liegenden Oefen nimmt das Feuer einen horizontalen Lauf mit einer Abweichung nach oben. Es giebt liegende Oefen, welche in der der Feuerung gegenüberliegenden Hinterwand nur Zugöffnungen haben; gewöhnlich wird hier aber ein Schornstein angewandt, um auf den künstlich erzeugten Zug nach Bedürfniß einwirken zu können. Die gewölbten oder geschlossenen Oefen sind sehr häufig stehende und, wie ihr Name schon angiebt, mit einer gewölbten Decke versehen. Damit der Rauch abziehen kann, sind im Gewölbe viele kleine Zugöffnungen angebracht, die 15ᶜᵐ im Quadrat groß sind, über dem Gewölbe ausmünden und je nachdem es die Regulirung der Hitze erfordert, mit Ziegeln zugedeckt und ganz abgeschlossen werden können. Nach der Erfahrung kommt auf 0,59—0,77 ☐Meter der Grundfläche des Ofenraumes eine solche Rauchabzugsöffnung, und zwar ist ihre Lage wechselweise und in der Art, daß sie senkrecht über der Mitte der Bänke und der Schürgassen liegen. Die gewölbten Oefen haben entweder einen überdachten Aufbau mit Rauchabführung unter dem First, oder sie sind unter dem Gewölbe dachförmig abgepflastert. Die Ziegelöfen mit continuirlichem Betrieb sind entweder Ringöfen mit einzelnen Kammern, die der Reihe nach eingesetzt, gebrannt und ausgeleert werden, oder Kanalöfen, bei welchen die zu brennende Ziegelwaare auf beweglichen eisernen Wagen am einen Ende eingeführt wird, den Brennraum successive passirt und am andern Ende fertig gebrannt herauskommt. Außerdem lassen sich die Oefen nach dem Feuerungsmaterial in vier Arten eintheilen, nämlich Oefen für Holz-, Torf-, Braunkohlen- und Steinkohlenheizung. Bevor wir zur Beschreibung dieser verschiedenen Ofenarten übergehen, wollen wir einige allgemeine Bemerkungen über die Construction derselben anführen.

§. 231. Hinsichtlich der Lage des Brennofens ist besonders eine
trockne Stelle der Ziegelei zu wählen, daß der Ofen in keiner Weise
durch Feuchtigkeit leiden könne; man hat also hier den Boden nicht
nur oberflächlich, sondern auch in erforderlicher Tiefe zu untersuchen
und sich zu versichern, daß weder durch Zusammenfluß von Regenwasser, noch durch Steigung des Grundwassers Ueberschwemmung zu
fürchten sei. Gegen die Feuchtigkeit von Regen kann man den Ofen
leicht durch ein einfaches Ziegeldach und gehörige Ableitung der Dach-
traufen schützen. Kann man auf keine Weise der Bodenfeuchtigkeit
ausweichen, so muß man dieselbe durch überwölbte Kanäle, welche
man nach der ganzen Länge und Breite des Ofens ringsum anlegt,
abzuleiten und unschädlich zu machen suchen.

Alsdann muß der Brennofen dicht bei den Trockengestellen liegen und am besten unmittelbar an die Giebelseite des Trockenbaues
anschließen oder in die Mitte der Langseite dieses Schuppens angebaut sein, damit der Transport der trocknen Ziegelwaare nach dem
Ofen möglichst nahe und weniger kostspielig, sowie vor Regen gesichert
bewerkstelligt werden könne.

Ist der Baugrund hinlänglich trocken, so ist es am zweckmäßigsten, den Ofen, wenn nicht ganz, doch wenigstens zur Hälfte in die
Erde zu senken. Dieses bietet den Vortheil, daß man an der Dicke
des Mauerwerks bedeutend sparen kann, den Ofen, soweit er in der
Erde steckt, nicht zu verankern braucht und sollte er daselbst auch
Risse bekommen, so ist davon kein Nachtheil zu befürchten. Außerdem kann bei eingesenkten Oefen der Raum über dem Gewölbe sehr
vortheilhaft noch zum vollständigen Trocknen der Ziegelwaare benutzt
werden; indem die Wärme, ihrer Natur gemäß, nach der Decke hin-
zieht, so entweicht sie auch größtentheils auf diesem Wege mehr als
durch die Seite des Ofens, und bei hochliegenden Oefen geht sie für
die weitere Benutzung verloren. Auch ist bei in die Erde versenkten
Schachtöfen und gewölbten stehenden Oefen das Ein- und Aussetzen
viel bequemer, indem die Einsatzthüre (Sandthüre) in der halben Höhe
des Ofens und in der Höhe der Schuppenflur angebracht werden
kann. —

§. 232. Das Material, aus welchem die Ziegelöfen erbaut werden, muß ein sehr schlechter Wärmeleiter sein, damit die Hitze soviel
als möglich zusammengehalten werde; zugleich muß es auch sehr streng
flüssig sein, und selbst in der stärksten Hitze keine Risse erhalten. Könnte
man allenthalben für einen billigen Preis feuerfeste Steine, sie mögen
künstlich oder natürlich sein, erhalten, so würden mit diesen erbaut

Ziegelöfen unstreitig die besten sein; allein sie sind meist zu kostspielig, um sie bei dem Bau von so großen Brennöfen, wenn auch nur für die ganze innere Futtermauerung, zu verwenden.

Bei Bruchsteinen hat man sich vorher zu vergewissern, daß sie die Abwechselung der Hitze und Kälte ertragen können, d. h. weder verglasen noch springen, oder mürbe werden, noch auch die Feuchtigkeit anziehen. Am besten eignen sich zum Ofenbaue der Granit, Hornstein, Porphyr und der poröse Basalt. Ohne jene Eigenschaften sind sie zu diesem Zwecke durchaus unbrauchbar. Werden die Bruchsteine unbehauen bearbeitet, so fügen sie sich schlecht ineinander, lassen Zwischenräume, welche zu groß sind, um mit bloßem Lehmmörtel ausgefüllt zu werden, und zu klein, um kleinen Steinen ein festes Lager zu gewähren, und verursachen bei nothwendigen Ausbesserungen manche Schwierigkeiten. In diesem Falle muß man sie immer mit einer Futtermauer von Backsteinen versehen. Außer behauenen guten Bruchsteinen sind unstreitig die Backsteine das beste Material zu den Brennöfen und zwar um so besser, je feuerfester die Steine sind. Im Innern können alle bleichen Steine ohne Nachtheil verwendet werden. Nachdem das Fundament von gut gebrannten Steinen gelegt ist, kann man nöthigenfalls den ganzen Ofen von ungebrannten Steinen aufführen, wenn man von der Feuchtigkeit in keiner Weise etwas zu befürchten hat. Braucht man dann nur bei dem ersten Brande die erforderliche Vorsicht, so brennen sich diese Steine auf der innern Fläche des Ofens gar und verbinden sich zu einer zusammenhängenden Masse; außer dem Fundament sind jedoch die Ecken der Thüren und Schüröffnungen und deren Wölbungen von gut gebrannten Steinen herzustellen. Diese Bauart kann aber niemals ihrem Zweck vollkommen entsprechen, denn wenn dergleichen Mauern aus Lehm bestehen, so ziehen sie sich in der Hitze zusammen und erhalten Risse, die stellenweise durch die ganze Mauer gehen, und zwar wird dieser Uebelstand um so mehr stattfinden, je weniger das Mauerwerk ausgetrocknet ist; es erhalten daher dergleichen Oefen jederzeit große Risse, die nicht ohne Einfluß auf den Betrieb sind. In ökonomischer Hinsicht ist diese Lehmsteinmauerung sehr empfehlenswerth, weil man die Steine selbst anfertigen lassen kann, ehe ein Ofen fertig ist. —

Der Lehmmörtel, den man zu dergleichen Mauerwerk anwendet, muß möglichst mager sein, daß er nicht viel schwinde; denn im andern Falle würde er sich von den Steinen ablösen und seinen Zweck ganz verfehlen. Er darf keine Klümpchen und Unreinigkeiten ent-

halten, und wird daher am besten durchgesiebt und der erforderliche
Zusatz an durchgesiebtem reinen Sand oder zerstoßenen Ziegeln, allenfalls auch etwas Hammerschlag, muß vollkommen gleichförmig
darunter gearbeitet werden. Ferner müssen die Fugen so dünn als
möglich gemacht werden. Um dieses zu bewirken, muß der Mörtel
ziemlich dünn angerührt werden, damit sich beim Zusammenschieben
der Steine der größte und wässerigste Theil desselben aus den Fugen wieder herausdrücke, so daß nichts weiter haften bleibt, als was
zur Ausfüllung der leeren Räume erforderlich ist. Es versteht sich
von selbst, daß die Mauern genügende Fundamente erhalten müssen.

Die Stärke des Mauerwerks richtet sich nach der Größe der
Oefen. Lange und hohe Oefen erfordern natürlich stärkere Umfassungsmauern, als kleinere. Sind sie durch ein Gewölbe geschlossen,
so müssen die Seitenmauern schon deshalb oben hinlängliche Stärke
erhalten, um dem Gewölbe ein dauerhaftes Widerlager darzubieten.
Nicht aber dieser Druck allein, welchen das Gewölbe auf die Seitenmauern und diese durch ihre eigene Schwere auf ihre Basis ausübt,
sondern vorzüglich der Druck, womit die Wärme des Ofens, vermöge
ihrer Ausdehnungskraft, auf die Seitenwände und das Gewölbe wirkt,
geben das Maaß zu ihrer nothwendigen Stärke an.

Zu den gewöhnlichen freistehenden Oefen ist eine Dicke von 1ᵐ,57
bis 1ᵐ83 an dem Boden zu empfehlen; man läßt diese Dicke nach
oben mit 0ᵐ,48 —0ᵐ,62 auslaufen, oder wenn der Ofen gewölbt
wird, mit wenigstens 0ᵐ,78. 62ᶜᵐ kann man von der untern Stärke
abbrechen, wenn man den Mauern an den Ecken Strebepfeiler giebt,
welche sich auf ⅔ der Höhe des Ofens verlieren; um das Bersten zu
verhindern, umklammert man auch wohl die Oefen mit einem starken

Fig. 207.

Holzrahmen, der in den 4 Ecken, wie
Fig. 207. zeigt, durch Einschneiden des
Holzes bei a und durch Zusammen-
schrauben mittelst der von der Seite
eingelassenen Schraubenmutter b und
des 18ᵐᵐ starken Bolzens c solid verbunden ist und von Zeit zu Zeit enger
zusammengezogen oder durch dahinter getriebene Holzkeile verengt werden kann.

Bei Oefen von geringerer Höhe und bei liegenden Oefen kann
natürlich die Stärke der Umfassungswände geringer sei, als oben
angegeben. Auf das Gewölbe ist besondere Aufmerksamkeit zu verwenden, weil dasselbe am häufigsten von der Hitze angegriffen wird

unb, seiner Form nach, am wenigsten widerstehen kann. Es ist leicht einzusehen, daß diejenige Form des Gewölbes die dauerhafteste ist, welche sich am meisten von der geraden Linie entfernt und sich dem Halbkreisbogen nähert. Noch besser ist es, höher als der Halbkreis zu wölben, entweder in elliptischer Form, oder in der eines niedrigen Spitzbogens. Gut geschlossene flache Gewölbe können unstreitig sehr dauerhaft sein, wenn die Last von oben auf sie drückt, und für Brennöfen würden sich diese besonders eignen, weil sie zum Einsetzen der Waare bequemern Raum bieten. Da aber hier die Gewalt der Gluth auf die entgegengesetzte Seite wirkt und den Schluß des Gewölbes aufzuheben droht, so sind die höhern Gewölbe vorzuziehen. Bei den flachen Gewölben und selbst denen in der Form eines Halbkreises sinkt der Scheitel derselben in der Breite von 0$^m$,94 bis 1$^m$,25 bei jedem Brande ein wenig herunter, was so zunimmt, daß später dieser ganze Theil des Gewölbes herausgenommen und neu eingewölbt werden muß. Dauerhaft werden die Gewölbe überhaupt nur, wenn sie aus lauter Streckschichten ausgeführt werden, die centrisch geformt sind; die Läuferschichten taugen nicht, fallen heraus und sind oft Schuld daran gewesen, daß auf manchen Ziegeleien die gewölbten Oefen abgeschafft wurden, deren Vorzüge vor den offenen Oefen doch nicht bestritten werden können. Wenn gut mit dem Ofen umgegangen wird, braucht ein solches Gewölbe erst nach fünf und mehr Jahren erneuert zu werden. Große Vorsicht ist überhaupt bei den ersten Bränden zu empfehlen, damit die Umfassungsmauern nach und nach austrocknen und ausbrennen können.

Zuweilen umgiebt man auch die Ziegelöfen noch mit einem Mantel, so daß zwischen dem innern und äußern Mauerwerk ein 10—15$^{cm}$ weiter Raum bleibt, der mit einem schlechtleitenden Körper wie Asche ausgefüllt wird. Dieses hat den Zweck, daß Risse vermieden werden, indem die innere Mauer sich stärker ausdehnt, als die weniger erwärmte, äußere Wand; auch ist Asche ein schlechter Wärmeleiter, und es bezweckt daher auch diese Ausfüllung, daß die innere Wärme den Außenwänden möglichst wenig mitgetheilt werde. Diese Bauart ist aber bei weitem kostspieliger und wird daher selten angewandt.

§. 233. Die offenen und gewölbten Oefen können entweder einschürige oder zweischürige sein, je nachdem sie blos von einer oder zwei Seiten zum Feuern eingerichtet sind. — Für Holzfeuerung werden in der Regel, weil man mit Holz das Feuer am leichtesten strecken kann, einschürige Oefen erbaut, welche bis zu 4$^m$,70 im Lichten tief sein können, während für Kohlen- und Torffeuerung die lichte Tiefe bei einschürigen Oefen 3ᵐ,75 nicht überschreiten darf. Sind die Oefen aber zweischürig, so kann die lichte Tiefe für Holzfeuerung bis 7ᵐ,50 und für Kohlen- und Torffeuerung 5ᵐ—5ᵐ,60 groß sein. Die Oefen können, ob offen oder zugewölbt, bei Holz- und Torffeuerung 5ᵐ,0 bequem hoch werden; bei Kohlenfeuerung darf die Höhe nicht über 4ᵐ,40 gemacht werden. Was die Länge des Ofens betrifft, so ist sie weniger beschränkt, eine größere Länge als die von 6 Schürlöchern ist jedoch nicht zu empfehlen, weil besonders da, wo von beiden Seiten gefeuert wird, die Bedienung und Aufsicht des Feuers eine sehr schwierige wird.

Die Schürgassen sind stets ebenso breit als die Schüröffnungen, erstere liegen bei Holzfeuerungen mindestens 15ᶜᵐ tiefer als die zwischen ihnen befindlichen Bänke, die Schürlöcher sind bei zu verwendendem Scheitholz 42ᶜᵐ, bei starken zu verbrauchenden Wurzelstöcken 47—62ᶜᵐ breit, während die dazwischen liegenden Bänke 1ᵐ,25—1ᵐ,40 breit sein können. Die Eckbänke werden immer, bei jeder Art der Feuerung, halb so groß als die Mittelbänke angelegt. — Die Breite der Bänke überhaupt ist abhängig von der Flammbarkeit des Brennmaterials. Die größte Flammbarkeit besitzt im Allgemeinen das leichte Holz, nach dem Holze der Torf. Die Schüröffnungen werden gewöhnlich mit einem doppelten oder dreifachen 15ᶜᵐ starken Bogen überwölbt, damit, wenn der untere Bogen schadhaft wird, derselbe leicht wieder neu hergestellt werden kann, ohne daß das darunter befindliche Mauerwerk abgestützt werden müßte. Die Schüröffnungen sind im Lichten 0ᵐ,94—1ᵐ,10 hoch; es ist nicht vortheilhaft, sie noch höher zu machen. Bei Holzfeuerung kann ein Rost oder Aschenfall allenfalls entbehrt werden, obwohl er auch von Vortheil ist; bei jedem andern Brennmaterial sind die Roste unbedingt nothwendig. Bei Torffeuerung ist es empfehlenswerth, dieselben aus gebranntem Thon, wie weiter unten beschrieben wird, herzustellen und sie mindestens so lang zu machen, als die Mauerdicke an den Schürlöchern beträgt; die letztern brauchen nicht über 40ᶜᵐ breit und die Bänke höchstens 1ᵐ,10—1ᵐ,25 breit zu sein.

Bei dem Betrieb mit Steinkohlen werden die Roste am besten aus Gußeisen hergestellt. Die Roststäbe liegen bei Verwendung von Stückkohle höchstens 26ᵐᵐ, bei Grieß 13—19ᵐᵐ voneinander und sind 26—32ᵐᵐ stark; damit sich dieselben nicht so leicht durch die große Gluth krumm biegen, werden sie schon bei 60ᶜᵐ Länge nach unten in der Mitte verstärkt. Die Enden der Roststäbe ruhen auf kleinen schmiedeeisernen oder gußeisernen Rostbalken. Bei Steinkohlenfeuerung können die Schürgassen auch bis 23$^{cm}$ tiefer liegen als die Bänke, weil das Feuer der Steinkohle unten weit mehr Schmolz durch die intensive Hitze hervorbringt, als Holz= und Torffeuer. Die Schürlöcher werden 40—45$^{cm}$ breit und bis 70$^{cm}$ hoch gemacht. Die Bänke sind 62—94$^{cm}$ breit anzulegen und ist bei der letztern Breite schon zweckmäßig, die in Fig. 231 und 232 angegebenen Züge nach der Mitte der Bänke zu leiten, damit auch die mittleren Ziegel in den untersten Schichten gehörig ausbrennen können. Es ist von Wichtigkeit, daß der Rost — sei er ein ganz durchgehender, oder blos ein kürzerer — fast bis ganz nach vorn in der Umfassungswand gezogen wird, damit eine stärkere Stichflamme nach dem Ofen zu erzielt wird und nicht, wie es oft geschieht, die Roste nur in der lichten Weite des Ofens sich befinden, während sie in den Schüröffnungen gänzlich fehlen.

§. 234. Die Zuführung der Luft unter die Roste wird im Allgemeinen so angeordnet, daß in der Breite der Schürgassen soweit die Roste reichen, 0$^m$,95—1$^m$,57 tief ein Kanal gemauert wird, der gleichzeitig zur Aufnahme der Asche dient. In diese Kanäle wird die Luft entweder direct von außen durch einen Luftschacht, wie bei den Casseler Flammziegelöfen (Kapitel XLI.) geführt, oder es befindet sich im Schürraum der ganzen Länge des Ofens nach vor den Schüröffnungen eine circa 1$^m$,57 breite Grube, die mit dem Aschenkanal in gleicher Tiefe ausgemauert und durch Bohlen mit luftigen Fugen abgedeckt ist. Zur Verstärkung des Luftzuges ist es auch zweckmäßig, kleine Luftzugkanäle mitten in den Bänken anzubringen, die aus dem Schürraum die Luft aufnehmen und nach beiden benachbarten Schürgassen ausmünden.

In neuerer Zeit sind die Ziegelöfen mit hohen Schornsteinen mehr in Aufnahme gekommen, weil man mit diesen einen sehr lebhaften Zug hervorbringen kann und den Gang des Feuers, ohne Einfluß der verschiedenen Windrichtung, mehr in der Gewalt hat. Dabei kann man noch, zur Verminderung der Anlagekosten eines solchen Ofens, zwei derartige Oefen nebeneinander stellen und für beide nur einen Schornstein benutzen, indem man nur die Feuerkanäle jedes einzelnen Schornsteins erst für sich in einen gemeinschaftlichen Fuchs führt und jeden der beiden Füchse, durch einen besondern Schieber abschließbar, durch eine schwache Zunge getrennt, nebeneinander in einen gemeinschaftlichen, mitten zwischen den beiden Oe-

Defen gebrannte Waare nie so gleichmäßig als in geschlossenen Defen ausfällt. Wir empfehlen daher, wo diese veraltete Construction noch in Anwendung ist, sie nach einem der nachstehend beschriebenen gewölbten Defen umzuändern; die Umänderungskosten werden in kurzer Zeit durch die günstigern Resultate des Betriebs gedeckt werden. —

## XXXVIII.

### Holländischer Ziegelofen für Torfheizung.

§ 239. Fig. 208. ist ein Längendurchschnitt nach der Linie A—B, Fig. 209. ein Querdurchschnitt nach der Linie C—D, Fig. 210. zur Hälfte ein Horizontalschnitt nach der Linie E—F innerhalb der Feuerkanäle, zur Hälfte ein Horizontalschnitt nach der Linie G—H durch die Einsetzthüre

**Fig. 208.**

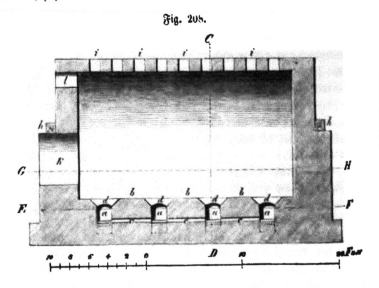

Dieser Ofen ist zur Torffeuerung eingerichtet, kann aber auch zur Holzfeuerung benutzt werden und ist in ersterm Falle 3ᵐ—3ᵐ,35 und in letzterm 3ᵐ,66—3ᵐ,96 breit und willkürlich, jedoch nicht über die doppelte Breite lang. Er hat je nach seiner Länge 3—5 Feuerkanäle; seine Höhe kann 4ᵐ,27—4ᵐ,57 betragen. Die Schürlöcher ι find 1$^m$,68—1$^m$,83 von Mitte zu Mitte entfernt, die Feuerkanäle 38—46$^{cm}$ im Lichten weit, und die zwischen zwei Kanälen bleiben Bänke b find demnach 1$^m$,22—1$^m$,37 breit. Bei Holzfeuerung

Fig. 209.

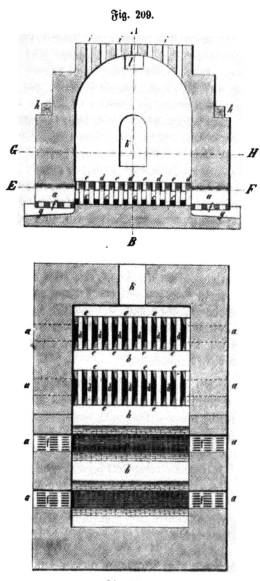

Fig. 210.

bringt man nur auf der einen langen Seite die Schürlöcher an, bei Torffeuerung dagegen ist es vortheilhafter, sie von beiden Seiten zum Heizen einzurichten. In Figg. 208. und 210. sind d, d kleine Bögen, welche vier Gewölbe bilden, in welchen das Feuer brennt, durch die kleinen Seitenkanäle c, c circulirt das Feuer in allen Theilen, und durch die durch den Abstand der kleinen Bögen d, d gebildeten Zwischenöffnungen e, e tritt die Flamme über den Herd, auf welchem die Ziegel stehen. Die Steine dieses Herdes sind 75ᵐᵐ breit und 100ᵐᵐ hoch und bilden die kleinen Gewölbe und die ganze Sohle des Herdes. Da diese Bögen so schmal sind und so nahe zusammen stehen, so ist es nicht nöthig, wie bei dem vorher beschriebenen Schachtofen, die Zwischenräume zwischen den Bogen mit Steinen zuzulegen, oder eine Kette zu bilden, sondern die Ziegel werden unmittelbar auf die Bögen gesetzt. Auch kann man in den Torföfen die Bögen und Bänke von den zu brennenden Ziegeln selbst aufführen, denn wenn sie hierdurch auch nur eine geringe Haltbarkeit erlangen, so ist sie doch hinreichend, daß sie von den Torfziegeln nicht beschädigt werden können. —

Da es bei den Schürgassen schwer ist, den Torf bis an das Ende derselben zu bringen, so werden sie sogleich beim Aufsetzen damit gefüllt; späterhin, wenn während des ersten Feuerns die Steine einige Festigkeit erlangt haben, kann man mit Schürstangen schon mit mehr Sicherheit den Torf bis in die entferntern Theile bringen. — Das Brennen in diesen Oefen dauert circa 40 Stunden und drei Tage sind zur Abkühlung erforderlich. —

Bei den Torföfen ist es unbedingt nothwendig und bei den Holzöfen auch sehr vortheilhaft, daß die Schürlöcher mit Rosten f, f versehen werden, theils um die Asche aus den Schürgassen zu entfernen und dadurch das Brennmaterial frei und ungehindert der Einwirkung der Luft auszusetzen, theils aber auch und vornehmlich, um den Zug zu verstärken; dieses ist besonders bei Braun- und Steinkohlenöfen sehr zu berücksichtigen, weswegen der Aschenfall g, g in ihnen so hoch angelegt werden muß, als es die Oertlichkeit irgend erlaubt. Die Roste in Torföfen können von gebranntem Thone, die zu den Braun- und Steinkohlenöfen müssen dagegen von Eisen sein, und die Roststäbe nicht weiter als 26ᵐᵐ im Lichten voneinanderstehen, damit die kleinen Kohlenstücke nicht durchfallen und unbenutzt verbrennen: daß die Roststäbe der Länge nach in den Schürgassen gelegt werden müssen, versteht sich von selbst.

§. 240. Einen zweckmäßigen Thonroft beschreibt Gilly\*). Fig. 211. stellt ihn von oben gefehen bar; Fig. 212. im Längenfchnitt, Fig. 213. im Querburchfchnitt. m, m

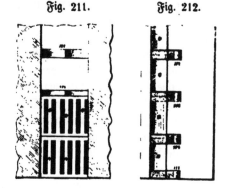

Fig. 211.          Fig. 212.

sind sattelförmig gegen-einander gestellte und n, n Ausgleichungssteine. Beide bilden quer über bas Schür-loch Tragbänke in folcher Entfernung, baß auf ihrer Mitte die Roftsteine o, o aufliegend zusammenfto-ßen. Einen Roftstein stellt Fig. 214. bar; die Oeff-nung wirb von der Ober-fläche bis zur Unterfläche weiter. — Diefer Ofen faßt bis 25,000 Stück Dachziegel unb circa 10,000 Mauer-ziegel, bie nun nach Er-forberniß eingetheilt wer-ben können.

Fig. 213.

Diefe Oefen sind mit maf-fiven Gewölben überbeckt, worin circa 60 Zuglöcher i, i angebracht sind; die Zuglöcher sind 20$^{cm}$ lang und 12$\frac{1}{2}$$^{cm}$ breit und kön-

Fig. 214.

nen mit Ziegeln ober Fließen zugebeckt werden, je nachbem es bie Regulirung der Hitze erforderlich macht. —

Fig. 208. unb 209. zeigt, wie biefer Ofen burch vier zusammen-gekeilte Balken h, h gegen die ausbehnenbe Gewalt ber Hitze zu-fammengehalten wirb; k ift die Einfetz- ober Sanbthüre und l eine zweite nur 46$^{cm}$ im □ große Oeffnung bicht unter ben Gewölben, burch welche ber Ofen vollftänbig ausgeiezt und der Gang des Bran-bes beobachtet wirb. —

§. 241. Die Mauerziegel werben in Holland gewöhnlich in gro-ßen offenen Oefen mittelft Torf gebrannt Gewöhnlich ist ber Ofen bazu ein beinaße quabratifches Bauwerk von 9 × 10 Meter an den

---

\*) Gilly, Hanbbuch ber Lanbbaukunft. Braunfchweig 1831.

Seiten und aus vier Mauern beſtehend, welche etwas geböſcht ſind, 2 Meter Stärke haben und von gebrannten Ziegeln aufgeführt wer- ben. Drei Thüren dienen zum Einſetzen der Ziegel nach Maaßgabe, als ſich dieſelben im Arbeitsraum höher aufbauen. Die beiden Sei- tenmauern ſind an ihrem Fuße mit 6, 8 und ſelbſt 12 Schürlöchern durchbrochen, die ähnlich, wie bei dem zuletzt beſchriebenen Ofen, in lange Kanäle ausgehen, welche den ganzen Ofen durchſtreichen. Ihre Zahl iſt immer im Verhältniß der Größe des Ofens berechnet. Auf dem Herd des Ofens werden zwei Schichten gebrannter Ziegel hoch- kantig und darüber die zu brennenden Ziegel aufgeſtellt, zwiſchen denen man den Oeffnungen gegenüber Kanäle ausſpart. Bei der zehnten Schicht werden dieſe Kanäle durch Ziegel geſchloſſen, welche man nun ohne Zwiſchenräume aufeinanderſetzt. Die Kanäle ſind die Feuerkammer, in die man den Torf wirft.

Je nachdem es das Bedürfniß erfordert, kreuzt man die über die Kanäle geſetzten Steine und die nahe an den Ofenmauern ſtehen- den. Mit Hülfe von Stroh oder alten Binſenmatten bringt man ſie ins Niveau, und damit der auf der geſetzten Ziegelreihe gehende Arbeiter ſie mit den Füßen nicht zertrete und auch in die Zwiſchen- räume der untern Ziegelſchichten kein Sand hineinfalle, der dem ge- brannten Ziegel anhängt, ſo breitet man unter den Füßen eine gro- ßes Leintuch aus, das man, je nachdem man neue Ziegel aufſtellt, zuſammen- und weiterlegt. Wenn man mit dem Setzen bis zur Höhe der permanenten Mauer gelangt, ſo macht man einen ungefähr 1 Meter hohen Aufſatz, in dem ſich Oeffnungen zum Durchlaſſen des Rauches befinden, und man überdeckt dieſen Aufſatz noch mit zwei Schichten Ziegel, welche flach gelegt werden. Das Ganze wird mit einem permanenten oder proviſoriſchen Dache bedeckt. Wenn der Ofenraum vollſtändig beſetzt, ſo werden die Thüren zugemauert und mit einem Zwiſchenraum von Sand gefüllt; ebenſo werden die Schür- öffnungen auf einer Seite zugemauert; der Torf wird durch die offen gebliebenen Schüröffnungen der andern Seite in die Kanäle gebracht. und man wiederholt dieß alle zwei Stunden. Wenn nach Verlauf von 24 Stunden der Brenner glaubt, daß dieſe Seite gehörig erhitzt ſei, ſo öffnet er die entgegengeſetzten Schürlöcher und heizt dort ebenfalls 24 Stunden. Auf dieſe Art fährt er zwei bis drei Wochen fort, je nachdem der Ofen groß iſt. Man verwendet zum Brennen vorzugs- weiſe den Torf von Friesland und Gröningen, denn er iſt beſſer als der von Holland, giebt eine längere und hellere Flamme und hinterläßt weniger Aſche.

In Holland giebt es Oefen dieser Art, welche 1100 bis 1200 Tausend Pflasterziegel (Klinker) brennen; andere dagegen nur 350 bis 400 Tausend zum Bauen, welche bedeutend größer sind als die vorigen (die Klinker sind 0<sup>m</sup>,15—0<sup>m</sup>,16 lang, 0<sup>m</sup>,07—0<sup>m</sup>,10 breit und 0<sup>m</sup>,04—0<sup>m</sup>,05 stark; diese Dimensionen sind bei den Mauerziegeln resp. 0<sup>m</sup>,20—0<sup>m</sup>,25, 0<sup>m</sup>,09 und 0<sup>m</sup>,04—0,05).

Das Einsetzen in einen Ofen, der 11—1200 Tausend Ziegel enthält, dauert drei Wochen; das Feuer dauert, je nachdem die Witterung beschaffen ist, 15—18 Tage und oft noch bei weitem länger. Man verbraucht 3—4000 Tonnen Torf, deren jede 80—90 Stück enthält.

Die Dauer des Feuers mit Berücksichtigung der stattgefundenen Witterung giebt das einzige Mittel zur Beurtheilung ab, ob die Ziegel ihre Gare erreicht haben oder nicht. Nach beendigtem Feuer werden alle Oeffnungen zugemauert; die vollständige Abkühlung erfolgt erst nach Verlauf von fünf bis sechs Wochen, und man braucht daher zu einem Brande elf Wochen. Ein Brand giebt mehrere Ziegelsorten, die einen nach ihrer Verwendung, die andern nach ihrer Form und ihren Dimensionen betrachtet. In erster Beziehung theilt man die Bauziegel in rothe und gelbe.

Die holländische Regierung hat strenge Verordnungen über die Fabrikation dieser Materialien erlassen, um eine allgemeine gute Qualität zu erzielen. Es werden deshalb gewöhnlich in Holland meist nur 20 Wochen im Jahre Ziegel gestrichen, weil die Nachtfröste, die außerdem eintreten könnten, der Güte der Ziegel schädlich sein würden. Das Brennen kann jedoch auch im Winter geschehen. —

## XXXIX.

## Ziegelöfen zur Braunkohlenfeuerung. *)

§. 242. Der von Herrn Anton Hallbauer am Kaltenstein bei Zittau zuerst angelegte Ziegelofen zur Braunkohlenfeuerung ist sehr richtig construirt und verdient mehr angewendet zu werden. Fig. 215. ist zur Hälfte Verticaldurchschnitt nach der Linie A—B Fig. 217, zur andern Hälfte Längenansicht. Fig. 216 Verticaldurchschnitt nach der

*) Nach dem Gewerbeblatt für Sachsen 1841. Nr. 56, S. 322.

Linie C—D, Fig. 217. zur Hälfte Horizontalburchschnitt nach der Linie E—F, zur andern Hälfte Horizontalburchschnitt nach der Linie G—H. Er besteht seiner Form nach in einem doppelten, überwölbten, länglich vierseitigen Ofen mit barüber gesetzter Esse, dessen beide Theile der Tiefe nach vereinigt und nur durch eine schmale und niedrige Mittelmauer getrennt sind. Die Feuerkanäle a, a, von denen sich an jeder der beiden Frontseiten vier befinden, reichen bis an die schmale Mittelmauer b, b und sind durch die zwischen denselben aufgeführten Bänke c, c voneinander getrennt, welche nach oben in eine Kante aus-

**Fig. 216.**

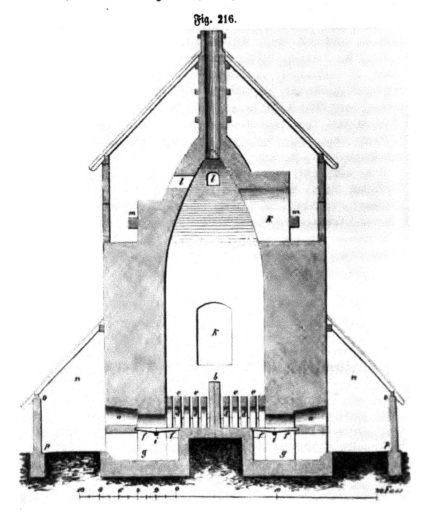

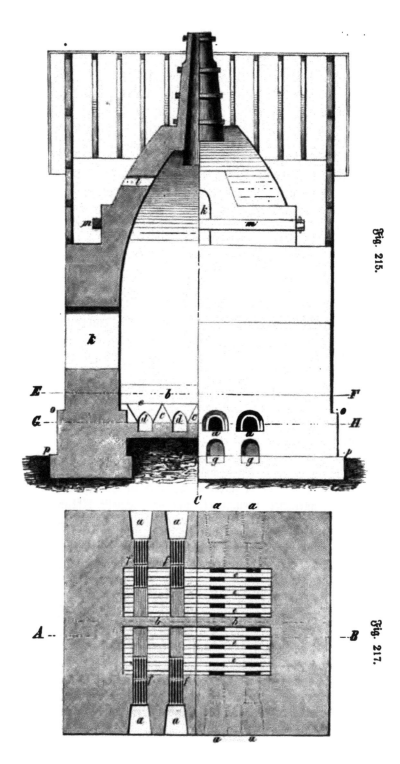

Fig. 215.

Fig. 217.

laufen. Ueber jeder derselben sind innerhalb des Ofenraums zu beiden Seiten der Mittelmauer vier kleine Spitzbogen d, d von Thonziegeln errichtet, über welche fünf durch die Länge des Ofenraums gezogene, der Frontwand und unter sich parallele Thonbänke e, e hinlaufen, welche den zu brennenden Ziegeln zur unmittelbaren Unterlage dienen und durch deren schmale Zwischenräume das Flammenfeuer aus den Feuerkanälen emporsteigen kann.

Die Roste f, f, welche die Sohle der Schürlöcher bilden, bis an deren Ende die Aschenfälle g, g reichen, bestehen aus zweimal sechs starken gußeisernen Stäben, von denen jedesmal je zwei mit ihren Enden zusammenstoßen und an diesen Stellen auf einem eisernen Rostbalken i, i ruhen.

k, k sind Thüröffnungen zum Ein- und Austragen der Ziegel, l, l kleine Oeffnungen zum Beobachten des Ganges; jene wie diese werden während des Brandes mit Ziegeln vermauert; m, m ist ein hölzerner das Gewölbe umschließender Verband; n, n sind zwei Vorbaue an den Frontseiten des Ofens zum Schutze der Feuerungsräume, deren Sohle um die Tiefe o - - p unter der ebenen Erde liegen kann.

§. 243. Der Betrieb und dessen Resultate und die Vortheile, welche die obige Construction des Ofens gewährt, sind folgende. Zu einem Brande werden circa 28—30 Tausend Ziegel, theils Mauer-, theils Dachziegel eingesetzt. Sie werden auf die Thonbänke aufgesetzt, welche es unnöthig machen, daß die Schürgassen erst gewölbartig mit Ziegeln überdeckt werden.

Wie bei andern Ziegelöfen wird auch bei dem hier beschriebenen der Brand durch gelindes sog. Schmauchfeuer eingeleitet, welches allmälig bis zum Hochfeuer verstärkt wird, und zu Ende des Brandes werden die Schürlöcher vermauert, um das schnelle Abkühlen des Ofens zu verhindern. Zu einem vollen Brande, welcher in der Regel fünf Tage und fünf Nächte dauert, sind von der klaren und ganz trocknen Kohle, welche dazu verwendet wird und sonst zu circa 32 Pf. pro Scheffel verkauft wird, 3—400 Scheffel erforderlich, sowie beim An- und Ausfeuern einige Klafter weiches Holz.

Der Ofen wird während des Hochfeuers durch den Ziegelmeister und drei Arbeiter bedient. Die eingesetzten Ziegel werden sehr gut und gleichmäßig gebrannt, bis auf 4—600, welche in den Ecken sitzen und etwas leichter ausfallen.

§. 244. Außer dem Vortheil, welcher in der Möglichkeit liegt, den Brand der Hauptsache nach mit Braunkohlen durchzuführen, werden als besondere Vortheile der Construction folgende angegeben:

1) Die große Menge von Bruch, welche bei andern Ofenconstructionen dadurch herbeigeführt wird, daß die Ziegel, welche gewölbartig über die Feuerkanäle aufgesetzt werden, eine unverhältnißmäßig größere Hitze erleiden, als die übrigen, und durch ihr starkes Schwinden das Nachrücken der obern Schichten verursachen, soll dadurch vermieden werden, daß die unterste Ziegelschicht auf die Thonbänke e, e gesetzt wird.

2) Die in der Mitte des Ofens aufgeführte Mittelmauer b, b soll das Aufsteigen der Flamme im Ofen begünstigen, indem sie die Entstehung einer Luftströmung aus einem Feuerkanale in den gegenüberliegenden verhindert.*)

## XL.

## Gewölbte Oefen mit zwei Etagen zum gleichzeitigen Brennen von Kalk und Ziegel.

§. 245. Das gleichzeitige Brennen von Kalk und Ziegel in einem Ofen bietet manche Vortheile, indem bei dem Kalkbrennen gewöhnlich eine große Menge Hitze verloren geht, die zum Garbrennen von Ziegeln noch ausreicht, und bei dem Brennen von Ziegeln ohne Kalk sehr oft auch ein großer Verlust durch Zusammenschmelzen von Backsteinen, die zunächst dem Feuer gesessen haben, stattfindet. Da der Kalk einen viel größern Hitzgrad zum Garbrennen erfordert als Ziegelsteine, und der Verlust an Kalk viel weniger werthvoll ist, als von Ziegeln, so ist es sehr natürlich, daß man den Kalk in den Brennöfen zunächst an die Feuerungen setzt.

Die Oefen zum gleichzeitigen Brennen von Kalk und Ziegeln sind daher in Ziegeleien, wo vorzugsweise Holz als Brennmaterial verwendet wird, sehr allgemein, die Oefen sind meistens offene Schachtöfen. Die Kalksteine erhalten ihre Stelle zunächst der Feuergewölbe, oder es werden vielmehr diese selbst mit ihnen aufgeführt. Man rechnet auf einen Ofen zu 16—20,000 Stück Mauer- und Dachziegeln 7,77 Cub. Meter Kalksteine. Sie füllen dann die Räume

---

*) Ein neuerer zweckmäßiger Ziegelbrennofen mit überschlagendem Feuer zu Braunkohlenfeuerung auf Treppenrosten ist in Isid. Schlesinger's Bau der Ziegelbrennöfen. Berlin 1866, S. 34 beschrieben und abgebildet.

zwischen den Feuergewölben, werden aber selten höher aufgeschichtet, als diese sind, und große Stücke derselben bilden gemeiniglich mit Berücksichtigung der erforderlichen Zuglöcher die Wölbung selbst und die Feuergassen. Wird mehr Kalkproduction beabsichtigt, so können die Kalksteine in 10—15$^{cm}$ großen Stücken noch 45—60$^{cm}$ höher als die Gewölbe eingesetzt werden; dieß rechnet man jedoch als Maximum. (Zuweilen rechnen die Ziegler $^{3}/_{7}$ der Ofenhöhe auf den Kalk und die Gewölbe, $^{2}/_{7}$ auf Mauerziegel und $^{2}/_{7}$ auf Dachziegel.) Auf die durch faust- und nußgroße Stücke ausgeglichene Kalkschicht werden dann unmittelbar die rohen Ziegel auf die hohe Kante eingesetzt.

Das gleichzeitige Brennen von Kalk und Ziegeln ist indeß nicht ohne Nachtheile, wenn es in Oefen wie die früher beschriebenen geschieht. Sehr häufig erhalten die Mauer- und Dachziegel eine unregelmäßige Gestalt durch das Zusammensetzen des Kalks, auf dem sie lagern. Sie nehmen fast immer eine schräge Lage an, indem sie den verschiedenen Bewegungen folgen, die der Kalk bei der Verminderung seines Volumens während des Brennens bedingt, und oft brechen die Dachziegel beim Senken, wodurch ein bedeutender Abgang entsteht. Außerdem muß das Aussetzen, um schneller an den eher erkalteten und dem Zerfallen ausgesetzten gebrannten Kalk kommen zu können, oft rascher geschehen, bevor die Ziegelwaare gehörig abgekühlt ist, wodurch diese wieder nothleidet.

§. 246. Um allen diesen Uebelständen zu begegnen, hat der Verfasser dieses auf seinen früheren Ziegeleien im Nassauischen und zu Homburg v. d. H. die nachstehend beschriebene Ofenconstruction mit zwei Etagen in Anwendung gebracht, die bei Holzfeuerung in jeder Beziehung empfohlen werden kann.

Fig. 218. ist ein senkrechter Durchschnitt des Ofens nach der Linie A—B, Fig. 219. ist ein Grundriß der untern Etage nach dem Horizontalschnitt C—D, E—F, Fig. 220 ist ein Horizontalschnitt der obern Etage nach der Linie G—H. Die untere Etage ist im Verticalschnitt eiförmig, den größern Durchmesser nach Oben mit abgestumpfter Spitze, im Horizontalschnitt bildet sie ein längliches Viereck mit stark abgerundeten Ecken; es ist nur ein Feuerkanal a und zwar an einer der schmalen Seiten vorhanden. Derselbe ist außerhalb 0$^{m}$,60 weit und 0$^{m}$,90 hoch, innerhalb 0$^{m}$,45 weit und 0$^{m}$,75 hoch und läuft auf dem Boden des Ofens über dessen ganze Länge in eine 10—15$^{cm}$ tief und bis auf 30$^{cm}$ sich verengende Feuerungsgasse b aus; der Feuerkanal ist mit einem Thonroste c und einem Aschenfall darunter

**Fig. 218.**

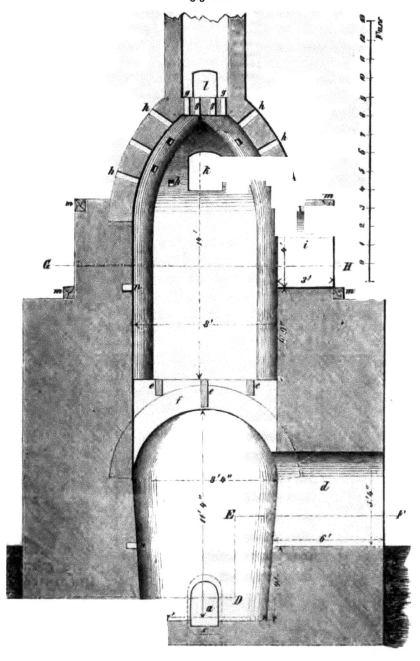

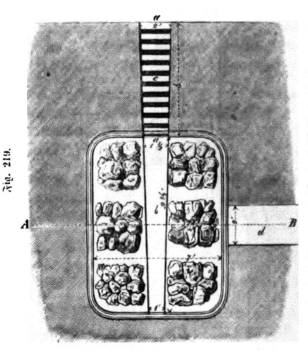

Fig. 219.

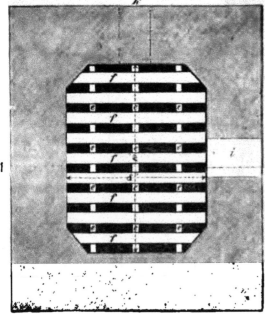

Fig. 220.

auf die ganze
Wandstärke
(1ᵐ,80 lang)
versehen. Der
Ofen ist 1ᵐ,12
—1ᵐ,15 tief
bis zur Höhe
der Sand- oder
Einsetzthüre d
in den Boden
versenkt, letz-
tere ist 0ᵐ,60
weit und
1ᵐ,35 — 1ᵐ,65
hoch und mün-
det auf die Flur
des Ziegel-
schuppens. Die
untere Etage
wird von der
obern durch
8—10 in der
Mitte 45ᶜᵐ
hohe und 20ᶜᵐ
dicke Gewölbe
(Gurten) f, f,
10 — 12¹⁄₂ᶜᵐ
weite Schlitze
dazwischen bil-
dend, geschie-
ben, die mit
großer Sorg-
falt aus keil-
förmig beson-
ders geform-
ten 20ᶜᵐ brei-
ten, feuer-
festen Ziegeln
in Halbkreis-
form gewölbt

werden und 2—3mal auf ihre Länge durch die eingemauerten Back-
steinzangen e, e sich gegenseitig verspannen müssen.

Die obere Etage hat 45$^{cm}$ breite abgestumpfte Ecken und ist durch
ein 1½ Stein starkes Spitzbogengewölbe, das von allen Seiten gleichmäßig zuläuft, überwölbt, darauf sitzt der im Lichten 0$^m$,90 weite
Schornstein, welcher bis über das Dach reicht; der Boden des Schornsteins ist durch ein flaches 1 Stein starkes Gewölbe geschlossen, das
durch 10—15$^{cm}$ weite Oeffnungen g, g die so dicht als möglich nebeneinander angeordnet sind, und durch aufgelegte Backsteine geschlossen
werden können. Das Spitzbogengewölbe enthält gleichfalls ringsum
eine Anzahl gleichmäßig vertheilter 75—100$^{mm}$ weite Zuglöcher h, h,
die durch eingeschobene besonders geformte Backsteinstücke geschlossen
werden können. Die obere Abtheilung hat 2 Einsetzthüren, wovon
die eine i in der Mitte der Höhe 0$^m$,60 weit und 0$^m$,90 hoch ist und
sich gerade über der Sandthüre d befindet, die andere k ist oben
unter der Decke im Gewölbe angebracht und 45—50$^{cm}$ breit und hoch.
Außerdem befindet sich am Fuße des Schornsteins eine durch eine Blech-
thüre verschließbare 40—45$^{cm}$ weite Oeffnung l, um an die Zuglöcher
im Boden gelangen zu können. Die Einsetzthüren d, i und k werden
nach dem Einsetzen wie gewöhnlich mit Backsteinen dicht vermauert
und die Sandthüre d noch von Außen mit einer Breterthüre und dazwischen gefülltem Sande dicht verschlossen. Die Wände des Ofens
sind bis zur Höhe der Thüre i 1$^m$,50—1$^m$,80 stark, und der obere
Theil bis zum Spitzbogengewölbe 0$^m$,90 stark, zur Verankerung sind
bei m, m hölzerne Rahmen um die Mauern gelegt, die, wie Fig. 207.
erläutert, an den Ecken durch eingelassene Schrauben verbunden sind.
Die Mauern des untern Ofens bis zur Höhe der Sandthüre bestehen
aus porösem Basalt, der sehr feuerbeständig ist und sich leicht mit
dem Mauerhammer bearbeiten läßt. Der übrige Theil des Mauerwerks ist von Backsteinen aufgeführt, kann aber auch mit Ausnahme
der Gewölbe und des Schornsteins selbst aus Luftziegeln bestehen. In
die Vertiefungen n, n in beiden Ofenabtheilungen wird beim Einsetzen
von den Thüren d und i aus ein Bret geschoben, auf welchem sich
der Gehülfe des Einsetzers zum bequemern Darreichen stellt.

§. 247. Die untere Etage dient zum Brennen des Kalks; zuerst werden die Füße, Züge bildend, wie aus Fig. 219. zu ersehen
ist, aus plattenförmigen Kalksteinen 0$^m$,60—0$^m$,75 hoch aufgesetzt, und
diese dann durch größere Steine (Gewölbsteine, Schlußsteine), mit
Berücksichtigung der Züge, geschlossen, hierauf wird der ganze untere
Theil des Ofens mit zerschlagenen 10—15$^{cm}$ großen Kalksteinen ge-

füllt und nach Vermauern der Sandthüre, selbst bis dicht unter das Gewölbe, die Schlitze zwischen den Gurtbogen f, f mit faustgroßen Kalksteinen angefüllt.

Dieser Kalkofen faßt circa 23,7 Cub.-Meter Kalksteine und liefert 100—110 Bütten gebrannten Kalk; sollte man für dieses Quantum gerade keine Verwendung haben, so kann man den untern Theil des Ofens bis zur Hälfte oder 2/3 seiner Höhe mit Kalksteinen anfüllen und ausgleichen und darauf wie gewöhnlich bis dicht unter die Bögen f ordinäre Backsteine setzen. In der obern Abtheilung werden die Backsteine unmittelbar auf die Bögen f (und zwar die stärksten Dimensionen zu unterst) in rechtwinkelig kreuzenden Schichten oder im Stromschichtenverbande (Fig. 227.) bis zur Mitte oder oberen Höhe der Einsetzthüre i aufgesetzt und der übrige Raum bis unter die Decke mit leichterer Ziegelwaare, namentlich Dachziegeln, diese wie gewöhnlich dammbretartig ausgesetzt, und zuletzt, wo wegen der Schrägung des Gewölbes die Ziegel nicht mehr auf die schmale Kante senkrecht gestellt werden können, die Zwischenräume noch mit flach liegenden Ziegeln ausgestopft. —

§. 248. Diese Ofenconstruction bietet gegen die offenen Schachtöfen folgende großen Vortheile:

1) Ist der Brennmaterialverbrauch um 1/4—1/3 geringer als bei den Schachtöfen. Der Verfasser hatte Gelegenheit, hierüber sehr interessante und zuverlässige Beobachtungen und Vergleichungen anzustellen; indem auf zwei Ziegeleien von demselben früher Schachtöfen der gewöhnlichen Art in Gebrauch waren, in denen gleichzeitig Kalk und Ziegel gebrannt wurden; diese Brennöfen wurden später auf beiden Ziegeleien nach oben beschriebener Construction umgeändert, so daß die neuen Oefen circa dasselbe Quantum Mauer- und Dachziegel wie früher, aber ungefähr die Hälfte mehr Kalksteine als die alten Oefen fassen. Die letztern erforderten früher zum Garbrennen von einer Ruthe Kalksteine und 16—18,000 Mauer- und Dachziegeln circa acht Klafter Holz; in den jetzigen gewölbten Oefen werden dagegen bei einer drei Tage und drei Nächte andauernden Feuerung und bei fast dem doppelten Kalkquantum nur circa fünf Klafter Holz und zum Ausbrennen 50—100 kieferne Wellen gebraucht*).

-- -- -- --

*) Bemerkt muß noch werden, daß in diesem Brennofen der Fabrik „Kalbegg" zu Homburg v. d. H. ein sehr leicht zu calcinirender Muschelkalkstein aus dem Ribbathale bei Bonames gebrannt und dabei nur leichtes Kiefern- und Erlenholz verwandt wird; bei demselben Ofen in der andern Ziegelei im Nassau

Fig. 221.

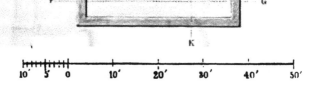

Fig. 222.

1) zum Einkarren und Einsetzen der Steine für je einen Ofen 1 Ziegelmeister und 2 Steinschieber;

2) zum Heizen 1 Ziegelmeister;

3) zum Brennen und Reguliren des Feuers 1 Ziegelmeister;

4) zum Auskarren der Steine 1 Ziegelmeister und 2 Steinschieber.

**Fig. 223.**

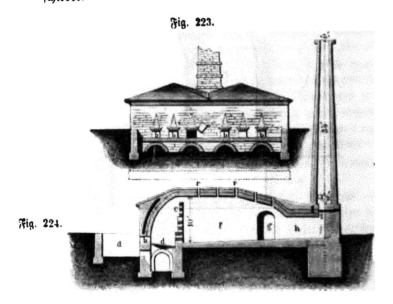

**Fig. 224.**

Mit diesem Personal ist für einen Brand nachfolgende Zeit erforderlich:

1) zum Einsetzen der Steine und Ausmauern der Einsetzthüre . . . . . . . . . . . $1\frac{1}{4}$ Tage

2) zum Brennen, wobei das Anheizen und Schließen . . . . . . . . . . . . . 3

3) zum Abkühlen, je nach der Witterung, $3\frac{1}{2}$ bis 5

4) zum Auskarren der Steine . . . . . . 1

also Betriebszeit im Minimum $8\frac{3}{4}$ Tage

dito im Maximum 10 „

dito im Mittel $9\frac{1}{2}$ „

Ein Brand von 16000 bis 17000 Steinen in einem Ofen erfordert:

1) Beim Steinkohlenbetriebe 80 bis 90 Scheffel Steinkohlen, wozu noch am letzten halben Tage 1 Klafter Holz kommt.

2) Beim Betriebe mit Braunkohlen circa 240 Scheffel (ohne Holz).

§. 251. In Betreff der Construction ist noch Folgendes als besonders bemerkenswerth hervorzuheben:

1) Für den Steinkohlenbetrieb sind die Roststäbe im Lichten 1ᵐ,10 lang, für den Braunkohlenbetrieb 1ᵐ,57 lang. Das Detail eines Roststabes ist in Fig. 225 dargestellt und weicht im Wesentlichen von der Form der für größere Kesselfeuerungen gebräuchlichen nicht ab. Der Rost ist, wie der Längenschnitt Fig. 224. angiebt, in üblicher

Fig. 225.

Weise für das leichtere Schüren der Brennstoffe nach hinten zu etwas geneigt gelegt.

2) Die durchbrochene Feuerwand o vertritt bei dem hier in Rede stehenden Feuerstrom eigentlich die sogenannte Brücke bei den geschlossenen Kesselfeuerungen. Sie ist dicht über dem Herde des Ofens 1¹/₂ Stein stark, dann 1 Stein und zu oberst nur ¹/₂ Stein stark, wie dieß aus Fig. 224. ersichtlich ist. Diese Verminderung der Mauerstärken nach oben zu hat darin seinen Grund, daß beim heftigen Anfeuern sich jedesmal die Mauer krumm zieht, und zwar so stark, daß sich die oberen Massen bedeutend nach vorn überneigen und, wenn sie ebenfalls 1¹/₂ Stein stark sind, herabstürzen. Bei der nach oben zu schwächern Mauerstärke verliert die Mauer bei dem Krummziehen nicht so leicht den Schwerpunkt, und gehen daher die einzelnen Schichten, nach dem Erkalten, auch wieder in ihre alte normale Lage zurück. Die Feuerwand ist, wie Fig. 222. zeigt, je nach den verschiedenen Höhen auch in verschiedener Weise mit Oeffnungen durchbrochen. Die Aufmauerung der Wand geschieht aus hartgebrannten Steinen in Lehmmörtel.

3) Das ganze Mauerwerk der Oefen ist im Innern aus scharfgebrannten Ziegeln in Lehmmörtel 1¹/₂ Stein stark aufgeführt; ebenso sind es die Gewölbe; dann folgt eine 60—100ᵐᵐ starke Isolirschicht. Die äußere Umkleidung besteht theils aus Bruchsteinen, theils aus Ziegelmauerwerk, je nachdem die Oertlichkeit das billigste Material bazu liefert. Die Abgleichung der Gewölbe ist durchgängig derartig angeordnet, daß, wie Figg. 223. und 224. zeigen, der atmosphärische Niederschlag sehr schnell abgeführt werden kann, wozu die vorgekragte Traufschicht der obersten Decke wesentlich beiträgt.

§. 252. Die Wölbung in Lehm gemauert ist nach Fig. 226. nach der Moller'schen Methode ringförmig 1½ Ziegel — der untere Ring einen ganzen, der obere Ring einen halben Ziegel stark — aus-

Fig 226.

geführt, wobei nicht, wie sonst gewöhnlich, die breite Seite, sondern die hohe Kante der Ziegel dem Wider lager zugekehrt ist, und sich hierdurch im senkrechten Querschnitte einzelne nebeneinander liegende 65ᵐᵐ starke Bögen bilden, deren Stoßfugen, wie die Details in Fig. 226. zeigen, nur untereinander einen gehörigen Wechsel beobachten.

Durch diese Art des Gewölbeverbandes ist ein sehr leichtes Ausbessern einer schadhaften Stelle möglich, weil jede Ringschicht von 65ᵐᵐ Stärke ein geschlossenes System bildet und unbeschadet der Nachbarschichten für sich herausgenommen werden kann.

Beim Aufmauern hat man hauptsächlich auf enge Stoßfugen in der untern Leibungsfläche und auf gutes Verzwicken der nach außen sich erweiternden Fugen zu sehen. —

4) Das Einkarren der Steine wird von der nach hinten zu gelegenen Thüröffnung g aus bewirkt, die während des Brennens zugemauert wird.

Das Einsetzen der Steine geschieht nach Art des Stromschichtverbandes so, wie es Fig. 227. im Grundriß und in der Ansicht darstellt.

5) Die Schürlöcherthüren sind, anstatt der gebräuchlichen aus Eisenblech oder Gußeisen, aus einem eisernen Rahmen construirt, der mit Backsteinen auf der hohen Kante ausgemauert ist, wie dieß die Details in Fig. 228. angeben.

§. 253. Der schmiedeeiserne Rahmen wird durch zwei durchgehende Splinte gegen das Durchbiegen gesichert. Dieselben bilden oberhalb die Oesen zum Tragen der Ketten, durch welche sich das ganze System durch einen Mauerhaken beliebig hin- und herbewegen läßt (Fig. 223). Zum Seitwärtsziehen der Thüren dienen die an der untern Schiene des Eisenrahmens ausgeschmiedeten Haken. So lange das Feuer brennt, hängt die Thür vor dem Schürloche, beim Schüren wird dieselbe durch den Haken zur Seite geschoben und an einen in der Mauer befestigten Stift aufgehängt. Beim Schließen des Ofens werden die Thüren mit Lehm vermauert und geben da durch einen sehr dichten Verschluß.

Vortheile dieser ausgemauerten Thüren (die gewisser-
die doppelten ausgefütterten Thüren bei den Kesselfeuerungen
n) sind gegen die
uf den Ziegeleien
jllichen sehr auf-
Sie brennen nicht
entzwei, wie die
enblech und Guß-
onstruirten, und
um billiger in der
ltung; ferner
sie nicht wind-
und verschließen
beim Verstreichen
um die Schüröff-
sehr sicher, und
jalten sie die Hitze
Feuerraum we-
r Ausmauerung
backsteinen (als
Wärmeleitern)
fter ab, als die

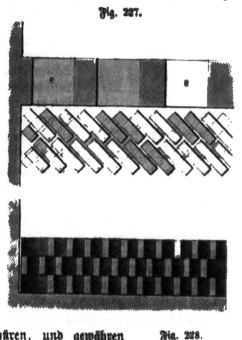

Fig. 227.

Fig. 228.

lichen eisernen Thüren, und gewähren
den Arbeitern eine große Erleichterung.
Der Schornstein ist hier gerade so, wie
den Ziegeleien bei Cassel gebräuchlich ist,
et. Man vermißt an demselben die Isolir-
die aber jedenfalls dringend anzuempfehlen
r ein solides Mauerwerk im Schornstein
lt werden soll.
Anseßung des Herdes von der Feuer-
ß zur Schornsteinwange beträgt 31ᵐ. Jeder Ofen hat einen
ten Schieber; über demselben vereinigen sich die Rauchabzüge
gemeinschaftlichen Rohre.
**254.** Die Details der gußeisernen Schieber mit Schlitzen sind
229 gegeben. Es erhellt daraus, daß diese Schieber ähnlich
st sind, wie die Luftschieber oberhalb der Thüren und Fenster
Eisenbahnwagen. Die untere Schieberplatte liegt fest und ist
Splinten eingemauert. Zwischen den Taschen der Unterplatte
sich die eigentliche Schieberplatte, die von außen durch einen

Handgriff gestellt werden kann. In Fig. 230. ist der Schieber in ge-
schlossener und in Fig. 229. in geöffneter Stellung gezeichnet; auch
sind daselbst die genauen Eisenstärken und die Dimensionen der Schlitze
eingeschrieben.

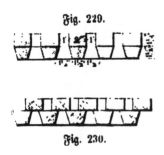

**Fig. 229.**

**Fig. 230.**

7) Um das Brennen zu beobachten
und hiernach den Schieber in dem
Schornsteinrohr und den Verschluß der
Luftschächte genau reguliren zu können,
sind in dem Scheitel des Gewölbes kleine
Oeffnungen ausgespart (r, r Fig. 224.)
die mit Ziegelkapseln zugesetzt sind. Dieselben werden vom Ziegelmeister beim Beobachten des Brandes herausgenommen
und nachher wieder mit Lehm eingesetzt.

Bei einigen Oefen, die nach dieser Construction bei Paderborn und
in der Nähe von Magdeburg gebaut sind, hat man diese Oeffnungen
beseitigt, und controlirt der Ziegelmeister von der vermauerten Einsetzthüre g, g aus, durch eine kleine mittelst eines Ziegelquartier-
stückes verschließbare Oeffnung den Brand. Dieß hat sich als vollkommen ausreichend bewährt und ist auch für den Betrieb viel bequemer, sobald überhaupt der Ziegelmeister sich nur erst in den Betrieb eines so construirten Ofens hineingearbeitet und vor Allem das
Schließen der Schieber und das Zudecken des Luftschachtes d (mit
überlegten Bohlen und einer Erdschicht) ausgeprobt hat.

Bei einer Umänderung dieser Flamm-Ziegel-Oefen für die Aufnahme von einer größeren Quantität Steine dürfte es gerathen erscheinen, die Längen- und Breitenabmessungen stärker wachsen
zu lassen, als die Höhenmaaße. — Für den Betrieb der Oefen mit
Torf oder Holz ist eine Vergrößerung der Rostfläche nöthig. Uebrigens ist noch zu erwähnen, daß man diese Ziegelöfen auch zum Kalkbrennen gebrauchen kann, und daß auch hierfür sich ebenfalls sehr
günstige Resultate für das Brennmaterial Ersparniß herausgestellt
haben.

# XLII.

## Doppelter Ziegelbrennofen für Steinkohlenfeuerung*).

§. 255. Dieser Ofen faßt etwa 30,000 Mauerziegel großen Formats und können in demselben alle Sorten Backsteine und Dachziegel gebrannt werden. Das Feuerungsmaterial ist dabei Stückkohle, welche auf einem Roste brennt, der um 0m,31—0m,47 länger ist als die Umfassungsmauer stark ist, so daß er noch um diese Mehrlänge in den Ofen hineinragt. Gewöhnlich besteht der Rost aus zwei Roststablängen, die in der Mitte und zu beiden Enden durch einen Guß-

Fig. 231.

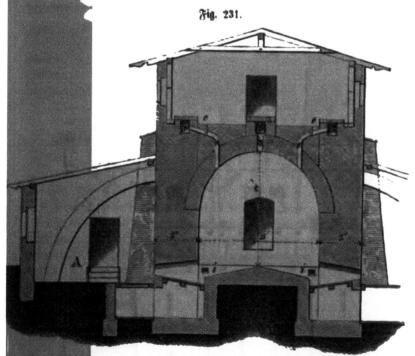

balken unterstützt und im Ganzen etwa 1m,88—2m,20 lang sind. Die Roste neigen sich gegen eine sattelförmig gemauerte Feuergasse, wie im Querdurchschnitt (Fig. 231.) ersichtlich ist, so daß das Feuer da beiden Seiten mehr nach der Mitte geleitet wird. Selbst-

*) Nach Jul. Schlesinger, Bau der Ziegelbrennöfen. Berlin 1866, S. 24.

verſtändlich braucht der Aſchenfall auch nicht größer zu ſein als der
Roſt lang iſt, und wird die kalte Luft aus dem Luftſchachte, der ſich
unmittelbar vor dem Ofen befindet, unter die Roſte geführt.

Da der niedrigſte Theil des Roſtes 0ᵐ,78 unter der Oberkante
der Bank liegt, ſo ſind an beiden Seiten der Bänke über den Roſten
Oeffnungen gelaſſen, die ſchräg nach der Mitte der Bänke ausmünden

Fig. 232.

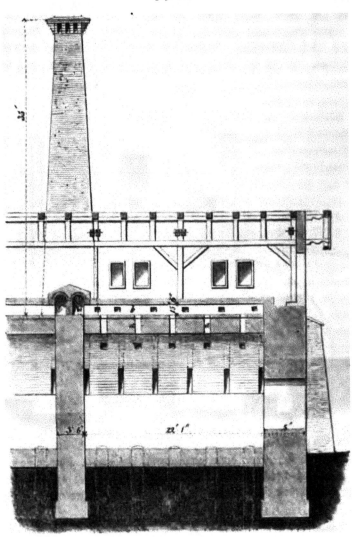

und dazu dienen, daß das Feuer die an diesen Punkten aufgestellten Ziegel mit ergreift.

Die Anlage solcher kurzen Roste verdient unbedingt den Vorzug vor derjenigen der ganz durchgehenden Roste, weil theils bedeutend an Roststäben erspart wird, theils weil auch der Betrieb beim Feuern bei weitem leichter und für den Ziegelmeister weniger anstrengend und zugleich auch zuverlässiger ist, indem das Feuer der kurzen Roste wegen weit eher regulirt, auch der Rost unterhalb vermittelst eiserner

Fig. 233.

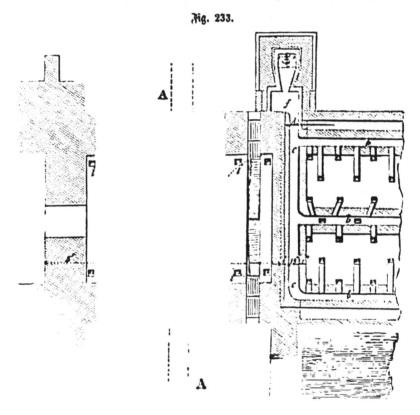

Haken luftiger erhalten werden kann, während bei durchgehenden Rosten dieß nach der Mitte zu nicht so leicht thunlich ist, so daß dort häufig eine Versackung des Brennmaterials stattfindet.

§. 256. Sehr wünschenswerth und nöthig ist es bei dieser Art Feuerungsanlagen, hier wie überhaupt bei wenig flammendem Brennmaterial, wozu auch die Kohle gehört, einen recht starken Zug hervorzubringen, was am besten durch die Aufführung eines hohen Schornsteins erreicht wird, wodurch gleichzeitig ein gleichmäßigerer Zug und keine Störung desselben durch atmosphärische Einwirkungen erzielt wird, was bei den Oefen mit den durch das Gewölbe einzeln ausmündenden Zugöffnungen nicht so leicht vermieden werden kann. Bei einer Anlage von Doppelöfen, wie es hier der Fall ist, genügt die Aufführung eines Schornsteins, der in der Mitte beider Oefen an einer Frontwand erbaut ist. Aus dem Längenschnitt (Fig. 232.) und dem Grundriß (Fig. 233.) ist die Stellung und Höhe des Schornsteins zu entnehmen. Letztere Figur zeigt den einen Ofen im Horizontalschnitt durch die Schüröffnungen, A ist der überdachte Schürraum; der andere abgebrochene Ofen zeigt den Grundriß der Feuerzüge über dem Gewölbe.

Die Anlage des Feuerzuges und der Rauchabführung in den Schornstein ist folgende: Das Feuer zieht durch die kleinen durch das Gewölbe gehenden Zugöffnungen a, a und wird von da über dem Gewölbe durch gemauerte Kanäle in die drei Feuerabzugskanäle b, b, b, welch ein einen größern Rauchkanal c einmünden, geleitet; von da wird der Rauch, dem Luftzuge folgend, in den Schornstein geführt. Vor der Einmündung in den Schornstein befindet sich ein kleiner Rauchsammler f. — Für jeden Ofen ist ein besonderer größerer Rauchkanal c angelegt und beide durch eine Chamottewand voneinander getrennt, wie aus Fig. 232. ersichtlich ist.

Damit beim Brennen des einen Ofens, während bei dem andern eingefahren wird, nicht ein falscher Luftstrom entstehe, ist unmittelbar vor dem Rauchsammler bei jedem Rauchkanal ein gußeiserner Schieber d angebracht; dadurch können die Rauchkanäle nach Belieben abgeschlossen werden.

Zur speciellen Regulirung des Feuers in dem Ofen, je nach dem Fortschritt oder Zurückbleiben des Feuers, ist es zweckmäßig, bei jedem einzelnen der kleinen Feuerungskanäle a, a Schieber (in Fig. 231. mit e, e bezeichnet) anzubringen; dieselben können aus flachen Dachziegeln bestehen. - Die Seitenwände des Abzugskanals und der untere Theil des Schornsteins sind mit Chamottesteinen ausgefüttert

Der Schornstein selbst ist von der Sohle des Rauchkanals 11ᵐ,0 hoch unten 0ᵐ,68 oben 0ᵐ,47 im Quadrat groß.

Zum Verschluß der Feuerungsthüren kann man auch gußeiserne Thüren oder mit Chamottesteinen ausgefütterte Schlußvorrichtungen, ähnlich wie in Fig. 228. von den Casseler Flammöfen, anwenden.

§. 257. Das Einsetzen, Brennen, Abkühlen und Ausfahren dauert zusammen 16 bis 18 Tage. An Brennmaterial wird dabei pro 1000 Ziegel circa 3 Tonnen Stückkohle verbraucht. Werden die Zwischenweiten der Roststäbe nur 3 bis 6ᵐᵐ angeordnet und wird der Schornstein 12ᵐ,50 bis 14ᵐ,10 hoch ausgeführt, so kann neben der Stückkohle auch Würfel- und Nußkohle gebrannt werden, und es stellt sich alsdann der Verbrauch derart, daß man zur Hälfte Stück-kohle und zur Hälfte Kleinkohle verbrennt.

Die Zugöffnungen a, a sind in gleichmäßiger Zahl in je einem der drei Feuerkanäle angeordnet. An einigen Orten ist jedoch eine andere Anordnung der Rauchabführung über dem Gewölbe nach dem Schornstein ausgeführt und zwar in der Weise, daß sämmtliche Zugöffnungen nach einem über dem Scheitel des Gewölbes parallel mit den Langwänden gemauerten Feuerkanal geleitet werden. Die-ser Kanal, im Lichten 42ᶜᵐ breit und 47ᶜᵐ hoch, wird mit langen besonders dazu gefertigten Ziegeln überdeckt und dann seitwärts nach dem Schornstein durch einen ebenso großen Kanal, mit Fall nach dem Boden zu, geleitet, der in geringer Entfernung, abgesondert vom Ofenmauerwerk aufgeführt ist. Bei dieser Anlage, wo der Zug gleich von der Terrainhöhe aus im Schorstein beginnt, wird gegen die vor-her beschriebene Anordnung an Schornsteinmauerwerk bedeutend er-spart, weil dort die Schornsteinöffnung über dem Ofengewölbe erst anfängt, also bis zum Anfange derselben ein starkes, volles Mauer-werk von fast 5ᵐ,0 Höhe aufgeführt werden muß. Für den Fall jenes Feuerkanals kann ganz bequem in der Umfassungswand des Ofens eine Oeffnung von 42ᶜᵐ ausgespart werden, ohne der Festig-keit des Ofens wesentlich zu schaden. — Auch bei dieser letztern An-ordnung braucht nur ein Schornstein für zwei nebeneinander liegende Oefen erbaut zu werden.

§. 258. Der nach den Zeichnungen beschriebene Ofen kann mit geringer Umänderung zu Torffeuerung eingerichtet werden, indem man die Roste nur so lang macht, als die Umfassungswände in denen die Schürröffnungen liegen, stark sind, daß sie also gar nicht in die lichte Weite des Ofens hineinreichen. Die Dimensionen des Ofens können natürlich, wie in §. 239 für Torffeuerung angegeben, größer werden.

Wenn dieser Ofen also bei gleicher Construction des Baues zu Torffeuerung eingerichtet werden sollte, so könnte die lichte Höhe bis zum Scheitel des Gewölbes 5ᵐ,0 und die lichte Weite ebenfalls wenigstens 5ᵐ,0 betragen. Es würden aber nur, da die Bänke 1ᵐ,25 breit sein können, bei derselben Länge 4 Schüren anstatt 5 angelegt werden dürfen.

Die Schürgasse zwischen zwei gegenüberliegenden Rosten würde ebenfalls sattelförmig, wie in Fig. 231 gezeichnet, ausgeführt werden müssen.

------

## XLIII.
## Der Ringofen mit ununterbrochenem Betriebe von Hoffmann und Licht.*)

§. 259. Die Einführung dieses dem Baumeister Friedr. Hoffmann in Berlin in Gemeinschaft mit dem Stadtbaurath Licht in Danzig patentirten Ofens zum continuirlichen Brennen von allen Arten Ziegeln, und Thonwaaren ist unstreitig als ein wichtiger Fortschritt in der Ziegelfabrikation zu bezeichnen.

Schon seit langer Zeit war das Bestreben bei dieser Fabrikation hauptsächlich auf Ersparniß an Brennmaterial gerichtet. Eine Menge neuer Ofenconstructionen wurden zu dem Ende vorgeschlagen und probirt; obwohl eine Anzahl unter denselben unzweifelhafte Vortheile gegen die alten Systeme bieten, so ließen sie doch in Bezug auf Oekonomie, regelmäßige Fabrikation und gleichmäßigen Brand viel zu wünschen übrig. Dieß führte auf die Idee, derartige Oefen mit ununterbrochenem Betriebe zu bauen; verschiedene dieser Projecte mußten nach nutzlosen kostspieligen Versuchen wieder aufgegeben werden.

Der continuirlich wirkende Ringofen von Hoffmann und Licht hat dagegen zuerst diese Aufgabe glücklich gelöst, indem bei dieser Ofenconstruction der continuirliche Betrieb zum erstenmale als praktisch brauchbar eingeführt werden konnte, und mit Einführung dieses Systems eigentlich erst eine Massenproduction möglich geworden.

*) Nach Mittheilungen des Herrn Baumeisters Friedr. Hoffmann in Berlin.

Trotz mancher vereinzelter Vorläufer, trotz der wundersamen vorzeitigen Aufhebung des den Erfindern ertheilten preußischen Patents, trotz mancher unverkennbaren Mängel des Systems wird den Erfindern immer das Verdienst bleiben, das Princip richtig erkannt und zuerst mit epochemachendem Erfolge angewendet zu haben. Geringfügige Aenderungen Anderer, die als Verbesserungen angepriesen werden, werden niemals im Stande sein, dieses Verdienst zu schmälern. —

§. 260. Form und Betrieb dieser Oefen ist sehr einfach. Fig. 234. ist zur Hälfte obere Ansicht, zur Hälfte Grundriß des Ofens. Fig. 235. ist ein kleiner Grundriß des Ofens, nur zur Erläuterung des Princips dienend. Fig. 236 ist ein senkrechter Durchschnitt des Ofens.

Fig. 234.

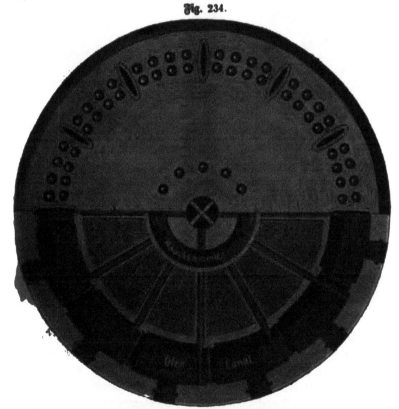

Der ringförmige Ofenkanal (Raum, in welchen die Ziegel kommen) ist an verschiedenen Stellen von Außen zugänglich und be-

ſchickbar und an ebenſo viel Punkten gegen einen Schornſtein ab-
ſchließbar.

Denkt man ſich den Querſchnitt des Ofenkanals mittelſt eines
Schiebers, der durch Falze eingeſetzt wird, an irgend einer Stelle
geſchloſſen (Fig. 235.), die zunächſt davor liegende Einſetzthür und
den zunächſt dahinter liegenden Rauchkanal (Fuchs) geöffnet (die
Pfeile zeigen beide an), alle übrigen Eingänge und Rauchkanäle aber

Fig. 235.        Fig. 236.          Fig. 237.

geſchloſſen und im Schornſteine eine auffſteigende Luftſäule, ſo wird
ein Luftzug entſtehen, der aus der Atmoſphäre durch die geöffnete
Thür in den Ofen geht, dieſen ſeiner ganzen Länge nach bis auf
die andere Seite des Schiebers durchſtreicht, hier durch den geöffneten
Rauchkanal in den Rauchſammelkanal (Rauchſammler) und aus dieſem
in den Schornſtein tritt.

Denkt man ſich ferner den Ofenkanal mit den zu brennenden

Gegenständen, z. B. Ziegelsteinen gefüllt, und zwar derart, daß der Luftzug in der ersten Hälfte des Kanals bereits fertig gebrannte, in der Abkühlung begriffene Steine durchstreicht, demnächst das Feuer speist (welches durch Einstreuen des Brennmaterials in die glühenden Steinmassen von oben unterhalten wird) und auf der letzten Hälfte des Ofenkanals durch noch nicht gebrannte Steine zieht, um dann durch den offenen Rauchkanal in den Schornstein zu entweichen, so ist klar:

1) daß die in die offene Thür eindringende atmosphärische Luft auf ihrem Laufe durch den ersten Theil des Ofens, indem sie die fertig gebrannten Steine abkühlt, sich in hohem Grade erhitzt; folglich

2) im Stande ist, in dem nun folgenden Theile des Ofens, welcher mit Heizmaterial beschickt wird, die Verbrennung zu fördern und den Effect des Feuers zu erhöhen; endlich

3) daß die gasförmigen Verbrennungsproducte auf dem Wege durch den letzten Theil des Ofens bis zum Schornsteine (resp. Rauchsammelkanal) eine Menge Wärme an die noch ungebrannten Steine absetzen und dieselben bis zu einer solchen Temperatur vorwärmen und erhitzen, daß nur eine kurze Brennzeit und eine verhältnißmäßig geringe Menge Brennmaterial erforderlich ist, um sie vollständig gar zu brennen.

Wenn nun die der offenen Thüre zunächst stehenden Steine am meisten abgekühlt, also zum Herausziehen tauglich sind, so kann man sie durch frische, ungebrannte Steine ersetzen; der Abschluß des Ofens mittelst des Schiebers kann vor der nächsten Thüre hinter den frisch eingesetzten Steinen erfolgen, diese Thür kann geöffnet, die vorhergehende geschlossen werden, und ebenso der nächste Rauchkanal geöffnet, der geöffnet gewesene geschlossen und das Feuer vorwärts geschoben werden.

Durch stetige Wiederholung dieses Vorganges macht das Feuer die Runde im Ofen, wie auch gleichzeitig das Ausziehen und Einsetzen der Steine ringsum ohne Unterbrechung stattfindet, und bedarf es wohl kaum der Erwähnung, daß, um diese letzten beiden Manipulationen gleichzeitig vornehmen zu können, die zwei ersten Thüren, die eine für das Ausziehen, die andere für das Einsetzen, zu gleicher Zeit offen stehen.

Was die specielle Construction betrifft, so ist darüber Folgendes zu sagen:

Der Schornstein communicirt, wie es die obigen Figuren zeigen,

19*

mit der Feuerung im Ofen mittelst eines beide verbindenden ringförmigen Rauchsammelkanals (Rauchsammler), der durch vier Spalten fortwährend nach dem Schornstein offen ist, während aus dem Ofen die mittelst hermetisch schließender Deckel (Glocken) absperrbaren Kanäle (hier 12), die Rauchkanäle in ihr ausmünden (Fig. 236.). Fig. 237. zeigt vergrößert die Art und Weise der Absperrung.

Der Ofenkanal ist mittelst (12) Thüren (Einfahrten) von allen Seiten zugänglich und befahrbar. Diese Thüren werden mittelst Sand und in einen Falz herabzulassender Einsatzbreter möglichst dicht verschlossen. Außerdem ist der Ofen durch Ummauerung und durch Umhüllung mit Asche oder Sand gegen Abkühlung nach Außen geschützt, und diese Umhüllung hindert auch das jegliche Eindringen von Nebenluft durch etwa sich bildende Spalten und Haarrisse. Wo es thunlich ist, kann der Ofen zu dem Zwecke ganz in die Erde versenkt werden. Asphaltplatten schützen den ganzen Bau gegen aufsteigende Erdfeuchtigkeit; Steinpappen decken das Dach.

Der Ofenkanal ist mittelst eines Schiebers von dünnem Eisenblech oder Holz, der in Schlitze, welche mit hermetisch schließenden Deckeln versehen sind, von oben eingelassen werden kann, an (12) verschiedenen Stellen absperrbar (Fig. 234.). Wo diese Deckel fehlen, können die Schlitze durch Steine, Lehm und Sand abgedeckt und verschlossen werden.

Das Feuer brennt, wie oben bereits erwähnt, an der dem Schieber entgegengesetzten Stelle des Ofens; es enthält also der Ofen vom Feuer an bis zur offenen Einfahrt fertig gebrannte, in allmäliger Abkühlung begriffene Steine, während der andere Theil noch ungebrannte, in allmäliger Anwärmung begriffene enthält.

Der Schieber befindet sich stets an der kühlsten Stelle des Ofenkanals, ist also den Angriffen des Feuers gar nicht ausgesetzt. Mittelst eines, auf zwei ringförmigen Eisenschienen über dem Ofen zu fahrenden, leichten Gerüstes kann er auf- und niederbewegt und von einem Schlitze nach dem andern versetzt, eventuell aus mehreren Stücken zusammengelegt werden.

§. 261. Die Befeuerung des Ofens geschieht von oben mittelst Einstreuens des Brennmaterials zwischen die glühenden Steine, wozu senkrechte Kanäle, Heizröhren, im Gewölbe des Ofens vorhanden sind (Figg. 234. und 236.). Sie gründet sich auf die Thatsache, daß die vollkommenste Verbrennung stattfindet:

1) wenn das Brennmaterial in möglichst hoher Temperatur zersetzt wird, indem dann vorzugsweise die leicht brennbaren Gase, nament

lich die Kohlenwasserstoffe sich bilden, dagegen die sich etwa bildenden schwerer entzündlichen Kohlenoxyde in dieser höheren Temperatur eben= falls zur Verbrennung gelangen;

2) wenn es an der zur vollständigen Verbrennung erforderlichen Luft nicht fehlt;

3) wenn die Speisung des Feuers mit möglichst heißer Luft erfolgt.

Die Befeuerungslöcher sind, wie gesagt, in der Decke des Ofens, in kurzen Entfernungen voneinander, angebracht und können durch Deckel, Fig. 238., welche die Controle des Feuers auf jeder Stelle des Ofens gestatten, hermetisch verschlossen werden.

Ueber diejenigen Löcher, durch welche gefeuert werden soll, können blecherne, mit dem Brennstoff gefüllte, trichterförmige, nur nach unten offene Gefäße aufgestellt werden, aus denen das Brennmaterial ununterbrochen oder stoßweise nachfällt. Die Steine unter diesen Löchern werden so aufgesetzt, daß in verschiedenen Höhen des Ofenkanals ein Theil des Brennmaterials liegen bleibt und zur Verbrennung gelangt oder dasselbe bis zur Ofensohle frei herabfällt. Fein zertheilte Brennstoffe sind die vor= theilhaftesten, nicht allein wegen der durch die Construction des Ofens gebotenen Art und Weise der Verwendung des Brennstoffs, sondern auch, weil ihre Zersetzung in gasförmige Producte am schnellsten erfolgt.

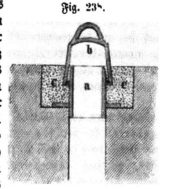

Fig. 239.

Die Befeuerung des Ofens ist, wie aus dem Vorstehenden ersichtlich, die denkbar einfachste Gasfeuerung. Der glühende Theil des Ofens ist die Retorte, in welcher sich der Brennstoff sofort in gasförmige Producte zersetzt, die sogleich aber auch verbrannt werden, weil Sauerstoff genug vorhanden ist, der auch den Kokes= rückstand glühend erhält. Das Feuer brennt in dem Ofen mit der größten Ruhe und Gleichmäßigkeit.

Wenn man nun erwägt, daß

1) der Ringofen durch eine ununterbrochene Isolirschicht aus Asphaltplatten gegen aufsteigende Erdfeuchtigkeit vollständig geschützt und vom Untergrunde getrennt, durch das Dach dagegen von auf= fallender Nässe geschützt ist;

2) derselbe durch eine Umhüllung von Asche und Sand vollständig gegen ausstrahlende Wärme geschützt ist;

3) die bei der Abkühlung der Steine frei werdende Wärme zunächst der Speisung des Feuers zu gut kommt und die Intensität
desselben vermehrt;

4) die Mauerflächen sich nur nach dem Innern des Ofens hin
abkühlen können und die dabei abgegebene Wärme ebenfalls dem
Feuer zugeführt wird;

5) die gasförmigen Verbrennungsproducte, nachdem sie die
Feuerstätte verlassen, noch einen langen Weg durchlaufen, auf welchem sie Wärme an die noch zu brennenden Steine abgeben, und
diese somit für das Brennen gradatim, aber doch sehr schnell vorbereiten;

6) die Feuerstätten in so kurzen Zwischenräumen angebracht sind,
daß die zu brennenden Steine der ungleich größeren Anzahl nach
in unmittelbare Berührung mit der Flamme kommen, dem Herde
des Feuers also möglichst nahe gerückt sind und der Effect der strah-
lenden Wärme unter den günstigsten Bedingungen benutzt wird;

so wird man es begreiflich finden, daß die Ersparniß an Brennmaterial bei den Ringöfen, gegenüber dem bisherigen Ofenbetriebe,
die Höhe von 60 bis 70 Procent erreicht hat, und daß die Mauersteine in diesen Oefen, je nach ihrer Größe, das Mille mit dem
Brennmaterialwerthe von 200 bis 400 Pfund Steinkohle gebrannt
werden.

Die Oefen können für einen sehr großen aber auch für einen
sehr kleinen Betrieb eingerichtet werden und je nach Localität
und Bedürfniß die verschiedensten Gestaltungen annehmen; sie
gestatten es namentlich auch, den Trockenproceß der Steine dadurch
abzukürzen, daß man dieselben in den Ofen einsetzt, sobald sie Consistenz genug haben, um sich übereinander zu tragen, was bei Ma-
schinensteinen oft in hohem Grade schon beim Austreten aus der
Maschine der Fall ist. Die Oefen können dabei so eingerichtet werden,
daß das Austrocknen oder Ausschmauchen der frischen Steine
entweder durch die Wärme der Rauchgase oder durch reine atmosphärische an den in der Abkühlung begriffenen Steinen erwärmte
Luft geschieht. Die Ringöfen werden sowohl zum Brennen von
Mauersteinen, Dachziegeln, Form- und Hohlziegeln, als Drainageröhren, feuerfesten Ziegeln, Kalk- und Portland-Cement verwendet.

Glafirte Töpferwaaren werden bereits ebenfalls unter Benutzung des Princips gebrannt.

§. 262. Die Baukosten stellen sich bei Ringöfen ungleich niedriger als bei anderen gewölbten Oefen, und können dieselben im Allgemeinen wie folgt angenommen werden:

> a. bei einer täglichen Leistungsfähigkeit von 3000 Steinen oder 300 Cubikfuß anderer Gegenstände . . 10500 Mark.

| | | | | | |
|---|---|---|---|---|---|
| b. bei | 6000 | Steinen oder | 600 | Cubikfuß | . . 16500 Mark. |
| c. » | 9000 | » » | 900 | » | . . 21000 » |
| d. » | 12000 | » » | 1200 | » | . . 24000 » |
| e. » | 15000 | » » | 1500 | » | . . 27000 » |
| f. » | 20000 | » » | 2000 | » | . . 30000 » |

Von diesen Summen kommen etwa 1 Proc. auf Erdarbeiten, 8 Proc. auf Isolirungsarbeiten, 13 Proc. auf Maurerarbeitslöhne, 32 Proc. auf Mauersteine (welche mit 27 Mrk. pro Mille veranschlagt sind), 5 Proc. auf andere Maurermaterialien (Cement, Kalk), 4 Proc. auf Zimmrerarbeitslöhne, 14 Proc. auf Bauholz, Breter 2c., 8 Proc. auf Eisenarbeit (meist nur Gußsachen), 10 Proc. auf Dachdeckungs=materialien und Arbeit, 3 Proc. auf Aufsichtskosten, 2 Proc. auf Insgemein.

Eine Ersparniß an diesen Kosten tritt in solchen Fällen ein, wo der Ofen unter das Niveau des Terrains, also in die Erde gelegt werden kann, und eine weitere Ersparniß an Anlagekosten über=haupt, wenn es sich gleichzeitig um die Anlage von Trockenräumen handelt, da diese unter dem vorhandenen Dache des Ringofens her=gestellt werden können.

§. 263. Die Betriebskosten stellen sich, abgesehen vom Brenn=material, ebenfalls geringer:

1) weil die Befeuerung des Ofens an sich leicht und ohne An=strengung ist, insofern sie nur von der richtigen Einsicht geleitet wird, während bei den gewöhnlichen Oefen der Brennerdienst die kräftigsten Arbeiter und deren öftere Ablösung erfordert (zur Unterhaltung des Feuers scheinen Frauen am passendsten);

2) weil beim Ein= und Aussetzen der Steine im Ringofen die=selben Arbeiter Tag für Tag dieselben Geschäfte zu besorgen haben, sich also viel besser und regelmäßiger einarbeiten;

3) weil die Ringöfen nur niedrig sind, die Steine in denselben also nicht so hoch übereinander zu packen sind, wie dieß bei gewöhn=

lichen Oefen der Fall ist, wo sie oft 6ᵐ und darüber hoch gesetzt wer
ben müssen.

§. 264. Die bereits vorhandenen Ringöfen haben 8, 10, 12
16, 20 und 24 Abtheilungen.

Bei regelmäßigem Betrieb soll jeden Tag das Feuer um ein
Abtheilung vorwärts rücken, folglich wird auch jeden Tag eine Ab
theilung vollgesetzt und eine geleert; unter dieser Voraussetzung blei
also bei einem Ofen von 8 Abtheilungen der zu brennende Stei
8 Tage im Ofen, in einem Ofen von 12 Abtheilungen 12 Tage,
einem Ofen von 16 Abtheilungen 16 Tage. Bei langen Oefen, d.
bei Oefen mit einem großen Durchmesser, kann indeß schneller g
brannt werden, z. B. so, daß in einem Ofen von 12 Abtheilung
eine Abtheilung in 16 Stunden fertig gebrannt wird, und soba
die Steine auch nicht länger als 8 Tage im Ofen zu stehen brauchen.

Es ist selbstverständlich willkürlich, wie viel Abtheilung
man dem Ofen geben will, ebenso auch, wie viel Durchmesser m
ihm giebt, doch geht es nicht gut an, weniger Abtheilungen als
zu nehmen, weil in einem 8theiligen Ofen eine Abtheilung jed
Tag geleert und gleich wieder voll gesetzt werden muß; 3 Abth
lungen kühlen, 1 ist im Feuer und 3 sind im Vorwärmen, jed
Stein gebraucht also ½ Tag zum Einsetzen, 3 Tage zum Vorwärme
1 Tag zum Brennen, 3 Tage zum Kühlen, ½ Tag zum Aussetze
Man muß sich hierbei nicht etwa vorstellen, daß das Feuer mit eine
Male in einer Abtheilung einen Tag lang brennt, und dann plötzli
den folgenden Tag in die andere Abtheilung gebracht wird, vie
mehr ist der Uebergang ganz allmälig, indem das Feuer schrittwei
vorwärts rückt.

Die Gluth zieht dem Feuer voran, und wenn man in eine
Heizloche die eingesetzten Steine von oben bis unten glühend u
vorzugsweise auch den Herd hellscheinend sieht, so ist ein solches Hei
loch fähig, beheizt zu werden. Die Beheizung geschieht in sehr kurz
Zeitintervallen nach der Uhr.

Ebenso gut als man den Betrieb beschleunigen kann, kann m
ihn auch verlangsamen. Die größeste Anschaulichkeit der Elasticit
des Betriebes in Ringöfen gewährt das Factum, daß bei langsame

---

*) In Ringöfen mit 12 und mehr Abtheilungen kann eventuell auch
doppeltem Feuer gebrannt werden; es sind dann nur immer die Hälfte der
theilungen zusammenhängend im Betriebe.

in 24 Stunden das Feuer nur um 1,ᵐ88 vorwärts gerückt
schleunigtem in derselben Zeit um 7,ᵐ50.

ähnliche Zwecke existirt kein Apparat, der mit solcher Leichtig-
erte oder moderirte Erfolge giebt.

Betrieb des Ofens findet in folgender Weise statt. Der
wie bereits bemerkt, in 12 Abtheilungen getheilt, von denen
iner Thür und mit einem Rauchkanal versehen und durch
eberschlitze abgegrenzt ist, wie die Fig. 235 es verdeutlicht.
ünden und Inbetriebsetzen des Ofens weicht von seinem
Betriebe ab, und da es nur auf diesen letzteren hier an-
mag der Ofen mit Steinen in allen 12 Abtheilungen gefüllt
ormalen, vollen Betriebe gedacht werden; der Schieber stehe
Abtheilung 12 und 1, alsdann ist die Thür in Nr. 1 ge-
alle übrigen Abtheilungen geschlossen. Das Feuer brennt
theilung 7, die Abtheilungen von 1 bis 6 enthalten fertig
, allmälig sich abkühlende Steine, die Abtheilungen 8 bis
n noch ungebrannte, sich allmälig anwärmende Steine. Die
sche Luft tritt durch die offene Thür in die Abtheilung 1,
t die ältesten, bereits vor 6 Tagen gebrannten, also seit
in der Abkühlung begriffenen Steine sich befinden; sie tritt
1 nach Nr. 2, woselbst sie Steine findet, die vor 5 Tagen
sind, sich also seit 5 Tagen abkühlen, kommt demnächst nach
welcher die Steine vor 4 Tagen fertig gebrannt wurden,
Nr. 4, in welcher seit 3 Tagen das Feuer erloschen, dann
welche 2 Tage lang kühlt, dann nach Nr. 6, welche erst
rtig gebrannt wurde. Da die Luft auf diesem Wege bei
ritte in heißere Steinschichten kommt, so wird sie grad atm
d in der letzten, noch glühenden Abtheilung Nr. 6 begreiflicher-
hend heiß. In diesem Zustande der allerhöchsten Erhitzung
das Feuer in Nr. 7 und vermehrt dadurch den Effect des
außerordentlicher Weise. In Nr. 7 giebt die atmosphärische
n Sauerstoff an das Feuer ab, und die übrig bleibenden
ziehen nach Nr. 8, in welcher die Steine bereits seit 5
ausgeschmaucht und vorgewärmt werden und durch die Einer glühend heißen Rauchgase sich bis zur Rothgluth erhitzt
enn die Abtheilung 7 24 Stunden im regelmäßigen Feuer
st. Von Nr. 8 treten die Rauchgase nach Nr. 9, welches
gen im Ausschmauchen und Vorwärmen begriffen ist; von
ch Nr. 10, in welchem die Steine erst seit 3 Tagen in den
t, von Nr. 10 nach 11, woselbst sie seit 2 Tagen stehen,

von Nr. 11 nach 12, in welcher Abtheilung die zuletzt frisch eingesetzten Steine sich befinden; von Nr. 12 ab treten die Rauchgase durch
den geöffneten Rauchkanal nach dem Rauchsammler und Schornstein;
da sie aber von Nr. 8 ab in immer kältere Ofenabtheilungen traten,
so setzten sie an die darin befindlichen Steine bei jedem Schritt mehr
und mehr Wärme ab und kamen somit ziemlich abgekühlt und vermischt mit den Wasserdämpfen, die sich aus den zuletzt eingesetzten
Steinen entwickeln, im Schornstein an, um durch denselben in die
atmosphärische Luft aufzusteigen. Sichtbarer Rauch entsteigt
diesem letzteren gar nicht, da der Verbrennungsprozeß wegen
der glühend heißen Speiseluft ein sehr günstiger ist, und wenn die
zuletzt eingesetzten Steine vollständig ausgeschmaucht und wasserfrei
sind, kann man es dem Schornstein gar nicht ansehen, ob der Ofen
in Thätigkeit ist oder nicht. Die im Ofen befindlichen ältesten Steine
der Abtheilung Nr. 1 werden nun herausgenommen und die Abtheilung wird mit frischen Steinen vollgesetzt, was bei normalem Betriebe
innerhalb 24 Stunden geschehen soll; kann dieß letztere nicht bewerkstelligt werden, so kann man auch Abtheilung Nr. 2 entleeren, während man Nr. 1 beschickt oder vorsetzt; ist letzteres vollendet, so wird
der Schieber zwischen Nr. 1 und 2 gesetzt, Thür Nr. 1 und Rauchkanal Nr. 12 werden geschlossen, Thür Nr. 2 und Rauchkanal Nr. 1
dagegen geöffnet; inzwischen ist auch Abtheilung Nr. 7 fertig gebrannt,
und das Feuer wird nach Nr. 8 vorgeschoben. Jetzt ist der Betrieb
um eine Abtheilung vorwärts gerückt, und in derselben Weise geht
er Tag für Tag ohne Unterbrechung weiter. Es ist aber zulässig,
den Betrieb etwas zu verlangsamen oder ihn zu beschleunigen, je nachdem man nun mehr oder weniger Steine, als dieß bei normalem
Betriebe der Fall sein dürfte, täglich zu brennen beabsichtigt.

Wird ein solcher Ofen zum erstenmal angezündet, so müssen zuerst 8 Abtheilungen mit roher Waare eingesetzt sein; hinter die 8. Abtheilung kommt der Schieber. Die 1. Abtheilung wird mit Schürgassen wie bei den Feldöfen aufgesetzt und unten, also im Innern
des Kanals, wie bei den andern Oefen gefeuert, bis sie in voller
Gluth steht. Dann werden die Schüröffnungen vermauert, die Ein-
heizungswand aber schon vorher verklebt. Von nun an wird von
oben durch die Schürlöcher nachgefeuert und weiter gebrannt. Mit
dem Ausfahren der 1. Abtheilung wird erst nach 5 Tagen angefangen.

Auch hat man noch verschiedene andere Methoden der Inbetrieb-
setzung.

Um in gleichen Zwischenräumen das Brennmaterial aufzuschütten, ist bei vielen Ringöfen eine Controluhr vorhanden, die so construirt ist, daß sie in regelmäßigen kleinen Zeiträumen schlägt und so den Ziegelmeister an das rechtzeitige Einschütten der Kohle erinnert.

Das Einwerfen von zu vielem Brennmaterial, welcher Art dasselbe auch sein mag, hat zur Folge, daß viel Schmolz entsteht und nebenbei mehr Brennmaterial verbraucht wird. Der Schmolz läßt sich übrigens bei richtigem Einfeuern ganz vermeiden, wenn man auch darauf besonders achtet, daß sich die Stichflamme ungehindert ausbreiten kann, denn nur in diesem Falle wird sie keinen Schmolz erzeugen. Schließt aber der Ziegler z. B. die Röhre nach dem Rauchkanal unmittelbar vor dem Herausziehen des Schiebers zu und die Stichflamme ist an eine Stelle gebunden, so muß es Schmolz geben.

Man hat die Erfahrung gemacht, daß es zweckmäßig ist, etwa eine Stunde bevor der Schieber weggezogen wird, mit dem Feuern etwas nachzulassen, so daß, wenn derselbe weggezogen wird, kein frisches Brennmaterial aufgeworfen liegt, sondern man nur wenig und zwar nicht mehr mit Flamme brennendes Feuerungsmaterial in den Heizlöchern hat.

Es ist leicht aus dem Vorstehenden ersichtlich, daß mit diesem an und für sich höchst einfachen Betriebe wesentliche Vortheile gegen den bisherigen Ziegelofenbetrieb verbunden sind; zunächst ist nämlich eine vollständige Ausnutzung der Wärme im Ringofen ermöglicht, insofern die einmal im Ofen entwickelte Wärme immer wieder benutzt wird und nur das an Wärme verloren geht, folglich wieder ersetzt werden muß, was zur Unterhaltung des Zuges im Schornstein in die Atmosphäre steigt, und was durch Ausstrahlung der Ofenwände verloren geht und nicht im Ofen zurückgehalten werden kann, obgleich die Ofenmauern in geeigneter Weise durch schlecht leitende Materialien eingehüllt sind und, wie bereits oben erwähnt, das Bauwerk durch Asphaltplatten unter den Fundamenten gegen Erdfeuchtigkeit, sowie durch ein Dach gegen den Regen geschützt ist.

In Bezug auf die Arbeiten hat der Ringofen den außerordentlichen Vortheil, daß alle Arbeiter tagtäglich mit ein und derselben Arbeit beschäftigt sind; die Brenner brennen Tag und Nacht ohne Unterbrechung, die Einsetzer setzen täglich ein, die Auskarrer karren täglich aus, das Abfahren der Steine kann regelmäßig jeden Tag erfolgen, und wenn der Absatz geregelt ist, brauchen die Steine gar nicht auf dem Platze aufgesetzt zu werden, sondern können sofort vom Ofen auf den Wagen geladen und regelmäßig und ununterbrochen abgefahren werden, während bei den alten Oefen, alle drei Wochen etwa, eine große Menge Steine mit einem Male fertig wurden, schnell aus dem Ofen geräumt, bei Seite gesetzt und aufgestapelt werden mußten u. s. w.

Es ist von besonderem Nutzen, daß in dem Ringofen das allerschlechteste Brennmaterial, was anderweitig gar nicht zu verwerthen ist, benutzt werden kann, und daß die Körperform des Brennmaterials ganz ohne Einfluß auf das Verbrennen im Ringofen ist; es werden factisch zur Zeit in den verschiedenen Oefen Holz, Torf, Steinkohle, Braunkohle verbrannt, und obschon wir selbst in dieser Beziehung noch keine genügenden Erfahrungen gemacht haben, so darf doch nicht unerwähnt bleiben, daß nach der Angabe des Erfinders die staubförmigen Brennstoffe, also Kohlenklein, Torfgrus ꝛc., sich zum Verbrauch im Ringofen besonders empfehlen.

§. 265. Ueber die specielle Construction der Hoffmann- und Licht'schen Ringöfen theilen wir noch Folgendes mit:

Diese Oefen werden in den verschiedensten Dimensionen und in der verschiedensten Grundrißform ausgeführt, länglich gerade, gestreckt ꝛc.; die kreisrunde Form bleibt stets die einfachste. Bei den bis jetzt ausgeführten Ringöfen wechselt die lichte Breite des Ofenkanals von $1^m,57—4^m,71$ und die Höhe von $1^m,57—$ höchstens $3^m,45$ im Scheitel des Gewölbes, so daß das Füllen und Leeren des Ofens sehr leicht ist.

Der Radius der Ringöfen sollte stets so groß gemacht werden, daß die den Ofenkanal einschließenden resp. bildenden Kreislinien in den einzelnen Ofenabtheilungen nicht zu sehr gekrümmt ausfallen. Die Durchmesser der bis jetzt ausgeführten Ringöfen variiren von $12^m,56—47^m,10$, die Schornsteinhöhen von $18^m,84—50^m,24$, die Anzahl der Abtheilungen von 8 —24.

Die äußere Umfassungsmauer wird circa $1^m,57$ stark von hart gebrannten Ziegeln in Lehm mit einer breiten Isolirschicht, welche mit Asche oder einem andern schlechten Wärmeleiter gefüllt ist, ausgeführt, um den Ofen gegen den Verlust der ausstrahlenden Wärme zu schützen. Diese Isolirschicht reicht jedoch nur bis etwa $31^{cm}$ unter das Ofengewölbe, so daß in dieser Höhe die Mauer in ihrer vollen Stärke dem Seitenschub des Gewölbes Widerstand bietet. Gegen das Ausweichen und Reißen der äußern ringförmigen Umfassungswand schützen drei übereinander liegende Breterringe (i, i Fig. 241), die um den ganzen Ofen geführt sind. Diese Ringe sind von je 8 Lagen übereinander genagelter schwacher Breter, deren Stöße sorgfältig versetzt sind, gebildet.

Der früher halbkreisförmig eingewölbte Ofenkanal erhält in neuerer Zeit ein Gewölbe im hohen Kreissegment, um die Räume des Ofenkanals besser ausnutzen zu können. Je zwei nebeneinander liegende Abtheilungen sind durch zwei Gurtbogen, wie aus Fig. 234 ersichtlich ist, voneinander getrennt. Diese Bögen sind 1 Stein breit und 1 Stein hoch in centraler Richtung eingewölbt und zwischen diesen zwei Bögen jedesmal ein Zwischenraum, „Schlitz" (a, a Fig. 234 obere Ansicht) gelassen, welcher an den Ecken 16$^{cm}$ und in der Mitte gegen 39$^{cm}$ weit ist und dazu dient, um einen den Brand absperrenden, großen eisernen Schieber hinabzulassen.

Fig. 239.

Der Schieber kann aus nur mäßig starkem Eisenblech bestehen, weil er sich immer an der kühlsten Stelle des Ofenkanals befindet, also den Angriffen des Feuers gar nicht zu widerstehen hat. Die Schieberschlitze sind übrigens nach Fig. 239 mit hermetisch schließenden Deckeln versehen; die sämmtlichen Schieberschlitze, in welchen sich der Schieber nicht befindet, können aber auch, nachdem die Ziegel in den betreffenden Abtheilungen eingesetzt sind, blos mit Schutt bis oben hin fest angefüllt, mit Lehm verklebt und mit Sand überschüttet werden, was vollkommen genügt. Damit auch an diesen Stellen die Ziegel mit Kohle gespeist werden können, werden in den Schutt 1—2 Heizrohre eingesetzt.

Fig. 240.

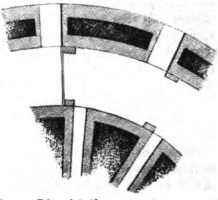

Die Kappen zwischen den Gurten sind in Lauferschichten, von jeder Seite ein Drittel der Breite 1 Stein hoch, der mittlere Theil ½ Stein, von guten Ziegeln in Lehmmörtel eingewölbt.

Es ist in neuerer Zeit öfter vorgekommen, daß die Schieberschlitze im Gewölbe vermieden worden sind, indem der Schieber von der Seite durch die Thür der Ofenabtheilung eingesetzt wird. Diejenigen Ziegeleibesitzer, welche diese Einrichtung bei ihren Ringöfen haben, sind damit ganz zufrieden, indem sich das Dichten des Schiebers an der Sandthüre ohne Schwierigkeit vornehmen läßt. Bei dieser Einrichtung, welche natürlicher Weise überhaupt nur dann gewählt werden kann, wenn der Ofen über dem Terrain erbaut ist, fallen die Schieberschlitze ganz fort, und die Thür muß unmittelbar neben dem Gurtbogen, gegen den der Schieber sich lehnt, liegen, wie aus dem Grundriß Fig. 240 ersichtlich. Der Schieber selbst besteht aus zwei (resp. drei) Theilen, die übereinander gesetzt werden, und bei denen die oberen in mit Sand gefüllten Falzen der unteren stehen. An der der Thür zugewandten Seite (siehe den Querschnitt Fig. 241) sind sie mit Handhaben versehen. Der obere Theil wird zuerst hineingeschoben, an die durch zwei Heizlöcher niederhängenden Ketten befestigt und durch diese hochgehoben; hierauf wird der untere Theil eingebracht und der obere auf diesen herabgelassen. Durch Verstreichen mit Lehm wird der Schieber an den Seiten gedichtet. Beim Herausnehmen wird zuerst mittelst der Ketten die obere Schieberhälfte angehoben, hierauf die untere herausgezogen, die obere dann niedergelassen und, nachdem die Ketten ausgehakt sind, ebenfalls herausgenommen. Es versteht sich von selbst, daß bei dieser zuletzt beschriebenen Anordnung dicht neben dem Gurtbogen zwei Heizlöcher sein müssen.

Zwischen den Schieberschlitzen resp. Gurtbögen befinden sich im Gewölbe in jeder Abtheilung 8 Schürlöcher von 16$^{cm}$ Durchmesser, welche das Gewölbe senkrecht durchbrechen, in welche kleine gußeiserne cylinderförmige Heizrohre a (Fig. 238) eingesetzt werden, und die dazu dienen, um das Brennmaterial in die aus den rohen Ziegeln gesetzten Schachte hinabzuwerfen.

Damit nicht etwa durch die Löcher kalte Luft in den Ofen dringen kann, ist jedes Heizrohr durch eine eiserne Glocke b (Fig. 238) verschließbar. Um jedes der Heizrohre ist in der Gewölbeabdeckung eine Vertiefung c von 13$^{cm}$ Breite und 13$^{cm}$ Tiefe gelassen, welche mit Sand ausgefüllt wird, damit die Heizglocken die Schürlöcher hermetisch verschließen. Diese so verschlossenen Schürlöcher werden nur geöffnet, wenn entweder nachgefeuert oder der Brand beobachtet werden soll.

Senkrecht unter jedem Schürloch muß von den einzusetzenden rohen Ziegeln ein 16$^{cm}$ im Quadrat weiter Heizschacht vom Pflaster des Ofens bis zum Gewölbe gesetzt werden, welcher die einzuschüttende Kohle aufnimmt. Damit der Einsetzer jedesmal weiß, wo diese Oeffnungen schon in der ersten Ziegelschicht belassen werden müssen, sind im Herdpflaster des Ofens 7½<sup>cm</sup> tiefe und 16<sup>cm</sup> im Quadrat große Vertiefungen ausgespart, welche senkrecht unter jedem Schür-loch liegen, so daß sich also in jeder Ofenabtheilung unter den 8 Schürlöchern auch 8 solcher Vertie-

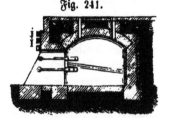

Fig. 241.

fungen im Pflaster befinden. Da mit auch in dem oberen Theile der Heizschachte etwas Kohle zur Ver-brennung kommt und nicht das sämmtliche eingeschüttete Brenn-material bis auf das Herdpflaster des Ofens fällt, ist etwa im zweiten Drittel der Höhe von jeder Seite des Heizschachtes ein Ziegel hochkantig vorgezogen, so daß die vorgezogenen Ziegel ungefähr die Form eines Kreuzes geben. Auf diesem Kreuze bleibt natürlich immer ein Theil des eingeschütteten Brennmaterials liegen und gelangt hier zur Verbrennung.

Bei den in den ersten Jahren ausgeführten Ringöfen waren im Fußboden drei concentrische, oben offene Kanäle angebracht, welche 7½<sup>cm</sup> tief und 16<sup>cm</sup> breit und mit rohen Ziegeln so umsetzt waren, daß die heiße Luft ohne Widerstand theils nach den Heizschachten, theils aber auch nach den eingesetzten Backsteinen hindurchziehen konnte; durch kleinere Abzweigungen waren diese Kanäle miteinander ver-bunden. — In neuerer Zeit werden solche Kanäle nur noch 2½<sup>cm</sup> tief ausgeführt, weil sie durch das Ein- und Ausfahren der Ziegel sehr beschädigt und deshalb oft erneuert werden mußten; dieselben dienen als Lehren für das Setzen der Feuerzüge, die von den jedes-mal eingesetzten rohen Ziegeln unten auf dem Pflaster, je nach Be-dürfniß, 2—6 Schichten hoch gesetzt werden.

Nach dem Innern des Ofens zieht aus jeder Abtheilung ein Rauchkanal oder Fuchs (b, b Fig. 236.) nach dem Schornstein zu. Diese Rauchkanäle gehen in gerader centraler Richtung und steigen am Ende nach dem kreisrunden, rings um den Schornstein liegenden Rauchsammler c an, in welchem alle Füchse einmünden. Da wo die Rauchkanäle b in den Rauchsammler c ansteigen, lassen sie sich mit-telst der in Fig. 242. dargestellten Glockenkegel ganz oder zum Theil abschließen, wodurch das Feuer nach Belieben regulirt werden kann. Diese Glockenkegel sind aus Gußeisen gefertigt und mit den gleichfalls gußeisernen Deckeln e zusammengeschraubt; dieselben sind an einer eisernen durch das Gewölbe des Rauchsammlers c gehenden Stange f befestigt, welche letztere in den über dem Ofen befindlichen Raum

Pausen nur geringe Quantitäten Brennmaterial aufgiebt, wie dieß nothwendig ist, sondern mit einem Mal ziemlich viel, so wird man niemals einen gleichmäßigen guten und reinen Brand erhalten. Der Verbrennungsprozeß in unserem Ofen ist ein ganz anderer als in den gewöhnlichen Oefen. Es läßt sich dieser Brennprozeß vergleichen mit dem in einer Gasretorte. Der Brennstoff wird, indem er in die glühenden Abtheilungen des Ringofens fällt, sofort in gasförmige Producte und feste Rückstände getrennt. Die festen Rückstände brennen und glühen weiter, weil der Sauerstoff der Luft im ganzen Querschnitt des Ofens circulirt. Ebenso verbrennen aber auch momentan die gasförmigen Producte, weil sie mit dem glühend heißen Sauerstoff der Luft, der im ganzen Querschnitt des Ofenkanals circulirt, in unmittelbare Berührung treten, sich mit demselben verbinden, also verbrennen. Die gewöhnliche Ansicht, daß man staubförmige Körper in diesem Ofen nicht brennen könne, ist, wie hieraus erhellt, irrig. Sie verdienen sogar offenbar den Vorzug. Das Brennmaterial muß, soll es verbrennen, zerkleinert werden. Das ist die Aufgabe der Hitze, die diese Arbeit auch sehr leicht erfüllt, dann aber auch bei Rostfeuerungen die Arbeit des Zuges, und für diesen ist das eine sehr schwere Aufgabe, weil die sauerstoffhaltige atmosphärische Luft die Kohlenschicht auf gewöhnlichem Roste durchbrechen muß, um sich mit den Zersetzungsproducten derselben zu verbinden. Es ist zuweilen vorgekommen, daß man das Feuer im Ringofen gar nicht nach Wunsche nach unten oder nach oben hat ziehen können. Das sind alles Fälle, die nur vorkommen, so lange die Leute, die zur Bedienung gestellt werden, noch keine Idee von der Behandlung des Ofens haben. Das Feuer folgt dem Zuge und den Zug kann man mittelst der Glocken jeden Augenblick beliebig reguliren. Man braucht nur die nächsten Glocken hinter dem Feuer zu ziehen, so wird der Zug des Ofens sich nach unten ziehen. Fehlt oben die Gluth und ist dieselbe unten zu stark, so muß der Zug vermindert werden; im letztern Falle wird der Druck der Atmosphäre verringert und jede zufällige Undichtigkeit des Ofens ist nicht im Stande, kalte Luft anzusaugen Dieser Umstand, nämlich die oft gar nicht beachteten Undichtigkeiten des Ofens, namentlich der Heizdeckel und der Schlitze, sowie ein zu starker Zug im Ofen, sind meistens Schuld, wenn die zum Brennen nöthige Hitze im Ringofen nicht erreicht wird.

Man revidire in jeder Abtheilung, sobald sie leer ist, sorgfältig ob die dazu gehörige Glocke im Rauchsammler genau luftdicht schließt, man sorge dafür, daß alle Heizdeckel gut fest mit ihren Rändern in

Sand sitzen, daß an den Schlitzen und Thüren keine Undichtigkeiten sind und daß das Feuer sorgfältig bedient wird, so wird man fast immer durch Regulirung des Zuges die Hitze in ganz kurzer Zeit bis zur Weißgluth steigern."

---

## XLIV.

### Verschiedene Modificationen der Ringofen-Construction.

§. 268. Durch den günstigen Erfolg der Hoffmann- und Licht'schen continuirlichen Ringöfen wurden auch Andere veranlaßt, Circulir-Oefen nach ähnlichen Principien zu bauen und für besondere Zwecke zu empfehlen. Bührer & Hamel haben den Versuch gemacht, den hohen Schornstein durch eine Ventilator-Einrichtung zu

Fig. 243.

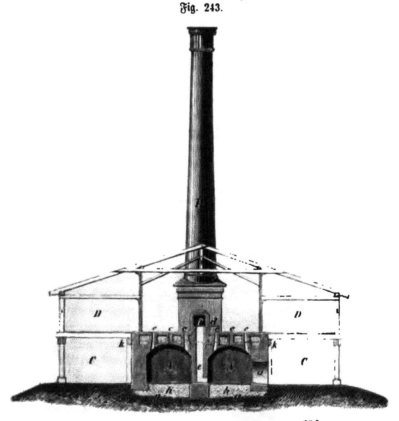

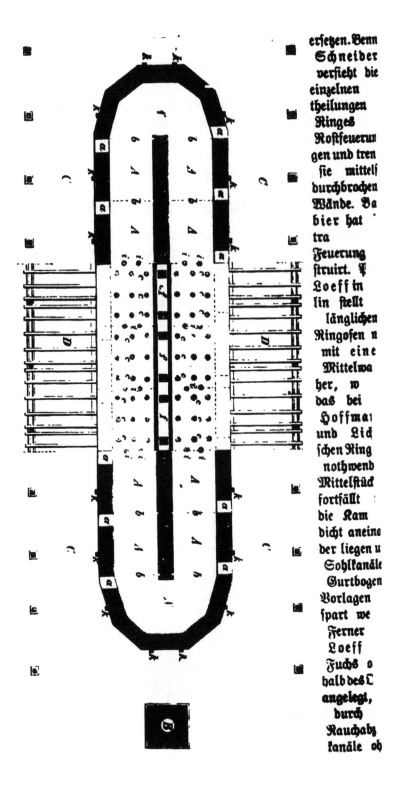

erſetzen. Wenn
Schneider
verſieht die
einzelnen
theilungen
Ringes
Roſtfeuerun
gen und tren
ſie mittelſ
durchbrochen
Wände. Da
bier hat
tra
Feuerung
ſtruirt.
Loeff in
lin ſtellt
länglichen
Ringofen n
mit eine
Mittelwa
her, w
das bei
Hoffma
und Lid
ſchen Ring
nothwend
Mittelſtück
fortfällt
die Kam
dicht aneina
der liegen u
Sohlkanäle
Gurtbogen
Vorlagen
ſpart we
Ferner
Loeff
Fuchs o
halb des L
angelegt,
durch
Rauchab;
kanäle ob

besonderes Mauerwerk hergestellt werden können und an Eisenzeug gespart wird, und die Rauchverschlüsse durch einfache horizontale Schieber ersetzt werden. Da dieser Ofen in den letzten Jahren vielfach ausgeführt wurde und auch einige Vortheile durch billigere Herstellung, Ersparung an Grundfläche und Bequemlichkeit beim Betriebe bietet, so soll derselbe nachfolgend nach dem Loeff'schen Werke[*]) abgebildet und beschrieben werden.

§. 269. Fig. 243. stellt einen Querschnitt resp. eine Ansicht des Ofenhauses, Fig. 244. den Gesammtgrundriß der Anlage im unteren und oberen Theile, sowie Fig. 245. einen Theil der Längenansicht dar. Hiernach besteht der eigentliche Brennofen aus beliebig langen und 2m,8 weiten überwölbten Räumen A, A, welche an den beiden Enden durch ringförmig gestaltete Brennräume A' in Verbindung gesetzt sind. Dieser zum Einsetzen der zu brennen-

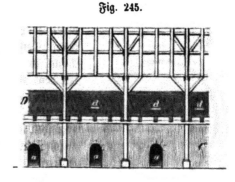

Fig. 245.

den Waare bestimmte Ofenkanal bildet somit einen in sich zurückkehrenden Raum, welcher von der Sohle bis zum Gewölbscheitel 2,m4 und bis zum Gewölbkämpfer 1m,57 hoch ist. Durch sechszehn rechtwinkelig auf dem Brennofen angelegte Ruthen und Einkarrthüren a, a läßt sich dieser Raum an 16 verschiedenen Stellen mit Hülfe eiserner Schieber b (Fig. 246.) absperren. Demnach kann der ganze Ofen in 16 Brennkammern zerlegt werden, von welchen jede von der entsprechenden Langseite aus durch eine 0m,8 breite, 1m,4 hohe Ein-

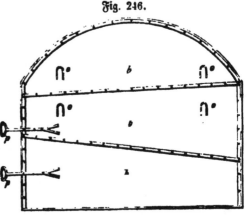

Fig. 246.

*) Entwürfe zum Bau von Kalk-, Cement-, Gyps- und Ziegelbrennereien von Paul Loeff. 2. Aufl. Leipzig 1873.

karrthüre a zugänglich ist. Die Brennkammern A haben bei dem vorliegenden Ofen eine Länge von 3$^m$,77.

Es ist ein Vorzug dieser Ofenconstruction, daß die Brennkammern beliebig groß, sowohl für einen größern als kleinern Betrieb eingerichtet werden können, auch lassen sich bei diesem System jede beliebige Anzahl von Brennkammern ohne fundamentalen Neubau und ohne Schwierigkeit nachträglich anbringen.

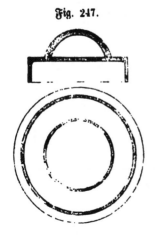

**Fig. 247.**

Zur Befeuerung des Ofens sind in jeder der zwei größeren Eckabtheilungen A' 12 Schürlöcher c, c und in jeder der vierzehn dazwischen liegenden Abtheilungen deren 9 Stück im Gewölbe ausgespart, deren Oeffnungen sich mittelst eiserner in Sand zu setzenden Kapseln (ähnlich wie bei dem Ringofen von Hoffmann & Licht) luftdicht verschließen, wie Fig. 247. erläutert. Die Zahl der Befeuerungslöcher steigt oder fällt je nach Größe des Ofens und nach Beschaffenheit der Holz- und Brennmaterialien.

Von jeder der 16 Brennkammern ist eine Verbindung mit dem Fuchs f durch einen 42$^{cm}$ im Lichten langen und breiten Rauchkanal e derart hergestellt, daß die Verbrennungsproducte aus dem Ofen an der Sohle durch eine Oeffnung in den Rauchabzugskanal e eindringen und durch den ganz vertical aufsteigenden Kanal in den oberhalb des Ofens liegenden Fuchs f ausströmen. Durch einfache, horizontale, gußeiserne Schieber d (Fig. 213 und 215) werden die Mündungen dieser verticalen Austrittsöffnungen in den Fuchs geschlossen. Die Schieber d reichen aus der Wandung des den Fuchs bildenden Mauerwerks heraus und endigen in bequeme Handgriffe.

Auf diese Weise steht jede Ofenabtheilung A und A' durch einen Rauchabzugskanal e und weiter durch den Fuchs f mit dem Schornstein B in Verbindung und zwar derart, daß sie genau so, wie es der Betrieb des Ofens verlangt, von demselben abgeschlossen, oder auch wiederum in Verbindung gebracht werden können.

Der Fuchs ist durch verschiedene Mannlöcher, welche in seiner Decke angebracht und durch Sandverschluß zu dichten sind, zugänglich.

Um die aufsteigende Erdfeuchtigkeit vom Ofen abzuhalten ist unter demselben bei g eine Isolirschicht und bei h eine Sandschicht

tung angebracht. Starke Rahmen k k und Stiele — welche wie die Zeichnungen Fig. 243. und 244. veranschaulichen, durch durchgehende Anker weiter verbunden sind und gleichzeitig die Stützpunkte der Balkenlage des den Ofen in seiner ganzen Ausdehnung umgebenden Ofenhauses abgeben — schützen die äußern Umfassungswände des Ofens gegen das Ausweichen und Reißen. Der untere Raum C des Ofenhauses dient als Trockenscheune, während die Balkenlage über dem Ofen D Arbeitsräume für den Winterbetrieb und Wohnungsräume für Arbeiter darbietet.

Der Schornstein B liegt außerhalb des Ofens, um mehreren Oefen oder einer Dampfkesselfeuerung gemeinschaftlich dienen zu können; der Schornstein ist mit einer isolirenden Luftschicht versehen, um seine Abkühlung zu verhindern, besondere Schmauchkanäle entfernen die feuchten Dämpfe.

Je zwei neben einander liegende Brennkammern sind durch eine in der Mittelwand ausgesparte Ruth von einander getrennt. Diese Ruth, welche nicht durch Vorsprünge, wie bei andern Ofensystemen gebildet, dient dazu, um einen den ganzen Brennraum absperrenden breitheiligen eisernen Schieber b, b (Fig. 216.) aufzunehmen. Durch die Oeffnungen i, i (Fig. 244.) werden diese Abschlußschieber gezogen.

§. 270. Der Betrieb dieses Ofens ist ähnlich wie bei dem Hoffmann- & Licht'schen Ringofen. Die zur Speisung des Feuers erforderliche Luft tritt durch die Einkarrthüre derjenigen Ofenabtheilung, aus welcher die gar gebrannten und abgekühlten Steine herausgeschafft werden, ein und bringt von hier aus in die Ofenabtheilungen, in welchen bereits gar gebrannte Steine stehen, kühlt diese ab, erhöht dadurch aber ihre eigene Temperatur und indem sie sich weiter erhitzt, geht sie bis zu derjenigen Brennkammer, welche im Vollfeuer ist und von hier weiter vorwärts in die Kammern, in denen noch nicht gar gebrannte Steine stehen, wärmt diese vor, ersetzt dadurch das sonst erforderliche Schmauchfeuer und entweicht dann völlig abgekühlt in den Schornstein.

Das Brenngut wird unter den Befeuerungslöchern c, c so aufgesetzt, daß oben eingeworfener Brennstoff bis zur Ofensohle zum Theil frei herabfällt, zum Theil treppenrostartig verbrannt wird; durch diese Befeuerungslöcher kann man die Beobachtung des Brandes an jeder Stelle des Ofens wahrnehmen und wenn nöthig, mehr oder weniger Brennmaterial aufgeben. Es ist vortheilhaft das letztere grußförmig zu verwenden, nicht allein um den Brennstoff der Ofenconstruction entsprechend besser vertheilen zu können, sondern auch weil ihre Zersetzung in gasförmige Producte am schnellsten erfolgt.

Das Brennmaterial wird am besten durch blecherne Trichter in die Befeuerungslöcher eingeschüttet, weil hierdurch nicht Brennstoff zur Seite fallen und in der Sandfüllung der Feuerdeckel-Einfassungen liegen bleiben kann, wodurch leicht ein undichter Schluß der Deckel herbeigeführt wird.

Bei einem Ofen mit 16 Abtheilungen wird der Betrieb zweckmäßig so eingerichtet, daß täglich eine Abtheilung ausgeleert wird, eine davon im Vollfeuer, sieben im Abkühlen, sechs im Vorwärmen, eine im Einsetzen und eine im Auskarren begriffen sind. Defters wird es vortheilhaft, ja bei größern Desen unbedingt nothwendig sein, in zwei Kammern zugleich das Feuerungsmaterial aufzugeben. Das Feuer rückt dann allmälig weiter und stehen die Steine dann nach Bedürfniß 2 Tage im Vollfeuer.

Der Abschlußschieber b macht mit dem Feuer denselben Weg, nur daß er der im Vollfeuer stehenden Kammer um die im Vorwärmen begriffenen Abtheilungen voraus, demnach stets an der kühlsten Stelle des Ofenkanals sich befindet. Der Schieber wird durch die offen liegende Einkarrthüre a eingebracht und lehnt sich gegen die eine Wandung der Thüre; um ihn bequem einbringen zu können, ist er aus 3 keilförmigen Stücken gefertigt (vergl. Fig. 246.) und wird durch die im Gewölbe angebrachten, für jede Abtheilung bestimmten beiden Deffnungen i, i in die richtige Lage gehoben und darauf mit Lehm luftdicht verschmiert. Mittelst zweier durch die Deffnungen i, i gehender kurzen Ketten, welche an den angenieteten Ohren o, o angreifen und oberhalb des Ofens über einen kleinen Windebock laufen, wird der Schieber beliebig verstellt. Ebenso werden, um sie zu entfernen, die oberen Theile angehoben und kann dann der untere Theil bequem zur Thüre a herausgezogen werden. Ist dies geschehen, so werden die zwei gehobenen Theile wieder heruntergelassen und ebenfalls zur Thüre herausgeschafft. —

An der der Thür zugewandten Seite sind an den Schieber die Handhaben p, p angenietet. Da sich dieser Schieber stets an der kühlsten Stelle des Ofens befindet, so braucht derselbe nur aus 2ᵐᵐ starkem Eisenblech zu bestehen, ringsum sind die einzelnen Platten mit 30ᵐᵐ breiten, 3ᵐᵐ dicken, aufgenieteten Eisenschienen versehen. Sein Gewicht beträgt nach der Größe des Ofens 150—225 Kilogramm; zum Schutz gegen Rost wird der Schieber zweckmäßig mit Mennigfarbe oder Theer bestrichen.

Wenn die der offenen Thüre zunächststehenden Steine am meisten abgekühlt, also zum Herausschaffen geeignet sind, werden sie durch lufttrockene, ungebrannte Steine ersetzt. Der Ofenkanal wird darauf durch den Schieber vor der nächsten Thür, hinter den frisch einge=setzten Steinen abgeschlossen, während diese Thüre geöffnet und die vorhergehende vermauert wird; ebenso wird der Verschluß des nächsten Rauchkanals geöffnet, der geöffnet gewesene aber geschlossen, und das Vollfeuer findet in derjenigen Abtheilung statt, welche die längste Zeit im Vorwärmen begriffen war, und so fort.

Das Einsetzen der Steine in jeder Heizkammer geschieht in der Weise, daß eine Reihe gerade, die andere schräg steht, und zwar so, daß die schräge Richtung nach außen weist; an den Wänden müssen die Steine lockerer gesetzt werden. Es empfiehlt sich, die Steine, welche die Kanäle bilden, in wechselseitiger Auskragung aufzusetzen, um das Brennmaterial durch die Beschickungsöffnungen c, c rationell aufzugeben und nicht zu sehr anzuhäufen: zu dem Ende bedient man sich vortheilhaft einer Leerlatte. Außerdem sind Aschenkanäle beim Einsetzen anzulegen und zu beachten, daß die Steine nicht zu dicht an das Ofengewölbe reichen, indem sonst leicht, namentlich bei Torf=feuer, die Wölbung zusammenschmilzt.

Die Einkarrthüren a werden nach dem Einsetzen in folgender Weise verschlossen. Zunächst wird eine mit dem innern Ofenkanale bündige 25$^{cm}$ starke Mauer aufgeführt und dieselbe gut mit Lehm verschmiert, alsdann wird in einer Entfernung von 25$^{cm}$ eine 13$^{cm}$ starke Mauer davorgesetzt und der Zwischenraum mit Sand vollge=füllt, so daß die äußere Luft nicht eindringen kann.

Wie oben beschrieben wird hierauf das Feuer um eine Abthei=lung vorwärts geschoben. Die Gluth zieht dem Feuer voran, und wenn man in einem Heizloche c die eingesetzten Steine von oben bis unten glühend und namentlich auch den Heerd hellscheinend sieht, so ist ein solches Heizloch geeignet, mit Brennmaterial beschickt zu werden.

Sollte durch irgend eine Veranlassung eine Störung im Betriebe eintreten, so empfiehlt es sich, so lange mit ganz schwachem Zuge zu brennen und so wenig Kohle aufzugeben, daß nur die Gluth erhalten bleibt, das Feuer demnach nur ganz langsam vorwärts rückt, bis die Störung beseitigt ist.

Das Feuer soll, bei regelmäßigem Betriebe täglich um eine Abthei=lung vorwärts rücken, daher wird auch jeden Tag eine Abtheilung voll gesetzt und eine geleert. Hieraus folgt, daß bei einem Ofen von

10 Abtheilungen bie zu brennenden Steine 10 Tage im Ofen, bei einem von 12 Abtheilungen 12 Tage und bei einem von 16 Ab= theilungen 16 Tage im Ofen bleiben. Größere Anlagen von 20 bis 50 Tausend täglicher Leistung erfordern natürlich einen veränderten Betrieb und sind für solche Quantitäten zwei auch drei Kammern täglich zu bemessen.

Als Nachtheile dieses Ofensystems sind hervorzuheben:

1, bie starke Verbreitung von Flugasche, welche die Oberfläche der Ziegel verunreinigt,

2, zu starke Hitze unmittelbar an den Befeuerungslöchern,

3, zu starke Ansammlung von Asche im untern Theile, namentlich bei streng flüssigem Thone welcher viel Feuer verlangt.

4, Feinere Gegenstände können nur in Gemeinschaft mit gewöhn= lichen Ziegeln gebrannt und müssen durch Einbauen in dichte Ziegelwände sorgfältig geschützt werden. —

## XLV.

## Continuirlicher Kanal=Ziegelofen.
### (Patent Otto Bock.)

§. 271. Verhältnißmäßig früh machte man Versuche die Ziegel= waare zum Zweck des Brennens derselben vermittelst einer beweg= lichen Ofensohle in continuirlicher Weise gegen und durch ein be= ständig unterhaltenes Feuer zu führen, um so den früher ausschließlich periodischen Ofenbetrieb durch ein continuirliches, einfacheres und billigeres Brennverfahren zu ersetzen.

Im Allgemeinen gilt der Röhrenofen von P. Borrie u. Co. in Commercy, der mit dem Ofen von Demimuid identisch ist, als die erste bekannt gewordene Ziegelofenconstruction, durch welche die Idee der beweglichen Ofensohle und des feststehenden Feuers in die Praxis übertragen wurde; dieß ist indeß thatsächlich nicht der Fall, denn so weit verbürgte Nachrichten reichen, verdient P. Aeg. Nordt in Flens= burg die Anerkennung, der Erste gewesen zu sein, welcher diese Idee lebensfähig zu machen versuchte.

Die Erfindung Nordt's datirt um reichlich 35 Jahre zurück, denn bereits im Jahre 1810 erhielt derselbe auf seine Erfindung ein dänisches Patent und sechs Jahre später zur Ausführung dieser Er= findung eine mehrjährig dauernde dänische Staatsunterstützung.

Im Jahre 1854 wurde dem Thonwaarenfabrikanten A. Rasch in Oeynhausen ein Erfindungspatent auf einen, nach denselben Principien construirten Brennofen für das damalige Königreich Hannover ertheilt. — Dieser Ofen ist wahrscheinlich das Original des bekannten Röhrenofens von P. Borrie, es liegen wenigstens Gründe vor, welche es als ziemlich bestimmt erscheinen lassen, daß Borrie durch französische Mittelpersonen genaue Kenntniß des Projectes von Rasch erhielt. Der Ofen von Rasch ist indeß nie ausgeführt, nach zuverlässigen Nachrichten gleicht aber der ausgeführte Ofen von Borrie, der nur noch ein geschichtliches Interesse hat, den Zeichnungen und Entwürfen von Rasch sehr genau.

Diese Oefen bildeten einen kanalartigen, in ihren Profilen mehr oder weniger quadratischen Raum von größerer oder geringerer Länge; auf der Sohle des Kanals war ein Schienengeleis angeordnet und auf diesem bewegten sich flache fest aneinander geschobene oder gekuppelte Wagen, die den Ziegeleinsatz trugen. Diese Einrichtung war aber so mangelhaft, daß das Feuer nicht auf den oberen Theil des Ofens mit dem Ziegeleinsatze beschränkt blieb, sondern sich auch auf den unteren Theil, wo die Wagen sich befanden, erstreckte; daß schon aus diesem Grunde die Wagen sehr bald ruinirt werden mußten, liegt auf der Hand und daraus erklärt es sich, daß diese Oefen über das Versuchsstadium nicht hinauskamen.

Wollte man diese Idee wirklich lebensfähig machen, so war die erste zu lösende Bedingung die, die bewegliche Ofensohle derartig zu construiren, daß sie einen, nach allen Seiten luftdicht schließenden Boden darstellte, durch welchen der Ofen in zwei streng von einander abgesonderte, verschiedenen Zwecken dienende Theile zerlegt wurde. Auf diese Weise würde durch die trennende Ofensohle ein oberer Kanal für den zu brennenden Ziegeleinsatz resp. das Feuer, und ein unterer Kanal für die eisernen Wagen herzustellen sein.

Daß die Erfindung erst durch allseitige Lösung dieser Bedingungen lebensfähig werden würde, lernte man einsehen, über die Art und Weise aber wie sie zu lösen, war man durchaus nicht im Klaren. — Wie so oft fand man auch hier das Zunächstliegende nicht oder erst dann, nachdem man sich in der Wahl der Mittel mehr als einmal vergriffen hatte.

Die zunächst bekannt gewordene Ofenconstruction, bei der man die Trennung des Ofens in der angegebenen Weise versuchte, war der 1856 für Oesterreich patentirte continuirliche Ofen der Ingenieure Rost und Zaradmirk in Pest. Man blieb indeß noch weit ab von

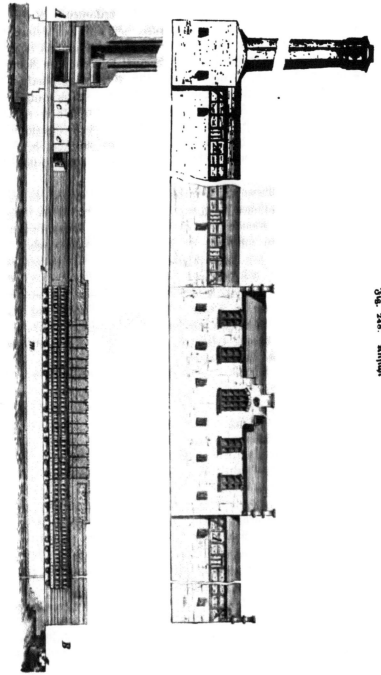

Fig. 249. Längenschnitt.

Fig. 248. Ansicht

der rationellen Lösung der Aufgabe und so ist denn auch diese Construction nicht bekannter geworden.

I. Näher kam der Lösung der Architekt Orth in Berlin, der sich mit der Construction eines ähnlichen Ofens beschäftigte, damit aber über die Theorie nicht hinauskam.

Inwieweit ein nach gleichen Principien construirter Ofen des Ingenieurs Kühne in Berlin, welcher in Pinneberg erbaut wurde, den praktischen Anforderungen entsprach, ist dem Verf. nicht bekannt geworden. Thatsache ist, daß der Ofen nach kurzer Zeit als nicht arbeitsfähig wieder abgetragen wurde.

§. 272. Wirklich und auf die denkbar einfachste Weise wurde der luftdichte Sohlenverschluß durch den Ziegelei-Ingenieur Otto Bock in Braunschweig erreicht; alle Verbesserungen und Details in Betracht gezogen, darf derselbe für sich die Ehre in Anspruch nehmen, dieses continuirliche Ziegelofensystem durch seinen patentirten Kanalofen factisch lebensfähig gemacht zu haben. Bereits im ersten Bande dieses Werkes wurde Seite 84 und 142 auf diesen interessanten Ofen kurz hingewiesen, die folgende Beschreibung wird die Einrichtungen des Ofens näher veranschaulichen und das früher Gesagte vervollständigen.

Dieser Ofen bildet in seiner ganzen Längenausdehnung einen geradlinigen, wagrecht liegenden Kanal (Fig. 248—250), der von Ziegel- oder Bruchsteinen, im Feuerraume von Chamottesteinen gemauert ist. Die Längen- und Querschnittmaaße sind abhängig von dem Fabrikationsumfange eines Ziegelwerkes. Die seither gebauten Kanalöfen eine Länge von 50 resp. 65ᵐ, eine von 1 resp. 1ᵐ,5 und eine Höhe resp. 1ᵐ,4. Die Maximalmaaße, namentlich die der Länge, dürften wohl als Grenze zu betrachten sein.

Fig. 250 (Horizontalschnitt A—B.)

Die Leistungsfähigkeit der Oefen schwankt je nach der Größe derselben zwischen 6—12000 Ziegelsteinen pro Tag, diese verdoppelt sich
indeß proportional in Doppelöfen (Fig. 256), deren Anlage sich verhältnißmäßig am billigsten stellt.

**Fig. 251.**

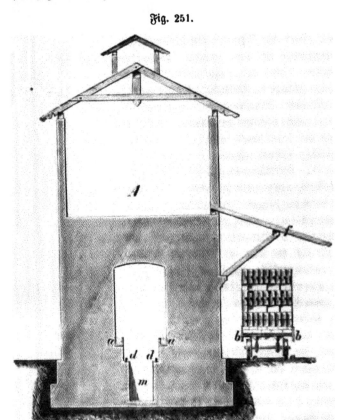

Wie aus Fig. 251 ersichtlich, liegt der in seinen Querschnitts-
maaßen größere Theil des Ofens oberhalb, der kleinere nach der
Sohle hin treppenförmig verengte Theil des Ofens unterhalb der
Erdoberfläche. Auf dem ersten Absatze des unteren Theils liegen
gußeiserne Rinnen a, a, welche sich zu beiden Seiten durch den ganzen
Kanal erstrecken; der zweite, tiefer liegende Absatz ist bestimmt ein
Schienengleis d d zu tragen, welches durch den ganzen Ofen führt
(Fig. 250) und durch Schiebebühnen g g' an beiden Ofenenden mit
einem außenliegenden Schienengeleise e in Verbindung steht.

**Fig. 252.**

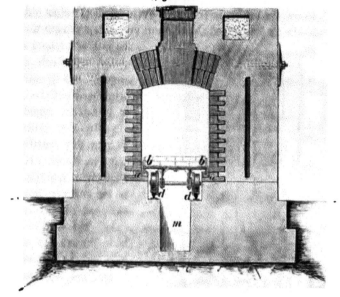

**Fig. 253**

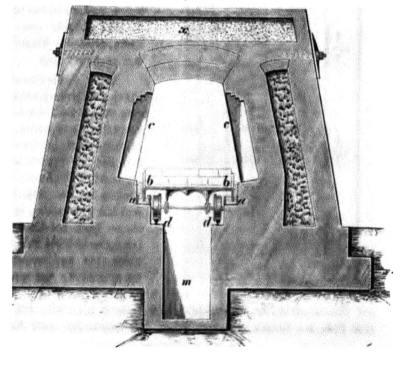

Das Schienengleis im Innern des Ofens dient dazu eine Anzahl eiserner, besonders construirter Wagen aufzunehmen, welche dicht aneinandergeschoben die Länge des Ofens ausfüllen. Diese Wagen werden au-

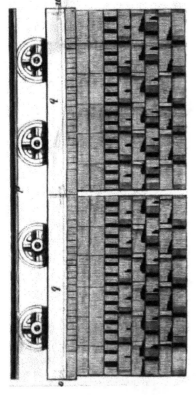

Fig. 254.

ßerhalb des Ofens an einer geeigneten Stelle regelrecht angelegt, mit Ziegelsteinen x. beladen (Fig. 254 u. 255) und in den Ofen eingebracht.

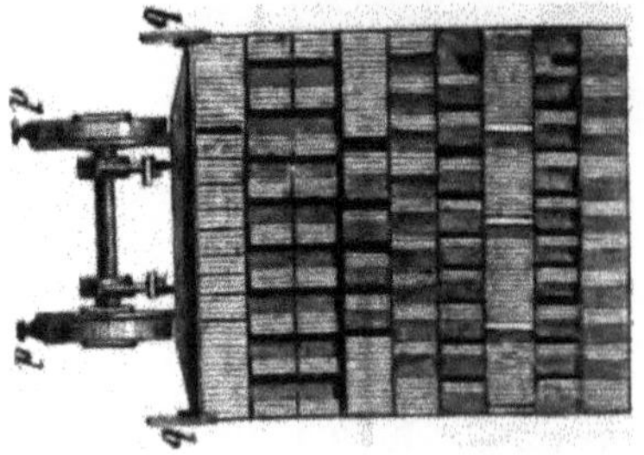

An den Seiten dieser Wagen sind vertikal herabgehende Ränder b, b von Flacheisen befestigt, welche in die eisernen Rinnen a, a entsprechend tief eintauchen (Fig. 251—255) und da diese Rinnen mit Sand gefüllt sind, so liegt es auf der Hand, daß der Ofen, wenn mit Wagen ganz angefüllt, nach beiden Seiten hin durch diesen Sandrinnenverschluß in zwei luftdicht von einander getrennte Abtheilungen geschieden wird.

Fig. 255.

Dieser Sandrinnenverschluß genügt indeß nicht um eine überall dicht schließende Ofensohle zu erhalten, es ist unbedingt erforderlich, daß auch die Wagen unter sich so fest mit einander verbunden werden, daß keine Luft aus dem unteren in den oberen Theil des Ofens gelangt, da dieß die Verbrennung nicht nur beeinträchtigen, sondern den ganzen Betrieb in Frage stellen würde.

Dieser zweite, der Endverschluß wird dadurch hergestellt, daß das eine Ende der Wagen mit einer Feder, das andere mit einer Ruthe versehen ist, so daß die Feder n des einen Wagens in die Nuthe o des anderen eingreift, wenn zwei Wagen dicht aneinander geschoben werden (Fig. 255); die Nuthe wird, wenn ein Wagen mit Ziegelsteinen in den Ofen eingebracht wird, mit weichem Lehm ausgestrichen, in welchen sich die Feder des letzten Wagens im Ofen vermittelst der auf die Wagenreihe ausgeübten Druckwirkung sehr fest eindrückt (Fig. 255).

In dem oberen Theile des Ofens, dem Brennraume geht das Brennen der Ziegelwaare vor sich; damit nun die im Brennraume vorhandene, namentlich an der Feuerstelle beträchtliche Hitze nicht direct auf die Platten der Wagen einwirken kann, sind dieselben mit zwei Schichten Ziegelsteinen bemauert, und da in dem unteren Kanale eine ziemlich lebhafte Luftströmung herrscht, so ist eine Beschädigung der Wagen wohl kaum denkbar, wenn dieselben ihrem Zwecke angemessen construirt sind. Es muß in jedem Falle bei Herstellung dieser Wagen den eigenthümlichen Verhältnissen Rechnung getragen werden, da kleine Constructionsfehler hier recht unangenehme Folgen herbeiführen können, was auch dem Erfinder dieses Ofens nicht unbekannt geblieben ist.

§. 273. Der Turnus des continuirlichen Brennens im Kanalofen geht nun in folgender Weise von Statten.

Bei Eröffnung des Betriebes wird zunächst ein mit einem Feuerrost versehener und ein zweiter mit Ziegelsteinen beladener Wagen am Schornsteinende in den Ofen eingebracht und der Ofen hier mit einer transportabeln Thür verschlossen; nachdem dies geschehen, wird auf dem Feuerwagen ein mäßiges Feuer angelegt und beständig durch Nachfüllen von Brennstoff, der von der freien, entgegengesetzten Seite her aufgegeben wird, unterhalten. Die Hitze wirkt nun ebensowohl auf das Mauerwerk als auf die Ziegelsteine erwärmend ein, da die Feuergase gezwungen sind, durch die Oeffnungen des beladenen Wagens und seitlich desselben zwischen Mauerwerk und Ziegeleinsatz nach dem Schornstein zu entweichen.

Es folgen nun nach und nach immer mehr Wagen, wodurch die Reihe sich nach dem entgegengesetzten Ofenende hin entsprechend verlängert, wobei darauf zu achten ist, daß der Feuerwagen stets eine lebhafte Gluth entwickelt. — Ist die Wagenreihe nun bis in den Brennraum gelangt, so erfolgt die regelrechte Befeuerung durch directes Einstreuen des Brennstoffs zwischen die glühenden Massen, und kann nunmehr der Feuerwagen entfernt werden. Die Heizöffnungen im Gewölbe sind schlitzförmig und so angeordnet, daß dieselben mit dem freien Raume correspondiren, welcher zwischen der Ladung des einen und der des anderen Wagens entsteht (Fig. 249), wodurch sich ein den ganzen Querschnitt des Ofens umfassender Heizschacht bildet. Die ausschließliche Befeuerung dieser Heizschächte empfiehlt sich in dem Falle, wo man recht saubere Waare als Verblendziegel ꝛc. zu brennen beabsichtigt, welche hinsichtlich der Farbe durch directes Befeuern mit Brennstoff leidet.

Am Schornsteinende ist die Temperatur die niedrigste, da die Feuergase den größesten Theil ihrer Wärme an den Ziegeleinsatz abgeben. Die Temperatur erhöht sich allmählig nach der Ofenmitte zu und zwar so, daß diesseits des befeuerten Heizraums ein großer Theil der Ziegelsteine durch die Feuergase bereits zur Rothgluth erwärmt ist. Jenseits des Feuerraums kühlen die gebrannten Steine durch die in den Ofen strömende atmosphärische Luft ab und gelangen handwarm aus dem Ofen.

Die Oeffnung des Ofens am Kühlende ist ebenfalls mit einer transportablen Verschlußthür, welche sich vermittelst kleiner Räder auf den Schienen bewegt, verschlossen. Diese Thür liegt unmittelbar vor dem letzten Wagen und schließt den Querschnitt des Ofens möglichst dicht ab. Dieselbe ist mit einer verstellbaren Oeffnung versehen, durch welche die atmosphärische Luft in den Ofen eintritt; vermittelst der verstellbaren Oeffnung in der Thür wird die Menge der Luft regulirt. Die eindringende Luft erwärmt sich, indem sie die gebrannten Steine abkühlt ganz bedeutend und tritt mit hoher Temperatur in den Feuerraum, wo sie die Verbrennung unterhält.

Der hohe Werth erhitzter Luft für die Erzielung bedeutender Hitze ist bekannt genug als daß hier ein näheres Eingehen auf diesen Gegenstand angebracht erscheint, bekannt ist auch, daß Hoffmann mit seinem Ringofen nachweisbar der Erste war, welcher die erhitzte Luft zur Erzielung einer rationellen Wärmeerzeugung zuerst in die Ziegelbranche mit Erfolg einführte, nachdem die Hüttenindustrie schon längst ihren Werth erkannt hatte. Es empfiehlt sich nicht nur, sondern es ist für den Kanalofen geradezu unerläßliche Bedingung, das Brennmaterial in möglichst fein zertheiltem und trockenem Zustande zu verwenden. Kleinkohle geht bekanntlich weit leichter und schneller in die Verbrennung über. Daneben ist darauf zu achten, daß der Brennstoff möglichst trocken sei und wenn er feucht ist, vor der Verwendung getrocknet werde, da der Wassergehalt der Brennstoffe den Heizwerth derselben um mindestens soviel erniedrigt, als Wärme zur Verwandlung des Wassergehaltes in Dampf erforderlich ist. Der Kanalofen ist daher mit einem Ueberbau versehen (Fig. 248), dessen höher liegende

Mitte das Brennhaus bildet, von wo aus der Ofen durch die Heizöffnungen im Gewölbe (Fig. 249) befeuert wird. Die niedriger liegenden Seiten des Ueberbaues A (Fig. 248 und 251) dienen als Schuppen
für die Kohlen, die hier vollständig getrocknet werden können. Empfehlenswerth ist es auch, das äußere Schiengleis zu überdachen, wie bei
Fig. 251 zeigt, da die auf die Wagenplatten aufgemauerte Isolirschicht von Ziegelsteinen bei eintretendem Regenwetter leiden würde.
Außerdem kann unter dieser Bedachung das Beladen der Wagen
stattfinden wo es örtliche Verhältnisse bedingen. Im allgemeinen
empfiehlt es sich, das Beladen der Wagen in nächster Nähe der Ofeneinfahrt vorzunehmen, wohin die entladenen Wagen vermittelst der
Schiebebühne (g) am Kühlende auf das rückführende Gleise (e) gelangen, die Ueberführung von dem äußeren Gleise auf das Ofen-
gleis geschieht am Schornstein wieder durch die Schiebebühne (g¹).

Im regelrechten Betriebe wird innerhalb einer resp. zwei Stunden
ein Wagen eingebracht, die ganze Wagenreihe in dieser Zeit vermittelst eines Motors um eine Wagenlänge vorwärts gebracht. Als
Bewegungsmechanismus dient eine Schraube mit Hand-, Göpel- oder
Dampfbetrieb, wobei zu bemerken ist, daß die für die Bewegung der
ganzen Wagenreihe erforderliche Kraft bei den größesten Oefen etwa
eine Pferdekraft beträgt. Für Handbetrieb eignet sich am besten eine
hydraulische Presse, mit der ein Arbeiter den ganzen Zug allein vorwärts zu bewegen vermag.

Der Ofen ist, wie bereits erwähnt, am Schornsteinende mit einer
auf Rädern beweglichen Thür, welche den Ofen luftdicht abschließt,
verschließbar. Auf diese Thür, welche direct auf den letzten Wagen
folgt und sich auf dem Schienengleise bewegt, wirkt der die Wagenreihe vorwärtsbewegende Motor vermittelst einer Druckstange so lange
ein, bis die Thür resp. der Wagenzug um eine Wagenlänge vorwärts
gebracht, und der Raum für einen nun wieder einzufahrenden Wagen
frei ist. Nach Entfernung der Druckstange wird die Thür auf dem
Gleise zurückgerollt und ein bereit stehender Wagen eingeschoben,
worauf der Ofen durch die Thür wieder verschlossen wird. Es ist
wohl selbstverständlich, daß am entgegengesetzten Ende des Ofens
ebenso viel Wagen mit gebrannten Steinen ausgebracht, als Wagen
mit rohen Steinen diesseits eingebracht werden.

§. 274. Die zuletzt in den Ofen gelangenden Ziegelsteine erhalten anfangs nur eine wenig höhere Temperatur als die der freien
Luft, allmählig steigert sich dieselbe und nach der gelinden Vorwärme
beginnt das Schmauchen der Steine, die Umwandlung des in der

21 *

Ziegelwaare eingeschlossenen mechanisch oder hygroskopisch beigemengten Wassers in Dampfform.

Geht nun auch der sonst unter Umständen recht heikle Schmauch-prozeß im Kanalofen sehr einfach von Statten, da die auszuschmau-chenden Massen immerhin nur kleine sind, dann aber auch ein Ver-schmauchen der successive steigenden Temperatur wegen nicht leicht möglich ist, so ist es doch ein ganz spezieller, nur dem Kanalofen sich anpassender Vorzug, den dieser vor allen anderen Ziegelöfen voraus hat, daß derselbe mit dem neupatentirten Schmauchverfahren des Ingenieurs Otto Bock vereinigt, wohl der denkbar vollkommenste Apparat ist, mit welchem die Schwierigkeiten und Uebelstände des Schmauchens als fast vollständig überwunden erscheinen.

Es ist bekannt, daß besonders die continuirlichen Oefen an dem Uebelstande leiden, daß das in Dampf umgewandelte Wasser der Ziegelsteine sich sehr häufig an den kälteren Stellen des Ofens wieder condensirt, in Form von Thau auf den Ziegeleinsatz herabfällt und diesen erweicht, hierdurch werden nicht nur unter Umständen eine Menge Steine ruinirt, sondern auf diesen erweichten Oberflächen lagert sich auch in Form einer schmierigen Masse ein Theil der Flugasche des Ofens ab, die sich dann später einbrennt und in Verbindung mit mineralischen Bestandtheilen, die in den Niederschlägen aufgelöst ent-halten waren, zu den Verfärbungen der Ziegelwaare beiträgt. Außer-dem sind diese Condensationen ein directer Verlust an Wärme, da dieselben immer und immer wieder verdampft werden müssen.

An ein rationelles Schmauchverfahren ist daher vorab die Forde-rung zu stellen, daß die Einrichtungen so günstig sind um alle Con-densationen von vornherein unmöglich zu machen. — Daneben er-scheint es, wenn auch nicht nothwendig so doch angenehm, der Flugasche resp. den Feuergasen einen Weg anzuweisen, der nicht durch den Ziegeleinsatz, auf dem sich fast alle nicht gasförmigen Bestandtheile ablagern, sondern durch besondere Kanäle nach dem Schornsteine führt; beide schwierig erscheinende Aufgaben wurden in folgender Weise vollkommen gelöst.

In bestimmter Entfernung von der Einfahrt des Ofens nach dem Feuerraume zu treten die Seitenwände des Kanalofens etwas zurück (Fig. 249.), von hier ab bis nach den Schornsteinkanälen in der erweiterten Breite grablinig verlaufend. Wie aus dem Ofengrund-riß (Fig. 250.) ersichtlich, setzt sich die ursprüngliche Linie, nur an der Erweiterungsstelle i des seitlichen Mauerwerkes durch eine abge-schrägte Oeffnung i durchbrochen, bis an die Ofeneinfahrt fort. Diese gradlinige Fortsetzung des seitlichen Mauerwerks wird durch ineinander geschobene Eisenplatten c gebildet, zwischen denen und dem zurückspringenden Mauerwerk ein kanalartiger Raum entsteht, wie aus dem Querschnitt eines Ofens zum Brennen französischer Falzziegel (Fig. 253.) ersichtlich, der mit dem Schornstein communicirt, indem er in einen der beiden seitlichen Rauchkanäle k (Fig. 250.) ausmündet.

Die Feuergase mitsammt der Flugasche sind nun genöthigt, in die einzigen nach dem Schornsteine führenden Ausströmungsöffnungen bei i einzutreten um von hier ab zwischen dem eisernen Einsatze und den erweiterten Ofenwänden durch die Rauchkanäle ins Freie zu gelangen. Einen großen Theil ihrer Wärme verlieren die Feuergase durch Strahlung nach dem Ofenraum durch die Eisenplatten, so daß ein Erwärmen der Ziegelsteine, ein Verdampfen des eingeschlossenen Wassers stattfindet. Die sich nun bildenden Wasserdämpfe finden keinen anderen Ausweg als denjenigen der Feuergase, und so sind sie gezwungen, rückwärts zu ziehen, um in diese Ausströmungsöffnungen zu gelangen. Da nun aber die Temperatur nach der Mitte des Ofens wesentlich höher wird, so werden auch die Wasserdämpfe mehr und mehr erwärmt, womit ihnen das Bestreben, sich wieder zu condensiren, genommen wird. Durch seitliche Oeffnungen wird erwärmte Luft in den Ofen geführt, wodurch das Entweichen der Wasserdämpfe wesentlich beschleunigt wird.

Es dürfte vielleicht hin und wieder die Ansicht Platz greifen, daß die sehr kurze Brenndauer im Kanalofen einen nachtheiligen Einfluß auf die Ziegelwaare ausüben müsse. Man hat geglaubt, der im Verhältniß zu der Brennzeit stehende, also kurze Schmauchprozeß würde entschieden zu rasch vor sich gehen. Diese Meinung hat ihre Berechtigung, wenn man berücksichtigt, daß in anderen Oefen fast ebensoviel Tage wie im Kanalofen Stunden geschmaucht wird, doch bleibt hier zu untersuchen, ob der Steine oder der unzulänglichen Einrichtung der Brennöfen wegen so lange geschmaucht werden muß.

Aehnlich ist das Verhältniß der Abkühlung der gebrannten Ziegelwaare im Kanalofen gegenüber anderen Oefen, in denen weit länger gekühlt werden muß, weil die Ofenmauern eine sehr hohe Hitze haben, die bei der Kühlung auf die gebrannten Steine ausstrahlt, so daß hier nicht nur die Steine selbst, sondern auch die Ofenwände und Sohlen gekühlt werden müssen, ehe man an das Herausschaffen der gebrannten Waaren denken kann, was namentlich bei Kalk von dem fatalen Uebelstande begleitet ist, daß der gebrannte Kalk theilweise bereits im Ofen zerfällt.

Auch das Abkühlen geht im Kanalofen rasch vor sich, weil die Ofenwände nur durch die Strahlwärme der gebrannten Steine ganz mäßig erwärmt und kühler werden, je näher sie dem Ofenende liegen. Die am Kühlende aus dem unteren Kanale in den oberen eintretende, mäßig erwärmte Luft braucht daher keine Mauern, sondern nur die Steine zu kühlen, die handwarm den Ofen verlassen, ohne daß die betr. Arbeiter durch Staub und Hitze, wie bei anderen Oefen der Fall, an ihrer Gesundheit Schaden nehmen.

Der Bedarf an Brennmaterial ist für den Kanalofen wesentlich geringer als bei allen anderen Brennofenconstructionen, was nunmehr als unumstößliche Thatsache anerkannt worden ist; diese begründet sich zum Theil schon durch den wichtigen Umstand, daß das Feuer nicht wie bei anderen Oefen entweder zeitweilig gelöscht werden oder von einer Stelle zur anderen geführt werden muß, sondern dauernd auf einem bestimmten Punkte brennt. Die allseitige gute Isolirung des Ofens mit Luft wie aus Fig. 252 ersichtlich schützt gegen größeren Wärmeverlust durch Strahlung, wobei auch die durch den unteren Kanal hergestellte Sohlenisolirung nicht außer Acht zu lassen ist, da gerade nach dieser Seite hin bei anderen Oefen ein unter Umständen ganz bedeutender Wärmeverlust durch Leitung in den Erdboden stattfindet.

## XLVI.

## Ueber künstliches Trocknen der Ziegelwaaren und Ziegeleibetrieb im Winter.

§. 275. Die Ziegelfabrikation, im weiteren Sinne die gesammte Thonwaarenindustrie, gleichviel ob sie mit Maschinen oder, wie in althergebrachter Weise, mit der Hand ihre Erzeugnisse herstellt, theilt sich naturgemäß in drei wichtige Arbeitsstufen, als Formen, Trocknen und Brennen der Ziegelwaare.

Seit dem grauen Alterthume, von Generation zu Generation, hat sich die ursprüngliche Behandlungsweise des Thones, die primitive urwüchsige Ziegelbäckerei mit zäher Konsequenz bis in die neueste Zeit erhalten, womit indeß nicht ausgeschlossen ist, daß dieselbe zur Zeit des Mittelalters eine Stufe hoher Vollkommenheit erreichte, was die mittelalterlichen Backsteinbauten zur Genüge beweisen. Erst der Jetztzeit blieb es vorbehalten, die Dampfkraft und ingeniös construirte

Maschinen in den Dienst der Ziegelindustrie zu stellen, die wahrlich nicht die kleinste unserer nationalen Einkommenquellen repräsentirt. Es läßt sich erwarten, daß die ursprüngliche Form des Ziegelschlagens in nicht allzu ferner Zeit nur noch als culturhistorische Rarität bekannt sein wird.

Wie hier hat die Neuzeit auch das Uebel der primitiven Brennöfen mehr oder weniger beseitigt, an die Stelle einer sinnlosen Brennstoffvergeudung ist die überlegende, haushaltende Sparsamkeit getreten und wo es noch nicht geschehen, wird die Noth zwingend eingreifen.

Ungeheure Reichthümer hat die Industrie früherer Zeiten in Form unverbrannten Brennstoffs vernichtet, der als übelriechender Rauch, eine Plage der Menschen und der Vegetation die Atmosphäre erfüllte. Durch rationelle Construction der Brennöfen sind wir dahin gelangt, mit weniger Brennstoff mehr Wärme zu erzeugen als unsere Vorfahren, aber gerade auf diesem Gebiete bleibt für die Allgemeinheit noch unendlich viel zu thun übrig!

Nur nach einer Seite hin sind wir im Fache der Ziegelfabrikation in den Fußtapfen unserer Vorgänger stehen geblieben nämlich hinsichtlich des Trocknens der frischgeformten Ziegelwaare.

Hier sind wir noch immer von der freien Luft abhängig der wir noch wie früher die Ziegelschläger das Trocknen der Ziegel anheimstellen, wenn auch nicht unmittelbar unter freiem Himmel so doch in kostspieligen Schuppen, die in den meisten Fällen recht unzweckmäßig angelegt sind. Mit dieser Abhängigkeit sind wir aber auch all den launenhaften Einflüssen von Wind und Wetter fast schutzlos preisgegeben, denn ist die atmosphärische Luft mit Feuchtigkeit gesättigt was in unseren Breiten sehr oft der Fall ist, so ist an ein regelmäßiges rasches Verdunsten des in der Ziegelwaare eingeschlossenen Wassers nicht zu denken, wohl aber findet oft ein Wieder-Sättigen der bereits lufttrocken gewordenen Steine mit Feuchtigkeit statt; andererseits können manche Ziegelthone keinen scharfen Luftzug, manche wieder keine directe Sonnenwärme ertragen. Eine nicht weniger große Calamität aber entsteht aus den Spät- und Frühfrösten am Anfang und Ende einer Campagne, die in wenigen Stunden bedeutende Capitalverluste herbeiführen können.

Gegen all diese gefürchteten Uebelstände schützt der kostspielige Apparat großer Trockenschuppen nur in höchst unvollständiger Weise, nur ein Mittel vermag hier rabikale Abhülfe zu verschaffen und dies ist das Verfahren der künstlichen Trocknung frischgeformter Ziegelwaare.

Es ist nun genugsam bekannt, daß viele Versuche mit künstlicher Trocknung gemacht sind, bekannt aber auch ist es, daß die erhaltenen Resultate keineswegs den Erwartungen und gerechtfertigten Anforderungen entsprachen, und so erklärt es sich denn auch, daß man im allgemeinen ein künstliches Trockenverfahren für unausführbar hält.

Der Grund weshalb die künstliche Trocknung der Ziegelfabrikate noch keine nennenswerthen Erfolge aufzuweisen hat liegt vornehmlich darin, daß die für diesen Zweck construirten Apparate an großen Unvollkommenheiten leiden, und keineswegs geeignet sind dem physikalischen Vorgange des Trockenprozesses in vollem Umfange Rechnung zu tragen. Vor allen Dingen tritt bei diesen Apparaten der schwerwiegende Uebelstand in den Vordergrund, daß die verdunsteten Wassermengen sich an kälteren Stellen innerhalb der Apparate wieder zu Wasser verdichten, dort sich in Form von Thau auf der Ziegelwaare niederschlagen und dieselbe wieder erweichen. Wird das Trocknen direct mit der durch Flugasche verunreinigten Feuerluft bewirkt, so findet eine Vereinigung des Wassers mit der Flugasche statt, die sich als eine schmierige Masse auf den Steinen festsetzt und in den meisten Fällen in Verbindung mit in dem Wasserdampfe aufgelöst gewesenen Alkalien ꝛc. später auf den Steinen einbrennt, wodurch die Entfärbungen in den meisten Fällen entstehen. Außerdem ist noch der Umstand zu beachten, daß diese Niederschläge dadurch, daß sie immer wieder in Dampfform übergeführt werden müssen, einen Verlust an Wärme bedingen.

Eine Verdunstung des Wassers wird bekanntlich durch Wärme vermittelt, und zur Verdunstung eines bestimmten Quantums Wasser ist stets eine bestimmte Menge von Wärme erforderlich, die sich theoretisch feststellen läßt. In der freien Natur wird die Verdunstung durch die Sonnenwärme, in abgeschlossenen Räumen durch künstlich erzeugte Wärme bewirkt. Im Freien sowohl wie in verschlossenen Räumen ist die Luft nicht nur Träger der Wärme, sondern auch des verdunsteten, gasförmig gewordenen Wassers, es geht daraus hervor weshalb in hermetisch geschlossenen Gefäßen keine Verdunstung stattfindet, daß aber auch ferner ohne Luft ein Verdampfen des in den Ziegelsteinen eingeschlossenen Wassers nicht denkbar ist.

Die Eigenschaft der Luft, Wasser in sich aufnehmen zu können, hängt nun von dem Grade ihrer Trockenheit, dann vornehmlich von ihrem Wärmegehalte ab. Bei geringer Temperatur wie im Frühjahr und Herbste ist ihr Vermögen, Feuchtigkeit aufzunehmen, sehr gering; bei 10° C. nimmt ein Cubikmeter Luft 8,525, bei 20° 17,396 und bei 30° 31,602 Gramm Wasser auf; diese Zahlen sind indeß nur theoretisch richtig, da die Luft nie absolut trocken, sondern stets mehr oder weniger mit Feuchtigkeit gesättigt ist.

Bei der Verdunstung wird der Luft regelmäßig ein bestimmtes Quantum Wärme entzogen, diejenige Luft welche z. B. die Ziegeltrockenschuppen durchstreicht, nimmt per Cubikmeter etwa 1 Gramm Wasser auf, verliert während dieses Vorganges aber auch $2^0$ C. Wärme. Den Wassergehalt frischgeformter Ziegelsteine mit 20 %, das Gewicht von 1000 Ziegelsteinen mit 3500 Kilo angenommen, ist eine Wassermenge von 875 K. zu verdunsten, wozu, das Verdampfungsvermögen der Steinkohle zu 8 K. Wasser angenommen, etwa 110 K. Steinkohlen zu verbrennen sind.

Fig. 256.

Diese Wärmemenge würde theoretisch genügen um 1000 Ziegelsteine zu trocknen, gleichviel ob dies im Trockenschuppen mittelst der Sonnenwärme oder in Trockenapparaten mittelst künstlich erzeugter Wärme stattfindet, bei künstlicher Trocknung liegen die Verhältnisse indeß so ungleich ungünstiger als beim Trocknen an der freien Luft, daß ebensowenig für jene die theoretisch berechnete Wärmemenge als überhaupt die Temperaturen der freien Luft ausreichend erscheinen.

Bei einer Temperatur von $20^0$ C. beträgt beispielsweise die zur Verdunstung des in 1000 Ziegelsteinen enthaltenen Wassers erforderliche Luftmenge etwa 50,000 Cubikmeter; die Erwärmung einer so bedeutenden Menge Luft erscheint gleich einem directen Verluste, der nur zu mindern ist durch höhere Erwärmung derselben, da z. B. bei 30° C. nur noch etwa 25,000 Cbᵐ. Luft für denselben Zweck erforderlich sind. Für das künstliche Trocknen der Ziegelsteine stellt sich indeß hinsichtlich der Lufterwärmung sehr bald eine Grenze ein, jedenfalls ist zu constatiren, daß Trockenapparate dann den größtmöglichsten Dienst leisten, wenn die Luft nicht nur möglichst hoch erwärmt, sondern auch rasch entfernt wird, nachdem sie mit Feuchtigkeit gesättigt ist.

Der Sättigungspunkt der Luft mit Wasserdunst ist der Thaupunkt derselben, die geringste Temperaturerniedrigung wirkt hier in der Weise, daß die Luft einen Theil ihres Wassergehaltes in Form von Thau fallen läßt, und dieser Umstand kann unter dem Siedepunkte stets eintreten. Würde die Luft beispielsweise von 30° auf 20° fallen, so müßte sie sich nothwendigerweise der Differenz ihres Wassergehaltes entledigen.

§. 276. Ein Trockenapparat der speziell unserer Industrie wirkliche und umfangreiche Dienste zu leisten bestimmt ist, muß derartig construirt sein, daß die verdunstende Wärme nicht unmittelbar der Luft zugeführt wird, sondern durch Strahlung in den Apparat gelangt, und daß sich diese Luft schritthaltend mit ihrer progressiven Erwärmung innerhalb desselben successive mit Feuchtigkeit sättigt, so daß ein Sinken ihrer Temperatur unter den Thaupunkt und in Folge dessen ein Wiederverdichten der in Dampf aufgelösten Wassermengen unmöglich erscheint.

Diese Principien sind bei einem dem Ingenieur Otto Bock in Braunschweig patentirten Ofen für künstliche Trocknung in einer Weise zur Verwirklichung gelangt, die für die Ziegel- und Thonwaarenfabrikation und andere Industriezweige große Resultate erwarten läßt.

Die Form des Trockenofens entspricht im Allgemeinen der des bereits beschriebenen Kanalofens desselben Constructeurs, die inneren Einrichtungen, namentlich die der Wagen weichen dagegen ganz wesentlich von einander ab, wie bereits der Längendurchschnitt (Fig. 257.) veranschaulicht.

Der Querschnitt des Ofens (Fig. 258.) zeigt in seiner, dem Schornstein zugekehrten größeren Hälfte drei verschieden functionirende, übereinander liegende Theile, die sich im Längenschnitt als Kanäle repräsentiren. Der mittlere dieser Kanäle ist nach unten und oben hin durch Eisenplatten, zum Theil durch Mauerwerk geschlossen, auf der Sohle dieses mittleren Kanals befindet sich ein Schienengleis,

auf dem die Trockenwagen durch den Ofen gelangen. Die für den Trockenofen erforderliche Wärme wird in der Feuerungsanlage a erzeugt, die Verbrennungsgase als Träger der Wärme strömen von a ab in dem Kanale a' nach dem Schornstein, in den sie bei b' eintreten, auf diesem Wege aber den größeren Theil ihrer Wärme durch

Fig. 258.

die unteren Eisenplatten in den Trockenkanal A durch Strahlung verlieren.

Denken wir uns der Deutlichkeit halber den Trockenofen im Betriebe, d. h. den Kanal A durch mit frischen Ziegelsteinen beladene Trockenwagen wie in Fig. 258 und 259. vollständig angefüllt, und den unteren Kanal a' von dem Feuerraum a her erwärmt, so werden die einzelnen Theile des Ofens in folgender Weise functioniren. Bei a in die Temperatur, da die hier vorhandene Wärme unmittelbar aus der

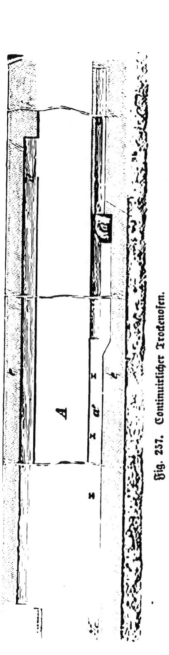

Fig. 257. Continuirlicher Trockenofen.

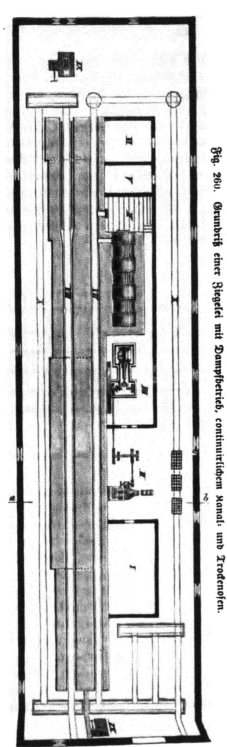

Fig. 260. Grundriß einer Ziegelei mit Dampfbetrieb, continuirlichem Kanal- und Trockenofen.

aus dem Dampfkanale in den Trockenofen wieder gewonnen wird, jedenfalls aber verhütet dieses Princip jedwede Condensation, und das ist, abgesehen von den übrigen Vorzügen ein großer oekonomischer Vortheil.

Die in dem oberen Kanale sich sammelnden Wasserdämpfe gelangen durch ein Dampfrohr, welches in der Mitte des Schornsteins situirt ist, und von den Feuergasen umspült wird, ins Freie.

Der Trockenofen ist an beiden Endöffnungen mit Thüren luftdicht verschlossen, zur Fortbewegung der Wagen im Ofen dient eine Schraube oder ein anderer Mechanismus selbstverständlich ist der Betrieb des Ofens vollständig continuirlich und dem des Kanalofens analog.

§. 277. Zum Schlusse sei noch eines interessanten Projectes einer Dampfziegelei für unausgesetzten Betrieb mit Kanal- und Trockenöfen gedacht, deren einzelne Theile so organisch ineinandergreifen, wie es günstiger wohl nicht gedacht werden kann.

In Fig. 260. geben wir den Situationsplan und in Fig. 261. den Querschnitt einer solchen Ziegelei, deren Einrichtungen den Winterbetrieb ermöglichen sollen.

Die eingeschriebenen Zahlen bedeuten:

I. Bewässerungsraum für Thon.  VI. Geräthemagazin.
II. Ziegelpresse.  VII. Trockenofen.
III. Dampfmaschine.  VIII. Kanalofen.
IV. Dampfkessel.  IX Hydraul. Pressen.
V. Kohlenraum.  X. Eisenbahn.

Der Bewässerungsraum I dient nur für den Winterbetrieb, in welchem Falle der Thon mit warmem, von der Maschine entnommenem Wasser bewässert wird, für den Sommerbetrieb findet die Bearbeitung des Thones durch die Walzen, denen der Thon vermittelst eines Elevators zugeführt wird, im ersten Stock des Arbeitsgebäudes statt, siehe Fig. 261. Die aus der Maschine kommenden fertigen Ziegelsteine werden direct auf die Trockenwagen gestapelt, und wenn ein solcher beladen, in den schon beschriebenen Trockenofen transportirt. Die Einfahrtsöffnungen der unmittelbar beieinander liegenden Oefen sind einander entgegengesetzt, so

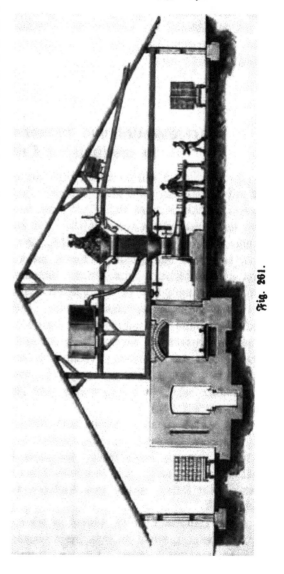

Fig. 261.

daß die getrockneten Steine dort aus dem Trockenofen gelangen, wo die Einfahrtsöffnung des Kanalofens belegen ist; vermittelst dieser Disposition ist es möglich die Ziegelsteine direct von den Trockenwagen auf die Brennwagen des Kanalofens laden zu können. Die Fortbewegung der Wagen in den Oefen geschieht durch die hydraulischen Pressen IX.

Es ist die Einrichtung getroffen, daß die abziehenden, bekanntlich noch viel Wärme enthaltenden Feuergase der Dampfkesselfeuerung in den Rauchkanal des Trockenofens eingeführt werden können, wodurch ein großer Theil der sonst verloren gehenden Wärme noch nutzbar gemacht wird.

## XLVII.

# Vom Einsetzen und Brennen der Ziegel in gewöhnlichen Oefen.

§. 278. Nach völliger Luftabtrocknung eines ansehnlichen Theils der auf den gefüllten Gerüsten liegenden Ziegelwaare wird zum Abräumen geschritten, um Raum für neue Waare zu gewinnen. Sie wird nach einem zwischen den Arbeits- und Brennräumen befindlichen Raume, oft in den Brennraum selbst, oder bei größern Oefen in einen besonders dazu gebauten Raum gebracht, welcher die nöthige Zahl an verschiedenen zum Brande bestimmten Ziegeln aufnehmen kann. Alles muß hier in der größten Ordnung stehen, damit kein Hin- und Hersetzen nothwendig werde. Gehen die Arbeiten ihren bestimmten Gang regelmäßig fort, so darf der rohe Vorrath sich nicht anhäufen, sondern das Brennen muß mit dem Formen gleichen Schritt halten. Nur durch anhaltend feuchte Witterung kann ein Stocken im Trocknen und im Brennen veranlaßt werden, dem jedoch durch Nachtrocknen auf den Ofengewölben und Räumen zum Theil vorgebeugt werden kann.

Ist der Brennraum rundum dicht vermauert, so daß die Wärme nicht entweicht, so steigt die Hitze, besonders wenn die Oefen gesperrt sind, auf einen so hohen Grad, daß auch halbtrockene Waare dort vollkommen gut wird. Die Gewölbdecke der Oefen läßt sich zu einer ebenen Flur bilden, welche zum Aufsetzen halbtrockener Waare ganz geeignet ist.

Eine Hauptsache ist es, darauf zu sehen, daß beim Aufstellen der trockenen Waare, wenn sie nicht sofort eingesetzt werden kann, darauf Bedacht genommen werde, daß ein Zerdrücken der untern Lagen nicht möglich ist. Häuft sich durch unvorhergesehene Fälle der Vorrath dennoch übermäßig an, so muß man, wo es nur möglich ist, Gerüste anbringen.

Zur Berechnung, wie lange das Ein- und Ausfahren eines Ofens dauert, mag folgende Notiz dienen: 1 Mann kann in einem Sommertage durchschnittlich 2000 Ziegel, groß Format, oder 3500 bis 4000 Dachziegel (Biberschwänze), ein- oder ausfahren und stoßweise aufsetzen.

§. 279. Bei dem Einsetzen gilt vor Allem als Regel, daß kein Stein, der gerathen soll, naß oder feucht in den Ofen gesetzt werde, was besonders bei großen Steinen nicht außer Acht gelassen werden darf. Man irrt sehr, wenn man glaubt, daß ein längeres schwaches Schmauchfeuer feucht eingesetzte Steine nach und nach trockene, ohne sie zu beschädigen; sie werden in der Regel zerreißen, weil die Last der auf ihnen stehenden Steine verhindert, daß sie sich gleichmäßig zusammenziehen können.

Das Verfahren beim Einsetzen selbst ist folgendes: Der Einsetzer (Ziegelmeister oder Brenner) läßt sich, im Ofen stehend, durch die Einsetz- oder Sandthüren von den rohen Stöcken, wenn es Mauerziegel sind, diese einzeln oder paarweise durch seine Gehülfen (Jungen), die in einer Reihe stehen, zuwerfen, bei Dachziegeln wurfweise (4 oder 6 Stück) sich zutragen. Mit größter Regelmäßigkeit müssen alle Steine im Ofen aufgestellt werden, immer in wagrechten Schichten und wenn möglich auf den Längenkanten und mit verticalen Zwischenräumen von 13 bis 26ᵐᵐ Weite. Die Mauerziegel werden gewöhnlich so eingesetzt, daß die eine Lage nach der Länge des Ofens, die andere nach der Breite in parallelen Schichten ganz regelmäßig aufgestellt wird, so daß die Ziegel der nächstfolgenden Lagen rechtwinkelig kreuzen, oder sie werden nach dem Stromschichtenverband, wie Fig. 227 zeigt, in diagonaler Richtung, aber immer mit den nöthigen Zwischenräumen für den Zug des Feuers aufgestellt.

§. 280. Dünne Platten werden paarweise dicht zusammengestellt und sonst wie Backsteine beim Einsetzen behandelt. — Das Einsetzen der Dachziegel erfordert ganz besondere Sorgfalt und Aufmerksamkeit; um das Einsetzen zu erleichtern und zu beschleunigen, werden die Flachziegel dem Einsetzer durch die Zuträger so zur Hand gesetzt, daß er 2 und 2 oder 4 und 4 so greife, daß jedesmal ein Kopfende an das Fußende des andern komme und beide Ziegel durch eine Nase voneinander getrennt werden. Es besteht also zwischen 2 Ziegeln ein keilförmiger Raum, dessen Basis durch die Länge der Nase be-

Gluth ist, so daß hier die Steine verbrennen, während sie auf andern Stellen ungar bleiben. Wenn solche Fälle eintreten, muß der Brenner alles Mögliche versuchen, durch Verengung oder durch Zusetzen mehrerer Zuglöcher in der Decke und in den Heizöffnungen des Ofens, oder wenn mit Torf gebrannt wird, durch Verengung oder auch nöthigenfalls gänzliches Zumauern der Thüröffnungen der Aschenkanäle, dem Feuer eine andere Richtung im Ofen zu geben.

Sehr schwer läßt sich die Dauer eines Brandes angeben; im Allgemeinen ist nur zu bemerken, daß man viel sicherer geht, recht langsam zu brennen, mit nicht zu heftigem Feuersgrade, der die Steine verdirbt, sondern mit einem solchen, der sie nach und nach gar macht. Der Ziegler muß sich bemühen, die Hitze nach und nach in die Höhe zu treiben, um sie den obern Schichten mitzutheilen, ohne die untern zu stören, und erst dann, wenn die Gluth in die Höhe, auch übrigens im ganzen Ofen möglichst gleichmäßig vertheilt ist, darf ein so heftiger Feuersgrad eintreten, wie er nach Beschaffenheit des Thons erforderlich ist, um die Steine vollkommen gar zu brennen. — Durchschnittlich dauert das Brennen bei den verschiedenen Oefen zwischen 3—5 Tage und Nächte, das Abkühlen der Oefen nicht länger als 5—6 Tage.

§. 284. Die Zeichen der Gare sind verschieden; jeder Meister hat gewöhnlich sein eigenes für untrüglich gehaltenes Zeichen der Gare, worauf mehr oder weniger zu bauen ist.

Einige stecken zwischen die trockene Mauer Scherben mit Glasur und halten den Ofen für ausgebrannt, wenn diese geflossen ist. Allein abgesehen davon, daß diese Scherben zwischen den Steinen eingeklemmt liegen und die Flamme fester über sie herstreichen muß, mithin stärker auf sie wirkt, als sie es im Ofen auf jeden einzelnen Ziegel thun kann, so läßt sich von dem Flusse der Glasur nicht mit Sicherheit auf die Gare der Ziegel schließen, da die größere oder geringere Leichtflüssigkeit derselben von dem Mischungsverhältnisse abhängt, welches mit dem des Thones in gar keiner Beziehung steht. Doch ist dieses Zeichen noch keins der schlechtesten.

Andere schließen aus einer Art Funken, welche in den Kamin fahren, daß die Waare nun gut sei. Diese Funken, welche man deshalb Garfunken nennt, erscheinen wirklich gegen das Ende des Brandes; sie sind von einer lebhaften blauen Farbe und fahren wie Sternchen mit der größten Schnelligkeit aus dem Ofen in den Kamin. Sie scheinen aus der Entwickelung eines im Thone oder Sande enthaltenen Salzes zu entstehen, denn sie gleichen völlig den Funken, welche erscheinen, wenn man Kochsalz in die Feuerkammer wirft, und können also Zeugen einer gewissen Temperatur des Ofens sein, welche zu ihrer Hervorbringung erforderlich wird. Allein es ist gefährlich, davon auf die Gare des Ofens zu schließen, da sie oft schon viel früher erscheinen und zuweilen auch gar nicht sichtbar werden. Noch Andere urtheilen nach dem Rauche und der Farbe der Flamme. Es ist allerdings sehr richtig, daß die Flamme in dem Maaße heller und lebhafter wird, je höher die Temperatur des Ofens steigt, so daß am Ende die Waare von der Flamme nicht zu unterscheiden ist. Auch ist es richtig, daß sich der Rauch in demselben Maaße verdünnt und zuletzt ganz verschwindet. Allein wie viel hängt da nicht von der Qualität des angewendeten Holzes, von der Witterung und von Licht und Dunkelheit außerhalb des Ofens ab, welche letztere so leicht in Hinsicht eines Urtheils über die Helligkeit des Ofens und die Farbe der Flamme in Irrthum führen.

Besser ist es, eine Anzahl Mauer- und Dachziegel mit Löchern zu versehen, so daß sie aus dem Ofen mit einem eisernen Haken herausgeholt werden können. Man wird im Stande sein, an ihrer Festigkeit ziemlich genau zu beurtheilen, wie weit der Brand vorgeschritten ist, und wird mit Sicherheit annehmen dürfen, daß der ganze Brand sehr gut gerathen ist, wenn diese Steine gar und durchgebrannt waren. Um aber diese obern Steine gar zu machen, muß der Brand lange währen; denn das Feuer so heftig zu machen, daß sie bald gut, die untern aber zerstört würden, könnte nur großen Schaden bringen. Sind viele große Steine in dem Ofen, dann muß das Schmauchfeuer sehr schwach und länger unterhalten werden, als bei gewöhnlichen Mauer- und Dachziegeln, jene würden sonst schwerlich ganz aus dem Ofen kommen.

Außerdem hat man an der Waare selbst einen untrüglichen Pyrometer. Der Ziegler verfertigt meist immer einerlei Waare und von demselben Thon. Er kann also leicht durch wiederholte und vergleichende Beobachtungen sich die Gewißheit verschaffen, wie viel seine Waare sinken müsse, um vollkommen gar zu sein. Wenn, wie schon gesagt ist, am Hintertheil des Ofens eine kleine Oeffnung gelassen wird, durch welche der Brenner unter dem Gewölbe des Ofens hersehen kann, so vermag er mit Zuverlässigkeit zu bestimmen, welche Stelle etwa noch nicht völlig ausgebrannt ist. —

§. 285. Was den Brennmaterialverbrauch im Allgemeinen betrifft, so hängt derselbe hauptsächlich von der Natur des Thons, je nachdem dieser mehr oder weniger Feuer zum Gasen gebraucht, von der Qualität des Brennstoffes und endlich von der Construction der Oefen ab. Es ist anzunehmen, daß die offenen Oefen den vierten Theil mehr verbrauchen als die gewölbten; im Speciellen stellt sich der Verbrauch, annähernd wenigstens, bei den verschiedenen Ofenarten pro 1000 Mauerziegel resp. 2000 flache Dachziegel wie folgt heraus:

1) Bei Holzfeuerung in offenen gemauerten, sog. Schacht- oder Stocköfen . . . 1 Klaft. kiefernes oder fichtenes Stockholz.

2) Bei Holzfeuerung in gewölbten Oefen . . . $^3/_4$ Klaft. desgl.

3) Bei offenen Oefen, wenn mit Kohlen eingestreut, aber nur mit Holz nachgefeuert wird, $^1/_3$ Kl. desgl. u. $^3/_8$ Tonnen Kohlengruß.

4) Bei offenen Oefen, wo Kohlengruß schichtenweise eingestreut wird und die Schürlöcher zum Selbstausbrennen mit Stückkohlen vollgestopft werden, $^2/_3$ Tonnen Stückkohle u. 1 T. Kohlengruß.

5) In stehenden gewölbten Oefen bei Kohlenfeuerung mit durchgehenden Rosten ohne hohen Schornstein

3 bis $3^1/_2$ Tonnen Stückkohle.

6) In stehenden gewölbten Oefen mit Rostanlagen und hohen Schornsteinen . . . . . . . . $2^3/_4$ bis 3 Tonnen desgl.

7) Bei den liegenden gewölbten Oefen, wie bei den Casseler Flammöfen . . . . . . . . . . 2 bis $2^1/_4$ Tonnen desgl.

8) Bei Braunkohlenfeuerung, wenn keine Kohle auf Treppenrosten in gewölbten Oefen mit hohen Schornsteinen gebrannt wird . . . . . . . . . 10 Tonnen keine Braunkohle.

9) Bei Braunkohlenfeuerung, wenn auf durchgehenden Rosten ohne Schornstein in gewölbten Oefen gefeuert wird und wenn zum Anfeuern und zum Abbrennen auch Holz mit verwendet wird

6 Tonnen Stückbraunkohle und $^1/_4$ Klaft. Holz

10) Bei Braunkohlenfeuerung, wenn in einem eben solchen Ofen gebrannt, aber Holz weder an- noch nachgefeuert wird, und wenn man statt 1 Klaft. Holz circa 8 Tonnen Braunkohle rechnet . . . . . . . . 7 Tonnen Stückbraunkohle.

11) Bei Torffeuerung in einem offenen Ofen, das Klaft. Torf zu 108 Cub.-Fuß gerechnet . . . . $1^3/_4$ bis 2 Klaft. Torf.

12) Bei Torffeuerung in einem liegenden Casseler Flammziegelofen

$1^1/_4$ bis $1^1/_2$ Klaft. Torf.

Man rechnet im Großen und Ganzen durchschnittlich die Feuerungskraft von

1 Cub.-Fuß Steinkohlen = 5 Cub.-Fuß Holz.

1 " " " = 10 " " Torf.

1 Cub.-Fuß Steinkohlen = 2—3 Cub.-Fuß Braunkohle.
(1 Tonne enthält 7 ¹⁄₉ Cub.-Fuß.)

In Bezug auf Nr. 3 und 4 ist zu bemerken, daß auf diese Weise nur gewöhnliche Mauerziegel gebrannt werden können und daß das Material bei Nr. 3 ein ziemlich gut verwendbares, bei Nr. 4 aber ein mittelmäßiges (wie bei Feldziegel) wird.

Das günstigste Resultat in Betreff der Ersparung an Brennmaterial ist bis jetzt bei den continuirlichen Ringöfen von Hoffmann und Licht und bei dem Bock'schen Kanalofen erzielt worden, da in denselben jegliches Material bei der verschiedensten Qualität ohne Anlage von Rosten gebrannt werden kann, und fast ²⁄₃ desjenigen Brennmaterials, welches sonst zur Erzeugung guter Ziegel nöthig ist, erspart wird. Zum Brennen von 1000 Ziegeln sind 1 ¹⁄₄ bis höchstens 1 ¹⁄₂ Tonnen Kleinkohle oder 6 Scheffel Torf erforderlich. [*)]

Bei dem Bock'schen Kanalofen beträgt die Ersparniß an Brennmaterial noch bedeutend mehr.

---

## XLVIII.

## Vom Austragen, Sortiren und Aufstocken der gebrannten Ziegel.

§. 286. Wie schon früher bemerkt wurde, muß der Ofen langsam abkühlen, besonders wenn er glasirte Waare enthält, die bei zu schneller Erkaltung rissig wird. Das Austragen (Auskarren, Aussetzen, Ziehen) soll nicht eher geschehen, bis der Ofen soweit abgekühlt ist, daß die Ziegel in der Hand nicht brennen; eine Uebereilung kann der Waare sehr nachtheilig sein und sie spröde und zum Bruche geneigt machen.

Bei offenen Oefen wird am 3. oder 4. Tage nach beendigtem Brande zuerst die Decke abgeräumt, und die Sandthüren fallen gelassen, d. h. die äußere Breterthüre weggenommen und der Sand vor der trockenen Vermauerung weggeräumt. Alsdann wird von oben herein bis gegen 1ᵐ,90 tief mit dem Herausnehmen begonnen; hierauf wird das Uebrige durch die Sandthüre ausgetragen. Durch die letztere wird auch bei gewölbten Oefen das Ziehen begonnen und beendigt.

---

[*)] Nach Isid. Schlesinger, Bau der Ziegelbrennöfen. Berlin 1866. S. 14.

Der Ziegler sowie die andern Gehülfen haben dabei Acht zu geben, daß der Bruch und die verzogenen oder zusammengesinterten Ziegel gleich abgesondert werden, um dem Sortiren damit vorzuarbeiten.

Sind die Ziegel sämmtlich ausgesetzt und die Kalkschichten sichtbar geworden, (sofern solche mit eingesetzt waren) so werden auch diese herausgenommen und, wenn sie nicht gleich verladen werden können, sofort in das Magazin geschafft.

Wenn der Ofen ganz geleert ist, wird er von Asche, Kohlen und andern Unreinigkeiten gesäubert und schnell wieder mit dem Einsetzen eines neuen Brandes begonnen, indem es von großem Vortheil ist, daß der Ofen nicht ganz abkühle. —

§. 287. Die guten Ziegel werden reihen- und schichtenweise aufgestapelt, so daß jede Reihe eine bestimmte Anzahl enthält, um die Waare ihrem Ertrage nach sogleich übersehen zu können; der Ausschuß wird besonders gestellt und der Bruch beseitigt. Der Ofen muß nach jedem Brand genau untersucht werden, um Beschädigungen sogleich repariren zu können. —

Da es nicht möglich ist, selbst bei einem auf's Beste construirten Ofen, die Gluth völlig gleichmäßig im Innern zu vertheilen, so sind niemals alle Ziegel in einem und demselben Brande gleichmäßig durchgebrannt, denn die Steine zunächst den Schürgassen und bei den Fluröfen nahe beim Ständer werden jederzeit übergar und diejenigen an den Wänden, an der Decke und in den Ecken nur halb gar sein; dagegen befinden sich die besten und gleichmäßig ausgebrannten Steine jederzeit in der Mitte des Einsatzes. Aus diesem Grunde muß man mit der äußersten Sorgfalt darauf sehen, daß die gebrannten Ziegel bei dem Aussetzen aus dem Ofen nach ihrer Güte gleich sortirt werden, wozu, nebenbei gesagt, viel Uebung gehört. In den deutschen Ziegeleien geschieht das Aussondern selten mit der nöthigen Sorgfalt, dagegen können uns in dieser Beziehung die genauern holländischen Ziegler als Muster dienen. Diese unterscheiden, besonders bei Gouda, wo die Ziegel aus dem ausgelagerten Schlamm der Yssel gebrannt werden, 8 Sorten: 1) Bovensteenen, roth, der Wirkung des Feuers am meisten ausgesetzt, meist für Häuserbau; 2) Ondersteenen, heller, härter, blau und gelb, zum nämlichen Gebrauch; 3) und 4) zwei (etwas geworfene) Klinkersorten zur Straßenpflasterung; 5) und 6) Plafay — Plavy — gelbe und blaugrüne gerade Steine; 7) und 8) Lekkajesteenen — Abfälle. Der Abgang wird zu $\frac{1}{9}$ angenommen. Alle blauen und gelben Steine, die sich etwas geworfen haben, werden Klinker genannt. Die blauen haben schon eine Art Verglasung erlitten; es liegt die Farbe des Klinkers gewissermaaßen an der Erde; bei einem gewissen Feuersgrade nimmt der Pfelschlamm die goldgelbe und blaue Farbe an. Ein gewissenhafter Ziegler wird das Geschäft der Sortirung mit Sorgfalt vornehmen und die Steine Stück für Stück durchsehen, die schadhaften von den fehlerlosen, die zu wenig gebrannten von denen ausscheiden, welche die gehörige Gare haben. Man kann nicht sagen, daß es ein Verlust ist, wenn ein Theil der Ziegel weniger gut als der andere ausgebrannt ist; die vollkommen ausgebrannten können allerwärts, die weniger guten dagegen müssen zu trocken stehendem Mauerwerk benutzt werden. Es kommt hier Alles darauf an, daß gut sortirt wird. Beim Sortiren sieht der Ziegler im Allgemeinen auf die Festigkeit, die Farbe, Form und den Klang.

§. 288. Bei dem Ankauf von Ziegelwaare wird dieselbe nach folgenden Kennzeichen beurtheilt, welche theilweise auch dem Ziegler bei dem Sortiren maaßgebend sind:

1) Der Grad der Festigkeit beim Zerbrechen, theils durch Versuche mit der Hand, theils durch Schlag auf den hohl gelegten Ziegel. Der Widerstand guter Ziegel ist 2900 Centner auf 1 □ Fuß, nach Versuchen von Peronnet, Gauthey und Suffler.

> Die Mundsteine oder die zunächst an den Schürlöchern gestandenen besitzen immer die größte Festigkeit unter denen des ganzen Brandes; sind aber stark verglast oder ziemlich ganz in Fluß gerathen, beim Wasserbau brauchbar, selten aber ohne Risse, Verwerfung oder Zerstückelung. Die Steine, welche dem Feuer weniger nahe gestanden und nur eine oberflächliche Verglasung angenommen haben (Klinker), sind die dauerhaftesten Steine. Zu Gewölben u. dergl. wo es auf eine gute Bindung mit dem Mörtel ankommt, taugen sie nicht; dagegen sind sie zu Wasserbauten und in feuchtem Grunde vorzüglich. Sie haben in der Regel ihre Form nur insofern verändert, als sie mehr geschwunden sind

2) Das Ansehen des Bruches muß gleichartig, scharfkantig, schimmernd, feinkörnig, nicht löcherig und steinig, ohne Streifen und eingesprengte Kalktheile sein; das Gegentheil beweist, daß die Masse nicht gehörig durchgearbeitet und gereinigt worden sei.

3) Zeigen sich an einem Ziegel, der einige Zeit in Wasser gelegt war, Abschälungen, Aufblähungen und Löcher, so ist dieses ein Zeichen von Kalktheilen und der Untauglichkeit des Ziegels, namentlich des Dachziegels.

4) Begießt man gute Ziegel mit Wasser, so werden sie dasselbe zwar leicht annehmen (gewöhnlich $\frac{1}{15}$ des Gewichts), aber auch ver-

Fig. 263.

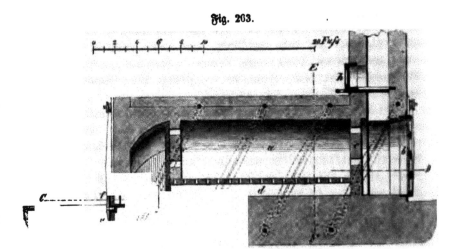

Fig. 264.

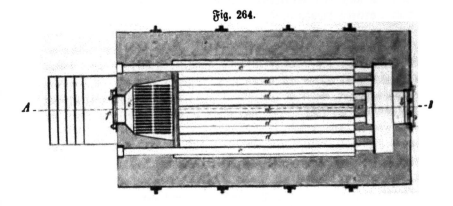

Fig 265.

welches mehrere Monate im Wasser gelegen hat, in den Ofen, schließt denselben vollkommen und öffnet ihn erst nach acht Tagen wieder. Waren bei dem Einwerfen des Eschenholzes alle Theile des Ofens recht heiß, so sind die Ziegel durch und durch schwarz. Es ist aber hierbei unumgänglich nöthig, daß der Rauch nirgends einen Ausweg finde. Ist dieß der Fall, so entstehen dort ungefärbte Streifen, welche sich weit in den Ofen hineinziehen. Aus diesem Grunde müssen nicht allein alle Oeffnungen des Ofens dicht zugemauert und verstrichen werden, sondern es wird, damit auch etwaige Risse im Gewölbe nicht schädlich wirken, dasselbe eine Hand hoch mit Sand beworfen und dieser dann angefeuchtet. Ein in die Erde gesenkter liegender Ofen ist also zu diesem Zwecke am geeignetsten, wenn die Einsatzthüre gut vermauert werden kann.

§. 291. Herr G. Wesch in Nordsiehl bei Stadthagen hat zu diesem Graudämpfen einen besondern Ofen construirt und sich denselben für das ehemal. Königreich Hannover patentiren lassen. Dieser sehr zweckmäßig eingerichtete Ofen ist in Fig. 263. einem Längenschnitt nach A—B, Fig. 264. einem Grundriß nach C—D und Fig. 265. einem Querschnitt nach E—F in $\frac{1}{96}$ der natürlichen Größe dargestellt. a ist der eigentliche Brennraum für die Ziegel. b eine Thüre zum Einsetzen und Ausnehmen der Ziegel. c, c sind aus gewöhnlichen Mauerziegeln gebildete Wände, die nach jedesmaliger Füllung neu aufgeführt werden, in ihren Wandflächen Oeffnungen zum Einbringen der Hitze und zum Abziehen des Rauchs haben, und wesentlich zu einer gleichmäßigen Temperatur des Ofens beitragen. d, d sind ebenfalls bei jedem Einsatz neu zu setzende Kanäle aus Mauerziegeln, so überdeckt, daß durch die Decken die Wärme in den Ofen treten kann. Diese Kanäle bilden die Sohle des Ofens und heizen ihn gleichmäßig, werden nach dem Brennen durch die Feuerthür f voll Erlenreisig gestopft und tragen dazu bei, den Rauch gleichmäßig im ganzen Ofen zu verbreiten.

Die ebenso gebildeten Kanäle e, e am Boden werden von außen mit Reisig gefüllt, da durch die Heizthür an diese nicht anzukommen ist und werden durch einen Backstein geschlossen. g ist die Thüre zum Aschenfall, um auch diesen fest verschließen zu können; h eine Thüre im Schornstein, durch welche man Reisig in den untern Theil unterhalb des Schiebers einbringt.

Das eigentliche Garbrennen der Ziegel geschieht in diesem Ofen mit Steinkohlen auf dem Roste i, und das Graudämpfen, wie bemerkt, mit Erlenreisig. Nachdem die Ziegel gar sind, werden rasch alle Thüren geöffnet, alle Kanäle d, e mit Reisig vollgesteckt, ebenso wird der Raum über und unter dem Roste, sowie der untere Theil des Rauchabzugs bis zum Absperrungsschieber im Schornstein damit gefüllt. Hierauf werden alle Oeffnungen wieder sorgfältig verschlossen, auch der Rauchschieber im Schornstein zugeschoben, und zur Dichtung mit nassem Sande bedeckt. Der Rauch verbreitet sich rasch im ganzen Ofen, dringt in die offenen Poren der glühenden Ziegel, setzt sich darin ab und färbt die Steine durch die ganze Masse gleichmäßig grau.

Diese Construction des Ofens ermöglicht:

1) eine ganz gleichmäßige Temperatur im ganzen Ofen und damit auch ein gleichmäßiges Brennen aller eingesetzten Ziegel;

2) ein leichtes Füllen des Ofens mit Reisig und ein rasches Schließen aller Oeffnungen, und vermeidet dadurch Rauchverlust, sowie Abkühlung einzelner Ziegel, wodurch in der Farbe scheckige Ziegel erzeugt werden würden;

3) eine gleichmäßige Vertheilung des Reisigrauchs und damit auch eine durchaus gleichmäßige Färbung aller Ziegel.*)

§. 292. Gedämpfte Ziegel dürfen noch weniger als andere zu früh ausgesetzt werden. Ziegelwaare von gewöhnlich rothbrennendem Thone nimmt bei diesem Verfahren eine mehr oder weniger lebhafte blaugraue Farbe an, die von hellbrennendem Thone eine mehr oder weniger gelb= oder braungraue, nicht unähnlich der Farbe, welche die ungebrannte Waare des rothbrennenden Thones hat. Diese künstlich erzeugte Farbe geht, wenn nicht die Stücke zu dick sind, oder die Einwirkung des Rauchs zu schwach ist, durch die ganze Masse, ohne dieselbe oder die Oberfläche der Waare in ihrer sonstigen Eigenschaft irgend zu ändern. Man hat im Schleswig'schen die Ansicht, daß das Graubrennen die Festigkeit, Dauer und Schönheit der Ziegelwaaren erhöhe, weshalb gerade nach dieser Sorte in der Regel sehr gefragt ist und sie gut bezahlt wird, was der natürliche Grund für die ausgedehnte Fabrikation derselben ist. Was die durch dieses Verfahren erzielten Farben betrifft, so dürfen nur einige Töne des blaugrauen rein und lebhaft genug sein, um in der schönen Baukunst mit Erfolg angewandt werden zu können; die gelb= und braungrauen sind durchaus stumpf und unansehnlich.

*) Nach Professor Heeren's Beschreibung in den Mittheilungen des Hannoverschen Gewerbevereins 1860. S. 200.

L.

# Von dem Tränken mit fettigen Substanzen und Schwärzen der Ziegelwaare (Einbrennen von Steinkohlentheer).

§. 293. Die Mauer- und Dachziegel, sowie andere derartige gebrannte Steine vor dem Eindringen von Feuchtigkeit zu schützen, ließ sich John Workmann von Stamfordhill das folgende Verfahren mittelst eines kanalförmigen Ofens am 31. Juli 1851 für England patentiren. Die gebrannten Steine werden auf eine aus zwei Reihen Gliedern bestehenden enblosen Kette, die an beiden Enden über sechsseitige Trommeln läuft, aufgesetzt, und gelangen, indem sich die Kette bewegt, zunächst in eine mit heißer Luft erfüllte Kammer, welche durch einen geeigneten Ofen bis über 500° F. (260° C.) geheizt werden kann. Hierauf schafft die enblose Kette die Steine niederwärts bis in eine in der Mitte des Kanals angebrachte trogartige Vertiefung, worin sich eine Auflösung von Bleizucker in Wallfisch- oder Robbenthran befindet. Diese Auflösung wird so bereitet, daß eine viertel Unze gepulverter Bleizucker auf ein Gallon Thran kommt und fließt aus einer über dem Kanal befindlichen Cisterne in den Trog herab. Die zufließende Menge wird mittelst eines Schwimmers regulirt, welcher durch einen Hebel und Stange mit dem die Zuflußröhre verschließenden Ventil verbunden ist. Nachdem die erhitzten Steine vollständig in die Lösung eingetaucht worden sind, gelangen sie in eine andere geheizte Kammer, damit die Lösung erhärtet, und werden schließlich auf eine schiefe Ebene abgesetzt, von wo sie ein Arbeiter abnimmt und in Haufen setzt. Nach der auf die beschriebene Weise vollzogenen Tränkung ist es gut, die Steine etwa 14 Tage lang der Wirkung der Atmosphäre auszusetzen, Ziegel und andere gebrannte Gegenständen aus gebranntem Thon (z. B. Ornamente), welche an der Façade von Häusern angebracht werden, also blos der atmosphärischen Feuchtigkeit und dem Regen ausgesetzt, aber nicht fortwährend in Berührung mit Wasser sind (wie z. B. Ziegelsteine bei Wasserbauten) tränkt Workmann statt mit Fischthran mit Leinöl. Die Temperatur kann in diesem Falle niedriger als 500° Fahrenh. sein. — Die Bewegung einer der Kettentrommeln erfolgt durch irgend welche Betriebskraft. Die Decke des Ofens besteht aus feuerfesten Ziegeln oder Eisenblechtafeln und wird mit einer Lage Sand überdeckt, um Wärmeverluste soviel als möglich zu verhindern.*)

---

*) Aus London Journal 1852, March, pag. 194, durch Polyt. Centralbl. 1852, S. 681.

§. 294. In vielen Ziegeleien werden die Dachziegel, heiß wie sie aus dem Ofen kommen, mit Steinkohlentheer bestrichen, welcher 2—3 Millimeter tief eindringt und die Ziegel absolut wasserdicht macht. Dieses Verfahren kann mittelst einer einfachen Vorrichtung, die ein Herr E. L. Hundt in Mainz angegeben hat, sehr zweckmäßig auf die ganze leicht gebrannte Ziegelwaare eines jeden Ofens ange-

**Fig. 266.**

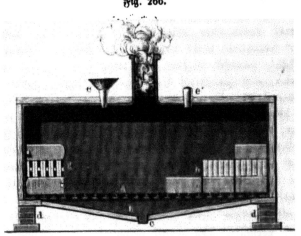

wandt und dadurch dieselbe vollkommen wasserdicht und besser verkäuflich gemacht werden. Zu dem Ende wird der ganz aus Doppeldielen zusammengefügte Kasten Fig 266., welcher der Dauerhaftigkeit wegen innerhalb mit dünnem Eisenblech beschlagen ist, an dem Boden bei a mit einem eisernen Rost und bei b mit einem nach der Mitte geneigten Holzboden versehen ist, der bei c ein Spundloch zum Ablassen der überflüssigen Masse hat, in der Nähe des Ziegelofens, sobald derselbe ausgebrannt ist, auf vier Backsteinpfeiler oder Füße d in den Ecken aufgestellt. Zwölf Stunden nach erloschenem Feuer im Brennofen werden die noch glühenden leicht gebrannten Dachziegel oder Backsteine, wie dieselben in dem Ofen sitzen, nur etwas dichter in den obigen Behälter mittelst Lederhandschuhen eingesetzt; hierauf wird er durch den gleichfalls von Innen mit Blech beschlagenen Deckel, der bei e e zwei Trichter und bei f einen kleinen Blechschornstein hat, geschlossen, und durch die Trichter Steinkohlentheer eingegossen, dann dieselben durch hölzerne Pfropfen, sowie alle offenen Theile mit Ausnahme des Schornsteins f geschlossen. Nach Verlauf von 10 Minuten wird die Masse durch das

Spunbloch c wieder abgelassen und in einem darunter gestellten Eimer aufgefangen, sowie das Spunbloch gleich wieder zugestopft; alsdann bleiben die Steine noch so lange in dem Behälter, bis kein
Dampf mehr sichtbar ist. Den Kasten macht man am besten so groß
daß 1000 Dachziegel oder 3—400 Backsteine auf einmal in denselben eingesetzt werden können. Um 1000 Steine nach diesem Verfahren zuzubereiten, bedarf es eines Centners Steinkohlentheer, welchem man, wenn man dem Steine Glanz verleihen will, 1½ Pfd.
ordinaires Wachs und ½ Pfd. Terpentinöl beifügt.

§. 295. Um den römischen Dachpfannen ein schöneres Ansehen
zu geben, werden sie auf der k. preuß. Ziegelei zu Joachimsthal lufttrocken mit einer Farbe aus ⅔ geschlemmter Thonerde und ⅓ Eisenocker bereitet, bestrichen.

Die Mischung wird auf der Glasurmühle mit Wasser zu einer
sehr feinen, jedoch nicht zu flüssigen Tünche gemahlen und mit gewöhnlichen 2 Zoll starken Borstenpinseln auf den Ziegel getragen.
Die Farbe muß denselben überall gleichmäßig und bis zu 1½ᵐᵐ bedecken und mit dem Pinsel auf den Ziegeln gut eingerieben werden.

Außer einem bessern Ansehen nach dem Brande gewinnen die
Ziegel durch diesen Anstrich auch sehr an Festigkeit durch den glasur-
ähnlichen Ueberzug.

---

## LI.

## Vom dauerhaften Färben und Plattiren der Ziegel.

§. 296. Schon seit 20 Jahren werden auf der Königl. preußischen Ziegelei zu Joachimsthal farbige Formsteine durch gefärbten
Thon und Plattirung erzeugt und sind dieselben zu verschiedenen
königlichen Bauten zu Sanssouci, Sacrow und auf dem Babelsberge 2c.
verwendet. Die zu den Decorationen der äußeren Flächen solcher
Gesimssteine daselbst angewandten Farben sind folgende:

a) Dunkelbraun, ⎫ aus Eisenocker und Joachimsthaler rother
b) Schwarz, ⎬ Thonerde.
c) Grün, aus feuerbeständigem Chromgrün-Präparat und weißer
Gallischer Thonerde.
d) Roth, in verschiedenen Abstufungen aus caput mortuum und
der vorigen Thonerde.
e) Gelb, aus Uranoxyd und der vorigen Erde.
f) Weiß, aus weißer Thonerde.

Das Mischungsverhältniß der hier bemerkten Farben zu der dazu erforderlichen Thonerde ist dem Volumen nach Folgendes:

Zu a) **Dunkelbraun** $^3/_4$ rothe Thonerde und $^1/_4$ feingepulverter Eisenocker, sog. Wiesenerz.

Zu b) **Schwarz** $^3/_5$ rothe Thonerde und $^2/_5$ Eisenocker.

Zu c) **Grün** $^1/_2$ weiße Thonerde und $^1/_2$ Chromgrün-Präparat.

Zu d) **Roth** $^3/_5$ weiße Thonerde und $^2/_5$ sog. Todtenkopf.

Zu e) **Gelb** $^3/_5$ weiße Thonerde und $^2/_5$ Uranoxyd.

Diese Mischungen müssen auf einer Glasurmühle so fein zerrieben werden, daß weder mit den Händen, noch mit den Zähnen das geringste Körnchen daran fühlbar ist. Ist dieses bewirkt, so wird die ganze flüssige Thon- und Farbenmasse aus der Glasurmühle abgezapft und in eigens dazu vorhandenen hölzernen Zubern so lange aufbewahrt, bis das Wasser davon gänzlich verdunstet und die Masse zu einer steifen Thonmasse geworden ist. Dieselbe wird dann mit den Händen noch einmal gut durchgeknetet und ist zur Anwendung fertig.

Durch diese so vollständige Zerkleinerung und Auflösung der Farbenmasse wird die möglichste Ausdehnung derselben im Brande erreicht und findet eine gleichmäßige Färbung der Thonmasse unbedingt statt.

§. 297. Beim Plattiren der herzustellenden Stücke mit farbigem Thon wird letzterer in 3$^{mm}$ starke Platten geschnitten, mit demselben die Form an den entsprechenden Stellen ausgelegt, für die Verbindung mit dem gewöhnlichen Thone durch Ausstreichen mit der Hand gesorgt und dann der übrige Thon in die Form auf gewöhnliche Art eingepreßt. Es ist hierbei Sorge zu tragen, daß die Thonplatten mit dem Hauptkörper gleiches Schwindmaaß haben.

In der Thonwaarenfabrik von Gilardoni Frères in Altkirch im Elsaß werden Fußplatten auf ähnliche Art mit gefärbter Plattirung erzeugt, indem man 7 Millimeter Vertiefungen gleich in die Platten bei ihrer Anfertigung einpreßt, sie dann mittelst einer andern Maschine mit gefärbtem Thon füllt, der aber sonst ganz ebenso beschaffen ist, wie der Thon der Platte; sowie dann beides zusammen trocknet und brennt. Die gefärbten Zeichnungen entstehen übrigens weniger durch Zusatz eigentlicher Farben zum Thon, sondern durch Anwendung verschiedener eisenhaltiger, kalkhaltiger und manganhaltiger Thonarten, welche schon viel Abwechselung gestatten und deren Farbe nach dem Brennen durch keinen Witterungseinfluß zerstört wird.

§. 298 Zur Glienicker Brücke bei Potsdam sind die sämmtlichen Gesims- und Verblendsteine durchweg aus einer mit Eisenocker gemischten Thonmasse gefertigt, wodurch das Bauwerk die bedingte braune Farbe erhält. Die Ziegelerde wurde geschlemmt und mit ¹/₆ Ziegelmehl und ¹/₆ in den Stampfwerken fein gepulvertem Eisenocker (Wiesenerz) gemischt. Dieselbe bestand also aus ²/₃ geschlemmter Thonerde und ¹/₃ der beigemengten Substanzen.

Zu den Trottoirs derselben Brücke sind die schwarzen Steine mit ¹/₄ Eisenocker, die dazwischen befindlichen hellfarbenen dagegen von Thonerde mit ¹/₄ geschlemmtem Mergel versetzt. Der Mergel wird mit dem Thone zusammengeschlemmt. Nach dem Abtrocknen jedoch wird diese Masse nochmals durch den Thonschneider (Knetmaschine) getrieben. Die Steine erhalten durch die leichte Schmelzkraft des Mergels mit dem ihm beiwohnenden Sande eine außerordentliche Dichtigkeit und leisten jeder Einwirkung der Witterung Widerstand.

Man wendet daher auch in Joachimsthal eine solche Mischung zur Fabrikation von Klinkern zu Wasserbauten mit Erfolg an.

§. 299. Minton, der große Fabrikant gebrannter Thonwaaren und incrustirter Fußbodenplatten, hatte bei der ersten Welt-Industrieausstellung in London viele vortreffliche Gegenstände zur Schau gebracht, wobei man die Bemerkung machen konnte, wie sehr England an Arbeitsinstrumenten und Fabrikationsmitteln allen andern Ländern Europas überlegen ist. Für die Architecten waren besonders bemerkenswerth, gebrannte Ziegel, wie sie zu der Kirche St. Margaret, Regent-Street in London, verwendet wurden. Diese von Herrn Minton in verschiedenen Farben, roth, gelb, schwarz gelieferten Ziegel, sind von ganz vortrefflicher Fabrikation; niemals und in keiner Epoche sind so ganz vollkommene Ziegel angefertigt worden. Indessen haben weder die Auftraggeber noch der Fabrikant Opfer gescheut, um eine solche Vollkommenheit zu bewerkstelligen. Jeder Ziegel soll einen Schilling gekostet haben und folglich kostete das Tausend derselben circa 1000 M. und da für den ganzen Bau einige Hunderttausend solcher Ziegel gebraucht wurden, so ist der Versuch gewiß ein kostspieliger zu nennen. — Für das Parlament hat Minton nach Puzin's Zeichnungen die incrustirten und emaillirten Platten geliefert, eine derselben mit drei Farben und 30 ☐Centimeter (circa 4¹/₂ ☐") groß, kostete 12 Schilling oder 12 Mark.*)

---

*) Notizblatt der allgem. Bauzeitung 1852. S. 102.

---

## LII.

## Vom Glasiren der Dachziegel.

§. 300. Viele Thonarten, besonders diejenigen, welche sich roth brennen, lassen, auch wenn sie gut ausgebrannt sind, mehr oder weniger Wasser durch. Man sieht daher oft, daß neue Dachziegel, zumal wenn sie nicht vorher durchgenäßt gewesen sind, den Regen dergestalt durchgehen lassen, daß das Wasser nicht nur tropfenweise innen hervortritt, sondern daß oft selbst der Fußboden naß wird; zwar verschließen sich die Zwischenräume im Thone allmälig durch den Schlamm, welchen das Wasser absetzt, und die Ziegel werden dadurch nach einiger Zeit vollkommen dicht. Durch denselben Schlamm werden aber auch die Ziegel auf ihrer ganzen Oberfläche mit einer Haut überzogen, welche besonders dann, wenn sie nicht vollkommen glatt sind, allen Staub und Schmutz aufnimmt; daher sind nicht selten, vorzüglich an niedrigen Dächern, fast alle Ziegel mit dickem Moose bedeckt. Dieses Moos aber hält die Feuchtigkeit an und die Ziegel müssen an diesen Stellen nothwendig verfaulen. Um diesem Uebelstande vorzubeugen, hat man das Glasiren der Dachziegel angewendet.

Außerdem sind die großen Dachflächen tiefer Gebäude, wie namentlich der Kirchen, an und für sich schon höchst langweilig, weil dieselben dem Auge meistens nur wenig Unterbrechung darbieten: dies ist ganz beim Rohbau der Fall, wo die Farben des Gebäudes sich beim Dache wiederholen. Im Mittelalter wurde auch dieser Uebelstand schon erkannt und auf sehr wirksame Weise durch Deckung mit verschiedenfarbig glasirten Ziegeln gehoben. B. Gärtner bei seiner Ludwigskirche in München sowie Ohlmüller bei der Kirche in der Vorstadt Au daselbst haben dieses Verfahren wiederum aufgenommen und dadurch, abgesehen von der durch eine tüchtige Glasur herbeigeführten größern Haltbarkeit der Dachziegel, eine Wirkung erreicht, die namentlich bei hellem Sonnenschein die Vergleichung mit einem perlengestickten Teppich zuläßt.

§. 301. Das Glasiren besteht darin, daß man der äußern Oberfläche des Ziegels einen dünnen Ueberzug giebt, der sich bei der Temperatur, welche zum Garwerden des Ziegels erforderlich ist, in eine glasartige Masse verwandelt. Die Glasur ist also eine von der übrigen Masse der Ziegel ganz verschiedene Substanz, und es hängt rücksichtlich ihrer Haltbarkeit und Festigkeit viel davon ab, wie sie sich

mit dem Ziegel selbst vereinigt. Hauptsächlich ist es die Beschaffenheit und Zubereitung des Thons, die als von bedeutender Wichtigkeit sich herausgestellt hat, und um so mehr, wenn man den Ziegeln
mittelst der Glasur einen farbigen Ueberzug geben will. Soll dieser
nämlich haltbar sein, so muß der Glasfluß eine Verbindung mit
der Ziegelerde eingehen, ohne feine Sprünge zu bekommen, Blasen zu
werfen u. dgl.; eine nothwendige Bedingung, wozu nicht jede Zusammensetzung der Ziegelerde geeignet ist. Nachstehende Mischungen
die in den Ziegeleien zu München durch sorgfältige Proben festgestellt wurden, erfüllen bei den zugehörigen Glasuren diese Bedingung
und können als Anhaltspunkte dienen.

### I. Mischungen der Ziegelmasse.

1) 1 Raumtheil Letten,
   ½   =   rothe Lehmerde,
   1   =   Quarzsand.

2) 1 Raumtheil Mergel,
   1   =   Quarzsand.

3) 1 Raumtheil Mergel,
   1   =   Alaunerde,
   1   =   Kreide,
   1   =   Quarzsand.

4) 1 Raumtheil Letten,
   1   =   rothe Lehmerde.

Von diesen Mischungen ist, wenn man die Wahl hat, die unter 1. angeführte vorzuziehen.

### II. Mischungen der Glasuren.

1) Glasur zu Nr. 1 und 2 der Ziegelmassen:
   12 Gewichtstheile Bleiasche,
    4   =   Silberglätte,
    3   =   Quarzsand,
    4      weiße Alaunerde,
    2      Kochsalz,
    3      gestoßenes Glas,
    1   =   Salpeter.

2) Glasur zu Nr. 3 und 4 der Ziegelmassen:
   16 Gewichtstheile Bleiglätte,
    5   =   Quarzsand,
    4      gestoßenes Glas,
    1   =   rothe Erde.

Die innige Mischung der Gemengetheile obiger Ziegelmassen ist natürlich das nächste Erforderniß. Zu dem Ende ist es am besten, jeden einzelnen derselben im getrockneten Zustande durch Dreschen oder noch besser durch Walzen sehr fein zu zertheilen, sodann durch ein feines Sieb zu sieben und die ganze Masse mit Wasser angemacht durch Treten oder Walzen tüchtig durchzumengen. Ebenso werden die Bestandtheile der Glasuren durch ein feines Sieb gelassen und gut vermengt in Tiegeln zu Glas geschmolzen, welches sodann nach dem Erkalten auf einer sogenannten Glasurmühle mit Wasser fein gemahlen, so zugerichtet, wie es zum Auftragen auf die Platten erforderlich ist.

§. 302. Das Streichen der in München allgemein gebräuchlichen Flachziegel, die, auch unter dem Namen Biberschwänze bekannt, sich vor den in einigen Gegenden Deutschlands vorherrschenden Hohlziegeln durch schönes Aussehen besonders auszeichnen, geschieht auf die gewöhnliche Weise in Formen, worauf dieselben nach dem vorsichtigen Trocknen zum ersten Male scharf gebrannt werden. Um nun die Oberfläche der Platten behufs des Auftragens der Glasur von Staub und andern Unreinigkeiten, die sie beim Brennen erhalten, zu befreien, um ferner auch zu erfahren, ob Kalkstückchen darin vorhanden sind, werden dieselben „getaucht", d. h. ein bis zwei Tage in Wasser gelegt. Der etwa vorhandene Kalk löscht sich alsdann und macht die Platte springen, was freilich auch nach dem Auftragen der Glasur, aber dann mit dem Verlust dieser, geschehen würde.

Die unter 1. angeführte Glasurmasse giebt ein ziemlich weißes Glas, dessen Weiße man durch Zusatz von 20 bis 24 Pfund Zinn zu 100 Pfund Blei, ehe man dieses zu Asche brennt, noch bedeutend erhöhen kann. Die Färbung beider Glasurmassen geschieht in nachstehenden Farben nach mancherlei Proben in Bezug auf Schönheit und besonders Dauer derselben durch die nachstehenden Zusätze:

| Farbe | Zusatz auf 10. Pfd. der Glasurmasse |
|---|---|
| Dunkelviolettbraun . . . . . | ¹⁄₂ Pfd. Braunstein. |
| Violett . . . . . . . . . . | ¹⁄₁ desgl |
| Grün . . . . . . . . . . . | ¹⁄₄ Kupferasche. |
| Hellblau . . . . . . . . | ¹⁄₂ Loth rothes Kobaltoxyd. |
| Goldgelb . . . . . . . . . | ¹⁄₂ Pfd. Antimon. |

Nimmt man von diesen Zusätzen, die nicht geschmolzen, sondern nach dem Stoßen gesiebt und dann auf der Glasurmühle fein gemahlen werden, mehr oder minder, so erhält man die Farben bunter oder heller, wie vorstehend das Dunkelviolettbraun und das

Violett zeigt, und hierdurch ist ein Mittel gegeben, die Töne genau gegeneinander abzustimmen. Uebrigens ist zu bemerken, daß für alle Farben, ehe man die Glasur in Masse färbt, kleine Proben gemacht werden müssen, da man die Zusätze im Handel in zu sehr verschiedenem Zustande der Reinheit erhält und z. B. bei von verschiedenen Quellen bezogenem Braunstein oft sehr verschiedene Mengen nöthig sind, um ein und dieselbe Farbe herzustellen.

Die Ziegel werden beim Glasiren auf beiden Flächen rein abgerieben, und, indem sie beinahe lothrecht über das mit Glasur gefüllte Gefäß gehalten werden, gleichmäßig mit dem Pinsel überstrichen; sie saugen die Flüssigkeit so schnell ein, daß sie bald nachher wieder auf Haufen gestellt werden können. Früher trug man die Glasur trocken auf, besser aber ist das Glasiren auf nassem Wege. Bei einiger Fertigkeit kann ein Arbeiter recht wohl 5000 bis 6000 Stück in einem Tag glasiren. Nach dem Auftragen der gefärbten Glasurmasse wird dieselbe durch ein zweites schwächeres Brennen eingebrannt. Auch hierbei ist besonders auf den Hitzegrad Acht zu geben, um eine gleichmäßige Färbung zu erzielen, worüber sich indeß nichts Näheres angeben läßt. Ein in München angestellter Versuch, rothe Platten dadurch herzustellen, daß man den ungebrannten Thon in halbtrockenem sog. lederhartem Zustande mit gepulvertem Röthel überstrich, sodann brannte und hierauf mit einer durchsichtigen Glasur überzog, ist nicht gelungen, da die Glasur nicht hält und viele Ziegel springen. Dagegen ist eine rothe Glasur durch Beimengung eines Quantums Braunstein zu erreichen, dessen Größe zwischen dem für Dunkelviolettbraun und Violett liegt, wenn nämlich dabei ein bestimmter Hitzegrad, der sich durch Versuche feststellen läßt, eingehalten wird. Die Preise der farbig glasirten Dachplatten anlangend, so wird dafür incl. Anfuhr zur Baustelle in München durchschnittlich 20 Pf. per Stück bezahlt, für einzelne Farben mehr, für andere weniger.

Die in Fig. 267—269. dargestellten Zeichnungen zeigen die Form und Größe der Dachziegel, sowie auch die Art der Deckung, wie dieselbe in München ausgeführt worden ist. Daduch daß nach dem Eindecken des Daches die sichtbar bleibenden Flächen der Ziegel kleine Quadrate von 12 ᶜᵐ Seite bilden, ist es möglich, mittelst verschiedener Farben Zeichnungen herzustellen und die Flächen dadurch interessanter zu machen. Dabei ist noch zu bemerken, daß die Auszackungen der horizontalen und verticalen Linien bei der bedeutenden Höhe und der geringen Größe der Quadrate nicht zu sehen sind, sondern wie die geneigten Linien erscheinen.*)

Fig. 267.

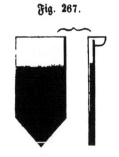

Fig. 268.

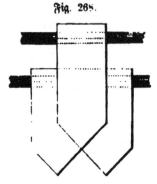

Fig. 269.

Will man auf eine einfachere Weise die Dachziegel einfarbig (dunkelbraun oder schwarz) glasiren, so braucht man die Ziegel nicht zuvor zu brennen, sondern kann die Glasur auf rohe Waare auftragen. Als Glasur wendet man dabei am besten die holländische Vorschrift an, wobei auf 20 Pfd. Bleiglätte 3 Pfd. Braunstein (also 15% des letztern) genommen und dann soviel Thon zugesetzt wird, daß eine aus Thon gebildete Kugel in der Glasurmasse sich schwimmend erhält. Zu gewöhnlichem Bleierz reichen 6% Braunstein aus und die Glasur wird vollkommen schwarz, wenn man $1\frac{1}{2}$ bis 2% Kupferoxyd hinzufügt. Bei allen Glasurzusammensetzungen muß das Hauptaugenmerk dahin gehen, daß die Mischung nicht zu leicht flüssig werde, damit der Ziegel selbst die Zeit gewinne, seine Gare zu erhalten. Sie darf aber auch nicht zu streng flüssig sein, damit die Thonmasse nicht verbrenne, ehe die Glasur zum Flusse kommt. Vor allen Dingen muß man also seinen Thon in dieser Beziehung genau kennen zu lernen suchen und durch Versuche ausmitteln, wie viel Zusatz dieses oder jenes Bleioxyd ertragen könne, um den gewünschten Grad des Flusses zu erhalten. Will man nun noch Braunstein zusetzen, so muß vom Sand- oder Kieselzusatze soviel abgebrochen werden, daß jenes Verhältniß sich wiederherstelle. Hierbei ist zu bemerken, daß der Braunstein die Glasur bei weitem streng flüssiger macht, als Kiesel oder Sand,

---

*) Notizblatt des Architecten- und Ingenieur Vereins für das Königr. Hannover 1. Bd. S. 244.

welcher mit dem Bleierze leicht zu einem Glase schmilzt, und daß man mithin nicht die Quantität des einen gegen eine Quantität des andern auswechseln darf.

§. 303. Die angegebenen Materialien werden, jedes für sich, in einem eisernen Mörser so fein als möglich gestoßen und nach den angegebenen Verhältnissen abgewogen, und alsdann zuerst einzeln, nachher vermischt auf der Glasurmühle mit Wasser, worin feiner Thon aufgelöst ist, so lange gemahlen, bis sie sich milchartig anfühlen und nichts Sandartiges mehr daran erscheint. Es hängt viel von der Qualität der Mühlsteine und von der Einrichtung der Mühle ab, daß diese Operation schnell gehe. Die gewöhnlichen Glasurmühlen sind von feinem Sandstein, hartem Kalkstein oder Granit.

Fig. 270. stellt dieselbe dar; sie hat zwei Steine, der untere Boden- oder Lagerstein A, welcher 30 cm dick und 47 bis 63 cm im Durchmesser haben kann, hat oben einen 13 mm hohen Rand, in den bei a ein Ausguß gehauen ist, damit das Gemahlene ablaufen könne. Im Mittelpunkte ist ein Loch von etwa 65 mm Durchmesser durch die ganze Dicke gehauen. In dieses Loch wird ein Pfropf von nicht völlig trockenem Erlenholze mit Gewalt eingetrieben und oben und unten mit dem Steine gleich gemacht. Dann wird der Mittelpunkt mit dem Zirkel genau ausgemittelt und durch diesen, winkelig mit der Fläche des Steins, ein Loch von etwa 18 mm gebohrt. Durch diese Oeffnung erhält ein eiserner Stift mittelst der Schraubengänge an seinem Untertheile in einer im Fuße des Mühlenstuhls angebrachten Mutter seine Richtung, um den Läufer nach Belieben höher oder niedriger setzen zu können. Der Stift ist an seinem Obertheile verstählt und abgerundet und paßt in die in den Läufer eingelassene Pfanne.

Durch den obern Stein oder Läufer B von 75—100 mm geringerm Durchmesser ist ebenfalls ein Loch von etwa 52 mm Weite getrieben, welches oben in einem Trichter ausläuft und durch welches die Mühle gefüllt wird. Auf der untern Fläche dieses Steins ist die Pfanne eingehauen und mit der Fläche bündig.

Die Pfanne e Fig. 271., worin sich der Stein dreht, wird mit kleinen Stücken trocknen Holzes festgeklemmt. Die Flächen der beiden Steine, welche aufeinander gehen, müssen eben und so rein als möglich von Löchern sein und, wenn sie ausgelaufen sind, von Zeit zu Zeit wieder glatt gehauen werden. Es befördert das Mahlen sehr, wenn von der Mitte aus vier Strahlen f f über's Kreuz in die untere Fläche gehauen werden (siehe Fig. 271.), welche in ihrem Ursprunge

Fig. 270.

etwa 13ᵐᵐ tief sind und auf zwei Drittel der Fläche auslaufen. Durch diese Strahlen findet die in den Läufer geschüttete Glasur, besonders wenn sie etwas dick oder grob ist, Ausweg, um sich zwischen die Steine zu verbreiten, ohne daß es nöthig ist, die Mühle lose zu stellen, wodurch gewöhnlich das Wasser schnell abläuft und die Glasur selbst desto mühsamer zu mahlen ist.

Zur Kreisbewegung der Mühle dient die Stange C von etwa 1ᵐ,55 Länge, welche am untern Ende mit einem eisernen Fuße beschlagen ist und mit diesem in eine von den drei kleinen Vertiefungen b, b, die an der obern Seite des Läufers in gleicher Entfernung voneinander und möglichst nahe am Rande eingehauen sind, eingesetzt wird. Mit ihrem obern Ende ist diese Stange lose durch ein rundes Loch gesteckt, welches senkrecht über dem Mittelpunkt der Mühle in einem etwa vier Fuß davon entfernten solid an der Wand oder dem Pfosten, woran die Mühle lehnt, befestigten Querholze d angebracht ist und dem oben und unten die scharfen Kanten genommen sind. Dieser Stock oder Stange C dient so als Hebel, um die Mühle auf die leichteste Weise zu drehen. Hierbei ist nur zu be-

Fig. 271.

merken, daß mit den Löchern von Zeit zu Zeit abgewechselt werde, weil sich der Läufer an der Stelle, worauf die Stange drückt, am stärksten abnutzt.

Auf der k. preuß. Ziegelei zu Joachimsthal besteht die Glasurmühle aus zwei genau aufeinander passenden runden Granitsteinen von 62ᶜᵐ im Durchmesser und 23ᶜᵐ Stärke. Sie liegen in einem völlig wasserdichten, aus Stäben zusammengesetzten, mit eisernen Bändern gebundenen Gefäß von demselben Durchmesser, dessen Rand jedoch 21ᶜᵐ über die Steine herübersteht, um das Herausspritzen zu verhindern. Der Bodenstein ist auf dem Boden dieses Gefäßes fest eingeklemmt. In der Mitte desselben ist ein 43ᶜᵐ starker und ebenso lang hervorstehender Zapfen aus Gußstahl eingelassen und mit Blei ganz fest vergossen. Der obere Stein hat in der Mitte ein Loch von 66ᵐᵐ im Quadrat, durch welches eine ebenso starke eiserne Spindel geht, an deren unterem Ende sich die zu den vorigen Zapfen passende verstählte Pfanne befindet. Die Bewegung des Läufers geschieht mittelst eisernen Räderwerks in bekannter Art durch Wasserkraft in der Geschwindigkeit von 20 Umgängen in der Minute. Eine größere Geschwindigkeit ist nicht zweckmäßig, weil die sehr flüssige Masse sonst herausspritzt.

Vor dem Glasiren werden die rohen Ziegel auf beiden Flächen rein abgerieben, damit die Glasur durch abrieselnden Sand oder Staub nicht verunreinigt werde. Wenn genug vorbereitet sind, stellt sich der Arbeiter zwischen diese und ein Gerüst, hat ein flaches, hölzernes oder besser irdenes Gefäß von weitem Umfange — Glasurbad —, woran die Bodenecken abgerundet sind, mit Glasur gefüllt, auf einen Schemel vor sich gestellt und faßt, nachdem er mit einem großen hölzernen Löffel die Glasur vollkommen aufgerührt hat, mit der linken einen Ziegel an seinem Obertheil, hält denselben beinahe senkrecht über den Glasurbad, setzt den mit Glasur angefüllten Löffel etwa anderthalb Zoll unter dem obern Rande des Ziegels an und führt von der linken nach der rechten Seite hin, indem er die Glasur aus dem Löffel über den Ziegel herablaufen läßt. Auf diese Art verbreitet sich die Glasur sehr gleichförmig über die ganze Ziegelfläche, wenn die Flüssigkeit die erforderliche Consistenz hat. Man untersucht von Zeit zu Zeit mit einem Fingernagel, ob die Glasur noch die bestimmte Dicke habe, widrigenfalls man entweder Wasser oder dickere Glasurmasse zusetzt. Die Ziegel saugen die Flüssigkeit so schnell ein, daß sie bald nachher wieder auf Haufen gesetzt werden können. Je feiner die Glasur gemahlen ist, desto besser hält sich dieselbe im Wasser schwimmend, und desto seltener braucht sie von Grund aus aufgerührt zu werden. Man kann aber auch schon deswegen nicht genug darauf halten, daß fein gemahlen werde, weil im entgegengesetzten Falle der Braunstein mit dem Bleierze sich nicht vollkommen vermischt und dadurch Streifen und Flecken nach dem Brande erscheinen. Bei einiger Uebung erwirbt sich der Arbeiter eine solche Fertigkeit in dieser Beschäftigung, daß er ohne besondere Anstrengung 5—6000 Stück im Tage mit Glasur überziehen kann.

§. 304. Ob es vortheilhafter sei, rohe oder gebrannte Waare zu glasiren, läßt sich bei den Ziegeln nicht so leicht als bei feinerer Thonwaare sagen. Der Ausschuß durch Bruch, Kühlrisse oder Sprengen darf bei Ziegeln nicht bedeutend sein, wenn sie gut eingesetzt werden und das Feuer gut geleitet wird. Die größern Unfälle aber durch Schmelz und Zusammenbacken sind für die Ziegelei gefährlicher. Der erste sollte bei gut angelegten Oefen auch nicht so leicht zu befürchten sein und wird es auch nicht, wenn mit kleinen Feuern geheizt wird und die Kohlen auf die Ziegel nicht wirken können. Der andere ist aber nur dadurch zu vermeiden, erstens, daß die Glasur nicht zu dick aufgetragen werde; zweitens, daß der Obertheil des Ziegels, wo der Haken seines Nachbars sich anlehnt, unglasirt bleibe; drittens, daß die Ziegel so senkrecht als möglich gesetzt werden, damit sie sich weder mit ihren Flächen, noch mit ihren Seitenwänden berühren, und so fest, daß sie sich auch während des Brandes nicht umlegen; endlich viertens, daß am Fuße des Ziegels die Glasur mit der Hand größtentheils abgestrichen werde, damit sie auch dort nicht anbacken könne. Diesen Unfällen sind aber die Ziegel bei einem zweiten Brande so gut wie beim ersten ausgesetzt und das doppelte Brennmaterial wird ohne Nutzen daran verschwendet. Ziegel aber, welche zu schwach gebrannt sind, um als gute Waare verkauft zu werden, muß man lieber zum Glasiren zurücksetzen, als daß man durch den Verkauf derselben den Ruf seiner Waare schmälere.

§. 305. Als einfachste Glasur empfiehlt man auch folgendes Mittel: Man soll die halb getrocknete Ziegelwaare mit ganz fein gesiebtem, ungelöschtem Kalk und Asche bestreuen, es in die Ziegel gut einreiben und dann die Ziegel weiter trocknen lassen. Die Mischung ist ein leichtes Flußmittel, welches verglasend auf die Oberfläche wirkt.

Das Glasiren mit Salz wird zuweilen durch Einwerfen desselben in den Ofen bewirkt, wenn das Brennen so weit beendigt ist, daß der Ofen zum Verkühlen zugesetzt werden soll. Da dieses Verfahren eine gleichmäßige Glasur des ganzen Einsatzes unmöglich bewirken kann, so soll man lieber eine übersättigte Auflösung des Salzes in Wasser bereiten und damit die Ziegel vor dem Einsetzen bestreichen.

§. 306. In Betreff des Einsetzens glasirter Ziegel ist noch zu bemerken, daß man nie einen Ofen ganz mit glasirten Ziegeln vollsetzen dürfe; es leuchtet dieses schon deswegen ein, weil es auch bei den besten Oefen nicht möglich ist, die Gluth auf allen Punkten des Ofens so gleichförmig zu vertheilen, daß nicht Schmolz entstände, wenn man darauf bestehen sollte, allenthalben die Glasur zum Flusse zu bringen. Man setzt daher beim Flurofen, wenn man keine andere Waare dazu hat, unmittelbar an den Ständer einige Reihen unglasirter Ziegel in der ganzen Höhe des Ofens, weil doch immer einiger Staub oder Asche dahin getrieben werden kann, und ebenso setzt man an das Ende des Ofens ebenfalls einige Reihen derselben in der Voraussetzung, daß der Fluß der Glasur hier nicht vollkommen werden würde. Auch längs den Wänden des Ofens ist die Wärme weniger wirksam und es ist deshalb dienlich, jede Reihe mit 4 bis 6 unglasirten Ziegeln anzufangen und zu schließen. Uebrigens ist darauf zu sehen, daß die glasirten Ziegel sich so wenig als möglich untereinander berühren, und daß die Glasur am Fuße größtentheils abgerieben werde, weil sie sonst aneinander festkitten und unbrauchbar werden. Das was hier von den nächsten Reihen am Ständer und am Kamin gesagt worden, gilt beim stehenden oder gewölbten Ofen von den untersten und obersten Lagen. Beim Flurofen wird, wenn die Einsatzthüre unter dem Kamin ist, gegen die letzte Ziegellage eine trockene Mauer von Mauerziegelstücken aufgeführt, damit die Flamme nicht so freien Durchgang habe, sondern in etwas aufgehalten werde. Diese trockene Mauer wird, wenn die Einsatzthüre nicht zugemauert und der Kamin nicht durch einen Schieber verschlossen werden kann, dicht mit Lehm beworfen und verstrichen, wenn der Brand vollendet ist.

## LIII.

## Ueber Backstein-Rohbau und zweckmäßige Herstellung der Form- und Glasur-Steine.

§. 307. Trotz der ungeheuren Vervollkommnung unserer Transportmittel, und der damit verbundenen billigeren und bequemeren von natürlichem Steinmaterial, auch in Gegenden, in

Alle weit vorspringenden nahezu horizontal abgedachten, der Pro-
filirungsweise der Antike und Renaissance entsprechenden Gliederungen, auf denen Schnee und Regen nicht sofort abfließt, sind im
Backsteinbau verwerflich. Sämmtliche vorspringende

**Fig. 272.**

Gliederungen sind zur Abführung des Wassers
daher wenig ausladend, dafür aber hoch und
abgeschrägt anzulegen. Fugen sind hier möglichst
sparsam anzuordnen, und ist die Anordnung von
Rollschichten in Sockeln rc. unzulässig. Scharfe
Kanten sind an allen der Witterung scharf ausgesetzten Punkten besonders zu vermeiden, und
wird man z. B. das bekannte Wasserschlagprofil
des Hausteines (Fig. 272) in nebenstehender Weise
(Fig. 273) dem Backsteine entsprechend ändern. Die
Anwendung der Glasur an allen dem Wasser ausgesetzten Theilen ist daher nicht als Dekoration zu
betrachten, es ist dieselbe vielmehr für die Erhaltung des Baues von der größten Wichtigkeit, denn welchen Widerstand dieselbe dem Wetter entgegensetzt, und wie viel sie zum Schutze
des Baues beiträgt, ist leicht aus der Betrachtung der Bauten Lübecks,
Lüneburgs, Brandenburgs rc. zu ersehen. In der dekorativen An-

**Fig. 273.**

wendung der Glasur zur Belebung großer kahler
Flächen ist vorsichtig zu verfahren, und wirken
alle die Farbe des Steines völlig deckenden bunten
Glasuren ihrer kalten Reflexe wegen ungünstiger,
als eine die rothe Farbe des Steines nicht völlig
deckende durchsichtige braune Glasur.

Die einzelnen Architekturformen müssen den
von ihnen ästhetisch angedeuteten Zweck auch wirklich erfüllen, und sind daher alle durch Terrakotten
verdeckten Eisenconstructionen, ebenso alle durch
Eisen künstlich gehaltenen Backsteinconstructionen
verwerflich, und deshalb stärkere Auskragungen
sehr steil anzulegen. Zarte Profilirungen sind
wegen der häufigen Unterbrechung durch die Fugen unwirksam, und
deshalb der derbe Rundstab das characteristische Profil des Backstein-
baues geworden. Die Fuge, im Hausteinbau möglichst unsichtbar, dient
hier wesentlich zur Belebung der Fläche, und ist ihrer Bedeutung
gemäß zu betonen. Von den Versuchen, dieselbe durch Anwendung
von an der Ansichtsfläche verstärkten Steinen möglichst zu beseitigen,

iſt man völlig zurückgekommen, ebenſo mehr und mehr von dem
läſtigen und unhaltbaren Nachfugen, vielmehr ſchneidet man die ſehr
voll gemauerte Fuge direct nach dem Vermauern mit der
Kelle nach nebenſtehendem Profile (Fig. 274) aus.

Fig 274

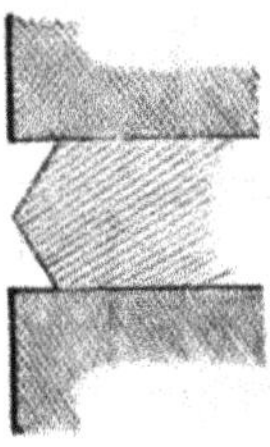

Der nachgefugte Mörtel verbindet ſich mit dem da=
hinter liegenden erhärteten Mörtel nicht, und wittert
aus, während bei der angedeuteten Methode der Mörtel
durchweg aus einem Stücke beſteht.

Bei Vergleichung und Betrachtung der Werke der
berliner und hannöverſchen Schule wird ſich ſehr bald
zeigen, daß letztere den angedeuteten Grundſätzen ſich
viel mehr nähert als die erſtere, und man wird zugeſtehen
müſſen, daß in der kurzen Entwickelungszeit von 15
Jahren, trotz aller möglichen ungünſtigen Einflüſſe, hier Erfolge er=
zielt ſind, die am beſten geeignet erſcheinen für die Richtigkeit der=
ſelben zu ſprechen. Das beſte Abbild, ſo zu ſagen den Typus dieſer
Richtung, bieten die Werke Haſes, des Altmeiſters derſelben, und
deſſen ſpeziellen Schüler wie z. B. Lüer, Otzen, Oppler u. A. m. Mit
im Vergleich zu Bauausführungen ähnlicher Art ſehr ſparſamen Mit=
teln, iſt hier ein Effect erreicht wie derſelbe nur durch zweckmäßige
Ausnutzung und Ausbildung des Materiales erzielt werden kann.

§. 310. Immerhin iſt dieſe Bauart doch nur eine provinzielle,
durch die Lage der größeren Ziegeleien auf die größeren Städte und
deren Umgebung beſchränkte, und ſtellen ſich der Einführung auf dem
platten Lande mannigfache Schwierigkeiten entgegen. Abgeſehen davon,
daß bei Staatsbauten die Berliner Richtung offiziell vorherrſcht, daß
ferner auf den techniſchen, namentlich den Baugewerkſchulen dieſem
Gegenſtande geringe Aufmerkſamkeit geſchenkt, und dadurch die Ver=
breitung im Privatbau ſehr beeinträchtigt wird, iſt die Beſchaffung
der Form= und Glaſurſteine ſo ſchwierig, daß dieſer Umſtand allein
von der Einführung abſchreckt. Die ländlichen Ziegeleibeſitzer zeigen
ſich zur Einführung der Form= und Glaſur=Fabrikation meiſt wenig
geneigt, da ihnen Einrichtungen und geübtes Perſonal fehlt, ſie für
die Zukunft keinen Abſatz erwarten, und die Fabrikation gewöhnlicher
Mauerſteine rentabler iſt. Auf das unumgänglich Nothwendige ein=
geſchränkt, bezieht man dann die Formſteine ſelbſt von entfernten
Ziegeleien und greift ſogar zu dem Auskunftsmittel Glaſurſteine von
Töpfern anfertigen zu laſſen. Selten entſchließt ſich der Architekt
dazu thätig einzugreifen, und die Fabrikation der Formſteine perſönlich
zu leiten, und doch hat ſich das als der beſte Ausweg aus allen

Schwierigkeiten erwiesen, und bietet überdies die Leitung dieses Unternehmens dem Bauführer wesentliche Vortheile in Bezug auf regelrechten Gang des Baues und bessere Qualität der Steine.

§. 311. Bei mehreren unter Leitung des Herrn Baurath Hase in der Provinz Hannover ausgeführten ländlichen Kirchenbauten,

Fig. 275

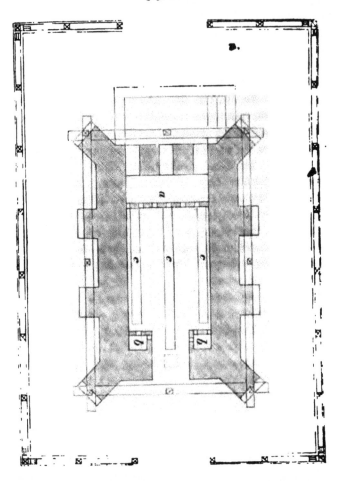

z. B. Langenhagen, Geestemünde, Wietzendorf, Vollenschier ꝛc. wurde zur Herstellung der Glasuren und Formsteine ein besonderer kleiner Ofen hergestellt, am zweckmäßigsten in Verbindung mit der die gewöhnlichen Mauersteine liefernden Dorfziegelei, da dann das Ma-

n gleiches ist, und vielerlei Einrichtungen als Schuppen,
hlen 2c. schon vorhanden sind, und werden die Steine auf
2 des Unternehmers, unter Aufsicht des Bauführers herge=

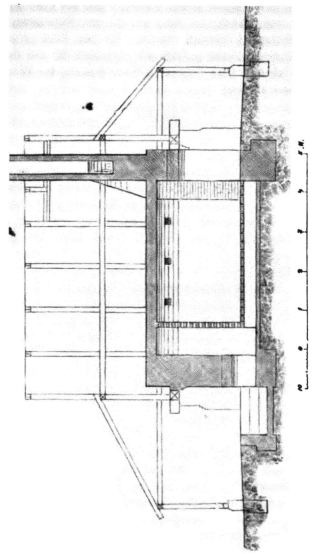

)ie Kosten der Anlage werden durch die billigere Herstellung
1e und durch verminderten Transport schon bei einem keinen
1 45000—60000 Mark mehr als aufgewogen.

§. 312. Der in Fig. 275—277 dargestellte Brennofen für Glasur- und Formsteine ist nach Angaben des Herrn Baurath Hase zur Ausführung eines Kirchenbaues in Vollenschier bei Binzelberg auf einer schon bestehenden Ziegelei gebaut worden. Der den Ofen umgebende Fachwerkschuppen würde bei einer nur für eine Bauausführung berechneten Anlage fortbleiben können; der den Ofen gegen Risse schützende Holzanker dient zugleich als Stützpunkt für das Schuppendach. Seitlich vom Ofen sind zur besseren Haltung der Wärme Erdanschüttungen angelegt.

Fig. 277.

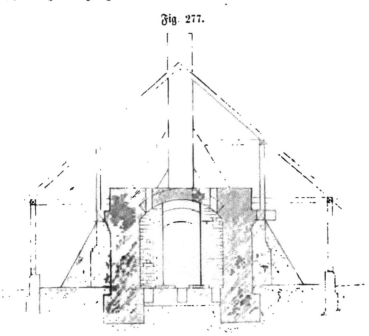

Die lichte Größe des Ofens beträgt im Grundrisse $2^m,2.4^m,34$, in der Höhe von der Sohle bis zum Gewölbscheitel gemessen $2^m,25$. Die Feuermauer a $1/2$ Stein stark durchbrochen gemauert trennt die $0^m,7$ weite Feuerkammer vom eigentlichen Ofen. 3 Feuerkanäle c $0^m,17.0^m,29—0^m,35$ im Querschnitte durchlaufen von der Feuerkammer aus den Ofen, sind aber ohne Zusammenhang mit den Schornstein schächten b b. Die Kanäle sind mit einer flachen zugleich die Ofensohle bildenden quergelegten Backsteinschicht überdeckt, und zwar so, daß die ersten 6—7 Steine keinen Zwischenraum bieten, dagegen bei den weiteren ein solcher von $1^{cm}$ bis auf $3^{cm}$ zunehmend angelegt

wird. Die Schornsteinschächte b b sind analog der Feuermauer ausgeführt, und entspricht hier, was zur Erlangung eines guten Zuges
nothwendig, die Größe sämmtlicher Oeffnungen ungefähr dem vier-
fachen des Schornsteinquerschnittes. Der 32$^{cm}$×32$^{cm}$ im Querschnitte
messende Schornstein steht auf der Stirnmauer und ist durch etwas
gezogene, durch Mauerung über dem Gewölbe und der Stirnmauer
gut unterstützte Kanäle mit dem Ofen in Verbindung gesetzt. Ein
über der Einmündung der Kanäle angebrachter Schieber, oder einfacher eine auf den Schornsteinkopf gelegte mit Steinen beschwerte
Eisenplatte bewirkt den Verschluß des Ofens. In den Stirnmauern
des Ofens befinden sich die 3 Feuerungsthüren, denselben entgegengesetzt die Einkarrthür.

Die Anlage der Feuerkanäle und Schornsteinschächte bezweckt
und erreicht eine möglichst gute Vertheilung der Flammen und Hitze,
ein unbedingtes Erforderniß zur Erlangung einer guten Glasur.

§. 313. Was nun zunächst das Glasiren und die Glasur selbst
betrifft, so ist es für besprochene keine Anlagen nicht rathsam, die
Mischung, Bereitung und das Mahlen der Glasur selbst zu unternehmen, da die Einrichtungen kostspielig und der Erfolg unsicher ist.
Am besten bezieht man dieselbe von einem tüchtigen Töpfer, der zugleich zur Einschulung des Ziegelmeisters die ersten Bränte leiten
muß. Auch ist gemahlene Glasur in jeder Qualität von Droguerie-
handlungen zu beziehen, und kosten 100 Kilog. mit Fracht etwa 90 Mk.
Die Glasur wird in breiartigem Zustande unter stetigem Umrühren
vermittelst eines abgeplatteten Bechers auf die zu glasirenden Flächen
der lufttrockenen Steine aufgegossen, und können die Steine nach 24
Stunden schon eingesetzt worden. Zu erwähnen ist, daß die ersten
Bränte im neuerbauten Ofen nicht Glasuren sein dürfen. Das Beschicken des Ofens muß stets in Gemeinschaft mit unglasirten Steinen
geschehen, und zwar so, daß die unterste Schicht auf dem Herde, die
letzten 2—3 Schichten vor der Einkarrthür, und die an den Langwänden liegende Schicht aus unglasirten Steinen besteht. Beim Einsetzen der Glasursteine ist zu berücksichtigen, daß die glasirten Flächen
stets mit dem Feuer stehen müssen, daß sich glasirte Flächen nicht berühren dürfen, und durch Ablaufen der geschmolzenen Glasur die
Steine zusammengekittet werden, zur Vermeidung dessen bringt man
zwischen die Steine keine Thonstückchen. Für alle mehrseitig glasirten
Steine legt man Kanäle an, um dieselben außer Berührung mit
andern Steinen zu bringen.

§. 314. Nachdem der Ofen so gefüllt und die Einkarrthür

berechneten Anlagen der Art, durch Wegfall des Schuppens bedeutend verringert und auch das in dem Ofen steckende Backsteinmaterial nach dem letzten Brande zum Baue noch mit verwerthet werden kann, so daß dann die verausgabten Kosten des Ofens für Arbeitslohn und kleine Materialien auf 240—300 Mk. zu schätzen sind.

Bemerkenswerth ist noch, daß als auf den betreffenden Ziegeleien diese kleine Oefen hergerichtet waren, dieselben nach Vollendung des Kirchenbaues nicht etwa wieder abgebrochen sind, vielmehr dann erst recht benutzt werden, indem die Landmeister und Bauern den Vortheil der Glasuren rasch begreifen und statt der sonst üblichen sandsteinernen Sohlbänke bei allen folgenden Fällen in der Umgegend die Fenster= sohlbänke, Sockelgesimse u. s. w. nur noch von glasirten Steinen her= stellen. Auf diese Weise wird jener Ofen für die Ziegeleibesitzer eine schöne Einnahmequelle nicht allein, sondern die rationelle Ziegelbau= weise wird zur nationalen herangebildet. Auch ist noch zu erwähnen, daß in demselben Ofen die besseren Formsteine mit großem Erfolg gebrannt werden können; sie werden in demselben viel gleichmäßiger und vollkommener gebrannt, als in den größeren Oefen, namentlich besser als in den, in dieser Beziehung immer noch sehr mangelhaften, Ringöfen, die ein schönes Material darzustellen nicht im Stande sind.

## LIV.

### Vom Veranschlagen und Zeichnen der Formsteine.

§ 316. Bei Aufstellung der Massenberechnung werden sämmtliche, wenn auch zum größten Theile aus Formsteinen ausgeführten Bautheile, als aus gewöhnlichen Backsteinen ausgeführt angenommen und mit dem Preise derselben in Anrechnung gebracht. Das Aufstellen des Formsteinverzeichnisses und die Veranschlagung geschieht auf Grund der Arbeitsrisse, oder nur überschläglich auf Grund der Generalzeich= nungen, im letztern Falle werden dem Kostenanschlage Skizzen der wichtigsten Details beigefügt, und die schwierigeren, auch Aenderungen noch ausgesetzten Bautheile summarisch verrechnet. Der für die Form= steine anzusetzende Preis ist dann nach dem Obigen nur ein Preis= zuschlag zu dem Preise der gewöhnlichen Backsteine. Die rationelle Aufstellung des Formsteinverzeichnisses ist zur Vermeidung von Irr= thümern, und für die leichte Uebersicht während der Bauausführung von wesentlicher Bedeutung und dürfte die beigefügte, die Ermittelung des jederzeitigen Bedarfes ermöglichende Form (siehe Tabelle) sehr zu empfehlen sein, die zur Vermeidung eines großen Formates bei größeren Bauten nach einzelnen getrennt werden kann.

Bei Berechnung der Maurerarbeitslöhne werden die dem kubischen Inhalte der einzelnen Theile angesetzt und den größeren Zeitaufwand beim Vermauern der Formsteine zusatz pro Mille vermauerter Formsteine verrechnet.

Das Zeichnen der zur Anfertigung der Formen geschieht am besten gleich unter Hinzufügung des für beiden Thonsorte zu ermittelnden $\frac{1}{9} - \frac{1}{12}$ betrage maaßes, in der Weise, daß man die wirklichen Steine nach einem um das Schwindmaaß vergrößerten aufträgt. Die zu glasirenden Flächen sind mit dem der entsprechenden Tone anzulegen und die Nummer und Quantum anzumerken. Zweckmäßig zeichnet man glasirten Schrägsteine etwas dicker um dort die Fugen eindringenden Wassers zu beschränken.

Druck von Hundertmund und Pries, Leipzig.

| 5 a. | | | 8. | 9. |
|---|---|---|---|---|
| 110 Mł. | | 1 | 150 Mł. | 150 Mł. |
| | | | | |
| Schrägstein Steig 1 : 2 Läufer. | | Sc St L | Kleeblatt=Stein | Vierpaß=Stein. |
| glasirt. | unglasirt. | glasirt. | glasirt. | glasirt. |
| 2000 | | 400( | | |
| | 1200 | | | |
| 1200 | 800 | 240( | | |
| 600 | 300 | 120( | | |
| | | 120 | | |
| 120 | | 10( | 120 | |
| 500 | | 100( | | 1200 |
| 2000 | | 400( | | |
| 6420 | 2300 | 1282( | 120 | 1200 |

# Die Kalk-, Ziegel-
## und
# Röhrenbrennerei.

In ihrem ganzen Umfange und nach den neuesten Erfahrungen.

## Gründliche Anleitung

zur Anlage und zum Betrieb von Kalkbrennereien und Ziegeleien, zur Fabrikation von
allen Arten Backsteinen, Hohlziegeln, Dachziegeln, thönernen Fliesen und Röhren, zur
Herstellung von Cementen und Mörtel.

## Ein Hand- und Hülfsbuch

für

Ziegler, Kalk-, Cement- und Backsteinbrenner, für Maurer, Bautechniker,
Fabrik- und Gutsbesitzer und technische Behörden.

Nach selbstständiger Erfahrung bearbeitet

von

## Edmund Heusinger von Waldegg,

Oberingenieur in Hannover, Herausgeber des Organs für die Fortschritte des Eisenbahnwesens
correspondirendes und Ehrenmitglied verschiedener Architecten- und Ingenieur-Vereine.

Dritte umgearbeitete und vielfach vermehrte Auflage.

Mit 409 Holzschnitten.

II. Theil. 2. Abtheilung.
Die Röhrenfabrikation.

Leipzig,
Theodor Thomas.
1876.

Die

# Röhrenfabrikation

einschließlich der neuesten

Maschinen und Geräthe für die Ziegelfabrikation.

Nach selbstständiger Erfahrung bearbeitet

von

## Edmund Heusinger von Waldegg,

Oberingenieur in Hannover, Herausgeber des Organs für die Fortschritte des Eisenbahnwesens,
correspondirendes und Ehrenmitglied verschiedener Architecten- und Ingenieur-Vereine.

Dritte umgearbeitete und vielfach vermehrte Auflage.

Mit 61 Holzschnitten.

Leipzig,
Theodor Thomas.
1876.

# Zweiter Theil.

## Zweite Abtheilung.

---

## Röhrenfabrikation.

---

# Ueber den Röhrenthon und seine Zubereitung.

§. 317. Eine gute fette Ziegelerde, die nicht zu viel Kalk ent-
t und sich hart und fest brennt, und wenn die daraus gefertigten
gel in Frost und Nässe ausdauern, ist zur Röhrenfabrikation
glich. Sie darf etwas fetter sein, d. i. etwas mehr Thonerde als
gewöhnliche Ziegelmasse enthalten, jedoch nicht zu viel, weil sonst
Röhren zu stark schwinden oder reißen könnten. Man kann im
gemeinen annehmen, daß Erde, woraus gute Dachziegel gemacht
ben, auch zu Röhren taugt, außer wenn der Lehm sehr kurz und
ger ist. Ist der Lehm zu mager, aber sonst gut, so kann er durch
mischung von etwas blauem Letten hierzu passend gemacht werden.
hält die Erde groben Sand und Steine, so muß sie geschlämmt
r durch ein bei jeder Presse befindliches Gitter getrieben werden;
steht der Sand, welcher darin enthalten ist, aber aus Kalk, so ist
Erde zu dieser Fabrikation untauglich, weil Kalksteine, wenn sie
h so klein sind, nach dem Brennen durch die Feuchtigkeit im Boden
ablöschen und Stücke aus den Röhren heraussprengen oder die-
ben gleich ganz zerstören. Man hat zwar verschiedene Vorrichtungen,
Steine aus dem Thone zu entfernen, allein Kalksteine von der
öße eines Nadelkopfes sind hinreichend, um solch einen übeln Effect
vorzubringen. Ist der Lehm zu fett, d. h. mehr lettenartig, so
nn er durch Beimischung von Quarz- oder Granitsand oder auch,
s sehr gut ist, durch gepulverte Scherben von Röhren und Ziegeln
r Röhrenfabrikation tauglich gemacht werden. —

§. 318. Der Thon mag beschaffen sein, wie er will, ob er ge-
lämmt werden muß oder nicht, vor Winter wird er aus der Grube
rausgeschlagen, in 60$^{cm}$ hohe lockere Haufen aufgeschichtet, und dann
le 4—6 Wochen einmal umgehauen, damit die Kälte recht einwir-
n und denselben fein zertheilen kann. Ist es nöthig, Sand beizu-
schen und bedarf der Thon nicht geschlämmt zu werden, so geschieht
eses gleich bei dieser Arbeit im richtigen Verhältniß und es wird
ne circa 15$^{cm}$ hohe Schicht Thon und dann ein Lager Sand gelegt.

25 *

Im folgenden Frühjahr beginnt nun die eigentliche Bearbeitung des Thones, und hierin ist der große Vorzug der englischen Ziegelwaaren zu suchen. Beinahe auf allen Ziegeleien, wenigstens auf denen, die gute Waare verfertigen, ist der Gang der Bearbeitung folgender: Der Thon wird durch eine von Pferden getriebene Maschine geschlämmt, bei welcher Operation da, wo die Erde zu viel Thonerde enthält, etwas Kalkmilch oder Auflösung von Kreide zugesetzt wird. Die geschlämmte Erde wird in große abgetheilte Gruben geleitet, daselbst sitzt sie ab, worauf man das Wasser durch angebrachte Schleußen abfließen, und die Erde bis zu einem gewissen Grade trocknen läßt; alsdann wird sie auf Haufen geschlagen, und der etwa nöthige Sand beigemischt, und nachdem sie durch die Knetmaschine getrieben ist, läßt man sie vor der Verarbeitung noch einige Zeit liegen, was man faulen heißt.

## II.

## Neuere Schlämmmaschinen*) und Filterpressen.

§. 319. Es sind hauptsächlich zwei Arten von Schlämmmaschinen in der Ziegelei- und Thonwaaren-Industrie im Gebrauch.

1. die Schlämmmaschine mit Trog von halbkreisförmigem Querschnitt und liegendem Rührwerk,
2. die Schlämmmaschinen mit kreisrundem Bassin und stehendem Rührwerk.

Die erstere ist die widerstandsfähigste und eignet sich deshalb am besten für einen starken und Maschinentrieb, weil man in der Regel den Betrieb von einer horizontalen Transmissionswelle abzuleiten hat und dies bei der horizontalen Anordnung des Rührwerks auf die leichteste Weise geschehen kann Die letztere eignet sich am besten für den Betrieb durch thierische Zugkraft, weil man dieser die Kraft des Zugthiers direct auf die stehende Welle des Rührwerks übertragen kann, indem man einen Schuh auf das obere Ende derselben steckt, in welchen

---

*) Neben den älteren in §. 84—91 beschriebenen Schlämmmaschinen werden in neuerer Zeit, namentlich derartige von den Gebrüder Sachsenberg in Roßlau a. d. Elbe sehr zweckmäßig und kräftig gebaute Maschinen zum Vorbereiten des Ziegel- und Röhrenthons vielfach verwendet, die nachstehend abgebildet und beschrieben sind und bestens empfohlen werden können.

sich die Deichsel zur Anspannung des Pferdes einlegt. Nichts desto-
weniger wird auch diese Schlämmmaschine häufig für Maschinen-Be-
trieb eingerichtet und wenn sie auch im Ganzen nicht so leistungs-
fähig, als die erstere ist, so bietet sie doch vor dieser an denjenigen
Orten, wo man genöthigt ist, das Bassin oft von den ausgeschlämmten
Unreinigkeiten räumen zu müssen, die Bequemlichkeit mehr Raum hierzu
zu gewähren, als es bei dem engen Raume jener unter und zwischen
den Rührflügeln der Fall ist.

§. 320. **Schlämmmaschine mit liegendem Rührwerk.**

**Fig.** 278 stellt eine obere Ansicht, Fig. 279 einen Längenschnitt
und **Fig.** 280 einen Querschnitt dar.

A **Aus** hart gebrannten Ziegeln und Cementmörtel hergestellter Trog.

B **Welle** aus Eichenholz mit Flügeln B¹ aus demselben Material
und an ihren Enden auf der arbeitenden Seite mit Schuhen aus
Gußeisen versehen, um der schnelleren Abnutzung des Holzes entgegen
zu wirken. Die hölzernen Flügel empfehlen sich namentlich deshalb,
weil sie sich im Falle eines Bruches sehr leicht von jedem Holzarbeiter
ersetzen lassen, was bei eisernen weniger der Fall ist, welche überdies,
wenn sie solide befestigt werden sollen, auch eine eiserne Welle, oder
mindestens eiserne Schuhe erfordern, was die Maschine erheblich ver-
theuern würde.

C C′ **Räbervorgelege** und D D′ feste und lose Riemscheibe zum
Betrieb der Schlämmmaschine.

E **Ueberfallschütz** aus Eichenholz, über dessen oberer Kante der
durch die Flügel zu dünnem Schlamm gerührte Thon abläuft und
zur Regulirung des Abflusses sind noch die Spunde E′ E′ vorhanden,
welche nach Bedürfniß geöffnet werden.

F **Vertiefung,** auf ihrem Grunde mit einem Sieb G bedeckt, um
etwa mitgerissene gröbere Verunreinigungen zurückzuhalten.

H **Abflußkanal** für den Thonschlamm, welcher gewöhnlich zunächst
in ein größeres Bassin mündet (um hier den feineren auszuschläm-
menden kalkigen und sandigen Beimengungen nochmals zur Ablagerung Gelegenheit zu bieten, von welchem aus dann meist hölzerne
Rinnen mit sehr geringem Gefälle (um auch aus dem fließenden Schlamm
noch feinere Sandtheile auszuscheiden) nach den Absatzbassins führen.

Bei größerem Betriebe läßt sich diese Schlämmmaschine so arran-
giren, daß zwei derselben durch einen gemeinschaftlichen Betriebsriemen
in Bewegung gesetzt werden und zwar so, daß jede für sich durch Verschiebung des Getriebes C angelassen und angehalten werden kann;
die Umdrehungen des Rührwerks betragen 18—21 pr. Minute.

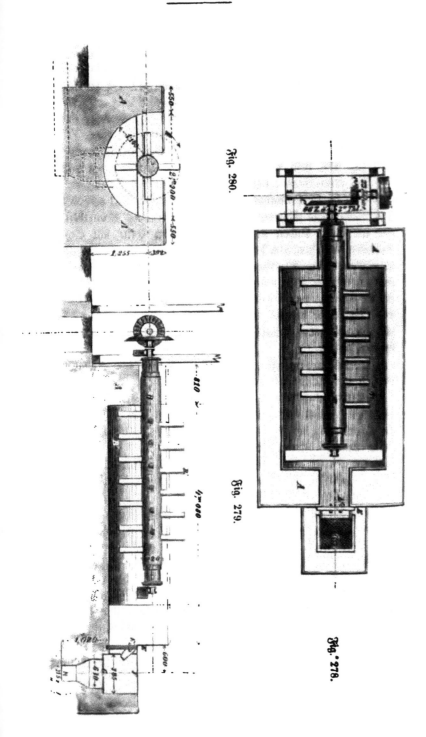

Fig. 280.

Fig. 279.

Fig. 278.

Die Leistung dieser Schlämmmaschine ist je nach der Natur des zu schlämmenden Materials eine sehr verschiedene und beläuft sich auf 20—30 Cub. Meter pr. Tag.

Der Preis der Eisentheile stellt sich auf ca. 420 Mark.

§. 321. Schlämmmaschine mit stehendem Rührwerk.

(Fig. 281 im Verticalschnitt, Fig. 282 im Grundriß.)

Fig. 281.

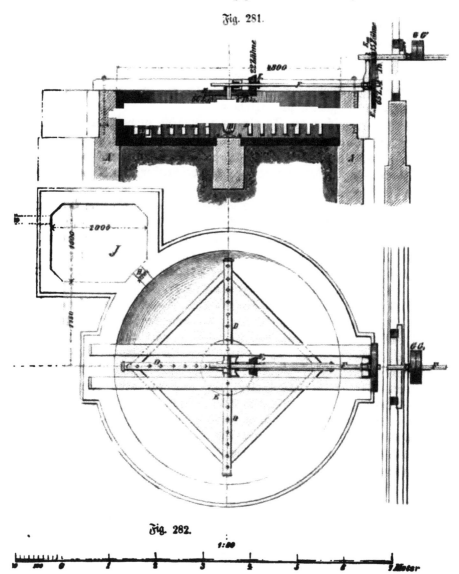

Fig. 282.

1:80

A Bassin aus gebrannten Ziegeln und Cementmörtel hergestellt.

B Stehende Welle aus Gußeisen mit geripptem Querschnitt, durch welche die Arme C C des Rührwerks hindurchgehen und darin vertheilt sind.

D D Zinken des Rührwerks aus zähem Holz von quadratischem Querschnitt, diagonal gegen die Drehungsrichtung gestellt und an ihrem untern Ende auf der Angriffseite der schnellen Abnutzung des Holzes wegen mit Winkeleisen beschlagen.

E E' Konische Räder, E" E'" Stirnradvorgelege zum Betriebe des Räderwerks.

F F' Vorlegewellen, G G' Betriebsriemscheiben, H Abflußöffnung für den Thonschlamm mit einem Sieb versehen, um das Durchlassen gröberer Unreinigkeiten zu verhindern.

I Bassin, welches der Thonschlamm zunächst zu passiren hat, um hier beim Durchfließen einen großen Theil seiner Sinkstoffe — Sand und feingetheilten Kalk — abzulegen, von welchem aus dann der Schlamm, wie bei der vorigen Maschine beschrieben, in Rinnen nach den Absatzbassins geleitet wird.

Auch diese Schlämmmaschine läßt sich bei ausgedehntem Betriebe so anlegen, daß mehrere gleichzeitig mittelst einer gemeinschaftlichen Vorlegewelle durch einen gemeinschaftlichen Riemen betrieben werden und zwar wie bei dem vorigen so angeordnet, daß jedes Getriebe E' für sich ausgerückt werden kann. Das Rührwerk bewegt sich mit einer Geschwindigkeit von 4—4,5 Umdrehungen pr. Minute.

Die Leistung dieser Schlämmmaschine ist ebenfalls verschieden je nach der Zusammensetzung des zu verarbeitenden Materials und ist im Allgemeinen, da diese Maschine nicht so stark angestrengt werden kann, etwas geringer als die mit liegendem Rührwerk. Bei einer von der ausgeführten Anlage für den Maurermeister und Ziegeleibesitzer Herrn Birner in Luckenwalde, wo zwei der eben beschriebenen Schlämmmaschinen im Betriebe sind, werden täglich ca. 100 Wagen à 0,3 Cub. Meter zusammen also 30 Cub. M. Thon gefördert und geschlämmt, und zwar werden aus dieser Masse 50 Procent an Sand und Kalkmergel ausgeschieden, wobei die Schlämmbassins täglich 1—2 mal geräumt werden müssen.

Der Preis der Eisentheile für eine Schlämmmaschine dieser Construction stellt sich auf ca. 390 Mark.

§. 322. Die sicherste Vorbereitung des Röhren Thons ist, wie erwähnt, durch Schlämmen zu erreichen; anstatt in Schlämmkasten oder sog. Rainen die Verdickung der Schlämmmassen abzuwarten, wird in

uerer Zeit häufiger, ja in der Porzelan-Jndustrie fast allgemein
on, die Filterpresse angewendet. Bei kurzen und darum auch po-
sen, sandigen Massen functioniren diese Apparate eben ganz vor-
glich. Anders ist dies dort der Fall, wo es sich darum handelt,
r fette Massen zu entwässern. Da sinkt die Leistungsfähigkeit der
essen sehr herab und oft versagen diese Apparate ganz den Dienst.
an ist dann wieder auf die Verdampfung des Wassers auf natür-
hem Wege oder durch Zuführung künstlicher Wärme in gemauerten
annen u. s. w. angewiesen. Erstere Procedur ist zeitraubend und
zt den Thon manchen Zufälligkeiten und Verunreinigungen aus,
e zweite Methode, vielfach geübt in England, wo aber billigerer Brenn-
off zur Verfügung steht, ist bei uns meist allzu kostspielig, liefert
er wohl die homogensten und am feinsten vertheilten Massen.

§. 323. Gute Filterpressen baut A. L. G. Dehne in Halle a. d.
aale, welche direct mit der Zuführungspumpe für den aufgeschlämm-
n Thon versehen sind. Dehne stellt zweierlei Systeme solcher Pumpen
r, eines mit centralem, ein anderes mit außenliegendem Zuleitungs-
hr und einer Vorrichtung zur Selbstentleerung der zurückgebliebenen
affakuchen. Beide Systeme arbeiten gleich gut, bei gleichem Material.

Für eine stündliche Production von 300 bis 350 Pfund resp.
0 bis 200 Pfund trockener Masse kosten die Maschinen erster Con-
ruction 1500 Mrk. und 1200 Mrk., jene der zweiten Construction
00 Mrk. und 900 Mrk., ja von letzteren werden auch noch kleinere
essen für eine Leistungsfähigkeit von 70—100 Pfund Masse zum
eise von 600 Mrk. gebaut.

Der gewünschte Feuchtigkeitsgehalt der zu erzeugenden Masse ist
rch variable Belastung eines Sicherheitsventiles an der Pumpe be-
mmbar, was die Möglichkeit, ziemlich homogene Massen aus ver-
iedenen auf einander folgenden Pressungen zu erhalten, sehr erleichtert.

---

## III.

## Fabrikation von Thonröhren aus der Hand.

§. 324. Das Herstellen von kurzen 25—30ᶜᵐ langen Thonröhren
ttelst der Töpferscheibe ist bekannt; diese Art der Fabrikation gehört
den Häfnerarbeiten, deren Beschreibung uns zu weit abführen würde.
hönerne Röhren zu russischen Schornsteinen, Dunst- und Wasserlei-
ngen, welche länger als 30—36ᶜᵐ sind, lassen sich auch nicht mehr

gut auf der Töpferscheibe herstellen und werden bei Handfabrikation am vortheilhaftesten über einer Form (einem Kerne) geformt.

§. 325. Zu dem Ende wird ein Stock Thon, von der Länge der zu fertigenden Röhren, der Breite = dem Umfang derselben + 26ᵐᵐ (für Uebereinanderlegen der Ränder) und 30—45ᶜᵐ Höhe auf den Tisch geschlagen und auf diese Dimensionen rechtwinkelig beschnitten. Hierauf wird auf die beiden Langseiten des Thonstocks eine Partie (6—8 Stück) Parallellineale a, a Fig. 283. von 12—18ᵐᵐ

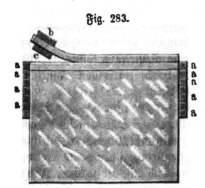

Fig. 283.

Stärke (= der Wandbicke der zu fertigenden Röhren) an der obern Kante anfangend angeklebt oder angebrückt. Nachdem die über die obersten beiden Lineale vorstehenden Unebenheiten nach den Linealen mit dem Schneidebraht (eine 2fach gewundene feine messingene Klaviersaite, 45—60ᶜᵐ lang mit zwei Hölzchen als Handgriff an den Enden beschnitten worden, wird die obere Fläche des Erbstocks durch Streichen mit vier Fingerspitzen nach der Länge und Breite gedichtet, und mittelst einer Ziehklinge wieder geebnet. Hierauf nimmt der Arbeiter auf jeder Seite das oberste Lineal weg und drückt es unterhalb des untersten wie die übrigen an den Thonstock an, schneidet alsbann, indem er den Schneidebraht mit beiden Händen an den Handgriffen erfaßt und dicht über die obere Kante der jetzigen obersten Parallellineale herzieht, eine Thonplatte ab. Darauf wird eine flache Leiste oder Lineal c (Fig 283.) unter die eine lange Kante der Thonplatte geschoben, ein anderes ähnliches Lineal b obenauf gelegt und diese zusammen mit beiden Händen erfassend so auf eine zweite Tischplatte oder Abrichttafel flach aufgelegt, daß die frühere obere Seite der Platte jetzt nach unten liegt. Nun streicht der Arbeiter ebenso wie früher die jetzt oben liegende Seite

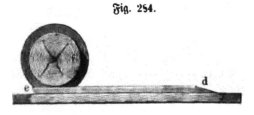

Fig. 284.

der Thonplatte mit vier Fingerspitzen nach der Länge und Breite, so daß alle durch den Schnitt des Drahts hervorgetretene Körnchen wieder eingebrückt und verstrichen werden, und ebnet mit der Ziehklinge wieder die Fläche; bestreut hierauf die ganze Oberfläche der Platte mittelst eines Haarsiebes gleichmäßig mit feinem Sand, streicht alsdann die eine Längenkante d (Fig. 284.) der Platte mit der Ziehklinge auf 26ᵐᵐ Breite schräg ab und feuchtet dieselbe mit einem Schwamm noch etwas an.

Darauf nimmt der Arbeiter die runde hölzerne Form oder den Kern f, legt diesen auf die andere Längenkante der Platte und wickelt dieselbe dicht um den Kern auf, so daß die schräge und genetzte obere Kante von d an oder über die untere von e zu liegen kommt und mit dieser aus der Hand verstrichen wird.

§. 326. Sollen diese Thonröhren ineinander gesteckt werden, so müssen sie an dem einen Ende einen Muff oder weitern Rand erhalten. Zu dem Ende hat bei dünnen Wasserleitungsröhren von 75—100ᵐᵐ Weite die Form f (Fig. 285.) gleich einen stärkern Kopf g von der lichten Weite des Ansatzmuffs und die Thonplatte wird mit über diesen Kopf gewickelt und um denselben mit den Händen beigedrückt und verstrichen, sowie in die Kehle um diesen Ansatz, welche durch das Beidrücken dünner geworden, zur Verstärkung noch eine 25ᵐᵐ dicke Thonrolle geschlungen und eingedrückt wird.

§. 327. Bei stärkern 13—30ᶜᵐ weiten Röhren wird, nachdem die Röhre auf eine Gypsform h (von der lichten Weite und Höhe dieses Ansatzes und einem etwa 5ᶜᵐ hohen dünnern Ende von der lichten Weite der Röhre selbst) gesetzt und aus einem Thonstreifen der Ring k (Fig. 286.) um die Gypsform und die Röhre i gelegt und an deren vorher angenetztes Ende angedrückt und verstrichen. Mittelst eines an dem untern Ende in die Gypsform eingegossenen und versenkten Drahtgriffs zieht man die Gypsform wieder heraus.

§. 328 Zum Ausheben des Kerns aus der Thonröhre ist bei dünnern 75 bis 100ᵐᵐ weiten Röhren die Form an dem dünnen Ende 10—15ᶜᵐ länger als die Röhre, sie wird mit diesem Ende auf das Trockenbret leicht aufgestoßen, in Folge dessen die Röhre herabgleitet und auf das Bret sich setzt, wonach die Form an dem jetzt oben vortretenden Kopfende

Fig. 285.

Fig. 286.

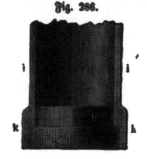

forgfältig herauszuziehen ist. Bei dickern Röhren hat der Kern wegen des zu großen Gewichts nur die Länge der zu formenden Röhren und ist zum bequemen Herausziehen oben mit einem eisernen Handgriff l (Fig. 285) versehen.

§. 329. Nachdem die Röhren einige Tage anfrechtstehend abgetrocknet und lederhart geworden sind, werden sie gerichtet, die obern und untern Ränder beschnitten und geglättet. Wasserleitungsröhren aus Steinmasse, die durch Kitt, ineinander gesteckt, verbunden werden sollen, müssen sehr sorgfältig abgerichtet und mit Riefen zum Festhalten des Kittes an den dünnen Enden versehen werden. Zu dem Ende kommen sie, auf einem Kerne steckend, noch auf eine Art Drehbank, wo die Enden förmlich abgedreht und mit Wasser geglättet werden.

## IV.

### Verfertigen der Drainröhren mittelst Maschinen.

§. 330. Die Erfindung der Röhrenpressen und der dadurch erzielte wohlfeile Preis der Röhren war ein Hauptbeförderungsmittel zur Ausbreitung der Drainage.

Die erste Presse der Art wurde im Jahre 1835 in der Fabrik von Villeroy und Boch in Metlach bei Trier zur Anfertigung von Wasserleitungsröhren angewandt; darauf wurde 1837 durch den Marquis von Tweeddale in Schottland eine Röhrenpresse aufgestellt: obgleich diese noch sehr unvollkommen waren, so erzeugten sie doch schon viel billigere Röhren als durch Handarbeit. Im Jahre 1843 zogen die Röhren, welche zu Derby von John Read ausgestellt waren, zuerst die Aufmerksamkeit auf sich, worauf dann kurz nacheinander bedeutende Verbesserungen und Vereinfachungen erfolgten.

§. 331. Die Maschinen zur Fabrikation der Drainröhren sind dieselben, welche wir in §§. 144—146 bei der Fabrikation von Hohlziegeln beschrieben haben; wir wollen hier dieselben noch näher betrachten und einzelne Specialitäten beschreiben.

Man kann diese Röhrenpressen in 3 Klassen theilen, nämlich:

1) Solche, wo der Thon gleich beim Austritt aus der Knetmaschine die Röhrenform erhält.

Dieß ist das unvollkommenste System, da die Röhren sehr weich find, und der Mechanismus hierzu sehr schwerfällig und viele Kraft erfordernd ist.

Bei großen Maschinen, die durch Dampf betrieben werden, ist dieß jedoch durchgängig der Fall, allein nachdem der Thon geknetet ist, wird er auf mechanischem Wege in die Presse geschoben und dann herausgedrückt. So ist die Einrichtung bei Marshal in Hull, bei Béart in Huntington, bei Burnes in Linlithgow, wo täglich gegen 20,000 Röhren fabricirt werden, mit einem Aufwande von 4—6 Pferdekraft. Auch Randell und Saunders brachten eine derartige Maschine im kleinen Maaßstab, jedoch sehr complicirt, auf die erste große Ausstellung zu London, die aber von der Jury als ein nutz= loses Spielwerk verworfen wurde.

### 2) Maschinen, woraus ohne Unterbrechung Röhren gepreßt werden.

§. 332. Hierher gehört die Maschine von Dr. Corsen, die in größerer Anzahl in der Maschinenbauanstalt von Egels in Berlin gebaut und sehr entsprechend gefunden wurde. Die Presse zeichnet sich durch Einfachheit aus, ein großer Vortheil bei Maschinen, zu deren Unterhaltung nicht immer die erforderlichen Kräfte und Mittel zu Gebote stehen.

Diese Maschine besteht aus einem hölzernen Gestelle, worauf in eisernen Ständern zwei abgedrehte gußeiserne Walzen senkrecht über= einander liegen. Vorn vor den Walzen und an diese ringsum dicht anschließend ist ein gußeiserner Rahmen mit der vertical stehenden Schablonenplatte und hinter den Walzen ein trichterförmiger hölzerner Rumpf ebenfalls mit seiner untern Mündung dicht an die Walzen anschließend befestigt. Durch ein auf der Schwungradwelle befind= liches Vorgelege wird ein auf der untern Walze befestigtes großes Zahnrad und mit diesem beide Walzen gegeneinander umgedreht, der hinter denselben in den Rumpf aufgegebene Thon wird zwischen den Walzen durchgezogen, alle etwa im Thone befindlichen Steinchen zerdrückt und in Röhrenform durch die Löcher der Schablonenplatte gepreßt. Vor der letztern befinden sich auf einem horizontalen Tische dünne hölzerne Walzen, welche die Röhren bis unter den Abschneider führen, welchen der Arbeiter an der Maschine zur geeigneten Zeit her= abschlagen läßt.*)

---

*) Eine genaue Abbildung und Beschreibung dieser Maschine enthalten die Verhandlungen des Vereins zur Beförderung des Gewerbefleißes in Preußen und das Polytechn. Centralbl. 1859.

§. 333. Ferner gehört hierher auch die Maschine von Ainslie, welche in England keinen großen Anklang fand, aber desto beliebter in Frankreich ist. Sie besteht ebenfalls wie die Egels'sche Maschine aus 2 Walzen von Gußeisen, welche horizontal aufeinander liegen; auch ist auf der einen Seite dieser Cylinder ein prismatischer Kasten angebracht, wo in einer Seite desselben sich die Röhrenformen befinden. Auf der andern Seite ist eine Leinwand ohne Ende, die gegen die Cylinder geneigt ist, und worauf man den Thon legt. Ein Arbeiter schiebt den Thon gegen die Cylinder, welche denselben durch ihre Bewegung zwischen sich hineinziehen und in den auf der andern Seite befindlichen prismatischen Kasten drücken, wo er dann durch die Formen als Röhren auf einen Rolltisch wie bei den andern Maschinen herausgepreßt wird. Das Gestell dieser Maschine ist ganz von Eisen und ruht auf 4 Rädern.

In Frankreich werden zweierlei Größen von dieser Maschine gefertigt, die eine, womit gegen 5000 Röhren täglich erzeugt werden können, kostet 700 Francs; die andere, womit man gegen 8000 Röhren im Tage machen kann, kostet 1200 Francs; die letzte braucht zu ihrer Bedienung 5 Männer und 2 Knaben wenigstens.

3) Maschinen, wo jedesmal ein Quantum Thon zum Auspressen eingelegt werden muß, und worauf durch einen Piston die Röhren gepreßt werden.

§. 334. Diese Art von Maschinen sind am meisten verbreitet, und entweder mit einfachen oder doppelten Preßkasten und Pistons versehen, welche horizontal oder vertical wirken.

Unter den horizontal wirkenden Pressen dieser Art ist die William'sche in Deutschland am gebräuchlichsten; sie ist in Fig. 287 dargestellt, und besteht aus einem soliden eisernen Kasten, der in einem auf gußeisernen Rollen beweglichen Gestell von bedeutender Stärke liegt. Dieser Kasten wird mit dem wohlzubereiteten, völlig steinfreien Thon angefüllt, und sein Deckel mittelst eines starken Eisenhebels hermetisch verschlossen. Die hintere Eisenwand des Kastens ist in Laufschienen beweglich und wird durch eine Zahnstange von Schmiedeeisen nach vorwärts gedrängt. Die letztere erhält ihre Bewegung durch ein Rädersystem, welches soviel Kraft erzeugt, daß ein einzelner Mann ganz bequem die Maschine regieren kann. Der Thon im Kasten wird durch das Drehen der Kurbel nunmehr nach vorn getrieben, passirt ein Gitter und kommt dann an den runden Oeffnungen der vordern Kastenwand als Röhren heraus. Diese vordere Kastenwand, die Formplatte, ist aus- und einsetzbar, je nachdem man Röhren von größerm oder geringerm Durchmesser, oder auch Hohlziegel und hohle Backsteine anfertigen will. Die aus der Formplatte tretenden Röhren gelangen auf das Rollbett, einen langen, aus einzelnen beweglichen Walzen bestehenden Tisch, auf welchem sie fortgleiten, bis der Kasten leer ist. In die erforderliche Größe werden diese Röhren zerschnitten, mittelst darüber in die Höhe gerichteter Bogen mit Stahlsaiten. Die Röhren werden dann mittelst eigener Gabeln, deren Zinken in ihre Höhlungen passen, aufgenommen und zum Trocknen auf die Gestelle gebracht. Eine große Drainröhrenpresse dieser Art liefert im Tage 6000 und mehr Röhren von 30$^{cm}$ Länge, die kleinere Sorte liefert deren 4000 Stück täglich.

§. 335. Die Maschinenfabrik von J. Jordan Sohn in Darmstadt hat an der William'schen Röhrenpresse mehrere wesentliche Verbesserungen angebracht, deren wichtigste in einem einfachen Hebelmechanismus besteht, der die Unachtsamkeit und Unkenntniß des Arbeiters, welcher die Maschine bewegt, unschädlich macht, ein Mechanismus, welcher bestimmt ist, die Bewegung des Arbeiters in dem Moment zu arretiren, wo aller Thon in der Presse ausgepreßt ist und den Arbeiter an der Drehkurbel mit der Fortbewegung einhält.

Die Jordan'sche Maschine Fig. 287. ist ganz von Eisen und sehr stark gebaut, ruht auf einem soliden ebenfalls eisernen Untergestell, welches durch zweckmäßig angebrachte Quer- und Längenverbindungen an und für sich schon unverrückbar gemacht ist. Die

Fig. 287.

Männlichen schmiedeeisernen Wellen der Maschine laufen in Lagern

von bestem Rothguß. Alle Stücke sind mit der größten Sorgfalt gearbeitet, was den ebenso sanften als sichern Gang der Maschine bedingt. Der eiserne Preßkasten ist auf allen Seiten genau gehobelt,
geebnet und polirt, der Piston geht darin vollkommen geschlossen,
wodurch die Maschine einen stets gleichmäßigen Gang beibehält, das
Haupttriebrad und die Zahnstange sind von geschmiedetem Eisen.
Ein schmiedeeiserner Hebel, welcher aufgebremst wird, schließt den
Preßkasten auf eine ebenso einfache als sichere Weise. Der Schneideapparat, welcher die gepreßten Röhren abschneidet, ist so angeordnet,
daß er von dem die Maschine bewegenden Arbeiter gleichzeitig bedient wird.

Der Preis der Jordan'schen Maschine (Modell Nr. I.) ganz von Eisen
für Handbetrieb fahrbar, Preßkasten von 2 Cub. Fuß Inhalt, Zahnstange und Haupttrieb von geschmiedetem Eisen incl. eines Schneid-
werks zu 3 Drainröhrenschnitten Gewicht ca. 12 Ctr. kostete (Ende
1875) exl. Formen 606 Mark. Ein Satz Drainröhrenformen dazu von
5 Stück, für die Kaliber von ca. 35$^{mm}$, 50$^{mm}$ 62,$^{mm}$, 75$^{mm}$ und 100$^{mm}$
in Lichten 78 Mark.

§. 336. Drainröhrenpresse von J. Jordan Sohn. (Modell Nr. II.
siehe Fig. 288.) Die Presse ist von gleicher Construction wie die Nr. I.; sie
hat nur größere Dimensionen, weshalb dasjenige, was wir bei Nr. 1.
gesagt haben, auch hier gilt, und umgekehrt das Folgende auch im
Wesentlichen auf Nr. 1 paßt. Der Preßkasten ist ungefähr doppelt so
breit als hoch und in seinen inneren Wandungen genau gehobelt und
geschliffen. In demselben bewegt sich der Druckkolben, welcher bei
seiner Vorwärtsbewegung den in dem Kasten eingeschlossenen Thon
nach der eingesetzten Form vorwärts drängt, und, je nach der Gestalt
derselben, Röhren oder Steine auspreßt. Nach vollendeter Pressung
wird der in unserer Abbildung an die Maschine angelehnte Verschlußhebel (von Schmiedeeisen) abgenommen, der denselben haltende Schließ-
teil ausgeschlagen und der Deckel des Preßkastens, welcher sich in
Charnieren bewegt, in die Höhe gehoben und die Maschine einer neuen
Füllung unterworfen. Unsere Abbildung zeigt diese Maschine in diesem
Momente. Der Deckel des Preßkastens ist aufgehoben, die Kurbelwelle noch ausgelöst, der Sicherheitsapparat in Ruhe, der Verschluß-
deckel abgenommen. — Das Füllen selbst geht sehr rasch, indem die
Arbeiter die zubereitete Thonmasse in annähernd rechteckig oder viereckig zugerichteten Klumpen von derjenigen Größe parat halten, von
welcher sie erfahrungsmäßig wissen, daß vier oder fünf solcher Klumpen den Preßkasten gerade füllen. Nach geschehener Füllung wird

der Preßkasten mittelst des Deckels geschlossen, quer über denselben legt sich der Verschlußhebel, wodurch Deckel und Hebel vollständig an-

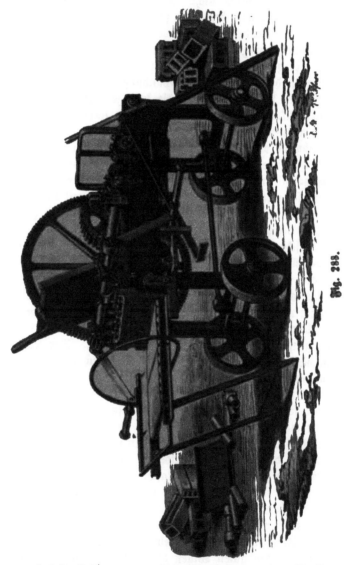

Fig. 288.

gezogen und festgestellt werden. Man hat bei derartigen Pressen auch noch andere Verschlüsse für den Deckel, z. B. Bügel mit Schrauben, welche gegen die Deckel wirken und bei den hier beschriebenen Jor-

dan'ſchen Maſchinen jetzt vorzugsweiſe angewendet ſind. Dieſe Ver-
ſchlußmethoden haben ſich ſehr gut bewährt; ſie ſind einfach, handlich
und verſperren den Raum nicht. Der Weg des Preßkaſtendeckels iſt
beim Niederlegen genau begrenzt, ſo daß niemals ein Aufbremſen
oder Hemmen des darunter herlaufenden Druckkolbens ſtattfinden kann.
Der Druckkolben bewegt ſich vielmehr mit hinreichender Leichtigkeit und mit gleichem Anſchluß an dem Preßkaſtendeckel wie
an den übrigen drei unbeweglichen Wandungen des Preßkaſtens. Mit
dem Preßkolben feſt verbunden iſt die kräftige, ſchmiedeeiſerne Zahn-
ſtange mit vollkommenen, genau gearbeiteten Zahnformen. Dieſelbe
wird durch einen ſchmiedeeiſernen Trieb in Bewegung geſetzt. Zwiſchen
dieſer Triebwelle und der Drehkurbel ſind noch zwei weitere Wellen
eingeſchaltet, welche ein zweifaches Rädervorgelege von ſtarken Ueber
ſetzungsverhältniſſen tragen, ſo daß es der Kraft eines Mannes möglich iſt, ein ſo zähes Material wie der Thon iſt, mit Leichtigkeit zu
bewältigen und eine Maſchine der Art Tag für Tag ohne große An
ſtrengung zu bedienen.

Da Maſchinen ſolcher Art oft in die Hände der ungeſchickteſten
oder ſolcher Arbeiter kommen, welche in der Maſchine eine gefährliche
Concurrentin erblicken, erſchien eine Vorrichtung nothwendig, wodurch
übermäßige oder unvorſichtige Kraftäußerungen des Kurbeldrehers
unſchädlich gemacht werden, damit die Maſchine keinen Schaden leidet.
Hierher gehört vor Allem der Fall, wenn der Kurbeldreher weiter dreht,
als der eigentliche Weg des Druckkolbens beträgt. Der Kolben gelangt in dieſem Falle ſo weit vor, daß er endlich anſtößt; legt ſich
in dieſem Falle der Kurbeldreher mit forcirter Kraft auf die Kurbel,
ſo iſt ein Bruch an irgend einem Theile des Mechanismus, welcher
zufällig der ſchwächſte iſt, unausbleiblich. In der Regel trifft dieſes
Loos einen Radzahn, in Folge deſſen ein neuer Zahn eingeſetzt oder
das ganze Rad ausgewechſelt und durch ein neues erſetzt werden muß
Abgeſehen von den hiermit verbundenen Koſten iſt eine mehrtägige
Unterbrechung in Benützung der Maſchine zu beklagen. Um dem zu
begegnen, verſah man die Maſchinen mit Signal- oder anderen Vor
richtungen, welche dem Kurbeldreher ſagen ſollten wann er einhalten müſſe
Doch wie, wenn er nicht einhielt? Dann war der Bruch da. Ein großer Theil
dieſer Vorrichtungen appellirte alſo mehr oder weniger an die Einſicht, Auf
merkſamkeit und den guten Willen der Arbeiter, eine Vorausſetzung
die oft trüglich iſt. Die Jordan'ſche Drainröhren- und Hohlbackſtein
maſchine iſt deßhalb mit dem ſogenannten Jordan'ſchen Sicherheitsapparat verſehen. Durch denſelben werden Unfälle der be-

merkten Art unmöglich gemacht und gleichsam die Aufseher ersetzt. Eigentlich hat die Jordan'sche Presse zwei Sicherheitsvorrichtungen, — eine für vernünftige und hörende und eine für absolut nicht hörende Arbeiter. Die Erstere besteht in einer einfachen Federsignalvorrichtung, welche durch heftigen Anschlag an eine Metallfläche einen unangenehmen, gellenden, durchbringenden Ton erzeugt, welcher dem Kurbeldreher ankündigt, daß der Kolben seinen Lauf vollendet hat. Dreht aber der Kurbeldreher dennoch fort, wodurch der Kolben weiter fortrücken würde als er darf, so fühlt sich derselbe auch schon im nächsten Momente arretirt; ein kleiner Hebel hat sich vor die Kurbel gelegt und dieselbe festgehalten. Bei Anordnung dieser Vorrichtung ist man von der Ansicht geleitet worden, daß das Einhalten der in Bewegung befindlichen Theile der Maschine mit um so viel weniger Mitteln zu erreichen sei, je näher die Arretirung dem Angriffspunkte der bewegenden Kraft gerückt wird, und daß eine directe Arretirung an der Drehkurbel die rationellste sein müsse, weil an dieser Stelle noch keine Multiplication der bewegenden Kraft durch die Räberübersetzungen statt hat.

Das Schneidewerk dient dazu, die aus der Form in langen Strängen austretenden Röhren, Hohlsteine oder Dachziegel auf bestimmte Länge abzuschneiden. Die Thonstränge laufen über Walzen, welche auf einem Rahmen mit Untergestell angebracht sind. In unserer Abbildung ist das Schneidwerk nur für eine Schnittlänge gemacht. Es ist dies die ältere Anordnung und es scheint für gewisse Fabrikate und unter bestimmten Verhältnissen zuweilen angemessener, kurze Schneidwerke als längere, für 3—4 Schnittlängen, anzuwenden. In der Regel werden in neuester Zeit indeß längere Schnittwerke, und zwar für 3 Schnittlängen angewendet. Zweckmäßig construirte Schneidwerke lassen eine vielseitige Verwendung zu. Man kann z. B. bei jedem Schnitt auf einmal 3 Röhrenlängen, jede von 1 Fuß, oder 12 Schnittlängen, jede von $1/4$ Fuß (zusammen 3 Fuß), 6 Schnittlängen à $1/2$ Fuß, 4 von je $3/4$ Fuß, 2 von je $1/2$ Fuß, oder 1 von 3 Fuß herstellen. Das in unserer Figur dargestellte Schneidwerk schneidet eben so gut wenn es von links nach rechts, als von rechts nach links angewendet wird.

Der Kasteninhalt der Maschine Nr. 2 beträgt 2,6 hess. Cubikfuß = 0,04 Cubikmeter. Ein Mann und ein Junge fertigen täglich auf dieser Maschine 3—4000 Röhren, oder 2000—2500 Hohlbacksteine, oder 3000 Dachziegel.

Das Gewicht der Maschine beträgt 14 Centner und der Preis ist 670 Mark. Dieselbe hat bei kleineren Ziegeleianlagen neben der Maschine Modell Nr. I. vielfache Verbreitung gefunden.

In diesem Preise sind inbegriffen dieselben Theile wie bei Nr. I. genannt, nebst einem eisernen Schneidwerk, welches 3 Schnitte à 27½ Centim. schneidet. Formen extra zu nachstehenden Preisen:

Drainröhrenformen mit 1 bis 5 Röhrenöffnungen Durchschnittspreis per Stück . . . . . . . . . 15 Mark.

Bei Entnahme einer einzelnen Form stellen sich die Preise der Drainröhrenformen zu Modell Nr. II. wie folgt:

a) eine Form mit 5 Röhrenöffnungen . . 18 Mark — — —
b) „ „ „ 4 „ . . 17 „ 15 —
c) „ „ „ 3 „ . . 15 „ 50 —
d) „ „ „ 2 „ . . 13 „ — —
e) „ „ „ 1 „ . . 12 „ — —

Hohlsteinformen zu Maschine Mod. Nr. II., je nach Façon und Schwierigkeit der Ausführung . . . . Mark 15 bis 48 —
Eine Plattziegelform . . . . . . „ 15 „ 48 —

## Presse Modell Nr. II. als Thonreinigungsmaschine.

Ein schmiedeeisernes
Thongitter
Fig. 289.

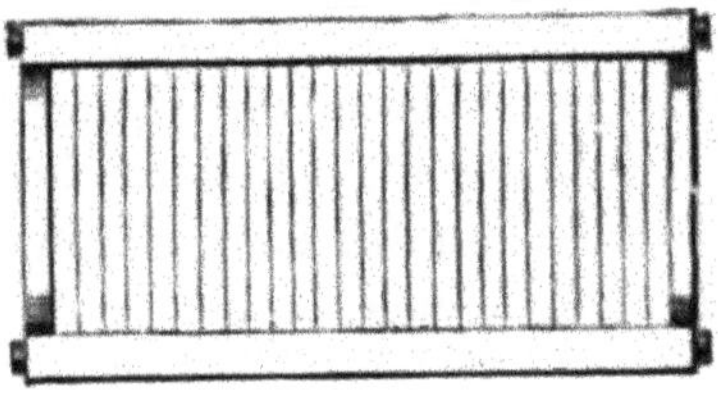

zu Mob. Nr. II.
kostet 36 Mark.

Ein gußeisernes
Thongitter
Fig. 290

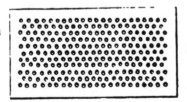

zu Mob. Nr. II.
kostet 12 Mark.

Ein schmiedeeisernes
Sieb mit kleinen
runden Löchern.
Fig. 291

zu Mob. Nr. II.
kostet 36 Mark

Eine größere Maschine dieses Systems (Modell No. III.) von J. Jordan Sohn ist in Fig. 157. auf S. 150 dargestellt, hat ein

Gewicht von 18 Ctr. und kostet 846 Mark. Ein Satz Drainröhren-formen dazu von 5 Stück für obige Kaliber von 35—100ᵐᵐ kostet 105 Mark.

§ 357. Bei der Drainröhrenpresse von C. Schlickeysen in Berlin, Fig. 202, ist der Thoncylinder ähnlich wie bei einer Kanone um eine

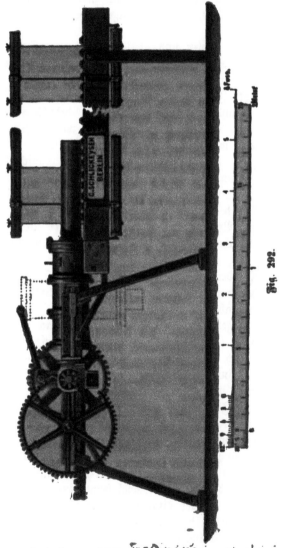

Fig. 202.

so daß dem Füllen des Cylinders ein Heben desselben

Da die Maschine den Thon nicht zugleich präparirt, so ist eine vorherige sorgfältige Zurichtung desselben erforderlich. Dies kann geschehen indem man den zu verarbeitenden Thon einen Tag vor der Verwendung durch das zu der Maschine gehörige Sieb drückt und denselben dann in Ballen formt, oder auch indem man ihn durch ein Handwalzwerk gehen läßt, was bei knotigem oder unreinem Material stets geschehen sollte.

Bei Anwendung dieser und ähnlicher Röhrenpressen ist es empfehlenswerth, in dem Arbeitsraume ein besonderes Thonmagazin in geeigneter Weise anzulegen, welches man feucht erhält und möglichst luftdicht verschließt. In diesem Magazine stapelt man die Thonballen mindestens 24 Stunden vor dem Gebrauche behufs gleichmäßiger Durchlagerung auf, wodurch die Röhren eine weit bessere Qualität erhalten, als wenn man den Thon sofort verarbeitet.

Die mittelgroße Handröhrenpresse (No. 1) von Schlickeysen liefert nach Angabe der Fabrik täglich 3000 Stück 33$^{mm}$ weite Röhren, sie kann aber auch zur Anfertigung bis 157$^{mm}$ weiter Röhren eingerichtet werden. Dieselbe bedarf zu ihrer Bedienung 1 Mann und zwei Jungen. In dem Preise der Presse von 450 Mark sind die Extrabeigaben als 1 Abschneidetisch, 4 Formen und 2 Thonsiebe mit einbegriffen.

Die große Handröhrenpresse (No. 2) kostet 750 Mark und liefert das doppelte Quantum Röhren, während zu ihrer Bedienung gleichfalls nur 1 Mann aber 3 Jungen erforderlich sein sollen.

§. 338. Seit geraumer Zeit bekannt und vielfach benutzt ist die von Julius Kesseler in Greifswald (vormals C. Kesseler & Sohn und Theod. Labahn) nach dem Whitehead'schen Systeme gebaute Trainröhren- und Hohlsteinpresse, welche als doppelt- und auch als einfach wirkende angefertigt wird.

Die Abbildung Fig 293 zeigt eine doppelwirkende Presse, welche an jedem Ende einen Behälter von 39$^{cm}$ Breite, 22$^{cm}$ Höhe und 52$^{cm}$ Länge nutzbaren Raumes zur Aufnahme des zu verarbeitenden Thones hat, während bei den einfach wirkenden Pressen nur ein Thonbehälter vorhanden ist. Man vermeidet bei ersterer Maschine den todten Rückgang des Kolbens und kann sowohl beim Hin- wie Hergang arbeiten, was natürlich bei der einfachen Presse nicht der Fall ist, da hier stets ein Zurückgehen des Kolbens ohne Leistung erforderlich ist. Vielfach werden die doppelwirkenden Pressen benutzt um auf der einen Seite den durch Steine ꝛc. verunreinigten Thon zur Verarbeitung auf der anderen Seite tauglich zu machen. Dies geschieht durch

Fig. 293.

Einlegen eines Steinfiebes, durch welches fich der Thon hindurch drückt, wogegen Steine 2c. hinter dem Siebe zurückbleiben.

Die Thonbehälter find durch ftarke, gußeiferne Deckel verfchließbar und wird ein fefter Verfchluß derfelben durch ein einfaches Ueberlegen einer Hebelcombination über, die an den Deckeln angebrachten ftarken Handgriffe bewirkt. Der den Thon vorwärts drückende Kolben ift an einer ftarken, fchmiedeeifernen Zahnftange befeftigt, welche durch ein kräftiges, doppeltes Rädervorgelege in Bewegung gefetzt wird.

Die Keffelerfche Röhrenpreffe hat ein befonderes, eigenthümlich construirtes Sieb zum Reinigen des Thones, den Steinbeutel, der den vorhin befchriebenen Steinfieben gegenüber ganz bedeutende Vorzüge aufweift.

Der in Fig. 294. abgebildete „Steinbeutel" vereinigt in fich alle wünfchenswerthen Eigenfchaften, eines Apparates zum Reinigen des Thones,

Fig. 294.

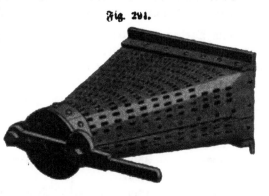

während er die Fehler des gewöhnlichen Steinfiebes nicht befitzt. Diefer Steinfiebbeutel ift ein abgeftumpft pyramidenförmig gebauter Kaften aus ftarkem Eifenblech und hat an der Bafis genau die Form, welche ein Einlegen in den Falz der Preffe geftattet. Am entgegenderfelbe durch eine Pforte, welche beim Oeffnen Raum von circa 75□m frei werden läßt, gefchloffen. Das

Oeffnen und Schließen dieser Pforte ist mit Leichtigkeit durch einen Hebel, wie aus der Abbildung ersichtlich, zu bewerkstelligen. Die ganze Oberfläche des Beutels enthält eine große Anzahl Oeffnungen für den Austritt des Materials und ist die Zahl der Oeffnungen so groß bemessen, daß der Querschnitt sämmtlicher zusammengenommen den Querschnitt des Preßkastens der Maschine repräsentirt. Hieraus geht hervor, daß dem Material beim Pressen durch dieses Sieb kein anderer Widerstand entgegen gesetzt wird, als der durch die Reibung in der Maschine und den Oeffnungen des Siebes entstehende. Das Pressen geht also mit geringer Kraftanstrengung vor sich.

Aus der Form des Siebes geht ferner hervor, daß in das Innere der Pyramide hineintretende Steine, die den Weg an die Wandung machen, da sie in einem spitzen Winkel gegen dieselbe treffen, an ihr weiter gleiten bis sie successive in die Spitze gedrängt werden. Bemerkt man nun an den in der Pforte sich mit der Zeit verschließenden Oeffnungen, daß sich eine Parthie Steine in der Spitze gesammelt hat, so öffnet man, ohne mit dem Vorwärtsdrehen inne zu halten, die vordere Pforte und es quillt aus derselben das mit Steinen versetzte unbrauchbare Material hervor. Ist ein Kasten durch Drehen entleert, so wird neue Füllung genommen, ohne den Beutel selbst zu entleeren, da nothwendiger Weise das neue Material dem im Beutel befindlichen gegenüber als Kolben wirkt und dasselbe vorwärts drückt.

Zum Drehen der Presse ist ein Arbeiter in den meisten Fällen ausreichend; die Presse wird aber auch für Maschinenbetrieb eingerichtet. Die Leistungsfähigkeit der Maschine richtet sich sehr nach der bessern oder schlechtern Beschaffenheit des Thons. Ist solcher gut zu bereitet, so erzeugt eine doppelwirkende Maschine in einem Tage:

| | | | | | |
|---|---|---|---|---|---|
| von 26$^{mm}$ Röhren | 6000 Stück, | | von 105$^{mm}$ Röhren | 1400 Stück. | |
| = 33$^{mm}$ = | 5000 = | | = 131$^{mm}$ = | 1100 = | |
| = 39$^{mm}$ = | 4500 = | | = 156$^{mm}$ = | 1000 = | |
| = 52$^{mm}$ = | 3300 = | | = 182$^{mm}$ = | 700 = | |
| = 78$^{mm}$ = | 1700 = | | Hohlsteine circa | 1200 = | |

In einer Röhrenfabrik welche mit der Kesselerschen Presse arbeitet, erhalten die Arbeiter folgende Accordpreise, für welche sich dieselben das Rohmaterial von den Thonschneidern zur Presse zu schaffen und alle erforderlichen Arbeiten vorzunehmen haben, bis das ungebrannte Rohr auf den Trockenstellen liegt. Es erhalten für 1000 Röhren:

| bei 33mm Weite des Rohrs Rm. | 2 Dreher | 1 Abträger | 1 Roller | Summa |
|---|---|---|---|---|
| bei 33mm Weite des Rohrs Rm. | 2,00 | 0,40 | 0,50 | 2,90 |
| = 39 = = = = = | 2,75 | 0,55 | 0,70 | 4,00 |
| = 52 = = = = = | 4,00 | 0,75 | 0,90 | 5,65 |
| = 78 = = = . = = | 6,75 | 1,00 | 1,20 | 8,95 |
| = 105 = = = = = | 8,25 | 1,25 | 1,50 | 11,00 |
| = 131 = = = = = | 10,59 | 1,75 | 2,00 | 14,25 |
| = 156 = = : = = | 12,00 | 2,10 | 2,50 | 16,60 |

Hierbei verdienen die Arbeiter an der Presse pro und Mann Woche 21 Mark, der Roller 11 Mark, der Abträger 9 Mark. Diese Angaben find, wenn auch nicht in jeder Röhrenfabrik sofort zu verwenden, doch mindestens ein Anhalt noch welchem sich Accordsätze einrichten lassen und deßhalb hier angeführt.

Die Fabrik berechnet für eine einfachwirkende Presse Mark 475, für eine doppelwirkende Mark 690 einschließlich eines resp. zwei Rolltische. Der oben beschriebene Steinsiebeutel kostet Mark 65.

Jedenfalls verdient diese Presse die Beachtung nicht nur der Röhren= sondern auch der Form= und Dachsteinfabrikanten im höchsten Grade.

§. 339. Unter den vertical wirkenden Pressen ist die von Clayton (Henry Clayton, Son & Howlett) die beste. Sie ist sehr solid construirt und schön gearbeitet, aber complicirt. Sie wurde von der französischen, belgischen und russischen Regierung gekauft und auch vielfach nach Deutschland importirt.

Jede Maschine hat zwei Cylinder, die beweglich sind, in welche der Thon eingelegt wird, aber nur einen Piston. Wenn nun ein Cylinder ausgepreßt ist, so wird der Piston zurückgeschraubt, der leere Cylinder mittelst eines angebrachten Mechanismus weggehoben, und der volle an deffen Platz gesetzt und ebenfalls ausgepreßt, während welcher Zeit der leere wieder gefüllt wird. Der Piston wird durch eine Zahnleiste bewegt und zwar abwärts gezogen. Röhren werden gewöhnlich senkrecht gepreßt; wenn aber Hufeisenziegel oder andere Formen gemacht werden sollen, so bringt man unter dem Cylinder einen Kasten an, in welchen auf der Seite die Formplatten eingesetzt und wo diese Ziegel auf einen Rolltisch wie bei den andern Pressen ausgepreßt werden. Die Arbeit geht schnell und regelmäßig mit diesen Maschinen. Um den Thon von Steinen zu reinigen, wird er durch eine durchlöcherte Platte gepreßt, wo er in der Dicke von einem Bleistift durchgeht, und welche Platte bei den Drainröhrenmaschinen unter dem Namen Clayton'sches Sieb bekannt ist.

Sie liefert 8 einzöllige, 6 anderthalbzöllige, 3 zweizöllige, 2 dritte-halbzöllige, 1 breizöllige u. s. f. bis zu 1 sechszöllige Röhre, aus einer Formplatte, welche 17—19 Mark das Stück kostet. — Die Maschine,

Fig. 295.

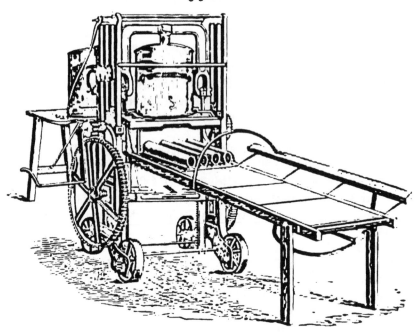

welche horizontal und vertical arbeitet, ist in Fig. 295. dargestellt, sie wiegt circa 20 Ctr. und kostet ohne Formplatten 560 Mark.

Bei der perpendiculären Pressung können nur Röhren bis zu 18" (46 cm) Länge gemacht werden, bei der horizontalen jedoch beliebig lange.

Die Presse wird von zwei Männern und einen Knaben bedient. Der eine Mann wirft den Thon in die Presse, der andere dreht das Rad, der Knabe schneidet die Röhren ab und legt sie auf das Tragbret. Die Maschine kann 12—13,000 einzöllige Röhren täglich liefern, sie fand aber große Concurrenz an den einfachern und billigern horizontalen Maschinen, so daß Clayton sich genöthigt sah, die perpendiculäre Form aufzugeben und ebenfalls horizontale zu verfertigen, wovon eine ganz meisterhaft gearbeitet auf der Ausstellung der Ackerbaugeräthe zu Herrenhausen bei Hannover war, während der Versammlung der deutschen Land- und Forstwirthe 1852.

§. 340. Die Größe des Thonbehälters ist bei allen Maschinen nicht unwesentlich, da ein größerer weniger oft gefüllt zu werden braucht; jedoch hat dies seine Grenze in der Leistungsfähigkeit der Kraft eines Mannes, welcher die Presse in Bewegung setzen muß.

Sehr viele Fabrikanten, wie Jordan Sohn, Witheab, Scragg, Swain, machen Pressen mit 2 Kästen und 2 Pistons, so daß ein Kasten immer zum Füllen bereit ist, wenn der andere leer gepreßt wurde, ohne daß man den Piston erst zurückdrehen muß. Viele glauben mit einer doppelten Presse mehr und billiger zu arbeiten, allein die Erfahrung hat dieß nicht bestätigt, da bei der doppelten Presse nur der Zeitverlust des Zurücktreibens des Pistons vermieden wird; denn der zweite Kasten kann nur dann gefüllt werden, wenn der erste leer ist. Mehrere Versuche haben das Resultat geliefert, daß die Leistung der einfachen Maschine zur doppelten sich wie 5 zu 7 verhält, welches in der größern praktischen Ausführung sich noch ungünstiger gestaltet.

Bei der einfachen Maschine kann ein Mann das Drehen und Einlegen des Thons versehen, und zwei Knaben oder Mädchen die Röhren abschneiden und wegtragen. Bei der doppelten müssen zwei Männer und drei Knaben sein, also eine Erhöhung der Arbeitskraft, die mit der größern Leistung nicht im Verhältniß steht. Daher es viel vortheilhafter ist, zwei einfache als eine doppelte Presse aufzustellen. Außer der beschriebenen Kesseler'schen ist eine doppelt wirkende Röhrenpresse von J. Jordan Sohn in Darmstadt in Fig. 158 auf Seite 152 dargestellt.

§. 341. Der Rolltisch muß so lang sein, daß bei kleinen Maschinen der Inhalt des Kastens auf einmal, bei größern auf zweimal ausgepreßt werden kann, damit durch das Abschneiden und Wegtragen nicht die Arbeit des Pressens unterbrochen wird, sondern die ausgepreßten Röhren auf die Trockenstellagen gebracht werden, während der Arbeiter, welcher gepreßt hat, den Kasten wieder füllt. Der Rolltisch soll bei kleinen Maschinen wenigstens $2^m,0$ bei größern $2^m,40$ lang sein. An demselben befindet sich die Vorrichtung zum Abschneiden der Röhren, die so eingerichtet sein muß, daß sie gerade und senkrecht und die ganze ausgepreßte Länge in Stücke schneidet; die Bögen mit den Drahtsaiten müssen sich in jede beliebige Entfernung stellen lassen, daß man die Röhren in Längen von 30, $37\frac{1}{2}$, $45^{cm}$ abschneiden kann.

§. 342. Eine vorzügliche horizontale Maschine ist auch die von Witheab in Preston, Lancashire; sie ist ebenfalls sehr solid ganz in Eisen construirt, alle einzelnen Theile sind sehr fleißig gearbeitet und ihre Einfachheit vermehrt noch ihre Solidität; sie erhielt von mehreren landwirthschaftlichen Gesellschaften in England die ausge= setzten Preise. Zur Bedienung derselben gehört ein Mann, welcher den Thon einlegt und die Maschine dreht, welche Arbeit er den gan= zen Tag hindurch versieht, und ein oder zwei Knaben, welche die Röhren abschneiden und wegtragen.

Ein Mann und ein Knabe können in 12 Arbeitsstunden mit der einfachen Maschine 8000 Stück einzöllige, oder 5000 zweizöllige Röhren verfertigen, mit der doppelten über 11,000 zöllige Röhren.

§. 343. Die Röhrenpresse von Dovie in Glasgow ist in Belgien sehr allgemein und wird als sehr solid und vortheilhaft empfohlen. Dovie verfertigt zwei Arten von Maschinen mit einfachem und dop= peltem Kasten, die größere bedarf ¼ Pferdekraft, und kann leicht durch eine mechanische Kraft getrieben werden. Wird sie durch Dampf= oder Wasserkraft bewegt, so braucht sie zu ihrer Bedienung einen Mann und zwei Knaben und erzeugt dann 12,000 zweizöllige Röhren in 10 Arbeitsstunden; sie kostet nebst allem Zugehör 925 Mark. Die kleine Maschine, welche durch einen Mann getrieben und von zwei Knaben bedient wird, liefert täglich 7—8000 zweizöllige Röhren, und kostet mit allem Zugehör 760 Mark,

§. 344. Die vorzüglichste Röhrenpresse kann die schlechtesten Re= sultate liefern, wenn der zur Verwendung kommende Thon mangel= haft zubereitet ist, diesem Theile der Röhrenfabrikation muß daher die größeste Sorgfalt zugewendet werden.

Feste und allgemeine geltende Zubereitungsmethoden lassen sich nicht geben, denn der Thon ist so verschieden daß beinahe in jeder Fabrik und oft auf eine halbe Stunde Entfernung derselbe ganz andere Eigenschaften besitzt und ganz verschiedene Behandlung erfordert. Ist derselbe fett und plastisch, so wird man, ohne die Maschine und Leute stark anzustrengen, viele und schöne Röhren machen und man kann ihn durch Platten pressen, wo zwei Röhren übereinander liegen: auch kann er ziemlich fest gepreßt werden.

Ist der Thon aber streng und mager, so muß man ihn schon ziemlich weich pressen, weil sonst die Maschinen einen zu großen Druck ausüben und brechen müssen, dann kann man keine Formplatten mit zwei Reihen Röhren übereinander verwenden; die Röhren geben beim Pressen und wegtragen viel Ausschuß und die ganze Arbeit muß langsamer vor sich gehen, daher viel weniger erzeugt werden kann. Den magern Lehm kann man durch Zusatz von fettem Thone zur Röhrenfabrikation tauglich machen. Je größer das Röhrenkaliber ift, befto fetter und plaftifcher muß der Thon fein, und befto fefter, das ift trockener, muß er in die Preffe gebracht werden, damit die Röhren beim Herauspreffen nicht zufammenfitzen, was bei den keinen Kalibers weniger zu befürchten ift.

Auf Fabriken, wo nur magerer Thon vorhanden ift, und dem fetter Thon zugefetzt werden muß, da müffen für die verfchiedenen Röhren auch mehr oder weniger fette Mifchungen gemacht werden, was am beften in der Knetmafchine gefchieht. Einige Uebung erfordert es ferner, den gehörigen Trockengrad zu kennen, in welchem der Letten vortheilhaft gepreßt werden kann, ohne die Mafchine zu brechen; denn je fefter die Röhren aus der Preffe kommen, defto fchneller trocknen fie und defto ficherer behalten fie ihre runde Geftalt.

Das Brechen der Mafchine rührt felten vom Drucke her, den der Thon erfordert, fondern durch Zwängungen von einzelnen Theilen, was durch fchlechte Stellung derfelben, oder daß die Schrauben der einzelnen Theile nicht gehörig angezogen find, gefchehen kann, weßhalb die beften Mafchinen in ungefchickten Händen zerbrechen, ohne daß man der Conftruction einen Vorwurf machen darf.

Der Thon foll fo feft als möglich und keine hohlen Löcher darin fein, weil die in diefen enthaltene Luft beim Preffen die Röhren zerreißt. Es wird daher der Letten, bevor er in die Preffe kommt, mehreremal auf einen Tifch oder auf den Boden geworfen und mit größter Gewalt in den Preß-kaften hineingefchlagen.

§. 345. Die Einrichtung der Formplatten bei den verfchiedenen Röhrenpreffen ift gewöhnlich die in Fig. 296. dargeftellte für zwei Röhren von 3—4" (7 ½—10ᶜᵐ) Weite; ebenfo können diefe Platten leicht durch andere, worin 3 von 2¹⁄₂" (6ᶜᵐ), 5 von 2" (5ᶜᵐ), 7 von 1¹⁄₄" (3ᶜᵐ) Weite und 9 einzöllige (25ᵐᵐ) Röhren zu preffen find, ausgewechfelt

Fig. 296.

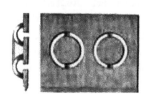

Fig. 297.

werden. Dann besteht noch eine Vorrichtung, wodurch 8—14 Zoll (20—35ᶜᵐ) weite Röhren gepreßt werden können, indem der in Fig. 297. gezeichnete Kopf anstatt der Platte Fig. 296. eingesetzt wird, in welchem sich das weite Rohrkaliber befindet. Es braucht wohl kaum bemerkt zu werden, daß man Hohlziegel und ovale Röhren durch Ein setzen der entsprechenden Formplatten mit jeder Röhrenpresse pressen kann.

§. 346. Die Muffen werden auf folgende Art gemacht: Die hierzu bestimmten Röhren werden soweit getrocknet, daß sich der Thon gerade noch schneiden läßt. Dann nimmt man sie von dem Trocken gestell herunter, legt sie auf einen keinen Tisch und rollt sie mit einem Bretchen, welches die Länge der Röhren hat und auf welchem drei Messer in gleichen Distanzen befestigt sind, so daß die Röhre in vier gleiche Theile geschnitten wird. Man schneidet sie jedoch nicht ganz durch, sondern nur so weit, daß sie noch ein wenig zusammen hängt, damit man diese in vier Theile geschnittene Röhre noch in einem Stücke in den Ofen setzen und nach dem Brennen herausnehmen kann, was sehr viel Arbeit und Bruch erspart. Man muß jedoch sehr Acht geben, daß die Röhren nicht zu weich sind und die Messer gut schneiden, damit sich im Innern der Muffen keine Ränder durch den Druck beim Schneiden erzeugen, welche dieselben verengen, und das Einstecken der Röhren erschweren oder gar unmöglich machen würden. Diese Muffen werden so bis auf's Feld transportirt und beim Verbrauche durch einen leichten Schlag mit einem hölzernen Schlägel oder einem scharfen Mauerhammer auseinander getrennt.

§. 347. Um zu wissen, wie viel Thon man zur Erzeugung eines gewissen Röhrenquantums herrichten muß, so dienen hierzu folgende Einheiten.

Aus einem Cubikklafter gut gearbeiteten Thons, der nicht mehr durch's Gitter getrieben zu werden braucht und von mittlerer plain scher Beschaffenheit, d. i nicht zu fett und nicht zu mager ist, kann folgende Anzahl von Röhren gemacht werden:

| 26ᵐᵐ | weit | 19,900 | Stück | oder hierzu | 35,800 | Muffen, |
|------|------|--------|-------|-------------|--------|---------|
| 39 „ |      | 15,900 |       |             | 29,200 |         |
| 52 „ |      | 9,600  |       |             | 23,800 |         |
| 65 „ |      | 8,400  |       |             | —      |         |
| 78 „ |      | 5,600  |       |             | —      |         |

In dem Landarbeitshause zu Mecklenburg wird folgende Berech nung für den Thonbedarf zu Röhren und für den Raum, den sie im Ofen einnehmen, aufgestellt, zu Tausend Stück Röhren von

26ᵐᵐ Weite sind 0,46 Cub.-M. zubereit. Thon und  — Cub.-M. Raum
im Ofen

| | | | | | | | | | | | | |
|---|---|---|---|---|---|---|---|---|---|---|---|---|
| 39 „ | = | = | 0,96 | = | = | = | = | = | 2,00 | = | = | = |
| 52 „ | = | = | 1,24 | = | = | = | = | = | 2,78 | = | = | = |
| 65 „ | = | = | 1,67 | = | = | = | = | = | 4,85 | = | = | = |
| 78 „ | = | = | 2,20 | = | = | = | = | = | 5,78 | = | = | = |
| 104 „ | = | = | 3,73 | = | = | = | = | = | 8,23 | = | = | = |

erforderlich. Es ist aber hieraus ersichtlich, daß die Röhren sehr dicke
Wände haben müssen.

Auf der großen Röhrenfabrik von Marshall in Patrington,
wo mittelst einer Dampfmaschine die Röhren gepreßt werden, giebt
ein bestimmtes Quantum Thon und ein Tag Arbeit

26ᵐᵐ weite Röhren 20,000 Stück,
52 „ = = 16,000 =
78 „ = = 10,000 =
104 „ = = 6,000 =

Gewöhnlich wenn der Letten nicht sehr steinig ist, so verliert er
bei der ersten Bearbeitung 10% und wenn er durch Gitter getrieben
werden muß, um ihn von kleinen Steinen zu reinigen, so verliert
er nochmals 10%.

Es darf auch bei einer Röhrenfabrik nicht übersehen werden, daß
man die Röhren nach dem Bedarfe von engen zu weiten fabricirt,
und man nimmt gewöhnlich an, daß das Verhältniß der Saug- zu
den Sammeldrains wie 5 zu 1 ist, also fünfmal mehr enge als weite
Röhren angefertigt werden müssen.

---

## V.

## Von dem Trocknen der Drainröhren.

§. 348. Die abgeschnittenen Röhren nimmt ein bei der Maschine beschäftigter Knabe mit dem Fig. 298. abgebildeten Instrumente von Holz (Gabel), welches aus einem Bretchen mit einem
Handgriffe besteht, auf welchem so viele 25ᶜᵐ lange Zapfen angebracht
sind, als Röhren durch die Formplatte gepreßt werden. Man muß
daher solche Instrumente mit 9, 7, 5, 3, 2 und 1 Zapfen haben.
Mit den Zapfen, die vorher immer erst in Wasser eingetaucht werden

müssen, damit die Röhren leicht rutschen und sich nicht anhängen, fährt man in die Oeffnungen der Röhren, hebt sie von dem Rolltische

Fig. 298.

weg und legt sie auf das Tragbret Fig 299., womit sie auf die Trockengestelle gebracht werden.

Diese Trockengestelle befinden sich unter einem gedeckten Trockenbau, wo die Röhren gegen Sonne und Wind geschützt werden, indem sie, diesen ausgesetzt, Sprünge bekommen oder sich werfen; andererseits muß man sie aber auch vor den Einwirkungen des Frostes verwahren, wodurch sie eine gänzliche Zerstörung erleiden würden. Die Trockengestelle sind so eingerichtet, daß die Röhren nicht auf Bretern, sondern auf Latten, die 2cm auseinander sind, aufliegen, damit auch die Luft von unten trockne. Die Gestelle=Abtheilungen kann man höher und niedriger stellen, um enge und weite Röhren in gehöriger Anzahl darauf zu legen.

Fig. 299.

Gewöhnlich liegen für ein- und zweizöllige Röhren die Etagen der Gestelle 25—30cm hoch auseinander; und die Gestelle haben 88cm Zwischenraum unter sich als Gang. Die Röhren müssen von Zeit zu Zeit umgedreht werden, damit die Austrocknung nach allen Seiten hin in regelmäßiger Weise vor sich gehe. Da die Röhren an den Enden schneller trocknen, als in der Mitte, so geschieht es leicht, daß sie sich krümmen, was ein großer Mißstand ist, und wodurch die Röhrenleitungen höchst unvollkommen werden. Wenn die Röhren halb trocken sind, so nimmt sie deshalb ein Knabe von den Gestellen, legt sie auf einen glatten Tisch, den man nach Maaßgabe des Vorrückens der Arbeit vorschiebt, steckt einen runden Stock durch, und rollt sie auf dem Tische hin und her, wodurch sie gerade, in eine regelmäßige Gestalt gebracht und innen glatt werden. Die ovalen und eckigen Formen können nicht gerollt, jedoch durch einen leisen Druck wieder gerade gemacht werden, wenn sie sich verzogen haben. Zum Rollen der

Röhren wähle man die Zeit, wo die Röhren noch nicht zu trocken sind, um reißen zu können, und auch nicht zu viel Feuchtigkeit haben, um sich von Neuem zu werfen. — Der Tisch, den man zum Rollen gebraucht, muß mit Sand bestreut und von Zeit zu Zeit abgekratzt werden; daſſelbe geſchieht mit dem runden Stocke, deſſen man sich bei dieser Arbeit bedient. Wenn starker Wind geht oder sehr große Sonnenhitze eintritt, so müſſen die offenen Seitenwände mit Matten verhängt werden, da sonst die auf den Gestellen befindlichen Röhren reißen könnten.

Besonders ist es nöthig, mit solchen Matten versehen zu sein, wenn man bald im Frühjahre zu fabriciren anfängt, oder die Arbeiten lange im Herbste fortsetzt, damit man den Trockenbau gegen Fröste schützen kann; sonst werden durch einen Reif alle Röhren verdorben.

§. 350. Oft giebt es Thonarten, welche sehr vorsichtig getrocknet werden müſſen und durchaus keinen starken Luftzug oder heftige Winde vertragen. In diesem Falle wendet man sehr vortheilhaft Gitter von Backsteinen an, womit die Wände geschloſſen werden. Die Fig. 301. stellt eine solche durchbrochene Mauer aus gewöhnlichen Backsteinen dar; dieselben sind mit Zwischenräumen, die sich

**Fig. 300.**

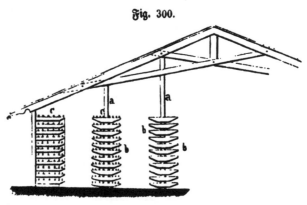

jedesmal decken, auf die hohe Kante gestellt; darüber befinden sich Streckerschichten. Auf diese Weise kann die Luft ohne Nachtheil cirkuliren. In ähnlicher Weise können sehr zierliche Gitterwände mit verschiedenen Zeichnungen gemacht werden.

**Fig. 301.**

§. 351. Die Gestelle zum Trocknen der Röhren können nach Fig. 300. eingerichtet werden. In Entfernungen von etwa $1\frac{1}{2}$

Meter, richtet man hölzerne Ständer a, a auf, die von unten bis auf eine Höhe von 2 Meter in angemessenen Abständen mit Knaggen b, b versehen werden, über die man auf jeder Seite Latten c, c nagelt. Die Röhren von großem Durchmesser werden während des Trocknens aufrecht gestellt, da sie sich verziehen und reißen wenn sie liegen.

Auf den kleinen Ziegeleien, wo Röhren fabricirt werden, macht man die Stellagen gewöhnlich aus Bretern, die 30$^{cm}$ hoch übereinander auf Unterstützungen von Backsteinen gelegt sind.

Das Trocknen geht sehr geschwind von Statten, da der Thon schon eine ziemliche Consistenz hat, wenn er in die Presse kommt, und die geringe Stärke der Röhren und der Luftzug das Trocknen sehr beschleunigen, was bei trocknem Wetter oft in 24 Stunden vollkommen stattfindet.

Wenn die Röhren beinahe ganz trocken sind, und es ist kein Werfen derselben mehr zu fürchten, so kann man sie an einem trocknen und vor der Witterung geschützten Orte unbesorgt mehrere Wochen hindurch in regelmäßigen Haufen von 2 bis 3 Meter Höhe übereinander legen.

§. 352. In einer später noch ausführlicher zu beschreibenden Röhrenfabrik hat man eine eigene Methode bei dem Trocknen der Röhren angewandt. Von der Presse werden die Röhren auf 2,$^m$44 lange Hurden gelegt, welche den Fig. 299. abgebildeten Tragen ganz ähnlich sind, und auf einem eigens construirten Schiebkarren nach dem Trockenbau geführt. Dieser ist 2,$^m$75 breit und hat rechts und links 7 Etagen, jede für zwei solcher Hurden, welche auf Rollen liegen und im Maschinenhause in die Stellagen eingeschoben und dann auf den Rollen fortgerückt werden; so gelangen sie bis in den Raum, wo die trockenen Röhren heruntergenommen und aufgesetzt werden, um sie zu brennen, die leeren Hurden bringt man aber in das Maschinenhaus zurück. —

§. 353. Die Fabrikation der Drainröhren findet fast ausschließlich in der wärmeren Jahreszeit statt, wo die Witterungsverhältnisse das schnelle Trocknen der Drainröhren begünstigen. Und doch würde grade dieser Industriezweig bei einem unausgesetzten Betriebe seine Rechnung finden, wie man denn thatsächlich im Auslande mit Vortheil die Fabrikation der Röhren auch im Winter betreibt, wodurch tüchtige und geschulte Arbeiter herangebildet und der Fabrik auch erhalten bleiben.

Natürlich erfordert ein solcher Betrieb besondere Vorrichtungen zum Trocknen der Röhren, geheizte Räume oder Trockenöfen, die, wenn sie rationell angelegt sind, der Trocknung an der Luft auch in pekuniärer Hinsicht weit überlegen sind, da durch die künstliche Trocknung die keineswegs billigen Trockenschuppen und Gerüste in Wegfall kommen.

Der schon beschriebene Trockenofen von Otto Bock (Band II. S. 326 f.) würde auch hier ohne Zweifel große Dienste leisten.

---

# VI.

## Fabrikation der thönernen Wasserleitungsröhren mittelst Maschinen.

§. 354. Schon seit vielen Jahren hat man die Herstellung gut geformter, in ihren Wandungen dichter Muffenrohre zu Wasserleitungs- und Canalisationszwecken mittelst Maschinen angestrebt und auch in höchst vollkommener Weise erreicht.

Solche Maschinen, welche Röhren von größerer Weite direct mit Muffen auspressen, wurden zuerst von Henry Clayton in London hergestellt und sind von diesem intelligenten Fabrikanten auf einen Grad hoher Vollkommenheit gebracht worden

Die Construction derartiger Maschinen ging aus dem Bestreben hervor, mit denselben die Handarbeit zu ersetzen, durch welche früher ausschließlich vermittelst der Töpferscheibe die Muffen an die Rohre angesetzt wurden, was indeß noch heute in England vielfach geschieht, angeblich deshalb, weil die Herstellung der Muffen mit der Hand billiger zu stehen kommt als wenn die Maschine diese Arbeit verrichtet.

§. 355. Eine der bedeutendsten Röhren- und Steinzeugfabriken Englands, die South Western Pottery Works in der Nähe der Hafenstadt Poole an der englischen Südküste gelegen, fabricirt ihre Röhren gleichfalls aus rein practischen Gründen ohne Muffen, welche nachträglich auf der Töpferscheibe angedreht werden. Ueber das Fabrikationsverfahren dieses Werkes schreibt ein Fachblatt folgendes:[*)]

„Der zur Herstellung der Röhren verwendete feuerfeste Thon wird unter zwei Kollergängen, deren Bodenplatte von Eisen und durch viertelzöllige Löcher siebartig durchbrochen ist, zu einem gröblichen

---

*) Deutsche Töpfer- und Ziegler-Zeitung 1873 No. 6.

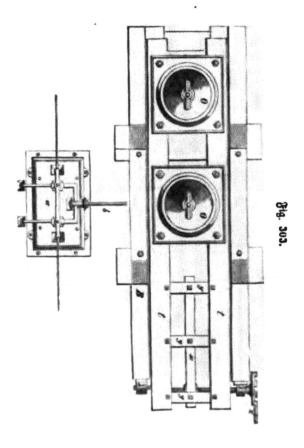

Fig. 303.

ten. a die wie gewöhnlich bei hydraulischen Pressen eingerichtete
Druckpumpe mit doppelter Wirkung und unausgesetzt wirkendem
Strahl; b kupferne Röhre, durch welche das Wasser in den Arbeits-
oder Preßcylinder c geführt wird; derselbe steht in entgegengesetzter
Richtung als gewöhnlich, so daß sein Kolben nach unten schiebt; bei
d ist eine durch einen Schraubenkopf verschlossene, in dem obern
Theil des Cylinders angebrachte Oeffnung, durch welche der Luft
anfänglich Austritt gestattet wird. e Preßkolben für den Thoncylinder o; zu beiden Seiten dieses Kolbens sind Eisenstangen f angebracht, welche zum Wiederaufheben des niedergepreßten Kolbens
bestimmt sind, daher neben dem Cylinder c in die Höhe geführt und
oben mit dem Querstücke g durch übergeschraubte Muttern verbunden

find. An diesem Querstücke ist der Bügel h für die Zugrolle i angebracht und es geht ein Seil von dem Hacken j aus über i und die Leitrolle k nach der Trommel l, welche mittelst des auf deren Achse befestigten Zahnrades und des Vorgelegs n von einer Kurbel aus in Umdrehung gesetzt zu werden vermag.

o, o sind zwei hohle, gut ausgebohrte gußeiserne Cylinder, in welche die Thonmasse gebracht wird; bei p ist unten in demselben eine konische Röhrenform eingesetzt, die eine kreisrunde Mündung hat; der in derselben angebrachte Kern q ist durch das Stäbchen r an den Steg s befestigt, welcher an die Form angegossen ist. Die Cylinder o, o stehen auf dem Schlitten oder Rahmen t, t und sind mit diesem gut befestigt; derselbe ist unterhalb mit zwei gehobelten Eisenplatten u, u belegt, die auf den ebenfalls abgehobelten Schienen v, v ruhen, welche auf den Querbalken B befestigt sind. x Zahnstange, welche an die drei Querriegel y, y des Rahmens angeschraubt ist und mittelst eines durch den Hebel z zu drehenden Getriebes bewegt wird, um einen oder den andern Cylinder o unter den Preßkolben zu bringen.

Nachdem die geschlämmte und sorgfältig vorbereitete Thonmasse die zum Pressen erforderliche Gleichförmigkeit und Zähigkeit hat, wird sie in großen Blöcken nach dem Tische E transportirt. Hier sind zwei Arbeiter mit Füllung der Cylinder beschäftigt. Der eine bildet auf dem Tische runde Blöcke und wirft sie in einen der Thoncylinder o, der andere stampft mit einem abgerundeten hölzernen Stößer die Masse in den Cylinder dicht ein, so daß sie am Rande etwas höher als in der Mitte steht, und ist besonders darauf besorgt, daß nicht der geringste leere Raum oder ein Luftbläschen in der Masse sich vorfindet. Ist ein Cylinder gefüllt, so wird er mit einer genau passenden Lederscheibe bedeckt und durch Bewegung des Hebels z mittelst der Zahnstange x unter den Preßkolben o gefahren, worauf der andere Cylinder gefüllt werden kann, während der erste der Wirkung der Presse ausgesetzt bleibt. —

In dem unter E befindlichen Raume F sind zwei Arbeiter damit beschäftigt, die Pumpe a in Bewegung zu setzen; ein dritter steht bei der Form und nimmt mit einem Thonringe und einem hölzernen Dorn die Thonröhren in Empfang, welche er führt und leitet, bis sie die erforderliche Länge haben, worauf er sie mit einem in einem Rahmen gespannten Draht abschneidet. Die so gebildeten Röhren werden in einem nahe am Brennofen befindlichen Local zum

Trocknen aufgestellt. Wenn sie nach Verlauf einiger Stunden den erforderlichen Grad von Festigkeit erlangt haben, legt man sie auf die Drehbank und sticht ihre beiden Enden genau rechtwinkelig gegen ihre Achse und in vollkommen gleicher Länge ab. Hierauf kommen sie in die Trockenkammer; große Stücke werden aufrechtgestellt, die kleinern aber auf Gestelle gelegt. Sind sie dann bis auf den gehörigen Grad getrocknet, so werden sie innen mit einer salzhaltigen Glasur bestrichen. Das Brennen geschieht hierauf in verticalen Oefen. So hergestellte Röhren sollen den Druck einer 50 Meter hohen Wassersäule abhalten, ohne zu brechen.

§. 358. Bei den Clayton'schen Maschinen wird vermittelst eines Zahnstangenpaares ein Piston in den mit Thon gefüllten Cylinder getrieben und werden aus demselben infolge des enormen Druckes Rohre von ganz bedeutender Weite ausgepreßt, nachdem die Muffen sich vorher in der eigenthümlich construirten Form (Schablone) gebildet haben. Dies geschieht z. B. bei der großen Röhrenpresse Modell No. × 3 in folgender Weise. Vor der Füllung des vertical in einer soliden Balkenzimmerung hängenden Preßcylinders wird die Ausmündungsöffnung mit einer, vermittelst eines Charnirs an dem Cylinder selbst befestigten und mit einem Hebel versehenen Muffenform geschlossen. Nachdem nun der Cylinder mit Thon gefüllt und die Zahnstange in Wirksamkeit getreten ist, füllt sich zunächst der freie Raum zwischen der Muffenform, der Schablone, und der hier erweiterten Wandung des Cylinders mit Thon aus, wodurch die Muffe gebildet wird. Ist dies geschehen, so wird die Muffenform entfernt und ein mittlererweile im Raum des Preßlokales versenkt gewesener Tisch durch einfaches Zurücklegen eines ihn niederhaltenden Sperrklobens infolge von Wasserdruck in die Höhe gehoben. Dieser Preßtisch trägt eine zweite Platte, auf welche das Rohr mit einem etwas größeren Druck, als der auf den Tisch wirkende Wasserdruck beträgt, aufdrückt, so daß der Tisch durch den Rohrstrang wieder in die Versenkung gepreßt wird. Hat der Rohrstrang seine entsprechende Länge erhalten und ist der Tisch in seiner tiefsten Stellung angelangt, so wird derselbe durch Ueberlegen des Sperrklobens in Ruhe gestellt und das Rohr abgeschnitten, das nun vermittelst der lose aufliegenden Tischplatte nach dem Trockenraume transportirt wird.

Die Claytonsche Maschine No. × 3 liefert Rohre ohne Muffen bis 0,912ᵐ, solche mit Muffen bis 0,760ᵐ äußere Weite und zwar in ausgezeichneter Qualität. Dieselbe arbeitet aber nicht continuirlich und ist daher ihre Leistungsfähigkeit verhältnißmäßig gering.

§ 359. Die continuirliche Thonröhrenpresse der Gebrüder Sachsenberg in Roßlau an der Elbe, liefert Muffenrohre bis zu 800ᵐᵐ Weite; dieselbe war auf der Wiener Weltausstellung (1873) ausgestellt und fand allgemeine Anerkennung wegen der vorzüglichen Leistung. Im Wesentlichen ist diese Presse nichts Anderes, als eine vertical gestellte Sachsenberg'sche Ziegelmaschine. Zwei Walzen übernehmen den, natürlich sehr gut vorbereiteten Thon vom Elevator und pressen ihn durch einen kurzen Rumpf in ein kreisrundes Mundstück, das dem an der Clayton'schen Maschine nachgebildet ist. In der Mitte desselben ist ein flaches schalenförmiges Mittelstück in die Oeffnung so eingefügt, daß der Abstand der Peripherie derselben von jener der Mundstücks-Oeffnung der beabsichtigten Rohrstärke entspricht. Nach unten erweitern sich die Wände des Mundstückes gemäß der äußeren Muffenform. Ein zwischen Leitrollen vertical auf und ab beweglicher, mit Gewichten ausbalancirter Tisch dient zum Auffangen des austretenden Rohres, dessen eigene Schwere ein Abreißen der Thonmasse zur Folge hätte.

. Soll die Maschine in Thätigkeit kommen, so wird eine Holzschablone von der innern Muffenform in das Mundstück eingefügt, der Tisch bis ganz hart an dasselbe angepreßt und nun mit der Arbeit begonnen, deren Resultat ein Rohrstück vom Durchmesser der Muffe ist. Sobald dieses rein und dicht austritt, wird es mittelst eines Drahtes platt abgeschnitten, der Muffenkern entfernt, die vorher herabgelassene Tischplatte wieder angeschoben und mit der Pressung fortgefahren, welche jetzt ein Rohr fördert, das der zunächst gebildeten Muffe folgt. Gewöhnlich werden diese Rohre auf eine Meter-Länge ausgepreßt und ist es einem geschickten Arbeiter ganz leicht, durch Abbiegen des austretenden Rohres demselben auch jede beliebige Krümmung zu geben, so lange der Rohrdurchmesser nicht größer als 200ᵐᵐ wird. Ueber diesen hinaus tritt dabei freilich schon eine Deformation des Rohrquerschnittes ein. Die Details dieser Operationen, sowie die weiter noch folgenden, so das Behandeln der Rohre beim Trocknen, deren Putzen und Nachbessern, zu welchem Ende die größten mittelst eines eigenen Krahns gehoben und gewendet werden, erfordern große Sorgfalt.

Diese Maschine ist unter Andern in der Fabrik von E. Polko in Bitterfeld in Anwendung, woselbst bekanntlich ganz vorzügliche Steinzeugröhren erzeugt werden und zwar liefert die Maschine per Stunde Arbeitszeit an Muffenrohren von

500ᵐᵐ bis 800ᵐᵐ lichten Durchmesser   7 Stück.
400ᵐᵐ      ⸗       ⸗        ⸗        15   ⸗
249ᵐᵐ      ⸗       ⸗        ⸗        25   ⸗
200ᵐᵐ bis 300ᵐᵐ    ⸗        ⸗        30   ⸗
160ᵐᵐ      ⸗       ⸗        ⸗        50   ⸗
120ᵐᵐ      ⸗       ⸗        ⸗        65   ⸗

Die gehörige Auswahl des Rohmaterials und eine sorgfältige Vorbereitung desselben durch Sumpfen, Walgen ꝛc. sowie eine der

Fig. 304.                          Fig. 305.

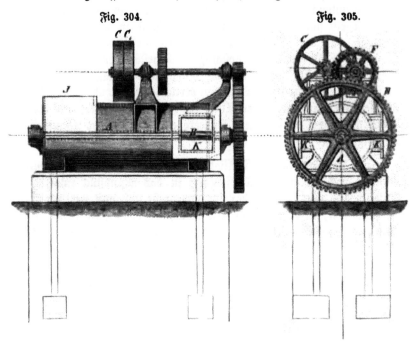

Fig. 306.

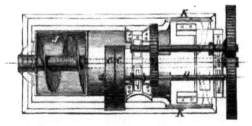

Natur desselben angemessene Mischung mit magernden Substanzen vor ausgesetzt, gehören zur Röhrenfabrikation 1, eine Knetmaschine, (Thon

ſchneider) 2, ein Aufzug für den Thon nach der Füllöffnung der Röhrenpreſſe und 3, dieſe ſelbſt. 1, Die Knetmaſchine der Gebr. Sachſenberg iſt ein liegender Thonſchneider Fig. 304, 5 und 6, beſtehend aus
einem aus zwei Hälften zuſammengeſchraubten Cylinder A, in welchem

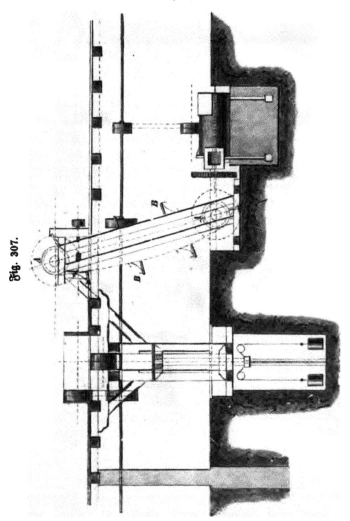

Fig. 307.

ſich eine ſchmiedeiſerner Welle B dreht, auf welche theils ein Stück
geſchloſſener Schraubengang Fig. 306, theils ſchmiedeeiſerne, ſtarke
ſpiralförmig um die Welle angeordnete Meſſer befeſtigt ſind. Der
Betrieb erfolgt durch die Riemſcheibe C, C, auf der Welle D liegend

und unter Vermittelung der Stirnrädervorgelege E. F. G. und H.
Die Antriebwelle D wird auch je nach der Localität quer zur Haupt
achse des Thonschneiders angeordnet und beſteht in dieſem Falle das
erſte Vorgelege E. F. aus koniſchen Rädern. Die in den Rumpf J

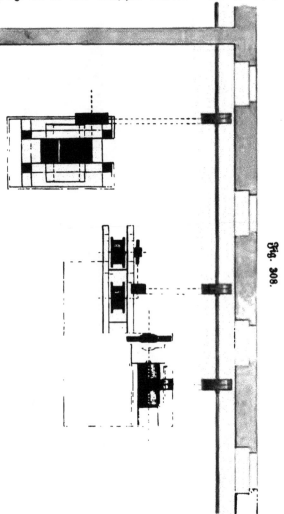

Fig. 308.

geworfene Maſſe wird durch die Bewegung der liegenden Meſſerwelle
langſam vorgeſchoben und hierbei gehörig geknetet. Die durchgeknetete
Maſſe verläßt den Cylinder durch die Mündung K., welche auf beiden
Seiten angeordnet iſt und je nach Erforderniß entweder wirklich zwei·

seitig benutzt, oder auch auf einer Seite geschlossen und dabei durch einen Blechschieber in ihrem Querschnitte regulirt werden kann. Das Ganze ruht auf einem gemauerten, etwas aus dem Fußboden heraustretenden Fundamente mit welchem es durch starke Anker verbolzt ist.

2. Der Thonaufzug (Elevator). Der Thonaufzug (Fig. 307) besteht aus zwei gußeisernen Trommeln A, A¹ mit Eisenblech bekleidet, über welche ein breiter Hanfgurt läuft, der mit schmiedeeisernen, mit Holz belegten Winkeln B besetzt ist, zum Auflegen der von der Thonschneidemündung abgeschnittenen Thonballen bestimmt, welche bei der langsamen, vermittelst Wurmradübersetzung erfolgenden Bewegung der Gurttrommeln von unten nach oben befördert werden.

Die Fig. 308 stellt eine Disposition der für die Thonröhrenfabrikation erforderlichen Maschinen: Thonschneider, Röhrenpresse und des Elevators in Ansicht dar, wie sie in fast jeder Fabrik ausführbar ist und die sich für einen raschen und übersichtlichen Betrieb sehr bewährt hat.

Der Thonschneider steht hierbei in einer Vertiefung um eine möglichst bequeme Beschickung desselben zu erzielen und eben daselbst dreht sich auch die untere Gurttrommel des Aufzuges. Die Aufstellung der Presse ist so gedacht, daß die Röhren parterre gepreßt und abgeschnitten werden, dies kann aber auch ebensogut auf der ersten oder zweiten Balkenlage geschehen, in welchem Falle der Aufzug dann bis zur erforderlichen Höhe verlängert wird, während die in die Erde hinabgehende Vertiefung wegfällt.

3. Die Röhrenpresse. Die Röhrenpresse Fig. 309, 10, 11 und 12 ruht auf den zwischen den starken Säulen A, A. verzapften und mit denselben durch die Console B. B. versteiften eichenen Riegeln C, C. und setzt sich der Hauptsache nach aus zwei starken, gußeisernen, horizontal nebeneinanderliegenden Walzen D, D¹ zusammen, welche, in gußeisernen Gestellwänden ruhend, durch die Riemscheiben E, E¹. unter der Vermittlung der für jede Walze getrennt angeordneten Rädervorgelege F, F¹., G, G¹. und H, H¹. in Umdrehung versetzt werden. An die Gestellwände schließt sich nach oben der Rumpf J. und nach unten der Preßkasten K. an, dessen Weite je nach der Größe der zu pressenden Röhren variirt und an letzterem findet das Mundstück, durch welches die Rohre gepreßt werden, seine Befestigung. Zwischen den Säulen und in der, unterhalb derselben angelegten Grube und sowohl hier bei a, a. als auch oben bei b, b. durch prismatisch ausgedrehte Rollen an Winkeleisenschienen sorgfältig geführt, bewegt sich der Preßtisch L. senkrecht auf und ab, dessen Last durch

Fig. 310.

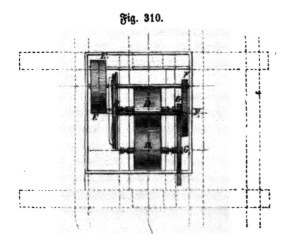

Fig. 311.

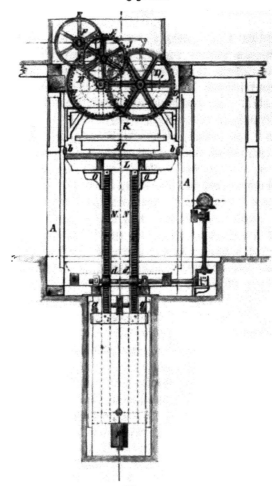

Fig. 312.

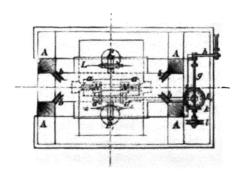

die Gegengewichte P, P¹. ausgeglichen wird, welche aber durch Auflegen von eisernen Platten verstärkt werden können, je nachdem es
die Größe und Schwere der zu pressenden Röhren erfordert, um einen
gewissen Gegendruck auf dieselben bei ihrer Pressung von oben nach
unten auszuüben. Um den Preßtisch L. nach Belieben eine auf oder
absteigende Bewegung ertheilen zu können finden sich an den Leit-
hölzern N, N¹. des Tisches, die durch eiserne Winkel O, O. mit demselben solide verbunden sind, Zahnstangen c, c¹. befestigt, in welche
die Getriebe d, d¹. auf der Welle e. sitzend, eingreifen; die letztere
steht in Verbindung mit den Vorgelegewellen f. und g. so daß durch
Umdrehung der Handkurbel h. und vermittelst der konischen Rädervorgelege i, i¹. und k, k¹. die Auf- und Abwärtsbewegung des Tisches
erfolgt. Ein angebrachtes Sperrrad mit Sperrkegel verhindert das
Niedersinken des belasteten Tisches und eine am Ende der Handkurbel-
welle befestigte Bremsscheibe l. mit Bremsband dient zum Aufhalten
des Tisches beim Anpressen der Rohrmuffen.

§ 360. Der Betrieb der Röhrenpresse ist folgender: Der vor
der Mündung des Thonschneiders stehende Arbeiter schneidet mit einem
Drahte von dem herausquellenden Thone einen Ballen von etwa
20—25 Pfund schwer ab und legt ihn auf einen der Tragwinkel des
Aufzuges. Derselbe wird langsam nach oben befördert, dort von einem
bereitstehenden Arbeiter abgenommen und in den Rumpf J. der Presse
geworfen. Hier wird der Thonballen von den Walzen erfaßt und
in den Kasten K. (Fig. 312) getrieben von wo aus die Masse durch
das Mundstück M. zu Tage tritt. Das
Mundstück M. enthält zunächst eine ringförmige Oeffnung m m Fig. 313) für
das Rohr und daran schließt sich die Form
für die äußere Gestalt der Muffe n n,
während die Form für das Innere der
Muffe aus einem losen, möglichst leicht
gehaltenen Holzteller o besteht. Soll
nun ein Rohr gepreßt werden, so wird zunächst der lose Holzteller
vorgesetzt, der Preßtisch durch Drehung der Handkurbel h in die Höhe
bewegt, fest dagegen gedrückt und in dieser Lage durch die Bremse fest
gehalten. Wird nun die Presse in Gang gesetzt und mit Thon gespeist,
so füllt der vordringende Thon zunächst die Ringöffnung m m und
zuletzt die Höhlung für die Muffe n n aus und der von allen Seiten
über die Kanten n, n gleichmäßig vordringende Thon ist das Zeichen,
daß die Form vollständig gefüllt ist. Die Presse wird nun angehalten,

Fig. 313

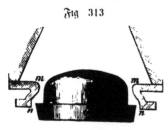

der überflüssige Thon unter n, n. entfernt, der Tisch wird abwärts bewegt und nach Herausziehen des Holztellers o. wird statt dessen ein
ganz locker in der fertigen Muffe passender hölzerner Untersatz, welcher
das Rohr unterstützt, untergeschoben. Der Tisch wird wieder aufwärts bewegt bis der Untersatz darauf ruht, die beiden Vorgelege
i, i¹. und k, k¹. werden ausgeschaltet und der Tisch sich selbst überlassen. Die Presse wird wieder in Gang gesetzt und es folgt nun das
Rohr nach, das dann in gewünschter Länge — gewöhnlich 1 Meter
lang — mit einem Drahte abgetrennt und abgehoben wird, um nach
dem Trockenraume befördert zu werden. Hierauf wird der in der
Formöffnung zurückgebliebene Thon entfernt, der Holzteller o wird
angesetzt, der Tisch aufwärts bewegt und ein neues Spiel der Maschine beginnt.

Eine wesentliche Neuerung an dieser Presse ist die einfache Art
und Weise in welcher gleichzeitig mit dem Rohre die Muffen an allen
Röhren von 50ᵐᵐ an bis 800ᵐᵐ innere Weite angepreßt werden, was
bis jetzt noch von keiner der bestehenden Röhrenpressen erreicht worden
ist und wodurch bei der Schnelligkeit des Verfahrens gegen die älteren
Systeme namentlich gegen das Ansetzen der Muffen mittelst Handarbeit, die Herstellungskosten derselben, da die Handarbeit daran auf
ein Minimum beschränkt wird, ganz wesentlich reducirt werden. Außerdem aber ist der Erfolg dieses Verfahrens der Muffenbildung viel
sicherer und zuverlässiger als bei irgend einer der alten Methoden,
bei denen, sei es nun, daß die Muffen auf maschinellem Wege oder
rein durch Handarbeit erzeugt werden, der Fabrikant mehr oder weniger den Arbeitern in die Hände gegeben ist, da er sich nur auf ihre
Geschicklichkeit und ihren guten Willen verlassen kann.

Besonders augenfällig ist dieser Vortheil bei Knieröhren, welche
sich ohne jede besondere Vorrichtung nur mittelst eines kleinen Kunst-
griffes bis 160ᵐᵐ Weite, ebenfalls mit Muff versehen, auf der Presse
herstellen lassen, was sonst nur in Gypsformen mit einem verhältnißmäßig bedeutenden Aufwande an Zeit und Geld möglich war.

Auch Knieröhren größeren Kalibers sogar bis 500ᵐᵐ innerer
Weite sind in neuerer Zeit aus dieser Presse mit Muffe versehen
hervorgegangen, doch ist hierzu eine besondere, wenn auch einfache
Vorrichtung sowohl im Innern des Preßkastens K. als auch außerhalb desselben zum Halten und Stützen der Kniee nothwendig, welche
durch das Anfassen mit den bloßen Händen ihre regelmäßige Form
verlieren würden. —

Die Leiſtung der Röhrenpreſſe beträgt täglich u. A.:

550—600 Rohre mit Muffen 100ᵐᵐ innerer Weite
450—500 ⸗ ⸗ ⸗ 160 ⸗ ⸗ ⸗
250—300 ⸗ ⸗ ⸗ 200 ⸗ ⸗ ⸗
200—220 ⸗ ⸗ ⸗ 240 ⸗ ⸗
140—160 ⸗ ⸗ ⸗ 300 ⸗ ⸗
120—130 ⸗ ⸗ ⸗ 400 ⸗ ⸗ ⸗
75—100 ⸗ ⸗ ⸗ 500 ⸗ ⸗ ⸗

Der Preis der großen Sachſenberg'ſchen Röhrenpreſſe zur Her⸗ ſtellung von Röhren bis zu 80ᶜᵐ lichter Weite (gebrannt) beträgt mit Vorgelege nebſt feſter und loſer Riemſcheibe, Vorſetzkaſten, der Be⸗ wegungsſcheiben zum Preßtiſch nebſt Contre gewichten und Ausrücken, excluſive Holzarbeiten und Mundſtück 3150 Mark.

Fig. 314.

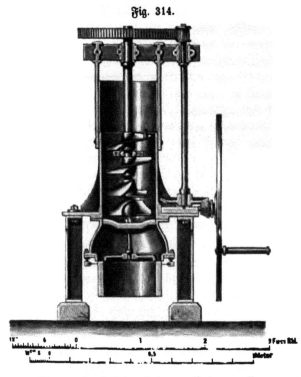

§. 360. Die continuirlich arbeitende Röhrenpreſſe von C. Schlid enſen iſt im weſentlichen ein vertical geſtellter Thonſchneider, aus welchem das Auspreſſen des Rohrſtranges durch die Wirkung der Schraube erfolgt, nachdem der zur Verwendung kommende Thon in entsprechender Weise für die Rohrfabrikation vorbereitet ist, was theils noch in der eigentlichen Röhrenpresse selbst erfolgt.

Diese Röhrenpresse ist ohne nennenswerthe Veränderungen auch als Thonschneider zu benutzen, zu welchem Zwecke es nur der Entfernung der Rohrschablone aus dem Mundstücke des Cylinders und des Einsetzens einer Verschlußscheibe mit einer Oeffnung in der Mitte, eines Siebes 2c. zum Durchlassen des Thones bedarf.

Die Röhrenpresse Fig. 314. ist mit einem Schwungrade versehen und kann durch einen Arbeiter betrieben werden, preßt Röhren bis 20$^{cm}$ äußeren Durchmesser, event. auch Gesimsstücke, Hohlziegel 2c. und verarbeitet stündlich 2 Hektoliter Thon, ist indeß zum Pressen von Muffenrohren nicht eingerichtet, ebensowenig wie die größere Handröhrenpresse (No. 2), welche bei gleichem Kraftbedarf stündlich 4 Hektoliter Thon verarbeitet und Rohre bis zu 28$^{cm}$ äußeren Durchmessers liefert.

Fig. 315.

Bei der Röhrenpresse Fig. 315. erfolgt der Betrieb durch ein direkt umgehendes Pferd, und werden die Rohre — bis zu 35 $^{cm}$ lichte Weite, auf eine Platte ausgepreßt, welche sich vermittelst zweier Contregewichte gegen den Rohrstrang drückt.

Die nach gleichen Prinzipien construirte Schlickeysensche Dampf-Röhrenpresse ist in Fig. 316. in senkrechtem Querschnitte und in Fig. 317. in Ansicht dargestellt.

Dieselbe wird entweder wie in der Zeichnung an einer Mauer festgeschraubt oder auf kräftige horizontal liegende Balken montirt, so daß sich der Einwurf für den Thon und das Getriebe oberhalb der Balkenlagen, der Preßcylinder und Preßtisch sich aber unterhalb derselben befinden. Endlich aber kann man auch diese Presse vermittelst angeschraubter eiserner Böcke direct auf den Fußboden stellen.

Diese Dampfröhrenpresse dient zur Herstellung von Rohren mit und ohne Muffen bis zu den zulässig weitesten Dimensionen. Eine solche Presse befindet sich unter anderen Schlickeysenschen Maschinen für die Ziegelfabrikation auf der Weltausstellung zu Philadelphia im Betriebe, welche sich nach dem Berichte des deutschen amtlichen Berichterstatters sowohl ihrer vorzüglichen Leistungsfähigkeit als auch ihrer sorgfältigen Herstellung wegen auszeichnet.

Fig. 316.

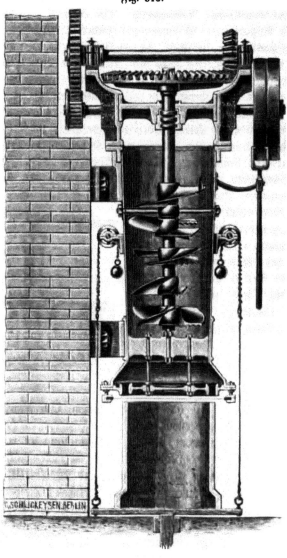

§. 361. Wenn hiermit die Beschreibung und namentliche Aufführung von Maschinen für die Rohrfabrikation geschlossen wird, soll damit keineswegs gesagt werden, daß nur diese hier genannten Maschinen es sind, welche die Beachtung des Röhrenfabrikanten verdienen.

wenig rationell und giebt meist nur eine mittelmäßige Waare, weshalb man da, wo die Herstellung von Röhren im größeren Maaßstabe betrieben wird, sich zum Brennen derselben besonders construirter gewölbter Oefen von geringerem Rauminhalte bedient, welche entweder rund oder viereckig und je nach dem zu verwendenden Brennmateriale erbaut sind. Was bereits in dem Capitel über das Brennen von Dachziegeln und Mauersteinen ꝛc. gesagt wurde, gilt auch hier.

Der Verbrauch an Brennmaterial ist ein höchst wichtiger Factor bei der Röhrenfabrikation, da dieser mehr oder weniger den Fabrikationspreis der Röhren bestimmt. Es ist daher vor allem nöthig, sich zweckmäßig construirter Brennöfen zu bedienen, da nur vermittelst dieser die Röhrenfabrikation eine lohnende sein kann. Außerdem hängt der Verbrauch an Brennstoff noch von der Beschaffenheit des Thones, von dem Trockengrade der Röhren und von der Qualität des Brennmaterials ab. Die Feuerungen sind gewöhnlich mit Rosten versehen, die bei Kohlen und Torf unerläßlich, bei Holz zwar nicht absolut nöthig, aber immerhin nützlich sind. Im Innern über der Feuerung sind durchbrochene Gewölbe (Bögen), wie in gut construirten Ziegelöfen, welche am besten mit festen dem Feuer widerstehenden Backsteinen gemauert werden. Manchmal werden sie aus ungebrannten Backsteinen oder Kalksteinen gemacht, um diese zu brennen, was aber nicht zu empfehlen ist, da das jedesmalige Anfertigen derselben keine Ersparung ist, und leicht ein Durchbrechen der Kettensteine erfolgen kann, was vielen Bruch unter den Röhren verursacht.

§. 364. In England werden zum Brennen der Röhren runde und viereckige Oefen mit Steinkohlenfeuerungen angewandt, wie solche in Figg. 318. und 319. sowie Figg. 320. und 321. dargestellt sind. Das System der Feuerung ist in beiden Formen, sowohl den eckigen als runden Oefen ziemlich gleich. Im Untertheile des Ofens sind die Einschürlöcher angebracht; das Innere der Oefen wird mit ungebrannten Backsteinen Z Z, die hierzu auf jeder Röhrenfabrik geformt werden, ausgesetzt und zwar um eine Schicht höher als die Heizöffnungen hoch sind; damit werden auch die Kanäle gemacht, welche die Heizöffnungen verbinden, deren Wände pyramidenförmig sich zuspitzen und durch die letzte Schicht gedeckt werden. Die Außenwände der Oefen werden mit gewöhnlichem Mörtel, die innern Wände aber nicht mit Lehm, sondern mit feuerfestem Thone gemauert.

Beim Einsetzen muß man Sorge tragen, daß in diesem Unterbaue Züge für die warme Luft und den Rauch bleiben. Mit den Kanälen correspondirend sind in dem Gewölbe Löcher angebracht,

welche während des Brennens mit Deckeln aus gebrannter Erde ge-
schloffen und geöffnet werden können, um den Zug im Ofen zu reguliren.

Auf die Backsteine werden die Röhren R eingesetzt und zwar
senkrecht gestellt. Wenn mehrere Kaliber zu gleicher Zeit gebrannt
werden, so steckt man sie ineinander, wodurch Raum im Ofen gewonnen wird; man muß hiernach die Kanäle und Roste einrichten.
In vielen Defen sind keine Roste, was aber jedenfalls nicht nachah-
mungswürdig ist, außer bei den sogenannten Pultfeuerungen.

§. 365. Fig. 318. und 319. ist ein runder gewölbter Ofen der
Röhrenfabrik von John Parkes in New-Forrest welcher mit Stein-

Fig. 318.

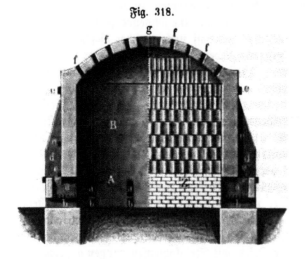

kohlen befeuert wird. Die eine Hälfte ist im Grundplan und im Durchschnitt leer, die andere mit Backsteinen und Röhren ausgesetzt. Fig.
319. ist der Grundriß. Er hat 10 Feuerungen a, jede 225ᵐᵐ breit,
konisch nach dem Centrum laufend, und 760ᵐᵐ hoch. In den Feuerungen sind Roste aus feuerfesten Ziegelsteinen, unter denen die Oeffnung b als Aschenfall dient, die jedoch während des Brennens gewöhnlich geschlossen bleibt. A ist die Hälfte des Grundplans vom
untern Theil des Ofens, in welchen die Ziegelsteine Z, wie aus dem
Durchschnitte ersichtlich, eingesetzt werden. B ist die Hälfte des Grundplans vom obern Theile, wo man die Kanäle sieht und die Oeffnung
c, c 178ᵐᵐ im Gevierte, durch welche das Brennmaterial hineingebracht wird und die ebenfalls mit Deckeln aus gebranntem Thon ge-
schloffen werden. Diese Feuerungen macht man gewöhnlich aus feuerfesten Steinen; d, d sind Verstärkungspfeiler.

Fig. 318 ist der senkrechte Durchschnitt des Ofens, welcher 2,12ᵐ gerade Wandhöhe hat und 2,50ᵐ im Gewölbe hoch ist. Er kann aber auch 1,57ᵐ Wand= und 2,50ᵐ Gewölbehöhe haben. Die im Grund=plane verzeichneten Buchstaben finden sich für dieselben Gegenstände im Durchschnitte; e, e sind 3 eiserne Reifen, womit der Ofen gebunden ist; derselbe hat eine Seitenöffnung, wodurch die Röhren ein=gesetzt werden, die aber vermauert wird, wenn der Ofen voll ist, und die letzten Röhren werden durch das Loch g im Gewölbe einge=legt, aus welcher auch der Einsetzer heraussteigt. f, f sind Zuglöcher im Gewölbe. Die eine Hälfte des Durch=schnitts A ist leer, die an=dere mit Backsteinen und Röhren ausgesetzt, und

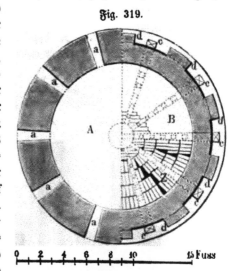

Fig. 319.

zwar die untern Schichten mit 78ᵐᵐ weiten Röhren, worin die schwächern stecken. In solch einen Ofen bringt man circa 12,000 Röhren von ver=schiedenen Durchmessern und brennt 2 Tage und 2 Nächte.

§. 365. Röhrenöfen zu Algerton (Middlesex).

In England sind außerdem runde Oefen für hohle Backsteine und Drainröhren in Anwendung, die sich durch eine bedeutende Er=sparniß an Brennmaterial auszeichnen. Sie werden in der „Samm=lung landwirthschaftlicher Bauausführungen" von Engel, Berlin 1858, näher beschrieben.

Wie in Fig. 320. im Durchschnitt und Fig. 321. im Grundriß in kleinerm Maaßstab angegeben, bilden die Oefen, von benen meist 4 Stücke nebeneinander gebaut werden, einen cylindrischen, oben mit einem Gewölbe geschlossenen, von hohlen Mauern umgebenen Raum zur Aufnahme von Thonwaaren, welche aus Drainröhren und hoh=len Steinen bestehen. Die Feuerung befindet sich in der Mitte in einem 912ᵐᵐ weiten Kanal unter dem Boden des Ofens, welcher zu=gleich mit dem Einsetzen der Thonwaaren um ein oberes, etwa 2,50ᵐ hohes Stück bis über die Kämpferlinie des Gewölbes verlängert wird. Das obere in den Ofen reichende Stück wird trocken mit etwa 50ᵐᵐ .

weiten Fugen aufgebaut. Ungefähr 627ᵐᵐ über den Roften befinden ſich 16 ſpaltenförmige Oeffnungen im dem Schornſteine, welche durch einen rund um letzteren laufenden Kanal mit der äußern Luft in Verbindung ſtehen; hierdurch bringt friſche Luft in die Gichtflamme des Feuers, was eine vollſtändigere Verbrennung der flüchtigen Stoffe und eine größere Hitze erzeugt.

Fig. 320.
Durchſchnitt:

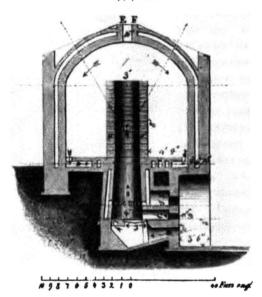

Fig. 321.
Grundriß:

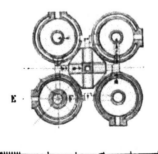

Der Boden wird von einem System von  keinen, concentrisch laufenden Kanälen durchzogen, die sich an den Umfassungswänden öffnen und in einen größern Kanal münden, der wieder mit dem Kanalsystem des zweiten Ofens in Verbindnng steht und zugleich durch entsprechend angebrachte Schieber mit dem in der Mitte zwischen den vier Oefen liegenden, etwa 12ᵐ hohen Schornstein. Am Fuße dieses mittleren Hauptschornsteins befindet sich etwa 2,50ᵐ vertieft der Raum, von wo die vier Oefen geheizt werden. Eine keine Oeffnung von der Seite dient zum Eintragen der Thonwaaren.

Die Wirkung dieser Heizungsanlage erklärt sich nun leicht. Sobald der Ofen gefüllt ist, dient ein gelindes Feuer zum Ausschmauchen der nur soweit getrockneten Thonwaaren, als es zum Eintragen genügt; hierbei zieht die Feuchtigkeit aus dem Mannloche im Scheitel des Gewölbes. Nach kurzer Zeit kann die Oeffnung geschlossen werden und wird nun ein stärkeres Feuer zum Garbrennen der Massen angemacht. Die Hitze verbreitet sich durch den innern Schornstein im ganzen Ofen, steigt in die Kanäle hinunter und kann dann entweder direct in den Hauptschornstein oder zum Ausschmauchen des zweiten Ofens in diesen geleitet werden. Das Garbrennen der Ziegelwaare dauert 2 bis 3 Tage und Nächte für den ersten Ofen, dagegen nur 28 bis 36 Stunden in den andern Oefen. Die hierdurch erreichte Ersparniß an Kohlen wird auf 50 bis 70 Proc. andern Oefen gegenüber angegeben.

Diese Oefen sollen sich jedoch nur zum Brennen von hohlen Steinen und Drainröhren eignen. Außer dem geringern Brennmaterialverbrauch und der Zeitersparniß bieten sie jedenfalls den Hauptvortheil, daß eine namhafte Ersparniß an Trockenschuppen erzielt wird, da das Ziegelgut, sobald es nur das Aufeinandersetzen ertragen kann, in den Oefen eingesetzt wird; daß auch Holz- und Torffeuerung statthaben kann, ist nicht zu bezweifeln.

§. 366. Als Beispiel eines viereckigen Ofens für Steinkohlenfeuerung geben wir hier den von Clayton, welcher sehr viel und zur vollen Zufriedenheit angewendet wird. Fig. 323. stellt den Grundriß und Fig. 322. den Durchschnitt eines Doppelofens dar.

Ein solcher Ofen ist im Innern 4ᵐ lang, 3ᵐ breit, 3,30ᵐ hoch, von den Bänken an gerechnet bis ins Mittel der Gewölbe (Bänke heißt man die aus Backsteinen hergerichteten Lager, worauf die Röhren stehen). Er hat auf jeder Seite 3 Feuerungen c, und jeder Ofen eine Oeffnung zum Einsetzen und Ausnehmen der Waare.

Ist der Ofen vollgesetzt, so wird die Thüre vermauert, das gänz-

idue Zullen zeichnen durch das roch - Fig. 322, welches 1 ⁊⁊ inn und 0.47ᵐ roch ift, ne roch der Einfeger berumbringe, zum bafuche alsdann zermauern. Will man den Ofen noch größer haben, is kann ⁊ 4.40ᵐ ang, 3.⁊⁊ᵐ nen und 3.⁊⁊ᵐ hoch, und mit 4 Bererranger

Fig. 322.

Fig. 323.

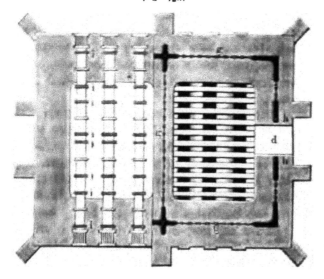

auf jeder Seite gemacht werden. Der Ofen steht 2,50ᵐ tief in der Erde, wodurch bedeutend seine Stärke vermehrt, Brennmaterial erspart und die Arbeit des Einsetzers erleichtert wird.

Die Mauern sind aus Backsteinen in den aus dem Grundriß und Durchschnitt ersichtlichen Dicken ersichtlich.

Will man Steine ersparen, so können auch blos die äußern Seiten mit solchen gemauert, die Zwischenräume dann mit Brocken ausgefüllt, und von 52 zu 52ᵐᵐ Lagerzeilen zur Bindung der Verkleidungsmauern durchgemauert werden.

Das Gewölbe besteht aus Backsteinen, und auf jeder Fläche von 0,20 ☐ᵐ ist ein 52ᵐᵐ weites Rohr f eingemauert, durch welches der Rauch und die Dämpfe abziehen und der Zug regulirt werden kann.

Man beginnt mit diesen Zuglöchern 313ᵐᵐ hoch über dem Anfange des Gewölbes und stellt sie übers Kreuz. Feuerfeste Backsteine sind nöthig, um die Feuerungen und Kanäle, sowie die Bögen und Bänke zu mauern, wenn man blos Röhren brennen will. Werden aber auch Ziegel mitgebrannt, so macht man die Bänke und Lager, worauf die Röhren stehen, jedesmal aus ungebrannten Ziegelsteinen, mit welchen Züge und Kanäle zur richtigen Vertheilung der Hitze und Flamme gesetzt werden müssen. In den Seitenwänden ist eine Kette g, g eingemauert, welche an den Ecken in eiserne Winkel, in der Mitte aber in ein Kreuz gehängt ist, damit durch die Hitze der Ofen nicht auseinander getrieben werden kann. Die Winkel und Kreuze sind 104ᵐᵐ breit und 13ᵐᵐ dick, sie werden über die Thüren geführt, dadurch, daß man eiserne Stangen h in die zunächst liegenden Kettenöffnungen ꝛc. steckt, welche über den Bogen hinaufgehen, und diese sind oberhalb wieder zusammengehängt; die Stangen müssen aber auch noch unter die Thürschwelle reichen, wo sie in eine Gußeisenplatte k befestigt werden, so daß die 4 Seiten der Thüren mit Eisen umspannt sind. Die Kette wird etwas höher über der Linie l eingemauert, wo der Ofen aus der Erde herauskommt.

Die Feuerungen sind mit eisernen Thürchen geschlossen, die aber zweckmäßiger durch eiserne Rahmen, die mit Backsteinen ausgestellt werden, wie bei den Casseler Flamm-Ziegelöfen auf S.

Fig. 324.

276 beschrieben wurde, construirt werden. Die Feuerungen haben Roste und Aschenfall; die Einschürlöcher sind gewölbt, 418ᵐᵐ breit und 329ᵐᵐ hoch vom Rost bis zum Anfang der Bänke oder Widerlager.

Die Roste sind sehr stark aus Gußeisen, die Aschenlöcher a m Boden mit umgekehrten Gewölben versehen, wodurch die Solidität des Ofens bedeutend gewinnt; sie sind 340ᵐᵐ breit, 470ᵐᵐ hoch und mit eisernen Thürchen geschlossen, wodurch der Zug regulirt wird. Die Feuerungen stehen 940ᵐᵐ von Mittel zu Mittel auseinander, über den Heizöffnungen liegen 3 eiserne Stangen, auf welchen das Mauerwerk sitzt, das den Halbkreis des Bogens schließt. Die Feuerungen laufen durch die ganze Länge des Ofens, es wird in denselben ein Rost gebildet durch gußeiserne gezahnte Querstücke (Fig. 325), welche 26ᵐᵐ dick sind, und worauf der Länge nach schmiedeeiserne Stangen, jede 2,93ᵐ lang und 20ᵐᵐ bis 39ᵐᵐ dick, liegen. Im Grundriß, Fig. 323., sind die gußeisernen Querstücke mit i, i bezeich-

**Fig. 325.** net, die nicht bezeichneten sind einfache

schmiedeeiserne Stangen, welche zur Unterstützung der nach der Länge laufenden Rost-stäbe dienen. Ueber diesen Rosten befinden sich 11 Bögen Fig. 324. in der innern Länge des Ofens, jeder 230ᵐᵐ breit, und zwischen diesen Bögen sind 12 Zwischenräume, jeder 90ᵐᵐ breit, durch welche das Feuer aufsteigt.

Auf diese Bögen werden zwei Reihen flache Ziegelsteine gelegt und darauf aus 4 Lagen feuerfesten oder ungebrannten Ziegelsteinen die Bank bereitet, auf welche die Röhren gesetzt werden. In diese Bank müssen die Züge so eingetheilt sein, daß die Hitze auf alle Theile des Ofens gleich wirken kann. Die erste Reihe wird quer durch den Ofen auf die Kante gestellt, so daß 78ᵐᵐ Zwischenraum zwischen den Steinen bleibt; die zweite Reihe wird der Länge nach auf die Kante ebenfalls mit 78ᵐᵐ Zwischenraum gestellt. Die dritte Reihe wird auf die Kante in diagonaler Richtung mit 78ᵐᵐ Zwischenraum gesetzt. Die vierte Reihe wird flach und quer durch den Ofen ziemlich nahe zusammengelegt. Hierauf werden die Röhren, so wie beim runden Ofen beschrieben wurde eingesetzt und gebrannt. —

§ 367. Die beschriebenen Oefen für Steinkohlenfeuer sind jedoch nicht vortheilhaft für Holz zu benutzen; für Holzfeuerung ist der Hermleder'sche Ofen am meisten zu empfehlen.

Derselbe ist in Fig. 326. einem Verticalschnitt und in Fig. 327. einem Grundriß zur Hälfte ein Horizontalschnitt nach AB, zur Hälfte ein Horizontalschnitt nach CDEFGH in dem Maaßstab von 1:144 dargestellt. Der Ofen ist gewölbt und hat nur eine Feuerung mit einem Rost a, b ist die Oeffnung durch welche die Röhren eingesetzt werden. c ist innere Raum zum Brennen der Röhren, e die Kanäle

zum Abzug des Sturz-
feuers, e der Rauchfang,
f der Raum auf dem
Ofengewölbe, wo das
Feuer durch die Züge g
regulirt wird, i, i die
Bänke, h die Bögen, k
der Aschenfall, der mit
der Feuerung durch eine
eiserne Schiebthüre ge-
schlossen wird.

Die Feuerung ist mit
Bögen h überwölbt, auf
welche ein Gitter mit 3
Lagen roher Ziegelsteine
gesetzt wird, und dann
werden mit solchen Zie-
geln bis zum Gewölban-
fange Züge gemacht,
welche mit den Einmün-
dungen der Kanäle e, e
korrespondiren. Die Ka-
näle sind in den Mauern
und über dem Gewölbe
zusammengeführt und ver-
einigen sich da in dem
Kamine e, wo jeder ein-
zelne Kanal mit einem Re-
gister geschlossen werden
kann. Auf die Ziegel-
steine werden die Röhren,
wie vorher beschrieben,
gesetzt und dann die
Oeffnung b geschlossen.

Im Gewölbe sind eben-
falls noch Löcher, welche

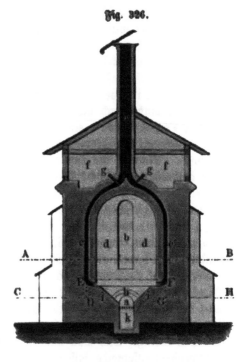

Fig. 326.

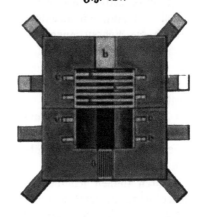

Fig. 327.

mit Ziegelsteinen zugedeckt werden. Ueber dem Ofen ist ein Dach,
und die Fachwände zwischen Dach und Ofen mit gitterartigem Mauerwerk geschlossen.

So lange das Abdämpfen oder Schmauchfeuer dauert, welches

vorsichtig und gelinde geführt werden muß, sind alle Oeffnungen offen, und man schließt nur wenige, wenn der Ofen ungleich zieht. Sobald aber der weiße Rauch aufhört und man dadurch sieht, daß keine Wasserdämpfe sich mehr entwickeln, dann beginnt das Vollfeuer, wo man sehr Acht haben muß, daß der Ofen gleichmäßig in Glühhitze kommt; wenn dieses erreicht ist, werden die Oeffnungen im Gewölbe geschlossen, und das Feuer muß durch die Kanäle c, c in den Schornstein abziehen. Der Ofen kann mit einer geringen Aenderung des Rostes auch zur Torffeuerung gebraucht werden.

§. 368. Man ist mit dem Brennen der Röhren aber nicht auf diese und ähnliche periodische Brennöfen angewiesen resp. beschränkt, man kann dieselben ebenso gut und mit größeren oekonomischen Vortheilen in continuirlichen Brennöfen, selbst im Ringofen mit Streufeuerung brennen, nur ist es bei Benutzung dieses Ofensystems erforderlich, die schon eingangs erwähnte Methode des „Einschrankens" anzuwenden, was man am zweckmäßigsten dadurch erreicht, wenn man Drainröhren mit Ziegelsteinen zusammenbrennt.

Das Brennen der Röhren ist immerhin eine schwierige Arbeit, die nur durch Uebung erlernt wird, da es hierfür keine allgemeine Regeln giebt, zumal fast jede Thonart eine anderer Behandlung erfordert. Das Wenige, was man allgemein darüber sagen kann, läßt sich in Folgendem zusammen fassen.

Anfangs muß gelinde gefeuert werden bis die Röhren trocken sind, das Vollfeuer muß sich gleichmäßig über den ganzen Ofen ausbreiten und ob die Röhren ausgebrannt sind, erkennt man an der Farbe, welche sie in der Glühhitze haben, oder an dem Maaße um welches die Röhren im Ofen geschwunden sind. Auch kann man Prolen ziehen, was besonders bei neu eingerichteten Fabriken zu geschehen pflegt.

§. 369. Weit schwieriger noch als das Brennen der Drainröhren ist dasjenige der Wasserleitungs- und Canalisationsröhren, welche um sie wasserdicht und widerstandsfähiger zu erhalten, mit einer Glasur versehen werden.

Diese Röhren können selbstverständlich nur in Oefen mit reinem Flammenfeuer gebrannt werden und verwendet man zum Brennen derselben schon mehrfach den continuirlichen Gasofen (Fr. Chr. Filentscher in Zwickau, Gebr. Nordmann in Altenburg 2c.), welcher die genannte Bedingung in ausgezeichneter Weise erfüllt.

Zum Glasiren dieser Röhren verwendet man entweder Salz, einen feingeschlemmten und leicht schmelzbaren Thon oder andere geeignete

Subſtanzen, doch iſt das Glaſiren mit Salz wohl am weiteſten ver=
breitet.

Zum Brennen der Röhren werden dieſelben im Ofen aufrecht
gewöhnlich mehrfach über einander geſtellt und kleinere Stücke in große
geſteckt, wobei indeß darauf zu achten iſt, daß die Wandungen ſich
nirgends berühren ſondern frei liegen, damit die Ofenatmosſpähre
die Rohre überall beſtreichen kann. Die Röhren dürfen nicht feſt auf
dem Boden aufſtehen, ſondern müſſen auf einen durchbrochenen Boden
von feuerfeſten Steinen geſtellt werden, ſo daß die Flamme von unten
auf die Rohre durchziehen kann.

§. 370. Hat der Ofeneinſatz die Gare erreicht, dann beginnt der
viel Geſchicklichkeit und ſchnelles Hantiren erfordernde Akt des Glaſi=
rens. Es werden nämlich möglichſt gleichzeitig in alle Feuerungen
gewiſſe, durch Verſuche zu ermittelnde Quantitäten Kochſalz geworfen
und ſofort nach dieſem Salzeinwurfe etwas Kohlen nachgefeuert,
während oder unmittelbar nach dieſer Arbeit muß der Schornſtein=
zug hermetiſch abgeſperrt werden, alle Feuerthüren ſind zu verſchließen
und die Aſchengruben zu verſtopfen.

Die nun aus dem Salze unter der Einwirkung der Hitze ſich
entwickelnden Natron=Dämpfe durchdringen den ganzen Ofenraum und
ſchlagen ſich als dünner glasartiger Ueberzug auf den Rohren nieder,
und da ſich mit den Natrondämpfen auch der Kohlendampf vereinigt,
ſo erhält die Glaſur eine bräunliche Farbe, die um ſo dunkler wird,
deſto mehr Kohlendampf in dem Ofen vorhanden iſt. Anſtatt der
Kohle nimmt man zum Färben auch wohl recht fettes, aſtiges Kienholz.

Nach einer Zeit ſucht man ſich zu überzeugen ob die Glaſur
gelungen iſt. Um dies feſtzuſtellen, bringt man vermittelſt einer
Eiſenſtange durch kleine Oeffnungen in den Einſetzthüren ein Stück
Holz in den Ofen, das ſich ſofort entzündet; an dem Widerſcheine
der Flamme, die ſich in der Glaſur ſpiegelt, kann ein geübtes Auge
beurtheilen, ob die Glaſur gelang, war dies nicht der Fall, ſo muß
der Salzeinwurf wiederholt werden.

Haben die Rohre die Glaſur angenommen, dann wird der Schorn=
ſteinſchieber nochmals geöffnet und noch ein gelindes Nachfeuer für
kurze Zeit unterhalten, damit etwa entſtandene Salzkruſten abbrennen
können, worauf man den Schornſteinzug wieder abſperrt und alle
Heizthüren ſorgfältig mit Lehm verſchmiert, damit die Abkühlung ſich
langſam vollzieht, weil ſonſt Röhrriſſe entſtehen.

§. 371. Von dieſer Methode des Glaſirens unterſcheidet ſich
weſentlich das Begießen der Rohre mit einem leicht ſchmelzbaren

Thone, wobei gewöhnlich nur das Innere der Rohre begossen wird. Dieser Thonbeguß schmilzt in der Hitze und erzeugt dadurch auf den Wandungen des Rohres einen emailartigen Ueberzug, der sich mit dem Rohre selbst sehr innig verbindet.

Die Rohre müssen vor dem Begießen angetrocknet sein, alsdann wird die dünnflüssige Begußmasse in geeigneter Weise über das Rohr ausgebreitet und nach vollständigem Trocknen sowohl des Rohres selbst als der Begußmasse im Brennofen eingebrannt.

Die Hauptschwierigkeit dieses Verfahrens besteht in der Herstellung eines gleichmäßigen Verhaltens des Rohrmaterials und des Begußthones hinsichtlich des Schwindungsgrades und des möglichst gleichzeitigen Eintretens der Gare des Rohres mit der Schmelzung des Begußthones.

## VIII.

## Ueber Wahl des Platzes und die Einrichtung einer Röhrenfabrik.

§. 372. Was wir in früheren Kapiteln über die Wahl des Platzes einer Ziegelei und die Einrichtung der Fabrik im Allgemeinen gesagt haben, gilt auch hier.

Sehr oft werden Röhrenfabriken in bestehenden Ziegeleien eingerichtet, da ist es nöthig, sich nach den vorhandenen Localitäten zu richten und diese so gut als möglich zu benutzen. Wenn aber ganz neue Anlagen gemacht werden, dann muß man trachten, die zweckmäßigste Einrichtung zu treffen.

§. 373. Die Größe der Gebäude einer Röhrenfabrik hängt davon ab, wie viele Maschinen beschäftigt werden sollen. Da man gewöhnlich mit einer großen Maschine eine hinlängliche Anzahl Röhren erzeugen kann, so ist der Plan Fig. 328. für eine Fabrikanlage in der Größe gemacht, wie solche gewöhnlich in England erbaut sind. —

Die Thonmühlen und Schlämmmaschinen sind hier auf diesem Plane nicht angegeben, da sie gewöhnlich in einiger Entfernung von den Trockengerüsten stehen, und als gemeinsame Maschinen sowohl für Ziegelei als Röhrenfabrikation dienen.

Bei A ist die Knetmaschine angebracht, in welcher der zugerichtete Lehm die nöthige Mischung mit Ziegelmehl und Sand erhält, um zur Röhrenfabrikation tauglich zu werden.

Die Maschinen und Localitäten sind so eingetheilt, wie der Gang der Arbeit geht; daher nach der Knetmaschine A das Maschinenhaus B kommt. Dasselbe ist 6,27ᵐ lang, 6,27ᵐ breit und 2,6ᵐ hoch. Die Seitenwände des Maschinenhauses sind mit Breterwänden, worin sich Fenster befinden, geschlossen, damit Wind und Sonne auf den zum Pressen hergerichteten Thon nicht einwirken können. Sehr gut ist es, neben dem Maschinenhause einen geschlossenen Raum oder unter demselben ein Ge- wölbe zu haben, worin der Thon noch eine Zeit faulen kann, wenn er aus der Knetmaschine kommt, bevor er zu Röhren verarbeitet wird.

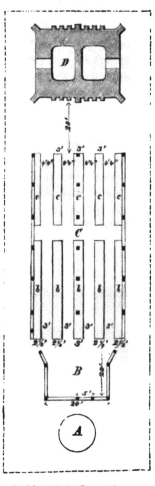

Fig. 328.

Der Trockenbau C ist 18,83ᵐ bis 25,10ᵐ lang und 9,41ᵐ breit. Die eine Hälfte desselben ist mit Trocken- gestellen b, b zum Trocknen der Röh- ren versehen, in welche die Tragen Fig. 299. mit den Röhren hineinge- schoben werden. Wenn die Röhren halb trocken sind, werden sie abge- richtet oder zu Hülsen geschnitten, und deshalb von den Tragen herunterge- nommen; sie kommen alsdann in die andere Hälfte des Trockenbaues ohne Tragen auf den mit leichtgebrannten Backsteinen belegten Boden, und wer- den in Reihen c, c aufgeschichtet, wo sie vollends trocknen bis zum Brennen.

Der Trockenbau wird ganz leicht aus 160—210ᵐᵐ starkem Holze con- struirt, und hat 1,88ᵐ Höhe. Die Sparren sind 104×104ᵐᵐ stark genug und die Eindeckung kann mit Ziegeln, Bretern oder Dachpappe geschehen, jedoch müssen mehrere Luftlöcher angebracht sein, damit die Luft und der Wind recht durch- ziehen können und die Röhren schneller trocknen.

Die Gestelle b, b, auf welche die Tragen sammt den Röhren ge- schoben werden, sind immer für 2 Reihen Tragen eingerichtet und

0,78ᵐ breit; dazwischen ist ein Gang von 0,94ᵐ. — Der Platz, worauf die Röhren ohne Tragen in Reihen aufgeschichtet werden, ist 0,94ᵐ breit und sie stehen 1,88ᵐ auseinander.

Hinter dem Trockenbau befindet sich der Ofen D und zwar auf eine Entfernung von 6,27ᵐ damit hinlänglicher Raum bleibt, um arbeiten zu können.

Hier im Plane ist ein viereckiger Doppelofen gezeichnet; es könnte aber gerade so gut auch ein runder sein. Hinter dem Ofen befindet sich ein Raum von 3,13ᵐ lang und 3,77ᵐ breit, worin der Brenner sich aufhält, der Kohlenvorrath und die Werkzeuge sich befinden. Der Boden dieses Raumes darf nicht höher, wohl aber etwas tiefer als der Aschenfall der Feuerung liegen.

§. 374. Für eine kleinere Anlage ist der in Fig. 329. dargestellte Plan von verschiedenen deutschen Röhrenfabriken im Ganzen noch weit zweckmäßiger eingerichtet.

Hiernach besteht die Fabrik aus 4 Hauptabtheilungen, die alle unter einem Dache in unmittelbarer Verbindung stehen. Fig. 329. zeigt den Aufriß und den Grundplan einer solchen Fabrik.

Fig. 329.

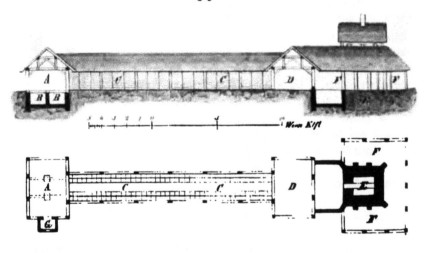

Die erste Abtheilung ist das Maschinenhaus, A, wo die Presse steht und die Röhren gepreßt und auf Horden gelegt werden. In der Nähe dieses Locals steht die Knetmaschine. Dieses Local ist mit Gestellen umgeben, worauf man die Röhren von größerm Kaliber trocknet; daneben befindet sich eine Kammer G zur Aufbewahrung der Werkzeuge und wo ein Wächter schlafen kann. Unter dem Maschinenhause ist ein Keller B, der jedoch nicht gewölbt zu sein braucht, wo hinein der vorbereitete Lehm zum Abliegen gebracht wird. Unmittelbar an das Maschinenhaus stößt der Trockenbau C, welcher nur 2,82ᵐ breit ist, und in welchem die Horden, worauf die Röhren liegen, zum Trocknen eingeschoben werden. Am Ende desselben ist ein Raum D zum Ablegen der trockenen Röhren, von wo aus man sie zum Brennen in den Ofen E einsetzt. Um den Ofen herum ist ein Schuppen F, unter welchem Brennmaterial und trockene Röhren zum Brennen im Spätherbste aufbewahrt werden. Man kann 20,000 Röhren zum Trocknen zu gleicher Zeit auflegen.

---

## IX.

## Nachträge zur Ziegelfabrikation.

§. 375. Zu Seite 45, §. 56. In neuester Zeit fabrizirt C. Blumhardt auf Simonshaus bei Vohwinkel combinirbare Schiebkarren, größeren Theils aus Eisen hergestellt, speziell für Ziegeleien welche so bedeutende Vorzüge, lange Dauerbarkeit bei vernunftgemäßer Construction, besitzen, daß durch diese wohl die hölzernen Schiebkarren in nicht allzu ferner Zeit von den Ziegeleien verdrängt werden dürften.

§. 376. Zu Capitel XIII. Es ist in Ziegeleien, welche mehrere Ziegelpressen in Thätigkeit haben, oft sehr erwünscht, das Rohmaterial auf einem großen Walzwerke für die Pressen vorzubereiten, ein solches Walzwerk ist das in Fig. 330 und 331 dargestellte der Gebr. Sachsenberg in Roßlau a/.E.

Dieses Walzwerk ist u. a. in einer Ziegelei in Ueckermünde am Stettiner Haff im Betriebe, wo vier Sachsenberg'sche Ziegelpressen arbeiten und deshalb bedeutende Massen verarbeiteten Thons erforderlich sind, welcher sehr fein gemahlen werden muß, da derselbe sehr schieferig ist. Der gewalzte Thon fällt vom untersten Walzenpaare nach zwei Seiten hin ab und wird dann in die zu beiden Seiten aufgestellten Thonschneider geworfen.

Zwischen zwei gußeisernen Säulenpaaren a a welche auf einem in Ziegeln und Cementmörtel gemauerten Fundamente ruhend verankert und oben in zwei mit der Balkenlage des Gebäudes verbun-

**Fig. 330.**

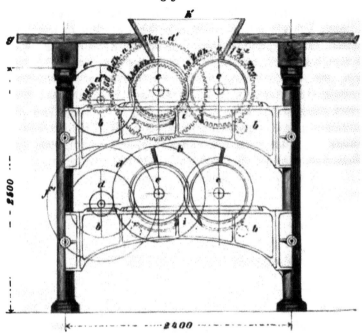

**Fig. 331.**

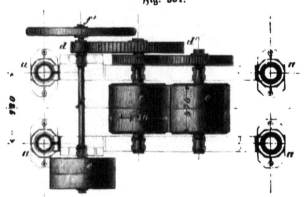

denen Unterzügen festgeschraubt sind, sind zwei gußeiserne Tragebal-
ken b b befestigt, auf denen die Lagerstühle für die Walzen c c c c
ihre Befestigung finden.

Jedes Walzenpaar besitzt sein eigenes Rädervorgelege d d' und
seine eigene Antriebriemscheibe o o' und es ist die Vorlegewelle f

des unteren Walzenpaares mit hinreichend schwerem Schwungrade f'
versehen, um die ungleichen Widerstände des unteren sehr enggestellten
Walzwerkes leichter zu überwinden. Ueber dem oberen Walzenpaare
befindet sich eine geräumige aus Holz gezimmerte Bühne g zum Aus-
stürzen des auf einer Rampe angekarrten Rohmaterials. Ueber jedem
Walzenpaare liegt in Falzen, welche in die Walzen eingedreht sind,
ein hölzerner Schüttrumpf h h', welche die rohe resp. die einmal durch-
gewalzte Masse aufzunehmen haben. Zur steten Reinhaltung der
Walzen sind die Schabemesser i i angebracht.

Die Walzen haben 630ᵐᵐ Durchmesser und 470 ᵐᵐ Arbeitslänge
die oberen machen fünfzehn, die unteren dreißig Umdrehungen per
Minute und es verarbeitet das Walzwerk täglich den zu 32—40000
Ziegelsteinen erforderlichen Thon.

Der Preis dieses Doppelwalzwerkes beträgt 4500 Mark.

§. 377. Zu Capitel XV. Unter den neueren Schlämmmaschinen verdient die von L. Schmelzer in Magdeburg wohl eine eingehen-
dere Beachtung der Ziegelbesitzer, da dieselbe geeignet ist, eine sehr
fühlbare Lücke auszufüllen.

Diese Schlämmmaschine Fig. 332. ist nach dem Erfahrungssatze

**Fig. 332.**

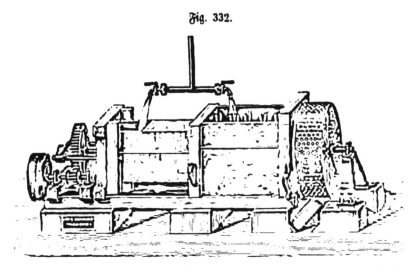

construirt, welcher lehrt, daß alle festen Körper durch Flüssigkeiten
dann am schnellsten gelöst werden, wenn sie zuerst in wenig Flüssigkeit aufgeweicht und dieser Lösung dann eine größere Menge Flüssigkeit, in diesem Falle Wasser, zugesetzt wird.

Die Schmelzer'sche Schlämmmaschine besteht nach der Beschreibung ihres Constructeurs aus den Betriebstheilen: Den Riemscheiben und Rädern, sodann aus einer langen Welle, welche durch einen zweitheiligen Kasten hindurch geht und außerhalb des Kastens gelagert ist. Der erste Theil des Kastens ist die Aufschlußkammer, dieselbe hat eine Oeffnung zum Einlegen des Thones und eine zweite Oeffnung aus welcher der aufgelöste Thon nach dem zweiten Theile des Kastens, der Schlämmkammer hinausgedrückt wird. In der Aufschlußkammer ist die Welle mit Thonschneidemessern, in der Schlämmkammer mit Rührmessern versehen. Hinter der Schlämmkammer ist ein Cylindersieb auf der Welle befestigt und ist dasselbe in solcher Weise eingerichtet, daß gelöste und ungelöste Theile aus der Schlämmkammer in das Sieb kommen, die gelösten und feinen Theile durch das Sieb hindurch fließen, die ungelösten Theile aber aus dem Siebe in einen abgeschlossenen Raum fallen.

Oberhalb des Kastens befindet sich eine Wasserleitung, welche getheilt und mit zwei Regulirhähnen versehen ist. Der eine Ausfluß führt das Wasser in die Aufschlußkammer, der andere dasselbe in die Schlämmkammer.

Durch Einwirkung einer geeigneten Betriebskraft wird die durch die Maschine hindurchgehende Welle in Umdrehung gebracht, dann werden die zu schlämmenden Materialien schaufelweise in die Aufschlußkammer eingeworfen und daselbst mit einer geringen Menge zufließenden Wassers durch die Thonschneidemesser bearbeitet, innig gemengt und in einen dickflüssigen Zustand versetzt. Durch eine Oeffnung wird diese Masse in die Schlämmkammer gedrückt und in derselben unter Zufluß von Wasser durch eine Anzahl Rührmesser dünnflüssig gemacht, die löslichen Theile in dem Wasser aufgelöst, die unlöslichen und groben Theile ausgeschieden. Aus der Schlämmkammer fließt das nach Erforderniß mehr oder weniger angereicherte Schlämmwasser über einen Steg nach dem Cylindersieb, wohin auch durch eine Auswurfschaufel die ungelösten Theile ausgeworfen werden. In dem Cylindersiebe findet die vollständige Trennung statt, durch dasselbe fließt das Schlammwasser nach einer Rinne zu den Absatzgruben, wogegen die ungelösten Theile in einen Raum fallen, der durch eine Scheidewand von der Rinne getrennt ist. Das Sieb reinigt sich durch die Bewegung selbst und sollen sich die feinen Maschen desselben niemals verstopfen.

Zur Bedienung dieser sehr zweckmäßigen Maschine ist ein Arbeiter erforberlich unb als Betriebskraft eine Pferbestärke ausreichenb, wenn täglich Thon für 5—8000 Mauersteine geschlämmt werben soll.

§. 378. Zu Capitel XXIX Seite 161. Die verbesserte Ziegelmaschine von Duranb, jetzige Firma Duranb unb Marais ist ausführlich beschrieben: Notizblatt bes beutschen Vereins für Fabrikation von Ziegeln 2c. 1875 S. 344.

**Fig. 333.**

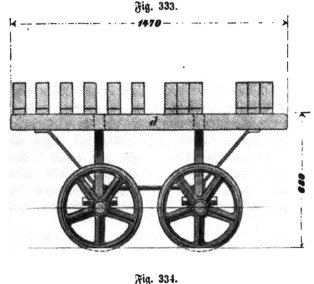

**Fig. 334.**

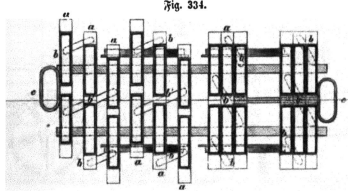

§. 379. Zu Capitel XXXIII S. 232. Solche Ziegeltransportwagen werben auch in sehr praktischer Form von ·ben Gebr. Sachsenberg in Roßlau a./E. hergestellt. Einen bieser Ziegeltransportwagen zeigen bie Fig. 333 unb 334 mit einem Fassungsraum

für 24 Ziegelsteine. Bei diesem Wagen verdient eine Vorrichtung
erwähnt zu werden, welche verhindert, daß die vom Abschneideappa-
rate aus auf den Wagen gestellten Ziegelsteine, die stets an ihren
Lagerflächen mehr oder weniger zusammenhaften, zum Auseinander
trennen mit den Fingern angefaßt werden müssen, da dieses Anfassen
die sehr häßlichen Fingereindrücke an den schmalen Seiten der Steine
erzeugt. Um dies also zu vermeiden, werden die Ziegel auf eine
Unterlage gestellt, welche aus drei nebeneinander liegenden und durch
drei eiserne Schienen b verbundenen hölzernen Linealen a, deren
Breite einer Steindecke entspricht, bestehen; je zwei dieser breitheiligen
Unterlagen sind durch eine gemeinschaftliche Scheere mit Handgriff c
mit einander verbunden. Auf den oberen hölzeren Seitenleisten d
des Wagens sind vier solcher breitheiligen Lineale durch Festschrauben
des mittleren derselben befestigt, so daß, wenn man einen der Griffe
c zieht, die Lineale mittelst einer Art von Parallelbewegung auseinandergerückt werden, wobei das mittlere fest liegen bleibt und
die mittlere Verbindungsscheere sich um den Punkt b dreht. Auf
der rechten Seite der Figur sind die Lineale als dicht zusammenlie-
gend gezeichnet, wie sie für die auf denselben stehenden Ziegelsteine
eine festgeschlossene Unterlage bilden, während auf der linken Seite

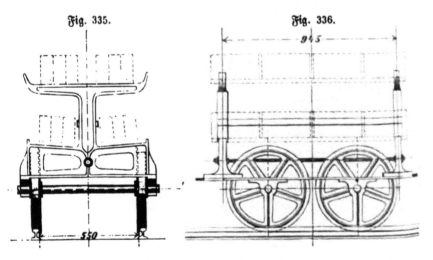

Fig. 335.          Fig. 336.

diese Lineale in der beschriebenen Weise auseinandergerückt erscheinen.
wodurch die Ziegelsteine von einander getrennt werden, so daß man
dieselben an den Lagenseiten anfassen kann.

Die Fig. 335 und 336 stellen einen Ziegeltransportwagen zu

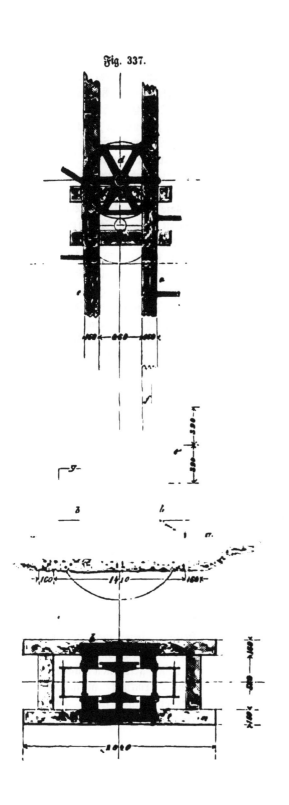

Fig. 337.

48 Steinen dar, welche hier in zwei Lagen übereinander gesetzt werden, was namentlich bei sehr ausgedehnten Trockenscheunen von Vortheil ist.

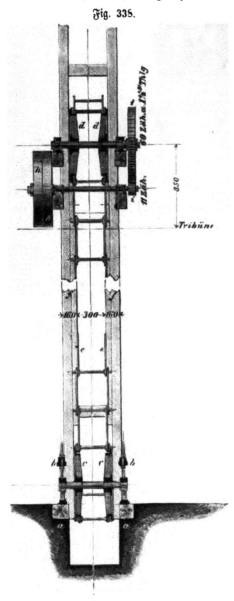

Fig. 338.

Die Einrichtung desselben ist aus der Zeichnung ohne Weiteres ersichtlich und ist nur zu bemerken, daß hierbei die ebenerwähnte zum Auseinanderrücken eingerichtete Unterlage, welche hier zu je 4×3 Steinen eingerichtet, nicht am Wagen selbst befestigt ist, sondern es werden die geschnittenen Ziegel zuvor auf die auf einem Tische ruhende Unterlage gesetzt, diese wird dann so beladen auf die Wagen gelegt und mit denselben an dem betr. Trockenplatze angelangt, abgehoben, auf eine transportable Bank gelegt und dann erst wie beschrieben, aus einander gerückt, um die Ziegel unbeschädigt abheben zu können.

§. 380. Zu den Transportmitteln, welche in Ziegeleien erforderlich sind, gehören auch im weiteren Sinne die Elevatoren oder Aufzüge für Ziegelsteine. In größeren Ziegeleien, wo die mit Maschinen hergestellten Ziegel nicht nur zu ebener Erde sondern auch in höher gelegenen Räumen zum Trocknen aufgestellt werden, sind solche Vorrichtungen zur Beförderung der frisch gepreßten Steine in höher gelegene Trockenräume unumgänglich nothwendig.

Einen derartigen Ziegelstein-Elevator, welcher sich in zahlreichen Ausführungen bewährt hat und von den Gebr. Sachsenberg in Roßlau a,E. angefertigt wird, veranschaulicht die Fig. 337 und 338.

Auf einem in dem Fußboden des Arbeitslokals eingelassenen, gewöhnlich in der Nähe, oder am Ende des Abschneidetisches der Ziegelpresse oder, wenn mehrere derselben nebeneinander aufgestellt sind, in der Mitte von zwei Pressen liegenden Holzrahmen a sind zwei gußeiserne Gestelle bb befestigt, in welchen verschiebbare Lager eingepaßt sind, in denen sich eine Welle mit zwei sechsseitigen Kettenscheiben co bewegt; die mit diesen correspondirenden Kettenscheiben dd, deren Wellen in festen Lagen liegen, befinden sich über der ersten, zweiten und dritten Balkenlage und über beiden Scheibenpaaren legt sich die Gelenkkette e, welche durch die hölzernen Leitungen f . . f geführt und durch die Schraubenstellung des unteren verschiebbaren Lagers straff gespannt in Abständen von 750—800ᵐᵐ angeschmiedete Winkel e' trägt, auf welchen die Steine meist zu je drei Stück auf unterzulegenden Brettchen Platz finden, wie bei g ersichtlich.

Der Betrieb erfolgt durch die feste und lose Riemscheibe h h' mittelst des Rädervorgeleges i i' so zwar, daß die Kettenscheiben per Minute 5—6 Umdrehungen machen, wobei die Steine von unten nach oben befördert werden.

Die Bedienung besteht hierbei aus zwei Mann, von denen der eine die Steine unten auflegt, während der andere sie oben abnimmt, um sie entweder auf einem in der Nähe stehenden Tische oder, wie es meist der Fall, auf kleinen Wagen abzusetzen, mit welchen sie nach Trockenplätzen oder Trockengerüsten abgefahren werden, um dort aufgestellt zu werden.

Es gewährt dieser Elevator auch noch die Bequemlichkeit, daß er wegen seines äußerst leichten Ganges auch durch Menschenkraft bewegt werden kann, was beim Stillstande der Betriebsdampfmaschine oft von Wichtigkeit ist. Man hat in diesem Falle nur nöthig, die Vorgelegewelle k an der Seite des Getriebes zu verlängern und daselbst eine Handkurbel nebst Sperrrad aufzustecken.

Der Preis eines solchen Elevators beträgt ohne die an Ort und Stelle zu fertigenden Holzarbeiten und je nach der Höhe bis zu welcher die Ziegel zu heben sind: 550—1250 Mark.

§. 381. Zu Capitel XLIII. Der Ringofen von Hoffmann hat im Laufe der Zeit so bedeutende constructive Veränderungen erfahren, es haben so Viele an der Vervollkommnung desselben gearbeitet, daß in dem Ringofen von heute nur noch die Idee seines Erfinders nachwirkt, während die Verkörperung dieser Idee schon längst als das Werk Anderer zu betrachten ist.

Eine ausführliche Darstellung der jetzigen Ringofen-Construction oder richtiger gesagt Constructionen läßt sich in dem engen Rahmen eines Lehrbuches der Ziegelfabrikation kaum noch geben, es ist daher jedenfalls verdienstlich, daß der Architekt B. Liebold den Ringofen zum Gegenstande einer ausführlichen literarischen Darstellung erwählt hat. Das betr. Buch ist unter dem Titel: Die neuen continuirlichen Brennöfen. Vollständige Anleitung zur Ausführung und zum Veranschlagen der Ringöfen 2c. bei G. Knapp in Halle a./S. erschienen und kann allen Denen empfohlen werden, welche sich für den Ringofen eingehender interessiren.

# X

# Literatur über Ziegel= und Röhrenfabrikation.

## A. Ueber Ziegelfabrikation im Allgemeinen.

**Arnold's**, Jos., in Tamworth Verfahren bei der Darstellung von Mustern auf Ziegeln und andern Thonwaaren; pat. für England d. 2. Jan. 1855; im Polyt. Centralblatt 1856. S. 207, und in London Journal Dec. 1855. p. 325.

**Balling**, Prof., über die Fortschritte in der Ziegelfabrikation in Böhmen; Oekon. Neuigkeiten und Verhandl. 1848. Nr. 105; Polyt. Centralbl. 1849. S. 505.

**Bauernfeind**, C. M., über die Tuffziegel aus dem Etablissement des Hrn. Grafen von Lodron in Kolbermoor. Bayer. Kunst= und Gewerbebl. 1865. S. 29. Polyt. Centralbl. 1865. S. 698.

**Bauernfeind**, C. M., über die Festigkeit der Münchener Maschinenziegel. Bayer. Kunst= u. Gewerbebl. 1866. S. 193; Polyt. Centralbl. 1866. S. 1028.

**Becherer**, M., u. C. Kesseler, in Greifswald, über Anfertigung u. Verwendung von Hohlziegeln mit geschlossenem Kopfe; in Preußen pat. d. 17. Septbr. 1859; in Erbkam's Zeitschr. f. Bauwesen 1860. S. 397; Polyt. Centralbl. 1860. S. 1382.

**Beart's**, Rob., verbeff. Form zum Ziegelstreichen. Lond. Journ. Nov. 1835. p. 158; Polyt. Centralbl. 1836. S. 16.

**Behne**, G. F., Bereitung von feuerfesten Steinen und Platten, die den englischen an Dauerhaftigkeit im Feuer nicht nachstehen: in den Mittheilungen des Gewerbevereins f. d. Königr. Hannover. 1847. Liefer. 55. S. 507—10. und im Polyt. Centralbl. 1848. S. 391 - 93.

**Beschreibung**, umständliche, der holländischen Klaymühle, und des Endzweckes der bleiernen Büchsen bei Verfertigung des wasserdichten Mauerwerks. Dresden u. Leipzig 1777. 8.

**Bilfinger**, Bergrath, über die Feldziegelei in Friedrichshall. Eisenbahnzeitung 1857. Nr. 33, u. Polyt. Centralbl. 1857. S. 1320—22.

**Bischoff**, prakt. Verfahren zur Bestimmung der Güte feuerfester Thone in Hinsicht der Strengflüssigkeit und des Bindevermögens; in Dingler's Polyt. Journal 159. u. 161. Bd.

**Bonneville**, Paul & L. Jaunez, la fabrication des briques et des tuiles. suivie d'un chapitre sur la fabrication des pierres artificielles et d'une étude très-complète des produits céramiques, poteries communes, porcellaines faiences etc. 1873.

**Buttel**, Baurath in Neustrelitz, Bemerkungen über Ziegelfabrikation; in dem Mecklenburger Wochenbl. vom Jahr 1837.

**Catel**, Vorschläge zu einigen wesentlichen Verbefferungen der Fabrikation der Ziegel u. f. w. Berlin 1806.

**Cleré**, Essai pratique sur l'art de briquetier au charbon de terre. Par. 1828. 8. 5½ Fr.

**Cowen**, Jos., über die Fabrikation von Gegenständen aus feuerfestem Thon in Nord=England. Civil Engin. and Archit. Journ. October 1863. S. 291; Dingler's Polyt. Journ. 174. Bd. S. 280.

Dampfziegeleien. Gewerbeblatt aus Württemberg 1865. Nr. 27; Polyt. Centralbl. 1865. S. 1079.

Delamorinière's, J. F. H., Vorrichtungen und Verfahren beim Ziegelstreichen, pat. d. 21. Septbr. 1825. Brevets XXXI. p. 60—68.

Dullo, Dr., über das Verwittern der Ziegelsteine. Deutsche illustr. Gewerbezeit 1864. Nr. 52; Polyt. Centralbl. 1865. S. 250.

Eiselen, J. Ch., ausführliche theoretisch-prakt. Anleitung zum Ziegelbrennen mit Torf. 8. Berl. 1802.

Flaminius, E., über die Ziegelfabrikation in den Preußischen Provinzen. Förster's Bauzeit. 1838. S 189—200.

Forbe's, W., drainirte Pflasterziegel für landwirthschaftliche und andere Gebäude. The Pract. Mech. Journ. 1851. Decbr. p. 209; Polyt. Centralbl. 1852. S. 616.

Formen von Hohlziegeln (durchlöcherter Ziegel aus der Hand) von Baker. Polyt. Centralbl. 1854. S. 14; Civ. Eng. and. Arch. Journ. Nov. 1853. p. 425.

Fourdrinier's, Georg, Henry von Harley, Thonsieb und Musterpresse für irdene Waaren. Pat. in England am 23. Juli 1846; in London Journal 1847. Nov. p. 251—57, und im Polyt. Centralbl. 1848. S. 387 u. 88.

Franklins, Henry, von Marton-Mortaine, Verbesserungen in der Ziegelfabrikation; in London Journal 1866 Mai p. 249—251; und im Polyt. Centralbl. 1847. S 1316.

Fresenius, Dr R., chemische Untersuchung einiger der wichtigsten Nassauischen Thone; in Mittheilungen für den Gewerbverein des Herzogth. Nassau 1852. S. 68—72.

Gebhardt, S. Ch. R., die neuesten Erfindungen und Verbesserungen, in Betreff der Ziegelfabrikation, sowie der Kalk- und Gypsbrennerei. Eine praktische Anweisung, alle Arten Dachziegel, Backsteine und Fließen nicht nur auf die gewöhnliche Weise, sondern auch durch Maschinen zu verfertigen u. f. w. 4. verb. Aufl. Mit 9 Fig.-Tafeln. Quedlinb u. Leipz. 1847. 8.

Genteln, J. G., über Vorrichtungen zum Schlämmen der Thone. Dingler's Polyt. Journal. 178. Bd. S. 225; Polyt. Centralbl. 1865. S. 1647.

Geßwein's Verfahren, Werkstücke (Bausteine) in jeder beliebigen Größe und Gestalt aus Lehm oder Thon zu formen, schnell zu trocknen und vollkommen gleichmäßig durchzubrennen. Bayer. Kunst- u Gewerbebl. 1860. S. 29.

Gottgetreu, R. Prof., physische und chemische Beschaffenheit der Baumaterialien. Ein Handbuch f d. Unterricht und das Selbststudium. 2. verm. Aufl. 2 Bande mit 435 Abb. Berlin 1875.

Grubitz, in Magdeburg. Einige Bemerk. über Bearbeit. des Ziegelgutes u. Behandl. desselben beim Ziegelstreichen; in Erbkam's Zeitschrift für Bauwesen 1855. Heft 11 u. 12. S. 566; und im Polyt. Centralbl. 1856. S. 410—14.

Gutachten einer Hannöverischen Commission über Verbesserungen in der Ziegelfabrikation. Hannov. Mitth. 1838. 17. Liefer. S. 237—41; Polyt. Centralbl. 1839. S. 264—68.

Hender, über Hohlziegelmauerwerk. Förster's Bauzeit. 1852. S. 134—36.

Hohlziegel zur Herstellung von Stalldecken und für Mauerwerk, fabricirt von der gräfl. Görtz'schen Ziegelei in Schlitz. Im Gewerbebl. f. d. Großh. Hessen 1859. Nr. 32; und im Polyt. Centralbl. 1859. S. 1340—42; Bayer. Kunst u. Gewerbebl. 1859. S. 726; Polyt. Notizbl. 1859. S. 1340.

Hoffmann, C. W., über die (porösen) Ziegel aus der Berliner Infusorienerde, im Notizbl. des Architektenvereins Nr. 17. S. 10—15, u. im Polyt. Centralbl. 1843. 2. Bd S. 162—64.

John, über Essenziegel, für runde Schornsteine; in The Pract. Mechanic's Journal 1848. April p. 4—5, u. im Polyt. Centralbl. 1848. S. 1168. 69.

v. Justi, die Kunst Mauer- und Dachziegel zu streichen. Aus dem Franz; zu Königsb. u. Mitau 1765. 4.

Kaiser, C. G. die Untersuchung einiger Lehmsorten an der Landau-Augsburger Eisenbahn; im Bayerschen Kunst- und Gewerbebl. 1847. S. 499—509, und im Polyt. Centralbl. 1847. S. 1301—7.

Karmarsch, K., Grundriß der mechanischen Technologie. 2 Bde. S. 639—56. (Fabrikation der Thonwaaren.) Hannover 1841. 8.

Kerl, Br. Prof., Abriß der Thonwaarenindustrie. Braunschweig 1871.

Knaffl, Ludw., Untersuchung der in Oestreich vorkommenden und zur Erzeugung feuerfester Materialien benutzten Thone und Kaolinerden. Dingler's Polyt. Journ. 174. Bd. S. 292.

Loeff, Paul, die Ziegelfabrikation. Berlin 1875.

Lunge, Dr., die Thonwaarenfabrik zu Bishop's Waltham in Süd-England. Breslauer Gewerbebl. 1864. Nr. 20; Dingler's Polyt. Journal 174. Bd. S. 287.

Menzel, Beschreibung des Verfahrens bei der Fabrikation der Ziegel, auf der Königl. Ziegelei zu Joachimsthal; in den Verhandl. zur Beförderung des Gewerbfl. in Preußen 1846. S. 53—74, und im Polytechn. Centralbl. 1846. S. 451—64.

Mehrbach, H. D., Ingenieur, die Ziegelfabrikation zum Bau der Chemnitz-Riesaer Eisenbahn gehörig; im Polytechn. Centralbl. 1849. S. 325—328.

Meyer, Veit, über Hohlziegel; in Romberg's Zeitschr. f. prakt. Baukunde 1859. Heft 1—3. S. 55, und im Polyt. Centralbl. 1858. S. 367—71.

Mosaikplatten zu Bodenbelegen von Billeroy und Boch in Mettlach an der Saar in Rheinpreußen; im Polyt. Notizbl. 1860. Nr. 17, und im Polytechn. Centralbl. 1860. S. 1483—84.

Müller, E., über die Thonwaarenfabrik von Gilardoni frères in Altkirch im Elsaß; im Bulletin de la Soc. ind. de Mulhouse. T. XIX. pag. 32—49; und im Polyt. Centralbl. 1846. 7. Bd. S. 157—160.

Neumann, Friedr., die Ziegelfabrikation. Handbuch bei Anlage und Betrieb der Ziegeleien, zur Herstellung aller Arten von Mauer- und Dachziegeln, Hohlsteinen und Drainröhren. 7. Aufl. von P. Schaller's prakt. Ziegler. Mit Atlas von 40 Kupfertaf. 9. Weimar 1874. B. Voigt.

Newyahn, Fr., über Pommerns Ziegelfabrikation. v. Ehrenberg's Zeitschr. III. Bd. S. 110; Polyt. Centralbl. 1838. S. 327. 28.

Pach, J. B v., neue Bauart mit hohlen Quaderziegeln. Mit 16 Tafeln. Pesth u. Wien 1831. 4. 8 Mk.

Percy's, Will., Carter Stafford von Manchester, Verbesserungen in der Ziegelfabrikation. Pat. d. 2. Juni 1846; in London Journal 1847. May p. 265—67, und im Polytechn. Centralbl. 1847. S. 1316—17.

Proßer's von Birmingham, Fußplatten von Porzelain; in Civil. Eng. Journal 1843. pag. 125. 126, u. im Polyt. Centralbl. 1843. 2. Bd. S. 87. 88.

Riemann, J. F., praktische Anleitung zur Kenntniß der Ziegeleien u. Ziegler-Arbeiten. 8. Leipz. 1800.

Raschdorff, J. C., Beitrag zur Backsteinfabrikation. Erbkam's Zeitschrift für Bauwesen V. Jahrg. (1855.) S. 569—581.

Raumer, C. v., Organifirung zur Hebung des Ziegeleibetriebes. Weimar 1867.
—— Rathschläge für den Bau u. die Rentabilität von Ziegelei-Anlagen, mit besonderer Berücksichtigung der Maschinen u. Ringöfen. Weimar 1867.

Rebhann, über die Festigkeit verschiedener Ziegelgattungen von H. Drasche am Wienerberge. Zeitschr. des österr. Archit.- und Ingen.-Ver. 1866. 1. Heft; Polyt. Centralbl. 1866. S. 1030.

Sauerwein, über den Einfluß des Kalks in Ziegelthon. Monatsbl. des Hannov. Gewerbever. 1862. Nr. 2; Polyt. Centralbl. 1862. S. 799.

Scheerer, über die Anwendung von Hohlziegeln zur Herstellung von Stallbecken. Polyt. Centralbl. 1858. S. 1623. Gewerbebl. für das Großherzogth. Hessen. 1858. Nr. 41.

Schönauer, praktische Darstellung der Ziegelhüttenkunde. 8. Salzb. 1815.

Schubarth, C. L., Handbuch der technischen Chemie. 3. Aufl. Bd. 1 (über Thon u. Thonarten). S. 468. Berl. 1839.

Sulzer, Gebr. in Winterthur, Maschine zum Reinigen des Thons; in Kronauer's technische Zeitschrift 1848. S. 81—87, und im Polyt. Centralbl. 1849. S. 329—31.

Thönerne Stufen für feuerfeste Treppen; in Stamm's neuesten Erfindungen 1859. Nr. 22, und im Polyt. Centralbl. 1859. S. 1113.

Heeren, Prof. in Hannover, Beschreibung des Brennofens zur Fabrikation grauer
Dachziegel von F. Wesch in Nordfiehl bei Stadthagen. Mittheilungen des Gewerbevereins für das Königr. Hannover 1860. S. 200, u. im Polyt. Centralbl.
1860. S. 1670. 71.

Heilmann, Ziegelofen mit Treppenrost-Vorfeuerung für Braunkohlen. Deutsche
Gewerbezeit. 1860. S. 23.

Hellmann's in Hannover, Ziegelofen für Steinkohlenbrand; in Mittheil. des
Hannov. Gewerbevereins. Lief. 31. S. 289, und im Polyt. Centralbl. 1843
2. Bd. S. 85. 86.

Heimlicher, über den Ziegel- und Kalkofen von Weberling. v. Ehrenberg's
Zeitschr. Bd. 4. S. 143. 44; Polyt. Centralbl. 1840. S. 445. 46.

Hoffmann, Friedr., u. A. Licht, Ringförmiger Brennofen mit immerwährendem Betriebe; in der Zeitschrift des Vereins deutscher Ingenieure. Bd. 3. S.
309. Bd. 4. S. 171, und im Polytechn. Centralbl. 1860. S. 255—63 und S.
1384—88.

Hoffmann, Fr., ringförmige Brennöfen mit immerwährendem Betriebe, insbesondere der auf der Patentziegelei zu Scholwin bei Stettin ausgeführte Brennofen; Erbkam's Zeitschr. f. Bauwesen 1860. S. 523.

Liebold, B., die neuen continuirlichen Brennöfen 2c. Vollständige Anleitung
zur Ausführung und zum Veranschlagen der Ringöfen 2c. Halle a/S. 1876.

Löff, Paul, Entwürfe zum Bau von Kalk-, Cement-, Gyps- und Ziegelbrennereien 2c. 2. Aufl. Leipzig 1873. (Mit Atlas.)

Mendheim, Georg, Brennofen mit Gasfeuerung für Chamottewaaren, Verblendziegel 2c. Berlin 1876. mit 1 lithograph. Tafel.

Nicoup-Mairin (in Belgien), Ofen mit zwei Reihen Feuerungen zum Brennen von feuerbeständigen Ziegeln und andern dergl. Erzeugnissen in Förster's
allgem. Bauzeitung, XXV. Jahrg. (1860.) Heft 8 u. 9. (Mit Zeichnungen.)

Riene(er, über Benutzung der Wärme beim Hüttenprocesse zum Brennen von
Ziegeln; im Bergwerksfreund Bd. XI. Nr. 40, und im Polytechn. Centralbl.
1847. S. 1324. 25.

Ringofen, der, von Hoffmann u. Licht. Bayersches Kunst- u. Gewerbebl. 1863.
S. 149; Mittheilungen des Hannov. Gewerbever. 1863. S. 127.

Runder Ofen zum Brennen von Entwässerungsröhren und Ziegeln; aus Gard-
ner's Chronicle durch The Architect 1851. Nov. p. 522, und im Polytechn.
Centralbl. 1852. S. 29 u. 30.

Schlesinger, Isidor, der Bau der Ziegelbrennöfen. Vollständ. Anleitung zur
Erbauung der gangbarsten Oefen zum Abbrennen aller Arten Mauer- und
Dachziegel, Trainröhren u. s. w. für Holz-, Torf-, Braunkohlen- u Steinkoh-
len-Feuerung Für Ziegeleibesitzer, Bautechniker und Maurermeister. Mit X
Kupfertafeln u vielen Holzschnitten. gr. 4. 1866 Berlin bei Ernst & Korn
4. Ml

Schodtl, über Oefen zum Brennen der sogen. Taschen (Dachziegel); in den
Mittheil des böhmischen Vereins 1844 S. 321—23, und im Polyt. Centralbl
1844. 4 Bd S. 305—308

Schwarz, Ziegelofen mit continuirlichem Betriebe. Dingler's Polyt. Journal
151 Bd. S 270, Polyt. Centralbl. 1859 S. 1067.

Schweighofer's in Gratz, Ziegelofen für Steinkohlenfeuer; im Innerösterrei-
chischen Industrie- u. Gewerbebl. 1843. Nr. 86, u im Polytechn. Centralbl
1844. 3. Bd S 384.

Silbermann's, A, verbesserter Ziegelofen. Förster's Bauzeit. 1852. S
248—52

Swaine's, William, von Pembridge, verbesserter Ofen zum Brennen von
Ziegeln und irdenen Waaren. Pat in England am 18. Juli 1848; in London Journal 1849. Febr. p 30; und im Polyt Centralbl. 1849. S. 793 u

Türrschmiedt, über den ringförmigen Brennofen nach Hoffmann Licht, welcher
in Prag in Betrieb gesetzt worden ist. Dingler's Polyt Journal 160 Bd. S. 19

Ueber den Betrieb des Ziegelofens zu Schussenried im Würtembergischen mit
Torf. Wochenbl f Land- u Hauswirthsch. 1841. Nr. 4; Polyt. Centralbl. 1841
S 203—7

Ueber Ziegelöfen; in Berliner Verhandlungen IX. Bd. S. 229; Brevets d'inv. XXX. p. 373; Annales de l'industrie Tom. 7. Paris 1832. p. 43; Jahr=bücher des Polytechn. Vereins XVIII. Bd. S. 124.

Ueber das Brennen der Ziegelsteine. Deutsche illustr. Gewerbezeit 1865. Nr. 15; Polyt. Centralbl. 1865. S. 1019.

Ueber Weberling's verbesserte Ziegel= und Kalkbrennöfen. Förster's Bauzeit. 1840. S. 292—99; Polyt. Centralbl. 1841. S. 539—52.

Vortheil der gewölbten Brennöfen mit hohem Schornstein. Polyt. Centralbl. 1849. 49. S. 506.

Wagner, Prof. Dr. in Würzburg, über eine neue Methode des Ziegelbrennens; in Würzburger Wochenschrift 1859. Nr. 28, u. Polyt Centralbl. 1859. S. 1236.

Die patentirten Ziegelöfen der Ainslie Brick and Tile Machine Company sind abgebildet und beschrieben in The Civil Eng. and Archit. Journal 1849. June, p. 198, und im Polyt. Centralbl. 1849. S. 1488. 89.

Patentirte Ziegelöfen zu Algerton (Middlesex — England). Zeitschr. des Hannov. Archit. u. Ingen.=Vereins. 4. Bd. S. 127; Polyt. Centralbl. 1859. S. 1741; Dingler's Polyt. Journal 153. Bd. S. 24.

Ziegelofen mit continuirlichem Betriebe, vom polytechnischen Bureau des Dr. H. Schwarz in Breslau; im Polyt. Journal Bd. 151. S. 270, u. Polyt. Centralbl. 1859. S. 1067—70.

Ziegelofen für Braunkohlenfeuerung. Schubert, Zeitschr. f. landwirthschaftl. Bauwesen. 6. Heft. S. 44.

Ziegelöfen mit continuirlichem Brande. Von Angebault=Justeau in Ancenis, Hoffmann in Berlin u. Licht in Danzig. Mit Zeichnungen. Förster's Bau=zeitung 1866. S. 158.

Ziegelofen nach dem System von Gosse in Bayeux zur Steinkohlenfeuerung. In Förster's allgem Bauzeitung XXV. Jahrg. (1860). Heft 5—7.

Ziegelofen nach dem System von Hands in Paris. Mit Zeichnungen. In För=ster's Allgem. Bauzeitung XXV. Jahrg. (1860). Heft 5—7; Polyt. Centralbl. 1858. S. 1036; Dingler's Polyt. Journal 150. Bd. S. 408.

## C. Ueber Ziegelmaschinen.

Ainslie's, John, Maschine für die Ziegelfabrikation. Pat. für England den 18. Jan. 1845; in Rep. of pat. Inv. 1845. Oct. p. 231—35, u. im Polyt. Centralbl. 1846. 7. Bd. S. 58—60.

Die Backsteinmaschinen auf der Ausstellung der Royal Agric. Society in Leeds 1861 von Eyth. Beschreibung und Abbildung der ausgestellten Maschinen; in Dingler's Polyt. Journal Bd. 162.

Bathe, F., die Maschinen der Ziegelfabrikation. Zeitschr. des Ver. deutsch. In=genieure I. 1857. April.

Berliner Maschine zum Verfertigen von Mauerziegeln; im Gewerbebl. für Hanno=ver 1844. VI. Heft. S. 214—15, und im Polytechn. Centralblatt 1845. S. 10—12.

Berriedale's, Lord, Verbesserungen an den Ziegelmaschinen. The Pract. Mech. Journal 1853, May, p. 34, und im Polyt. Centralbl. 1853. S. 917.

Bett's, Will., u. Will. Taylor's, von Ashford, Ziegelpreßmaschine (zum Nach=pressen); pat. in England am 28. März 1843; in London Journal, conj. Ser. Voll. XXIV. p. 31—36, und im Polyt. Centralbl. 1844. 3. Bd. S. 484—90.

Borie's von Paris, Maschine zur Fabrikation von hohlen Mauerziegeln in The minning journal 1851. Nr. 637. p. 427, und im Polyt. Centralbl. 1852. S. 291—92.

Borie's, Maschine zum Formen hohler Ziegelsteine; im Le Genie industriel. Oct 1855. p. 231, u. im Polyt. Centralbl. 1856. S. 197—201.

Bradlay u. Craven, Westgate=Foundry in Wakefield, Maschine zum Formen der Ziegel; im Pract. Mech. Journ. Jan. 1860. p. 253, u. im Polyt. Cen=tralbl. 1860. S. 933—36.

Brix, über die Leistungen der Ziegelstreichmaschine von Terrasson-Fougères. Verh. des Berl. Gewerbe-Ver. 1838. S. 169; Polyt. Centralbl. 1839. S. 57.

Carr's, C. J., Ingenieur in Belper, Maschine zum Pressen von Mauerziegeln und ähnlicher Waaren. Pat. für England am 1. Octbr. 1852; in London Journal 1853 May. p. 346.

Carville's Ziegelstreichmaschine; in Comptes rendus T. XV. p. 1126.

Carville's Ziegelfabrikationsmaschinen. Bulletin de la Soc. d'encour. 1841. Mai p. 153; Dingler's Journ. 83 Bd. S. 105—11; Polyt. Centralbl. 1842. S. 247—50.

Clark's, J. J., John Rash's u. J. Langbottom's verbeff. Maschine zum Ziegelstreichen. Lond. Journ. Apr. 1835. p. 13—21; Polyt. Centralbl. 1835. S. 100[4].

Claussen, Thonknetmaschine; Haarmann's Zeitschr. f. Bauhandwerker 156'. S. 126—28.

Clayton's, H, Maschine zur Fabrikation von Dach- und Mauerziegeln. Pat. für England den 8. Octbr. 1853. Rep. of Pat. Inv. June 1844. p. 491, und im Polyt. Centralbl. 1854. S. 1293—95.

Cliff's, Jos., in Leeds, Maschine zum Pressen von Mauer- und Dachziegeln, Platten u. f. w. Pat. für England am 4. Decbr. 1852; in London Journal Decbr. 1853. p. 186, und im Polyt. Centralbl. 1854. S. 517—520.

Cook's und Cunningham's, in Johnstone bei Glasgow, Ziegelschlagmaschine ist abgebildet und beschrieben im Gewerbebl. für Sachsen 1843. S. 411 ff.

Couillard und Magelin's Ziegelpresse; in The Engineer, 1861. Febr.

Denton's, J. B., Maschine zur Fabrikation von Hohlziegeln. Patent in England d. 18. April 1844; in London Journal 1845. Jan. p. 393—94, und im Polyt. Centralbl. 1845. 6. Bd. S. 12—13.

Devenoge's, H. R. S., Maschine zum Ziegelstreichen. Lond. Journ. Aug. p. 325; Polyt. Centralbl. 1835. S. 925.

Durand's, F, Maschine zum Formen der Ziegel. M. Abbild. Génie industriel. Juin 1865. p. 323; Polyt. Centralbl. 1865. S. 1546.

Durand-Marais'sche Ziegelmaschine von L. Rambohr, Töpfer- und Ziegler-Zeitung 1876. N. 1.

Etheredge's, F. W. von Kent, Ziegelschlagmaschine; pat. den 3. Decbr. 1842. im Rep. of pat. Inv. 1843 Aug. p. 65—70.

Eyth, M., die Backsteinmaschinen auf der Ausstellung der Royal Agricultural Society in Leeds im Juli 1861. Polyt. Centralbl. 1862. S. 225.

Ford's, William, Maschine zur Fabrikation von Hohlziegeln und thönernen Röhren; patent in England d. 30. Juli 1844; im Rep. of pat. Invent. 1845. June p. 368—71.

Goffard's, D, mechanische Ziegelpresse zur Darstellung vollkommener Mauer-ziegel und anderer feiner Ziegelgattungen. Patentirt für Bayern; im Bayer Kunst- u. Gewerbeblatt 1857. S. 170, und im Polyt. Centralbl. 1858 S 535—37.

Gouin's, Ernst, neue Maschine zur Fabrikation von Ziegeln; im Moniteur industriel. 1851. Nr. 1527

Grey's, R. in Newcastle a. d. Tyne, Ziegelmaschine; im Polyt. Centralbl. 1857 S. 858—61, u. The Pract. Mech. Journ. May 1857. p. 34.

Henry's, James Mac in Liverpool, Maschine zum Formen der Ziegel; pat. für Frankreich d. 14 Jan. 1854; in Le Génie industriel. Mai 1855. p. 250 und im Polyt. Centralbl. 1855. S 901—3.

Hennschel, Maschine zum Formen der Lehmziegel; v. Ehrenbergs Zeitschr. f. das gesammte Bauwesen 1836. Bd. 1. S 133. Polyt. Centralbl. 1837. S. 14 15

Heß, W. Maschine zum Reinigen des Lehms und Pressen von Backsteinen auf trocknem Wege Dingler's Polyt. Journal 172. Bd. S. 119.
(Beachtenswerth für kleinere Fabrikanlagen.)

Hesselbein's, Reinh., Ziegelschneide-Maschine. Romberg's Zeitschr. f. prakt. Bau kunst 1866. S. 18.

Holmes, H., Ziegelpresse; in Rep. of pat. Inv. 1845, Aug. p. 72—74, und Polyt. Centralbl. 1846. 7. Bd. S. 51—67.

Hunt's Ziegelfabrikationsmaschine; in dem Berliner Gewerbe-, Industrie- und Handelsblatt. 13. Bd. S. 117—22, und im polytechn. Centralbl. 1845. 5. Bd. S. 202—246.

Jäger's, Louis, Handziegel-Presse. Monatsschr. des Kölner Gewerbever. 1865. S. 209; Polyt. Centralbl. 1866. S. 370.

Jebens auf Kittnovo, Anweisung zur Fabrikation und zum Bau der Preß-ziegel. Graudenz 1843. 10 Sgr.

Imrays, W. in Liverpool, Maschine zur Anfertigung von Ziegelsteinen. Pat. für England am 4. Septbr. 1851; in Mech. Magaz. 1852. March. p. 217.

Jones', Edward, verbesserte Maschine zum Fertigen von Ziegeln und anderen Artikeln aus Ziegelerde. London Journ. 1837. Febr. p. 267—75; Polyt. Centralbl. 1837. S. 656—59.

Isenard's Methode, aus Erde Bausteine zu pressen und damit zu bauen. Riecke's Wochenbl. 1838. Nr. 31; Polyt. Centralbl. 1838. S. 823—25.

Julienne's, M. A. in Paris, Maschine zur Fabrikation der Ziegel; in Génie industriel. Dec. 1854. p. 281 und J. H. Kronauer Zeichnungen von ausge-führten Maschinen 2c. III. Bd. Taf. 12. Zürch 1854, auch im Polyt. Central-blatt 1855. S. 271—74.

Karliczek's, J., und J. Martinek's Dampfziegelschlagmaschine, für Oester-reich patentirt; in Zeitschrift des österreich. Ingenieurvereins. Mai 1857. S. 177.

Leblanc-Paroissien's Maschinen zum Verfertigen viereckiger Ziegeln u. Ka-cheln. Brev. d'Inv. XXVI. p. 40—43; Polyt. Centralbl. 1836. S. 711—15.

Lutz's, Mart., aus Speyer, Ziegelpreßmaschine, in Bayern patentirt; im Bayer-schen Kunst- und Gewerbebl. 1850. S. 418—22.

Manoury's Ziegelpreßmaschine auf der Pariser Ausstellung; im Polyt. Cen-tralbl. 1844. 4. Bd. S. 516.

Marin's Ziegelschlagmaschine; in den Verhandlungen d. niederösterr. Gewerb-vereins V. 1841. 5. Heft. S. 39—41, u. im Polyt. Centralbl. 1843. 2. Bd. S. 83. 84.

Maschine, um Ziegel aus trocknem Lehm zu fertigen. Deutsche Gewerbezeit. 1857. S. 222.

Milch's, Aloys in Brüssel, Ziegelpreßmaschiene; in Mittheilungen des Hannov. Ge-werbevereins Nr. 50. S. 216, und im Polytechn. Centralbl. 1843. 1. Bd. S. 417.

Morand's Ziegelmaschine von Ernst von Hesse, Pract. Maschinenconstructeur 1874. No. 10.

Nasmyth's, James, Ingenieur in Patricroft, und Herbert Minton's, Porze-lain-Fabrikant in Stoke-upon-Trent, Maschine zur Fabrikation von Ziegeln und ähnlichen Gegenständen aus pulverisirtem Thon und Lehm. Pat. für England am 26. April 1851; in London Journal 1853. Jan. p. 26, und im polyt. Cen-tralbl. 1853. S. 915—17,

Nasmyth's, J. in Patricroft bei Manchester, u. H. Minton's, in Stoke-upon-Trent, Ziegelpresse. Pat. für England d. 21. April 1856: in London Journ. Jan. 1857. p. 15, und im Polyt. Centralbl. 1857. S 382. 83.

Neumann, Friedr., Ziegelmaschine von Hertel u. Comp. zu Nienburg a. d. Saale. Deutsche Industriezeit. 1863. Nr. 27; Dingler's Polyt. Journal 171. Bd. S. 403.

Oates', Jos. Pimlot in Lichfield, Maschine zum Formen der Ziegel; pat. für England d. 15. März 1854; in Lond. Journ. March 1856. p. 75, und im Polyt. Centralbl. 1856. S. 607—9.

Oates' Maschine zum Formen der Ziegel; im Mech. Magazine. May 1860. p. 316, und im Polyt. Centralbl. 1860. S. 929—33.

Parise's, Ziegelform- und Preßmaschine auf der Pariser Ausstellung; im Po-lyt. Centralbl. 1844. 4. Bd. S. 516.

Platt's, John in Oldham, Maschine zum Formen der Ziegel, patent. für Eng-land den 19. Octbr. 1854; im Rep. of Pat. Inv. 1855. p. 490, und im Polyt. Centralbl. 1856. S. 202—3.

Porter's, J. F. in Bessborough-Street (Middlesex), Maschine zum Formen der Ziegel; patent. für England b. 25 December 1854; im Rep. of Pat. Inv. Nov. 1855. p. 390; und im Polyt. Centralbl. 1856. S. 203—6.

Porter's, R. u. J. in Blackburn, Maschine zum Formen der Ziegel, patentirt für England b. 10 Octlr. 1857; in Pract. Mech Journal, June 1858. pag. 65, und im Polyt. Centralbl 1859. S. 20—22.

Raumer, Carl von, Construction, Leistungsfähigkeit und Reparatur der Ziegel-maschine, aus eigner Erfahrung geschöpft. Mit 17 Abbild. Weimar 1868.

Röblich, H. F., Beschreibung fünf verschiedener Arten Ziegelschneide-Maschinen. Düsseldorf 1819. Fol.

Roe's, Rich. aus York, verbesserte Ziegelpreßmaschine. Rep. of pat. Inv. 1838. May p. 269—72; Polyt. Centralbl. 1838. S. 692—94.

Rühlmann, Prof., über Bauziegelfabrikation und über die neuesten Maschinen zur Herstellung von Mauersteinen aus nassem und trocknem Thon. Mitthei-lungen des Hannov. Gewerbever. 1863. S. 352; Dingler's Polyt. Journal 171. Bd. S. 406.

Schlickeysen, C., Maschinen zur Fabrikation von Drainröhren, Mauerziegeln c. Berlin 1856 u. 1857. 75 Pf.

—— die Maschinen-Ziegelei. Mittheilungen über die praktische Begründung, den gegenwärtigen Stand und die Wege zur Fortentwicklung der maschinenmäßigen Herstellung von Ziegelwaaren aller Art durch die Schraube für plastische Kör-per. Berlin 1860. 4. 3 Mk.

Schlickeysen's Maschine zum Thonschneiden, Schlämmen, Vermengen und Ber-arbeiten breiichter Substanzen. Bayer. Kunst- u. Gewerbebl. 1857. S. 680.

Schlickeysen, C., über Ziegel-Preßformen. Mit Abbild.; Deutsche Gewerbezeit. 1861. Jan.—Mai.

Schlickeysen, die Schraube zur Bewegung plastischer Körper. Polyt. Centralbl. 1860. S. 827; Dingler's Polyt. Journal 157. Bd. S. 14.

Schlickeysen, C., die Maschinen zum Pressen von Ziegeln, Röhren, Torf und Kohle. gr. 8. 1866. Berlin, Berggold. geh. 1 Mk.

Schmidt, Dr Rob., die Abschneidevorrichtung der Hertel'schen Ziegelmaschine. Dingler's Polyt. Journal 181. Bd S. 103

Schneider, über Ziegelmaschinen. Dingler's Polyt. Journal 160. Bd. S 113

Smith, James, u. Will. Gairdner Jolly, Maschine zur Fabrikation von Hohl-ziegeln und Röhren; pat. für Englaud den 29. Aug. 1844; im Rep. of pat. Inv 1855 July p 1—10, und im Polytechn. Centralbl. 1845. 6. Bd. S. 536—37.

Terasson-Fougères' Ziegelformmaschine. Portefeuille industr. Tome III p 49—62; Polyt. Centralbl. 1837 S. 662— 69 u. 671—74. 1838. S 855. 56; Bulletin de Mulhouse No. 53 p. 217—246.

Terasson-Fougères' Ziegelpreßmaschine: im Portefeuille industr. Tome ll. Dingler's Polyt. Journal Bd. 65. S. 409; Kunst- und Gewerbebl. für Bayern Jahrgang 1839. S. 61.

Teirich, Emil, die erste in Oestreich mit stabiler Dampfmaschine betriebene Ma-schinenziegelei zu Inzersdorf am Wienerberge. Dingler's Polyt. Journal 174 Bd. S. 67

Teirich, Dr. Emil, die Maschinen und Werksvorrichtungen in der Thonwaaren In-dustrie. (Officieller Ausstellungsbericht der Wiener-Weltausstellung 1873. Nr. 42.

Teirich, Dr. Emil. Ueber die Ziegelmaschinen auf der Pariser Ausstellg 1867. Zeitschr. des österr Ingen.-Vereins 1868. p. 63.

Transportable Dampfziegelmaschine von Winn und Mittinger in Philadelpbia Topfer- und Ziegler-zeitung 1874. Nr. 21.

v. Tweedale's, Marquis, Ziegelstreichmaschine mit den an ihr angebrachten Verbesserungen, namentlich zur Herstellung der Firstziegel, ist abgebildet im Ci-vil-Eng and Arch Journal 1843. p. 125. 126.

Ueber Rohbau und Backsteinfabrikation mit Maschinen und Werkzeugen zur Zie-gelfabrikation. Haarmann's Zeitschr. für Bauhandwerker 1862. S. 15—18.

Ueber eine Ziegelpreßmaschine der Maschinenfabrik der Gebr. Sachsenberg in Roßlau. Teutsche Gewerbezeit. 1860. S. 87.

Verbesserungen an Maschinen zum Formen der Ziegel. Von J. Farmer in Salford und Ch. Habfield in Habfield Derbyshire. London Journal, July 1864 p. 19; Polyt. Centralbl. 1864. S. 1556.

Ward und Burmann's patentirte Ziegelmaschinen. Deutsche Gewerbzeit. 1861. S. 14.

Weller's, Rich., Maschine zum Pressen von Hohlziegeln, Thonröhren ꝛc. Pat. für England den 27 März 1845; im Rep. of. pat. Inv. 1846. Jan. p. 33—36, und im Polyt. Centralbl. 1846. 8. Bd. S. 154. 55.

White's patentirte Ziegelstreichmaschine. Civ. Eng. and Arch. Journ. Vol. III. pag. 184—86.

Woodworth u. Moore zu Boston, neue Art Ziegelmaschine; im Moniteur industriel. No. 1594, u. im Polyt. Centralbl. 1852. S. 63.

## D. Ueber Dachziegelfabrikation.

Anfertigung von Dach- und Hohlziegeln. Förster's Bauzeit. 1862. S. 68.

Chailly, über Dachziegel; Gewerbebl. aus Würtemb. 1856. Nr. 8; Polyt. Centralbl. 1856. S. 507.

Champion aîné in Pont-Chartrain (Seine u. Oise), Maschine zum Pressen von Dachziegeln ꝛc.; im Bulletin de l'Encouragement 1847. p. 72—74, und im Polyt. Centralbl. 1847. S. 1312. 13.

Neue Dachziegel (belgische und französische) mit Zeichnungen. In Förster's allgem. Bauzeitung XXV. Jahrg. (1860). Heft 5—7.

Die Dachziegelpresse von Gilardoni frères zu Altkirch. Abbildung u. Beschreibung im Bulletin de Mulhouse. Vol. 19. p. 184—190, u. im Polyt. Centralbl. 1847. S. 1309—1311.

Henschel's in Cassel, Dachziegelpresse; in den Verhandl. des großherz. hessisch. Gewerbevereins 1843. S. 108—109. 187—88. Monatsbl. 1844. S. 11 u. 12, u. im Polyt. Centralbl. 1844. 3. Bd. S. 90—92 u. 426.

Huffsky, Karl, Steingut- und Ziegelfabrikant in Mariaschein bei Töplitz, über Fabrikation von Preßdachziegeln; in Romberg's Zeitschrift für prakt. Baukunst. Jahrg. 6. S. 521—22; und im Polyt. Centralbl. 1847. S. 1313. 14.

Huffsky's, Karl, in Mariaschein bei Teplitz, neue Art Dachziegel; in Encyklop. Zeitschrift 1847. Decemb. S. 1071—74, u. im Polyt. Centralbl. 1848. S. 398.

Humbert und Pandosy, neue Systeme von Dachziegeln. Förster's Bauzeit. 1866. S. 208.

Hunsinger's patentirte Dachziegel. Polyt. Centralbl. 1859. S. 371.

Rutzinger's patentirte Dachziegel. Polyt. Centralbl. 1859. S. 407; Baier. Kunst- u. Gewerbebl. 1858. S. 621.

Pignaut, Maschine zum Pressen von Dachziegeln; im Bulletin de l'Encouragement 1825.

Rösner, über die Deckplatten der Thonwaarenfabrik von Dobelhoff-Dier bei Wagram; im Allg. Wiener Polyt. Journal 1843. S. 406, u. im Polyt. Centralbl. 1843. 2. Bd. S. 86. 87.

Sheppard's, Rich., verbeff. Dachziegel. Rep. of pat. invent. Febr. 1836. p. 89—90; Polyt. Centralbl. 1836. S. 561. 62.

Sheppard's Dachziegel. Lond. Journ. 1838. Nov. p. 100—101; Polyt. Centralbl. 1837. S. 423.

Schlumberger's, Alb., neue Dachziegel mit Abbild.; im Bulletin de la société industr. de Mulhouse 1849 No. 106. p. 31, und im Polyt. Centralbl. 1850. S. 220. 21.

Sealy's, John von Bridgewater, Verbesserungen in der (Dach-) Ziegelfabrikation. Pat. den 3. Decbr. 1842; im Rep. of pat. Inv. 1843. March. p. 163—165, u. im Polyt. Centralbl. 1843. 1. Bd. S. 417.

Ueber die patentirten (Dach-)Ziegel des Kreisbauaufsehers Hunsinger in Nidda; im Gewerbebl. f. das Großherzogthum Hessen 1859. Nr. 49, u. im Polyt. Centralbl. 1859. S. 371—73.

Wilson's, Rich. von Newcastle upon Tyne, Maschine zur Fabrikation der Dachziegel (Firstziegel); patent. in England am 21. Mai 1844; im Rep. of pat. Inv. 1845, Apr. p. 233—36, und im Polyt. Centralbl. 1845. 4. Bd. S. 12—15.

Die Wörterleimer Dachsteine (Krempsteine genannt) von C. v. Robynsky, Berlin 1857, mit 1 Tafel.

### E. Ueber Fabrikation von thönernen Röhren.

Arnoldi's, C. C. u. F. in Elgersburg, gebrannte Röhren zu Wasserleitungen; in Romberg's Zeitschrift für prakt. Baukunst. Jahrg. 6. S. 517—520; im Polyt. Centralbl. 1847 S. 1318—22 u. 1844. 4. Bd. S. 221 u. 22, sowie Berliner Gewerbe-, Industrie- u. Handelsbl. Bd. 11. Nr. 16.

Bereitung poröser Ziegelwaaren (namentlich Röhren) von Frederic Ransome aus Ipswich und John Crabb Blair Warren von Little Horksley. Pat. in England den 6. Juli 1846; in London Journal 1847. April p. 171—176, und im Polyt. Centralbl. 1847. S. 1315. 16.

Bergsteen, K. S., praktische Anleitung zur Anfertigung der Drain-, Brunnen-, Wasserleitungs- und Gasröhren aus Thon, Stein und Cement, ohne kostbare Apparate. Mit 2 Tafeln. 1860.

Corssen, Dr., Beschreibung einer Thonröhrenpresse aus der Maschinenbauanstalt von Egells in Berlin. Mit Abbild.; in den Verhandlungen des Vereins zur Beförder. des Gewerbfleißes in Preußen 1853. S. 228, u. im Polyt. Centralbl. 1854. S. 513—16.

Dean, T. in Bücham u. R. Thornburn in Broxburn, Maschine zum Zerschneiden gepreßter Röhrenziegel; in The Pract. Mechanic's Journal 1850. May. p. 38, u. im Polyt. Centralbl. 1850. S. 1220 u. 22.

Dollhoff, K. v., über die Drainage, ein Beitrag zur wissenschaftlichen Begründung und zur prakt. Ausführung dieses Systems an dauernder Bodenverbesserung und vermehrten Pflanzenbaues. Haag 1850.

Hevellian's Apparat zum Pressen von irdenen Röhren rc. Descript. des mach. et procédés cons. dans les brevets Bruxelles. T. I. 1839. p. 14.

Reuter, Franz, prakt. Handbuch der Drainage (und Fabrikation der thönernen Röhren). 2. verm. Aufl. Mit Figurentaf. u. Holzschn. Wien 1854. 8.

Leclerk, Traité du Drainage. II. édit.

Martin, Thomas jun. aus Deptford, Vorrichtung zur Verfertigung irdener Röhren. Pat. in England am 16. Nov. 1847; im Rep. of pat. inv. 1847. Juli. p. 35—37, u. im Polyt. Centralbl. 1848. S. 1030 u. 31.

Notiz über Drainage der Ländereien und Fabrikation der Drainageröhren. Förster's allg. Bauzeit. 1864. S. 334.

Parkes, Josiah, Essays on the philosophie and Art of Land Drainage. London 1848.

Pratt u. Brother's Ziegel- oder Drainröhrenmaschine, Deutsche Gewerbezeit. 1857. S. 30.

Randell's und Saunder's in Bath, Ziegel- und Entwässerungsröhrenpresse Minning Journal 1852, Nr. 866. p. 153, u. im Polytechn. Centralbl. 1852. S. 657.

Reichenecker's in Ollviller, Maschine zum Formen u. Pressen irdener Röhren; im Bullet. d'Encouragem 1847. p. 69—71; im Polytechn. Centralbl. 1847. S. 1322—24, u. in Mittheil. für den Raffauischen Gewerbeverein 1848. Nr. 4.

Rieber, A., und J. Heilmann, über die irdenen Wasserleitungsröhren von Reichenecker zu Ollviller. Bulletin de Mulh. Vol. XIII. p. 304—25; Polyt. Centralbl. 1840. S. 1123—29.

Röhrenbrennofen, runder. Polyt. Centralbl. 1852. S. 29.

Röhren aus gebranntem Thon, inwendig gefirnißt, von Ziller & Comp. Polyt. Centralbl. 1858. S. 92.

Salt's, Jos., Ansatzstück für Thonröhrenpressen; in The Civil Eng. and Arch. Journal 1848. Sept. p 295, u. im Polyt. Centralbl. 1848. S. 388. 89.

Schlosser's doppeltwirkende Drainröhrenpresse; im Bulletin de la soc. d'Encour. Mars 1857. pag. 147.

Scragg's doppeltwirkende Drainröhren= und Backsteinpresse ist abgebildet und beschrieben in den Mittheil. des Nassauischen Gewerbevereins 1852.

Stephens, Manual of practical Draining. 5. edit. London. 1853.

Thakeray, philosophicet art du Drainage. Paris 1849.

Thakeray, Th. J., über Herstellung poröser Entwässerungsröhren; im Moniteur industriel 1848. No. 1247, u. im Polyt. Centralbl. 1848. S. 1030.

Ueber die irdenen Röhren aus der Fabrik von Biehl in Waiblingen. Verhandl. des hessisch. Gewerbever. 1840. S. 11. 12; Polyt. Centralbl. 1840. S. 909. 10.

Bonpier's, C. Th. in Aachen, Maschine zum Pressen von Thonröhren zur Bodenentwässerung; in den Verhandlungen des Vereins zur Beförderung des Gewerbefl. in Preußen. 1852. 2. Lief. S. 50.

Das Wesentliche von der Drainage:
  a) Beschreibung der Röhrenpresse von Randell u. Saunders, mit Abbildg.
  b) Beschreibung der Maschine von Mr. Ainslie in Aperton, mit Abbildg.
  c) Beschreibung der Maschine von J. Whithead mit Abbildg. von Plessner, in der Berliner Zeitschrift f. Bauwesen 1852. S. 546—51.

Whitton's, W. B. u. G. S., Thonröhrenpresse. Patent. für England den 15. Febr. 1853; im Rep. of Pat. Inv. Nov. 1853. p. 353, u. im Polyt. Centralbl. 1854. S. 213. 14.

William's Drainröhrenpresse. Agronom. Zeitung 1851. Nr. 46. S. 1182, und im Polyt. Centralbl. 1852. S. 216. 17.

Ziegler, J., über irdene Wasserleitungsröhren (welche einen Druck von 8—10 Atmosphären aushalten), deren Anwendung als Abtrittsröhren nebst einem Preiscourant derselben, sowie über glasirte Dachlichter aus gebranntem Thon; v. Ehrenberg's Zeitschr. 1836. Bd. 1. S. 252 ff.